신이 된
선승,
범일국사

신이 된
선승,

유네스코 무형유산 강릉단오제의 주신
범일국사 통효의 생애와 사상

범일국사

자현 지음

불광출판사

민중에 의해 신으로 추앙된 고승

오늘날 우리가 악마로 알고 있는 존재 중에는 한때 최고의 신이었던 이들도 다수 포함되어 있다. 블리자드의 게임 〈디아블로〉에 등장하는 바알은 원래 풍요와 전쟁을 주관하던 셈족 최고 신이었다. 그러나 바알은 기독교의 여호와에 밀리며 점차 악마로 변모한다.

숭배하던 종교가 소멸하면 신 역시 사라지거나 악마로 남게 된다. 아이러니하게도 불사의 신을 죽일 수 있는 것은 신이 아닌 인간이다. 잊혀진 신은 죽은 신이기 때문이다.

인간은 때로 인간을 신으로 만든다. 중국인은 관우를 상업과 전쟁의 신으로 만들었다. 그러나 인본주의 종교인 불교에서 신은 최고의 대상이 아니다. 이 때문에 불교에서는 고승을 붓다와 보살로 만들지 신으로 윤색하지는 않는다. 당나라의 신라 유학승 김지장을 지장보살로 추앙하는 것이나, 의상대사를 금산보개여래의 화신으로 이해하는 것 같은 경우다.

그런데 한국불교에는 특이하게도 민중에 의해 신이 된 고승이 있다.

범일국사는 당나라에 유학해 당시 새롭게 유행하던 선불교를 배우고 귀국한다. 이후 강릉에 굴산사를 중심으로 사굴산문을 열었다. 사굴산문은 이후 구산선문의 대표로 순천 송광사의 보조지눌과 양주 회암사의 나옹혜근 등을 배출하게 된다.

범일에게는 태어날 때부터 신이한 모습이 다수 존재했다. 또 수행과 구도 과정에서도 다양한 이적이 발생한다. 여기에 고향인 강릉으로 돌아와 펼친 선불교에 기반한 교화의 위대성은 범일을 고승 이상의 존재로 받아들여지게 하도록 했다.

강릉 옆에 위치한 대관령은 당시로서는 호랑이가 득실대는 험준한 고개였다. 이로 인해 범일은 입적한 뒤, 대관령의 사당(이승사異僧祠)에 모셔져 오가는 이를 수호해 줄 것을 요청받게 된다. 고승의 위대성은 민중들에게 보호라는 간절한 바람으로 자리매김했던 것이다.

고려 중기 굴산사는 거란의 침입으로 막대한 피해를 입고 이후 쇠락한다. 이 과정에서 범일은 점점 더 강릉 일대의 민중들에게 퍼져나가기 시작한다. 굴산사라는 사찰의 울타리를 넘어 민중의 가슴에 아로새겨진 것이다.

범일은 불교적으로는 국사이지만, 민중들에 의해서는 대관령을 관장하는 국사성황신으로 추앙받는다. 또 유네스코 세계무형유산이기도 한 강릉단오제의 중심 신(주신主神)의 역할도 맡고 있다. 범일은 국사인 동시에 대관령의 국사성황신이자, 강릉단오제 주신이라는 1인 3역을 하고 있는 것이다.

선승은 사찰에 갇힌 고목이어서는 안 된다. 범일은 바로 이 부분에서 진정한 고승의 면모를 잘 나타내준다.

민중의 지지를 받지 못하는 종교는 죽은 화석에 불과하다. 박물관을 채우는 유물처럼 장엄하고 아름답지만 생기가 없는 대상, 이는 종교의 본질이 아니며 붓다의 가르침을 어기는 만행일 뿐이다.

이런 점에서 범일은 깨달음을 넘어서는 진정으로 아름다운 고승이다. '출장입상出將入相'이라는 말이 있다. 밖으로는 대장군이요, 안으로는 제상이라는 의미다. 범일은 불교적으로는 국사이며, 민중의 관점에서는 신이다. 이러한 민중의 요구를 수용하고 민중과 발맞추는 불교, 이것이야말로 붓다의 정신적인 실천이자 종교의 올바른 행보가 아닐까?!

범일의 탁월한 수행력과 실천적인 민중불교의 모습은 오늘날 강릉단오제를 통해서 유네스코에도 고스란히 새겨져 있다. 즉 범일이야말로 유네스코가 인정한 한국불교의 대표 고승인 셈이다.

조계종의 근본을 되새기며,
범일이 주석했던 오대산에서
일우 자현 筆

제1장

서론

제1절

연구 목적과 선행 연구 검토

1.
연구 목적

범일통효梵日通曉(810.1.15~889.4)는 구산선문九山禪門 중 하나인 사굴산문
闍崛山門을 개창한, 한국 선불교사에서 매우 중요한 위치를 차지하는 고승이
다. 범일의 사굴산문은 원적도의元寂道義(?~?, 784 입당, 821 귀국)의 가지산문과
더불어 구산선문에서도 핵심적인 위치를 차지한다.

　　도의의 가지산문은 고려 중기의 보각일연普覺一然(1206~1289)과 고려 말
의 태고보우太古普愚(1301~1382) → 목암찬영木庵粲英(1328~1390)으로 계승된
다. 이에 비해 범일의 사굴산문은 보조지눌普照知訥(1158~1210) → 진각혜심
眞覺慧諶(1178~1234) 및 이를 계승하는 송광사의 법맥法脈과 고려 말 태고보
우, 백운경한白雲景閑(1298~1374)과 더불어 여말삼사麗末三師로 손꼽히는 나
옹혜근懶翁惠勤(1320~1376) → 무학자초無學自超(1327~1405)로 계승된다.

　　현재까지 전해지는 조계종의 법맥은 조선 후기 성리학의 예학禮學에 따
른 영향으로 보학譜學이 정리될 때 재정립된 것이다. 이때 가장 중요한 인물
로 부각하는 고승은 환암혼수幻庵混修(1320~1392)이다. 조선 후기의 불교 인
식에서, 혼수는 보우 법맥의 계승자로 판단된다. 그러나 현존하는 충주 청룡
사의 〈보각국사환암혼수정혜원융탑비普覺國師幻庵混修定慧圓融塔碑〉(이하 〈혼
수비문〉)에는 나옹에 관한 내용만 확인될 뿐, 보우에 대한 언급은 일체 없다.

　　선종의 법맥이 스승의 가르침과 인정도 중요하지만 제자의 사법嗣法 천
명闡明 역시 중요하다는 점에서 혼수가 나옹의 계승자라는 연구도 다수 제

기된 바 있다.[1] 이렇게 놓고 본다면, 사굴산문은 현존하는 한국불교의 핵심이라고 해도 과언이 아니다. 즉 범일에 대한 재검토는 현재 한국불교의 입장에서도 높은 연구 의의를 확보하는 것이다.

또 범일은 한국불교사에서 생불生佛이나 신이승神異僧으로 평가받는 고승들과 달리, 대관령 국사성황신國師城隍神과 강릉단오제(2005년 11월 25일 유네스코 〈인류구전 및 무형유산걸작〉으로 선정, 2008년 유네스코 인류무형유산 대표 목록 등재)의 주신主神으로 추앙된다. 이는 고승이 민간 신앙적인 변형을 거친 특수한 경우라는 점에서 주목된다.

즉 범일에게는 '선승이자 사굴산문의 개창자라는 역사적인 측면'과 '대관령 및 강릉단오제와 관련된 민간의 신격화된 부분'의 이중 구조가 존재하는 것이다. 특히 시기적으로 봤을 때 역사적인 전승이 퇴색한 후에 설화적인 요소로 윤색된 것이 아니라, 역사와 설화가 상당 기간 공존했다는 점을 고려한다면 이는 매우 특이한 이중 구조라고 하겠다.

한국불교사에서 범일이 차지하는 중요도로 인해 다수의 연구가 진행된다. 특히 강릉단오제가 유네스코 문화유산으로 선정되는 시기를 전후로 강릉단오제의 주신이라는 필연성에 따른 많은 연구가 이루어졌다. 또 굴산사

---

1   許興植,「指空의 思想과 繼承者」,『겨레문화』 2(1988), 77-98쪽 ; 崔柄憲,「朝鮮時代 佛敎法統說의 問題」,『韓國史論(金哲埈博士停年紀念號)』 19(1989), 286-292쪽 ; 許興植, 〈4. 門徒와 法統의 繼承者〉,「懶翁의 思想과 繼承者(下)」,『韓國學報』 16(1990), 68-78쪽 ; 許興植,「14·5세기 曹溪宗의 繼承과 法統」,『東方學誌』 73(1991), 33-51쪽 ; 李哲憲,「懶翁 惠勤의 法脈」,『韓國佛敎學』 19(1994), 358~368쪽 ; 李哲憲, 〈Ⅴ. 惠勤의 法統〉,「懶翁 惠勤의 硏究」(서울: 東國大 博士學位論文, 1997), 167-208쪽 ; 金昌淑(曉呑), 〈Ⅴ. 懶翁法統說과 歷史的 位置〉,「懶翁惠勤의 禪思想 硏究」(서울: 東國大 史學科 博士學位論文, 1997), 151-186쪽 ; 李哲憲,「三和尙法系의 成立과 流行」,『韓國佛敎學』 25(1999), 447-448쪽 ; 姜好鮮, 〈2. 門徒의 構成과 法統의 繼承〉,「高麗末 懶翁惠勤 硏究」(서울: 서울大 史學科 博士學位論文, 2011), 259-276쪽 ; 廉仲燮,「幻庵混脩의 嗣法 정황과 法系에 대한 인식변화 Ⅰ」,『國學硏究』 33(2017), 310-332쪽 ; 廉仲燮,「無學自超의「佛祖宗派之圖」作成目的과 意味 Ⅱ」,『圓佛敎思想과 宗敎文化』 86(2020), 96-104쪽.

〈영은사 범일국사진영〉(강원 유형문화재)

〈순천 송광사 십육조사진영〉 중
보조국사 지눌 진영(보물)

〈순천 송광사 십육조사진영〉 중
진각국사 혜심 진영(보물)

〈양산 통도사 삼화상 진영〉 중
나옹대화상(경남 유형문화재)

〈양산 통도사 삼화상 진영〉 중
무학대화상(경남 유형문화재)

지의 발굴과 관련해서도 간접적이지만 범일에 관한 연구가 이루어지게 된다.

그러나 범일에 관한 초기 연구는 상대적으로 치밀함이 적었고, 강릉단오제와 관련해서는 연구 용역에 따른 결과물이 다수를 차지하였다. 이로 인해 연구량에 비하여 상대적으로 미진한 측면이 존재하게 된다.

본 연구에서는 범일에 대한 1차 자료와 기존의 연구 성과물들을 종합하여, 범일의 생애를 복원하고 연도의 오류를 수정해 연표까지 완성해 보고자 했다. 이 작업이 선행되어야만 후대의 설화적인 윤색과 강릉단오제의 주신과 관련된 측면 역시 더욱 명확한 접근이 가능해지기 때문이다.

먼저 제2장에서는 범일의 탄생과 관련된 신이성이 붓다화와 연관된 것임을 정리했다. 범일의 탄생과 관련된 붓다화의 존재는 이것이 민간 신앙의 설화로 변모될 최초의 개연성이 될 수 있는 부분이다. 이는 또 이후의 제5장을 통해서 확인되는 대관령 국사성황신과 강릉단오제 주신으로서의 민간적인 확장과 연결되는 배경이라는 점에서 중요한 연구 의의를 확보하게 된다.

이후의 제2장에서는 범일의 입당 연대 및 동행자와 관련된 문제를 정리하고자 했다. 이를 통해서 범일은 김의종金義琮과 동행했으며, 836년 음력 1월의 입당 개연성이 높다는 점을 분명히 했다.

범일의 입당과 관련해서 『조당집』 권17의 「명주굴산고통효대사溟州崛山故通曉大師」(이하 「범일전」)은 '왕자 김의종'을 강조하고, 『삼국유사』 권3 「낙산이대성 관음·정취·조신」에 "태화太和년 중에 입당"이라는 서로 상충하는 기록이 존재한다. 즉 '김의종–836(개성 1)년'과 '김능유–831(대화 5)년'의 두 가지 주장이 존재하는 것이다. 이 문제를 정리하는 것은 범일의 입당 시기뿐 아니라, 이후 제안 문하의 6년 수학과 이동 시기까지를 비정하는 판단 기준이 된다. 이런 점에서 이는 범일의 생애에 대한 올바른 이해에 있어 중요한 측면으로 작용한다고 하겠다.

이외에도 제2장에서는 「범일전」과 더불어 범일에 대한 가장 많은 내용을 전하고 있는 「낙산이대성 관음·정취·조신」에 등장하는 명주明州(현재의 영파) 개국사開國寺 부분을 검토한다. 이의 검토를 통해, 우리는 범일의 입당 루트와 범일이 귀국 후 낙산(사)에 정취전正趣殿과 정취보살을 봉안하는 문제의 타당성을 이해해 볼 수 있게 된다.

또 「범일전」에는 "(입당 후) 곧장 순유巡遊하였다. 두루 (선)지식을 살피다가, 저 염관제안鹽官濟安('濟'는 '齊'의 오기) 대사大師를 참배했다."라고 되어 있지만, 범일의 행적 루트와 시간을 고려해 봤을 때, 충분한 선지식의 참배는 불가능했다는 점도 아울러 제시하였다.

제3장에서는 먼저 범일의 당나라 선불교 수학과 사법嗣法의 문제점을 정리하고, 이동 루트를 통해 확인되는 강서江西에서의 의문점 등을 정리하고자 했다. 이를 통해서 범일이 해창원海昌院을 떠나는 것은 843년 해제일인 음력 1월 15일 이후일 것이라는 점, 또 석두계 호남성의 약산藥山에 이르기 위해서는 필연적으로 강서를 거치게 되는데, 이때 개원사開元寺 등의 마조계 사찰 등을 참배했을 개연성을 제시했다. 그리고 이전부터 제기되었던 '약산의 문제'를 약산유엄藥山惟儼(745~828)이 아닌 약산계로 정리하고, 약산계를 주장하는 의미의 타당성을 살펴보고자 했다.

이외에도 범일이 제안에게 '서선자犀扇子'라는 불자를 받은 내용을 『선문조사예참의문禪門祖師禮懺儀文』을 통해서 새롭게 정리해 보았다. 『선문조사예참의문』을 통한 주장은 기존의 연구에는 전혀 없었던 새로운 측면이라는 점에서 높은 의의를 확보하게 된다.

또 「범일전」에서 확인되는 회창법난會昌法難(845. 음력 3.3~846. 음력 3.23)에서 범일이 고초를 겪는 연도인 '844년'과 은거처인 '고산高山'에 대한 부분을 새롭게 정리했다. 현존하는 회창법난에 대한 자료에 따르면, 외국 승려였던 범일까지 법난의 화가 미치는 시기는 845년이 되는 것이 더 타당하다. 그런데 「범일전」은 그 연대를 844년으로 기록하고 있다. 또 이때의 은거 상황에 대하여, 지리 정보상 고산을 상산商山으로 제시하는 선행 연구에 문제점이 존재한다는 점을 검토했다.

이후에는 당무종의 사망(846. 음력 3. 23)으로 회창법난이 일단락되는 846년 이후의 범일 행적과 847년의 광동성 소주韶州 보림사寶林寺(현재의 남화선사南華禪寺)의 육조탑묘六祖塔廟 참배 동선 및 내용을 정리했다. 그리고 범일의 입당 행적 마지막인 귀국 연대를 846년에서 847년으로 수정하고, 출발 장소 등을 새롭게 제시해 보았다. 또 이와 함께 현재 범일에게서만 확인되는 진귀조사설眞歸祖師說의 중국불교적인 가능성을 제기해 보고자 하였다. 이는 진귀조사설이 한반도적이라는 기존의 연구 관점에 변화를 준 측면이다.

이외에 범일의 귀국 후 행적에 해당하는 백달산白達山(현재의 대전으로 추정) 주석과 굴산사로의 이거移去, 그리고 낙산사의 정취보살상 봉안과 오대산 주석 등에 대해서 살펴보게 된다. 범일은 귀국 후 경주에서 847년부터 851년까지 햇수로 5년을 머무른다. 이는 범일의 귀국이 고향인 명주 교화에 역점을 둔 것이 아님을 분명히 해 준다. 즉 「범일전」에서 확인되는 범일의 귀국 목적인 "고리故里(고향)로 돌아가서, 불법을 널리 베풀 것을 생각했다."라는 내용과는 상충하는 측면이 존재한다. 이와 같은 양상은 851년의 백달산 연좌宴坐 기록을 통해서도 판단해 볼 수 있다. 즉 귀국 후 범일에게는 '전기의 비명주 쪽 주석'과 '후기의 명주 주석과 교화'라는 이중 구조가 존재하는 것이다. 또 여기에는 범일이 명주에 주석한 이후에는 비명주 쪽과 이렇다 할 연결이 기록되어 있지 않고 있다는 점에서 주목되는 측면이 존재하기도 한다.

이상을 통해서, 제3장에서는 범일의 입당에서부터 귀국 후 명주의 정착 이전까지의 내용을 다루어 보고자 하였다.

제4장에서는 범일의 명주에서의 행적을 검토해 보고자 한다. 범일의 결정적인 위상 정립은 명주도독의 굴산사 초빙에서 비롯된다. 이는 범일이 앞서 귀국해 교화를 펼치던 설악산 진전사의 도의를 압도하는 이유이기도 하다. 그러므로 범일의 명주행에서 확인되는 명주도독, 즉 후원 세력의 특징을 검토하는 것은 범일의 명주 주석과 관련해서 꼭 필요한 부분이다.

다음으로 「범일전」에는 범일이 '굴산사에 40여 년을 주석했다.'라고 되어 있지만, 이 기간 안에는 낙산사의 정취전 건립과 정취보살상 봉안 및 오대산 주석 부분이 존재한다. 이는 사굴산문의 확대와 관련되는 측면으로 이해해 볼 수 있다. 이 확대가 북쪽에 있는 의상계 화엄종의 관음 신앙과 영서의 자장계 오대산의 문수 신앙을 포괄한다는 점에서 주목된다. 즉 범일은 명주와 관련된 선행先行 고승인 자장계와 의상계를 사굴산문의 영향 속으로 통합하고 있는 것이다.

범일의 낙산사와 오대산의 영향과 관련해서는 다양한 관점이 존재할 수 있다. 그러므로 이를 정리해서 사굴산문의 영향 관계를 규명하는 것은 신라 말 선불교의 연구에 있어 중요한 의의를 확보한다고 하겠다. 이외에도 강릉 신복사神福寺와 동해 삼화사三和寺 창건 기록과 범일의 석장錫杖 및 굴산사종으로 추정되는 유물 등에 대한 기록도 아울러 검토해 보고자 한다. 즉 범일과 관련된 현존하는 내용들을 모두 정리해 보고자 하는 것이다.

이상의 제2장에서 제4장까지를 통해, 범일의 현존하는 자료와 현재까지 연구된 불교사적인 측면 및 당나라의 지리적인 측면을 활용한 생애 복원이 일단락된다. 이는 기존의 범일에 관한 구체적인 연구가 「범일전」의 기록을 대부분 비판 없이 수용하던 문제를 극복한 진일보한 측면이다. 이러한 범일의 생애에 대한 투명성은 후대의 범일에 대한 인식과 명주 지역의 민간 신

강릉단오제 중 대관령국사성황제

앙 및 신격화 과정과도 연결점을 가지는 연구 배경이 된다.

　끝으로 제5장에서는 범일이 대관령 국사성황신과 강릉단오제의 주신이 되는 과정을 현존하는 기록을 재분석하여 검토해 보고자 하였다. 최근의 강릉단오제는 범일을 주신으로 해서 진행된다. 그러나 1603년 허균의 기록인『성소부부고惺所覆瓿藁』권14에는 강릉단오제의 주신이 대관령 산신인 김유신으로 되어 있어 문제가 되는 부분이 있다. 즉 주신이 '대관령 산신인 김유신'에서 조선 후기에 '대관령 국사성황신인 범일'로 변화되었다는 것이다.

　강릉단오제와 관련해서 대관령의 신령함에 관한 가장 이른 기록은『고려사』권92의 이승異僧의 사당인 이승사異僧祠에 대한 것으로 연대는 936년 이전이다.[2] 이 때문에 현재 강릉단오제를 '천년 축제'라고 칭하고 있다.[3] 즉 현재의 강릉단오제는 이승이라는 승려와 관련된 측면이 시원을 이루고 있는 것이다.

이승사 이후의 기록에는 이승의 계승과 관련된 것으로 보이는 승·속이신僧·俗二神의 구조가 확인된다.[4] 또 여기에는 명주를 영동과 영서로 분기하는 대관령과 관련해서, '김유신-산신'과 '범일-국사성황신'으로 분리되어 있다는 점 역시 고려될 필요가 있다. 이와 같은 측면은 대관령에 이승을 계승한 승·속이신, 즉 '승: 범일-국사성황신'과 '속: 김유신-산신'의 구조를 추론해 볼 수 있도록 한다.

본 연구에서는 이승사의 이승을 시기적으로 판단해서, 범일보다는 자장일 개연성을 제시해 보았다. 즉 자장이 보인 이승의 측면이, 같은 명주 지역에서 강한 영향력을 미친 범일로 계승되어 강릉단오제의 주신 확립으로까지 연결될 수 있었다는 것이다. 이는 기존에 없던 강릉단오제 주신의 변화에 대한 새로운 접근이다. 강릉단오제 주신은 허균의 기록 외에는 산신이 아닌 성황신과 관련된다. 이런 점에서, 이와 같은 관점은 현존하는 전체 자료를 연결하는 가장 합리적인 새로운 해법이 될 수 있다.

다음으로는 범일에 대한 민간 신앙적인 수용과 이것이 강릉단오제 주신 정립에 영향을 미쳤을 개연성을 정리했다. 범일은 한국불교의 다른 고

---

2   『高麗史』92, 「列傳 5」, 〈諸臣-王順式〉.

3   朴道植, 「江陵地域에서의 梵日國師 奉安 研究」, 『梵日國師 研究叢書』(江陵: 梵日國師文化祝典 委員會, 2016), 136쪽. "江陵端午祭는 흔히 千年의 歷史를 이어온 祝祭라 한다. 이는 936년(太祖 19)에 王順式이 後百濟의 神劍軍을 討伐하러 갈 때 大關嶺에 이르러 '이상한 僧祠(異僧祠)'에 서 '祭壇을 마련하고 祈禱하였다(設祭以禱)'는 記錄에 根據를 두고 있다. 그리하여 '이상한 僧祠'의 '僧'이 현재 江陵端午祭의 對象 神格인 '梵日國師'라 한다."

4   『臨瀛誌』, 「前誌」2, 〈祀典〉.

승들이 생불生佛과 같은 붓다화로 발전한 것과 달리, 명주의 민간 신앙과 결합하여 신격화되는 모습을 보인다. 특히 이는『임영지臨瀛誌』「전지前誌」(1608~1623)를 통해서 조선 전기부터 확인된다. 이때는 굴산사가 이미 파괴되었더라도 사굴산문의 영향이 남아 있으며, 당시의 승전僧傳 자료에 여러 『범일전』이 존재하고 있었을 것이라는 점에서 자못 흥미로운 부분이 아닐 수 없다.

범일에게서 확인되는 민간 신앙적인 신이성 강조는 자장의 자료에서부터 확인되는 명주 지역의 전통 신앙과 관련된 측면이 범일로 이식되면서 나타나는 특이점으로 판단된다. 특히 범일이 자장이 개창한 문수 신앙의 성지 오대산을 중히 여겼다는 점은 범일과 자장이 혼재되는 구조가 가능한 한 통로 역할을 했을 것이다. 즉 범일의 민간 신앙에서의 신격화는 '명주 지역의 특징적인 무속(무교) 구조'와 '불교 내적인 측면에서 신이성이 강한 자장'이 존재한다고 하겠다. 이를 통해서 범일에게는 '민간 신앙적 수용'과 고승에게는 매우 이례적인 '신격화'가 진행된다. 이와 같은 범일의 신격 확보와 신이성 강조는 범일이 강릉단오제의 주신으로 확립되는 한 중요한 요소가 되었을 것이다.

이와 같은 관점을 배경으로 범일에게서 확인되는 민간 신앙적인 구조는 ① 영웅 신화적 측면, ② 국사와 국시·국수 등의 명칭 문제, ③ 조선 후기에 편입되는 국사성황신의 부인 정씨녀에 대한 측면, ④ 현존하는 대관령 국사성황사(구 강원도 시도기념물 제54호)의 〈무신도巫神圖〉(또는〈무속화巫俗畵〉)에서 확인되는 부분을 들 수 있다. 이 중 ③과 ④는 조선 후기와 근현대적인 측면이지만, 이를 통해서도 일정 부분은 범일에 대한 민간 신앙적인 인식의 계승과 관점을 판단해 보는 것은 충분히 가능하다.

이외에도 일제강점기의 단절로 인한 강릉단오제의 혼란이 존재하는 상황에서, 파악할 수 있는 자료를 바탕으로 범일의 주신 확립 타당성에 대해 정리해 보고자 하였다. 그러나 일제에 의한 강릉단오제의 단절 기간이 길지 않다는 점, 또 강릉단오제가 유네스코 세계무형유산으로 등재되는 과정에서 주신에 관한 판단이 존재했다는 점에서 주신으로서의 범일 인식은 최근에 변모한 결과일 수만은 없다고 보는 것이 타당하지 않은가 한다.

이상의 제5장을 통해서, 범일의 민간 신앙적 결합 구조와 이를 통한 강릉단오제에서의 주신 정립 및 역할을 살펴보고자 하였다. 이는 범일이 후대의 민간 신앙 속에서 어떻게 변화되고 있으며, 민중 속에 자리 잡게 되는지를 알게 해 준다는 점에서 중요하다. 즉 범일은 '명주 지역의 특징적인 무속 구조'와 '신이성이 강조되는 자장이라는 불교 내적인 요소' 속에서 민간에 수용되며 불교의 틀을 넘어 신으로 숭배되는 특이한 이력의 고승으로 변모하고 있는 것이다.

2.
선행 연구 검토

범일은 한국 고대사에 속하는 인물로 고층에 속하는 연대상 관련 자료가 많지 않다. 자료의 부족에는 사굴산문의 종찰宗刹인 굴산사가 여말선초에 폐사되었다는 점도 한몫을 한다. 그러나 영서의 오대산이 이후 사굴산문의 영향권으로 편입되고, 지눌계 송광사 역시 사굴산문의 종찰급 사찰로 상승한다는 점을 고려하면 범일에 대한 전승 자료가 적은 것에는 다소 의아한 측면이 존재하기도 한다. 즉 굳이 굴산사가 아니더라도 이들 사찰에 의해서 범일에 대한 전승이 유지되었을 수도 있었다는 말이다. 그런데 현존하는 자료만으로는 이런 양상은 전혀 살펴지는 것이 없다.

범일과 관련된 가장 중요한 1차 자료는 ① 〈(굴산)통효대사 연휘탑비(崛山)通曉大師 延徽塔碑〉(이하 〈범일비문〉) 정도가 명칭일 것으로 추정되는, 굴산사지에 건립된 〈범일비문〉의 비편이다.[5] 또 이 〈범일비문〉을 정리한 것으로 추정되는 ②『조당집』(952) 권17의 「명주굴산고통효대사溟州崛山故通曉大師」가

5　鄭東樂,「崛山門 梵日國師 관련 자료의 검토」,『韓國古代史探求』33 (2019), 418-419쪽. "梵日은 '(崛山)通曉大師 延徽塔碑", 아니면 '延徽塔記' 정도였을 듯하다. (…)「梵日碑」는 '(有唐)新羅國 溟州 崛山(寺) 故(國師敎諡)通曉大師 延徽之塔碑銘 幷序'였을 것이다." ; 鄭東樂,「梵日의 崛山門 開創과 成長基盤 造成」,『新羅史學報』35 (2015), 75쪽 ; 嚴基杓,「崛山寺址 幢竿支柱와 石造浮屠의 樣式과 美術史的 意義」,『古代都市 溟州와 崛山寺』(忠州: 國立中原文化財研究所, 2011), 349쪽.

강릉 굴산사지

존재한다.[6]

이외의 여말선초 자료로 범일의 사법제자인 ③ 〈낭원개청비문朗圓開淸碑文〉(940)과 ④ 〈낭공행적비문朗空行寂碑文〉(945)이 있다. 또 박인범朴仁範이[7] 900년대 초쯤 범일의 진영을 보고 찬술한 ⑤ 〈범일국사영찬梵日國師影贊〉이 『동문선東文選』권50에 존재한다.[8] 그리고 방증 자료로는 ⑥ 〈지증도헌비문智證道憲碑文〉(893)과 ⑦ 〈동진경보비문洞眞慶甫碑文〉(958)이 있다.

고려시대의 것으로 중요한 것은 『삼국유사』권3의 ⑧ 「낙산이대성洛山二大聖 관음·정취·조신觀音·正趣·調信」·⑨ 「대산오만진신臺山五萬眞身」·⑩ 「대산월정사오류성중臺山月精寺五類聖衆」, 그리고 민지閔漬(1248~1326)의 『오대산사적五臺山事蹟』, ⑪ 「신효거사친견오류성사적信孝居士親見五類聖事蹟」이 있다. 이 중 「낙산이대성 관음·정취·조신」은 『조당집』권17의 「범일전」과 더불어 범일에 대해 알 수 있는 가장 분량이 많은 중요한 자료이다.

이외에 단편적인 것으로는 ⑫ 『경덕전등록景德傳燈錄』(1104) 권10의 「항주염관제안선사법사팔인杭州鹽官齊安禪師法嗣八人」 중 〈7. 신라품일선사新羅品日禪師〉라는 언급과[9] ⑬ 〈예천용문사중수용문사기비醴泉龍門寺重修龍門寺記碑〉(1185)가 있다. 또 천책天頙(1206~?)의 ⑭ 『선문보장록禪門寶藏錄』〈제24칙〉의 『해동칠대록海東七代錄』인용 부분[10] 및 1338년 이전에 출판된 『선문

---

6 『祖堂集』17,「溟州崛山故通曉大師嗣鹽官」(『大藏經補編』25, 617a~619a).

7 鄭東樂,「梵日의 崛山門 開創과 成長基盤 造成」, 『新羅史學報』35(2015), 75쪽.

8 『東文選』50,「贊」, 〈梵日國師影贊〉. "朴仁範: 最上之法, 杳杳冥冥. 皓月之白, 長江之淸, 彼旣有相, 我乃無形. 無形之形, 可以丹靑."

9 『景德傳燈錄』10,「懷讓禪師第三世下六十一人–杭州鹽官齊安禪師法嗣八人」(『大正藏』51, 273c). "襄州關南道常禪師. 洪州雙嶺玄眞禪師. 杭州徑山鑒宗禪師(已上三人見錄). 唐宣宗皇帝. 白雲曇靖禪師. 潞府淥水文擧禪師. 新羅品日禪師. 壽州建宗禪師(已上五人無機緣語句不錄)."

10 『禪門寶藏錄』1,「禪敎對辨門(二十五則)」(『卍新纂大日本續藏經選錄』64, 810a).

조사예참의문禪門祖師禮懺儀文』이 존재한다.[11] 『선문조사예참의문』은 단문短文이기는 하지만 범일의 삽화가 존재하고 있어 범일의 모습과 당시 전승 내용을 알 수 있다는 점에서 주목된다.

이외에 〈자운사진명국사비慈雲寺眞明國師碑〉(1272) 등에 "나이 13세에 품일品日의 운손雲孫인 외삼촌 종헌宗軒에게 투신하여 삭발하고 출가(수구受具)하였다."[12] 등과[13] 같은 단편적 언급이 수록된 것들도 존재한다. 그러나 이는 사굴산문의 천명에 대한 것으로 사굴산문 계승에 관한 판단 자료는 될 수 있지만, 범일에 대한 직접적인 파악에는 의미가 있는 정도는 아니다.

조선시대의 것으로는 ⑮ 『동국여지승람』(1486)과 『신증동국여지승람』(1611) 권44의 「석식영암기釋息影菴記」(여기에는 품일品日로 나옴)와[14] 청허휴정淸虛休靜(1520~1604)의 ⑯ 『선교석禪敎釋』(1586),[15] 그리고 『임영지臨瀛誌』 「전지前誌」(1608~1623)[16] 권2의 ⑰ 〈석증釋證-범일〉과 ⑱ 〈총화叢話〉 및 『임영지』 「속지續誌」(1786)의 ⑲ 〈기사記事〉가 있다. 이외에 ⑳ 『동사열전東師列傳』 권1의 「낭공대사전朗空大師傳」이 존재한다. 여기에서 가장 중요한 문헌은 〈석증-범일〉·〈총화〉·〈기사〉의 『임영지』에 수록된 내용들이다.

---

11 『禪門祖師禮懺儀文』은 禪門을 九山門으로 제시하고 있는 現存하는 가장 오래된 文獻이다. 姜好鮮,「高麗佛敎史에서의 九山禪門 개념 검토」, 『韓國思想史學』 69(2021), 13쪽.

12 〈慈雲寺眞明國師碑〉. "年甫十三, 投舅氏品日雲孫禪師宗軒, 披剃受具."

13 『東文選』 112,「祝聖疏」,〈釋宓菴(圓鑑國師 冲止)〉. "伏念弟子。曹溪嫡子。品日來孫。出爲獨立之門人。再亞崛山之禪侶."

14 『新增東國輿地勝覽』 22,「江原道-三陟都護府-佛宇」. "釋息影菴記: 頃有闍崛山品日祖師逾往, 卽其所建佛祠, 亦以三公揭榜."

15 『禪敎釋』(『韓佛全』 7, 654c).

16 『臨瀛誌』는 「前誌」·「後誌」·「續誌」로 되어 있으며, 編纂 年代는 「前誌」는 光海君 年間 (1608~1623), 「後誌」는 英祖 戊辰年(1748), 「續誌」는 正祖 丙午年(1786)이다. 朴道植,「江陵 大城隍祠 12神, 金庾信」, 『수릿날 江陵』 6(2011), 19쪽.

기타로는 범일의 법명 등이 기록된 것이나 일제강점기에 강릉단오제와 관련된 문헌 및 강릉의 설화에 대한 최근 문헌들이 다수 존재한다. 그러나 이는 참고 자료나 범일에 대한 민중적인 후대 인식 등을 살펴보는 자료는 되지만, 범일의 역사적인 생애를 밝히는 데는 크게 도움이 되지 않는다.

이상으로 범일과 관련된 기본 자료들을 정리해 보면, 범일과 관련해서 현존하는 가장 중요한 것은 '『조당집』(952) 권17의 「범일전」'과 '『삼국유사』 권3의 「낙산이대성 관음·정취·조신」' 그리고 '『임영지』의 세 문헌'이라고 하겠다. 이들 문헌은 각각 '인물의 역사'와 '연기설화' 및 '전설'의 특징을 보여 주목된다. 물론 「속지」의 〈기사〉는 굴산사의 유물, 즉 역사와 관련된 기록이다.

세 문헌의 공통점으로는 모두가 신이성을 내포하고 있다는 점을 들 수 있다. 이러한 세 문헌의 관계를 간략히 정리해 보면 다음과 같다.

범일에 관한 현대적인 연구는 크게 두 가지 범주의 세 가지 측면에서 이루어진다. 첫째는 개인에 의한 연구이며, 둘째는 단체 주도의 연구이다. 둘째의 단체 주도 연구는 다시금 강릉단오제와 연결된 측면과 굴산사지에 대한 측면으로 나누어 볼 수 있다.

　개인이 주도하는 연구는 순수 학문적인 관심에 따른 것으로 일반적이며 바람직하다. 그러나 범일은 강릉단오제가 유네스코 무형유산에 등재되는 측면과 관련해 강릉단오제의 주신이라는 특수성에 따른 지자체 등의 후원에 의한 연구가 진행된다. 또 강릉의 최대 사찰지인 굴산사지(구 사적 제448호)에 대한 연구도 진행되는 측면이 있다.

　굴산사지에 관한 연구는 강릉의 대표 사찰지에 관한 연구 속성도 존재하지만 굴산사지의 특성상 이는 범일 연구와 완전히 분리될 수 없다. 또 굴산사지는 발굴과 관련되므로 개인보다는 관 주도의 연구가 진행되는데, 이 과정에서 일정 부분 강릉단오제와 연결될 수 있는 측면이 강조되기도 한다. 실제로 굴산사지 영역에는 학산과 학바위, 석천石泉 등 범일을 민간 신앙적 입장에서 수용한 배경 장소가 존재한다. 이는 관 주도라는 연구 주체의 동일성과 함께 강릉단오제와 굴산사지 연구가 상호 연결될 수밖에 없는 필연적인 구조를 구성하게 된다. 즉 강릉단오제 주신으로서의 범일과 굴산사지 최대 고승으로서의 범일은 일정 부분 분리될 수 없는 구조를 갖추고 있는 것이다.

범일과 관련해서 이른 시기의 연구자로는 신천식[17]·방동인[18]·김두진을[19] 들 수 있다. 이들은 범일 개인보다 사굴산문에 연구의 중점을 두고 있는데, 이는 범일에 대한 1차 자료가 제한적인 측면을 가지기 때문으로 추측된다.

이들보다 조금 늦은 시기에 주목할만한 연구자로는 김홍삼이 있다. 김홍삼은 2002년 강원대학교 사학과에서 「나말여초 굴산문 연구」로 박사학위를 취득한다.[20] 이러한 과정에서 관련 소논문을 1997년부터 학회에 다수 발표하게 된다.[21] 그러나 김홍삼 역시 앞의 연구자들과 마찬가지로 범일을 중심으로 한 것이라기보다는 사굴산문과 관련된 포괄적인 연구를 진행하고 있다.

2000년대가 넘어가면서 범일에 관한 연구는 강릉단오제의 유네스코 무형유산 등재와 관련되어 진행되는 모습을 보인다. 이는 강릉단오제가 2005년 11월 25일에 유네스코 〈인류구전 및 무형유산걸작〉으로 선정된 점을 통해서 이해될 수 있는 부분이다.

연구의 시작은 2000년 11월 3일에 강릉문화원과 관동대학교 영동문화연구소가 주관한 『굴산사(지)와 범일의 재조명-제1회 강릉전통문화학술세

---

17 申千湜, 「韓國佛教史上에서 본 梵日의 位置와 崛山寺의 歷史性 檢討」, 『嶺東文化』 1(1980).

18 方東仁, 「崛山寺에 대한 硏究와 展望-韓國大學博物館協會 春季學術發表會要旨」, 『古文化』 24(1984).

19 金杜珍, 「新羅下代 崛山門의 形成과 그 思想」, 『省谷論叢』 17(1986).

20 金興三, 「羅末麗初 崛山門 硏究」(江陵: 江原大 史學科 博士學位論文, 2002).

21 金興三, 「羅末麗初 闍崛山門과 政治勢力의 動向」, 『古文化』 50(1997) ; 「羅末麗初 闍崛山門의 淨土信仰과 華嚴思想」, 『江原文化研究』 19(2000) ; 「羅末麗初 崛山門 信仰의 여러 모습」, 『歷史와 現實』 41(2001) ; 「羅末麗初 崛山門의 禪思想」, 『白山學報』 66(2003) ; 「羅末麗初 崛山門 開淸과 政治勢力」, 『韓國中世史研究』 15(2003) ; 「新羅末 崛山門 梵日과 金周元系 關聯說의 批判的 檢討」, 『韓國古代史研究』 50(2008).

미나』를 통해서 확인된다. 이 세미나 논문집에는 방동인·백홍기·이규대·김경남에 의한 4편의 논문이 수록되었다.[22] 이들 논문은 모두 2000년의 『임영문화』 제24집에 재수록된다.[23] 이후로 범일에 관한 연구는 강릉단오제 안팎에서 관 주도로 이루어지며 대규모 지원과 지속 사업으로 진행되는 모양새를 보인다.

이러한 결과물로 주목되는 것이 2007년부터 강릉단오제 안의 범일국사문화축전위원회에서 매년 진행한 범일과 관련된 지속 세미나이다. 이때 발표된 논문을 추려서 2016년 단행본으로 발행한 것이 『범일국사 연구총서』이다. 이 논문집에는 역사·설화·유적·기타의 총 네 가지 범주 분류로 21편의 논문이 수록되어 있다.[24] 논문집의 제목이나 수록된 논문을 보면 알 수 있듯이, 매년 진행되는 범일국사문화축전위원회 주관 세미나는 범일국사

---

22 江陵文化院·關東大學校 嶺東文化研究所 編,『崛山寺(址)와 梵日의 再照明－第1回 江陵傳統文化學術세미나』(江陵: 江陵文化院·關東大學校 關東文化研究所, 2000). "方東仁,「崛山寺와 梵日에 대한 再照明」; 白弘基,「崛山寺址의 遺蹟과 遺物에 대하여」; 李揆大,「梵日과 江陵端午祭의 主神인 國師城隍神」; 金京南,「梵日說話의 原形과 祭儀」.

23 方東仁,「崛山寺와 梵日에 대한 再照明」,『臨瀛文化』24(2000); 白弘基,「崛山寺址의 遺蹟과 遺物에 대하여」,『臨瀛文化』24(2000); 李揆大,「梵日과 江陵端午祭의 主神인 國師城隍神」,『臨瀛文化』24(2000); 金京南,「梵日說話의 原形과 祭儀」,『臨瀛文化』24(2000).

24 梵日國師文化祝典委員會 編,『梵日國師 研究叢書』(江陵: 梵日國師文化祝典委員會, 2016). "〈歷史篇〉: 方東仁,「崛山門 梵日國師와 溟州豪族」; 曹凡煥,「新羅 下代 梵日 禪師와 崛山門의 開創」; 김상영,「闍崛山門의 形成과 高麗 初·中期 展開樣相」; 黃仁奎,「高麗後期 修禪社와 闍崛山門」; 車長燮,「梵日國師와 崛山寺의 歷史的 位置」; 임호민,「梵日과 崛山寺를 통해서 본 지역문화의 정체성」; 이규대,「溟州 崛山門의 香徒會,「彌陀尊佛道」의 性格」; 朴道植,「江陵地域에서의 梵日國師 奉安 研究」; 李揆大,「江陵端午祭의 形成과 屈折, 그리고 재정립의 전승양태」; 채미하,「朝鮮時代 江陵의 城隍祠와 端午祭」; 鄭東樂,「崛山門 梵日國師 관련 자료 검토」/ 〈說話篇〉: 임호민,「梵日 관련 說話에 대한 史的 검토」; 양언석,「梵日禪師의 說話 考察」; 張正龍,「梵日國師 傳記·說話 考察」; 이한길,「神格의 坐定過程 考察」; 金善豊,「神化學的으로 본 梵日國師」/ 〈遺蹟篇〉: 車長燮,「梵日國師와 崛山寺의 遺蹟」; 홍성익,「崛山寺址 浮屠와 浮屠材의 浮屠主에 대한 검토」; 문옥현,「江陵 崛山寺址의 空間 構成과 特性」/ 〈其他篇〉: 김남일,「梵日國師 및 崛山寺址 지역축제화 방안」; 박상준,「崛山寺址 整備方案에 대한 기초적 검토」.

연구가 중심이다. 이 범일국사문화축전위원회에서 발표된 논문은 일반 학술지에도 다수 재투고되는데, 이에 따라 범일국사에 관한 연구가 활기를 띠게 된다. 또 2016년 이후 현재까지도 이 세미나는 계속 진행되고 있다.[25]

범일국사문화축전위원회가 추진하는 세미나가 연속 세미나라면, 단일 세미나로는 2011년 10월 20일 목요일부터 21일 금요일까지 1박 2일에 걸쳐 진행된 『고대도시 명주와 굴산사』라는 명칭의 국제학술대회가 있다. 이 국제학술대회는 국립중원문화재연구소 주관, 문화재청과 강릉시의 후원으로 진행되었다. 그러나 이 세미나는 범일보다는 굴산사에 초점이 맞추어져 있었다. 이 세미나에는 총 13편의 논문이 발표되는데, 범일과 관련된 직접적인 것은 김종철의 「범일국사 형상화의 네 층위」뿐이었다.[26] 물론 세미나의 주제상 다수의 논문에서 범일이 포함되는 것은 당연하다. 이렇게 놓고 본다면, 관 주도의 세미나에서 범일에 관한 연구를 주도한 것은 범일국사문화축전위원회 주관의 세미나였다고 할 수 있겠다.

2000년대 이후 범일 연구에서 두드러지는 개인 학자는 정동락이다. 정동락은 2001년부터 범일의 사상 및 사굴산문에 대한 것까지 총 5편의 논문

---

25 이 세미나에는 筆者도 2020년 參席해서 發表한 바 있다. 이때 作成한 論文을 『震檀學報』에 再收錄한 것이 「초기 闍崛山門과 五臺山의 관계성 검토」, 『震檀學報』 135(2020)이다.

26 國立中原文化財研究所 編, 『古代都市 溟州와 崛山寺』(忠州: 國立中原文化財研究所, 2011), "基調演說: 金杜珍, 〈崛山門의 傳統 民族文化 속에 이어지다〉 / 發表 論文: 야마다 타카후미[山田隆文], 「9州5小京과 溟州(河西州)-都市構造를 中心으로」; 신호철, 「後三國時代 溟州豪族과 崛山寺」; 여성구, 「慈藏의 行蹟과 溟州地域 寺刹」; 曺凡煥, 「高麗初期 崛山門의 成長과 分化」; 김종철, 「梵日國師 形象化의 네 層位」; 리진시우[李錦綉], 「中國 康代의 僧官制度」; 히시다 테츠오[菱田哲郎], 「古代 日本의 地方寺院 展開와 佛敎政策」; 옌야오중[嚴耀中], 「中國 地方社會와 佛敎寺院 그리고 僧人의 相互 影響에 관한 一考」; 도의철, 「崛山寺址 發掘調査 成果와 向後 課題」; 양정석, 「九山禪門의 伽藍配置 檢討」; 嚴基杓, 「崛山寺址 幢竿支柱와 石造浮屠의 樣式과 美術史的 意義」; 최성은, 「溟州지역 羅末麗初 佛敎彫刻과 崛山禪門」; 박윤정, 「崛山寺址 整備·復元에 대한 提言」".

을 발표했다.[27] 또 2010년 이후 활발한 연구자로 조범환을 들 수 있다.[28] 그러나 조범환은 범일보다는 사굴산문 쪽에 중심을 두는 연구를 진행하고 있으며, 관 주도의 세미나와 연관해서 주된 연구가 이루어졌다는 점에서 정동락과는 차이가 있다.

범일에 대한 연구자가 많지 않은 것은 범일이 신라 하대의 고승으로 자료가 제한적이기 때문이다. 즉 자료는 제한적인데 강릉단오제와 관련한 관주도의 세미나가 다수 진행되는 과정에서 연구 진행의 어려움에 맞닥뜨린 것이다.

이외에 범일 혹은 굴산사지와 관련된 관 주도의 연구들은 다음과 같다.

① 굴산사지 발굴조사 보고서 1

강릉대학교 박물관,『굴산사지 부도 학술조사보고서』, 강릉: 강릉대학교 박물관, 1999.

지현병·고동순·이창현 편,『강릉 굴산사지 발굴조사보고서』, 춘천 : 강원문화재연구소, 2006.

---

27 鄭東樂,「通曉 梵日(810~889)의 生涯에 대한 再檢討」,『民族文化論叢』24(2001) ;「梵日(810~889)의 禪思想」,『大丘史學』68(2002) ;「梵日의 崛山門 開創과 成長基盤 造成」,『新羅史學報』35(2015) ;「羅末麗初 崛山門 梵日과 三陟地域」,『異斯夫와 東海』10(2015) ;「崛山門 梵日國師 관련 자료의 검토」,『韓國古代史探求』33(2019).

28 曺凡煥,「羅末麗初 崛山門의 成長과 分化」,『古代都市 溟州와 崛山寺』(忠州: 國立中原文化財研究所, 2011) ;「新羅末 高麗初 崛山門의 成長과 分化」,『文化史學』37(2012) ;「新羅 下代 梵日 禪師와 崛山門의 開創」,『梵日國師 研究叢書』(江陵: 梵日國師文化祝典委員會, 2016) ;「羅末麗初 禪僧의 이상과 현실-崛山門 出身의 行寂과 開淸 禪師를 중심으로」,『韓國思想史學』57(2017).

② 굴산사지 발굴조사 보고서 2

국립중원문화재연구소 편, 『강릉 굴산사지(사적 제448호) 시굴조사 보고서』, 충주: 국립중원문화재연구소, 2013.

국립중원문화재연구소 편, 『강릉 굴산사지(사적 제448호) 발굴조사 보고서 Ⅰ』, 충주: 국립중원문화재연구소, 2015.

국립중원문화재연구소 편, 『강릉 굴산사지(사적 제448호) 발굴조사 보고서 Ⅱ』, 충주: 국립중원문화재연구소, 2017.

③ 굴산사지 관련 문헌과 내용 자료

국립중원문화재연구소 편, 『사굴산문 굴산사』, 충주: 국립중원문화재연구소, 2012.

국립중원문화재연구소 편, 『옛 기록 속의 굴산문–굴산문 관련 문헌자료집』, 충주: 국립중원문화재연구소, 2013.

④ 세미나 논문 자료

강릉문화원·관동대학교 영동문화연구소 편, 『굴산사(지)와 범일의 재조명–제1회 강릉전통문화학술세미나』, 강릉: 강릉문화원·관동대학교 관동문화연구소, 2000.

국립중원문화재연구소 편, 『고대도시 명주와 굴산사』, 충주: 국립중원문화재연구소, 2011.

범일국사문화축전위원회 편, 『범일국사 연구총서』, 강릉: 범일국사문화축전위원회, 2016.

이상의 연구 성과를 보면, 2010년 이전에는 강릉대학교 박물관과 강원문화재연구소가 주축이 되어 굴산사지 발굴조사를 담당했고, 2010년 이후에는 국립중원문화재연구소가 발굴과 기본 자료의 집취를 담당했다는 것을 알 수 있다. 그리고 ③을 통해서는 관련 자료들이 전부 집취된다. 한편 ④의 세미나는 진행 주체가 달라졌음이 확인된다. 즉 기본 연구와 세미나의 주체가 다르게 작업되는 구조라고 하겠다.

이와 같은 관 주도 연구 외에 개인으로는 조영록[29]·심형준[30]·황루시[31] 등의 연구가 일부 존재한다. 범일의 불교사적인 위상을 고려했을 때 개별적인 연구는 활발하지 못한데, 이는 자료의 제한적인 측면과 관 주도의 연구로 인해 이미 대부분의 정리가 이루어졌기 때문이다.

그러나 관 주도로 범일에 관한 연구가 진행되었다는 것은 굴산사의 발굴이나 자료 정리와는 층위가 다른 문제이다. 발굴이나 자료 정리는 관 주도로 이루어져도 문제가 없으며, 또 이렇게 되는 것이 효율적이다. 그러나 인물에 관한 연구는 관심 있는 학자에 의한 자발성이 연구의 질을 높일 수 있다. 즉 관 주도가 되면 다양한 사람들이 참여하게 되기는 하지만, 연구가 내밀화하기 어려운 문제점을 내포하게 되는 것이다.

이 때문에 범일에 대한 다수의 논문이 발표되었음에도 범일의 생애에는 해결되지 못한 다양한 문제점이 존재하게 된다. 발표 논문을 보면 연구자들도 이들 문제의 상당수를 인지하고 있다. 다만 개인의 선택에 따른 지속 연구의 어려움으로 인해 이러한 문제의 해결에까지는 도달하지 못하고 있다. 그러므로 본 연구에서는 이와 같은 문제를 해소하는 데 중점을 두고자 하였다.

---

29 曺永祿,「崛山祖師 梵日 新傳」,『韓國史學史學報』33(2016).

30 심형준,「江陵端午祭 主神 交替 문제에 관한 고찰-梵日國師의 등장 문제」,『歷史民俗學』43(2013).

31 황루시,「巫俗의 觀點에서 본 梵日國師 談論」,『人文學研究』19(2014).

지금까지의 범일과 관련된 연구를 범주적으로 구분하면 다음의 다섯 가지로 나누어 보는 것이 가능하다.

첫째, 범일의 생애 부분
둘째, 사굴산문과 관련된 부분
셋째, 굴산사지와 굴산사에 대한 부분
넷째, 강릉단오제와 관련된 주신과 국사성황신 부분
다섯째, 기타

첫째, 생애와 관련해서는 앞서 언급한 정동락을 필두로 하는 18편 정도의 연구가 존재한다.[32] 이들 논문은 범일의 생애와 관련 인물들에 대한 부분을 다루고 있다.

둘째, 사굴산문과 관련해서는 김흥삼을 필두로 하는 11편 정도의 연구

---

32 江陵文化院·關東大學校 嶺東文化研究所 編, 『崛山寺(址)와 梵日의 再照明-第1回 江陵傳統文化學術세미나』(江陵: 江陵文化院·關東大學校 關東文化研究所, 2000). "方東仁, 「崛山寺와 梵日에 대한 再照明」; 李揆大, 「梵日과 江陵端午祭의 主神인 國師城隍神」; 金京南, 「梵日說話의 原形과 祭儀」"; 梵日國師文化祝典委員會 編, 『梵日國師 研究叢書』(江陵: 梵日國師文化祝典委員會, 2016). "方東仁, 「崛山門 梵日國師와 溟州豪族」; 曺凡煥, 「新羅 下代 梵日 禪師와 崛山門의 開創」; 車長燮, 「梵日國師와 崛山寺의 遺蹟」; 鄭東樂, 「崛山門 梵日國師 관련 자료 검토」"; 國立中原文化財研究所 編, 『古代都市 溟州와 崛山寺』(忠州: 國立中原文化財研究所, 2011). "김종철, 「梵日國師 形象化의 네 層位」". 金興三, 「羅末麗初 崛山門의 禪思想」, 『白山學報』66(2003) ; 金興三, 「新羅末 崛山門 梵日과 金周元系 關聯說의 批判的 檢討」, 『韓國古代史研究』50(2008) ; 鄭東樂, 「通曉 梵日(810~889)의 生涯에 대한 再檢討」, 『民族文化論叢』24(2001) ; 鄭東樂, 「梵日(810~889)의 禪思想」, 『大丘史學』68(2002) ; 鄭東樂, 「梵日의 崛山門 開創과 成長基盤 造成」, 『新羅史學報』35(2015) ; 鄭東樂, 「羅末麗初 崛山門 梵日과 三陟地域」, 『異斯夫와 東海』10(2015) ; 鄭東樂, 「崛山門 梵日國師 관련 자료의 검토」, 『韓國古代史探求』33(2019) ; 曺凡煥, 「新羅 下代 梵日 禪師와 崛山門의 開創」, 『梵日國師 研究叢書』(江陵: 梵日國師文化祝典委員會, 2016) ; 曺永祿, 「崛山祖師 梵日 新傳」, 『韓國史學史學報』33(2016) ; 廉仲燮, 「초기 闍崛山門과 五臺山의 관계성 검토」, 『震檀學報』135(2020).

가 존재한다.[33] 이들 논문은 여말선초 및 고려시대 사굴산문의 특징과 성격에 대해서 주로 검토하고 있다.

셋째, 굴산사지와 굴산사 부분은 앞서 언급한 국립중원문화재연구소 등에서 주도한 발굴조사 자료 외에 12편 정도의 연구가 존재한다.[34] 이들 논문은 굴산사의 가람 배치 및 유물 등과 관련된 것으로 본 연구와는 직접적인 관련성은 적은 편이다.

넷째, 범일의 강릉단오제의 주신과 관련된 측면은 박도식·안광선 등의 연구를 필두로 17편 정도의 연구 논문과 3권 정도의 단행본이 존재한다.[35]

---

33 梵日國師文化祝典委員會 編, 『梵日國師 硏究叢書』(江陵: 梵日國師文化祝典委員會, 2016). "김상영, 「闍崛山門의 形成과 高麗 初·中期 展開樣相」; 黃仁奎, 「高麗後期 修禪社와 闍崛山門」; 李揆大, 「溟州 崛山門의 香徒와 '彌陀尊佛道'의 性格」; 國立中原文化財硏究所 編, 『古代都市 溟州와 崛山寺』(忠州: 國立中原文化財硏究所, 2011). "신호철, 「後三國時代 溟州豪族과 崛山寺」", 金興三, 「羅末麗初 闍崛山門과 政治勢力의 動向」, 『古文化』 50(1997); 金興三, 「羅末麗初 闍崛山門의 淨土信仰과 華嚴思想」, 『江原文化硏究』 19(2000); 金興三, 「羅末麗初 崛山門 信仰의 여러 모습」, 『歷史와 現實』 41(2001); 金興三, 「羅末麗初 崛山門 開淸과 政治勢力」, 『韓國中世史硏究』 15(2003); 琴昌憲, 「屈山寺에 대하여」, 『臨瀛文化』 26(2002); 曹凡煥, 「羅末麗初 禪僧의 이상과 현실-崛山門 出身의 行寂과 開淸 禪師를 중심으로」, 『韓國思想史學』 57(2017).

34 江陵文化院·關東大學校 嶺東文化硏究所 編, 『崛山寺(址)와 梵日의 再照明-第1回 江陵傳統文化學術세미나』(江陵: 江陵文化院·關東大學校 關東文化硏究所, 2000). "白弘基, 「崛山寺址의 遺蹟과 遺物에 대하여」; 梵日國師文化祝典委員會 編, 『梵日國師 硏究叢書』(江陵: 梵日國師文化祝典委員會, 2016). "車長燮, 「梵日國師와 崛山寺의 遺蹟」; 홍성익, 「崛山寺址 浮屠와 浮屠材의 浮屠主에 대한 검토」; 문옥현, 「江陵 崛山寺址의 空間 構成과 特性」; 박상준, 「崛山寺址 整備 方案에 대한 기초적 검토」; 國立中原文化財硏究所 編, 『古代都市 溟州와 崛山寺』(忠州: 國立中原文化財硏究所, 2011). "도의철, 「崛山寺址 發掘調査 成果와 向後 課題」; 양정석, 「九山禪門의 伽藍配置 檢討」; 嚴基杓, 「崛山寺址 幢竿支柱와 石造浮屠의 樣式과 美術史的 意義」; 최성은, 「溟州지역 羅末麗初 佛敎彫刻과 崛山禪門」; 박윤정, 「崛山寺址 整備·復元에 대한 提言」. 白弘基, 「溟州 崛山寺址 發掘調査 略報告」, 『考古美術』 161(1984); 嚴基杓, 「崛山寺址 石造浮屠의 主人公과 美術史的 意義」, 『先史와 古代』 37(2012); 최영희, 「崛山寺址 기와를 통해 본 高麗時代 溟州地域의 生産體制」, 『江陵 崛山寺址의 發掘調査와 保存·整備』(忠州: 國立中原文化財硏究所, 2016).

35 梵日國師文化祝典委員會 編, 『梵日國師 硏究叢書』(江陵: 梵日國師文化祝典委員會, 2016). "朴道植, 「江陵地域에서의 梵日國師 奉安 硏究」; 채미하, 「朝鮮時代 江陵의 城隍祠와 端午祭」;

이들 연구는 강릉단오제 주신으로서 범일의 타당성에 대한 것과 범일의 등장 시기 등에 관한 내용을 주로 다루고 있다. 특히 안광선은 강릉단오제 주신의 타당성을 범일이 아닌 김유신에서 찾고 있어 주목된다. 이 넷째와 관련해서는 제5장에서 다루어지게 되며, 필자의 관점은 일반적으로 수용되고 있는 범일의 타당성을 변증하는 것에 있다.

다섯째, 기타는 범일과 굴산사에 대한 현대적 활용 방안 등에 대한 것으로 소수의 연구가 있을 뿐이다.[36] 즉 일부 다른 측면이 존재하기는 하지만, 응용과 관련된 현대적 관점에 대한 부분이다.

이상의 다섯 가지 중 본 연구와 관련해서 중요한 것은 첫째와 넷째이며, 셋째는 범일 문도를 통한 범일에 대한 이해 심화나 방증 및 참고 자료의 역할을 한다고 이해하면 되겠다.

임호민, 「梵日 관련 說話에 대한 史的 검토」; 양언석, 「梵日禪師의 說話 考察」; 張正龍, 「梵日國師 傳記·說話 考察」; 이한길, 「神格의 坐定過程 考察」; 金善豊, 「神化學的으로 본 梵日國師」. 朴道植, 「江陵端午祭 主神 교체의 시기와 역사적 배경」, 『地方史와 地方文化』 22-1(2019) ; 朴道植, 「江陵 大城隍祠 12神, 金庾信」, 『수릿날 江陵』 6(2011) ; 박영완, 「江陵 臨瀛誌 研究」, 『江原民俗學』 7(1992) ; 심형준, 「江陵端午祭 主神 交替 문제에 관한 고찰-梵日國師의 등장 문제」, 『歷史民俗學』 43(2013) ; 안광선, 「江陵端午祭 神格變動」, 『民俗學研究』 41(2017) ; 안광선, 「異僧祠 一考」, 『臨瀛民俗研究』 8(2009) ; 안광선, 「知藏禪院과 異僧祠 研究」, 『臨瀛文化』 35(2011) ; 이학주, 「口碑文學의 共同作 特質에 따른 無形文化로서의 가치-〈梵日國師〉와 〈밭치리〉堂神化의 比較를 중심으로」, 『東아시아古代學』 58(2020) ; 함복희, 「梵日國師 說話의 의미와 문화콘텐츠 方案 研究」, 『東아시아古代學』 34(2014) ; 황루시, 「巫俗의 觀點에서 본 梵日國師 談論」, 『人文學研究』 19(2014) ; 李揆大, 「江陵端午祭의 形成과 歷史的 展開」, 『江陵端午祭의 傳承과 비전』(서울: 고요아침, 2008) ; 임동권 著, 『江陵端午祭-重要無形文化財指定資料』(서울: 서울文化財管理局, 1966) ; 張正龍 著, 『江陵官奴假面劇 研究』(서울: 集文堂, 1989) ; 張正龍 著, 『江陵端午祭』(서울: 集文堂, 2003).

36 梵日國師文化祝典委員會 編, 『梵日國師 研究叢書』(江陵: 梵日國師文化祝典委員會, 2016). "임호민, 「梵日과 崛山寺를 통해서 본 지역문화의 정체성」; 李揆大, 「溟州 崛山門의 香徒會, '彌陀尊佛道'의 性格」; 김남일, 「梵日國師 및 崛山寺址 지역축제화 방안」".

제2절

연구 범위와 서술 방향

본 연구는 두 가지의 범위와 방향을 가진다. 첫째는 범일의 생애 복원이며, 둘째는 범일이 민간 신앙적인 변형으로 강릉단오제로의 주신으로 확립되는 부분이다.

첫째 범일의 생애 부분은 정동락을 필두로 하는 다수의 연구가 있으나, 가장 중요한 「범일전」의 내용에 문제가 있는 측면을 완전히 해소하는 데는 이르지 못하고 있다. 「범일전」을 중심으로 하는 현존 자료 안에서의 범일 생애 문제는 '입당 시의 동행자 문제', 또 범일의 입당 행적과 관련된 '입당 연도'와 '염관제안鹽官齊安(?~842)을 만나고 떠나게 되는 시기', '강서성을 경유하는 약산유엄의 문제', 그리고 회창법난의 과정에 따른 중국불교사적인 인식 속에서의 '고산에 대한 문제'와 '이동 동선 및 시기', 또 '광동성으로의 이동'과 '당에서 신라로의 출발 지역과 시기' 등 다양하다.

이외에도 신라 귀국 후 교화와 관련해서 '낙산사의 정취전 조성'과 '오대산 주석 과정에서 발생하는 개청의 입실', 그리고 『오대산사적』에 등장하는 '범일의 십성十聖 제자인 신의信義'에 대한 부분 등이 존재한다. 그리고 마지막으로 범일과 관련해 제기되는 진귀조사설眞歸祖師說이 실제로는 당나라에 존재한 것을 이식했을 개연성 역시 모색해 보았다.

이렇게 놓고 본다면, 지금까지의 연구가 진행된 것에 비해서 범일에 대한 생애가 제대로 정리되지 않았음을 알 수 있다. 그러므로 기존의 연구 성과들을 최대한 활용해서 범일 생애를 가능한 한 복원하고자 했다. 또 현대의 불교사적인 연구 결과와 중국의 지리적인 측면 등을 토대로 생애의 복원 타당성을 증대시키고 연표까지 완성될 수 있도록 해 보고자 하였다.

범일의 생애가 일단락되면, 이를 바탕으로 하는 강릉단오제의 주신 문제에 관한 판단 역시 보다 명확해질 수 있다. 물론 강릉단오제의 주신 부분은 명주의 민간 신앙과 결합한 후대의 측면이므로 굳이 범일의 생애가 완전하지 않아도 된다. 실제로 이 때문에 주신 문제가 논의되는 과정에서도 범일의 생애가 완료되지 못한 측면이 존재한다. 그러나 선행한 생애를 완전하게 하는 것은 후행하는 변화의 차이와 의미를 더욱 분명하게 해 준다는 점에서 매우 타당하고 가치 있는 접근이라고 판단된다.

둘째는 첫째의 복원된 범일의 생애를 바탕으로 범일의 명주 지역 신격화 및 민간 신앙으로의 확대 수용과 변형, 그리고 강릉단오제의 주신으로 확립되는 상황에 대해서 살펴보게 된다. 둘째의 연구 범위와 관련해서는『고려사』권92의 〈왕순식〉과『임영지』「전지」의 두 자료를 통해서 판단해 볼 수 있다.

〈왕순식〉은 대관령 신앙과 관련된 승려의 존재를 언급하고 있으며,「전지」는 범일의 신격화와 민간 신앙적인 변형이 늦어도 조선 전기에는 존재했다는 것을 알게 해 준다. 두 자료는 기록된 시기와 구성면에서 차이가 크다. 그러나 두 가지 모두 대관령을 아우르는 명주 지역에 국한된 전승이라는 점에서, 강릉단오제 주신의 정립에 있어 두 가지 모두가 영향을 미쳤다는 점만은 분명하다. 그러나 지금까지는 이러한 두 가지의 관계를 복합적이며 체계적으로 연결하는 연구 관점은 존재하지 않았다.

본 연구에서는 먼저 〈왕순식〉의 '이승사異僧祠'가 연대상 범일보다는 자장이 타당하다는 점을 새롭게 제시해 보고자 하였다. 또 이승사의 이승異僧이 「전지」의 승·속이신僧·俗二神으로 유전되며, '범일-대관령 국사성황신'과 '김유신-대관령 산신'으로 유전되었을 것이라는 판단을 제시해 보았다. 즉 명주의 영동과 영서를 분기하는 중요한 지형인 대관령과 관련된 신이승의 결부 및 계승을 검토한 것이다.

이처럼 선행하는 측면을 바탕으로 범일에 대해 조선 전기에는 존재하고 있었던 민간 신앙적인 신격화 구조를 분명히 하고자 하였다. 범일은「범일전」이 유통되던 시기에도 민간 신앙적인 신격화가 이루어졌고, 이는 승·속이신에서 '승僧' 부분이 범일로 연결될 수밖에 없는 판단을 가능하게 한다.

즉 범일의 민간 신앙적인 신격화는 범일 이전에 퍼져 있던 자장의 신이승적인 측면을 계승하면서, 고승으로서는 이례적인 대관령 국사성황신과 강릉단오제의 주신으로 확립되기까지 이른다고 본 것이다.

본 연구에서는 바로 이 부분을 유기적으로 연결해, 범일이 대관령 국사성황신과 강릉단오제 주신으로 정립되는 과정을 보다 분명히 하고자 하였다. 이는 지금까지 존재하던 강릉단오제 주신이 조선 후기에 김유신에서 범일로 변화했다는 주장과[37] 대관령 국사성황신의 국사가 범일을 지칭하는 것이 아닌 산신이나 성황신을 의미하는 것이라는 주장에 대한 보다 진일보한 견해를 제공하게 된다. 특히 무속의 국사 지칭 범위에는 산신·성황신과 더불어 '고승'도 포함된다는 점에서 더욱 그렇다.[38]

이상의 연구 접근을 통해, 범일은 자장 이래의 신이승적인 면모를 계승하는 민간 신앙적인 측면에서 대관령 국사성황신과 강릉단오제 주신이 될 수 있는 구조를 더 분명하게 밝혀 보게 된다.

---

37 안광선,「江陵端午祭 神格變動」,『民俗學硏究』41(2017), 182-193쪽.

38 장장식,〈11. 國師堂, 국수당 關聯 地名〉,「『朝鮮地誌資料』'京畿道篇'에 나타난 民俗 관련 地名 分析」,『民俗學硏究』24(2009), 211쪽.

제2장

범일의 탄생과 입당 유학

제1절

범일의 탄생과 붓다와의 연결 검토

1.
탄생의 신이성과 붓다와의 연결

1) 범일의 탄생 기록 검토

범일에 대한 가장 중요한 1차 자료는 〈(굴산)통효대사 연휘탑비〉(崛山)通曉大師 延徽塔碑)〉(이하〈범일비문〉) 정도로 불렸을 것으로 추정되는[39] 굴산사지에 건립되어 있었던 〈범일비문〉의 비편이다. 그러나 현재 수습된 비편은 너무 일부여서 의미 있는 내용이 존재하지는 않는다.[40] 이 〈범일비문〉을 정리한 것으

---

[39] 鄭東樂,「崛山門 梵日國師 관련 자료의 검토」,『韓國古代史探求』33(2019), 418-419쪽, "梵日은 '(崛山)通曉大師 延徽塔碑", 아니면 "延徽塔記' 정도였을 듯하다. (…)「梵日碑」는 '(有唐)新羅國 溟州 崛山(寺) 故(國師敎諡)通曉大師 延徽之塔碑銘 幷序'였을 것이다.'; 鄭東樂,「梵日의 崛山門 開創과 成長基盤 造成」,『新羅史學報』35(2015), 75쪽; 嚴基杓,「崛山寺址 幢竿支柱와 石造浮屠의 樣式과 美術史的 意義」,『古代都市 溟州와 崛山寺』(忠州: 國立中原文化財研究所, 2011), 349쪽.

[40] 수습된 비편은 1978년의 1차 6편과 2014년의 2차 2편, 도합 8편이다. 이 중 글자가 판독되는 것은 5매로 "① 意ロ(企?) / 和尙言, ② 近 / 溟州都督銀 / 副都督, ③ 法土 / 淨大智, ④ 西王 / 所涇淂 / 贏未, ⑤ 秘書"이다. 鄭東樂,「崛山門 梵日國師 관련 자료의 검토」,『韓國古代史探求』33(2019), 423-427쪽; 國立中原文化財研究所 編,『江陵 崛山寺址(史蹟 第448號) 發掘調査 報告書 Ⅰ』(忠州: 國立中原文化財研究所, 2015), 538~540쪽.

| ① | ② | ③ | ④ | ⑤ |

로 판단되는 것이 『조당집』(952) 권17의 「명주굴산고통효대사溟州崛山故通曉大師」(이하 「범일전」)이다.[41]

『조당집』은 5대·10국 시대 남당南唐(937~975)의 정수문등淨修文僜(884?~972)의 제자인 정靜과 균筠에[42] 의해 찬술된 전등사서傳燈史書이다. 이는 801년 지거智炬의 찬술인 『조계보림전曹溪寶林傳』과 함께 연대가 올라가는 고층 자료에 속하는 선종 문헌이다.

그러나 『조당집』에 처음부터 「범일전」이 입전入傳된 것이 아니라, 재조대장경의 간행 과정에서 편입된 것이라는 주장이 1926년 오야 토쿠시로[大屋德城]에 의해 제기된 이후[43] 이것이 현재에는 일반적으로 수용되고 있다.

『조당집』에 범일과 함께 입전된 나말여초의 선승은 총 10인으로 이를 정리해 보면 다음과 같다.

41 『祖堂集』 권17의 「雪岳陳田寺元寂禪師嗣西堂」, 즉 「道義傳」에는 "餘如碑文"(『祖堂集』17, 『大藏經補編』25, 616a)이라고 하여 「도의전」이 〈道義碑文〉과 관련됨을 밝히고 있다. 또 권20의 「五冠山瑞雲寺和尙嗣仰山寂禪師」, 즉 「順之傳」은 〈順之碑文(瑞雲寺了悟和尙眞塔碑)〉과 대조해 볼 때 이를 요약 편찬한 정황이 살펴진다(韓基汶, 「『祖堂集』과 新羅·高麗 高僧의 行蹟」, 『韓國中世史硏究』6[1999], 190-191쪽). 이를 통해서 『祖堂集』의 新羅僧 入傳은 〈碑文〉과 연관됨을 판단해 보는 것이 가능하다. 崔炳憲 著, 「地方豪族과 禪宗」, 『史料로 본 韓國文化史(古代篇)』(서울: 一志社, 1986), 354쪽 ; 金興三, 「羅末麗初 闍崛山門과 政治勢力의 動向」, 『古文化』50(1997), 394쪽 ; 鄭東樂, 「崛山門 梵日國師 관련 자료의 검토」, 『韓國古代史探求』33(2019), 414쪽.

42 筠에게는 新羅의 求法僧이었을 것이라는 연구도 존재한다. 卞麟錫, 「『祖堂集』의 增補에 관한 논란의 부정적 視覺-東國禪師章의 內的批判을 중심으로」, 『韓國古代史探究』16(2014), 120쪽.

43 大屋德城, 「朝鮮海印寺經板考」, 『東洋學報』15-3(1926), 302쪽.

NO	권수	수록 제목과 법명	사법스승	구산선문	대정장 분량
1	권11	제운齊雲 화상(영조靈照)	석두계 제자인 설봉의존		516a9-519b13
2		복청福淸 화상(현눌玄訥)			519b14-520b2
3	권17	설악雪嶽 진전사陳田寺 원적元寂 선사(원적도의)	마조 제자인 서당지장	가지산문	615b2-616a5
4		동국東國 동리桐裏 화상(광자혜철)		동리산문	616a6-616a7
5		동국東國 실상實相 화상(증각홍척)		실상산문	616a8-616a9
6		동국東國 혜목산慧目山 화상(원감현욱)	마조 제자인 장경회휘	봉림산문	616a10-616b13
7		명주溟州 굴산崛山 고故 통효通曉 대사(범일통효)	마조 제자인 염관제안	사굴산문	617a13-619a6
8		숭엄산嵩嚴山 성주사聖住寺 고故 양조兩朝 국사國師(낭혜무염)	마조 제자인 마곡보철	성주산문	620a2-621a5
9		쌍봉雙峯 화상(철감도윤)	마조 제자인 남전보원	사자산문	628b3-629a7
10	권20	오관산五冠山 서운사瑞雲寺 화상(순지順之)	마조계 제자인 앙산혜적		668a2-680a3

　　입전된 10인을 보면, 마조계 8명과 석두계 2명임을 알 수 있다. 또 이들의 입전入傳 배치는 권11·17·20의 비연속적인 3권에 분리되어 있는데, 분량 면에서는 「순지전」이 다른 9명을 더한 것보다도 훨씬 많다.[44] 「순지전」 다

44　五冠山 順之는 9山 禪門 以外의 禪門 開創者이다. 9山 禪門 外의 禪門들에 대해서는 18山 禪門까지 整理되어 있는 高榮燮의 圖表를 參朝하라. 高榮燮, 「新羅 中代의 禪法 傳來와 羅末麗

음의 분량으로는 「제운영조전」 → 「범일전」 → 「낭혜무염전」 → 「철감도윤전」 → 「원적도의전」 → 「복청현눌전」 순이다.

또 「광자혜철」과 「증각홍척」은 별도의 전기라고 하기는 어려울 정도로 소략하다.[45] 주지하다시피 혜철과 홍척은 각각 구산선문 중 동리산문과 실상산문의 개산조이다. 그런데도 사승師承과 시호 정도만 기록하고 있는 것은 이해하기 쉽지 않다. 즉 이러한 짧은 서술은 고려불교의 의식이 반영된 것이라기보다는 중국불교적인 인식일 수 있다는 말이다.

10인의 전기가 몽골의 침략을 불력으로 극복하기 위한 재조대장경의 간행 과정에서 편입된 것이라는 주장은 정수문등의 「조당집서祖堂集序」 다음에 들어가 있는 석광준釋匡儁의 「해동신개인판기海東新開印版記」(이하 「기문」)에 근거한다. 이 「기문」을 적시해 보면 다음과 같다.

이상의 (정수문등이 찬한) 「서문」과 『조당집』 1권이 먼저 이 국토에 유행하고 있었다. 이후에 10권이 한꺼번에 도착했다.

삼가 (뒤에 완전히) 갖추어진 판본에 의지하여, 새롭게 열어 인판印版해서 광시유전廣施流傳시키고자 함에 20권으로 나누어 (재편)하였다. 이에 먼저 (과거) 7불의 (내용을) 베껴 오고, 다음으로 천축天竺의 27조祖와 진단震旦(중국)의 6대를 정리했다. 대代에는 방계와 정통이 있고, 조祖에는 차제次第의 자리가 있다. (이를) 아울러서 순서로 기록하였다. 그 혈맥血脈을 따라서 처음과 뒤가 이어지도록 하였으며, 소목법昭穆法에 의거하여(소

初의 九山禪門 形成-北宗禪과 南宗禪의 傳來와 安着」, 『新羅文化』 44(2014), 211쪽.

45 『祖堂集』 17, 「東國桐裏和尙嗣西堂」(『大藏經補編』 25, 616a). "○東國桐裏和尙嗣西堂, 師諱慧徹. 諡號寂忍禪師照輪淸淨之塔."; 같은 책, 「東國實相和尙嗣西堂」, "○東國實相和尙嗣西堂, 師諱洪直. 諡號證覺大師凝寂之塔."

목지의侶穆之儀) 후손과 적자가 있도록 하였다. 이러한 편찬을 이룩해야
만, 군영群英의 산설散說된 것을 두루 눈앞에서 일람하고 제성諸聖의 이
언異言을 권내卷內에서 얻어 볼 수 있는 소이所以이다.

이제 사문沙門 석광준釋匡儁이 (편집된 『조당집』에) 바라는 것은 중화에서
집대성된 (『고조당古祖堂』의) 법法에서 아끼는 흔적마저도 영원히 없애는
것이다. (또) 이 세계(나라)의 조계曹溪가 작지만, 선禪의 아름다움(고美)이
널리 가르쳐지기를 발원해 본다.

동철洞徹에는 깊이 부끄럽고, 건우愆疣에게는 용서를 빌 뿐이다.[46]

석광준이 편입한 것이라면, 이는 1245년 남해南海의 분사대장도감分司
大藏都監에서 이루어진 것으로 볼 수 있다. 이렇게 되면 입전된 「범일전」은
고려 중기인 1245년에 재편된 문헌이라는 한계점을 가지게 되는 것이다.

그러나 석광준 편입설을 부정하고 10인의 입전이 원래부터 『조당집』에
있었던 것임을 주장하는 연구도 존재한다. 이에 따르면, ① 석광준이 편집한
『조당집』이 진각혜심眞覺慧諶(1178~1234)의 『선문염송 염송설화회본禪門拈
頌 拈頌說話會本』에서[47] 인용되는 『고조당』의 내용과 큰 차이가 없다는 점, ②
고려에서 편집되었다면, 이름(휘·시호·탑호)만 있고 내용이 없는 '동리화상'과
'실상화상' 부분이 보충되어 있어야 한다는 점, ③ 『조당집』에 입전된 10인이
『경덕전등록』에서도 확인된다는 점, ④ 10인의 전기 속에 중국어 특유의 특

46　『祖堂集』1,「海東新開印版記」(『大藏經補編』25, 299a·b). "已上序文幷《祖堂集》一卷, 先行此
土。爾後一卷齊到。謹依具本, 爰欲新開印版, 廣施流傳, 分爲二十卷。以此先寫七佛, 次朌
天竺二十七祖幷諸震旦六代, 代有傍正, 祖位次第, 並以錄上。隨其血脈, 初後聯綿, 昭穆之
儀, 有孫有嫡也。其纂成, 所以群英散說周覽於眼前, 諸聖異言獲瞻於卷內。今以沙門釋匡
俊所冀: 中華集者, 永祛惜法之痕, 此界微曹, 願學弘禪之美。深慚洞徹, 乞恕愆疣。"

47　卞麟錫,「『祖堂集』의 增補에 관한 논란의 부정적 視覺-東國禪師章의 內的 批判을 중심으로」,
『韓國古代史探究』16(2014), 126쪽.

징적인 측면이 존재한다는 점, ⑤ 고려의 선불교에서는 큰 비중이 없는 「순지전」이 『조당집』 권20의 85퍼센트나 차지한다는 점 등을 들어, 10인의 전기가 본래부터 존재하던 측면임을 주장하고 있다.[48]

필자의 관점으로는 10인의 전기는 『조당집』에 본래부터 있었으나 편집 과정에서 석광준에 의한 일부 변화는 불가피했을 것으로 판단된다. 다만 '동리화상'과 '실상화상' 부분이 단출한 것을 고려한다면 이 변화도 작았던 것이 아닌가 한다. 만일 석광준이 적극적인 노력을 보였다면 이를 수정해서 보충하는 것은 당시로서는 매우 쉬운 일이기 때문이다.

그런데도 석광준이 편집했다는 분명한 기록이 존재한다는 점에서 편집의 범위를 단정하는 일은 현재로서 쉽지 않다. 그러므로 이 역시 가능성의 추론만이 존재할 뿐, 구체적으로 규정지을 수 있는 측면은 아니라고 하겠다.

이렇게 놓고 본다면, 「범일전」의 대체大体는 『고조당』(이후 『조당집』으로 통일)이 간행되는 952년에 존재했고, 일부는 석광준에 의한 1245년에 있었다는 관점의 접근 정도가 가능하다고 하겠다. 즉 「범일전」은 통일신라 말의 자료인 동시에 고려 중기의 요소를 일정 부분 내포하고 있는 셈이다.

범일의 생애와 관련해서 「범일전」과 더불어 중요한 위치를 차지하는 것은 『임영지』 「전지」(1608~1623) 권2의 〈석증-범일〉과 〈총화〉이다. 즉 「범일전」과 「전지」라는 중추적인 두 자료가 존재하는 것이다.

범일이 889년에 입적했다는 점을 고려하면, 『조당집』은 『고조당』을 기준으로 할 때 불과 53년 후의 기록이다. 그러나 「전지」는 700년도 더 지난 시점의 문헌이다. 즉 두 기록은 결코 대등하게 비교될 수 있는 것이 아니라는 말이다. 특히 「범일전」이 〈범일비문〉을 요약했을 것으로 추정된다는 점에서

---

48   같은 論文, 123-178쪽.

「범일전」은 특히 신뢰도가 매우 높게 평가되는 문헌이다.[49]

『삼국유사』 권3의 「낙산이대성 관음·정취·조신」에는 "사구재본전事具在本傳(자세한 일은 『범일본전』에 갖추어져 있다)"이라는 기록이 있다.[50] 이는 일연 당시까지 범일과 관련된 『본전』이 존재했다는 것을 알게 한다. 또 천책의 『선문보장록』에 인용된 『해동칠대록』에도 범일의 전기가 수록되어 있었으며,[51] 휴정의 『선교석』에도 『범일국사집梵日國師集』이 인용되어 있는 것이 확인된다.[52] 이는 최소한 1586년까지는 범일에 대한 전기가 유통되고 있었다는 것을 알게 해 준다. 그런데 현재 범일에 대해 알 수 있는 중요 문헌은 「범일전」과 「전지」뿐이다.

「범일전」과 「전지」는 같은 범일을 다루고 있지만, 역사와 설화를 기록하고 있다는 점에서 완전히 변별되는 관점의 차이가 큰 문헌이다. 그런데 이는 역사 속의 범일과 민간 신앙 속에서 신격화되어 강릉단오제의 주신이 되는 범일을 알게 해 준다는 점에서 주목된다.

범일의 탄생에 관한 내용이 수록된 「범일전」과 「전지前誌」〈석증-범일〉의 해당 내용을 제시해 보면 다음과 같다.

「범일전」

법휘法諱는 범일이다. 구구(계鷄)림林 관족冠族(호족)인 김씨이다. 조부의 휘諱는 술원述元으로 관직이 명주도독溟州都督에 이르렀다. 청렴·공평

---

49 鄭東樂, 「崛山門 梵日國師 관련 자료의 검토」, 『韓國古代史探求』 33(2019), 414쪽.

50 『三國遺事』 3, 「興法第三-洛山二大聖 觀音·正趣·調信」 (『大正藏』 49, 997a).

51 『禪門寶藏錄』 1, 「禪教對辨門(二十五則)」 (『卍新纂大日本續藏經選錄』 64, 810a).

52 『禪教釋』 (『韓佛全』 7, 654c).

(염평廉平)으로 속俗을 살폈으며, 너그러움과 용맹(관맹寬猛)으로 사람들에게 임했다. 청풍清風이 (지금까지) 오히려 민요로 전해진다. 나머지는 전기에 갖추어져 있다. 그 모母 지씨支氏(혹 문씨文氏)는[53] 누엽累葉의 호문豪門(호족)이다. 세상에는 부녀자의 모범으로 칭해진다. 그 회신지제懷娠之際에 태양을 받들어 안는 상서를 꿈꾸었다. 이에 원화元和 5년 경인 정월 십진十辰(10일)에, 태胎에 있은 지 13개월 만에 탄생(810)했다. 나계螺髻의 자태가 빼어났으며, 정주頂珠가 이상異相이었다.[54]

〈석증-범일〉

신라 때에 양가의 여식이 굴산崛山에 살고 있었는데, 나이가 차도록 시집을 가지 못했다. (그러던 어느 날) 우물에서 빨래하고 있었는데, 하늘의 태양 빛이 배를 비추었다. (이때) 물을 마시니, 임신하여 아비 없이 아들을 낳았다. 가인家人이 이상히 여겨 (아이를) 얼음 위에 두었는데, 낮에는 새가 날개로 덮어 주고 밤에는 서광이 하늘로 뿜어져 나왔다. (이에 다시금) 거두어 길러 이름을 범일이라 하였다.[55]

『임영지』는 「전지前誌」(1608~1623)·「후지後誌」(1748)·「속지續誌」(1786)의 세 가지로 합본된 문헌인데, 찬술 연대에 차이가 있다. 이 중 범일의 탄생

---

53 鄭東樂,「通曉 梵日(810~889)의 生涯에 대한 再檢討」,『民族文化論叢』24(2001), 61쪽.

54 『祖堂集』17,「溟州崛山故通曉大師嗣鹽官」(『大藏經補編』25, 617a). "法諱梵日, 鳩林冠族金氏. 祖諱述元, 官至溟州都督, 廉平察俗, 寬猛臨人, 清風尚在於民謠, 餘列備於傳乎. 其母支氏, 累葉豪門, 世稱婦範. 及其懷娠之際, 夢徵捧日之祥, 爰以元和五年庚寅正月十辰, 在胎十三月而誕生. 螺髻殊姿, 頂珠異相."

55 『臨瀛誌』,「前誌」2,〈釋證-梵日〉;『增修臨瀛誌』,〈釋證-梵日〉. "新羅時有良家女居于崛山, 年大未嫁. 浣紗于井甃上日光照腹, 飲然有娠無夫而生子. 家人異之置之氷上鳥覆之夜有瑞光射天. 收養之名梵日."

설화가 수록된 〈석증-범일〉은 「전지」에 속한 문헌이다. 휴정이 『범일국사집』을 인용하는 시기가 1586년이라는 점을 감안한다면, 두 자료는 22~37년의 시차만을 가진 것에 불과하다. 『임영지』에 나오는 범일의 탄생설화는 범일에 대한 전기가 전해지던 시기에 같이 유전되고 있었던 것이다. 이는 〈석증-범일〉이 비록 설화이기는 하지만 강릉 지역을 기반으로 하는 나름의 강력한 전승 배경을 가지고 있다는 것을 의미한다.

2) 탄생의 신이함과 설화적 변형

「범일전」에 기록된 범일의 탄생 신이神異는 크게 세 가지이다. 그것은 ① 태양을 품는 태몽, ② 13달 만의 출산, ③ 나계, 즉 나발과 정상계주頂上髻珠와 같은 이상異相이다. 이에 반해 〈석증-범일〉에는 서로 연결된 두 가지만 확인된다. ① 우물가에서 태양이 배를 비추고 물을 마시자 임신됨, ② 얼음 위에 버리자 새가 덮어 주고 밤에 빛이 났다는 것이다.

양자는 동일인의 탄생 신이치고는 편차가 크다. 그러나 양자의 내용이 충돌하는 것만은 아니다. 왜냐하면 「범일전」이 태몽과 아이의 신이성에 주목하고 있다면, 〈석증-범일〉은 잉태와 버려짐이라는 논리적 층위에서 차이가 있는 영웅신화(hero myth) 구조를 띠고 있기 때문이다.[56] 이런 점에서 본다면, 양자는 불교적인 전승과 민간 신앙적인 관점의 차이를 잘 나타내 주는 동시에, 층위가 다름에도 불구하고 신이성이라는 범주 속에서 일정 부분 서

---

56 이학주, 「口碑文學의 共同作 特質에 따른 無形文化로서의 가치-〈梵日國師〉와 〈발치리〉堂神化의 比較를 중심으로」, 『東아시아古代學』 58(2020), 16-19쪽 ; 方東仁, 「崛山寺와 梵日에 대한 재조명」, 『崛山寺(址)와 梵日의 再照明-第1回 江陵傳統文化學術세미나』(江陵: 江陵文化院·關東大學校 關東文化研究所, 2000), 13쪽 ; 金鐘澈, 「梵日國師 形象化의 네 層位」, 『古代都市 溟州와 崛山寺』(忠州: 國立中原文化財研究所, 2011), 155쪽.

로간 용인되고 있었던 것으로 판단된다. 이와 같은 판단이 가능한 것은 앞서 언급한 바와 같이 『범일국사집』과 〈석증-범일〉이 시기적으로 공존하고 있었기 때문이다.

〈석증-범일〉에서 주목되는 것 중 하나는 '범일'이라는 이름을 탄생과 연관시켜 이해하려는 모습이다. 즉 태양에 의한 임신이므로 '범일'이라는 것이다. 이는 '범일梵日'의 또 다른 표기인 '범일泛日'과[57] 관련된 측면으로 판단된다.

〈석증-범일〉은 「범일전」의 태몽인 태양이 특히 강조되어 '신이한 탄생 →버려짐→이적을 통한 회복'이라는 영웅설화적인 모습을 띠고 있음을 알 수 있다. 이러한 영웅설화는 고주몽 설화 등에서도 확인되는 일반적인 방식이다. 즉 신성한 탄생에 대한 범인들의 오해와 이적을 통한 해소가 주된 관건인 셈이다. 이는 범일이 선불교의 고승을 넘어 명주 지역의 민간 신앙과 깊이 결합하였다는 것을 의미한다.

흥미로운 것은 「범일전」에 범일의 생모가 누대의 호족 출신으로[58] '세상에는 부녀자의 모범으로 칭해진다.'라고 되어 있다는 점이다. 일반적으로 탄생과 관련한 설화적 변형은 고주몽 신화에서처럼 신성한 혈통을 가졌음에

---

57 최승순 外 著,「原州·元城-학바위와 泛日國師」,『鄕土의 傳說』(春川: 江原道, 1979), 132쪽. "泛日이란 해가 떠 있는 바가지에 물을 떠 마신 데에 연유된 것이라 한다."; 車長燮,「梵日國師와 崛山寺의 歷史的 位置」,『梵日國師 硏究叢書』(江陵: 梵日國師文化祝典委員會, 2016), 96쪽; 양언석,「梵日禪師의 說話 考察」,『梵日國師 硏究叢書』(江陵: 梵日國師文化祝典委員會, 2016), 256-257쪽.

58 梵日의 生母인 支氏가 同姓不婚에 의해 본래 金氏에서 바뀐 것으로 보아 金周元系와 연결해서 이해하는 관점도 존재한다(申千湜,「韓國佛敎史上에서 본 梵日의 位置와 崛山寺의 歷史性 檢討」,『嶺東文化』1 [1980], 10-11쪽). 그러나 "累葉"이라는 表現이 金周元의 溟州 定着보다 더 빠른 시기를 上程한다는 점에서 이에 대한 批判的인 관점도 제기되어 있다(金興三,「羅末麗初 闍崛山門과 政治勢力의 動向」,『古文化』50 [1997], 401쪽; 金興三,「新羅末 崛山門 梵日과 金周元系 關聯說의 批判的 檢討」,『韓國古代史硏究』50 [2008], 317-318쪽).

도 현실적으로는 고난에 처하며 이를 극복해 마침내 영웅으로 재탄생한다는 것이 일반적이다.[59] 이는 문제 있는 출신 성분에 대해 신성함을 빌어서 방어기제와 타당성을 만들어내는 작업이기도 하다. 그러나 「범일전」에는 범일의 양가가 모두 지위 높은 유복한 집안으로 기록되어 있어 일반적인 영웅설화 양상과는 차이가 있다. 그런데도 〈석증-범일〉의 설화 윤색에서는 대담하게도 범일의 어머니를 태양에 의한 무염수태無染受胎로 변모시키고 있는 것이다.

다만 「범일전」에는 조부에 대한 언급은 있지만 아버지에 대한 직접적인 언급은 없다. 즉 조부와 어머니만 기록된 것이다. 이를 통해서 범일의 부와 관련해 모종의 문제가 존재했고,[60] 이 부분에서 신이적인 변화가 작용하기에 용이했던 것이 아닌가 판단되기도 한다.[61]

「범일전」이 수록된 『조당집』(전20권)은 당·송 교체기인 952년 5대·10국의 하나인 남당南唐에서 편찬된 선어록의 총서 중 하나이다. 그러나 특이하게도 고려대장경 사간본에만 전할 뿐 중국에서는 전승이 단절된다. 이 책이 근대적 연구에서 새롭게 주목된 것은 1912년 일제가 해인사의 고려대장경을 조사하는 과정 중 세키노 타다시[關野貞]와 오노 겐묘[小野玄妙]에 의해서이다.[62] 이런 점에서 「전지」의 찬술 당시에는 이미 「범일전」에 대한 내용

59　『三國史記』13,「高句麗本紀 1」,〈東明聖王〉.

60　鄭東樂,「梵日의 崛山門 開創과 成長基盤 造成」,『新羅史學報』35(2015), 71쪽. "『祖堂集』에는 梵日의 아버지 이름이 밝혀지지 않았는데 무언가 석연치 않다. 『祖堂集』의 「梵日傳」은 그의 〈碑文〉을 要約 整理한 것이다. 그 과정에 아버지의 이름이 漏落되었을 可能性이 없지 않다. 한편으로는 〈碑文〉 자체에서 밝히지 않았을 가능성도 있다. 禪僧의 〈碑文〉은 國王의 許可에 따라 唐代의 代表的인 文官이 撰述하였다. 梵日의 아버지가 밝혀지지 않은 것은 그가 王室의 이해와 背馳되는 活動을 했기 때문이 아닌가 싶다."

61　함복희,「梵日國師 說話의 의미와 문화콘텐츠 方案 硏究」,『東아시아古代學』34(2014), 294쪽.

62　廉仲燮,「「一生敗闕」에서 확인되는 漢岩의 悟道와 내용」,『大覺思想』37(2002), 202쪽.

이 잊혔을 개연성도 존재한다.

그러나 「범일전」이 잊혔다고 하더라도 휴정의 『선교석』(1586)에 『범일국사집』이 인용되고 있으며, 이는 「전지」(1608~1623)의 성립과 22~37년밖에 차이가 나지 않는다. 이는 〈석증-범일〉이 기록될 무렵까지는 「범일전」과 유사한 불교적인 승전僧傳이 유통되었을 것이라는 판단을 가능하게 한다. 그런데도 불구하고 〈석증-범일〉에는 범일의 탄생 부분이 설화적인 측면으로 완전히 윤색된 것이다.

실제로 1975년 이전에 정리된 『임영(강릉·명주)지』의 〈7. 굴산사〉에는 "한편 다른 설에 의하면, (⋯) 모母는 지씨支氏, 부덕이 훌륭한 분으로서 손으로 해를 받아 보는 꿈을 꾸고 잉태하여 낳은 것이 범일이라 한다."라고 하여,[63] 「범일전」과 유사한 내용이 후대까지도 전승되었을 개연성을 환기해 준다. 물론 여기에도 문제가 없는 것은 아니다. 왜냐하면 『조당집』의 영인본 간행이 1965년 동국대학교에서 이루어지기 때문이다.[64] 이런 점에서 본다면, 1975년 무렵에 정리된 〈7. 굴산사〉에는 『조당집』의 영향이 존재할 개연성도 있다.

그러나 〈7. 굴산사〉가 여러 구전과 혼재되어 복합적인 성격을 띠고 있는 점을 고려해 본다면, 당시에 『조당집』의 영인본이 유통되고 있었다고 하더라도 이의 영향은 상당히 제한적이었을 것이다.[65] 왜냐하면 〈7. 굴산사〉에는 『조당집』의 「범일전」에 의한 부분이 전체적인 골격을 형성하지 않고 있기 때문이다.

63　臨瀛誌增補發刊委員會 編, 〈第8章 寺刹 및 石塔 – 第1節 寺刹 – 7. 崛山寺〉, 「第8編 名勝·古蹟」, 『臨瀛(江陵·溟州)誌』(江陵: 臨瀛誌增補發刊委員會, 1975), 259쪽.

64　許靜·許筠 共編, 『祖堂集』(서울: 東國大學校, 1965).

65　以下에서 引用文이 제시됨.

이외에 후대까지 「범일전」과 유사한 내용이 전승되었다고 판단해 볼 수 있는 자료는 1338년의 필사기筆寫記가 있는 범어사 소장『선문조사예참의문禪門祖師禮懺儀文』과[66] 1660년에 발행된『선문조사예참의문禪門祖師禮懺儀文』[67] 등의 자료 그리고 지환智還이 찬술하고 1721년에 간행된『천지명양수륙재의범음산보집天地冥陽水陸齋儀梵音刪補集』권중卷中의 〈선문조사예참문禪門祖師禮懺文〉에 "나계정주범일국사螺髻頂珠梵日國師" 등의 언급이 존재하는 것을 통해서 확인해 볼 수가 있다.[68] 이와 같은 측면은 1935년에 간행되는『석문의범釋門儀範』 등으로까지 계승된다.[69]

만일 「범일전」의 내용과 유사한 전승이 존재함에도 〈석증-범일〉의 설화 윤색이 진행된 것이라면 이는 매우 특이한 경우라고 할 수 있다. 특히 여기에는 범일의 어머니를 깎아내리면서까지 범일의 신이성을 극대화하려는 민중적 관점의 윤색이 확인되기 때문이다. 즉 역사적인 사실보다는 민중 신앙적인 요구가 더 크게 작용하고 있는 것이다.

이와 유사한 경우로는 『삼국유사』 권3의 「황룡사구층탑皇龍寺九層塔」을 들 수 있다. 여기에는 분명히 일연 당시까지도『사중기寺中記』를 통한, 중국

66　『禪門祖師禮懺作法』. "志心歸命禮。闍崛祖師螺髻頂珠梵日國師。願降道場受此供養。一船西去訪眞宗。八部相隨却返東。曾得鹽官犀扇子。熱忙堆裏打淸風。"; "至元四年戊寅(1338)正月日。" 姜好鮮, 「高麗佛敎史에서의 九山禪門 개념 검토」, 『韓國思想史學』 69(2021), 11쪽. 版心의 '大黑口'와 '上下內向黑魚尾'가 板刻되어 있는 것을 根據로 朝鮮 初에 刊行된 것이라는 주장(신광희, 「祖師 信仰과 祖師圖 硏究 - 三十三祖師圖를 중심으로」, 『東岳美術史學』 29[2021], 12-13쪽)도 존재한다.

67　『禪門祖師禮懺作法』. "志心歸命禮。闍崛祖師螺髻頂珠梵日國師。願降道場受此供養。一船西去訪眞宗。八部相隨却返東。曾得鹽官犀扇子。熱忙堆裏打淸風。"

68　『天地冥陽水陸齋儀梵音刪補集』 中, 〈祖師禮懺文〉(『韓佛全』 11, 492c), "至心歸命禮。闍崛山祖師螺髻頂珠梵日國師。一船西去訪眞宗。八部相隨却返東。普得鹽官犀扇子。熱忙堆裏打淸風。"

69　『釋門儀範』, 「4. 大禮懺禮」(ABC, 04309_0001 v1, 25b). "螺髻頂珠。梵日國師。"

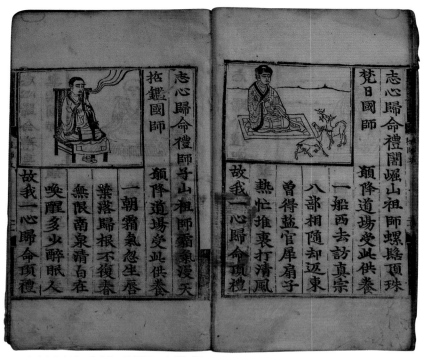

志心歸命禮闍崛山祖師螺髻頂珠
梵日國師
頴降道場受此供養
一船西去訪真宗
八部相隨却返東
曾得鹽官犀扇子
熱忙堆裏打清風
故我一心歸命頂禮

志心歸命禮師夅山祖師霜氣漫天
拄鑵國師
頴降道場受此供養
一朝霸氣怨生唇
葉落歸根不復春
無限南泉清自在
喚醒多少醉眠人
故我一心歸命頂禮

1338년 필사기가 있는 범어사 소장 『선문조사예참의문』

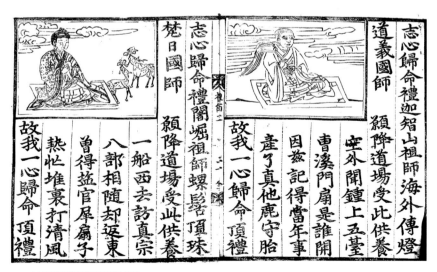

志心歸命禮迦智山祖師海外傳燈
道義國師
頴降道場受此供養
空外聞鍾上五臺
曹溪門扇是誰開
因茲記得當年事
產了真他鹿守胎
故我一心歸命頂禮

志心歸命禮闍崛祖師螺髻頂珠
梵日國師
頴降道場受此供養
一船西去訪真宗
八部相隨却返東
曾得鹽官犀扇子
熱忙堆裏打清風
故我一心歸命頂禮

1660년 발행의 『선문조사예참의문』

장안 종남산終南山의 원향선사圓香禪師가 황룡사구층목탑의 제안자라는 내용이 기록되어 있다.[70] 그런데도 전체적으로는 중국 산서성 오대산의 태화지太和池 용의 권유로 탑의 축조 시작이 이루어진 것으로 살펴진다.[71] 즉 신이적인 설화 윤색이 기존의 합리적인 전승을 압도하고 있다. 이러한 내용이 구체적으로 알려진 것은 1964년의 도굴로 인해 1966년에 〈황룡사구층목탑찰주본기皇龍寺九層木塔刹柱本記〉(873년, 이후 〈찰주본기〉)가 발견되면서 명확해진다.[72]

분명한 기록이 있음에도 신이적으로 변형된 설화가 본 내용을 압도하는 것은 후대에 민중적인 변화 요구가 강력하게 작용하기 때문이다. 이런 점에서 본다면 범일의 위대성과 이를 통한 민중적인 변화 요구 역시 대단했음을 알 수 있다. 이러한 결과가 후일 범일이 대관령 국사성황신國師城隍神과 강릉단오제의 주신主神이 되는 측면으로까지 연결되는 것이다.[73]

태양 빛이 비치고, 아이를 내다 버리니 짐승과 새가 덮어 주었다는 것은

70　『三國遺事』3, 「塔像第四-皇龍寺九層塔」(『大正藏』49, 990c). "寺中記云。於終南山圓香禪師處。受建塔因由。"

71　같은 책, "神曰。皇龍寺護法龍。是吾長子。受梵王之命。來護是寺。歸本國成九層塔於寺中。鄰國降伏。九韓來貢。王祚永安矣。建塔之後設八關會。救罪人。則外賊不能爲害。更爲我於京畿南岸置一精廬。共資予福。予亦報之德矣。言已遂奉王而獻之。忽隱不現。"

72　〈皇龍寺刹柱本記〉. "國王之十二年。癸卯歲欲歸本國。頂辭南山圓香禪師。禪師謂曰。吾以觀心觀公之國。皇龍寺建九層窣堵波。海東諸國渾降汝國。"; 廉仲燮, 「中國五臺山의 太和池 龍에 대한 국내기록 검토」, 『佛教學報』74(2016), 230-231쪽.

73　심형준, 「江陵端午祭 主神 交替 문제에 관한 고찰-梵日國師의 등장 문제」, 『歷史民俗學』43(2013), 265-293쪽 ; 안광선, 「江陵端午祭 神格變動」, 『民俗學研究』41(2017), 182-193쪽 ; 朴道植, 「江陵端午祭 主神 교체의 시기와 역사적 배경」, 『地方史와 地方文化』22-1(2019), 130-151쪽 ; 李揆大, 「國師城隍祭와 鄉村社會의 變化-鄉吏層의 彌陀契를 中心으로」, 『臨瀛文化』22(1998), 4쪽.

고주몽 신화에서도 확인된다.[74] 또 버려진 고승을 새(까치와 까마귀)가 덮어 주었다는 이야기는 고려 말 나옹의 영덕 까치소 설화에서도 살펴볼 수 있다.[75] 이는 새를 통한 영웅설화가 불교로 수용돼 고승의 탄생과 결합하였음을 나타내 준다.

　　새가 고승을 알아본다는 설정은 새는 하늘을 나는 양기가 충만한 동물로 신령한 사자使者로 보았기 때문이다. 이는 새를 하늘의 전령으로 보는 북방 유목문화 속의 소도蘇塗와 솟대,[76] 그리고 태양이 '준오踆烏'라는 이름의 삼족오三足烏라는 설정[77] 등과 연관된 신이성으로 판단된다. 또 이의 불교적인 측면은 새는 불사리를 모신 곳의 하늘 위를 날지 못한다는 대송정大松汀(강릉 한송사)이나[78] 월정사·통도사 등의 기록을 통해서 확인해 볼 수가 있다.[79]

74　『三國史記』13,「高句麗本紀 1」,〈東明聖王〉. "金蛙異之, 幽閉於室中, 爲日所炤, 引身避之, 日影又逐而炤之. 因而有孕, 生一卵, 大如五升許. 王棄之與犬豕, 皆不食. 又棄之路中, 牛馬避之. 後棄之野, 鳥覆翼之. 王欲剖之, 不能破, 遂還其母. 其母以物裹之, 置於暖處, 有一男兒破殼而出, 骨表英奇."

75　이재수,「懶翁王師의 生涯를 통한 地域文化콘텐츠 開發 方案」,『大覺思想』11(2008), 193쪽.

76　『三國志』30,「魏書 30」,〈東夷〉. "又諸國各有別邑. 名之爲蘇塗. 立大木, 縣鈴鼓, 事鬼神. 諸亡逃至其中, 皆不還之, 好作賊. 其立蘇塗之義, 有似浮屠, 而所行善惡有異."

77　珂案 註,『山海經』4,「海外東經」. "傳日中有踆烏(淮南子精神篇), 卽三足烏, 又稱陽烏, 金烏." ; 高誘 註,『淮南子』,「精神訓」, "踆, 猶蹲也, 謂三足烏." ; 廉仲燮,「한국 傳統袈裟 日月光의 양식과 특징 분석」,『韓國佛敎學』61(2011), 243쪽.

78　廉仲燮,「慈藏의 東北方行과 入寂 기록 분석」,『新羅文化』48(2016), 114-115쪽.

79　『三國遺事』4,「義解第五-慈藏定律」(『大正藏』49, 1005c). "暮年謝辭京輦於江陵郡(今冥州也)創水多寺居焉. 復夢眞僧狀北臺所見. 來告曰. 明日見汝於大松汀. 驚悸而起. 早行而松汀. 果感文殊來格. 諮詢法要. 乃曰. 重期於太伯葛蟠地. 遂隱不現(松汀至今不生荊刺. 亦不棲鷹鸇之類云)藏往太伯山尋之. 見巨蟒蟠結樹下. 謂侍者曰. 此所謂葛蟠地. 乃創石南院(今淨岩寺)以候聖降." ;『新增東國輿地勝覽』44,「江原道-江陵大都護府-佛宇」. "月精寺: 在五臺山. 鄭樞詩. 慈藏古寺文殊在. 塔上千年鳥不飛. 金殿闍扉香篆冷. 殘僧乞米向何歸." ; 李荇撰,『容齋集』, "寶地千年勝. 潛通一徑幽. 居僧輕歲月. 過客惜淹留. 飛鳥避靈塔. 神龍藏古湫. 五臺知不隔. 他日得重遊." ; 韓國佛敎硏究院 編,『通度寺』(서울: 一志社, 1999), 43쪽.

그런데 〈석증-범일〉에서는 '범일'이라는 명칭이 출가한 후의 법명이 아니라, 속명俗名으로 기록되어 있어 주목된다. 범일에서 '범梵'은 '브라흐만 Brahman'으로 번역하면 적정寂靜, 청정淸淨, 이욕離欲 등의 긍정적인 의미가 있다. 이는 브라흐만이 인도신화 속의 창조주이자 최고의 원리로서의 의미를 내포하기 때문이다. 또 실제로 초기경전인 아함에서부터 '참된 브라흐만'의 가치가 역설되는 모습이 보이는데,[80] 이는 불교가 바라문교를 배경으로 출발했기 때문이다.

이러한 '범梵'의 긍정성은 범행梵行(청정행)이나 범종梵鍾(관종官鍾과 대비되는 불교의 최고 종)과 같은 용례를 통해서 후대의 동아시아 불교에서도 유전한다. 이렇게 놓고 본다면, 범일은 '최고의 청정한 태양'과 같은 의미로 해석될 수 있다. 즉 〈석증-범일〉이 말하는 것은 '더러움 없이 잉태되고 태어난 최고의 성자'와 같은 뜻이라고 하겠다. 〈석증-범일〉에는 범일이라는 이름까지도 태양과 관련된 설화의 일관된 논리 구조 속에 존재하는 것이다.

흥미로운 것은 1975년 『임영(강릉·명주)지』에 수록된 〈7. 굴산사〉를 보면, 「범일전」과 〈석증-범일〉의 내용이 모두 전해지는 가운데 〈석증-범일〉의 내용이 더 발전하는 양상이 확인된다는 점이다. 이의 해당 내용을 제시해 보면 다음과 같다.

〈7. 굴산사〉

범일국사와 굴산사 창건에 관하여는 『삼국유사』에 다음과 같은 내용이 기록되어 있다(『삼국유사』에는 이와 같은 내용은 존재하지 않는다).

---

80 『雜阿含經』 4, 「一○二」(『大正藏』 2, 29b), "非道求清淨, 供養祠祀火, 不識清淨道, 猶如生盲者。今已得安樂, 出家受具足, 逮得於三明, 佛所教已作。先婆羅門難, 今爲婆羅門, 沐浴離塵垢, 度諸天彼岸。"; 『雜阿含經』 9, 「二五五」(『大正藏』 2, 63c), "善攝護其身, 澄淨離塵垢, 不惱於衆生, 是道婆羅門。" 等 多數.

한 양가의 처녀가 굴산(현재의 학산)에 살고 있었는데 하루는 석천石泉에 물을 길러 갔다가 유난히 비추는 햇빛에 무심히 그 물을 먹었더니, 그후 날이 갈수록 배가 불러오다가 14개월 만에 옥동자를 낳았다. 처녀의 몸으로 아이를 낳은 것은 집안의 체면을 손상한 일이라 하여 그 아이를 학암鶴巖 밑에 버렸다.

모성애를 이기지 못하여 3일 만에 학암에 가서 보니 아이는 곤히 잠들었기에 그 근처에서 지켜보았더니 학이 와서 날개로 아이를 싸 주며 입에 단실丹實을 넣어 주고 어디론가 가 버렸다.

그로 인하여 범상한 아이가 아닌 줄 알고 집에 데려와 양육한 것이 곧 범일국사로서 굴산사의 개조가 되었다고 한다.

한편 다른 설에 의하면, 범일국사는 품일品日국사라도 불리우며 성은 김씨이며 왕족이었다 한다. 모母는 지씨支氏로 부덕이 훌륭한 분으로서, 손으로 해를 받아 보는 꿈을 꾸고 잉태하여 낳은 것이 범일이라 한다.[81]

〈7. 굴산사〉에는 〈석증-범일〉의 우물이 석천으로, 그리고 햇빛은 물에 비친 햇빛으로 구체화된다. 이는 새가 학으로 바뀌어 양육하였다는 것이나 장소 역시 학암, 즉 학바위로 변모하는 것을 통해서도 확인해 볼 수 있다.[82]

---

81 臨瀛誌增補發刊委員會 編,〈第8章 寺刹 및 石塔 - 第1節 寺刹 - 7. 崛山寺〉,「第8編 名勝·古蹟」,『臨瀛(江陵·溟州)誌』(江陵: 臨瀛誌增補發刊委員會, 1975), 258-259쪽.

82 國立中原文化財研究所 編,『闍崛山門 崛山門』(忠州: 國立中原文化財研究所, 2012), 34쪽 ; 박현숙,「江陵地域 口傳說話에 反映된 共同體性의 生命力」,『無形遺産學』5-2(2020), 159쪽. "梵日國師 誕生說話는 記錄과는 달리 特定 집안 出身에서 江陵地域 鶴山 出身을 바뀌었고, 遺棄場所도『完譯 增修臨瀛誌』에서는 얼음 위로 設定되어 있으나 口述 傳承에서는 학바위로 바뀌었다." ; 양언석,「梵日禪師의 說話 考察」,『梵日國師 研究叢書』(江陵: 梵日國師文化祝典委員會, 2016), 296쪽.

강릉 굴산사지 쪽 학산의 학바위

학바위는 현재 굴산사지 부도, 즉〈강릉 굴산사지 부도〉(구 보물 제85호)이[83] 위치한 서쪽이 야트막한 산지에 존재한다.[84] 이에 따라 오늘날까지 이 지역의 지명은 '학산鶴山'(강릉시 구정면 학산리)으로 칭해진다. 이는 학바위가 위치한 야산을 학산으로 칭한 것에서 연유한 명칭이다.[85] 우물이 석천으로 바뀌는 것은 후에 석천이 정비된 것을 반영한 것으로 판단된다. 이는 현행 석천 주

83 嚴基杓는〈江陵 崛山寺址 僧塔(浮屠)-寶物〉를 梵日의 것으로 판단했다. 嚴基杓,「崛山寺址 幢竿支柱와 石造浮屠의 樣式과 美術史的 意義」,『古代都市 溟州와 崛山寺』(忠州: 國立中原文化財研究所, 2011), 345-346쪽 ; 嚴基杓,「崛山寺址 石造浮屠의 主人公과 美術史的 意義」,『先史와 古代』37(2012), 284쪽 ; 國立中原文化財研究所 編,「石造浮屠 – 寶物 第85號」,『闍崛山門 崛山門』(忠州: 國立中原文化財研究所, 2012), 84-87쪽.

84 琴昌憲,「屈山寺에 대하여」,『臨瀛文化』26(2002), 256쪽.

85 황루시,「巫俗의 觀點에서 본 梵日國師 談論」,『人文學研究』19(2014), 99쪽 ; 함복희,「梵日國師 說話의 의미와 문화콘텐츠 方案 研究」,『東아시아古代學』34(2014), 291쪽.

강릉 굴산사지 부도(보물). 범일국사의 부도로 추정한다.

위의 발굴을 통해서도 인지되는 측면이다.

또 '하늘의 햇빛'이 '물에 비친 햇빛'이 되는 것은 고주몽 신화 등에서 살펴지는 천부수모天父水母의 구조를 나타내고 있다.[86] 이와 같은 양상은 설화의 구체화와 더불어 '범梵'이라는 한자를 같은 음가의 '뜰 범汎' 자와 착오를 일으키면서 발생하는 측면으로 이해된다. '범梵' 자는 인도 말인 범어에 대한 음역 글자이므로 일반적인 한자로는 잘 해석되지 않는다. 이 때문에 태양과 관련하여 '범일汎日'이 대두하며 발생하는 것이 아닌가 한다. 실제로 강릉 지방의 범일 설화에는 '범일梵日' 대신 '범일汎日'로 되어 있는 경우도 다수 존재한다.[87]

또 범일을 '품일品日'로 적는 예가 고려시대에 다수 확인되는데 이를 제시해 보면 다음과 같다.

① 『경덕전등록景德傳燈錄』(1104) 권10, 「항주염관제안선사법사팔인杭州鹽官齊安禪師法嗣八人」 중 〈7. 신라품일선사新羅品日禪師〉[88]

86 김정남, 「江陵端午祭 관련 說話와 韓國 現代 小說-모티프의 수용과 변용 양상을 중심으로」, 『韓民族文化研究』49(2015), 370쪽.

87 善生永助, 「生活狀態調査 江陵郡」, 『朝鮮總督府 調査資料 第32輯』(江陵: 江陵郡, 1931), 280쪽. "大關嶺의 賽神, 泛日國師"; 최승순 外 著, 『鄕土의 傳說』, 「原州·元城-학바위와 泛日國師」(春川: 江原道, 1979), 132쪽. "泛日이란 해가 떠 있는 바가지에 물을 떠 마신 데에 연유된 것이라 한다."; 임동권 著, 『江陵端午祭-重要無形文化財指定資料』(서울: 서울文化財管理局, 1966), 18쪽; 張正龍, 「梵日國師 傳記·說話 考察」, 『梵日國師 研究叢書』(江陵: 梵日國師文化祝典委員會, 2016), 296쪽; 車長燮, 「梵日國師와 崛山寺의 歷史的 位置」, 『梵日國師 研究叢書』(江陵: 梵日國師文化祝典委員會, 2016), 96쪽; 양언석, 「梵日禪師의 說話 考察」, 『梵日國師 研究叢書』(江陵: 梵日國師文化祝典委員會, 2016), 256-257쪽 等 多數.

88 『景德傳燈錄』10, 「懷讓禪師第三世下六十一人-杭州鹽官齊安禪師法嗣八人」(『大正藏』51, 273c). "襄州關南道常禪師。洪州雙嶺玄眞禪師。杭州徑山鑒宗禪師(已上三人見錄)。唐宣宗皇帝。白雲曇靖禪師。潞府淥水文擧禪師。新羅品日禪師。壽州建宗禪師(已上五人無機緣語句不錄)。"

② 원감국사圓鑑國師 충지沖止(1226~1292)의 「석복암釋宓菴의 축성소祝聖疏」: 엎드려 생각하니, 제자는 조계의 적자요 품일의 내손來孫으로 독립獨立의 문인門人이 되었다가, 다시금 굴산의 선려禪侶에 참여하게 되었습니다.[89]

③ 〈자운사진명국사비慈雲寺眞明國師碑〉(1272): "나이 13세에 품일品日의 운손雲孫인 외삼촌 종헌宗軒에게 투신하여, 삭발하고 출가(수구受具)하였다."[90]

④ 「석식영암기釋息影菴記」: 후에 사굴산의 품일국사品日國師가 그곳에 가서 여기에 불사佛祠를 창건하고, 또 삼공三公이라는 현판(사명寺名-삼공사)을 걸었다.[91]

물론 고려시대의 문헌에도 〈예천용문사중수용문사기비〉(1185)나 천책天頙(1206~?)의 『선문보장록』,[92] 그리고 1338년 이전에 출판된 『선문조사예참의문』에는 범일로 기록되어 있다. 즉 고려시대에는 범일과 품일이 혼용되고 있었던 것이다. 그런데 흥미로운 것은 ①은 송나라에서 편찬된 것이므로 차치하더라도 ②의 충지는 조계산 송광사의 제6세로 자신의 사법嗣法 계통(산문)을 천명하는 부분에 범일을 품일로 적고 있다. 이는 ③에서도 확인된다. 또 ④의 식영암(혹 식영연감息影淵鑑, 연감淵鑑) 역시 혼수에게 『능엄경』을 가르

---

89 『東文選』112,「祝聖疏」,〈釋宓菴(圓鑑國師 沖止)〉. "伏念弟子。曹溪嫡子。品日來孫。出爲獨立之門人。再亞崛山之禪侶."

90 〈慈雲寺眞明國師碑〉. "年甫十三, 投舅氏品日雲孫禪師宗軒, 披剃受具."

91 『新增東國輿地勝覽』22,「江原道-三陟都護府-佛宇」. "○釋息影菴記: 頃有闍崛山品日祖師遂往, 卽其所建佛祠, 亦以三公揭榜."

92 『禪門寶藏錄』1,「禪敎對辨門(二十五則)」(『卍新纂大日本續藏經選錄』64,810a).

치는 사굴산문 승려였다.[93] 즉 사굴산문의 승려들이 범일을 품일로 기록하고 있는 것이다.

이는 품일이 단순한 오기가 아니라 나름의 타당성을 확보하고 있었을 개연성을 환기한다. 품일의 '품品'은 품위나 품격이라는 의미에서는 '범梵'과 통한다. 그러나 최상의 등급이라는 뜻에서는 태양과 연결될 수도 있다. 즉 '품品'은 '범梵'과 '일日'에 모두 상통할 수 있는 글자가 아닌가 한다. 이런 점에서 본다면, 범일의 명칭과 관련해 '범일梵日 → 품일品日과의 혼용 → 범일泛日의 왜곡'의 변화 과정이 존재하는 것이 아닌가 한다.

다음으로 새가 학으로 변화하는 것은 일차적으로 강릉 굴산사지 부도 쪽 산에 학이 서식하는 것과 관련된 것으로 판단된다. 그런데 760~800년대 초반 명주 오대산에 주석한 인물인 신효信孝의 기록에도 학과 관련해서 하슬라何瑟羅(하서河西 혹 하솔河率),[94] 즉 명주가 청정한 지역임이 강조하는 내용이 있어 주목된다.[95] 또 여기에는 학과 불교와의 연결 관계도 존재한다. 이는 『삼국유사』 권3의 「대산월정사오류성중臺山月精寺五類聖衆」과 『오대산사적』 「신효거사친견오류성사적信孝居士親見五類聖事蹟」에 기록되어 있다. 이의 해당 내용을 제시해 보면 다음과 같다.

---

93 〈忠州靑龍寺普覺國師幻庵定慧圓融塔碑〉, "謁息彰鑑和尙于禪源, 學楞巖深得▨▨▨(『陽村集』 37, 「碑銘類」, 〈有明朝鮮國普覺國師碑銘 幷序〉의 補充-其髓)."

94 廉仲燮, 「五臺山의 信孝居士 자료에 대한 분석」, 『國學研究』 42(2020), 444쪽.

95 何瑟羅는 757년 溟州로 개칭된다. 『三國史記』 9, 「新羅本紀 9」, 〈景德王 757年 陰曆 12月〉. "河西州爲溟州, 領州一·郡九·縣二十五." ; 김창석, 「古代 嶺東地域의 政治體와 溟州의 變遷」, 『江陵 崛山寺址의 發掘調査와 保存·整備』(忠州: 國立中原文化財硏究所, 2016), 17~18쪽.

거사는 경주 경계에서 하솔河率(하서부河西府, 즉 명주)에 이르러 다른 사람들을 보니 다수가 인간의 형상이었다. 이에 따라 거주할 뜻이 생겼다. 길에서 한 노부인을 뵙고는 가히 주처住處할 곳을 물었다. 부인이 답하기를, "서령西嶺을 지나면, 북향北向한 골짜기가 있는데 가히 살만합니다." 말하고는 보이지 않았다. 거사가 관음의 가르침임을 알고는 인하여 성오평省烏坪을 지나 자장이 처음에 모옥茅屋을 맺었던 자리에 들어가 머물게 되었다.

갑자기 오비구五比丘가 와서 말하였다. "당신이 가지고 온 가사 1폭은 지금 어디에 있는가?" 거사가 망연해하니 비구가 말하기를, "당신이 집어서 다른 사람을 본 (학의) 깃이 그것이다." 거사가 이에 꺼내어 주었다. 비구가 이에 깃을 가사궐폭袈裟闕幅 중에 상합相合하여 두니, (그것은) 깃이 아니라 베였다. 거사가 오비구와 더불어 작별한 후, 바야흐로 이들이 오류성중五類聖衆(관음·지장·세지·미륵·문수)의 화신化身임을 알았다.[96]

인용문을 보면, '성오평'이라는 태양의 상징인 삼족오三足烏를 살피는 성소가 언급되어 있다.[97] 성오평은 보천寶川과 효명孝明의 기록에서도 확인

96 『三國遺事』3, 「塔像第四-臺山月精寺五類聖衆」(『大正藏』49, 1000a). "士自慶州界至河率. 見人多是人形. 因有居住之志. 路見老嫗. 問可住處. 嫗云. 過西嶺有北向洞可居. 言訖不現. 士知觀音所教. 因過省烏坪. 入慈藏初結茅處而住. 俄有五比丘到云. 汝之持來袈裟一幅今何在. 士茫然. 比丘云. 汝所執見人之羽是也. 士乃出呈. 比丘乃置羽於袈裟闕幅中相合. 而非羽乃布也. 士與五比丘別. 後方知是五類聖衆化身也."; 『五臺山事蹟』, 「信孝居士親見五類聖事蹟」, "旣出家行遍慶州界, 未覓可居之地, 循海而行, 到溟洲地. 以其羽遮眼見之, 人相不變者, 益多. 於是, 遂欲留居, 而路逢一老嫗. 問曰, 何地可居耶. 老嫗曰, 過西嶺有向北之洞. 言訖不知所在. 然後乃知觀音化身也. 依其言往入省烏坪之洞, 到慈藏祖師所曾住處, 今月精寺而住焉. 居未幾, 忽有五僧并來, 而問曰, 汝所持來袈裟一幅安在. 居士未悟. 又曰曾以爲羽, 而見人相者, 是也. 於是, 出進其羽. 一僧取而置於袈裟缺處, 非羽乃布也, 准於闕幅. 五僧旣去, 始認五類大聖之化身也."

97 省烏坪은 『三國遺事』卷3의 五臺山 關聯記錄 3件에서 모두 등장한다. 또 省烏坪의 五臺山

되는[98] 오대산 입구의 비중 있는 무속(무교)의 성지로 이해된다.

　신효와 관련된 위의 인용문에는 성오평이라는 태양, 그리고 불교와 관련된 학이 등장한다. 신효가 범일보다 1~2세대 정도 이른 시기의 인물이라는 점,[99] 또 〈낭원개청비문〉에는 범일이 오대산에 주석했다는 내용이 존재하며,[100] 〈석증-범일〉에는 범일이 오대산에서 출생해 오대산에서 입적했다는, 오대산과 관련해서 윤색된 설화까지 전해지고 있다.[101] 이는 신효의 내용이 범일에게도 영향을 주었을 개연성을 인지하게 해 준다. 즉 「범일전」의 태양 태몽이 범일이라는 법명과 명주의 태양 숭배 및 학과 결합하면서 발전하는 양상이 목도되는 것이다.

　「범일전」이 〈범일비문〉에 입각해서 작성되었을 것으로 추정되는 범일의 생애와 관련된 가장 중요한 자료라는 점, 그리고 〈석증-범일〉의 민중적인 요구에 따른 민간 신앙적인 설화 기록의 존재는 범일의 탄생 내용이 어떻게 변화되었는지를 분명히 나타내 주고 있다. 범일과 관련된 설화 변형이 중요한 이유는 이와 같은 변화 과정에서 범일이 대관령 국사성황신과 2005

巡幸 때 머물렀던 장소이기도 하다. 『三國遺事』 3, 「塔像第四-臺山五萬眞身·溟州五臺山寶叱徒太子傳記·臺山月精寺五類聖衆」(『大正藏』 49, 998c-1000a) ; 『拭疣集』 2, 「記類-上元寺重創記」, "是年。世祖('祖'은 '祖'의 誤)巡行江原。駐蹕於山下省烏之原。與太王太妃殿下及王世子。扈從文武群僚。幸上元寺。是日。適落成開堂."

98 『三國遺事』 3, 「塔像第四-臺山五萬眞身」(『大正藏』 49, 998c) ; 같은 책, 「溟州(古河西府也)五臺山寶叱徒太子傳記」(『大正藏』 49, 999c) ; 『五臺山事蹟』, 「五臺山聖跡幷新羅淨神太子孝明太子傳記」.

99 廉仲燮, 「초기 闍崛山門과 五臺山의 관계성 검토」, 『震檀學報』 135(2020), 48-50쪽 ; 廉仲燮, 「信孝의 月精寺 修造와 寺名의 특수성 검토」, 『韓國佛敎學』 99(2021), 249-251쪽.

100 〈江陵普賢寺朗圓大師塔碑〉. "大師不遠千里, 行至五臺, 謁通曉大師. 大師曰, "來何暮矣, 待汝多時." 因見趨庭, 便令入室."

101 『臨瀛誌』, 「前誌」 2, 〈釋證-梵日〉 ; 『增修臨瀛誌』, 〈釋證-梵日〉. "五臺之山現於佛書名於天下. 老禪韻釋來遊者甚多. 載乘不傳釋門亦無記錄焉. 梵日生於斯慈藏寶川修道於斯. 義相元曉往來乎. 山川之間皆無傳焉. (…) 後隱五臺山示寂."

년 유네스코 세계무형유산으로 등재되는 강릉단오제의 주신이 되기 때문이다.

동아시아의 전통 속에는 강력하거나 억울한 인물이 죽어 신이 되는 구조가 존재한다. 이는 최영이나 임경업 장군처럼 죽어서 무속인들에 의해 신으로 추앙받는 경우를 통해서 확인해 볼 수 있다. 그러나 고승이 민중적인 신이 되는 것은 대단히 이례적이다.

원효나 도선국사·무학대사 같은 분들은 신비한 설화 속에 다수 등장한다. 그러나 이들의 설화는 모두 살았을 때의 신통이나 혜안을 갖춘 지혜의 결과가 윤색된 것일 뿐이다. 왜냐하면 윤회(불완전-차안)와 열반(완전-피안)의 구조를 가지는 불교에서 입적한 고승이 신으로 추앙받는 것은 종교적인 모순을 내포하기 때문이다. 즉 불교 안에서 최고의 칭호는 '생불生佛'이나, 의상대사에게서 확인되는 것처럼 '금산보개金山寶蓋의 화신化身'이라는 등의 찬탄이지[102] 신이 되는 것은 아니다.

불교 안에서 신적인 위상을 가지는 고승은 증명삼화상證明三和尙(혹 여말 삼화상麗末三和尙)이 되는 지공指空 → 나옹懶翁 → 무학無學 정도가 존재할 뿐이다. 그러나 이들 역시 불교 내적인 범주에 국한될 뿐이다.

조선 후기의 의식집에는 이들을 증명법사로 해서 대다수의 큰 불사와 종교 행사가 진행된다.[103] 여기에서 증명법사는 초월적인 특수성을 가진다. 그러나 지공이 '붓다의 재래再來(석가부출釋迦復出)'로 칭해진 인물이라는 점

---

102 『三國遺事』4,「義解第五-義湘傳敎」(『大正藏』49, 1007a), "世傳湘乃金山寶蓋之幻有也."

103 李哲憲, 〈2. 儀禮集에서의 惠勤〉, 「懶翁 惠勤의 硏究」(서울: 東國大 佛敎學科 博士學位論文, 1997), 216-222쪽; 문상련, 「證明三和尙의 형성 배경과 불교적 위상」, 『普照思想』61(2021), 141-143쪽.

과[104] 나옹 역시 살아서 생불 칭호를 들었다는 점에서,[105] 증명삼화상의 증명법사를 신적인 것으로 판단하기에는 어려움이 있다. 즉 불교 교리 안에서의 '붓다에 비견될 수 있는 최고의 고승' 정도로 이해하는 것이 타당하다는 말이다.

그런데 범일은 불교가 아닌 명주의 민간 신앙 안에서 신으로 인식되고 있다. 특히 대관령 국사성황신에게는 부인으로 대관령 국사여성황신도 존재한다. [106]불교 인식에서, 그것도 사굴산문의 개창 조사에게 부인이 있다는 관점은 어떠한 판단하에서도 전혀 불가능하다. 즉 이는 범일에 대해 철저하게 민간 신앙적인 이해가 진행된 결과라고 하겠다.

한국 고승 중에 범일처럼 민간 신앙에 완전히 뿌리내린 인물은 없다. 이는 범일로 대표되는 명주불교와 명주의 전통 종교 및 민간 신앙과의 결합이라는 점에서 주목된다. 또 이것이 사굴산문이라는 불교를 중심으로 발전한 것이 아니라 명주의 전통 신앙 구조 속에 범일이 편입되는 것이라는 점에서 범일에 대한 설화적인 변화는 명주문화의 특징 속에 매우 중요한 의미를 내포한다고 하겠다.

또 〈7. 굴산사〉의 끝에는 "한편 다른 설에 의하면, (…) 모母는 지씨支氏,

---

104 閔漬 撰, 「佛祖傳心西天宗派旨要序」, 『西天百八代祖師指空和尙禪要錄』. "城中士女咸曰, 釋迦復出, 遠來至此, 盍往觀乎."

105 廉仲燮, 「懶翁의 붓다化에 대한 고찰」, 『史學硏究』115(2014), 233-247쪽 ; 『東文選』56, 「奏議」, 〈闢佛疏〉, "臣等又聞前朝之季。有僧懶翁。以寂滅之教。惑愚庸之輩。當時推戴。目爲生佛。至屈千乘之尊。枉拜匹夫之賤。" ; 『世宗實錄』85, 21年(1439) 4月 18日 乙未 4번째 記事, 〈成均生員李永山等六百四十八人上疏〉, "臣等又聞前朝之季。有僧懶翁以寂滅之教。惑愚庸之輩。當時推戴。目爲生佛。至屈千乘之尊。拜匹夫之賤。"

106 張正龍, 『江陵 端午祭 現場論 探究』(서울: 國學資料院 2007), 130쪽 ; 김정남, 「江陵端午祭 관련 說話와 韓國 現代 小說-모티프의 수용과 변용 양상을 중심으로」, 『韓民族文化硏究』49(2015), 371쪽.

부덕이 훌륭한 분으로서 손으로 해를 받아 보는 꿈을 꾸고 잉태하여 낳은 것이 범일이라 한다."라고 하여 〈범일비문〉이나 「범일전」의 내용 중 일부가 후대까지도 전승된 상황을 알게 해 준다. 즉 불교적인 전승이 민간에 퍼져 있음에도 불구하고, 신이성이 강한 민간 신앙적인 요소가 더 강력하게 작용하고 있는 것이다. 이는 명주에서의 불교와 민간 신앙의 관계 및 민중의 범일에 대한 인식에 불교보다는 민간 신앙적인 부분이 더 크게 작용하고 있었다는 점을 분명히 해 준다.

〈범일비문〉에는 범일의 조부인 김술원金述元이 명주도독을 지낸 분이며, 어머니 역시 호족 가문임을 분명히 하고 있다. 이는 범일의 탄생지가 굴산사가 위치한 구정면 학산리가 아니라, 강릉의 중심지 쪽이었다는 것을 의미한다. 즉 범일의 탄생지로 학산리가 대두하는 것은 범일의 굴산사 주석 이후와 입적 후에 조전祖殿(조사전)이 만들어진 결과로 보는 것이 타당하다.

이와 같은 후대의 관점이 명주의 민간 신앙적인 요소와 결합하는 과정에서 "태양을 받들어 안는 상서"의 태몽이 태양에 의한 잉태와 버림받은 아이를 새가 보호하는 것으로 변모되고 있다. 또 이 내용이 한 번 더 변형되는 것이 새에서 학으로의 변화라고 하겠다. 이는 학산에 대한 부분이 범일 설화의 변형에 흡수되는 과정에서 발생하는 것으로 이를 통해 장소의 구체성이 완료된다고 판단된다. 즉 오늘날 범일의 탄생과 관련된 석천과 학산 등의 유적은 후대의 민간 신앙에 의해 변모된 것으로 실체를 나타내는 측면은 아니라는 말이다. 왜냐하면 이러한 설화가 사실이었다면 바로 그 영역에 세워지는 〈범일비문〉에 이에 관한 내용이 전혀 언급되지 않는 것은 불가능하기 때문이다. 특히 이것이 범일의 잉태 및 탄생의 신이와 관련된 측면이라는 점에서 더욱 그렇다.

또 학산리가 범일의 잉태 및 탄생지라면 범일은 탄생과 입적을 유사 영역에서 한 것이 된다. 이렇게 되기도 어렵거니와 또 만일 이것이 사실이라면 굴산사는 범일의 생가를 사찰로 변모한 것이 된다. '범일 생가=굴산사'라는 판단은 현존하는 자료만으로는 누가 봐도 타당하지 않다. 그러므로 학산리를 범일의 탄생지로 이해하는 설화적인 변형과 이를 답습하는 측면에는 심각한 문제가 존재한다고 하겠다.

2.
「범일전」의 신이성과 붓다화

1) 「범일전」에서 확인되는 신이성 검토

「범일전」의 탄생 신이는 앞서 언급한 ① 태양을 품는 태몽, ② 13달 만의 출산, ③ 나계, 즉 나발과 정상계주와 같은 이상異相의 세 가지이다.

이 중 ①은 불교적으로는 새롭게 불일佛日을 밝힐 인물이라는 상징 해석이 가능하다. 또 무속적으로는 성오평과 관련해서 명주 지역 태양 숭배의 연장선상에서 이해될 수 있다. 즉 불교와 무속적인 이중 구조의 이해가 가능한 것이다.

범일의 법명이 태몽과 직결된 것인지는 명확하지 않다. 일반적으로 법명은 출가할 때 은사(화상)에게 부여받는 것으로 상좌에게는 선택권이 없다. 그러나 원효가 스스로 첫새벽이라는 법명을 지어 사용한 것이나,[107] 자장이 스승 없이 출가하여 법명을 사용하는 예[108] 등도 있으므로 이에 관한 판단은 쉽지 않다.

---

107 『三國遺事』4,「義解第五-元曉不羈」(『大正藏』49, 1006b). "自稱元曉者。"

108 廉仲燮,「慈藏의 傳記資料 研究」(서울: 東國大 歷史教育學科 博士學位論文, 2015), 124-135쪽 ; 『三國遺事』4,「義解第五-慈藏定律」(『大正藏』49, 1005a). "早喪二親。 轉厭塵諠。 捐妻息。 捨田園爲亢('亢'는 '元'의 誤)寧寺。" ; 『五臺山事蹟』,「五臺山月精寺開創祖師傳記」. "少喪父母觀體無常。 三年喪畢往入名山。" ; 〈皇龍寺九層木塔刹柱本記〉. "少好殺生放鷹擊雉。 雉出淚而泣感此發心。 請出家入道法號慈藏。"

동아시아 전통에는 피휘避諱, 즉 경명敬名 문화가 있어, 자字와 호號 등의 사용이 일반적이다. 이에 따라 이름에 상응하는 명칭을 스스로 짓는 것도 가능하다. 원효나 자장의 예도 이와 같은 관점에서 이해될 수 있다. 이런 점에서 본다면, 범일이라는 법명은 자나 호가 변형된 것일 개연성도 존재한다. 즉 범일이라는 법명이 태몽과 무관한 상태에서 우연히 은사에게 받은 것인지의 판단이 명확하지 않다는 말이다.

특히 태몽과 '범일'이라는 이름 간에 연결성이 존재하며, 이 부분은 범일 탄생에 관한 설화적 변형 속에서도 그 연결성이 나타난다는 점에서 더욱 그렇다. 물론 범일의 명칭과 관련된 설화의 신뢰도는 「범일전」에 비해 매우 낮다. 또 은사가 태몽을 배경으로 법명을 지었을 가능성은 존재하지 않는다. 이런 점에서 본다면, 법명이 속명과 일정 부분 연결될 개연성 역시 존재한다고 하겠다.

①의 태양 태몽이 불교와 무속에 공유될 수 있는 부분이라면, ②의 잉태된 지 13달 만에 출산했다는 것은 지극히 동아시아적인 지혜로운 서상瑞相을 나타내는 관점이다. 동아시아의 농경문화에는 노인을 지혜롭게 보고 존중하는 부분이 존재한다. 제자백가는 공자나 맹자처럼 성씨에 큰 선생님이라는 의미의 '자子'를 붙인다. 그러나 노자老子만은 예외인데, 노자는 성씨인 이李가 아니라 지혜롭다는 의미로 '늙을 노老' 자를 사용하기 때문이다.[109] 즉 노자는 '지혜로운 큰 선생님'이라는 의미가 된다.

실제로 노자의 명칭과 관련해서는 잉태된 지 72년 후에 태어났기 때문

---

[109] 高亨은 『老子傳箋證』에서 老子의 姓은 司馬遷의 『史記』 卷63의 「列傳 2」〈老子韓非列傳〉에 기록된 李氏(姓李氏, 名耳, 字耼)가 아니라 老氏가 맞다는 주장을 전개해 주목받기도 했다. 쉬캉성 著, 유희재·신창호 譯, 『老子評傳』(서울: 미다스북스, 2002), 18-19쪽.

에 날 때부터 노인으로 지혜로웠다는 이야기도 존재한다.[110] 물론 후대에 주장되는 72년 잉태설을 신뢰할 수는 없다.

또 이러한 오랜 임신과 반대로 일찍 태어나는 것을 낮춰 보는 문화도 존재하는데, 이는 '칠삭둥이'나 '팔삭둥이'라는 낮춘 표현을 통해서 쉽게 이해될 수 있다. 즉 태내에 머무는 기간을 아이의 성숙도나 완성도와 직결시켜 이해하는 측면이 동아시아 전통에 존재하는 것이다.

물론 인도불교에도 붓다의 아들인 라후라의 6년 입태설과 같은 부분이 존재한다.[111] 그러나 이는 붓다와 라후라 간의 연대 문제를 해소하고, 라후라를 붓다의 아들로 확정 짓기 위한 방식에 따른 어쩔 수 없는 특수성에 해당한다.[112] 왜냐하면 인도불교 전통에서는 비범한 인물과 관련하여 사리불이나 구마라집처럼 어머니가 임신하자 갑자기 총명해지며 다양한 언어를 구사하게 됐다는 것이 더 일반적이기 때문이다.[113]

동아시아에서 자식은 부모의 정기와 하늘과 땅의 기운 등이 뭉쳐 새롭게 생성된다고 판단한다. 이는 동아시아 집단주의문화의 배경이 되는 동시에, 생성 기간이 길면 더 뛰어난 인간이 만들어진다는 판단이 작용하는 근거가 된다. 이에 반해 인도불교에서 아이는 12연기설에서처럼, 근본 무명으로

---

110 『太平廣記』, 「神仙 1」, 〈1. 老子〉. "或云, 母怀之七十二年乃生, 生時, 剖母左腋而出. 生而白首, 故謂之老子."

111 『佛本行集經』51, 「尸棄本生品下」(『大正藏』3, 888b). "時羅睺羅. 過六年已. 盡其往業. 耶輸陀羅. 卽以種種資物食飮. 而自供養. 以是因緣. 其羅睺羅. 便卽出生."

112 廉仲燮, 「阿難의 出家問題 考察」, 『佛教學研究』23(2009), 210쪽.

113 『大智度論』11, 「釋初品中舍利弗因緣」(『大正藏』25, 137c). "舍利懷妊, 以其子故, 母亦聰明, 大能論議. 其弟拘郗羅, 與姊談論, 每屈不如 ; 知所懷子, 必大智慧, 未生如是, 何況出生!" ; 『高僧傳』2, 「譯經中-鳩摩羅什一」(『大正藏』50, 330a). "旣而懷什. 什在胎時. 其母自覺. 神悟超解有倍常日. 聞雀梨大寺名德旣多. 又有得道之僧. 卽與王族貴女德行諸尼. 彌日設供請齋聽法. 什母忽自通天竺語. 難問之辭必窮淵致. 衆咸歎之. 有羅漢達摩瞿沙曰. 此必懷智子. 爲說舍利弗在胎之證. 及什生之後還忘前言."

인해 떠돌다가 인연에 따라 부모에게 잉태되는 구조로 되어 있다. 이는 부모와 자식의 개별적인 분리, 즉 개인주의와 오랜 임신 기간의 필연성이 존재하지 않도록 한다.

이런 점에서 본다면, 범일에게서 보이는 13달 만의 출생은 불교보다는 동아시아 전통에 입각한 신이성이라는 것을 알게 된다. 또 범일 당시, 이처럼 늦게 태어나는 것에 대한 긍정 인식은 신라불교에 충분히 수용되어 있었다. 이는 『조당집』 권17의 「도의전」에 원적도의元寂道義(?~?, 784 입당, 821 귀국)가 임신한 지 39개월 만에 태어났다는 기록이나,[114] 철감도윤澈鑑道允(798~868)이 16개월 만에 태어났다는 등의 기록을 통해서 판단해 볼 수 있다.[115] 즉 이들에 비하면 범일의 13개월은 양호한 정도이다. 또 지증도헌智證道憲(824~882) 역시 400여 일 만에 탄생했다고 되어 있는데, 이는 범일과 비슷한 경우라고 하겠다.[116]

마지막 ③의 나계와 정상계주 같은 이상異相은 불상의 양식적인 변화와 관련된 불교적인 측면이 반영된 부분이다. 여기에는 범일을 붓다와 일치시키려는 노력이 존재한다. 특히 범일에게는 탄생 외에도 입적과 관련해서 붓다화가 존재한다. 즉 이 부분은 단순히 탄생에 대한 부분에서만 다룰 수 있는 범주가 아니라는 말이다. 그러므로 이에 대해서는 다음 장에서 좀 더 심도 있는 접근을 시도해 보고자 한다.

이렇게 놓고 본다면, 범일의 탄생과 관련된 신이한 기록은 '① 태양을 품는 태몽-불교와 무속, ② 13달 만의 출산-동아시아 전통, ③ 나계와 정상

---

114 『祖堂集』17, 「雪岳陳田寺元寂禪師嗣西堂」(『大藏經補編』25, 615b). "因在胎三十九月, 方始産生."

115 같은 책, 「雙峰和尚嗣南泉」(『大藏經補編』25, 628b). "寄胎十有六月載誕."

116 〈聞慶鳳巖寺智證大師塔碑〉. "因有娠幾四百日, 灌佛之旦誕焉."

계주 같은 이상-불교의 붓다화'로 정리될 수 있겠다.

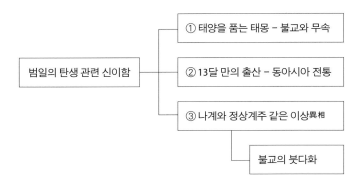

2) 「범일전」에서 확인되는 붓다화 구조

「범일전」에는 범일이 810년 음력 1월 10일에 13개월 만에 태어났는데, "나계의 자태가 빼어났으며, 정주가 이상이었다."라고 적시되어 있다. 또 889년 (80세) 음력 5월 1일에 "우협右脅에 누족累足하고 굴산사崛山寺 상방上房에서 시적示滅"한 것으로 나타난다.[117] 탄생 때의 이상은 선천적인 것이며, 입적시의 자세는 붓다를 의식한 의도적인 것이다. 이런 점에서 논리적 층위가 다르기는 하지만, 시종始終을 붓다에 맞추려는 붓다화가 존재함을 인지해 보는 것이 어렵지 않다.

　　탄생의 이상은 윤회론에 입각한 불교적인 관점에서 불연佛緣에 의한 성자의 자취로 이해될 수 있다. 여기에서 언급되는 나계는 기원후 불상의 완성 과정에서 정비되는 나발로 32상 중 하나인 '발라우선髮螺右旋'을 의미한

117　『祖堂集』17,「溟州崛山故通曉大師嗣鹽官」(『大藏經補編』25, 619a), "五月一日右脅累足, 示滅于崛山寺上房。"

다.[118]

　32상은 인도문화의 덕상德相에 대한 인식이 불교를 통해 정비되고, 이후에 불상의 탄생과 더불어 완료된다. 특히 나발은 간다라의 불상에서 확인되는 중년 남성의 상투와 마투라 불상에서 비롯되는 미혼남의 상투 형식이 불상의 정립과 함께 변형되어 기원후 3세기 무렵에야 완성된다.[119] 즉 나발 자체가 근본적으로 서상이었던 것은 아니라는 말이다.

간다라 지역에서 만들어진 불두. 상투 형태의 표현을 확인할 수 있다.

118 『中阿含經』9,「(五九)王相應品三十二相經第二(初一日誦)」(『大正藏』1, 494a), "復次, 大人頂有肉髻, 團圓相稱, 髮螺右旋, 是謂大人大人之相。" 等 多數.

119 崔完秀 著, 『韓國佛像의 원류를 찾아서 1』(서울: 대원사, 2002), 42-52·59-71쪽.

그런데 후대가 되면 32상은 출가자인 붓다와 재가자인 전륜성왕의 상
징으로 이해되면서 32상을 모두 갖추면 비범함이 존재하는 것으로 이해된
다. 이는 『과거현재인과경過去現在因果經』권2 등의 다음과 같은 구절을 통해
서 판단해 볼 수 있다.

(붓다는 32상이었으나) 붓다의 종제인 제바달다와 난타, 그리고 손타라난
타 등은 혹 30상과 31상이 있었고, 혹은 다시 비록 32상이 있었으나 (그)
상이 불분명했다.[120]

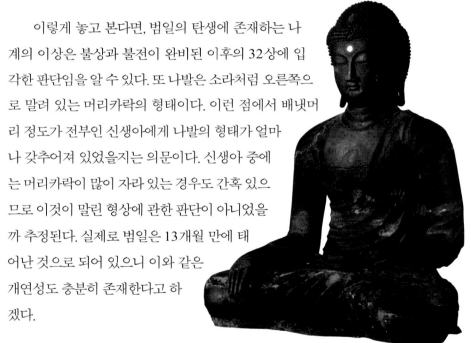

이렇게 놓고 본다면, 범일의 탄생에 존재하는 나
계의 이상은 불상과 불전이 완비된 이후의 32상에 입
각한 판단임을 알 수 있다. 또 나발은 소라처럼 오른쪽으
로 말려 있는 머리카락의 형태이다. 이런 점에서 배냇머
리 정도가 전부인 신생아에게 나발의 형태가 얼마
나 갖추어져 있었을지는 의문이다. 신생아 중에
는 머리카락이 많이 자라 있는 경우도 간혹 있으
므로 이것이 말린 형상에 관한 판단이 아니었을
까 추정된다. 실제로 범일은 13개월 만에 태
어난 것으로 되어 있으니 이와 같은
개연성도 충분히 존재한다고 하
겠다.

하남 하사창동 철조석가여래좌상(보물).
나발의 형태가 표현되어 있다.

---

120 『過去現在因果經』2(『大正藏』3, 628b). "太子從弟提婆達多。次名難陀。次名孫陀羅難陀等。
或有三十相三十一相者。或復雖有三十二相相不分明。"; 『釋迦譜』2, 「釋迦降生釋種成佛
緣譜第四之二(出因果經)」(『大正藏』50, 19b).

또 「범일전」에는 나계의 표현에 '자姿(모습)'라는 한자를 사용하고 있어 주목된다. 왜냐하면 이는 나계가 고정된 측면이 아닌 변화적인 부분으로 머리카락과 같은 개연성을 의미하는 것으로 해석될 수 있기 때문이다. 물론 '자'만 가지고는 이 이상의 명확한 판단이나 접근은 불가능하다.

다음으로 정주頂珠는 32상 중 하나인 '정유육계頂有肉髻'로 이해될 수 있다.[121] 육계는 나발과 마찬가지로 불상의 양식이 정형화되는 과정에서 상투가 변형돼 안정화된 불교 미술적인 측면이다.[122] 그러나 경전의 32상에 대한 언급에서는 '무견정상無見頂相'이라고 해서, 누구도 붓다의 정수리는 볼 수 없다는 최고의 성스러움으로 재탄생하게 된다.[123]

이와 같은 변화는 정수리에 흔히 1천 장의 연꽃잎으로 불리는 사하스라라 차크라Sahasrara Chakra가 위치하기 때문이다.[124] 즉 불상의 탄생 과정에서 발생한 육계가 사하스라라 차크라의 인식과 결합되면서 32상 중에서도 최고의 상징을 가지게 되는 것이다.

그러나 정주에는 '구슬 주' 자가 사용되고 있으므로 육계보다는 계주髻珠를 의미한다고 보는 것이 더 타당할 수도 있다. 인도인들은 상투 속에 보배 구슬을 넣는 문화가 있다. 이를 통해서 이 구슬의 에너지가 신체 주위에 일종의 보호막과 같은 것을 형성해 모든 삿된 기운의 범접을 막는다는 인식이

---

121 『長阿含經』1,「(一)第一分初大本經第一」(『大正藏』1, 5b). "三十二、頂有肉髻."；『中阿含經』9,「(五九)王相應品三十二相經第二(初一日誦)」(『大正藏』1, 494a). "復次, 大人頂有肉髻, 團圓相稱, 髮螺右旋, 是謂大人大人之相." 等 多數.

122 崔完秀 著, 『韓國佛像의 원류를 찾아서 1』(서울: 대원사, 2002), 42-52·59-71쪽.

123 『大般涅槃經』28,「師子吼菩薩品第十一之二」(『大正藏』12, 538a). "頂有肉髻, 無見頂相."；『大方等大集經』12,「無言菩薩品第六」(『大正藏』13, 81a). "三十二相無見頂相名之爲頂." 等 多數.

124 아지트 무케르지 著, 編輯部 譯, 『쿤달리니』(서울: 東文選, 1995), 57-69쪽.

〈미황사 괘불탱〉(보물) 부분. 육계의 앞으로 중간계주가, 육계의 위로 정상계주가 표현되어 있다.

다.[125]

계주가 상투에 들어가는 최고의 상징성을 가진다는 것은 『법화경』의 '계주유髻珠喩' 등에서도 확인된다.[126] 이 계주가 불상에 표현되는 과정에서 상투 안에 있으면 보이지 않을 뿐만 아니라, 불상의 상투는 이후에 육계로 변화하기 때문에 계주를 수용할 수 없는 상황이 만들어지게 된다. 이에 따라

---

125 崔完秀, 「髻珠考」, 『美術資料』15(1971), 25쪽 ; 廉仲燮, 「髻珠에 관한 사상적 관점에서의 재조명」, 『宗敎研究』61(2010), 191-196쪽.

126 『妙法蓮華經』5, 「安樂行品第十四」(『大正藏』9, 39a) ; 『添品妙法蓮華經』5, 「安樂行品第十三」(『大正藏』9, 173a·b) ; 『正法華經』7, 「安行品第十三」(『大正藏』9, 109b·c) ; 『妙法蓮華經論優波提舍』全1卷(『大正藏』26, 17b-18c) ; 植木雅俊 譯, 『(梵本)法華經 上』(東京: 岩波書店, 2009), p. 150 ; 塚本啓祥 著, 『法華經の成立と背景』(東京: 佼成出版社, 昭和 63年), pp. 384-385 ; 『過去現在因果經』2, (『大正藏』3, 663c), "便脫寶冠髻中明珠。以與車匡。"

인도문화 배경이 탄탄한 계주는 육계 앞쪽이나 육계 위에 묘사되는 방식을 취하는 것으로 변모한다. 이를 '중간계주中間髻珠'(혹 중앙계주)와 '정상계주頂上髻珠'라고 한다. 즉 상투 안의 계주를 상투가 육계가 되면서 봉안이 불가능해지자 안쪽에 있다는 상징을 빌려서 앞쪽에 배치하거나 정수리 위에 있다는 상징을 차용해 육계 위에 두는 방식이 도출되는 것이다.[127] 이러한 두 가지 모두의 타당성으로 인해 불상이나 불화에는 중간계주와 정상계주가 모두 묘사되는 경우도 다수 존재하게 된다.

계주와 관련해서는 이것이 인도인들이 상투를 묶을 때 쓰는 계뉴髻紐 사이에 있는 중간구슬, 즉 '계뉴주髻紐珠'(중간구슬)라는 주장도 있다.[128] 그러나 이는 간다라 불상의 양식 변화 속에선 나름의 타당성이 존재하지만, 계주가 내포하는 상징적인 측면이나 『법화경』 등의 계주에 관한 내용에서는 문제가 있다. 이 때문에 계주는 계뉴주로 이해되어서는 안 된다는 연구가 존재하게 된다.[129]

범일 당시에는 불상에 계주를 표현하는 것이 일반화되어 있었고, 이 중 정상계주와 같은 측면이 범일의 정수리에 존재했던 것으로 이해된다. 이것이 「범일전」의 '정주頂珠'라는 의미가 아닌가 한다. 계주는 보배 구슬이다. 그러므로 신체의 일부, 즉 살과 같은 측면이 되어서는 안 된다. 그러나 불상이나 불화의 묘사에서는 계주가 뚜렷하게 분리되지 않고 연결된 것처럼 보이는 경우가 많다. 이에 따라 계주 역시 피부에서 돌출된 측면으로 이해해 「범일전」과 같은 판단이 나타나는 것으로 이해된다. 즉 이 부분 역시 이상의 범

---

127 『注維摩詰經』 1, 「佛國品第一」(『大正藏』 38, 331b), "珠髻菩薩。什曰。如意寶珠在其髻中。悉見十方世界及衆生行業果報因緣也。"

128 崔完秀, 「髻珠考」, 『美術資料』 15(1971), 34-37쪽.

129 廉仲燮, 「髻珠에 관한 사상적 관점에서의 재조명」, 『宗敎硏究』 61(2010), 190-213쪽.

강진 무위사 아미타여래삼존좌상(보물). 본존불인 아미타불에서 중간계주와 정상계주를 확인할 수 있다.

주에 들어갈 수는 있지만, 이것이 곧 비범함이라는 판단은 성립하지 않는다는 말이다.

이렇게 놓고 본다면, 「범일전」의 탄생과 관련된 두 가지 이상인 '나계의 자태'와 '정주' 부분은 그렇게까지 특이한 이상이 아닐 수도 있다. 즉 불교적인 관점에서 범일의 태생적인 비범함을 부각하기 위해 다소 자의적인 해석이 가해진 측면이 크다는 판단이다. 그런데도 범일의 이상은 범일에 대한 묘사에서 중요한 특징이 되었던 점만은 분명하다. 이는 앞서 언급한 바 있는 1338년 필사기가 있는 범어사 소장 『선문조사예참의문』의 삽화를 통해서 인지해 보는 것이 가능하다.

불교의 비문은 스승이 입적한 후에 문도들이 자료를 정리해서 의뢰하면 당대의 학자나 문장가가 작성하는 것이 일반적이다. 이 과정에서 문도들이 직접적인 찬술자는 아니지만 1차 자료를 윤색하는 역할을 하게 된다. 이런 점에서 〈범일비문〉에 입각한 「범일전」은 범일 문도들에 의해 윤색되었을 가능성이 충분하다.

특히 범일의 탄생과 관련한 부분은 부모 등 탄생과 직접적인 관련이 있는 이들만 알 수 있는 일이다. 여기에 범일이 80세에 입적한다는 점을 고려하면, 입적 시기에 문도는 물론이거니와 범일의 탄생과 관련하여 직접적으로 관련된 인물은 거의 존재하지 않았을 것이다. 즉 범일의 탄생과 관련된 이상異相 부분은 범일보다 앞선 세대에 의한 구전이 문도들에 의해 취합된 것이라는 말이다. 물론 여기에서 정주는 나계와 달리 특수한 신체적 특징일 수 있으므로 후대까지도 유전되었을 개연성은 충분하다. 그러나 그렇다고 하더라도 이것이 태생적인 특징으로까지 정리되고 있다는 것은 문도들에 의한 윤색이 일찍부터 존재했을 개연성을 환기해 준다고 하겠다.

범일에 대한 윤색은 문도들에 의한 불교 내적인 측면이다. 그러나 윤색에 의한 범일의 신이성 강조는 이후 민중으로 확대되며 민중적인 변화를 거

보은 법주사 팔상전 내 〈팔상도〉 중 '쌍림열반상' 부분

치는 한 동인이 되었을 것이다. 즉 불교 내적인 윤색이 불교 외적인 윤색과 민간 신앙적인 관점으로 연결되면서, 범일이 시대적인 요청과 필요 때문에 민중 신앙의 대상이 되는 한 이유가 되었을 것이라는 말이다.

다음으로 범일이 우협으로 누족해 입적했다는 것은 붓다가 쿠시나가르 사라쌍수에서 입적에는 모습에 준하는 자세이다. 인도에서는 우측을 긍정 하고, 좌측은 부정적인 대상으로 인식해서 꺼린다.[130] 이에 따라 '편단우견偏 袒右肩', '우슬착지右膝着地', '우요삼잡右遶三匝', '우협탄생右脅誕生'과 같은 우

---

130 廉仲燮, 〈1. 印度文化와 右手樣相〉, 「韓國 〈毘藍降生相圖〉에서의 右手와 左手의 타당성 고 찰」, 『溫知論叢』 25 (2010), 430-432쪽 ; 廉仲燮, 〈1. 인도의 '오른쪽' 문화〉, 「동아시아 佛像에서 확인되는 逆手印 문제 고찰-인도와 동아시아의 문화권적인 관점 차이를 중심으로」, 『東아시아 佛敎文化』 25 (2016), 486-490쪽.

측 중심의 문화가 나타나는 것이다.[131] 인도인들에게 이와 같은 좌우 구분이 뚜렷하게 나타나는 것은 유목문화와 태양 숭배에 입각한 우측 선호와[132] 오른손으로 음식을 먹고 왼손으로는 뒤처리를 하는 양손의 뚜렷한 역할 분리 때문이다.

실제로 탑돌이와 관련해서는 좌요左遶를 하면 재앙이 내린다는 기록이 있으며,[133] 대상을 모독하기 위해 탑을 의도적으로 좌요로 돈다는 내용도 존재한다.[134] 또 『사분율』권46 등의 율장에서는 우협으로 눕는 것은 사자에 해당하고, 좌협은 승냥이와 같다는 대비 및 차별적인 관점도 목도된다.[135] 또 두 발을 포개어 나란히 눕는 것은 붓다의 열반 자세이다. 이는 오늘날까지 열반상은 병족竝足으로 되어 있지만, 누워서 쉬는 와상臥像은 발이 나란하지 않고 어긋나 있는 방식으로 유전되고 있다.

범일이 입적 시에 취한 자세는 제자들의 윤색보다는 범일 스스로가 붓다처럼 입적하기를 원하며 닮아가기 위한 노력으로 이해된다. 이와 같은 측

---

131 廉仲燮, 〈2. 右遶禮敬의 기원 및 불교수용〉, 「불교의 탑돌이 起源과 한국적 전개」, 『圓佛教思想과 宗教文化』68(2017), 157-160쪽.

132 구미래, 「月精寺 탑돌이의 민속과 계승방안」, 『韓國禪學』37(2014), 229쪽 ; 李哲憲, 「月精寺 탑돌이의 傳承과 現在」, 『韓國禪學』37(2014), 181쪽.

133 『四分律』49, 「法揵度第十八」(『大正藏』22, 930c-931a). "時彼於塔邊左行過。護塔神瞋。佛言不應左行過應右遶塔而過。"

134 『四分律』50, 「房舍揵度初」(『大正藏』22, 940b). "彼便禮白衣塔廟。佛言。不應禮白衣塔廟。彼既不得禮白衣塔廟。便左遶行護塔廟神瞋。佛言。隨本所來處行。不應故左遶行。"；『十誦律』48, 「增一法之一」(『大正藏』23, 351a). "從憍薩羅遊行向舍衛國。右遶此塚左遶祠舍。時天祠主言。大德。何以右繞塚左遶祠答言。我謂是佛塔聲聞塔。諸比丘不知云何。以是事白佛。佛言。若塚若天祠。不必右遶亦不必左遶。但隨道行。"

135 『四分律』46, 「破僧揵度第十五」(『大正藏』22, 909c). "時提婆達多法像世尊。自襞疊僧伽梨為四重。以右脇著地。猶如師子。不覺左脇著地。猶如野干偃臥鼾眠。"；『十誦律』37, 「雜誦中調達事之二」(『大正藏』23, 265b). "調達亦爾。四襞鬱多羅僧敷。以僧伽梨作枕。右脇臥。時有天神。深愛佛法故。令調達睡。轉左脇臥鼾睡[穴/(爿*臬)]語。嚬呻振擺斷齒作聲。"

면은 『속고승전』권7·15·16·17·20·25 및 『송고승전』등에 전하는 다수의 고승 입적 기록에서도 살펴지는 양상이다.[136] 즉 이는 범일만의 특징은 아니라는 말이다. 다만 이를 부각해서 기록하는 제자들의 관점이 탄생과 입적이라는 생사의 양쪽을 의도적으로 부각하고 있다는 점에서 이 역시 붓다화로 이해되는 게 가능하다고 판단된다. 즉 범일의 입적에서 살펴지는 우협과 누족은 직접적인 붓다화는 아니지만, 문도들에 의해 재구성되는 과정에서 붓다화의 범주로 들어오게 되는 것이다.

이외에 범일의 입적에는 직접적이라고 할 정도는 아니지만, 붓다를 모사하는 것이 두 가지 더 있다. 첫째는 범일이 80세에 입적한다는 것으로 이는 붓다의 열반 연세인 80세와 일치한다. 수명을 의도적으로 맞추었다는 판단은 쉽지 않다. 그러나 깨달음을 얻은 분은 자신의 수명을 마음대로 한다는 점을 고려한다면 이 역시 전혀 가능성이 없는 것은 아니다.

실제로 「범일전」에는 범일이 입적 시에 문인門人들을 불러 모은 뒤 다음과 같이 말하는 대목이 수록되어 있다.

> 내가 장차 다른 곳으로 가려고 하니, 이제 모름지기 길이 이별해야 하겠다. 너희들은 세정世情과 천의淺意로 난동亂動하고 크게 슬퍼하지(비상悲傷) 마라. 다만 스스로의 마음을 닦아서 종지宗旨를 떨어트리지 말지어다.[137]

---

136 『續高僧傳』6, 「釋慧約」(『大正藏』50, 469a) ; 『續高僧傳』7, 「釋警韶」(『大正藏』50, 480a) ; 『續高僧傳』15, 「釋志寬」(『大正藏』50, 544a) ; 『續高僧傳』16, 「釋法常」(『大正藏』50, 556b) ; 『續高僧傳』17, 「釋智越」(『大正藏』50, 570c) ; 『續高僧傳』20, 「釋靜琳」(『大正藏』50, 590c) ; 『續高僧傳』25, 「釋慧雲」(『大正藏』50, 650b) 等 多數.

137 『祖堂集』17, 「溟州崛山故通曉大師嗣鹽官」(『大藏經補編』25, 619a). "吾將他往, 今須永訣. 汝等莫以世情淺意, 亂動悲傷, 但自修心, 不墜宗旨也."

범일의 마지막 유훈은 범일이 생사를 넘어선 깨달은 분임을 나타내 준다. 그리고 이는 가능성이 크지는 않지만, 범일이 입적 시기를 조절할 수 있었을 개연성이 되기도 한다.

또 범일의 유훈에서 확인되는 제자들에 대한 위로는 붓다가 8종의 열반 문헌에서[138] 신도와 제자들을 위로했던 모습과 일정 부분 닮아 있다. 특히 맨 마지막의 '마음을 닦아 종지를 떨어트리지 말라.'는 대목은 제자들에게 '방일하지 말 것'을 강조한 붓다의 최후 유훈과 유사하다.[139] 물론 범일의 최종 유훈인 '종지宗旨'는 남종선에 대한 강조라는 점에서 차이가 있다.

둘째는 범일이 '굴산崛山'과 '굴산사崛山寺'의 명칭을 '굴산崛山'과 '굴산사崛山寺'로 바꾸었을 개연성이다. 왜냐하면 '굴崛'을 '굴崛'의 오자로도 볼 수 있지만, 이를 범일에 의한 변화로 이해하는 것도 가능하기 때문이다. '굴산崛山'이 '굴산崛山'으로 변화한 것은 굴산이 민둥산에서 기사굴산耆闍崛山(Gṛdhrakūṭa), 즉 영축산의 의미로 전환된다는 것을 의미한다.

주지하다시피 영축산은 동아시아의 대승불교에서 화엄종의 소의경전인 『화엄경』과 더불어 천태종의 소의경전이 되는 『법화경』의 설법 장소이다. 또 마가다국 왕사성에서 죽림정사와 함께 가장 중요한 불교 수행처이기도 하다.[140] 이외에도 영축산은 선불교에서는 염화미소의 배경이 되는 선의

---

138 8종의 涅槃 文獻은 빨리본·산스크리트본·티베트본과 漢譯 5종이다. 漢譯 5종은 『長阿含經』 1~4, 「遊行經」(『大正藏』 1, 11a-30b)·『般泥洹經』 1~2, (『大正藏』 1, 176a-191a)·『佛般泥洹經』 1~2, (『大正藏』 1, 160b-175c)·『大般涅槃經』 1~3, (『大正藏』 1, 191b-207c)·『根本說一切有部毘奈耶雜事』 35~38(『大正藏』 24, 382b-402a)이다. 원혜영 著, 『아름다운 공동체 붓다의 열반 에피소드』(서울: 經書院, 2009), 27-34쪽; 安良圭 著, 『붓다의 入滅에 관한 硏究』(서울: 民族社, 2009), 6-8쪽.

139 『長阿含經』 4, 「遊行經第二後」(『大正藏』 1, 26b), "是故, 比丘! 無爲放逸, 我以不放逸故, 自致正覺, 無量衆善, 亦由不放逸得, 一切萬物無常存者, 此是如來末後所說."

140 『大唐西域記』 9, 「摩伽陀國下」(『大正藏』 51, 921a·b), "宮城東北行十四五里, 至姞栗陀羅矩吒山(唐言鷲峯, 亦謂鷲臺。舊曰耆闍崛山, 訛也)。接北山之陽, 孤摽特起, 旣棲鷲鳥, 又類高臺, 空翠相

남상濫觴이 되는 곳으로 믿어졌던 장소이다.[141] 이런 점에서 본다면, 범일의 대대적인 중건과 더불어 '굴嵁'이 '굴嵋' 변형되었을 가능성도 존재한다. 그러므로 이 역시 일부나마 범일의 붓다화 범주에 포함될 가능성이 있다. 그러나 이 부분은 논란의 여지가 있으므로 여기에서는 그 가능성만을 언급하는 데서 그치고, 뒤에서 더욱 자세히 살펴보도록 하겠다.[142]

이상과 같은 측면들을 통해서 본다면, 범일이 80세에 입적하는 점, 그리고 스스로 입적을 알려서 생사에 자유로운 모습을 보인다는 점, 또 유훈의 내용 모두 붓다의 행적과 유사하다는 것을 알 수 있다. 물론 이와 같은 측면은 깨달음을 증득한 고승들에게 일반적으로 확인되는 특징 중 하나라는 점에서 이를 범일만의 특수성이라고 볼 수는 없다. 그러나 이 역시 붓다의 생애가 배경에 깔린 측면이라는 점에서 직접적이진 않지만 간접적으로 붓다

映, 濃淡分色。如來御世垂五十年, 多居此山, 廣說妙法。頻毘娑羅王爲聞法故, 興發人徒, 自山麓至峯岑, 跨谷凌巖, 編石爲階, 廣十餘步, 長五六里。中路有二小窣堵波, 一謂下乘, 卽王至此徒行以進 ; 一謂退凡, 卽簡凡人不令同往。其山頂則東西長, 南北狹。臨崖西埵有甎精舍, 高廣奇製, 東闢其戶, 如來在昔多居說法, 今作說法之像, 量等如來之身。精舍東有長石, 如來經行所履也。傍有大石, 高丈四五尺, 周三十餘步, 是提婆達多遙擲擊佛處也。其南崖下有窣堵波, 在昔如來於此說《法花經》。精舍南山崖側有大石室, 如來在昔於此入定。佛石室西北, 石室前有大磐石, 阿難爲魔怖處也。尊者阿難於此入定, 魔王化作鷲鳥, 於黑月夜分據其大石, 奮翼驚鳴, 以怖尊者。尊者是時驚懼無措, 如來鑒見, 伸手安慰, 通過石壁, 摩阿難頂, 以大慈言而告之曰:「魔所變化, 宜無怖懼。」阿難蒙慰, 身心安樂。石上鳥迹、崖中通穴, 歲月雖久, 于今尙存。精舍側有數石室, 舍利子等諸大羅漢於此入定。舍利子石室前有一大井, 枯涸無水, 墟坎猶存。」

141 拈花微笑는 宋나라 이전 資料에서는 확인되지 않는다. 그러므로 宋의 禪佛教 안에서 새롭게 만들어진 傳承이라는 관점이 일반적이다. 그러나 唐末의 혼란 및 禪佛教의 약진과 관련해서, 唐末에 대두되어 五代·十國을 지나 宋에서 完成되었을 개연성도 완전히 배제하기는 어렵다. 변희욱,「拈花微笑'의 재발견」,『東洋哲學』47(2017), 293–301쪽.

142 후대에는 '屈山寺'로 표기되는 경우도 발견된다. 이는 崛山寺址 發掘 過程에서 확인된 기와의 名文을 통해서 알 수 있다. 國立中原文化財研究所 編,『江陵 崛山寺址(史蹟 第448號) 發掘調査 報告書 Ⅱ』(忠州: 國立中原文化財研究所, 2017), 103쪽 ; 도의철,「江陵 崛山寺址(史蹟 第448號) 伽藍의 考古學的 成果와 高麗 崛山寺」,『韓國禪學』36(2013), 288쪽.

화의 범주에서 언급될 정도로는 충분하다.

실제로 범일에게 가장 많은 영향을 주었을 인물 중 한 명으로 명주 지역에서 활약한 고승 자장慈藏(생년 594-599~몰년 653-655)에게서도 붓다화가 확인된다.[143] 이는 자장의 당대 기록인 도선道宣(596~667)의 『속고승전續高僧傳』권24의 「자장전慈藏傳」이나 『삼국유사』권4의 「자장정률慈藏定律」 등

을 통해서 살펴볼 수 있다. 대표적인 것은 자장의 어머니가 별이 품 안으로 들어오는 태몽을 꾸고 임신하여 음력 4월 8일에 자장이 탄생했다는 것,[144] 또 80세를 살 것이라는 중국 종남산 신인神人의 예언이 있었다는 점 등을 들 수 있다.[145]

또 범일에게는 수도인 경주에 가서 구족계를 받은 내용 등이 있다.[146] 이 부분과

월정사 진영각 〈자장율사진영〉

---

143 廉仲燮, 「慈藏의 生沒年代에 대한 종합적 검토」, 『東아시아佛敎文化』29(2017), 375쪽.

144 『續高僧傳』24, 「護法下-唐新羅國大僧統釋慈藏傳(圓勝)」(『大正藏』50, 639a). "冥祥顯應。夢星墜入懷。因卽有娠。以四月八日誕。載良晨。道俗銜慶希有瑞也。"; 『三國遺事』4, 「義解第五-慈藏定律」(『大正藏』49, 1005a). "母忽夢星墜入懷。因有娠。及誕。與釋尊同日。名善宗郎。"

145 『續高僧傳』24, 「唐新羅國大僧統釋慈藏傳」(『大正藏』50, 639c). "神語藏曰。今者不死。八十餘矣。"; 『法苑珠林』64, 「唐沙門釋慈藏」(『大正藏』53, 779c) ; 南武熙, 「『續高僧傳』「慈藏傳」과 『三國遺事』「慈藏定律」의 원전 내용 비교」, 『文學/史學/哲學』19(2009), 33~49쪽.

146 『祖堂集』17, 「溟州崛山故通曉大師嗣鹽官」(『大藏經補編』25, 617a). "年至二十, 到於京師, 受具足戒。"

관련해서도 경주의 황룡사와 하곡현河曲縣(혹 아곡현阿曲縣, 현재의 울산)의 태화사太和寺, 그리고 헌양현巘陽縣(후의 언양, 현재의 양산)의 통도사 등 경주와 수도권을 활동 범위로 한 자장의 영향을 고려해 보는 것도 충분히 가능하다.

또 범일의 붓다화와 관련해서는 원효의 생애와 관련된 영향도 판단될 수 있다. 일연도 「원효불기元曉不羈」에서 "그가 태어난 촌村의 이름을 '불지佛地(붓다의 땅)'라 하고, 사명寺名을 '초개初開(처음으로 열었다)'라 했다. 자칭 원효라 한 것은 대개 '처음으로 불일佛日을 빛냈다.'라는 뜻이다. '원효'(라는 말) 역시 방언方言이다. 당시 사람들은 모두 향언鄕言으로 '첫 시작의 새벽'이라 칭했다."라고 한 것은 원효의 붓다화 측면을 잘 정리해 주고 있기 때문이다.[147]

사실 범일의 태몽이나 탄생의 신이성, 또 80세의 언급이 등장하는 것은 사뭇 자장과 유사하다. 또 '범일'이라는 법명이나 굴산과 굴산사의 재정립을 통한 기사굴산(영축산)의 의도적 모사를 정통성의 주장과 관련해서 이해해 본다면 원효와의 유사성도 일정 부분 확보된다. 즉 원효와 범일, 그리고 불지촌의 초개사와 굴산의 굴산사 사이에는 의미적인 영향 관계가 인지되는 것이다. 이런 점에서 본다면, 범일의 붓다화에는 사실에 기반한 측면도 존재하지만, 그 당시 유행하던 고승담(승전)의 영향도 존재했던 것으로 판단된다.

---

147 『三國遺事』 4, 「義解第五-元曉不羈」(『大正藏』 49, 1006b), "其生緣之村名佛地。寺名初開。自稱元曉者。蓋初輝佛日之意爾。元曉亦是方言也。當時人皆以鄕言稱之。始且也。"

범일의 출가와 입당 유학

1.
범일의 출가 배경과 경주행

1) 출가 배경의 타당성 검토

「범일전」에 의하면, 범일은 15세(824)에 서원 출가한다.[148] 즉 발심 출가인데, 당시 양친에게 고하고 갔다는 것으로 보아 조실부모 등에 따른 가계의 몰락이 원인은 아니었던 것 같다. 또 이때 양친이 "숙연宿緣의 선과善果이니, 투지奪志가 불가不可하다. 네가 모름지기 먼저 제도되거든 나도 제도해다오."라고 한 것으로 보아 범일의 출가에 긍정적이었음을 알 수 있다. 즉 「범일전」의 내용만으로 볼 때, 범일은 불교적인 집안 배경과 신라 하대의 불교 유행으로 발심 출가한 것으로 이해된다.

범일의 조부인 김술원金述元이 명주도독으로 있다가 경주로 돌아가지 않은 것을 통해 명주군왕溟州君王이자 강릉 김씨의 시조인 김주원金周元계로 파악하기도 한다.[149] 그러나 통일신라의 상피제相避制를 고려한다면, 김술원

---

148 『祖堂集』17,「溟州崛山故通曉大師嗣鹽官」(『大藏經補編』25, 617a), "年至一五, 誓願出家。"

149 金述元과 金周元系의 연결 가능성은 崔柄憲에서 시작되어 一般的으로 수용되는 관점이다. 崔柄憲,「羅末麗初 禪宗의 社會的 性格」,『史學研究』25(1975), 5-6쪽 ; 申千湜,「韓國佛敎史上에서 본 梵日의 位置와 崛山寺의 歷史性 檢討」,『嶺東文化』1(1980), 10-11쪽 ; 崔柄憲 著,「地方豪族과 禪宗」,『史料로 본 韓國文化史(古代篇)』(서울: 一志社, 1986), 319쪽 ; 金杜珍,「新羅下代崛山門의 形成과 그 思想」,『省谷論叢』17(1986), 319쪽 ; 鄭東樂,「通曉 梵日(810~889)의 生涯에 대한 再檢討」,『民族文化論叢』24(2001), 61-64쪽 等 多數.

은 처음부터 김주원계였다기보다는 명주도독으로 파견된 후에 김주원계로 편입된 인물로 보는 것이 타당하다.[150]

이와 같은 판단이 가능한 것은 「범일전」에 조부가 명주도독을 역임한 인물이며, 어머니는 누엽累葉(여러 대에 걸친)의 호문豪門(호족)으로 기록되어 있지만 정작 아버지에 관한 내용은 없기 때문이다. 즉 김술원과 명주 지역의 명문 호족과의 결합이 판단되는 상황에서 아버지에게는 특별한 지위가 기록되어 있지 않은 것이다. 이는 김술원이 임기가 끝난 이후에도 경주로 돌아가지 않은 것과 연관해 이해될 수 있다. 즉 상피제를 통해 경주에서 파견 온 김술원이 강릉에 정착하므로 해서 범일의 부친은 제대로 된 관직에 진출하지 못했다는 판단이다.

이와 같은 상황은 범일이 부친처럼 큰 지위의 관직에 오르기 힘들다는 의미로도 풀이될 수 있다. 이런 점에서 이와 같은 집안 사정이 범일 출가의 한 배경이 되었다는 주장은 나름의 설득력을 가진다.[151]

그러나 일부에서 주장하는 것처럼, 범일이 김주원의 아들로 웅천주熊川州(현재의 공주)를 거점으로 난(822)을 일으킨 김헌창金憲昌계와 관련이 있어 출가하게 되었다는 것은[152] 현존하는 자료만으로는 비약이 적지 않다. 왜냐

---

150 金甲童 著, 「溟州勢力」, 『羅末麗初의 豪族과 社會變動 研究』(서울: 高麗大民族文化研究所, 1990), 78쪽 ; 金興三, 「羅末麗初 闍崛山門과 政治勢力의 動向」, 『古文化』 50(1997), 399-401쪽 ; 金興三, 「新羅末 崛山門 梵日과 金周元系 關聯說의 批判的 檢討」, 『韓國古代史研究』 50(2008), 320-321쪽 ; 鄭東樂, 「通曉 梵日(810~889)의 生涯에 대한 再檢討」, 『民族文化論叢』 24(2001), 61-62쪽.

151 鄭東樂, 「通曉 梵日(810~889)의 生涯에 대한 再檢討」, 『民族文化論叢』 24(2001), 63-65쪽 ; 曺凡煥, 「新羅 下代 梵日 禪師와 崛山門의 開創」, 『梵日國師 研究叢書』(江陵: 梵日國師文化祝典委員會, 2016), 28쪽.

152 鄭東樂, 「通曉 梵日(810~889)의 生涯에 대한 再檢討」, 『民族文化論叢』 24(2001), 65쪽 ; 曺凡煥, 「新羅 下代 梵日 禪師와 崛山門의 開創」, 『梵日國師 研究叢書』(江陵: 梵日國師文化祝典委員會, 2016), 28쪽. "梵日이 金憲昌 亂의 餘波로 出嫁를 決心하게 되었다는 見解는 未洽한 점이

하면 김헌창이 김주원의 아들이기는 하지만, 김헌창의 난은 웅천주를 거점으로 충청도와 전라도 및 경상도의 진주와 상주 지역 쪽만이 호응했기 때문이다.[153] 즉 옛 고구려 지역은 관망세를 보였고, 명주는 김헌창의 난에서 빠져 있었다.[154] 이는 김헌창의 난이 김주원계와 직접적인 연결점이 없으며, 이는 김주원계가 김헌창의 난 이후에도 명주 지역의 지배권을 유지했다는 사실과도 부합한다.[155] 즉 범일은 김주원계 및 명주 지역의 호족과 관련되기는 하지만, 김헌창의 난과 관련해서 출가했다는 추정은 받아들이기 어려운 것이다. 이는 범일이 835년 왕자인 김의종金義琮을 필두로 하는 사신 일행과 함께 헌양현(현재의 울산)에서 해로로 입당 유학길에 오른다는 점을 통해서도 판단될 수 있다.[156] 왜냐하면 대당 사신은 당시 신라 사회에 있어서 가장 주류적인 인물로 보아도 큰 무리가 없는데, 이런 김의종이 문제의 소지가 있는 범일을 수용했다고 보기는 어렵기 때문이다.

　　이런 점에서 본다면, 범일의 출가는 명주 지역에 정착한 집안의 한계와 당시의 출가 경향에 따른 발심 출가로 보는 것이 타당하다. 이는 범일이 851년 명주도독 김공金公의 초청으로 굴산사에 주석하며 이후 40여 년간

없지 않다. 그러므로 梵日의 出家 이유를 좀 더 다른 측면에서 찾아보는 것도 좋지 않을까 싶다."

153　황선영, 「新羅 下代 金憲昌 亂의 性格」, 『歷史와 境界』 35(1988), 10-13쪽 ; 이상훈, 「金憲昌의 亂과 新羅軍의 對應」, 『軍事研究』 138(2014), 14-15쪽.

154　박용국, 「新羅 憲德王代 金憲昌의 亂과 晉州地域」, 『退溪學과 儒敎文化』 37(2005), 262쪽. "金憲昌이 反亂을 일으킬 때 父 金周元이 王位에 오르지 못한 것을 名分으로 내걸었을지라도 실제는 憲德王이 哀莊王을 除去하고 王位에 올라 權力을 强化하는 過程에서 金憲昌이 疏外되자 反亂을 일으켰던 것이다."

155　주보돈, 「新羅 下代 金憲昌의 亂과 그 性格」, 『韓國古代史研究』 51(2008), 253쪽.

156　『祖堂集』 17, 「溟州崛山故通曉大師嗣鹽官」(『大藏經補編』 25, 617b). "公以重善志, 許以同行。假其舟楫, 達于唐國。"

(851~889) 크게 교화를 떨치는 점,[157] 또 제48대 경문왕(871)·제49대 헌강왕 (880)·제50대 정강왕(887)의 세 왕에 의한 경주로의 초청을 고사하고 명주에 주석하는 것을 통해서도 유추해 볼 수 있다.[158] 이는 범일의 위치가 명주의 김주원계 및 경주의 원성왕계와 전혀 충돌이 없었다는 것을 의미하기 때문이다. 즉 범일은 명주를 기반으로 신라 하대라는 시대적 혼란 속에서 새로운 이정표를 제시하는 불일佛日과 같은 고승이었다.

2) 출가와 경주에서의 입당 발원

범일이 양친에게 말씀드리고 단행된 서원 출가라는 점은 "삭발·염의(落采)하고 (양)친에 사辭하였다. (그러고는) 심산에 들어가 수도하였다."라는 대목을 통해서도 재차 확인된다.[159] 또 이 부분에서는 '친親에 사辭하고 낙채落采한 것'이 아니라, '낙채落采 후에 친親에 사辭하였다'는 점도 주목된다. 왜냐하면 이는 범일의 출가가 양친도 알던, 기존에 인연이 있던 곳으로 이루어졌을 개연성을 시사하기 때문이다.

이후 범일은 심산에 들어가 수도한다. 「범일전」에는 범일의 출가 사찰이나 종파가 뚜렷하게 명시되어 있지 않다. 이는 범일이 입당入唐 유학승으로 마조도일의 홍주종계 염관제안鹽官齊安(?~842)의 사법제자嗣法弟子이자 사굴산문의 개창 조사라는 점에서 출가의 종파나 사승(은사)을 드러내지 않

---

157 같은 책(618b). "溟州都督金公仍請住崛山寺。一坐林中,四十餘載。列松爲行道之廊, 平石作安禪之座。"

158 같은 책. "咸通十二年三月景文大王, 廣明元年憲康大王, 光啓三年定康大王, 三王並皆特迁御禮, 遙申欽仰, 擬封國師。各差中使, 迎赴京師。大師久蘊堅貞, 確乎不赴矣。"

159 같은 책(617b). "於是落采辭親, 尋山入道。"

는 것이 타당하다고 판단했기 때문이 아닌가 한다. 즉 스승의 위상에 누가 되겠다고 판단한 문도들이 자료의 편집 과정에서 그렇게까지 중요하지 않은 출가 은사를 기록할 필연성을 느끼지 못했을 것이라는 말이다.

범일의 출가 사찰 및 종파와 관련해서 가장 유력시되는 것은 명주 지역에 있는 낙산사의 화엄종(당시는 화엄업華嚴業)이다.[160] 이와 같은 추론이 가능한 것은 「낙산이대성 관음·정취·조신」에서 범일이 의상의 제자라는 이야기

가 일연 당시까지도 전해지고 있었다는 점 때문이다.[161] 이는 범일이 의상의 제자라기보다는 의상계 화엄종의 제자였을 개연성을 추론할 수 있게 한다.[162]

또 여기에는 범일이 낙산사에 정취보살을 모시는 내용이 기록되어 있다. 이 사건의 배경은 범일이 837년 제안을 만나기 전의 명주明州 개국사開國寺에서 정취보살正趣菩薩(Ananya-gāmin, 혹 무이행보살無異行菩薩)의 화신인 동

〈범어사 의상대사 진영〉(부산 유형문화재)

160 金杜珍,「新羅下代 崛山門의 形成과 그 思想」,『省谷論叢』17(1986), 326–328쪽 ; 鄭東樂,「通曉 梵日(810~889)의 生涯에 대한 再檢討」,『民族文化論叢』24(2001), 66쪽.

161 『三國遺事』3,「興法第三‒洛山二大聖 觀音·正趣·調信」(『大正藏』49, 997a). "或云梵日爲相之門人. 謬妄也。"

162 鄭東樂,「梵日(810~889)의 禪思想」,『大丘史學』68(2002), 4–5쪽 ; 鄭東樂,「通曉 梵日(810~889)의 生涯에 대한 再檢討」,『民族文化論叢』24(2001), 66쪽.

향의 승려(향승鄕僧)를 만나는 것으로 시작된다.[163] 즉 시기적으로 범일이 제안에게 가기 이전 입당 직후인 836년에 동향의 정취보살 화현을 만나고 있다. 이는 범일이 제안을 사법해서 조사가 되기 이전 범일에 관한 현존하는 유일한 기록이다. 즉 명확하지는 않지만 이를 통해서 다소나마 화엄종과의 연관성을 유추해 볼 수 있는 것이다.

또 정취보살은 『화엄경』 권51(60권본 기준, 80권본에서는 권68)의 「입법계품入法界品」에서 선재동자善財童子(Sudhana-śreṣṭhi-dāraka)가 찾아간 53선지식 중 29번째에 해당한다. 선재동자에게 정취보살을 소개하는 것은 28번째인 관세음보살이다. 이때 정취보살은 금강산정金剛山頂(혹 윤위산정輪圍山頂)에서 관음이 있는 곳으로 와 '보질행해탈普疾行解脫(혹 보문속행법문普門速行法門-『60화엄』, 보문부동속질행普門不動速疾行-『40화엄』, 보현속행법문普現速行法門-『마라가경』)'의 가르침을 주게 된다.[164] 즉 정취는 화엄 안에서 관음과 깊은 연관 관계를 가지고 있다. 이에 따라 '관음+정취' 신앙이 대두하기도 하는데,[165] 이는 자비와 지혜의 결합을 상징하기도 한다.[166] 바로 이러한 일례를 보여 주는 것

---

163 『三國遺事』3,「興法第三-洛山二大聖 觀音·正趣·調信」(『大正藏』49, 996c). "後有崛山祖師梵日. 太和年中入唐. 到明州開國寺. 有一沙彌截左耳在衆僧之末. 與師言曰. 吾亦鄕人也. 家在溟州界翼嶺縣德耆坊. 師他日若還本國. 須成吾舍. 旣而遍遊叢席. 得法於鹽官(事具在本傳)以會昌七年丁卯還國."

164 『大方廣佛華嚴經』51,「入法界品第三十四之八」(『大正藏』9, 718c-719a);『大方廣佛華嚴經』68,「入法界品第三十九之九」(『大正藏』10, 367b·c);『大方廣佛華嚴經』16,「入不思議解脫境界普賢行願品」(『大正藏』10, 735b-736a);『佛說羅摩伽經』2,(『大正藏』10, 860c-861a).

165 송은석,「高麗時代 正趣菩薩 信仰과 正趣菩薩圖 - 普陀洛伽山 信仰의 또 다른 측면」,『泰東古典研究』37(2016), 137-144쪽 ; 송은석,「麗末鮮初 補陀落迦山 觀音의 信仰과 美術」,『美術史學』28(2019), 264-265쪽.

166 『略釋新華嚴經修行次第決疑論』3,「十迴向」(『大正藏』36, 1039b). "及善財見正趣菩薩. 與觀世音同會而見. 以明觀音正趣. 會智悲一體. 又表第七是悲增. 第八智增. 以明正趣得智體增明. 返歸悲位. 是就觀音同會而見.";송은석,「高麗時代 正趣菩薩 信仰과 正趣菩薩圖 - 普陀洛伽山 信仰의 또 다른 측면」,『泰東古典研究』37(2016), 140쪽.

양양 낙산사 원통보전과 칠층석탑(보물)

이 바로 '낙산이대성(관음+정취)'이다.[167]

　실제로 정취보살의 도상 표현은 관음의 수월관음도와 같은 좌상 표현과 달리 입상으로 나타난다.[168] 이에 따라 현재 〈수월관음도〉로 알려진 일본 센소지[淺草寺] 소장의 고려불화가 〈정취보살도〉라는 연구도 존재한다.[169]

167　송은석, 「高麗時代 正趣菩薩 信仰과 正趣菩薩圖 – 普陀洛伽山 信仰의 또 다른 측면」, 『泰東古典研究』37(2016), 135쪽. "觀音信仰에 비하여 많은 佛教徒들의 信仰의 대상이 되지는 못하였지만, 正趣信仰 또한 普陀洛伽山 信仰의 중요한 부분을 이루고 있었음은 『三國遺事』의 梵日國師 說話를 통하여 짐작할 수 있다. 正趣信仰의 흔적이 거의 보이지 않는 中國과 달리 高麗에서는 觀音信仰과 結合된 正趣信仰이 洛山 이외에도 진주 龍岩寺, 산청 正趣庵 등 몇몇 사찰에 흔적을 남기고 있어, 高麗의 독특한 信仰 傾向이 反映된 것으로 추정되고 있다."

168　正趣菩薩圖가 立像의 자세로 버드나무를 들고 있는 모습은 善財童子五十三善知識圖나 文殊指南圖讚 등을 통해서 확인해 볼 수 있다. 김윤미, 「善財求法圖를 통한 장소 브랜드 디자인 모형 개발에 관한 연구」(서울: 東國大 美術學科 博士學位論文, 2022), 98쪽 ; 송은석, 「麗末鮮初 補陀落迦山 觀音의 信仰과 美術」, 『美術史學』28(2019), 265쪽.

169　송은석, 「麗末鮮初 補陀落迦山 觀音의 信仰과 美術」, 『美術史學』28(2019), 265쪽.

이렇게 제법 다양한 측면에서 관음 신앙과 정취 신앙의 결합 형태가 존재하기 때문에 858년 이후에 범일이 낙산사의 관음도량에 정취보살상을 봉안하는 것이 가능했다.[170]

범일이 낙산사에 정취보살을 봉안한 사건은 일연 당시에는 의상의 행적보다 앞에 기록되어 있은 듯하다. 이는 일연이 주문註文에서 "고본古本에는 범일의 (정취보살과 관련된) 일이 앞에 수록되어 있고, 의상과 원효 이사二師의 일은 뒤에 있다. 그러나 살펴보면 의상과 원효 이사는 (당나라) 고종高宗 대의 일이며 범일은 회창법난 이후에 있으니 서로 떨어진 것이 170여 년이나 된다. 그러므로 지금 앞(고본)의 것은 물리치고 그 차례를

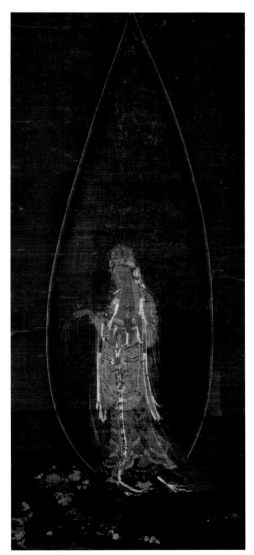

〈수월관음도〉(일본 센소지 소장)

170 『三國遺事』3,「興法第三-洛山二大聖 觀音·正趣·調信」(『大正藏』49, 997a). "母以告于師。師驚喜。與其子尋所遊橋下。水中有一石佛。舁出之。截左耳類前所見沙彌。卽正趣菩薩之像也。乃作簡子卜其營構之地。洛山上方吉。乃作殿三間安其像。"

(새롭게) 엮었다. 혹은 이르기를 범일이 의상의 문인이라고도 하지만 이는 허망한 오류일 뿐이다."라고 적고 있는 것을 통해서 분명해진다.[171] 즉 일연 당시 낙산사와 관련된 중요한 문헌이 범일계 사굴산문의 기록으로 남아 있었고,[172] 또 이와 관련해서 범일이 의상계라는 주장도 존재하고 있었던 것이다.

이는 후일 낙산사가 사굴산문의 영역으로 편입되었다는 사실 및 범일과 낙산사의 깊은 관계를 시사해 주는 측면이 되기도 한다.[173] 또 범일은 사상적으로 선불교만을 주장하고 교학을 배척한 것이 아니라, 화엄과 관음 신앙 등을 수용했을 것이라는 점도 추론이 가능해진다.[174]

물론 이것이 범일의 낙산사 출가를 명확하게 변증하는 것은 아니다. 그러나 현존하는 범일에 대한 기록으로는 이와 같은 판단이 가장 합리적이라는 점 역시 부정할 수 없다. 또 만일 범일이 낙산사 쪽으로 출가했다면 범일은 화엄종으로 출가한 것이 된다.

범일 당시는 선불교의 도입기로 선불교가 안정되지 않아 화엄종이 강

---

171 같은 책. "古本載梵日事在前。相曉二師在後。然按湘曉二師爾□於高宗之代。梵日在於會去之後。相昌一百七十餘歲。故今前却而編次之。或云梵日爲相之門人。謬妄也。"

172 鄭東樂,「崛山門 梵日國師 관련 자료의 검토」,『韓國古代史探求』33 (2019), 431쪽. "「古本」은 洛山寺에서 전해오던 創建 祖師(義湘·元曉)와 重創 祖師(梵日)의 觀音·正趣菩薩 奉安 歷史를 記錄한 史蹟記로, '寺中古記'의 性格을 지닌다. 成立 時期는 羅末麗初에서 高麗前期 사이였다. 이는 崛山門의 입장에서 梵日에 焦點을 두어 敍述되었고, 洛山寺가 梵日 이후에 崛山門의 所屬임을 내세우기 위해 作成된 듯하다."

173 金杜珍,「新羅下代 崛山門의 形成과 그 思想」,『성곡논총』17 (1986), 303쪽 ; 金杜珍,「新羅下代 禪宗思想의 傳來와 그 變化」,『新羅下代 禪宗思想史 硏究』(서울: 一潮閣, 2007), 253-255쪽 ; 曺凡煥 著,「崛山門의 成長과 分化」,『羅末麗初 南宗禪 硏究』(서울: 一潮閣, 2013), 124쪽 ; 金鐘徹,「梵日國師 形象化의 네 層位」,『古代都市 溟州와 崛山寺』(忠州: 國立中原文化財硏究所, 2011), 152-153쪽.

174 金杜珍,「新羅下代 崛山門의 形成과 그 思想」,『성곡논총』17 (1986), 326-328쪽 ; 曺庚時,「新羅下代 華嚴宗의 構造와 傾向」,『大丘史學』13 (1989), 64쪽 ; 鄭東樂,「梵日 (810~889)의 禪思想」,『大丘史學』68 (2002), 5쪽 ; 金興三,「羅末麗初 闍崛山門의 淨土信仰과 華嚴思想」,『江原文化硏究』19 (2000), 139-141쪽.

성했던 상태였다. 또 가지산문의 입당 유학승인 광자혜철慧哲廣慈(785~861)이나 지증도헌智證道憲(824~882)[175] 및 사굴산문의 2세인 낭원개청朗圓開淸(835~930)[176] 등이 모두 화엄종 출신이라는 점,[177] 또 낭원개청과 더불어 범일의 양대 제자가 되는 낭공행적朗空行寂(832~916) 역시 해인사에서 잡화雜花(화엄)을 수학했다는 점[178] 등을 고려한다면, 범일 역시 화엄종 출신으로 보아도 큰 무리는 없다고 판단된다.

범일은 20세(829)에 '경사京師(수도인 경주)'로 가서 구족계具足戒'를 받게 된다. 남북전 6부 율장(『사분율』·『오분율』·『십송율』·『마하승기율』·『유부율』·『남방율[빨리율]』)에는 모두 비구계의 나이로 20세가 적시되어 있다.[179] 물론 붓다의 초기 제자 중 아난 등은 20세 이전에도 구족계를 받은 기록이 다수 있다.[180] 그러나 붓다의 열반 이후에는 백사갈마白四羯磨에 의해 비구계를 받는 제도

---

175 〈大安寺寂忍禪師照輪淸淨塔碑〉. "志學出家止于浮石山聽華嚴有五行之聰罔有半字."; 〈聞慶鳳巖寺智證大師寂照塔碑〉. "踰城故事則亡去就學浮石山."

176 〈江陵普賢寺朗圓大師塔碑〉. "尋師於華嚴山寺, 問道於正行法師. 法師知此歸心, 許令駐足. 其於師事, 備盡素誠. 志翫雜華, 求栖祇樹, 高山仰止, 備探鷲嶺之宗, 學海栖遲, 勤覽猴池之旨."

177 여성구, 「新羅僧의 受戒와 僧籍」, 『新羅史學報』 31(2014), 48-53쪽; 황태성(무진), 「羅末麗初 華嚴寺에 관한 硏究-『華嚴寺事蹟』에 대한 비판적 검토를 중심으로」(金浦: 中央僧伽大 文化財學科 博士學位論文, 2022), 70-84쪽; 曺凡煥, 「羅末麗初 禪僧의 이상과 현실-崛山門 出身의 行寂과 開淸 禪師를 중심으로」, 『韓國思想史學』 57(2017), 229쪽.

178 〈奉化太子寺朗空大師塔碑〉. "苦求遊學▨▨尋學海, 歷選名山. 至於伽耶海印寺, 便謁宗師, 精探經論, 統雜花花妙義, 該貝葉之眞文."

179 『四分律』 17, 「九十單提法之七」(『大正藏』 22, 679c); 『十誦律』 16, 「九十波逸提之八」(『大正藏』 23, 116b) 等 多數.

180 前田惠學, 「佛弟子における出家の動機とさとりの樣態」, 『業思想硏究』(京都: 平樂寺書店, 1979), pp.239-240.

가 확립되면서 20세라는 기준이 정착된다.[181]

범일이 20세에 구족계를 받았다는 것은 출가 후 6년간(824~829)은 사미沙彌의 신분으로 있었다는 것을 의미한다. 이는 사미 기간에 범일의 활동 반경이 출가 사찰 중심으로 제한되었을 개연성을 환기한다. 즉 범일은 이 기간에 명주 지역의 화엄종과 관련된 사찰에서 수행했을 것으로 판단해 볼 수가 있는 것이다.

명주 출신의 범일이 경주에 가서 구족계를 받았다는 것은 범일이 명주불교보다 한 단계 위인 경주불교를 동경했다는 것을 의미한다. 왜냐하면 명주와 경주의 거리를 고려하고, 또 당시에는 명주권 안의 계단戒壇에서도 구족계를 받는 것이 가능했기 때문이다. 즉 범일은 경주불교를 동경해서 수도로 가 구족계를 받는 것이다. 이는 범일이 829년 구족계를 수계한 이후에도 경주에 남아 835년까지 6년간(829~835) 수학하는 것을 통해서 분명해진다.[182]

선행 연구에서는 범일의 구족계 수계 사찰을 황룡사로 보기도 한다.[183] 명주 지역에도 영향이 큰 자장계는 황룡사에 오래도록 강력한 영향력을 행사했다. 이는 『삼국유사』의 황룡사에 대한 기록이 「자장전」과 「옥룡집」에

---

181 붓다 당시 比丘戒의 나이는 20세가 아니었지만, 후에 羯磨로 制度化되면서 20세로 규정된다(廉仲燮, 「阿難의 나이에 관한 고찰」, 『佛教學研究』 19[2008], 302-308쪽). 다만 南·北傳 6部 律藏에 20세 基準이 摘示되어 있는 것으로 보아 20세 기준의 成立은 일정 부분 律藏의 分化 이전 시기로까지 거슬러 올라간다는 推定도 가능하다. 또 新羅 僧侶의 比丘戒 受持 나이를 보면 20세 미만인 경우도 일부 확인되는 것으로 보아, 新羅 下代 佛教에서도 20세 規定이 반드시 지켜졌던 것 같지는 않다(여성구, 「新羅僧의 受戒와 僧籍」, 『新羅史學報』 31[2014], 51-53쪽).

182 梵日의 入唐 年代는 『三國史記』 10, 「新羅本紀」 10, 〈興德王 11년 1월〉의 金義琮의 謝恩使 記錄(遣王子金義琮如唐, 謝恩兼宿衛.)을 根據로 836년 陰曆 1월로 算定하였다. 자세한 내용에 대해서는 뒤에서 論證하고자 한다.

183 鄭東樂, 「通曉 梵日(810~889)의 生涯에 대한 再檢討」, 『民族文化論叢』 24(2001), 67-68쪽.

경주 황룡사지

있다는 점,[184] 또 황룡사의 자장계 화엄 승려인 연기조사가 8세기의 구례에 지리산 화엄사를 개창하는 것[185] 등을 통해서 판단해 볼 수 있다.

그러나 범일의 조부인 김술원은 명주도독을 역임한 진골 귀족이지만, 명주에 정착한 후에는 6두품으로 떨어졌을 개연성도 있다. 이는 진골 이하는 특수한 상황 외에는 출입할 수 없는 황룡사의 사격을 고려해 보았을 때 범일의 황룡사 구족계 수계가 쉽지 않다는 것을 의미한다.

또 황룡사의 자장계는 의상계 화엄과는 다른 자장계 화엄을 계승하는 부분이 존재한다.[186] 이는 화엄이라는 점에서는 공통되지만, 의상계에 속하는 범일이 자장계의 황룡사에서 구족계를 받을 수 있는지에 대한 의문을 품게 한다. 즉 범일이 황룡사에서 구족계를 받았다는 주장은 개연성이 낮은 주장이라는 말이다. 이렇게 놓고 본다면, 범일의 수계는 경주의 관단사원官壇寺院에서 이루어졌다는 정도로 정리하는 것이 타당하지 않은가 한다.[187]

범일이 경주까지 가는 길은 강릉에서 동해안을 타고 경주로 내려가는 길이었다. 이와 같은 판단이 가능한 것은 범일보다 이른 시기의 자장과[188]

---

184 『三國遺事』3,「塔像第四-迦葉佛宴坐石」(『大正藏』49,989a), "玉龍集及慈藏傳與諸家傳紀皆云。"

185 廉仲燮,「『華嚴寺事蹟』창건기록의 타당성 분석-황룡사를 통한 慈藏의 영향 가능성을 중심으로」,『淨土學研究』34(2020), 34-39쪽.

186 같은 論文, 29-34쪽.

187 鄭東樂,「通曉 梵日(810~889)의 生涯에 대한 再檢討」,『民族文化論叢』24(2001), 67쪽.

188 『三國遺事』3,「塔像第四-臺山五萬眞身」(『大正藏』49,998c), "師以貞觀十七年來到此山。欲睹眞身三日。晦陰不果而還。"; 같은 책,「塔像第四-臺山月精寺五類聖衆」(『大正藏』49,1000a), "按寺中所傳古記云。慈藏法師初至五臺。欲睹眞身。於山麓結茅而住。七日不見。";『五臺山事蹟』,「五臺山月精寺開創祖師傳記」, "一云師旣還國。以梵僧所授佛衣佛鉢菩提腦骨等。入安皇龍寺。爲欲面見文殊。尋往溟州五臺山。到今月精寺地。假立草庵。留至三日。于時是山陰沉不開。未審其形而去。後又復來創八尺房而住者凡七日。云云。(已上出臺山本

보천寶川·효명孝明(후일의 성덕왕)[189] 그리고 신효信孝가[190] 모두 경주에서 출발해 강릉으로 오기 때문이다. 이 길은 제30대 문무왕 때의 거득공車得公의 행로에서도 확인되는데,[191] 이때 대관령은 간선이 아니라 지선으로 이용된다.[192] 이외에도 이 길은 제33대 성덕왕(재위 702~737) 때에 강릉 태수로 부임

傳記).”;「奉安舍利開建寺庵第一祖師傳記」. “一云師旣還國. 以梵僧所授佛衣佛鉢菩提腦骨等. 入安皇龍寺. 爲欲面見文殊. 尋往溟州五臺山. 到今月精寺地. 假立草庵. 留至三日. 于時是山陰沉不開. 未審其形而去. 後又復來創八尺房而住者凡七日. 云云. (上出臺山本傳記).”

189 『三國遺事』3,「塔像第四-臺山五萬眞身」(『大正藏』49, 998c). “淨神大王太子寶川孝明二昆弟到河西府世獻角干之家留一宿. 翌日過大嶺. 各嶺千徒到省烏坪. 遊覽累日. 忽一夕昆弟二人密約方外之志. 不令人知. 逃隱入五臺山侍衛不知所歸. 於是還國.”; 같은 책,「溟州五臺山寶叱徒太子傳記」(『大正藏』49, 999c). “新羅淨神太子寶叱徒. 與弟孝明太子. 到河西府世獻角干家一宿. 翌日踰大嶺. 各領一千人到省烏坪. 累日遊翫. 太和元年八月五日. 兄弟同隱入五臺山. 徒中侍衛等推覓不得. 並皆還國.”;「五臺山事蹟」,「五臺山聖跡幷新羅淨神太子孝明太子傳記」. “新羅王子淨神孝明兩太子, 遊到河西府(今江陵也), 世獻角干家一宿翌日踰大嶺到省烏坪累日遊翫. 太和元年丁未十月初五日(新羅本記云自法興王己未私号至眞德王五年始行中國年号)兄弟二人同入是山而隱焉. 其徒一千人已失兩太子幷皆還國.”

190 『三國遺事』3,「塔像第四-臺山月精寺五類聖衆」(『大正藏』49, 1000a). “士自慶州界至河率. 見人多是人形. 因有居住之志. 路見老嫗. 問可住處. 嫗云. 過西嶺有北向洞可居. 言訖不現. 士知觀音所敎. 因過省烏坪. 入慈藏初結茅處而住.”;「五臺山事蹟」,「信孝居士親見五類聖事蹟」. “旣出家行遍慶州界, 未覓可居之地, 循海而行, 到溟洲地. 以其羽遮眼見之, 人相不變者, 益多. 於是, 遂欲留居, 而路逢一老嫗. 問曰, 何地可居耶. 老嫗曰, 過西嶺有向北之洞. 言訖不知所在. 然後乃知觀音化身也. 依其言往入省烏坪之洞, 到慈藏祖師所曾住處, 今月精寺而住焉.”

191 『三國遺事』2,「紀異第二-文虎王法敏」(『大正藏』49, 972c). “王一日召庶弟車得公曰. 汝爲塚宰. 均理百官平章四海. 公曰. 陛下若以小臣爲宰. 則臣願潛行國內. 示民間徭役之勞逸. 租賦之輕重. 官吏之淸濁. 然後就職. 王聽之. 公著緇衣. 把琵琶爲居士形. 出京師. 經由阿瑟羅州(令溟州)牛首州(今春州)北原京[13](今忠州)至於武珍州(今海陽)巡行里閈.”

192 朴道植,「江陵地域에서의 梵日國師 奉安 研究」,『梵日國師 研究叢書』(江陵: 梵日國師文化祝典委員會, 2016), 152-153쪽. “670년(文武王 10)에 太宗武烈王의 庶子 車得公이 宰相 就任 以前에 民心을 살피기 위해 몰래 地方(國內)을 巡幸했는데, 이때의 경로는 王京 → 아슬라주(江陵) → 우수주(春川)·북원경(原州) → 무진주(光州) → 王京 順이다. 車得公이 이용한 交通網路 중 王京~아슬라주 구간은 5통 中에서 北海通의 幹線이다. 車得公은 嶺東의 아슬라주(江陵) 方面에서 嶺西의 북원경(原州)과 우수주(春川) 방면으로 이동하기 위해 大關嶺을 이용하였을 것이다. 또한 聖德王 때 月精寺에 정착한 信孝居士도 傾注에서 河率(江陵의 옛 이름)로 와서 서쪽 고개(西

하던 순정공純貞公과 수로부인이 경주에서 올라갔던 〈헌화가〉의 길이기도 하다.[193]

범일이 경주에서 구족계를 받은 이후의 행적으로 「범일전」은 "정행淨行을 원만히 갖추고 정근精勤에 더욱 힘쓰니 치류緇流의 귀경龜鏡이 되고 법려法侶의 해모楷模를 지었다."라고 기록하고 있다.[194] 이는 범일이 청정한 계율행을 바탕으로 부지런히 노력해서 승려의 모범이 되었다는 것을 의미한다. 즉 범일의 경주행에는 구족계만이 목적이 아니라, 앞서도 언급한 바와 같이 수도를 중심으로 선진 불교를 수학하고자 했던 측면도 존재했던 것이다. 이 시기 범일의 노력은 기존의 화엄종과 더불어 당시 새롭게 부상하고 있던 선불교에 대한 추구와 연관된 것으로 이해된다.

실제로 제42대 흥덕왕(재위 826~836) 때는 당나라의 선불교 유행과 이의 유입으로 인해 불교 정책에 변화가 나타나는 시기이다.[195] 또 821년에는 마조의 제자인 서당지장西堂智藏(735~814)의 인가印可를 받은 도의道義가 귀국하여 이후 설악산 진전사陳田寺를 중심으로 가지산문을 개창한다.[196] 그리고

嶺,大關嶺)을 넘어와서 인근의 州縣으로부터 物資를 供養받았다. 車得公과 信孝居士의 예에서 보듯이 신라 때 大關嶺은 幹線이 아니라 支線으로 이용되었던 것이다. (…) 이것은 이후 高麗前期驛路網의 完成된 體系인 22驛道의 基礎가 되었다."

193 『三國遺事』2,「紀異第一一水路夫人」(『大正藏』49,974a)."聖德王代。純貞公赴江陵大守(今溟州)行次海汀晝饍。"

194 『祖堂集』17,「溟州崛山故通曉大師嗣鹽官」(『大藏經補編』25,617a)."淨行圓備,精勤更勵,爲緇流之龜鏡,作法侶之楷模。"

195 鄭東樂,「通曉 梵日(810~889)의 生涯에 대한 再檢討」,『民族文化論叢』24(2001),70-71쪽;曺凡煥,「新羅 下代 梵日 禪師와 崛山門의 開創」,『梵日國師 研究叢書』(江陵: 梵日國師文化祝典委員會,2016),40쪽.

196 鄭東樂,「元寂 道義의 生涯와 禪思想」,『韓國中世史研究』14(2003),10-11쪽;曺凡煥,「新羅下代 道義 禪師의 '雪嶽山門' 開創과 그 向背」,『新羅文化』34(2009),222-233쪽;홍사성,「'雪嶽山門'의 成立과 歷史的 展開」,『大覺思想』24(2015),55-61쪽.

양양 진전사지 삼층석탑(국보). 우리나라에 처음 선불교를 들여온 도의 선사가 진전사를 중심으로 가지산문을 개창했다. 지금은 석탑과 도의선사부도(보물), 그리고 절터만 전하고 있다.

가지산문과 함께 우리나라 선불교의 문을 연 실상산문의 중심 사찰 남원 실상사

826년에는 같은 지장에게 인가를 받은 증각홍척證覺洪陟(?~?)이 귀국해 홍덕왕과 선광태자宣光太子의 귀의를 받은 뒤 남원 실상사에 실상산문을 개창한다.[197] 이러한 불교계의 변화를 문경 봉암사鳳巖寺의 〈지증대사비문智證大師碑文〉에서는 "북산北山(설악산)에는 도의요, 남악南岳(지리산)에는 홍척", "북산의 도의와 남악의 홍척이 (각각) 홍곡鴻鵠의 날개를 드리우고 대붕大鵬의 날개를 펼쳤도다."라고 하며 크게 칭탄稱歎하고 있다.[198]

또 830년에는 마조의 제자인 창주滄州(혹 당주唐州)[199] 신감神鑒에게 인가를 받은 진감혜소眞鑑慧昭(774~850) 역시 귀국하여 제42대 홍덕왕(재위 826~836)과[200] 더불어 838년 제44대 민애왕(재위 838~839)의 귀의를 받게 된다.[201] 그리고 범일의 유학 시기에 비해 조금 늦기는 하지만, 837년에는 마조의 제자인 장경회휘章敬懷暉(754~815)에게 인가를 받은 원감현욱圓鑑玄昱(787~868)이 귀국한다. 이후 현욱은 제48대 경문왕(재위 861~875)의 지지를 받아 여주의 혜목산慧目山 고달사高達寺를 중심으로 활동하게 된다.[202]

---

197 〈南原實相寺證覺大師塔碑〉. "宣康太子監撫去邪醫國樂善肥家. 有洪陟大師亦西堂證心. 來南岳休足驚冕陳順風之請龍樓慶開霧之期. 顯示密傳朝凡暮聖變非蔚也興且勃焉."; 鄭東樂, 「洪陟禪師의 南宗禪 傳來와 現實 對應」, 『新羅史學報』 22 (2011), 343-344쪽 ; 曺凡煥, 「新羅下代 洪陟禪師의 實相山門 開創과 鐵佛 造成」, 『新羅史學報』 6 (2006), 48-51쪽.

198 〈聞慶鳳巖寺智證大師塔碑〉. "則北山義南岳陟." · "北山義與南岳陟, 垂鵠翅與展鵬翼."

199 〈河東雙磎寺眞鑑禪師塔碑〉에서는 滄州로 되어 있지만, 『宋高僧傳』 20, 「唐唐州雲秀山神鑒傳」에는 唐州로 되어 있어 차이가 존재한다(『大正藏』 50, 842a). 曺永祿, 「慧昭의 入唐求法과 道義와의 同行巡歷考-『宋高僧傳』 「唐州 神鑒傳」과 관련하여」, 『韓國佛敎學』 59 (2011), 9-22쪽.

200 김정권, 「眞鑒禪師 慧昭의 南宗禪 受容과 雙磎寺 創建-新羅下代 南宗禪 受容의 한 例」, 『歷史와 談論』 27 (1999), 16-26쪽.

201 曺永祿, 「慧昭의 入唐求法과 道義와의 同行巡歷考-『宋高僧傳』 「唐州 神鑒傳」과 관련하여」, 『韓國佛敎學』 59 (2011), 9-22쪽.

202 〈河東雙磎寺眞鑑禪師塔碑〉. "開城三年愍哀大王驟登寶位深託玄慈降璽書餽齊費而別求見願. 禪師曰, 在勤修善政何用願爲. 使復于王聞之愧悟. 以禪師色空雙泯定惠俱圓降使賜號爲慧昭昭字避聖祖廟諱易之也. 仍貫籍于大皇龍寺徵詣京邑星使往復者交轡于路而岳

여주 고달사지. 고달사는 구산선문 중 하나인 봉림산문의 시작을 연 사찰이다.

이와 같이 신라불교 안에서 대두된 선불교는 비록 경주에서의 개산이나 창사創寺에까지는 이르지 못했지만, 국왕과 연계된 상당한 영향력을 가지면서 지방을 중심으로 빠르게 확대되기 시작했음을 알게 한다. 이러한 시대 변화 속에서 경주에 있던(829~835) 범일 역시 입당 유학을 추진하게 된다. 「범일전」에서 "태화太(혹 대大)和(문종文宗의 연호 827~835)년 중에 이르러 사적으로 서원誓願하여 '중화中華로 유학할 것'을 발하였다."라고 한 것은[203] 시

立不移其志.";김정권,「眞鑑禪師 慧昭의 南宗禪 受容과 雙谿寺 創建-新羅下代 南宗禪 受容의 한 例」,『歷史와 談論』27(1999), 26-28쪽; 曹凡煥,「眞鑑禪師 慧昭와 雙谿寺에 대한 연구 현황과 제안」,『新羅史學報』28(2013), 205-206쪽; 鄭性本 著,『新羅禪宗의 研究』(서울:民族社,1995), 293쪽.

203 『祖堂集』17,「東國慧目山和尙嗣章敬」(『大藏經補編』25,616b), "自開成末, 結茆於慧目山堁. 景文大王命居高達寺, 奇香妙藥, 聞闕必供. 暑臘寒裘, 待時而授.";〈驪州高達寺址元宗大師塔碑〉; 김용선,「玄昱·審希·璨幽와 驪州 高達寺」,『韓國中世史研究』21(2006), 133-120쪽.

대적인 변화에 따른 범일의 서원, 즉 선불교로의 심경 변화를 함축하고 있는 것이다. 이는 범일이 836년 음력 1월(837년 1월의 기록을 필자가 수정·정리하였음)에 입당한 후 이듬해(837)에 항주 염관현鹽官縣의 염관제안을 찾아가 사법하고, 제안이 입적하는 842년까지 6년간 모시고 있는 것을 통해서 자못 분명해진다.[204]

---

204 『祖堂集』17,「溟州崛山故通曉大師嗣鹽官」(『大藏經補編』25, 617b-618a). "泊乎大和年中, 私發誓願, 往遊中華, 遂投入朝王子金公義琮, 披露所懷。公以重善志, 許以同行。假其舟楫, 達于唐國。旣諧宿願, 便發巡遊, 遍尋知識。參彼鹽官濟安大師, 大師問曰:「什摩處來?」答曰:「東國來。」大師進曰:「水路來, 陸路來?」對云:「不踏兩路來。」「旣不踏兩路, 闍梨爭得到這裏?」對曰:「日月東西, 有什摩障礙?」大師曰:「實是東方菩薩。」梵日問曰:「如何卽成佛?」大師答曰:「道不用修, 但莫汙染。莫作佛見菩薩見, 平常心是道。」梵日言下大悟, 殷懃六年。"

2.
범일의 입당 시기와 초기 행적

1) 범일의 입당 유학과 시기

「범일전」에는 범일이 대화년 중에 "중화로 유학할 것을 발"한 것으로 되어 있다. 이에 반해 「낙산이대성 관음·정취·조신」에도 "태화太和년 중에 입당" 한 것으로 나타난다.[205]

　　대화는 당나라 제14대 황제인 문종(재위 826~840)의 첫 번째 연호로 827~835년까지이다. 이때 범일은 제42대 흥덕왕의 둘째 왕자인 김의종에게 입당 유학의 뜻을 전하고, 그의 허락하에 이들 사절과 함께 입당한다.[206]

　　그런데 여기에서 문제가 되는 것은 김의종의 입당이 대화 연간이 아닌 문종의 둘째 연호인 개성開成 1년인 836년이라고 점이다. 이는 『삼국사기』 권10, 「신라본기 10」의 "(흥덕왕 11[836]년 음력 1월) 왕자 김의종을 당에 파견하여 사은하고 겸하여 숙위宿衛하도록 했다."라는 기록 등을 통해서 확인된

205　『三國遺事』3,「興法第三-洛山二大聖 觀音·正趣·調信」(『大正藏』49, 996c~997a). "太和年中入唐."

206　『祖堂集』17,「溟州崛山故通曉大師嗣鹽官」(『大藏經補編』25, 617b). "遂投入朝王子金公義琮, 披露所懷。公以重善志, 許以同行。假其舟楫, 達于唐國。"

다.[207] 즉 여기에는 연호가 틀린 문제가 존재하는 것이다.[208]

대화 연간에 당나라에 들어간 기록은 같은 「신라본기 10」의 "(흥덕왕 6[831]년 음력 2월) 왕자 김능유金能儒와 더불어 승려 9인을 파견하여 당에 입조入朝하게 하였다."라는 기록이 있을 뿐, 김의종과 관련된 것은 없다.[209] 그런데 이 기록에는 '승려 9인'이 함께 입조했다는 내용이 있어 주목된다. 즉 범일의 입당은 '대화년'에 주목하면 김능유와 함께 입당한 9명의 승려 중 1인이 되는 것이며, '김의종'에 주목하면 개성 1년인 846년에 입당한 셈이 되는 것이다.[210]

그러나 이러한 두 가지의 관점에 해결 방법이 전혀 없는 것은 아니다. 왜냐하면 더 정확도가 높다고 판단되는 「범일전」에는 「낙산이대성 관음·정취·조신」의 기록과는 달리, 범일이 대화 연간에 입당한 것이 아니라 이때 '입당 유학을 발한 것'으로 되어 있기 때문이다. 즉 두 기록 간에도 입당을 '발한 것'과 '도착'이라는 미묘한 차이가 존재하는 것이다.

김의종의 입당이 836년 음력 1월이라는 것은 신라에서 출발할 것은 대

207 『三國史記』10, 「新羅本紀 10」, 〈興德王 11(836)年 1月〉. "遣王子金義琮如唐, 謝恩兼宿衛." 같은 내용이 『舊唐書』卷199上, 「列傳」149上, 〈東夷列傳 新羅傳〉과 『新唐書』卷220, 「列傳」 145, 〈東夷列傳 新羅傳〉, 그리고 『唐會要』卷95, 「新羅傳」과 『册府元龜』卷996, 「外臣部」41 에서도 확인된다.

208 權悳永, 「唐 武宗의 廢佛과 求法僧의 動向」, 『韓國學』(舊『精神文化研究』) 17-1(1994), 103쪽의 脚註 58 參照 ; 曺凡煥, 「新羅 下代 梵日 禪師와 崛山門의 開創」, 『梵日國師 研究叢書』(江陵: 梵日國師文化祝典委員會, 2016), 30쪽 等 多數.

209 『三國史記』10, 「新羅本紀 10」, 〈興德王 11(831)年 2月〉. "二月, 遣王子金能儒并僧九人朝 唐." 같은 내용은 『册府元龜』卷972, 「外臣部 17」, 〈朝貢 5〉, 文宗 太和 5(831)年 2月 記事에서 도 확인된다.

210 申虎澈, 「後三國時代 溟州豪族과 崛山寺」, 『韓國古代史探究』9(2011), 133쪽 ; 鄭東樂, 「通曉 梵日(810~889)의 生涯에 대한 再檢討」, 『民族文化論叢』24(2001), 70쪽 ; 國立中原文化財研 究所 編, 「崛山門의 檀越勢力과 山門의 分化」, 『闍崛山門 崛山門』(忠州: 國立中原文化財研究所, 2012), 48쪽.

화 연간인 835년이라는 의미가 된다. 즉 대화 연간에 입당 유학을 발하여 개성 1년에 목적을 이룬 것으로 볼 수 있다는 말이다. 이렇게 되면 「범일전」은 '대화년의 입당 유학 준비'를 한 것으로 하고, 「낙산이대성 관음·정취·조신」 역시 도착이 아니라 출발로 보면 모든 문제는 해결된다.

특히 「범일전」에는 "왕자 김공金公 의종義琮"을 강조하고 있다.[211] 자장의 입당(638)에서처럼 '사신과 함께'와 같은 막연한 서술이 아니라,[212] 구체적으로 '왕자 김의종'을 거론하는 것은 범일과 김의종의 관계가 상당히 돈독했다는 의미로 풀이된다. 물론 김의종과의 관계가 선대 때부터 가까웠던 것인지, 또는 김의종이 범일의 입당 편의를 봐 주는 과정에서 가까워진 것인지는 불분명하다. 그러나 특별히 김의종을 지목하는 것은 문도들이 〈범일비문〉 등을 찬술할 때까지도 범일과 김의종의 좋은 인연이 지속되었을 개연성이 되기에 충분하다.[213]

김의종은 837년 음력 4월에 당나라에서 귀국해, 840(문성왕 2)년 음력 1월부터 843년 음력 1월 병으로 사퇴하기 전까지 최고 관직인 시중侍中을 역임한다.[214] 범일이 847년(846년 기록을 필자가 수정·정리하였음) 겨울에 귀국한다는 점과 문성왕의 재위가 839년부터 857년까지라는 점을 고려한다면, 귀국

---

211 『祖堂集』 17, 「溟州崛山故通曉大師嗣鹽官」(『大藏經補編』 25, 617b). "遂投入朝王子金公義琮."

212 『三國遺事』 4, 「義解第五-慈藏定律」(『大正藏』 49, 1005b). "以仁平三年丙申歲(卽貞觀十年也)受敕. 與門人僧實等十餘輩西入唐."; 『續高僧傳』 24, 「唐新羅國大僧統釋慈藏傳」(『大正藏』 50, 639b). "乃啓本王."; 〈皇龍寺九層木塔刹柱本記〉. "戊戌歲隨我使神通入於西國."

213 韓基汶, 「『祖堂集』과 新羅·高麗 高僧의 行蹟」, 『韓國中世史研究』 6(1999), 201-202쪽.

214 『三國史記』 10, 「新羅本紀 10」, 〈僖康王 2(837)年 4月〉. "夏四月, 唐文宗放還宿衛王子金義琮."; 『三國史記』 11, 「新羅本紀 11」, 〈文聖王 2(840)年 1月〉. "二年, 春正月, 以禮徵爲上大等, 義琮爲侍中, 良順爲伊飡."; 『三國史記』 11, 「新羅本紀 11」, 〈文聖王 5(843)年 春正月〉. "五年, 春正月, 侍中義琮病免, 伊飡良順爲侍中."

한 범일이 은퇴한 김의종과 관계를 맺었을 개연성도 생각해 볼 수 있다.[215] 이상의 측면들을 고려한다면, '대화라는 연호'보다는 '김의종이라는 인명'이 더 큰 비중을 확보하는 것으로 보는 것이 타당하다고 판단된다.

또 여기에는 만일 신라에서 당으로 출발한 이후에 문종의 연호가 바뀐 것이라면, 신라의 연호가 아닌 당의 연호에 대해서는 착오가 발생하며 이것이 유전되었을 개연성도 존재한다.[216] 이렇게 놓고 본다면, 김의종이라는 구체적인 인명이 등장하는 부분에 무게를 두어, 범일의 입당 연도는 대화 연간(827~835)보다는 '836년 음력 1월'로 보는 것이 더 타당하다고 하겠다.[217]

「범일전」에는 범일의 입당 추진과 관련해서, "입조入朝하여 왕자 김공 의종에게 (입당의) 품은바(뜻)를 드러냈다."라고 되어 있다.[218] 이는 범일의 집안이 조부의 명주 정착으로 제한되기는 했지만, 그런데도 경주에서도 나름의 입지가 존재하고 있었음을 알게 해 준다. 그렇지 않다면 입조해서 왕자를 만난다는 것이 쉽지는 않았을 것이기 때문이다.

또 이 기록은 범일의 집안과 김의종 쪽이 나름의 연결 고리를 가지고 있었음에 대한 추론을 가능하게 한다. 즉 범일은 집안의 연줄을 통해 김의종을 만나고, 김의종이 입당을 도와주게 되자 이로 인해 가까워져 「범일전」에까

215 鄭東樂,「通曉 梵日(810~889)의 生涯에 대한 再檢討」,『民族文化論叢』24(2001), 76쪽.

216 權悳永,「唐 武宗의 廢佛과 求法僧의 動向」,『韓國學』(舊『精神文化研究』) 17-1(1994), 103쪽의 脚註58) 參照.

217 曺凡煥,「新羅 下代 梵日 禪師와 崛山門의 開創」,『梵日國師 研究叢書』(江陵: 梵日國師文化祝典委員會, 2016), 30쪽 ; 權悳永,「唐 武宗의 廢佛과 求法僧의 動向」,『韓國學』(舊『精神文化研究』) 17-1(1994), 103쪽의 脚註 58.

218 『祖堂集』17,「溟州崛山故通曉大師嗣鹽官」(『大藏經補編』25, 617b), "遂投入朝王子金公義琮, 披露所懷."

지 구체적인 인명으로 등장하는 것이 아닌가 한다.

또 김능유의 사절이 승려 9인과 함께 당으로 입조하는 것을 통해 당시 유력 집안 승려의 입당은 보다 안전한 견당사와 함께 가는 것이 일반적이었음을 알 수 있다. 다만 김의종의 기록에는 동반 승려에 관한 내용이 없는 것으로 보아 범일 등 소수만이 함께한 것으로 판단된다. 또 이런 상황은 범일과 김의종의 관계가 보다 돈독해질 수 있는 한 배경으로 작용했을 것이다.

범일이 20세(829)에 경주에 도착해서 구족계를 받고, 835년 말에 경주를 떠나 836년 음력 1월 당나라에 도착했다는 것은 그가 경주에서 지낸 기간이 6년이라는 것을 의미한다. 즉 이 6년 동안 범일은 앞서 언급한 "정행淨行을 원만히 갖추고 정근精勤을 더욱 힘쓰니, 치류緇流의 귀경龜鏡이 되고, 법려法侶의 해모楷模를 지었던 것"이다.

「범일전」에는 범일이 김의종과 함께 배를 타고 해로를 통해 당나라로 간 것으로 언급되어 있다. 범일이 김의종과 경주를 출발해서 해로로 당에 가기 위해서는 당항성(현재의 화성)이 아닌 하곡현(울산)에서 출발했음을 추론하게 한다. 경주는 해안가의 수심이 깊어 배를 대기 어려웠다. 이에 따라 삼국시대부터 수심이 완만한 하곡현이 항구로 이용되었다. 이는 진흥왕 때 황룡사장육존상의 재료가 실린 배가 도착한 곳도 하곡이며,[219] 자장의 입당 유학 등도 하곡을 통해서 이루어진다는 것을 통해 알 수 있다.[220] 결국 경주에서

---

219 『三國遺事』3,「興法第三-皇龍寺丈六」(『大正藏』49, 990a·b). "未幾海南有一巨舫。來泊於河曲縣之絲浦(今蔚州谷浦也)撿看有牒文云。西竺阿育王。聚黃鐵五萬七千斤。黃金三萬分(別傳云。鐵四十萬七千斤。金一千兩。恐誤。或云三萬七千斤)。將鑄釋迦三尊像。未就。載舡泛海而祝曰。願到有緣國土。成丈六尊容。幷載摸樣一佛二菩薩像。縣吏具狀上聞。勅使卜其縣之城東爽塏之地。創東竺寺。邀安其三尊。"

220 『新增東國輿地勝覽』22,「慶尙道-蔚山郡-樓亭」. "太和樓: 金克己 詩序-昔慈藏國師新羅人也。貞觀十二年戊戌。浮舶而西求法於中土。十七年東還泊于絲浦之地。因卜此地立此寺

하곡까지의 육로 이동은 불가피했다.

경주의 관문인 하곡의 위상으로 인해[221] 하곡에는 자장과 김춘추에 의해 대당 외교의 거점이 되는 대규모 사찰인 태화사太和寺가 들어선다.[222] 이런 점에서 본다면, 범일 역시 태화사를 거쳐 당나라로 갔을 것으로 추정해 볼 수 있다.

김의종의 사은사 규모에 대해서는 알 수 없다. 다만 1185년의 〈중수용문사기重修龍門寺記〉에는 범일과 함께 입당한 승려로 두운선사杜雲禪師가 언급되어 있다.[223] 이를 통해서 본다면, 김능유에서와 마찬가지로 김의종 때 역시 여러 승려가 동행했음을 판단해 보는 것도 가능하다. 또 함께 같은 배편으로 장기간에 걸친 입당 유학길에 올랐다면, 범일과 두운 사이에는 어느 정도 이상의 관계가 존재했다는 점 역시 추론해 볼 수 있다.

두운은 후삼국 통일 이전에 왕건의 신임을 얻었고, 통일 후에는 용문사 창건을 후원한 것으로 나타난다.[224] 그러나 범일과의 관계는 입당 유학과 관련된 단편적인 기록 외에는 전하는 것이 없어 더 이상의 판단은 불가능하다.

焉。"

221 慶州는 東海岸의 깊은 水深 때문에 船舶을 接岸할 수 없었고, 이에 따라 水深이 완만한 蔚山이 慶州로 연결되는 대표 港口로 사용된다. 廉仲燮, 「新羅時代 河曲縣의 文殊信仰 傳來時期 考察」, 『國學研究』36(2018), 214쪽.

222 廉仲燮, 「通度寺 創建 說話에 끼친 영향 관계 검토-中國과 新羅 五臺山 및 皇龍寺의 영향을 중심으로」, 『東아시아佛教文化』47(2021), 256쪽. 997년 高麗의 제6대 成宗은 9월 東京에 내려왔다가 太和寺에 속한 太和樓에서 臣下들과 잔치를 베풀었다는 기록이 있다(『高麗史』3, 「成宗世家」, 成宗 16年 9月. "逶幸興禮府, 御太和樓, 宴群臣").

223 〈醴泉龍門寺重修龍門寺記碑〉, "昔新羅禪師杜雲與梵日國師乘桴入唐傳法而還乃卜玆地爰夷荊榛始結草庵精勤且久."

224 같은 碑文, "我太祖擧義旗有幷呑三國志興兵吊伐至山下聞寺名入洞尋之駐車巖前頂禮以伸密約及定天下降勅鳩財陶瓦凡架屋三十間併給州縣稅租每歲一百五十石爲供養資."

2) 입당 초기 행적과 홍주종의 영향

「범일전」에서 범일은 '입당의 숙원宿願을 이루어, 여러 곳을 순유巡遊한 후 마조도일의 제자로 홍주종계 염관제안을 참배한 것'으로 되어 있다.[225] 그러나 「낙산이대성 관음·정취·조신」에는 범일이 제안을 뵙기 전 사건으로 명주明州 개국사開國寺에 이르러 왼쪽 귀가 없는 신라 명주溟州 출신의 한 사미를 만난 것으로 되어 있다.[226] 이 사미는 앞서도 언급한 바 있는 정취보살의 화신이다. 즉 이는 「범일전」에서 범일이 "여러 곳을 순유"하는 과정 중에 일어난 한 사건으로 볼 수 있는 것이다.

명주의 개국사와 관련해서는, 명주에는 '개국사'라는 기록된 사찰은 존재하지 않는다는 주장,[227] 또 『고려도경』(1123) 권34와 『불조통기』 권42에 등장하는[228] 보타원과 관련된 '개원사開元寺'의 오기라는 관점도 존재한다.[229] 그러나 개국사가 기록에 전해지지 않는다고 해서 오기라고 단정하는 것에

---

225 『祖堂集』17,「溟州崛山故通曉大師嗣鹽官」(『大藏經補編』25, 617b). "達于唐國。既諧宿願, 便發巡遊, 遍尋知識。參彼鹽官濟('濟'는 '齊'의 誤)安大師。"

226 『三國遺事』3,「興法第三-洛山二大聖 觀音·正趣·調信」(『大正藏』49, 996c-997a). "後有崛山祖師梵日。太和年中入唐。到明州開國寺。有一沙彌截左耳在衆僧之末。"

227 曺永禄,「崛山祖師 梵日 新傳」,『韓國史學史學報』33(2016), 12쪽.

228 『宣和奉使高麗圖經』34,〈海道一-梅岑〉. "二十六日戊寅, 西北風勁甚. 使者率三節人, 以小舟登岸入梅岑. 舊云梅子眞棲隱之地, 故得此名. 有履錫瓢痕, 在石橋上. 其深麓中, 有蕭梁所建寶陁院, 殿有靈感觀音. 昔新羅賈人, 往五臺, 刻其像, 欲載歸其國, 暨出海遇焦, 舟膠不進. 乃還置像於焦上. 院僧宗岳者, 迎奉於殿. 自後海舶往來, 必詣祈福, 無不感應. 吳越錢氏, 移其像於城中開元寺.";「佛祖統紀』42,「宣宗(忱憲宗十三子)」(『大正藏』49, 388b). "十二年. 勅天下諸寺修治諸祖師塔○日本國沙門慧鍔. 禮五臺山得觀音像. 道四明將歸國. 舟過補陀山附著石上不得進. 衆疑懼禱之曰. 若尊像於海東機緣未熟. 請留此山. 舟卽浮動. 鍔哀慕不能去. 乃結廬海上以奉之(今山側有新羅將)鄞人聞之. 請其像歸安開元寺(今人或稱五臺寺. 又稱不肯去觀音)。"

229 曺永禄,「善妙與洛山二大聖-9世紀 海洋佛教傳說的世界」,『登州港與中韓交流國際學術討論會論文集』(山東: 山東大學出版社, 2005), p. 35 ; 曺永禄,「崛山祖師 梵日 新傳」,『韓國史學史學報』33(2016), 13-14쪽.

도 문제가 있다. 그러므로 여기에서는 이러한 관점도 존재한다는 정도에서
그치고자 한다.

명주明州는 현재 절강성 영파寧波로 부춘강 하류의 항주만 동쪽 끝에 있
는 항구도시이다.[230] 영파는 해로와 지정학적인 위치로 인해 중국 서남쪽의
관문 역할을 하던 곳이다. 오늘날 영파를 대표하는 사찰인 아육왕사阿育王寺
에는 아소카왕에 의한 불사리가 봉안되었다는 설화가 전해진다.[231] 물론 이
를 사실로 받아들이기 어렵지만, 이것이 영파를 통한 인도불교 전래의 한 단
면을 설명해 주는 자료가 되기에는 충분하다고 판단된다.

또 진흥왕 때 아소카왕이 전했다는 황룡사장육존상은 중국의 아육왕불
상의 유행에 따른 것이며,[232] 「황룡사장육」의 기록처럼 해상을 전래한 것이라
면 당시 해상 루트상 영파나 광동을 통해서 왔을 개연성은 충분하다. 즉 영파
아육왕사의 요소가 신라로까지 전파되었을 것이라는 말이다. 또 영파는 나말
의 신라인들이 항주를 거쳐 북상할 때 이용하는 항구도시이기도 했다.[233]

아육왕사는 남송 때의 불교 정책 변화에 의해 오산·십찰五山·十刹제도
가 성립할 때 강남 선불교를 대표하는 사찰인 오산 중 한 곳으로 지정된다.
참고로 오산은 ① 항주–경산徑山의 흥성만수사興聖萬壽寺, ② 항주–북산北山
의 경덕영은사景德靈隱寺, ③ 항주–남산南山의 정자보은광효사淨慈報恩光孝
寺, ④ 영파–태백산太白山의 천동경덕사天童景德寺, ⑤ 영파–아육왕산阿育王

---

230 신형식 外 著, 『中國 東南沿海地域의 新羅遺蹟 調査』(서울: 財團法人 海上王張保皐記念事業會, 2004), 302쪽 ; 林士民·沈建國 著, 『萬里絲路』(寧波: 寧波出版社, 2002), pp.71-77.

231 『高僧傳』 13, 「興福第八(十四人)–釋慧達一」(『大正藏』 50, 409b·c).

232 金理那, 「皇龍寺의 丈六尊像과 新羅의 阿育王象系 佛像」, 『震檀學報』 46·47(1979), 209-210쪽.

233 신형식 外 著, 『中國 東南沿海地域의 新羅遺蹟 調査』(서울: 海上王張保皐記念事業會, 2004), 302쪽 ; 黃金順, 「洛山說話와 高麗水月觀音圖, 普陀山 觀音道場」, 『佛敎學硏究』 18(2007), 98쪽.

중국 절강성 영파에 자리한 아육왕사(천왕전)

山의 무봉광리사鄮峰廣利寺(아육왕사)이다.[234] 오산의 위치는 남송의 수도였던 항주에 세 곳, 영파에 두 곳이 존재하는 것을 알 수 있다. 이는 강남에서 영파의 해상 관문으로서의 위치가 당을 넘어 송나라로까지 유전되고 있었다는 것을 의미한다. 실제로 영파는 당나라 때 강남을 대표하는 국제항 중 한 곳이었다.[235]

명주明州가 영파라는 것은 범일이 개국사를 찾는 시점이 당나라에 도착한 지 얼마 안 된 때라는 것을 의미한다. 현재 개국사를 확인하는 것은 불가능

234 西尾賢隆 著, 『中世の日中交流と禪宗』(東京: 吉川弘文館, 1999), p. 164 ; 野口善敬 著, 『元代禪宗史研究』(京都: 禪文化研究所, 2005), pp. 261-279.

235 林士民·沈建國 著, 『萬里絲路』(寧波: 寧波出版社, 2002), pp. 71-77.

하다.[236] 그러나 범일이 개국사에서 명주 출신의 사미승을 만났다는 것은 이곳이 신라인과 관련된 사찰임을 짐작해 보도록 한다. 왜냐하면 일반 비구 유학승이 아닌, 나이 어린 사미가 거주한다는 것은 주위에 신라인들이 다수 존재한다는 것을 의미하기 때문이다.[237] 즉 개국사는 장보고의 산동성 등주登州 (문등현文登縣)의 적산赤山 법화원法華院 정도는 아니지만 신라인과 관련이 깊은 사찰이었을 것으로 판단되는 것이다.[238] 또 이곳에서 정취보살의 화현인 사미를 만났다는 것은 이 사찰이 화엄종과 관련된 곳이었음을 환기해 준다.

『송고승전』 권11의 「제안전」에 따르면, 당시 제안이 '항주 염관현의 해창원海昌院를 맡고서 전등傳燈을 밝히니, 사방에서 배우고자 하는 이들이 운집했다.'라고 되어 있다.[239] 항주는 영파에서 서북쪽으로 약 200킬로미터 정도에 위치하는 강남을 대표하는 도시이다. 흔히 '하늘에는 천당이 있고(상유천당上有天堂), 땅에는 소항蘇杭이 있다(하유소항下有蘇杭).'라고 하여, 소주와 더불어 강남을 대표하는 운하 도시이기도 하다. 항주는 중국의 7대 고도(장안

---

236 신형식 外 著, 『中國 東南沿海地域의 新羅遺蹟 調查』(서울: 海上王張保皐記念事業會, 2004), 459 쪽.

237 「道義傳」에 의하면, 道義는 入唐 留學하여 山西省 五臺山의 文殊 道場을 參拜한다. 그런 뒤에 廣府 寶壇寺에서 具足戒를 받는 것으로 되어 있다. 그러나 道義가 入唐 留學僧으로 너무 어린 나이에 홀로 入唐하기는 쉽지 않았을 것이라는 점, 또 具足戒 이후에 곧장 曹溪山 寶林寺로 가서 祖師堂을 參拜하며, 이후에야 西堂智藏에게 간다는 점 등을 고려한다면, 道義는 나이 어린 沙彌였다기 보다는 比丘戒를 늦게 받은 정도가 아닌가 한다.
『祖堂集』 17, 「雪岳陳田寺元寂禪師嗣西堂」(『大藏經補編』 25, 615b). "以建中五歲次甲子, 隨使韓粲號金讓恭, 過海入唐, 直往臺山, 而感文殊. 空聞聖鍾之響, 山見神鳥之翔. 遂屆廣府寶壇寺, 始受具戒. 後到曹溪, 欲禮祖師之堂, 門扇忽然自開, 瞻禮三遍而出, 門閉如故. 次詣江西洪州開元寺, 就於西堂智藏大師處, 頂謁爲師, 決疑釋滯."

238 이유진, 「羅末麗初 僧侶들의 入唐求法과 漢中交流」, 『石堂論叢』 46(2010), 216-217쪽.

239 『宋高僧傳』 11, 「唐杭州鹽官海昌院齊安傳」(『大正藏』 50, 776c). "延請安主之. 四海參學者麕至焉."; 『景德傳燈錄』 7, 「懷讓禪師第二世中四十五人(馬祖法嗣)-杭州鹽官鎭國海昌院齊安禪師」(『大正藏』 51, 254a).

[서안]·낙양·북경·남경·개봉·안양·항주) 중 한 곳으로 수나라 때 대운하의 남쪽 종착지가 되면서 번성하고, 남송 때는 '임안臨安'이라는 이름으로 바뀌어 수도로서의 위상까지 확보한다.

당나라 때 영파가 국제적인 항구도시였다면, 항주는 육조六朝시대(오 → 동진 → 송 → 제 → 양 → 진)의 공통된 수도인 남경(금릉 등으로 칭해짐) 및 춘추·전국시대 오나라의 수도인 소주와 더불어 강남을 대표하는 물류 유통의 거점이었다. 또 입당승인 범일의 상황에서는 수도가 위치한 섬서성 관중 쪽의 내륙으로 들어가야 할 필연성도 있었으므로 영파에서 항주로의 이동은 자연스러운 동선으로 이해된다. 이렇게 놓고 본다면, 범일은 영파로 들어가서 조금 유력遊歷하다가 제안의 이야기를 듣고 항주 쪽으로 이동하게 되었다는 판단은 크게 무리한 추정이 아니다.

「범일전」에는 "(입당 후) 곧장 순유巡遊하였다. 두루 (선)지식을 살피다가, 저 염관제안 대사鹽官濟安大師('濟'는 '齊'의 오기)를 참배했다."라고 하여[240] 제안을 친견하기 전에 제법 시간이 지나간 것처럼 기술되어 있다. 그러나 범일은 836년 음력 1월 입당하여 847년(846년 수정) 음력 8월 광동성에서 당을 떠나 신라로 귀국하게 된다.[241] 약 11년 정도 유학한 것이다. 그런데 이 중 6년을 제안과 함께했고, 842년 제안의 입적 후에는 석두희천石頭希遷(700~790)의 제자인 약산유엄藥山惟儼(745~828)계 쪽에서의 수학을 위해 호남성 예주澧州로 이동한다.[242] 이후에는 섬서성 장안과 낙양 쪽으로 재차 옮겨간다. 그리고 844년이 되면 회창법난會昌法難(845. 음 3. 3~846. 음 3. 23)의 전조를 만나

---

240 『祖堂集』17,「溟州崛山故通曉大師嗣鹽官」(『大藏經補編』25, 617b), "便發巡遊, 遍尋知識。參彼鹽官濟(濟'는 '齊'의 誤)安大師。"

241 같은 책(618b). "卻以會昌六年丁卯八月, 還涉鯨浪, 返于雞林。"

242 같은 책. "殷勤六年。後師到藥山。"

[243] 고산高山에 반년간 은거하고, 광동성 소주韶州의 조계산 보림사寶林寺(현재의 남화선사南華禪寺)로 가서, 혜능의 진신眞身(혹 등신等身)을 모신 조사탑祖師塔을 참배한 뒤 신라로 귀국한다.[244]

「범일전」은 범일의 유학 기간을 제법 상세하게 기록하고 있다. 이는 범일에게 있어서 입당 유학이 차지하는 비중과 당위성을 나타내는 동시에, 범일의 이동 거리와 머문 기간에 대한 추론을 가능하게 해 준다는 점에서 주목된다. 이런 점에서 본다면, 범일이 836년 음력 1월에 영파로 입당한 이후 다음 해인 837년에는 제안을 만나 이후 모시며 수학하는 과정에서 인가를 받은 것은 자못 분명하다. 즉 「범일전」에는 "곧장 순유하였다. 두루 (선)지식을 살폈다."라고 되어 있지만, 그 기간은 1년 남짓에 불과했던 것이다. 또 이 기간에 이동 시간을 고려한다면, 범일이 입당 이후 많은 선지식을 만난다는 것은 물리적으로 불가능했다고 판단된다.

혜능(638~713)의 남종선은 제자인 하택신회荷澤神會(670~762)에 의해 대통신수大通神秀(606~706)의 제자인 대조보적大照普寂(651~739)의 북종선을 압도하며, 선불교의 주류로 부상한다. 다음 세대에 등장하는 인물이 바로 남악회향南嶽懷讓(677~744)의 제자인 마조도일馬祖道一(709~788)과 청원행사青

---

243 本格的인 會昌法難은 845年 陰曆 3월 3일에 시작된다. 그러나 會昌 2(842)年 陰曆 3月부터 佛教에 대한 抑壓과 彈壓이 발생한다. 또 844年 陰曆 7月에 있었던 還俗令과 관련된 것이 아닌가 판단된다. 그러나 長安과 洛陽 佛教에 대한 極端的인 彈壓은 會昌 5(845)年 陰曆 3月의 勅令으로 시작되어 陰曆 5月 10日에 마무리된다(權悳永,「唐 武宗의 廢佛과 新羅 求法僧의 動向」,『韓國學[舊 精神文化研究]』17-1[1994], 90-92쪽). 그러므로 「梵日傳」의 "値會昌四年沙汰僧流"를 844년이 아니라, 845년의 誤記로 볼 여지도 존재하게 된다.

244 『祖堂集』17,「溟州崛山故通曉大師嗣鹽官」(『大藏經補編』25, 618b), "後以誓向韶州, 禮祖師塔, 不遙千里, 得詣曹溪。香雲忽起, 盤旋於塔廟之前。靈鶴倏來, 嘹唳於樓臺之上。寺衆愕然, 共相謂曰:「如此瑞祥, 實未曾有。應是禪師來儀之兆也。」於是思歸故里, 弘宣佛法。卻以會昌六年丁卯八月, 還涉鯨浪, 返于雞林。"

중국 남화선사 육조전의 육조혜능 진신상

原行思(?~740)의 제자인 석두희천石頭希遷(700~709)이다. 강서성의 마조와 호남성의 석두를 일컬어 '강호江湖' 혹은 '강호제현江湖諸賢'이라는 말이 만들어졌을 정도이니, 마조계와 석두계에 의한 남종선의 성세를 단적으로 가늠해 볼 수 있다.

　　마조는 강서성 홍주洪州의 개원사開元寺(현재의 남창 우민사祐民寺)에 주석하며 가르침을 전했다. 남종선은 육조시대를 통해 오호五胡(선비·흉노·갈·저·강)에 밀려 강북에서 남하한 한족의 동진東晉문화와 강남의 풍부한 경제력의 기반 위에 혜능에 의해 제시된 새로운 수행 불교이다.

　　남종선을 통한 강남의 정신적인 흐름은 마조에 이르러 '평상심시도平常心是道'라는 중국철학의 일원론을 바탕으로 하는 일상성으로 환기된다. 즉 깨달음을 일상의 위에 가설하거나 일상과 분리하지 않고 일상 자체를 깨달음으로 환원하는 코페르니쿠스적 전회(Kopernikanische Wendung)를 구현한 것이다.

이는 선불교 깨침의 중국화 및 이에 따른 외연을 비약적으로 확대하게 된다.

마조의 문하는 입실入室 제자만 139명에 이르며, 일대의 종장이 되는 분도 80명이나 되었다. 특히 '마조 문하의 삼대사三大士'인 백장회해百丈懷海(720~814)·서당지장西堂智藏(735~814)·남전보원南泉普願(748~834)이 특히 유명하다.[245] 백장의 제자로는 위산영우潙山靈祐(771~853)와 황벽희운黃檗希運(?~850)이 있는데, 위산은 제자인 앙산혜적仰山慧寂(807~883)과 함께 위앙종潙仰宗의 시조가 되며, 황벽의 제자인 임제의현臨濟義玄(?~867)은 임제종臨濟宗의 개조가 된다. 이는 청원행사계의 운문종雲門宗·조동종曹洞宗·법안종法眼宗과 함께 남종선의 오가·칠종五家·七宗을 형성하게 되는데 이를 간략히 도시화하면 다음과 같다.

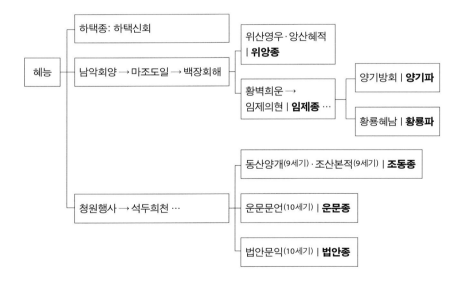

245 『五燈會元』3,「南嶽下二世-馬祖一禪師法嗣-洪州百丈山懷海禪師者」(『卍新纂大日本續藏經選錄』80,71a). "與西堂智藏．南泉普願同號入室。時三大士爲角立焉."

三十五世江西道一禪師

마조도일 진영

　　마조의 홍주종은 나말여초의 구산선문 형성에 막대한 영향을 미친
다.[246] 이는 구산선문 중 일곱 곳이 마조계를 잇고 있는 것을 통해서 분명해
진다.[247] 이를 간략히 도시해 보면 다음과 같다.

246　九山禪門의 認識은 『禪門祖師禮懺儀文』에 根據하여, 1920년대 包光(혹 昌辰, 頭流山人) 金映
　　遂(1884~1967)에 의해서 확립되어 정리된 것이다. 姜好鮮, 「高麗佛教史에서의 九山禪門 槪念
　　檢討」, 『韓國思想史學』 69(2021), 4-6쪽.

247　崔炳憲, 「新羅下代 禪宗九山派의 成立 - 崔致遠의 四山碑銘을 중심으로」, 『韓國史研究』
　　7(1972), 468·473쪽 ; 高榮燮, 「新羅 中代의 禪法 傳來와 羅末麗初의 九山禪門 形成 - 北宗禪
　　과 南宗禪의 傳來와 安着」, 『新羅文化』 44(2014), 196-208쪽.

NO	산문 이름	개산조	사법스승	입당	귀국	개창·중창 사찰
1	가지산문	원적도의 (?~?)	마조 제자인 서당지장	784	821	양양 진전사
2	실상산문	증각홍척 (?~?)		?	826	남원 실상사
3	동리산문	광자혜철 (785~861)		814	839	곡성 태안사
4	성주산문	낭혜무염 (800~888)	마조 제자인 마곡보철	821	845	보령 성주사
5	사굴산문	범일통효 (810~889)	마조 제자인 염관제안	836	847	강릉 굴산사
6	사자산문	철감도윤 (798~868)	마조 제자인 남전보원	825	847	화순 쌍봉사
						영월 법흥사 (징효절중, 826~900)
7	봉림산문	원감현욱 (787~868)	마조 제자인 장경회휘	824	837	여주 고달사
8	수미산문	진철이엄 (870~936)	석두계 동산양개의 제자 운거도응	896	911	해주 광조사
9	희양산문	지증도헌 (824~882)	4조 도신의 문손인 혜은	신라에서 사법		문경 봉암사
		정진긍양 (878~956)	석두 제자인 곡산도연	899	924	

위의 표를 보면 홍주종계 일곱 명 안에서도 서당지장의 문하가 세 명으로 압도적임을 알 수 있다. 또 1~7까지의 마조계 입당 유학승들은 784~847년에 걸친 약 2세대 정도에 존재했음이 확인된다. 즉 이들의 유학 시기가 상당 부분 겹치며, 무염·도윤·범일은 당무종의 회창법난과 관련해서 귀국한

부분도 살펴진다.[248] 이는 당시 남종선의 마조계 선풍이 신라불교에 바람을 일으키고 있었다는 것을 알게 해 준다. 그리고 유학 기간에 있어서는 범일의 11년이 가장 짧고, 도의 같은 경우는 무려 37년이나 되는 것도 확인된다.

이들 유학승의 입당 유학 기간은 당시의 평균 수명을 고려해 봤을 때 상당히 길다. 이것은 이들이 신라 하대 불교의 한계 속에서 깨달음과 수학을 위한 새로운 돌파구를 찾는 유학을 감행했다는 것을 나타내 준다. 또 이는 고려 말 인가를 목적으로 하는 형식적인 짧은 입원入元 유학과는 큰 차이를 가진다고 하겠다.[249]

---

248 外國 僧侶에 대한 還俗 및 追放令은 會昌 5(845)年 陰曆 7月로 推定된다. 權悳永, 「唐 武宗의 廢佛과 新羅 求法僧의 動向」, 『韓國學』(舊『精神文化研究』) 17-1(1994), 98-101쪽 ; 김덕소, 「唐 武宗 廢佛의 原因과 影響에 관한 小考」, 『韓國佛教學』 69(2014), 411-413쪽.

249 入元 留學僧은 修學보다는 印可가 목적인 경우가 一般的이었다. 이는 麗末三師 모두가 石屋 清珙과 平山處林의 法脈을 傳受함에 있어서 到着해서 參拜한 직후, 또는 얼마 지나지 않아 곧 장 印可가 이루어지는 것을 통해서 판단해 볼 수 있다.
廉仲燮, 「無學自超의 「佛祖宗派之圖」 作成目的과 意味 Ⅰ」, 『東아시아佛教文化』 35(2018), 362쪽. "普愚의 印可 留學 期間은 1346~1348년 봄까지로 往復 期間을 除外하면 만2년이 되지 않는다. 또 景閑 역시 1351~1352년 3월까지로 역시 往復 期間을 除外하면 1년 미만이 된다. 이에 비해서 懶翁의 入元은 1347년 11월~1358년 3월까지이므로 往復 期間을 除外하고도 만10년이나 걸렸다."

제3장

범일의 남종선 사법과
귀국 후 행적

제1절

범일의 남종선 사법과 회창법난

1.
범일의 마조계와 석두계 계승

1) 범일의 제안 사법과 특징

836년 범일은 절강성 영파 쪽에서 유력하는 중 항주의 염관현 해창원海昌院(혹 영지원靈芝院)의[250] 제안에 대해 듣게 된 것이 아닌가 한다. 나말의 입당 선승에게 가장 영향력이 있던 고승은 서당지장이다. 이는 도의(가지산문)·홍척(실상산문)·혜철(동리산문)이 모두 지장의 인가를 받아 선맥禪脈을 계승하는 것을 통해서 분명해진다.[251]

또 지장은 백장회해·남전보원과 더불어 마조 문하의 삼대사로 꼽히는 마조의 상족제자上足弟子이다. 그러나 범일이 유학했던 836년에 이들 삼대사는 모두 입적해서 없었다. 도윤(사자산문)이 남전을 계승했다는 점과 남전이 834년 음력 12월 25일에 입적한다는 점을[252] 고려하면, 범일이 경주에서

---

250 曹永祿, 「崛山祖師 梵日 新傳」, 『韓國史學史學報』 33(2016), 17쪽의 脚註 22. "『元亨釋書』에는 靈池院이라고 하고 있으나 이는 海昌院의 別名이거나 혹은 관련 있는 別院일 것이다."; 田中史生, 「慧蕚の入唐求法と東アジアの佛教交流」, 『東國史學』 52(2012), p. 205.

251 『景德傳燈錄』 9, 「前虔州西堂藏禪師法嗣四人」(『大正藏』 51, 264a). "虔州處微禪師(一人見錄)雞林道義禪師。新羅國慧禪師。新羅國洪直禪師(已上三人無機緣語句不錄)。"; 金煐泰, 「九山禪門의 成立과 그 性格에 대하여」, 『普照思想』 9(1995), 81~84쪽; 신명희, 「羅末麗初, 洪州宗의 수용 및 전개 양태」, 『韓國佛敎學』 89(2019), 254~257쪽.

252 『景德傳燈錄』 8, 「懷讓禪師第二世法嗣-池州南泉普願禪師」(『大正藏』 51, 259b). "大和八年甲寅十二月二十五日。"

곡성 태안사. 동리산문의 중심사찰이다.

가르침 받기를 원했던 선승은 남전이었을 개연성도 존재한다. 왜냐하면 범일이 하곡(울산)을 출발하는 것이 836년 음력 1월이므로 입당 준비 과정에서는 남전의 입적을 몰랐을 개연성도 크기 때문이다.

앞서 언급한 것처럼 「범일전」에는 당에 도착한 범일이 "순유하며 두루 (선)지식을 살피다가, 저 염관제안 대사를 참배했다."라고 되어 있다. 여기에서 순유는 선지식, 즉 사법스승을 찾기 위한 범일의 노력으로 이해된다.

이 시기 범일은 신라에서 입당을 오랫동안 숙고했고, 이에 따라 입당 직후 "숙원을 이루었다(기해숙원旣諧宿願)."라고 할 정도임에도 불구하고 사법스승을 정하지 못하고 있었던 것 같다. 이는 범일 당시 당나라 선불교에 대한 정보의 한계 때문일 수도 있다.

그러나 여기에는 범일이 신라에서 사법스승으로 정하고 입당을 결행한 대상이 이미 입적해서 새롭게 정해야 했기 때문일 개연성도 존재한다. 즉 당에 도착한 이후에 남전의 입적 소식을 접했고, 새롭게 선지식을 찾는 순유 과정에서 영파의 인근 도시인 항주의 제안으로 가게 되었을 수도 있다는 말이다.

영파가 속한 강소성과 항주가 속해 있는 절강성은 성省이 다르지만, 실제로는 붙어 있는 인접 도시로 영파에서 서북쪽으로 약 150킬로미터 정도 밖에 떨어져 있지 않다. 즉 범일이 영파에서 제안의 명성을 전해 듣는 것이 충분히 가능한 정도이다.

범일은 항주의 염관현 해창원에서 제안을 참배한다. 「범일전」의 해당 기록에는 제안이 묻고 범일이 답하는 방식의 〈1차 문답〉과 범일이 묻고 제안이 답하는 〈2차 문답〉의 두 가지가 수록되어 있다.

〈1차 문답〉의 핵심은 범일의 탁월함과 제안이 범일을 "동방보살東方菩薩"이라고 칭탄하는 것에 있다. 그리고 〈2차 문답〉의 핵심은 제안의 홍주종에 의한 제도濟度와 이에 의한 범일의 언하대오言下大悟라고 하겠다. 「범일전」에는 이 두 가지 문답이 연속해서 수록되어 있는데, 이는 이렇게 되어야만 제안의 인가가 완성된다고 보았기 때문으로 판단된다. 이후 범일은 제안이 입적하는 642년까지 6년간 모시며 수학하는 모습을 보인다. 이의 해당 기록을 제시해 보면 다음과 같다.

〈1차 문답〉
(범일이) 염관제안 대사를 참배했다.
대사가 물었다. "어디에서 왔느냐?"
답해 말했다. "동국東國에서 왔습니다."
대사가 다시 물었다. "수로로 왔는가? 육로로 왔는가?"
답하였다. "양로兩路를 밟지 않고 왔습니다."

"이제 양로를 밟지 않았다면, (아)사리(阿闍梨)는 어떻게 이곳에 이르렀는가?"

답해 말했다. "일日·월月에게 동서東西가 어찌 장애됨이 있겠습니까?"

대사가 말했다. **"진실로 동방보살이로다."**[253]

〈2차 문답〉

범일이 여쭈었다. "어떤 것이 곧 성불成佛입니까?(어떻게 부처가 되는 것입니까?)"

대사가 답해 말했다. "도道에는 용수用修할 것이 없으니, 다만 오염汚染되지 않도록만 하면 된다. '불佛'이라는 견해와 '보살菩薩'이라는 견해를 짓지 말 것이니, (다만) 평상심시도平常心是道이니라."

범일이 언하言下에 대오大悟했다.

은근殷懃히 6년을 함께했다.[254]

〈1차 문답〉에서 제안은 어디에서 왔는지를 묻고, 이후에 어떤 방식으로 왔는지를 가지고 본격적인 선문답을 시작한다. 온 곳, 즉 출신지를 묻는 것은 동아시아 전통에 입각한 것으로 이는 기주 빙무산馮茂山의 홍인弘忍이 혜능을 만났을 때도 보이는 상투적인 물음이다.[255]

---

253 『祖堂集』17,「溟州崛山故通曉大師嗣鹽官」(『大藏經補編』25,617b-618a). "參彼鹽官濟安大師, 大師問曰:「什摩處來?」答曰:「東國來。」大師進曰:「水路來, 陸路來?」對云:「不踏兩路來。」「旣不踏兩路, 闍梨爭得到這裏?」對曰:「日月東西, 有什摩障礙?」大師曰:「實是東方菩薩。」"

254 같은 책(618a). "梵日問曰:「如何卽成佛?」大師答曰:「道不用修, 但莫汗染。莫作佛見菩薩見, 平常心是道。」梵日言下大悟, 殷懃六年。"

255 『六祖大師法寶壇經』全1卷,「行由第一」(『大正藏』48,348a). "不經三十餘日, 便至黃梅, 禮拜五

불교가 들어오기 전 동아시아 전통은 심신일원론心身一元論의 배경하에서 부모의 정기와 잉태되는 장소의 기운 등이 복합적으로 작용해 새로운 생명이 만들어지는 것으로 판단했다.[256] 이 때문에 유교에서 자식은 직접적인 생명의 주체인 부모를 거역할 수 없으며,[257] 고향을 떠나고 신체를 훼손하는 것은 금기시된다.[258]

실제로 유교적인 인식이 남아 있던 최근까지도 고향을 떠나 죽는 것을 '객사客死'라고 하여 대단히 흉한 일로 여겼으며, 이런 경우는 시신을 집으로 들이지도 않았다. 또 '수구초심首丘初心'이라고 해 여우와 같은 동물조차 고향을 그리워한다는 관념을 강조했었다. 이외에도 혈통의 시작(관향貫鄕)인 본관本貫을 중시하는 문화도 존재한다.

이와 같은 동아시아문화의 특수성으로 인해 제안은 범일이 온 곳을 묻

祖。祖問曰:『汝何方人? 欲求何物?』惠能對曰:『弟子是嶺南新州百姓, 遠來禮師, 惟求作佛, 不求餘物。』"

256 『弘明集』5,「沙門不敬王者論形盡神不滅第五」(『大正藏』52, 31b)。"夫稟氣極於一生。生盡則消液而同無神。雖妙物故是陰陽之化耳。旣化而爲生。又化而爲死。旣聚而爲始。又散而爲終。因此而推。故知神形俱化原無異統。精麤一氣始終同宅。宅全則氣聚而有靈。宅毀則氣散而照滅。散則反所受於大本。滅則復歸於無物。反覆終窮皆自然之數耳。孰爲之哉。";『朱子語類』126,「釋氏」;『三峰集』9,「佛氏雜辨」,〈1. 佛氏輪廻之辨〉.

257 『孟子』,「9. 萬章 上」."MZ09020401-2: 萬章曰, 父母使舜完廩, 捐階, 瞽瞍焚廩. 使浚井, 出, 從而揜之. 象曰, '謨蓋都君咸我績, 牛羊父母, 倉廩父母, 干戈朕, 琴朕, 弤朕, 二嫂使治朕棲.' 象往入舜宮, 舜在牀琴. 象曰, '鬱陶思君爾.' 忸怩. 舜曰, '惟玆臣庶, 汝其于予治.' 不識舜不知象之將殺己與?";『史記』1,「五帝本紀第一」,〈2. 虞舜〉."1/32: 舜父瞽叟頑, 母嚚, 弟象傲, 皆欲殺舜. 舜順適不失子道, 兄弟孝慈. 欲殺, 不可得; 卽求, 嘗在側.";"1/33: 瞽叟尙復欲殺之, 使舜上塗廩, 瞽叟從下縱火焚廩. 舜乃以兩笠自扞而下, 去, 得不死. 後瞽叟又使舜穿井, 舜穿井爲匿空旁出. 舜旣入深, 瞽叟與象共下土實井, 舜從匿空出, 去. 瞽叟·象喜, 以舜爲已死. 象曰: '本謀者象.' 象與其父母分, 於是曰: '舜妻堯二女, 與琴, 象取之. 牛羊倉廩予父母.' 象乃止舜宮居, 鼓其琴, 舜往見之. 象鄂不懌, 曰: '我思舜正鬱陶!' 舜曰: '然, 爾其庶矣!' 舜復事瞽叟愛弟彌謹. 於是堯乃試舜五典百官, 皆治."

258 『論語』,「泰伯第八」."LY0803: 曾子有疾, 召門弟子曰, '啓予足! 啓予手! 詩云, [戰戰兢兢, 如臨深淵, 如履薄氷.] 而今而後, 吾知免夫! 小子!'"

는 것이다. 이에 대해 범일은 신라의 수도인 경주가 중국에서 쉽게 인지되지 않을 수 있으므로 '동국東國'이라는 큰 범위로 답을 한다. 실제로 승전僧傳이나 전등사傳燈史에 기록된 신라의 입당 유학승들의 기록을 보면 대부분 '신라인'이라거나 '동국'과 같은 언급을 하는 것이 확인된다. 그러므로 제안의 물음은 '어디에서 왔는지?'에 대한 동아시아 배경의 문화 관념에 따른 인사 정도의 의미라고 하겠다.

그런데 이 부분과 관련해서는 불교적인 측면도 일부 존재한다. 왜냐하면 이는 자신을 만나기 이전에 수학한 앞선 선지식, 즉 누구에게 지도받았는지와 관련된 의미가 되기도 하기 때문이다. 이것은 이전에 누구에게 배웠는지를 판단해서 그에 맞는 적절한 가르침을 주기 위한 수단적 측면이다. 이와 같은 양상은 「범일전」 안에서도 범일이 약산계의 선사를 친견하는 내용 속에서 확인되는 측면이기도 하다.[259]

이후 제안은 본격적인 선문답으로 해로와 육로 중 어떤 방법으로 왔는지를 묻고 있다. 이에 대해 범일은 양쪽 모두를 거치지 않았다고 대답한다. 즉 제안이 제시한 두 가지의 변견邊見에 빠지지 않은 것이다. 이렇게 되자 제안은 범일의 그릇을 높이 보아 '아사리'라는 존칭 표현을 사용하며 재차 묻고 있다.

「범일전」에는 '사리'라고만 되어 있지만, 이는 중국불교에서 '아阿'를 생략하는 유풍에 따른 것으로 '사리'는 곧 '아사리阿闍梨'를 의미한다. '아'의 생략은 '아미타阿彌陀(Amita)'를 '미타', '아라한阿羅漢'을 '나한'으로 '아란야阿蘭若(aranya)'를 '난야'라고 하는 것 등에서도 확인된다.

---

259 『祖堂集』17,「溟州崛山故通曉大師嗣鹽官」(『大藏經補編』25, 618a). "後師到藥山, 藥山問:「近離什摩處?」師對曰:「近離江西。」"

아사리는 인도 말 '아차리야ācārya'의 음역으로 '궤범사軌範師'나 '교수敎授' 등을 의미한다. 아사리는 소위 5종 아사리라고 해서, ① 출가아사리出家阿闍梨, ② 수계아사리受戒阿闍梨, ③ 교수아사리敎授阿闍梨, ④ 수경아사리受經阿闍梨, ⑤ 의지아사리依止阿闍梨가 있다.[260] 즉 승려를 지도하는 스승 정도의 의미라고 이해하면 되겠다.

아사리라는 칭호는 '출가한 지 10년이 경과한 승려에 대한 존칭'이자, 이후 '은사'의 의미로 사용되는 '화상和尙(upādhyāya)'과 더불어 후대까지 동아시아 승려 명칭에 많은 영향을 준다. 즉 출가와 관련된 화상과 교육과 관련된 아사리의 이중 구조가 붓다 당시부터 존재했고, 이 영향이 동아시아불교로까지 유전되는 것이다. 물론 화상에도 '증명삼화상證明三和尙' 등과 같이 '고승'의 의미가 존재하지 않는 것은 아니다.[261] 그러나 일반적으로 '화상=은사', '아사리=교수사'의 의미로 사용되고는 한다.

제안이 범일의 됨됨이를 높이 보아 아사리라고 칭한 판단은 매우 적절했다. 범일은 제안의 두 번째 물음에 해와 달에는 동서의 장애가 있을 수 없다고 답변한다. 이는 와도 온 것이 아니고 가도 간 것이 아닌 본체에 입각한 본질론적인 대답이다. 즉 현상의 속제俗諦에서는 가고 옴이 있으나 본질의 진제眞諦에서는 여여부동할 뿐이며, 이를 남종선의 자성이나 불성으로 환원시켜 제시하고 있는 것이다.

---

260 『四分律』39, 「皮革揵度之餘」(『大正藏』22, 848a). "阿闍梨者, 有五種阿闍梨: 有出家阿闍梨、受戒阿闍梨、敎授阿闍梨、受經阿闍梨、依止阿闍梨."；『彌沙塞部和醯五分律』16, 「第三分初受戒法中」(『大正藏』22, 113a)；『十誦律』49, 「五法初」(『大正藏』22, 359c).

261 문상련, 「證明三和尙의 형성 배경과 佛教的 位相」, 『普照思想』61 (2021), 140-143쪽；李哲憲, 〈2. 儀禮集에서의 惠勤〉, 「懶翁 惠勤의 硏究」(서울: 東國大 佛教學科 博士學位論文, 1997), 216-222쪽.

남종선은 위진남북조시대에 유행한 위진현학魏晉玄學과 육조청담六朝淸談을 배경으로 반야와 불성 사상의 영향 속에서 완성된다. 이런 점에서 범일의 답변을 들은 제안은 범일의 답변을 크게 긍정하는데 이것이 바로 "진실로 동방보살이다."라는 찬사이다.

보살이 대승불교의 이상인격이라는 점에서 이는 최고의 칭탄이다. 또 이때 범일이 제안을 처음으로 만나 선문답을 하는 상황이라는 점을 고려한다면, 범일의 견처見處는 신라에서부터 확립되어 있었다는 의미의 해석이 가능하다. 즉 범일은 신라에서 화엄학만 수학한 것이 아니라 선불교와 관련해서도 상당한 노력을 기울였을 개연성이 존재하는 것이다. 그렇지 않다면 범일이 제안의 선문답에 즉각적으로 답하는 것은 쉽지 않았을 것이다. 또 이는 범일 당시 신라에 선불교의 바람이 불고 있었고, 이것이 범일이 입당 유학을 결심하게 된 계기라는 판단을 변증해 주는 측면이기도 하다.

〈2차 문답〉은 범일이 성불하는 것에 대해 묻는 것으로 시작된다. 당시 새롭게 대두한 선불교는 즉심즉불卽心卽佛과 같이 본래심本來心에 대한 환기를 통해 곧장(즉각) 붓다가 될 수 있다고 주장했다. 이는 화엄종 등 교종의 차제론次第論에서 돈오로 이행하는 양상을 띠고 있는 것보다[262] 파격적이고 간이직절簡易直截했다. 물론 화엄종에서도 현수법장賢首法藏(643~712)의 '교상즉관법教相卽觀法'이나 '신만성불론信滿成佛論'의 주장이 있으며,[263] 의상 또한 '성기설性起說'을 중심으로 본체론적인 관점에서 화엄을 해석하는 모습이

262 김도공,「法藏의 教判에 대한 문제 제기」,『범한철학』 43-4(2006), 5-6쪽.

263 戒環 著,『賢首 法藏 研究-華嚴教學의 大成者』(서울: 운주사, 2011), 169-193·221-239쪽 ; 김천학,「東아시아 華嚴學에서의 成佛論」,『韓國思想史學』 32(2009), 4-8쪽.

보이기도 한다.[264] 그러나 이는 선불교의 즉심즉불처럼 간명하지 못하다.[265] 또 즉심즉불에는 '누구나 마음만 있다면 붓다가 될 수 있다.'라는 인간 성불과 존엄 및 완전한 해방의 메시지가 담겨 있어서 파격적이다. 범일은 바로 이러한 선불교의 요체를 묻고 있는 것이다.

이에 대해 제안은 "도道에는 용수用修할 것이 없으니, 다만 오염되지 않도록 하면 된다. 불佛이라는 견해와 보살이라는 견해를 짓지 말 것이니, (다만) 평상심시도이니라."라고 답한다. 이는 제안이 말하고 있지만 실상은 제안의 입으로 되풀이되는 스승 마조의 말이자 홍주종의 핵심적인 선 사상이다.[266]

『경덕전등록』 권28에는 〈강서대적도일선사시중江西大寂道一禪師示衆〉으로 다음과 같은 내용이 수록되어 있다. "도道에는 용수用修할 것이 없으니, 다만 오염되지 않도록 하면 된다. 어떤 것이 오염인가? 다만 생사生死의 마음이 있어, 취향趣向을 조작造作하는 것이 모두 오염이다. 만약 그 도道에 직회直會하고자 한다면, (다만) 평상심시도平常心是道이니라."

〈2차 문답〉과 〈시중〉의 유사성을 더욱 분명하게 드러내기 위해 양자의 원문을 대비해 보면 다음과 같다.

「범일전」
道不用修但莫汙染。莫作佛見菩薩見平常心是道。

---

264 김천학, 「東아시아 華嚴學에서의 成佛論」, 『韓國思想史學』 32(2009), 8–11쪽 ; 全海住 著, 「2) 性起의 모습」, 『義湘 華嚴思想史 硏究』(서울: 民族社, 1994), 26–32쪽 ; 다마키코 시로·카마타 시게오 外 著, 鄭舜日 譯, 「2. 性起思想」, 『中國佛敎의 思想』(서울: 民族社, 1991), 46–55쪽.

265 金興三, 「羅末麗初 闍崛山門의 淨土信仰과 華嚴思想」, 『江原文化硏究』 19(2000), 141쪽.

266 金興三, 「羅末麗初 崛山門의 禪思想」, 『白山學報』 66(2003), 55–57쪽.

〈마조시중〉

道不用修但莫污染。何爲污染。但有生死心造作趣向皆是污染。若
欲直會其道平常心是道。

　　물론 세세한 부분을 살펴보면 제안과 마조의 말에는 차이가 있다. 그
러나 마조 선 사상의 요지는 '즉심즉불', '도불용수', '평상심시도'로 요약된
다.[267] 이 중 즉심즉불은 마조뿐만 아니라 석두에게서도 보이는 남종선의 보
편적인 특징이다.[268] 또 즉심즉불에 대해서는 범일 역시 신라에서부터 일정
부분 자각하여 '일월에는 동서의 장애가 없다.'라는 본체론적인 답을 하는 모
습을 보이는 상황이다. 이런 점에서 본다면, 범일에게 제안은 나머지 두 가지
인 도불용수와 평상심시도의 가르침을 준 것이다.

　　도불용수와 평상심시도는 작용즉성설作用卽性說에 의한 것으로 본래완
성을 현현顯現이라는 현실적인 작용의 관점에서 파악하는 측면으로 요약될
수 있다.[269] 범일은 제안의 말을 듣고 언하에 대오하는데, 이는 본래 완성에
대한 재인식이 홍주종의 일상성 환기로 인해 격발되면서 나타나는 상황으
로 이해된다.

　　제안이 범일을 제접할 때 자기 말이 아닌 마조의 말을 사용하고 있는 것
은 범일이 제안의 사법제자인 동시에 범일에게 마조의 사상이 온전히 이식

---

267 차차석,「智顗의 無道可修와 馬祖의 道不用修의 比較」,『普照思想』22(2004), 15쪽 ; 鄭東樂,
「梵日(810~889)의 禪思想」,『大丘史學』68(2002), 11~12쪽 ; 서재영,「馬祖의 道不用修에 대한
批判的 考察」,『韓國佛敎學』94(2020), 34-43·50-53쪽.

268 전무규,「石頭 希遷의 佛性觀에 대한 硏究」(서울: 東國大 禪學科 博士學位論文, 2017), 133-161쪽.

269 金興三,「羅末麗初 崛山門의 禪思想」,『白山學報』66(2003), 57-58쪽 ; 마해륜,「作用卽性 비
판으로서의 無心」,『佛敎學硏究』35(2013), 69-72쪽.

된다는 것을 의미한다.[270] 즉 범일은 제안의 제자인 동시에 마조의 온당한 계승자라고 할 수 있는 것이다.

이렇게 〈1차 문답〉과 〈2차 문답〉이 결합된 연결 서술의 통체성統體性이 제안에 대한 범일의 인가를 드러내는 측면이다. 만일 그렇지 않다면 1차와 2차 문답을 연결해서 서술할 필요는 없었을 것이다.

〈1차 문답〉의 핵심은 '동방보살'이다. 그러나 범일이 아직 깨치지 못한 상태에서 이 말은 완벽한 인가의 의미를 가질 수 없다. 다음 〈2차 문답〉에서의 핵심은 '언하오도'이다. 그러나 이후에 인가와 같은 특수한 부분이 나타나지는 않는다. 이 때문에 「범일전」은 '동방보살'과 '언하오도'를 결합하여 인가의 구조를 완성하고 있는 것이 아닌가 한다.

「범일전」에는 등장하지 않지만 범일의 인가와 관련해서, 범일은 제안의 인가와 관련해 신표로 서선자犀扇子, 즉 '서각犀角으로 된 자루 부채'를 받은 것으로 살펴진다. 서선자는 '서우선자犀牛扇子'라고도 하는데, 제안이 제자를 제접할(가르칠) 때 사용한 방편적인 기제機制(법보法寶)로 확인된다.[271] 이와

---

270 鄭東樂, 「梵日(810~889)의 禪思想」, 『大丘史學』68(2002), 14-15쪽.

271 『景德傳燈錄』7, 「第二十八祖菩提達磨」(『大正藏』51, 254a). "師喚侍者云。將犀牛扇子來。侍者云。破也。師云。扇子破還我犀牛來。侍者無對。"；『佛果圜悟禪師碧巖錄』10, 「九一」(『大正藏』48, 251c). "擧。鹽官一日喚侍者。與我將犀牛扇子來(打葛藤不少。何似這箇好箇消息)侍者云。扇子破也(可惜許。好箇消息。道什麼)官云。扇子旣破。還我犀牛兒來(漏逗不少。幽州猶自可。最苦是新羅。和尙將犀牛兒作什麼)侍者無對(果然是箇無孔鐵鎚。可惜許)投子云。不辭將出。恐頭角不全(似則似。爭奈兩頭三面。也是說道理)雪竇拈云。我要不全底頭角(堪作何用。將錯就錯)石霜云。若還和尙卽無也(道什麼。撞着鼻孔)雪竇拈云。犀牛兒猶在(嶮。泊乎錯認。收頭去)資福畫一圓相。於中書一牛字(草[艹-丁+呆]不勞拈出。弄影漢)雪竇拈云。適來爲什麼不將出(金鎞不辨。也是草裏漢)保福云。和尙年尊。別請人好(僻地裏罵官人。辭辛道苦作什麼)雪竇拈云。可惜勞而無功(兼身在內。也好與三十棒。灼然)。"等 多數.

같은 법의 상징을 범일이 제안에게 전해 받는 것이다.[272]

제안이 범일에게 준 서선자는 법거량의 도구인 동시에 유마거사나 육조의 청담가淸談家 및 고승의 주미塵尾처럼 수행자를 나타내는 권위적 상징으로도 이해될 수 있다. 범일이 제안에게 서선자를 받았다는 내용은 앞서 언급한 바 있는 1338년의 필사기가 존재하는 『선문조사예참의문』의 〈범일국사〉 부분에서 확인된다. 용이한 판단을 위해 원문과 번역문을 함께 제시해 보면 다음과 같다.

志心歸命禮。闍崛山祖師。螺髻頂珠。梵日國師。願降道場。受此供養。
지심귀명례, 사굴산(문)조사 나계정주 범일국사께옵서는 이 도량에 강림하시어 이 공양을 받으소서.

一船西去訪眞宗。八部相隨却返東。曾得塩官犀扇子。熱忙堆裡打淸風。
일선一船으로 서쪽 (당으로) 가서 진종眞宗(남종선)을 물으시고,
(천룡)팔부의 (외호와) 거느림으로 동방 (신라로) 돌아오셨도다.
일찍이 염관에게 (인가의 신표로) 서선자를 얻었으니,
조급한 불안(열망熱忙)의 언덕 속을 청풍이 (휘몰아) 치는구나.

故我一心歸命頂禮。

272 許興植 著,「禪宗 九山派說의 批判」,『高麗佛教史研究』(서울: 一潮閣, 1986), 155쪽 ; 金興三,「羅末麗初 崛山門의 禪思想」,『白山學報』66(2003), 63쪽.

고아일심 귀명정례.[273]

　『선문조사예참의문』의 성립이 언제인지는 알 수 없다. 그러나 현재 범어사 소장본에 1338년의 필사가 존재한다는 점에서 고려 중기에는 찬술되어 있었지 않았을까 하는 추정이 가능하다.[274] 즉 앞서 언급한 〈범일비문〉·『범일본전』·『범일국사집』이 존재하던 시절에 성립된 예찬문인 것이다. 이런 점에서 "증득염관서선자曾得塩官犀扇子"는 이들 자료에 존재하던 내용이 "나계정주螺髻頂珠"처럼 핵심이라는 판단하에 선택된 것으로 볼 수 있다. 이렇게 놓고 본다면, 범일은 염관제안에게 신표로 서선자를 받은 것으로 보아도 큰 문제는 없다.

　또 삽화 역시 주목된다. 표현된 범일의 두상을 보면 나발, 즉 나계와 중간계주, 다시 말해 정주의 모습이 완연하기 때문이다. 이는 『선문조사예참의문』 속 다른 조사들에게서는 보이지 않는 범일만의 특징적인 표현이다. 즉 "나계정주"를 의도적으로 나타내고 있다.

　또 삽화 우측에는 사슴 두 마리가 입에 무언가를 물고 와서 주는 것 같은 모습이 표현되어 있다. 우측 사슴은 식물을 물고 있지만, 좌측 사슴이 물고 있는 것은 판단이 쉽지 않다. 그런데 「범일전」을 보면, 범일이 844년 제리帝里(수도)에서 회창법난을 만나 고산高山에 은거해 극심한 고초를 겪은 내용이 있다. 그런데 여기에는 굶주려 탈진한 범일에게 "산짐승이 입에 떡과 음식을 물고 와서는 (범일의) 자리 옆에 두었다."라는 내용이 있다. 이렇게 놓고 본다면, 왼쪽 사슴이 물고 있는 반달형의 물체는 떡이라는 판단이 가능하다.

273　『禪門祖師禮懺儀文』.

274　姜好鮮, 「高麗佛教史에서의 九山禪門 槪念 檢討」, 『韓國思想史學』 69(2021), 11쪽.

즉 삽화는 범일과 관련된 내용을 축약하고 있는 것이다.

끝으로 범일이 손에 자루가 달린 둥근 형태의 무언가를 들고 있는 모습이 살펴진다. 묘사된 생김새만 본다면 보살상의 흔한 지물인 여의如意가 잘못 그려진 것 같다. 그러나 삽화가 범일의 전기를 함축적으로 축약하고 있는 점을 고려한다면 이를 서선자로 보는 것도 가능하지 않을까 한다. 실제로 범일이 들고 있는 것은 여의와는 형태가 다르고, 그렇다고 부채로 보기에는 윗부분이 너무 작다. 그러나 목판 삽화의 특성을 고려하고, 또 나머지 부분이 전체적으로 범일의 생애 중 중요한 측면을 함축하고 있다는 점에서 이를 서선자의 표현으로 봐도 큰 문제는 없지 않은가 한다. 즉 삽화에는 '나계정주'와 '동물이 입에 물고 온 음식', 그리고 제안의 전법 상징으로서의 '서선자'가 표현된 것이다.

그렇다면 범일이 제안에게 서선자를 받는 시점은 언제일까? 현존하는「범일전」의 내용만으로 본다면 이 시점은 법거량이 발생한 직후는 아니라고 판단된다. 만약 그러한 상황이었다면「범일전」에 선문답과 관련한 내용 역시 기록되는 것이 타당하기 때문이다. 이렇게 되면 범일의 제안 사법이 더욱 분명해지게 되었을 것이다. 그런데도 중요한 서선자 기록이 빠진 것은 '선문답'과 '서선사를 받는 시기'가 달랐기 때문이라고 판단할 수 있다. 즉 제안의 범일 인가와 신표로서 서선자를 받는 사건은 시기를 달리하는 두 가지 사건이었던 것이다.

실제로 제안이 범일과의 첫 대면에서 서선자를 주었을 가능성은 작아 보인다. 왜냐하면 나말여초의 유학은 사법을 위한 수학 기간이 존재하기 때문이다. 이는 당시 당나라 또한 선불교의 정착기로 신라에는 선불교의 가르침이 제대로 갖추어지지 않았기 때문이다. 즉 새롭게 배워야 할 필연성이 존재하는 것이다.

이는 여말의 입원入元 유학이 인가를 중심으로 하는 인가 유학인 것과는 차이가 있다. 실제로 보우와 나옹이 석옥청공과 평산처림에게 인가받는 것을 보면 그 시점이 참배 법거량 직후인 것으로 확인된다. 이는 고려의 선불교가 티베트 라마 불교에 의해 혼탁해진 원의 불교에 비해 상대적으로 선불교의 수행 체계를 잘 유지하고 있었기 때문이다.[275]

물론 여기에는 남송인이었던 강남인의 신분이 원나라의 신분제도 안에서 최하위에 있었던 측면도 존재한다. 당시 원나라의 신분제도는 첫째 몽골

---

275 元나라의 불교는 華北은 티베트 라마불교의 영향으로 混濁해져 있었고, 江南은 五山佛教를 중심으로 南宋 以來의 禪佛教 傳統을 유지하고 있었다. 즉 金나라 영토였던 江北과 南宋의 國土였던 江南 佛教 간에는 큰 폭의 相異點이 존재했다. 이에 반해 高麗佛教는 티베트 불교에 의한 混濁 양상이 존재하기는 해도 전통적인 禪佛教 전통 역시 상당 부분 유지되고 있었다. 이런 상황에서 元의 신분제 속에서 高麗人은 江南의 南人보다 身分이 높았다(愛宕松男 著,「第4章 身分制度」,『元朝の對漢人政策』, 京都: 東亞研究所 [昭和 18年], pp. 98-104). 이에 따라 高麗의 禪僧들은 강남 五山佛教의 法脈 繼承을 원했고 江南의 禪僧들 역시 高麗 禪僧에게 印可하는 것을 肯定的으로 인식했다. 이러한 서로 간의 이해가 맞물리며, 高麗에서 깨달음을 얻고 江南 高僧에게 悟後에 印可만 받는 印可 留學이라는 다소 특이한 현상이 나타나게 된다. 이는 麗末三師 등의 印可 과정을 통해서 확인해 볼 수 있다. 廉仲燮,「無學自超의「佛祖宗派之圖」作成目的과 意味 Ⅰ」,『東아시아佛教文化』35 (2018), 362-363쪽.

인, 둘째 색목인, 셋째 금나라의 화북인, 넷째가 강남의 남인南人이다.[276] 고려인은 화북인과 같은 세 번째에 속해 있었지만 부마국의 위상 등을 고려해 볼 때 화북인에 비해서 다소 높은 위치에 있었다. 이런 점에서 강남의 남인으로서는 고려의 출신 성분이 좋은 고승을 사법제자로 두는 것을 긍정적으로 보는 측면이 존재한다. 이 때문에 태고보우가 한양의 삼각산에서 지은 〈태고암가太古庵歌〉를 제시하는 것만으로도 별도의 법거량 없이 석옥에게 인가를 받는 상황 등이 존재할 수 있는 것이다.[277]

이에 비해 선불교의 전래기인 나말은 신라 안에서 선불교를 체계적으로 배우기 어려운 상황이었다. 이 때문에 구산선문 개창자들의 유학 기간이 긴 특징을 보이는 것이다. 이런 점을 고려한다면, 범일이 제안에게 서선자를 받는 것은 제안을 모시던 이후 6년 안에 존재한 사건으로 이해하는 것이 타당하다.

또 기록에는 나오지 않지만 837~839년 사이에 염관현 해창원에서 전당강錢塘江 너머에 주석하던 명주 대매산大梅山의 법상法常(752~839)을 참배했을 개연성도 있다. 이러한 추론이 가능한 것은 제안과 법상의 문하 사이에 왕래가 존재했고,[278] 법상이 839년 음력 9월 19일에 입적하기 때문이다.[279]

---

276 오타기 마쓰오 著, 윤은숙·임대희 譯, 「1. 種族別 身分規程」, 『大元帝國』(서울: 혜안, 2013), 201-210쪽.

277 〈太古寺圓證國師塔銘〉. "辛巳(1341)春, 住漢陽三角山重興寺, 卓菴於東峯, 扁曰太古, 倣永嘉體, 作歌一篇. 至正丙戌, 師年四十六, 遊燕都. 聞竺源盛禪師在, 南巢往見之, 則已逝矣. 至湖州霞霧山, 石屋淸珙禪師, 具進所得, 且獻太古菴歌, 石屋深器之."

278 『宋高僧傳』11, 「唐明州大梅山法常傳」(『大正藏』50, 776b). "常先隱梅嶺. 有僧求拄杖. 見之白鹽官安禪師. 曰. 梅子熟矣. 汝曹往尋. 幸能療渴也."; 曺永祿, 「崛山祖師 梵日 新傳」, 『韓國史學史學報』33(2016), 17-18쪽.

279 『宋高僧傳』11, 「唐明州大梅山法常傳」(『大正藏』50, 776b). "四年常忽示疾. 九月十九日山林搖盪鳥獸悲鳴. 辭衆而逝. 報齡八十八. 戒臘六十九."

즉 범일이 법상을 참배할 수 있는 기간은 제안의 문하에 드는 837년에서 법상이 입적하는 839년 음력 9월 사이에 가능하다. 그러나 이는 추론일 뿐 정확한 것은 아니다.

제안과의 선문답 이후 범일은 "은근殷懃히 6년을 함께"한다. 제안의 입적은 『송고승전』 권11 등에 따르면, 842(회창2)년 음력 12월 22일이며, 참선하는 자세로 시적示寂한 것으로 되어 있다.[280] 또 범일의 입당 행적을 고려해 보면 이 6년은 837년부터 842년의 6년간이 된다. 즉 범일은 제안의 입적 시까지 제안을 모시고 수학했다.

이는 제안의 격발로 범일이 언하대오하지만 이후에도 지도와 일종의 오후보림悟後保任이 존재했기 때문이 아닌가 한다. 오후보림은 돈오 후에 습기習氣를 제거하는 것으로 혜능에게서부터 확인되는 남종선의 한 특징이다.[281]

「범일전」에 따르면 제안의 입적 후 범일은 호남성 예주澧州의 석두 제자인 약산유엄계藥山惟儼系를 찾아간다.[282] 사법스승인 제안이 입적했으니 수행을 목적으로 입당한 범일이 항주의 해창원을 떠나는 것은 충분히 가능하다. 그러나 제안이 842년 음력 12월 22일에 입적했으므로 그해에 바로 떠난다는 것은 쉽지 않았을 것이다. 아마도 범일이 해창원을 떠난 것은 동안거가 끝나는 843년 음력 1월 15일의 해제 이후로 보는 것이 타당하다. 불교 전통에서 안거 기간에 움직이는 것은 특수한 상황이 아니라면 용인되지 않기 때

---

280 같은 책, 「唐杭州鹽官海昌院齊安傳」(『大正藏』50, 776c). "以會昌二年壬戌十二月二十二日。泊然宴坐俄爾示滅。"

281 『六祖大師法寶壇經』全1卷, 「行由第一」(『大正藏』48, 349c).

282 『祖堂集』17, 「溟州崛山故通曉大師嗣鹽官」(『大藏經補編』25, 618a). "殷懃六年。後師到藥山。"

문이다. 이렇게 놓고 본다면, 범일은 843년 정월 무렵에 절강성 항주를 떠나
호남성 예주로 이동한 것이 된다.

2) 약산유엄 기록의 문제점 검토

영파가 속한 강소성과 항주가 속한 절강성은 인접한 성으로 거리가 멀지 않
다. 그러나 절강성에서 동정호 남쪽인 호남성으로 가는 것은 강서성을 통과
해 약 800킬로미터 이상을 이동해야 하는 먼 길이다. 그런데도 범일은 제안
의 입적 이후 호남성 예주행을 선택한다.

　　강서성을 대표하는 선승이 남악회양계의 홍주 개원사 마조도일이며,
호남성을 대표하는 선승은 청원행사계의 형주 형산衡山 남사南寺의 석두희
천이다. 즉 범일은 강서성이라는 마조의 교화 영역을 지나 호남성이라는 석
두의 교화 영역으로 가고 있는 것이다. 범일의 이동 루트로 볼 때 강서성 홍
주 개원사(현재의 남창 우민사佑民寺)를 경유했을

석두희천 진영

가능성은 충분하다. 마조의 제자인 제안에게 마
조의 법을 들은 범일의 입장에서 개원사는 반드
시 참배할 대상이자 성지였을 것이기 때문이다.

　　이외에도 지역적으로 봤을 때 서당지장과
신라 유학승의 관계를 고려해 보면, 강서성 건
주虔州의 서당西堂이나[283] 백장회해가 주석한
강서성 홍주洪州 신오新吳 백장산百丈山(대웅산大

---

283 『景德傳燈錄』7,「虔州西堂智藏禪師」(『大正藏』51, 252a) ; 『宋高僧傳』10,「習禪篇第三之三-
　　唐洪州開元寺道一傳(智藏)」(『大正藏』50, 766c).

중국 남창 우민사 대웅보전

雄山)의 백장사도[284] 충분히 고려될 수 있을 것 같다.[285]

「범일전」에는 범일의 행로와 관련된 구체적인 내용은 없다. 그러나 약산과의 문답에는 범일이 '강서'에서 왔다는 내용이 수록되어 있어 주목된다.[286] 기록이 단편적이어서 명확한 판단은 어렵지만 여기에서 강서는 강서성을 지칭한다기보다는 마조의 개원사를 의미하는 것으로 보는 것이 타당하다. 즉 범일의 이동은 항주 염관의 해창원을 떠나 강서성 홍주 개원사를

---

284 『景德傳燈錄』 6, 「洪州百丈山懷海禪師」(『大正藏』 51, 249b) ; 『宋高僧傳』 10, 「習禪篇第三之三 -唐新吳百丈山懷海傳」(『大正藏』 50, 770c).

285 曺永祿은 開元寺 외에도 歸宗寺와 百丈寺 등도 參拜했을 것으로 추정했다. 曺永祿, 「崛山祖 師 梵日 新傳」, 『韓國史學史學報』 33(2016), 19쪽.

286 같은 책. "藥山問:「近離什摩處?」師對曰:「近離江西。」"

거쳐 호남성 예주의 동정호 부근에 있는 약산의 자운사慈雲寺(혹 약산사)에 이르고 있다.

그런데 「범일전」에는 마조와 개원사에 관한 내용이 없어 흥미롭다. 당연히 어떻게든 비중 있게 언급되어야 할 부분이 전혀 존재하지 않는 것이다. 여기에는 분명 어떤 특별한 사연이 있었을 것으로 추정되지만 현존하는 자료만으로는 더 이상의 접근은 불가능하다.

「범일전」의 내용만을 놓고 본다면 범일의 843년 행로는 약산을 목적으로 한 것으로 판단된다. 물론 약산에 도착하기 전 강서를 들렀다는 점에서 본래는 강서가 목적이었고, 여기에서 특별한 성과가 없자 약산행으로 방향을 바꾼 것이라는 판단도 가능하다. 그러나 「범일전」에 기록된 내용으로만 본다면 약산을 목적으로 해서 강서를 경유한 것으로 적혀 있으며, 이렇게 읽어볼 수밖에 없다.

만일 범일이 처음부터 약산을 염두에 둔 것이라면 이는 제안 문하에서 약산에 대해 들었던 측면이 작용했을 것이다. 이와 관련해서 제안과 약산이 마조 문하에서 함께 수학했을 가능성과 이 때문에 약산에 관한 이야기가 범일에게 전달되었을 가능성을 제기하는 연구가 존재한다.[287] 그러나 이는 추론일 뿐 이에 대한 명확한 자료는 존재하지 않는다.

약산은 석두희천을 사법한 석두계지만 마조에게도 지도받아 언하계오

---

287 曺凡煥, 「新羅 下代 梵日 禪師와 崛山門의 開創」, 『梵日國師 研究叢書』(江陵: 梵日國師文化祝典 委員會, 2016), 34쪽의 脚註 33. "金興三은 馬祖 門下에서 齊安과 惟儼이 공부를 같이하였을 가능성을 들어 齊安이 죽을 때 梵日에게 惟儼을 訪問하도록 周旋하였다고 보았다(金興三, 「新羅末 梵日의 理判과 事判 世界」, 韓國古代史學會 第99會 定期發表會[2007. 11. 10]에서 發表된 要旨文, 14쪽). 그렇지만 앞서 論證하였듯이 惟儼은 梵日이 中國에 들어가기 전에 이미 涅槃에 들었고 齊安 역시 惟儼이 涅槃에 들었던 것을 모르지는 않았을 것으로 헤아려진다. 따라서 齊安의 소개로 惟儼을 만났다는 推測은 成立되기 어렵다고 할 수 있다."

言下契悟하고 이후 3년간 마조를 시봉한 이력이 있다.[288] 즉 석두계를 중심으로 마조계를 융합하는 인물인 셈이다.[289] 범일이 이런 약산을 참배하려고 했다는 것은 범일 역시 마조계를 중심으로 석두계를 통합하려는 움직임을 보인 것이 아닌가 하는 추정을 가능하게 한다.

그런데 여기에서 문제가 되는 것이 약산(751~834 혹 828)의 입적 연도이다. 약산은 『속고승전』 권17의 「약산유엄전藥山唯儼傳」에 의하면 약산은 828(대화 2)년에 입적한 것으로 되어 있다.[290] 그러나 일반적으로 수용되는 설은 『경덕전등록』 권14의 「예주약산유엄선사澧州藥山惟儼禪師」에 수록된 834(대화 8)년 84세로 입적했다는 기록이다.[291]

필자는 범일의 입당을 '김의종'이라는 인명 기록에 주목해서 836년 음력 1월로 비정한 바 있다. 이렇게 되면 828년이나 834년의 두 설 중 어느 것을 차용한다고 하더라도 약산은 범일의 입당 이전에 이미 입적한 상황이 된다.[292]

---

288 『江西馬祖道一禪師語錄』 全1卷, 「藥山惟儼禪師」(『卍新纂大日本續藏經選錄』 69, 5a·b). "且往馬大師處去。山稟命。恭禮祖。仍伸前問。祖曰。我有時教伊揚眉瞬目。有時不教伊揚眉瞬目。有時揚眉瞬目者是。有時揚眉瞬目者不是。子作麼生。山於言下契悟。便禮拜。祖曰。你見甚麼道理便禮拜。山曰。某甲在石頭處。如蚊子上鐵牛。祖曰。汝旣如是。善自護持。侍奉三年。"

289 曹永祿, 「崛山祖師 梵日 新傳」, 『韓國史學史學報』 33(2016), 21쪽.

290 『宋高僧傳』 17, 「護法篇第五-唐朗州藥山唯儼傳」(『大正藏』 50, 816c). "以大和二年將欲終告衆曰。法堂卽頹矣。皆不喩旨。率人以長木而枝柱之。儼撫掌大笑云。都未曉吾意。合掌而寂。春秋七十云。"

291 『景德傳燈錄』 14, 「澧州藥山惟儼禪師」(『大正藏』 51, 312c). "師大和八年二月臨順世叫云。法堂倒法堂倒。衆皆持柱撐之。師擧手云。子不會我意乃告寂。壽八十有四。臘六十。入室弟子沖虛建塔于院東隅。勅諡弘道大師。塔曰化城。"

292 梵日의 入唐을 金能儒와 함께한 831년으로 보고, 齊安 이전에 惟儼을 먼저 參拜한 것으로 보는 관점도 존재한다. 鄭東樂, 「通曉 梵日(810~889)의 生涯에 대한 再檢討」, 『民族文化論叢』 24(2001), 73쪽.

범일이 약산을 만나 가르침을 들었다는 「범일전」의 문제는 일찍부터 많은 연구자에 의해 지적된 바 있다. 그러나 이의 해결책은 뚜렷하지 못했다. 그렇지만 이들의 주장을 바탕으로 문제를 해결하는 방법이 전혀 없는 것은 아니다. 이를 제시해 보면 다음의 세 가지가 존재할 수 있다.

첫째는 「범일전」의 "대화大和년 중(문종文宗, 827~835)에 이르러 사적으로 서원하여 '중화로 유학할 것'을 발하였다(계호대화연중洎乎大和年中, 사발서원私發誓願, 왕유중화往遊中華)." 대신에 「낙산이대성 관음·정취·조신」의 "태화太和년 중 입당"을 받아들이고 범일의 입당 연대를 대화 연간인 827~835년 안에서 끌어 올려서 약산과의 만남이 가능하여지도록 하는 것이다. 그러나 범일이 829년 경주에서 20세에 비구계를 받았다고 하였으므로, 대화 연간의 범위는 그 이후인 829~835년의 6년간으로 줄어들 수밖에 없다. 여기에 약산의 입적 상한선이 834년이라는 점을 고려한다면 기간은 재차 줄어 829~834년 사이의 5년이 된다. 또 이렇게 되면 약산의 입적 연대 두 가지 중 828년 설은 일단 수용 불가능함을 알 수 있다.

「범일전」에는 범일이 비구계를 수지한 이후에 승려의 모범이 되도록 노력한 부분이 기록되어 있다.[293] 이런 점에서 본다면 829~834년 역시 최소한 몇 년은 더 줄어드는 것이 타당하다. 그럼 추측 가능한 범일의 입당 연대는 대략 831~834년 정도가 된다.

그런데 이렇게 될 경우 1차로 김의종과 동행한 부분에서 문제가 발생한다. 또 범일이 제안을 6년간 은근히 모신 기록이 있으므로, 이번에는 제안이 아니라 약산을 먼저 참배하고 제안에게 가야만 하는 문제도 존재하게 된다. 그러나 배를 이용한 범일의 동선을 고려해 보면 영파에서 호남성을 거

---

293 『祖堂集』17,「溟州崛山故通曉大師嗣鹽官」(『大藏經補編』25, 617b). "年至二十, 到於京師, 受具足戒, 淨行圓備, 精勤更勵, 爲緇流之龜鏡, 作法侶之楷模."

쳐 절강성으로 온다는 것은 있을 수 없다. 또 「범일전」에는 범일이 제안을 사숙한 이후 약산에게 갔다는 "후사도약산後師到藥山"이라는 기록이 분명하게 존재한다.[294] 즉 동선과 기록 모두에서 '약산 → 제안'의 순서는 불가능한 것이다.

그렇다면 마지막 남은 것은 제안을 6년간 모시는 상황 속에서 약산에게 다녀왔다는 추론이다. 그러나 이 또한 「범일전」의 참배 순서인 '제안 → 약산'을 '제안 → 강서 → 약산 → 제안'으로 수정해야 한다는 점, 또 여기에는 제안이 마조계인데 반해 약산은 석두계라는 점에도 문제가 되는 측면이 존재한다. 즉 범일이 약산을 친견하기 위해서는 「범일전」의 "계호대화연중洎乎大和年中, 사발서원私發誓願, 왕유중국往遊中華"을 「낙산이대성 관음·정취·조신」의 "태화년중입당太和年中入唐"으로 수정하고, 「범일전」의 김의종 부분을 수용하지 않으며, 「범일전」의 '제안 → 약산'에 변화를 주고, 마조계와 석두계의 충돌이라는 측면을 모두 해결해야만 가능한 상황이 되는 것이다. 이는 「범일전」 안에서의 충돌이 너무 심하게 발생한다는 점에서 사실상 불가능한 주장이다.

둘째는 「범일전」에서 범일이 만난 약산이 약산유엄이 아닌 동명이인의 또 다른 약산이라는 주장이다.[295] 그러나 약산으로 유명한 선사는 약산유엄뿐이라는 점, 또 「범일전」의 약산이 약산유엄이 아닌 동명이인의 다른 무명의 약산이라면 굳이 「범일전」에 기록할 필요가 있었겠느냐는 문제도 존재한다. 즉 이 역시 논리적인 정합성이 약한 주장이다.

---

294 같은 책(618a). "後師到藥山。"

295 鄭性本 著, 『新羅禪宗의 研究』(서울: 民族社, 1995), 191쪽의 脚註 51 參照 ; 鄭東樂, 「通曉 梵日 (810~889)의 生涯에 대한 再檢討」, 『民族文化論叢』 24(2001), 72-73쪽 ; 曺凡煥, 「新羅 下代 梵日 禪師와 崛山門의 開創」, 『梵日國師 研究叢書』(江陵: 梵日國師文化祝典委員會, 2016), 32-33쪽.

셋째는 약산의 입적 후이기는 하지만 종래에 약산의 명성을 들은 것이 있어 약산의 자운사로 갔다는 관점이다. 즉 범일이 가르침을 받은 것은 약산이 아닌 약산의 문도, 즉 약산계였다는 말이다. 필자 역시 이 주장을 지지한다. 왜냐하면 이 방식을 선택하는 것이 다른 자료가 아닌「범일전」안에서의 충돌을 최소화하는 차선책이기 때문이다. 이렇게 놓고 본다면, 유학 중인 범일이 약산의 입적을 몰랐던 상황에서 찾아갔다는 점도 큰 문제 없이 해결된다. 왜냐하면 약산의 입적을 834년으로 볼 때 범일의 약산행은 843년으로 약 10여 년이나 차이 나기 때문이다.

또 앞서도 언급한 바와 같이 범일의 입당을 김의종의 사신 기록에 근거해서 836년으로 본다면 약산은 범일의 입당 이전에 이미 입적한 것이 된다. 즉 제안의 문하에서 약산의 입적을 충분히 알 수가 있었다는 말이다. 그런데도 범일이 약산의 자운사를 찾았다는 것은 이미 입적한 것을 알고 있는 상황에서 약산에 대한 명성과 궁금한 점이 있어 자운사를 목적으로 가게 되었다는 판단 외에는 다른 추론의 가능성이 존재하지 않는다. 물론 여기에는 강서성의 홍주 개원사를 거치는 필연성도 존재했을 것임에는 재론의 여지가 없다.

「범일전」에 기록된 범일의 약산 참배와 법거량 부분을 제시해 보면 다음과 같다.

(제안을 떠난) 후에 사師(범일)는 약산에 이르렀다.
약산이 물었다. "최근 어디에서 떠났는가?"
사가 대답해서 말했다. "최근에 **강서江西**를 떠났습니다."
약산이 말했다. "무엇 하러 왔는가?"
사가 대답해서 말했다. "화상을 찾아서 왔습니다."
약산이 말했다. "여기에는 길이 없는데, (아)사리는 어떻게 찾아왔는가?"

사가 대답해서 말했다. "화상이 다시 진일보進一步하신다면, 학인學人 또한 화상을 친견하지 못할 것입니다."

약산이 말했다. "대기大奇로다, 대기大奇로다! 밖에서 불어오는 청풍青風이 사람을 얼려 죽이는구나(동살凍殺)."[296]

이 선문답의 서두는 어디에서 가르침을 받다가 왔는가부터 시작된다. 이는 약산 역시 범일이 신라에서 바로 온 것이 아님을 인지하고 있었음을 반영한다. 이와 같은 판단이 가능한 것은 범일의 중국어 능력과 복색 등을 통한 판단이 아니었을까 한다. 이때 범일이 답하는 강서는 앞서 언급한 것처럼 홍주 개원사를 의미한다. 여기에는 광의적으로 마조의 가르침이 남아 있는 강서성 건주 서당이나 강서성 홍주의 백장산[297] 등이 포함될 수도 있다.

그런데 흥미롭게도 「범일전」에는 강서에서의 내용이 일절 언급되어 있지 않다. 이는 이곳에서 특별히 부합되는 인연이 없었음을 추론케 한다. 만일 그렇지 않았다면 홍주종계에서 강서가 차지하는 비중상 어떤 방식으로든 기록되는 것이 타당하기 때문이다.

약산이 다음으로 왜 왔는지를 묻는 것은 '강서의 가르침으로 충분하지 않으냐?'는 정도의 물음이다. 이에 대해 범일은 '화상(약산)'을 지목하고 있다. 이는 범일의 목적이 약산이라는 점을 분명히 해 주는 대목이다.

다음으로 약산은 범일을 아사리라고 해서 존중하며 길이 끊긴 향상일

---

296 『祖堂集』17, 「溟州崛山故通曉大師嗣鹽官」(『大藏經補編』25, 618a). "後師到藥山, 藥山問:「近離什摩處?」師對曰:「近離江西。」藥山曰:「作什摩來?」師對曰:「尋和尚來。」藥山曰:「此間無路, 闍梨作摩生尋?」師對曰:「和尚更進一步卽得, 學人亦不見和尚。」藥山曰:「大奇大奇, 外來青風凍殺人。」"

297 『景德傳燈錄』6, 「洪州百丈山懷海禪師」(『大正藏』51, 249b) ; 『宋高僧傳』10, 「習禪篇第三之三－唐新吳百丈山懷海傳」(『大正藏』50, 770c).

로向上一路에 관해서 묻는다. 여기에서부터 본격적인 선문답이 시작되는 것이다. 이때 범일은 약산이 진일보하면 친견할 수 없다고 하여 언전言前 소식이 끊긴 당체의 본래 완성을 제시한다. 이는 '백척간두진일보百尺竿頭進一步'나 '현애살수懸崖撒手' 또는 '부모미생전父母未生前 본래면목本來面目'과 같은 것으로 본래적인 완전성에 의해 일체가 그대로 군더더기 없이 완성으로 환기(재인식)되는 것을 의미한다. 그리고 이는 그와 동시에 분별 이전의 당체로서 존재해야만 한다. 즉 본지풍광本地風光의 현현인 셈이다.

이 대답을 할 때 범일은 자신을 낮추어 '학인'이라고 칭하고 있다. 이는 약산에 대한 범일의 존중과 범일이 제안의 회상을 떠난 것이 처음부터 약산을 염두에 두었음에 대한 한 방증이 된다.

이에 약산은 범일을 긍정하고 칭찬하며, '신라의 청풍이 중국의 선승을 얼려 죽인다.'라는 심법의 전수를 분명히 드러내고 있다. 이는 신라의 범일이 중국의 선승보다 낫다는 극찬이다. 이 사건을 통해서 범일은 제안의 마조계를 중심으로 약산으로 대표되는 석두계마저 통합하는 모습을 확보하게 된다. 즉 약산이 석두에게 격발되어 마조에게서 깨침을 얻음으로써 '석두를 중심으로 하는 마조의 구조를 확립'했다면, 범일은 이와는 반대로 '마조계를 중심으로 석두계가 보조가 되는 통합을 완성'하고 있는 것이다.

『조당집』권17에 의하면 가지산문의 개조인 도의 역시 서장지장에게 "강서의 선맥이 모두 동국東國의 승려에게 속하게 되었구나!"라는 칭찬을 듣게 된다.[298] 이는 같은 책에 수록된 철감도윤의 기록에서도 확인된다. 도윤은 마조의 제자인 남전보원(748~834)에게 "우리 종의 법인法印이 동국으로 돌아

---

298 『祖堂集』17,「雪岳陳田寺元寂禪師嗣西堂」(『大藏經補編』25, 616a). "江西禪脈, 總屬東國之僧歟?"

가는구나!"라는 말을 듣기 때문이다.[299] 선불교의 본토인 당나라 내 최고급 선승이 해 주는 이러한 말은 외국 승려에게 주는 최고의 찬사이다. 물론 여기에는 신라에서 목숨을 걸고 유학을 와서 남종선을 배우고 현양하려는 이들에 대한 배려의 의미도 일정 부분 내포되어 있을 것이다.

도의가 마조계에서만 이런 찬사를 받았다면, 범일은 마조계에서는 "동방보살", 석두계에게서는 "외래청풍동살인外來青風凍殺人"이라는 이중의 찬사를 받은 게 된다. 이는 범일의 타고난 근기와 근실한 수행에 바탕을 둔 그의 비범한 위상을 잘 나타내 준다.

실제로 「범일전」에 제안과 약산의 두 가지 선문답이 수록된 것은 범일의 사굴산문 전통이 도의의 가지산문이나 홍척의 실상산문, 그리고 혜철의 동리산문이나 무염의 성주산문에 비해 우월성을 확보하는 한 측면이 되었을 것이다. 즉 이는 비슷한 시기에 시작된 남종선의 이식에서, 조금은 후발이라고 할 수 있는 범일의 사굴산문이 입지를 확보하는 데 유리하게 작용했을 개연성이 되기에 충분하다. 그러므로 이 부분이 〈범일비문〉에 수록되고, 「범일전」에서까지 강조되고 있는 것이 아닌가 한다.

앞선 약산유엄의 입적 연대를 대비해 볼 때 「범일전」에 등장하는 약산은 약산유엄이라기보다는 약산계를 대표하는 고승이라고 보는 것이 타당하다.[300] 『경덕전등록』 권14에는 약산유엄의 사법제자로 총 10인이 열거되어

---

299 같은 책, 「雙峰和尙嗣南泉」(『大藏經補編』25,628b), "吾宗法印, 歸東國矣。"

300 曺永祿, 「崛山祖師 梵日 新傳」, 『韓國史學史學報』33(2016), 20쪽. "藥山처럼 산이나 寺刹의 이름을 僧侶의 法號로 사용함으로써 混亂을 일으키는 예가 더러 있다. 梵日이 만난 藥山은 藥山寺 惟儼이 아니라 그 절에 머물고 있던 惟儼의 嗣法弟子일 것이다. 梵日과 대담한 인물은 惟儼의 初期弟子로서 스승의 뒤를 이어 藥山에 住錫하고 있던 한 사람을 지칭했음에 틀림없다."

있다.[301] 이 중 6명은 별도의 기록이 있고, 4명은 이렇다 할 기록 없이 법호와 법명만 전할 뿐이다. 즉 내용이 전하는 6명이 더 위상이 높은 제자이다. 이는 이들의 순서가 10명 중 1~6명까지라는 점을 통해서도 분명해진다.

이 10인 중 이름에 주석처인 약산이 들어가는 분은 '약산고사미藥山高沙彌'와 '약산기선사藥山夔禪師'의 두 사람이다. 이 중 고사미는 내용이 전하는 6명 중의 6번째에 해당하며, 기선사는 기록이 없는 4분 중 2번째에 있다. 내용이 있는 분이 더 비중이 크다고 판단할 때 범일과 관련하여 기선사보다는 고사미의 가능성이 더 크다. 그러나 고사미는 말 그대로 사미의 신분을 유지했던 것 같다.

사미는 20세 이전의 미성숙한 승려를 나타내기도 하지만, 20세 이후에도 비구가 되지 않고 평생을 사미로 남는 경우(명자사미名字沙彌)를 일컫기도 한다. 나이가 차도 사미로 남는 이유는 크게 두 가지이다. 첫째, 비구는 계율(『사분율四分律』 기준 258계, 참고로 사미는 10계임)이 많아 부담으로 작용하기 때문이다. 둘째, 비구계 자체도 구속이라고 판단해서 의미를 크게 두지 않는 경우이다. 마치 조선 전기 조광조의 스승인 김굉필金宏弼(1454~1504)이 소학동자小學童子를 자칭한 것과 유사하다고 하겠다. 이 두 가지 중 가능성이 더 큰 것은 첫째이다.

때에 따라서 동아시아에서는 비구가 되었다가 나이가 들면 다시금 사미로 낮아져 편안함을 추구하는 예도 존재한다. 그러나 제아무리 출가한 지 오래되었다고 하더라도 사미는 결코 승단의 주류가 될 수 없다. 이런 점에서 고사미의 가능성 역시 낮다고 판단된다.

---

301 『景德傳燈錄』14,「藥山惟儼和尚法嗣十人」(『大正藏』51, 309a). "潭州道吾山圓智禪師 / 潭州雲巖曇晟禪師 / 華亭船子德誠禪師 / 宣州椑樹慧省禪師 / 藥山高沙彌 / 鄂州百顏明哲禪師(已上六人見錄) / 郎州浬源山光處禪師 / 藥山夔禪師 / 宣州落霞和尙 / 朗州刺史李翱(已上四人無機緣語句不錄)。"

약산의 제자 중 가장 주목되는 인물은 내용이 남아 있는 6명 중 2번째로 등장하는 호남성의 담주潭州(현재의 장사長沙)의 운암담성雲巖曇晟(782~841)이다. 왜냐하면 운암의 제자가 선종 5가 중 조동종의 개조인 동산양개洞山良价(807~869)이며, 양개의 제자가 바로 조산본적曹山本寂(840~901)이기 때문이다. 그러나 운암은 841년에 입적하므로 843년에 약산을 만났을 것으로 추정되는 범일을 만날 수는 없다.

운암 다음으로 중요한 약산의 제자는 기록이 남아 있는 6명 중 1번째에 등장하는 호남성 담주潭州 도오산원지道吾山圓智(769~835)이다. 그러나 '도오원지道吾圓智'로도 알려져 있는 원지 역시 835년에 입적하기 때문에 범일과는 상면할 수 없다.

운암과 원지 및 고사미를 제외하고 기록이 남아 있는 다른 3인은 호남성이 주석처가 아니다. 즉 이들 역시 약산이라는 「범일전」의 기록에 근거해 볼 때 가능성이 없는 것이다. 이렇게 놓고 본다면, 약사의 고제들 중에는 범일과 상면했을 가능성이 있는 인물이 존재하지 않는다는 새로운 문제가 발생하게 된다.

「범일전」의 약산은 연대상으로 볼 때 당시 약산계를 대표하는 누군가였을 것이다. 또 그 인물은 범일이 자신을 스스로 학인이라고 겸손하게 말할 정도로 범일에 비해서는 상당한 선배였음이 틀림없다. 그러나 이 승려는 교화 역량이 그리 훌륭했던 분은 아니었던 것 같다. 이런 문제 때문에 「범일전」은 범일의 약산 자운사 참배를 강조하기는 하지만, 특정 인물을 지칭하지 않고 두루뭉술하게 '약산'이라고만 칭하는 것이 아닌가 한다. 또 이에 따라 현재로서는 이 약산계 승려가 누구인지 알 수가 없는 상황이 존재하는 것이다. 즉 「범일전」은 범일이 마조계와 석두계를 아우른다는 변별점을 크게 부각하고는 있지만, 약산 자운사와 관련해서는 다소 과장된 측면이 존재한다고 하겠다.

범일이 호남성 예주 약산의 자운사를 찾은 것과 관련해서는 당시 마조계의 활약이 주춤하면서 석두계가 활발해졌기 때문이라는 주장도 있다.[302] 이에 따르면, 범일은 나말여초 선승의 사법이 마조계에서 석두계로 전환되는 과도기적인 위치에 존재하는 인물이라는 것이다.[303]

그러나 중국은 영토가 크기 때문에 마조와 석두의 차이란, 지역과 문화 배경에 따른 필연성에 의한 차이가 가장 크다. 실제로 송나라에 오면 마조계 임제종 대혜종고大慧宗杲(1089~1163)의 간화선과 스승 원오극근圓悟克勤(1063~1135)의 『벽암록碧巖錄』(전10권), 그리고 석두계 조동종 굉지정각宏智正覺(1091~1157)의 묵조선과 『종용록從容錄(만송노인평창천동각화상송고종용암록萬松老人評唱天童覺和尙頌古從容庵錄)』(전6권)의 양강 체제가 확립되며, '간화'와 '반조返照'의 수행론이 경쟁하게 된다. 이 역시 지역과 문화 배경의 다양성 속에서 서로 다른 해법 제시로 이해되는 것이 타당하다. 물론 여기에는 지역과 민족적인 특징 외에도 지배층의 이념과 제도 역시 작용한다는 점은 주지의 사실이다. 그러나 지배층의 선택만으로는 왕조가 여러 번 교체된 이후의 흐름을 설명하기 쉽지 않다. 즉 지배층의 선택도 중요하지만, 그보다는 지역과 문화 배경에 의한 측면이 더 크게 작용하고 있다는 말이다.

또 한반도에서 승려가 유학할 때는 당연히 중국의 동쪽 항구나 서북쪽

---

302 曹凡煥, 「新羅 下代 梵日 禪師와 崛山門의 開創」, 『梵日國師 研究叢書』(江陵: 梵日國師文化祝典委員會, 2016), 34쪽. "처음에는 馬祖 系統의 禪僧들이 活潑하게 活動하였지만, 점차 시간이 흐르면서 石頭系 禪門의 活動이 두드러졌다. 이러한 사실을 염두에 두면 梵日이 藥山을 찾아간 이유를 어렵지 않게 짐작할 수 있을 것이다. (…) 梵日은 羅末麗初 時期 禪僧들의 嗣法이 馬祖系에서 石頭系로 轉換되는 過渡期的인 位置에 있었음을 헤아릴 수 있을 것이다. 또한 梵日이 비록 藥山을 만나지는 못하였지만 藥山과의 만남이 실제 있었던 것처럼 記述된 것은, 그가 新羅 禪宗史에서 馬祖系에서 石頭系로 變化하는 旗手가 되었음을 隱然中에 알려주는 것으로 解釋해도 좋을 것이다."

303 鄭東樂, 「通曉 梵日의 生涯에 대한 再檢討」, 『民族文化論叢』24(2001), 74쪽.

의 육로로 가게 된다. 이는 강서성이 호남성에 비해 가깝다는 것을 의미한다. 즉 강서의 마조계가 신라에 더 빨리 유입되는 것은 지리적인 영향 차이에 의한 관점도 존재한다는 말이다. 그리고 이후 마조계가 안착한 다음에 지역이 상대적으로 먼 석두계가 영향을 주는 것은 순서상 자연스러운 측면이다. 이는 구산선문 중 먼저 성립되는 ① 가지산문·② 실상산문·③ 동리산문·④ 성주산문·⑤ 사굴산문·⑥ 사자산문·⑦ 봉림산문이 마조계이며, 시기가 늦은 ⑧ 수미산문·⑨ 희양산문이 석두계인 것을 통해서도 판단해 볼 수가 있다.

또 약산유엄 역시 마조와 석두의 두 선사에게 모두 수학하고 있다는 점에 주목할 필요가 있다. 즉 남종선의 초기에서부터 양쪽에서 수학하며 자신에게 타당한 방식을 선택하는 측면이 존재하는 것이다.

동아시아 선불교의 전통은 은사보다는 법사를 계승하는 것을 원칙으로 한다. 또 법사의 계승에서는 스승의 인가도 중요하지만, 그에 못지않은 비중을 차지하는 것이 바로 제자의 사법 천명이다. 이 부분은 선불교의 사자상승師資相承 구조에 있어서 매우 아이러니한 측면이다. 실제로 약산유엄 역시 석두에게 격발되지만 마조에게 가서 대오하고 3년 동안 모시고 있었다. 그러나 사법 천명은 석두에게 하므로 석두계로 분류된다.

범일 역시 강서에서 특별한 기연은 없었지만 약산의 자운사에서는 인가에 준하는 충분한 상황이 연출된다. 그러나 범일의 판단에서 약산은 6년을 모신 제안에 필적할 수 없다. 이에 따라 범일은 제안을 높여 마조계의 사법 천명을 하는 것이다.

당시 마조계와 석두계의 자유로운 왕래와 수학이 가능한 상황과 범일이 신라에서 죽음을 무릅쓰고 입당한 유학승이라는 점을 고려한다면 더 많은 선지식을 참배하고 가르침을 구하려 하는 것은 어찌 보면 당연한 일이다. 당시 선불교가 중국불교의 대안으로 새롭게 부각하는 상황에서, 범일 역시 마조계에 국한되지 않고 석두계에도 관심을 보인 것에는 전혀 문제가 없다는 말이다.

물론 「범일전」에 약산을 과장하면서까지 강조하는 것은 범일에게는 마조계를 넘어 석두계까지 아우르려는 것에 대한 천명으로 판단해 볼 수 있다. 이는 범일 이전에 도의나 홍척 등이 마조계만을 계승해서 가르침을 전하고 있는 상황에서 범일 및 범일 문도가 취해야 할 당위성을 강조하기 위한 변별적인 행보로 이해된다. 특히 도의의 가지산문이 범일의 사굴산문과 같은 명주 지역에 존재한다는 점은 이와 같은 강조의 필연성을 더욱 배가했을 것이다.

범일의 사굴산문은 마조계의 당위성만을 놓고 본다면 가지산문의 도의를 이기기 쉽지 않다. 도의는 마조 삼대사(백장회해·서당지장·남전보원) 중 한 분인 서당지장의 인가를 받는데, 여기에서의 지장은 제안과는 비교가 안 되는 고승이기 때문이다.[304] 참고로 도의는 백장의 인가도 받은 것으로 기록되어 있어 더욱 그렇다.[305] 또 도의의 유학 기간인 784~821(37년)은 범일의 유학 기간인 836~847년(11년)보다 압도적으로 길다. 물론 당나라에서 더 오래 수학했다고 해서 깨달음 역시 깊은 것은 아니다. 그러나 당시 신라불교의 판단 기준에서는 이 부분 역시 특별하게 작용했을 것임이 분명하다.

그럼에도 명주를 대표하는 고승인 주통主統과 같은 역할을 하는 것은

---

304 梵日系의 西堂地藏에 대한 意識은 〈朗圓開淸碑文〉의 "(開淸의 제접 방식은) 洪州 大寂(馬祖)과 地藏이 誘引하는 方式과 같았다(如洪州大寂地藏▨誘引之門)."라는 句節을 통해서도 확인된다.

305 『祖堂集』17, 「雪岳陳田寺元寂禪師嗣西堂」(『大藏經補編』25, 615b), "次詣江西洪州開元寺, 就 於西堂智藏大師處, 頂謁爲師, 決疑釋滯。大師猶若撫石間之美玉, 拾蚌中之眞珠, 謂曰: 「誠 可以傳法, 非斯人而誰?」改名道義, 於是頭陀而詣百丈山懷海和尙處, 一似西堂。和尙曰: 「江西禪脈, 總屬東國之僧歟?」"

도의가 아닌 명주도독의 후원을 받은 범일이다.[306] 이는 범일과 사굴산문이 당시 지배층과의 결탁이라는 오해를 사기 쉬운 구조에 봉착해 있었다는 것을 의미한다. 이 문제를 해소하고 범일이 도의보다 우월함을 강조하는 부분이 바로 「범일전」 속에서 범일이 약산을 만났다는 기록이라고 판단된다. 약산을 강조하는 것이 범일의 의도였는지, 아니면 범일의 입적 후에 범일 문도들의 입장이었는지는 불분명하다. 그러나 이미 입적한 약산을 끌어들여 당위성을 강조할 정도로 사굴산문으로서는 분명하게 극복해야 할 문제가 존재했던 것만은 분명하다.

306 方東仁, 「崛山門 梵日國師와 溟州豪族」, 『梵日國師 研究叢書』(江陵: 梵日國師文化祝典委員會, 2016), 21쪽. "梵日은 州師의 資格과 同時에 都督의 스승[都督師]의 資格을 갖는다고 할 수 있다."

2.
수도행과 회창법난의 관련 기록 검토

1) 범일의 수도행과 회창법난의 발생

「범일전」의 연대와 동선으로 본다면 범일은 843년 음력 동안거 해제 후 강서를 거쳐 예주 약산의 자운사로 가서 법거량을 한다. 그런 뒤 호남성에서 서북쪽에 있는 섬서성의 제리帝里로 이동했다. 왜냐하면 「범일전」에는 "회창 4(844)년 사태沙汰를 만나 승僧이 흩어지고, 불우佛宇가 훼탁毀坼되니 동분서주東奔西走해도 몸을 숨길 곳이 없었다."라고 기록되어 있기 때문이다.[307]

범일이 호남성 약산에서 제리로 이동하는 중 호북성에서 제안의 상족 제자인 도상道常의 도움을 받았을 것이라는 관점도 있다.[308] 호북성 양주襄州 관남關南의 도상은 『경덕전등록』 권10에서 제안의 제자 중 첫째로 수록된 승려이다. 참고로 범일은 총 8인 중 일곱 번째로 나타난다.[309]

「범일전」에 언급된 '사태'는 당나라 제15대 무종의 회창(841~846) 연간

---

307 『祖堂集』17,「溟州崛山故通曉大師嗣鹽官」(『大藏經補編』25, 618a). "値會昌四年會昌四年沙汰僧流, 毀坼佛宇. 東奔西走, 竄身無所."

308 曺永祿,「崛山祖師 梵日 新傳」,『韓國史學史學報』33(2016), 21쪽.

309 『景德傳燈錄』10,「懷讓禪師第三世下六十一人-杭州鹽官齊安禪師法嗣八人」(『大正藏』51, 273c). "襄州關南道常禪師. 洪州雙嶺玄眞禪師. 杭州徑山鑒宗禪師(已上三人見錄). 唐宣宗皇帝. 白雲曇靖禪師. 潞府淥水文擧禪師. 新羅品日禪師. 壽州建宗禪師(已上五人無機緣語句不錄)."

에 발생한 회창법난이다. 회창법난은 도사 조귀진趙歸眞(?~846)의 건의가 주된 원인이지만 안사의 난(755~763) 이후에 당의 국가 통제력과 경제력 약화를 폐불로 반전하려는 의도도 일부 존재했다.[310]

회창법난의 기간은 845년 음력 3월 3일부터 무종이 단약 중독으로 사망하는 846년 음력 3월 23일까지로 총 1년 20일 정도이다. 그러나 무차별적인 폐불이 단행되기 시작했던 845년 음력 3월 이전에도 무자격의 승려를 환속시키는 등의 폐불 전조에 해당하는 조치들이 누차 내려지고 있었다. 이 때문에 회창법난의 성격을 842~845년과 845~846년으로 나누어 보기도 한다.[311]

당무종(재위 840~846) 초상

법난의 전조는 842(회창 2)년 음력 3월에 문하시랑동평장사門下侍郎同平章事 이덕유李德裕가 허위로 승려가 된 이들을 사찰에서 쫓아내 환속시킬 것을 주청하는 부분에서 시작된다. 이는 음력 10월 9일의 강제 환속령과 이들의 불교 재산 몰수 명령으로 강화된다. 그러나 이 조치는 당시 권력자였던 환관 관군

310　『舊唐書』18上,「本紀-第十八上」. "秋七月庚子: 中書又奏: '天下廢寺, 銅像、鐘磬委鹽鐵使鑄錢, 其鐵像委本州鑄爲農器, 金、銀、鍮石等像銷付度支. 衣冠士庶之家所有金、銀、銅、鐵之像, 勅出後限一月納官, 如違, 委鹽鐵使依禁銅法處分. 其土、木、石等像合留寺內依舊.'"; 김덕소, 「唐 武宗 廢佛의 원인과 영향에 관한 小考」, 『韓國佛教學』 69(2014), 294-404쪽.

311　權悳永, 「唐 武宗의 廢佛과 新羅 求法僧의 動向」, 『韓國學』(舊 『精神文化研究』) 17-1(1994), 88쪽; 김덕소, 「唐 武宗 廢佛의 원인과 영향에 관한 小考」, 『韓國佛教學』 69(2014), 404쪽.

용사觀軍容使 구사량仇士良의 반대에 부딪혀 유예되었다가 이듬해인 843년 음력 1월 18일 무렵에야 시행된다.[312] 이 조치로 인해 환속된 승려는 수만이 될 것으로 추정되는데, 음력 2월 1일이 되면 환속승을 통제하는 후속 조치까지 발효되며 더욱 강화된다. 그러다 음력 9월에 유진劉稹(?~844)의 반란(843. 4.~844. 8)이 수습되는 과정에서 체포령을 피해 강손畺孫이 삭발하고 사찰로 숨어들어 가면서 상황은 더욱 심각해진다. 이에 따라 공안公案에 기재되지 않은 승려는 모두 환속시키라는 칙령이 내려지게 되기 때문이다.

또 843년 음력 3월(혹 1월)에는 폐불의 주동자인 조귀진이 무종에게 폐불을 건의하자, 이를 반대하는 지현법사知玄法師와 장안의 정궁正宮인 대명궁大明宮의 인덕전麟德殿에서 황제를 앞에 두고 대론을 벌이는 사건이 발생한다. 그런데 이때 지현에게 조귀진이 패하자 무종은 안색이 변하고, 체면을 구긴 조귀진은 크게 앙심을 품게 된다.[313] 이 역시 폐불의 강도를 높이는 쪽으로 사건이 발전한 것이다. 또 이때 도사 조귀진의 개인 감정이 강화되면서 폐불의 방식이 이전과는 달리 잔인하고 파괴적으로 변모한다. 즉 정치와 경제적인 목적에서의 폐불보다 종교적인 충돌이 주가 되며, 불교의 타격이 훨

---

312 權悳永, 「唐 武宗의 廢佛과 新羅 求法僧의 動向」, 『韓國學』(舊『精神文化硏究』) 17-1(1994), 89쪽.

313 『釋氏稽古略』3, 「武宗」(『大正藏』49, 838a). "甲子會昌四年三月. 詔以道士趙歸眞爲左右街道門教授先生. 帝銳意求仙. 歸眞乘寵. 每排釋氏. 帝然之. 復請與釋氏辯論. 有旨追僧道於麟德殿談論. 法師知玄登論座. 辯捷精壯. 道流不能屈. 玄因奏曰. 王者本禮樂一憲度. 吐納服食蓋山林匹夫獨擅之事. 願陛下不足留神. 帝色不平. 侍臣諷玄. 賦詩以自釋. 玄立進五篇. 有鶴背傾危龍背滑君王且住一千年之句. 帝知其刺(唐書舊史)."; 『佛祖統紀』42, 「武宗(炎穆宗第五子)」(『大正藏』49, 386a). "五年正月. 趙歸眞請與釋氏辨論. 詔僧道會麟德殿. 上手付老子. 論治大國若烹小鮮義. 知玄法師登論座. 大陳帝王理道教化根本. 辯說精壯道流不能屈. 因爲上言. 神仙羽化山林匹夫獨善之事. 非帝王所宜留神. 帝色不平放還桑梓. 帝作望仙臺於南郊. 歸眞乘寵排毀佛道. 非中國所當奉. 宜從除削. 臣僚皆言. 歸眞姦邪不宜親信. 歸眞自以已涉物論. 乃薦引羅浮鄧元超等. 同力膠固謀毀佛法."

씬 심각해지는 것이다.[314]

이에 따라 844년 음력 3월에는 오대산과 종남산終南山 등의 성지 순례가 금지되고, 공험公驗(여행 허가증)이 없으면 승려의 원행遠行이 불가능하도록 조처된다. 또 음력 7월에는 국가로부터 공식 인정을 받지 못한 사찰을 훼철毀撤하고 승려들을 환속시킨다. 그리고 음력 9월에는 이 제도를 더욱 확대해서 소규모 사원으로까지 대상을 늘렸다. 그러다가 음력 9월에는 유진의 반란이 완전히 수습된다. 그런데 이때 『입당구법순례행기』 권4의 음력 9월 내용에는 무종이 다음과 같은 말을 한 것이 기록되어 있어 주목된다.

(무종이) 크게 웃으며 말했다. "소의昭義(절도사 유진의 반란)는 이미 혁파했다. 이제 미제未除는 오직 천하의 사사寺舍와 승니僧尼의 처리와 관련된 남은 일을 완료하지 못한 것이다. 경卿 등은 알고 있는가?"[315]

이는 무종의 폐불에 대한 단호한 태도를 잘 나타내 준다.

이듬해인 845년 음력 3월 3일에는 사원의 노비와 장원 및 재산을 몰수하고, 40세 이하의 승려를 환속하는 조처가 내려진다. 그리고 이 환속 대상은 다시금 50세 이하로 확대된다. 이 칙령은 음력 4월 1일부터 장안과 낙양을 중심으로 전국적으로 실시되었다. 이러한 조치는 음력 5월 29일까지로 일단락된다.

314　『入唐求法巡禮行記』4. "844年 9月：道士趙歸眞等奏云：「佛生西戎, 教說不生。夫不生者, 只是死也。化人令歸涅槃。涅槃者, 死也。盛談無常苦空, 殊是妖怪, 未涉無爲長生之理。太上老君聞生中國, 宗乎大羅之天。逍遙無爲, 自然爲化。飛練仙丹, 服乃長生。廣列神府, 利益無疆。請於內禁築起仙臺, 練身登霞, 逍遙九天。康福聖壽, 永保長生之樂」云云。皇帝宜依。"; 김덕소,「唐 武宗 廢佛의 원인과 영향에 관한 小考」,『韓國佛教學』69(2014), 406-408쪽.

315　『入唐求法巡禮行記』4. "844年 9月：大笑曰,「昭義已破。今未除者, 唯是天下寺舍, 兼條流僧尼都未了, 卿等知否?」"

마지막 조치는 음력 7월에 내려진다. 이때 내려진 것은 장안과 낙양의 좌가左街와 우가右街에 각각 사찰 2개의 존치와 승려 각 30명, 절도사와 관찰사의 치소治所 및 각 주州에 사찰 한 곳을 남긴다는 존치와 관련된 규정 등이다. 이와 같은 과정을 토대로 『자치통감資治通鑑』 권248의 〈무종 회창 5년 음력 7월 병오丙午〉에 근거해서 계산하면 당시 존치되던 승려는 당나라 전국을 통틀어도 채 1,000명이 되지 않는다. 또 회창법난으로 파괴된 사찰은 44,600여 곳이며, 환속된 승려는 265,000명으로 전체의 99.6퍼센트에 이른다.[316] 이러한 폐불 기조는 무제가 사망하는 846년 음력 3월 23일까지 유지된다.

중국불교에서 법난은 여러 차례 있었으며 이를 소위 '삼무일종의 법난'이라고 한다.[317] 그러나 북위北魏의 태무제太武帝(재위 423~452)나 북주北周의 무제武帝(재위 560~578), 그리고 회창법난 이후인 후주後周의 세종世宗(재위 954~959)이 단행한 폐불은 통일제국이 아닌 지역 국가에서 발생한 사건이었다. 또 폐불의 기간 역시 무종에서처럼 해당 황제의 사망과 함께 끝났기 때문에 길지 않았다. 이는 폐불이 단행되면 다른 국가로 피난을 갔다가 폐불이 끝나면 다시 돌아와 복구하기가 용이했다는 것을 의미한다. 특히 불교를 믿

---

316 『資治通鑑』248, 「唐紀」64, 〈武宗 會昌 5(845)年 7月 丙午〉. "秋, 七月, 丙午朔, 日有食之. 上惡僧尼耗蠹天下, 欲去之, 道士趙歸眞等复勸之. 乃先毀山野招提、蘭若, 至是, 敕上都、東都兩街各留二寺, 每寺留僧三十人; 天下節度、觀察使治所及同、華、商、汝州各留一寺, 分爲三等: 上等留僧二十人, 中等留十人, 下等五人. 餘僧及尼幷大秦穆護、襖僧皆勒歸俗. 寺非應留者, 立期今所在毀撤, 仍遣御史分道督之. 財貨田産幷沒官, 寺材以葺公廨驛舍, 銅像、鐘磬以鑄錢."; 權悳永, 「唐 武宗의 廢佛과 新羅 求法僧의 動向」, 『韓國學』(舊『精神文化研究』) 17-1(1994), 92쪽 ; 김덕소, 「唐 武宗 廢佛의 원인과 영향에 관한 小考」, 『韓國佛教學』 69(2014), 414쪽.

317 三武一宗의 法難은 ① 北魏 太武帝의 廢佛(446~452)·北周 武帝의 廢佛(574~579)·唐 武宗의 廢佛(842~846)·後周 世宗의 廢佛(955~958)을 가리킨다. 구보타 료온 著, 최준식 譯, 「廢佛事件」, 『中國儒佛道 三教의 만남』(서울: 民族社, 1994), 125-140쪽.

는 다른 국가의 존재는 폐불 이후에도 경전 등의 복구를 비교적 수월하게 했다.

그러나 회창법난은 안사의 난 이후 통제력이 약화된 상태이기는 하지만 통일제국에 의해 단행된 전국적인 조치였기 때문에 피해가 막대했다. 이에 따라 이후 당나라 불교는 법난 이전으로 회복할 수 없는 상태가 된다.

실제로 회창법난 이후에 중국불교는 수隋·당唐의 화려한 교종이 활력을 잃고 쇠락한다. 이러한 변화 속에서 체계적인 교육보다는 심법心法을 중시하는 선불교가 두각을 나타내게 된다. 특히 선불교는 교종에 밀려 도시보다는 산지에 사원의 다수가 존재했었는데, 이로 인해 폐불의 과정에서 도시 중심의 교종에 비해 상대적으로 피해를 덜 입게 된다. 이후 중국불교의 주류는 교종에서 선종, 즉 선불교로 급격하게 변모한다. 그러나 선불교가 교종의 번잡함을 비판하면서 대두한 새로운 수행불교라는 점에서 교종의 몰락은 이후 선불교의 하향으로 연결될 수밖에 없다. 즉 비판의 대상이 사라진 상태에서 비판 주체 역시 약화하는 것이다. 이런 불교적인 공백 속에서 점차 영향력을 확대하는 것이 바로 불교의 영향 아래 새롭게 재편된 유교, 즉 신유학新儒學(Neo-Confucianism)이다.[318]

회창법난은 무종이 단약 복용의 부작용으로 33세의 나이로 사망하는 846년 음력 3월 23일에 끝이 난다.[319] 이때부터 폐불령廢佛令은 흐지부지되지만 본격적인 복불령復佛令이 내려진 것은 1년 후인 847(대중大中 1)년 음력

---

318 陳來 著, 안재호 譯, 『宋明 性理學』(서울: 藝文書院, 1997), 77-192쪽 ; 狩野直喜 著, 吳二煥 譯, 『中國哲學史』(서울: 乙酉文化社, 1997), 362-415쪽.

319 『資治通鑑』248, 「唐紀」64, 〈武宗 會昌 6(846)年 甲子〉. "上崩. 以李德裕攝冢宰. 丁卯, 宣宗 卽位."

윤3월이다.[320]

그런데 「범일전」에는 회창 4년인 844년에 사태, 즉 폐불을 만난 것으로 되어 있다. 즉 여기에는 현대불교사에서 정의하는 폐불과 1년이라는 시차가 존재하는 것이다. 물론 이를 본격적인 회창법난의 칙령이 발표되기 전의 전조 과정, 즉 844년 음력 7월의 조치쯤으로 이해해도 큰 문제는 없다. 그러나 여기에는 845년에 대한 연대 착오의 개연성도 존재한다는 점은 분명하다.[321]

실제로 「범일전」에는 약산을 떠나 "뜻하는 데로 다니다가(유방遊方) 멀리 제리에까지 가게 되었다."라고 하여 제리에 도착하기 전에 다른 곳을 경유해서 멀리 제리로 간 것으로 되어 있다. 이렇게 되면 범일은 843년 음력 동안거 해제 후 절강성 항주의 해창원을 떠나 강서성의 홍주를 거쳐 호남성 약산의 자운사로 가 약산계와 법거량을 한 것이 된다. 이후 다른 곳을 다니다가 섬서성의 제리로 들어갔다는 것을 알 수 있다(절강성 항주 해창원 → 강서성 홍주 개원사 등 → 호남성 약산 자운사 → 유력 → 제리). 즉 843년 음력 1월 15일 이후 항주에서 홍주로 약 500킬로미터를 이동하고, 다시금 홍주에서 예주로 약 500킬로미터 이동, 여기에 예주에서 유력하다가 제리 중 장안까지 약 800킬로미터를 이동한 것이다. 그리고는 844년의 사태를 만난다. 이 사태를 음력 7월의 조치로 생각해 본다면 범일은 그 이전 제리에 도착해 있어야만 한다. 즉 직선거리만 약 1,800킬로미터나 되는 여정을 843년 음력 1월에서 844년

---

320 같은 책, 〈宣宗 大中 1(847)年 閏三月〉. "敕: '應會昌五年所廢寺, 有僧能營葺者, 听自居之, 有司毋得禁止.' 是時君、相務反會昌之政, 故僧、尼之弊皆复其旧。"

321 權悳永, 「唐 武宗의 廢佛과 新羅 求法僧의 動向」, 『韓國學』(舊『精神文化研究』) 17-1(1994), 103쪽. "梵日이 長安에서 당했던 廢佛令은 全國 山谷의 蘭若와 小佛堂, 普通院과 小規模 寺院을 撤廢하고 그곳에 머무르는 僧尼를 還俗시키라는 이해(844) 7月 혹은 9月의 勅令이었던 듯하다. 그런데 外國僧은 會昌 4年 7月과 9月 勅令의 規制對象에 해당하지 않는 예외적인 存在였으므로 梵日은 이 勅令으로 還俗 당하지는 않았을 것이다."

까지 약 1년 몇 개월 만에 이동했다는 결론이 도출되는 것이다.

범일은 단순한 여행자가 아니라 남종선의 성지와 선지식을 친견하기 위한 여정을 위해 움직인, 중국 지리에 어두운 외국인이라는 점, 또 범일이 제안을 통해 마조의 홍주종을 계승하고 있다는 점에서 홍주에서는 개원사 외에도 강서성의 다른 사찰도 참배했을 개연성이 존재한다는 점, 이외에도 당시의 교통은 현대와는 사뭇 달랐고, 외국 승려였으면 유숙할 수 있는 사찰도 상대적으로 제한적이었을 것이라는 점 등을 고려한다면, 이는 기간 대비 결코 쉬운 동선이 아니다.

또 여기에는 앞서 언급한 "뜻하는 데로 다니다가 멀리"를 어느 정도로 볼 것이냐에 의한 관점 차이도 존재한다. 이 부분을 간략히 축소해서 이해한다고 하더라도 이러한 동선이 용이한 상황은 결코 아니다. 또 「범일전」에는 약산의 자운사를 나온 범일이 처음부터 수도를 목표로 한 것은 아니라는 뉘앙스도 존재한다. 즉 시간이 더 걸렸을 개연성도 존재하는 것이다.

물론 입당 유학승의 입장에서 수도의 발전된 사원과 불교를 보고 싶은 열망이 있는 것은 당연했을 것이다. 그러나 범일은 제리의 불교보다는 선 수행에 경도된 모습을 보인다. 이는 범일의 입당 목적이 선불교를 통한 깨달음이었고, 이는 제안이 입적할 때까지 6년이나 모시는 것을 통해서도 분명해진다. 즉 제리의 불교는 범일에게는 상대적으로 덜 중요했던 가치였다. 이는 범일이 제안의 해창원을 떠난 뒤에도 곧장 수도로 가지 않는 것으로도 단적인 판단이 가능하다.

이와 같은 정황들을 통해서 판단해 보면, 「범일전」의 회창 4(844)년에 사태를 만났다는 기록은 회창 5(845)년의 착오라는 판단이 충분히 가능하다. 실제로 「범일전」에는 844년의 연결된 기술로 범일이 하백河伯(황하의 신)과 산신의 도움으로 고산高山에 은거한 것으로 되어 있어 당시 상황이 매우 긴박했음을 전하고 있다. 그런데 범일은 당나라 승려가 아닌 신라 승려였다. 이에 따라 회창법난이 본격화되는 845년 음력 4월 이전에는 환속 등의 탄압 대상에서 제외된 비교적 안정적인 상황이었다.[322] 이런 상황이 반전하고 외국 승려까지 대상이 확대되면서 추방령이 내려지는 것은 음력 4월 이후이다.[323] 이런 점에서 본다면, 신라 승려인 범일이 고초를 겪는 것은 「범일전」의 844년이라기보다는 845년으로 보는 것이 타당하다. 왜냐하면 외국 승려인 범일이 844년에 극심한 궁지에 몰린다는 것은 현존하는 역사 기록만으로 놓고 볼 때 이해하기 쉽지 않기 때문이다.

「범일전」의 '회창 4(844)년의 사태' 기록은 이를 '회창법난의 전조에 의한 변화'로 이해할 수 있는 측면과 '1년의 연대 착오'로 보는 두 가지가 존재한다. 그리고 이 중 정합성이 높은 것은 두 번째의 연대 오류이다. 왜냐하면 이렇게 될 때 현재 존재하는 내용과의 유기적인 연관성이 훨씬 매끄러워지기 때문이다.

2) 회창법난 과정 속의 고산 은거

「범일전」에서 '제리'는 황제의 도읍인 수도를 나타낸다. 그러나 당나라의 수도는 장안이지만 측천무후(금륜성신황제金輪聖神皇帝, 재위 690~705)의 집권기를 만나게 되면, 하남성 낙양이 배도陪都를 넘어 비약적으로 발전한다. 이에 따라 이후로는 상도上都(혹 서도西都)인 장안과 동도인 낙양의 양경兩京 체계가 갖추어진다. 낙양이 장안과 견줄 정도로 발전하는 것은 측천무후가 성신

---

322 같은 論文.

323 김덕소, 「唐 武宗 廢佛의 원인과 영향에 관한 小考」, 『韓國佛敎學』 69(2014), 411-413쪽 ; 權惠永, 「唐 武宗의 廢佛과 新羅 求法僧의 動向」, 『韓國學』(舊 『精神文化研究』) 17-1(1994), 99-100쪽.

황제가 되어 이당李唐을 끊고 대주大周(무주武周)를 건국하면서 낙양을 신도神都로 삼아 천도하기 때문이다.[324] 즉 이당과 변별되는 무주 정권의 안정과 정당성 천명을 위해 낙양 천도가 단행되는 것이다.

물론 여기에는 수나라 때 건설된 대운하가 낙양까지만 가고 장안에는 도달하지 못하는 측면도 존재한다. 장안에 이르는 수로에는 삼문협三門峽 쪽에 지주지험砥柱之險(혹 저주지험底柱之險)이라는 암초가 있는데 이를 제거하는 것이 당시로서는 불가능했기 때문이다. 즉 강남의 물자가 들어오기에 장안은 낙양에 비해 물류 비용 면에서 크게 문제가 있었다. 이외에도 낙양이 가지는 지정학적인 위치 역시 한몫했음은 주지의 사실이다.[325]

「범일전」에서 '제리'를 양경으로 이해해도 큰 문제는 없다. 낙양은 장안으로부터 동남쪽으로 약 500킬로미터 정도 떨어져 있지만 양경의 위상을 고려해 봤을 때 범일은 양경을 모두 견문했을 것으로 추정되기 때문이다.

그런데 「범일전」에는 회창법난을 만나 불교가 파괴될 때 범일도 매우 급작스러운 상황에 직면한 내용이 기록되어 있다. 이는 "하백河伯이 감응하여 인도引道하고, 산신山神을 만나 안내(송영送迎)를 받아 드디어 고산高山에 은거하여 홀로 선정에 거居했다."라는 내용을 통해서 확인해 볼 수 있다.[326] 황하의 신인 하백과 산신이라는 신의 도움으로 겨우 어려움을 피해 고산에 홀로 은거할 수 있었다는 것이다. 이는 당시 범일의 상황이 매우 위급했다는

---

324 曹永祿,「隋唐代 洛陽의 都城構造와 그 性格-'中世的' 都城構造의 終焉」,『中國古中世史研究』22(2009), 372-370쪽 ; 소현숙,〈Ⅱ. '神都' 洛陽: 女帝의 正統性을 擔保한 空間〉,「女帝와 美術: 唐 武則天 時代 洛陽城의 政治的 記念碑」,『溫知論叢』68(2021), 113-116쪽.

325 朴漢濟,「隋唐代 洛陽의 都城構造와 그 性格-'中世的' 都城構造의 終焉」,『中國古中世史研究』22(2009), 363-366쪽 ; 朴漢濟 著,『江南의 浪漫과 悲劇(東晉·南朝時代)』(서울: 四季節, 2003), 284-288쪽.

326 『祖堂集』17,「溟州崛山故通曉大師嗣鹽官」(『大藏經補編』25, 618a), "感河伯之引道, 遇山神之送迎. 遂隱高山, 獨居禪定."

것을 의미한다. 또 극적인 탈출도 아니고 고작 홀로 산에 은거하는 정도에서 하백과 산신까지 등장하는 것을 보면 당시의 상황이 예측할 수 없는 돌발의 급박한 위기 상황이었음을 알게 해 준다. 즉 난을 피한 은거라기보다는 급작스러운 사태 변화에 따른 피난으로 보는 것이 타당하다는 말이다.

범일은 외국 승려로 초기 환속 등의 점진적 폐불 과정에서는 조칙의 예외 대상이었다. 그러나 855년 폐불이 극단으로 치닫고, 이 과정에서 도교의 감정적인 대응이 작동하면서 잔인한 참상이 연출된다. 정권 차원에서 경제적인 부분이 폐불의 원인이라면 외국인 특별 조항이 적용되기 쉬워야 하고, 승려의 환속을 통한 양민 증대와 사찰 재산의 몰수에 초점이 맞추어져야 한다. 그러나 도교를 통한 감정적인 조치가 강조되면 폐불은 가혹하고 잔인해질 수밖에 없다. 범일이 겪는 급박한 상황은 이와 같은 양상을 잘 나타내 준다. 이렇게 놓고 본다면, 분명 「범일전」의 회창 4(844)년 기록은 오류일 개연성이 크다고 볼 수 있다.

그런데 「범일전」의 이 기록에는 '연도' 외에 '고산'에서도 논란의 소지가 존재한다. 다수의 범일 연구자들은 고산을 장안 인근의 상산商山의 오기로 이해하기 때문이다.[327] 상산은 진령산맥과 연결된 산으로 진시황의 진나라 때 난을 피해 은거한 상산사호商山四皓(동원공東圓公·하황공夏黃公·녹리선생甪里先生·기리계綺里季)를 한고조 유방이 초빙하려고 했고, 이후 태자인 유영劉盈의 지위 보존과 관련해 등장하는 명산이다.[328] 그러나 문제는 장안 쪽의 상산

---

327 張正龍, 「梵日國師 傳記·說話 考察」, 『梵日國師 硏究叢書』(江陵: 梵日國師文化祝典委員會, 2016), 278쪽의 脚註 28. "高山'은 '商山'의 誤謬로 보인다."
曹永祿, 「崛山祖師 梵日 新傳」, 『韓國史學史學報』 33(2016), 23쪽 ; 曹凡煥, 「新羅 下代 梵日禪師와 崛山門의 開創」, 『梵日國師 硏究叢書』(江陵: 梵日國師文化祝典委員會, 2016), 34-35쪽.

328 『史記』 55, 「留侯(張良)世家 25」 ; 우지영, 「商山四皓 관련 論辯을 통하여 본 朝鮮 中期 文人들의 出處觀」, 『國學硏究』 32(2017), 122-123쪽.

›› 180 ‹‹

은 황하와 거리가 있어서 굳이 하백이 등장할 필요가 없다는 점이다.[329]

하백의 인도가 의미하는 것은 범일이 극적으로 황하를 건넜다는 정도로 이해된다. 그런데 장안에서 상산으로 가는 과정에는 이러한 황하가 존재하지 않는다. 이 때문에 '고高'가 '상商'의 오자라면 상산보다는 하남성 정주의 숭산嵩山으로 보는 것 역시 타당성이 있는 것이 아닌가 판단된다.

숭산은 낙양에서 동남쪽으로 약 100킬로미터 정도 떨어져 있다. 또 숭산은 동-태산泰山, 남-형산衡山, 서-화산華山, 북-항산恒山과 더불어 오악五嶽 중 중악中嶽에 해당한다. 이 때문에 숭산의 태실봉太室峰에는 도교의 중악묘中嶽廟가 있고, 소실봉少室峰에는 달마와 혜가로 유명한 소림사少林寺와 달마동이 위치한다.

중국 숭산에 자리한 소림사

---

329 曹永祿, 「崛山祖師 梵日 新傳」, 『韓國史學史學報』 33(2016), 23쪽. "商山은 長安에서 東南쪽으로 秦嶺을 넘고 丹水를 따라 내려가는 지점에 위치한다."

고高를 상商의 오자로 보면 상산이 되고, 숭嵩의 오자로 보면 숭산이 되는 것이다. 그런데도 선행 연구에서 고산을 숭산으로 보지 않은 것은 제리를 장안으로만 국한해서 이해했기 때문이다. 즉 '제리=장안'이라는 인식에서는 상산 외에 다른 산을 비정하기가 어려웠다는 말이다. 그러나 '제리=양경'으로 이해하면 숭산의 가능성이 새롭게 발생하게 된다. 특히 숭산은 황하와 관련해서 정합성이 확보된다는 점에서 더욱 그렇다. 실제로 숭산이 속해 있는 정주는 하남성河南城인데 이는 황하의 남쪽에 위치하기 때문에 붙여진 이름이다.

이러한 이해가 가능하다면, 범일의 동선은 강서성 → 호남성 → 섬서성 → 하남성으로 연결된다. 그러나 이와 같은 추론에도 문제가 없는 것은 아니다. 왜냐하면 무종의 출생과 사망은 모두 장안의 정궁인 대명궁大明宮에서 이루어진다. 또 당시 당나라는 안사의 난(755~763)을 거치는 과정에서 서쪽의 장안에 비해 동쪽에 있는 낙양의 피해가 훨씬 컸다. 이는 안녹산이 평로·범양·하동절도사로 동북방의 절도사였기 때문이다.

반란군은 낙양을 함락하고 이후에 장안을 함락(756. 음력 7)하게 되는데, 이 과정에서 안녹산은 756년 음력 1월 낙양을 수도로 보위에 올라 국호를 전국칠웅戰國七雄의 동북쪽 국가였던 연燕으로 칭한다. 장안도 757년 위구르족에 의한 유린으로 엄청난 피해를 보게 되지만 낙양은 더 심각한 타격을 입었다. 물론 당의 중흥 군주로 평가되는 헌종憲宗(재위 805~820) 때 회복되기는 하지만 그런데도 낙양은 이전과 달리 장안에 미치지 못하는 한계를 가진다. 즉 고산을 숭산으로 비정하기도 쉽지 않은 상황이다.

논점을 요약하면, '제리: 장안-상산'이 되면 황하와 무관한 문제가 존재하고, '제리: 낙양-숭산'이 되면 황하의 문제는 해결되지만, 당시 장안에 필적하지 못하는 낙양의 문제가 존재하는 것이다. 만일 '제리: 장안-상산'의 정합성을 부여하고자 한다면, 황하를 건너 상산에 도달하는 것이 아니라 회창법난 과정에서 '황하도 건너고 우왕좌왕하는 과정에서 최후로 산에 은거한 정도'로 이해되어야 한다. 즉 '황하를 건넌 사건'과 '산의 은거'가 연결되는 것이 아닌 별개의 두 사건을 연속적으로 서술한 정도로 이해해야 하는 것이다.

고산과 관련해서는 제3의 대안으로 이를 굳이 상산이나 숭산의 오기가 아닌 글자 그대로 '높고 험한 산인 고산'으로 보는 것도 가능하다. 고산이란, 특정한 어떤 산이 아니라 '인적이 미치지 않은 험준한 심산유곡의 의미' 정도로 이해할 수 있기 때문이다. 즉 장안의 남쪽에 있는 진령산맥의 어떤 부분을 가리키는 것일 수도 있다는 말이다.

생각해 보면 존망이 달린 절체절명의 다급한 상황에서 상산이나 숭산과 같이 명산을 찾는다는 것도 이치에 맞지 않는다. 그러므로 인적이 끊긴 피난처의 의미로 막연히 고산이라고 쓴 것일 수도 있는 것이다. 이렇게 되면 고산은 상산이나 숭산의 오기가 아닌 정확한 표현이 된다.

실제로 「범일전」은 이때 범일의 상황을 "떨어진 과일을 주워서 재齋(재식齋食)를 충족하고, 흐르는 샘물을 손으로 마시며 갈증을 멈추었다. 형용形容이 고고枯槁해지고 기력이 피리疲羸해져서 감히 출행出行할 수조차 없었다. (이렇게 지내기를) 반년이 넘게 되었다(월반재踰半載)."라고 적고 있다.[330] 즉 기본적인 식량 조달조차 불가능한 채집 생활을 하는 것이다.

여기에서의 '재齋'란, 재식齋食의 의미로 사시巳時의 법공양法供養을 가리킨다. 붓다는 정오 이전에 한 끼만을 드셨기 때문에 동아시아에서는 이를 변형해 사시불공을 올린다. 이때 발생하는 음식에 더해 여법하게 공양하는 문화가 만들어지게 되는데, 이를 의식儀式 후의 공양이라고 해서 재식(혹 법공

---

330 『祖堂集』17, 「溟州崛山故通曉大師嗣鹽官」(『大藏經補編』25, 618a), "拾墜果以充齋, 掬流泉而止渴。形容枯槁, 氣力疲羸, 未敢出行。直踰半載。"

양)이라고 한다.

　참고로 아침은 율장에 근거해서 죽으로 먹었기 때문에 죽식粥食이라고 하며,[331] 저녁은 단체로 공양방에서 먹는 것이 아니라 개인이 방에서 몸을 보존하는 약으로 삼아 먹는다고 해서 약식藥食이라고 했다.[332] 그러므로 재란 사시 법공양의 의미인데, 이 또한 원활하지 못해 떨어진 과일을 찾아 먹는 정도가 전부였다. 또 식수도 그릇 없이 흐르는 물을 손으로 떠서 마시는 정도였던 것 같다. 이는 폐불의 주체인 정부 외에도 도교가 주축이 된 폭도들을 피해서 급작스러운 피난이 이루어진 결과로 풀이된다.

　궁핍한 채집 생활이 반년이 넘게 되자 범일은 비쩍 마르고 기력이 쇠해 움직이는 것조차 쉽지 않게 된다.[333] 이는 당시의 상황이 얼마나 극단적이었는지를 알게 해 준다. 이렇게 놓고 본다면, 명산을 찾아 수행하거나 할 상황이 아니었다는 판단에 힘이 실리게 된다. 즉 고산은 말 그대로 고산으로 풀이될 수 있다는 말이다.

　이처럼 고산은 ① 상산, ② 숭산, ③ 고산의 세 가지 이해가 가능하다. 이 중 상산은 한자적인 유사성이 존재하며, 숭산은 하백의 언급과 관련된 정합성을 확보한다. 그리고 고산은 현실적인 의미가 존재한다고 하겠다. 그러나 이 셋 중 어떤 것이 맞는다는 판단은 쉽지 않다. 필자의 견해로는 굳이 오기로 볼 필요 없이 ③의 글자적인 이해를 하는 것이 타당하지 않은가 한다.

---

331 『四分律』13,「九十單提法之三」(『大正藏』22, 656b) ; 廉仲燮,〈1. 粥食〉,「提婆達多의 5法 고찰 Ⅱ -5法 중 '食'의 항목을 중심으로」,『韓國佛敎學』52(2008), 39-40쪽.

332 玆玄 著,『스님의 秘密』(서울: 曹溪宗出版社, 2016), 236쪽.

333 『祖堂集』17,「溟州崛山故通曉大師嗣鹽官」(『大藏經補編』25, 618a). "直踰半載, 忽夢異人云: 「今可行矣。」於是强謀前行, 力未可丈。"

›› 184 ‹‹

『선문조사예참의문』(1660)
삽화 부분

「범일전」에는 범일이 고산에서 은거한 지 6개월 이후 이동한 일에 대해 기록되어 있다. "(하루는) 홀연히 꿈에 이인異人이 (나타나) 말했다. '이제는 떠나야 합니다.' 이에 억지로 가려고 했으나 힘이 미치지 못했다. (그러자) 잠깐만에 산짐승이 입에 떡과 음식을 물고 와서는 (범일의) 자리 옆에 두었다. 이것은 (산짐승이 일부러) 주는 것이라는 생각이 들어, 거두어서 끼니로 먹었다."[334]

이 기록은 은거 중에 범일이 이동한 내용을 나타내 준다. 당시 범일에게는 신체가 너무 쇠락해서 운신이 어려운 상황에서도 억지로라도 이동해야만 하는 모종의 상황이 발생한 것 같다. 여기에서 등장하는 꿈속의 이인은 앞서 나타났던 하백이나 산신과는 또 성격의 존재이다. 최소한 신이 아니라 인간인 것이다.

이인은 범일이 반년여를 은거하는 과정에서 형성된 산촌의 화전민(혹 소

---

334 같은 책. "直踰半載, 忽夢異人云:「今可行矣.」於是强謀前行, 力未可丈. 須臾, 山獸口銜餅食, 放於座側, 慮其故與, 收而飱焉."

수민족)과의 교류와 관련된 측면이 아닌가 한다. 여기에서 '떠나야 한다'라는 의미는 폐불의 불길이 거세져 산속까지도 영향을 미쳤기 때문으로 판단된다. 「범일전」은 이인의 이동 지시가 꿈에서 일어난 사건이라고 하지만, 그보다는 기력이 극도로 쇠한 비몽사몽의 상태에서 특이한 복색의 산촌 사람들의 경고 정도로 이해하는 것이 더 합리적이지 않은가 한다.

이인에 관한 이와 같은 추론이 가능한 것은 몸을 추스르지 못하는 범일에게 산짐승이 '떡과 음식'을 물어다 주었다는 내용 때문이다. 이는 앞서 과일을 채집해 먹는 것과는 논리적인 층위가 다르다. 특히 음식은 몰라도 떡은 산짐승이 자연에서 구할 수 있는 대상이 아니다. 이런 점에서 산촌과의 연결을 추론해 보는 것은 가능한 것이다. 그리고 이러한 음식 공급은 범일이 어느 정도의 기력을 회복할 때까지 이루어진 것 같다. 이는 몸을 가누지 못하는 상태에서 일회성의 음식 공급만으로는 이동할 수 없기 때문이다.

「범일전」에 이 내용이 기록되는 것은 동물이 감응해서 음식을 공급해 주는 신이성을 부각하기 위한 것으로 이해된다. 실제로 이와 유사한 신이함이 만년에 신라의 명주(당시는 하슬라) 지역에서 활약한 자장의 출가 후 상황에서도 확인된다. 이는 『삼국유사』 권4의 「자장정율慈藏定律」과 『법원주림法苑珠林』 권64의 「석자장釋慈藏」을 통해서 확인해 볼 수 있다.

「자장정율」

(재상급의 권유를 받은 사건 이후에) 이에 깊은 암총岩叢으로 숨어드니, 양립粮粒(식량)이 구휼救恤되지 못했다. 그때 (어떤) 이금異禽이 있어 과일을 물고 와 공양하니 손으로 받아먹었다.[335]

---

335 『三國遺事』 4, 「義解第五-慈藏定律」(『大正藏』 49, 1005a). "乃深隱岩叢。糧粒不恤。時有異禽。含果來供。就手而喰。"

「석자장」

깊은 산에 은거하여 내왕하지 (않으니) 양식이 끊어졌다. (그러자) 문득 이 조異鳥가 각기 뭇 과일들을 물고 와서 손바닥 위에 올려놓는 감응이 있었다. (그러고는) 새들도 자장의 손 위에서 함께 그것을 먹었다. 때가 되면 반드시 그리하여 (새들이) 처음처럼 모심에 어그러짐이 없었다. (이는 자장의) 그 행이 현미玄徵에 감응한 것으로 (이러한 경계와) 관련된 이는 존재함이 드물다.[336]

자장은 만년에 명주로 와서 신라 오대산을 개창하고 석남원石南院, 즉 정선 정암사에서 입적한다.[337] 이러한 자장의 영향으로 인해 범일 또한 신라로 귀국한 후 굴산사에 주석하기 이전 오대산에 주석하는 모습이 확인된다.[338] 후대의 『임영지』〈석증-범일〉에는 범일이 만년 오대산에 은거했다가 시적(입적)했다는 내용까지 있을 정도이다.[339] 즉 자장과 범일은 명주라는 공통의 활동 지역으로 인해 신라 하대의 범일은 자장의 영향을 강하게 받는 모습이 확인되는 것이다.[340] 이러한 오대산의 영향은 굴산사의 발굴 과정에서 드러난 '오대산'·'오대산 금강사'라는 명문 기와를 통해서 고려 중기까지 지

---

336 『法苑珠林』64, 「感應緣-唐沙門釋慈藏」(『大正藏』53, 779b·c). "持戒不群慈救爲先. 深隱山居 來往絶糧. 便感異鳥各銜諸果就手送與. 鳥於藏手同共食之. 時至必爾初無乖候. 行感玄 徵罕有繼者."

337 廉仲燮, 「慈藏의 東北方行과 入寂 기록 분석」, 『新羅文化』48(2016), 105-123쪽 ; 廉仲燮, 「「慈 藏定律」에서 확인되는 慈藏의 最後記錄에 대한 分析」, 『溫知論叢』58(2019), 211-228쪽.

338 〈江陵普賢寺朗圓大師塔碑〉. "大師不遠千里, 行至五臺, 謁通曉大師."

339 『臨瀛誌』, 「前誌」2, 〈釋證-梵日〉 ; 『增修臨瀛誌』, 〈釋證-梵日〉. "創立神伏崛山兩山大寺. 造 塔山以補地脈. 後隱五臺山示寂."

340 金興三, 「羅末麗初 崛山門 硏究」(江陵: 江原大 史學科 博士學位論文, 2002), 27-30쪽.

강원 평창 오대산

속되고 있었음이 확인된다.[341]

　그러나 자장에게 있어서 새가 물어오는 것은 과일이지 떡과 같은 인간의 음식이 아니다. 이런 점에서 범일의 산짐승 이적은 자장의 이적과는 차원이 다르다. 그러나 범일 이전에 자장의 새를 통한 이적 기록이 명주에 널리 알려져 있었을 것이라는 점에서 범일에 대한 동물의 공양 부분 역시 부풀려졌을 개연성도 존재한다고 하겠다.

　필자는 「범일전」의 이적이 날조된 허구라고까지는 생각하지 않는다. 범일이 폐불이라는 급박한 상황에서 반년 이상 은거하며 채집 생활을 했다면 자연과의 교감도 어느 정도는 충분히 가능했을 것이기 때문이다. 그러던 중

동물과 관련된 어떤 특징적인 사건도 존재하지 않았을까 한다. 이것이 명주 사람들에게 익숙했던 자장의 이적 영향 속에 산촌 사람의 음식 공급과 혼재 되며 「범일전」과 같은 기록으로 변모된 것이 아닌가 한다. 즉 산촌 사람과 동 물의 이적이 자장의 이적 영향 속에서 윤색되며 만들어진 결과가 바로 「범 일전」에서 확인되는 것이란 판단이다. 그리고 이와 같은 윤색을 주도한 것은 역시 범일 문도였을 것이다.

　범일이 이인의 권고대로 거주처를 옮기자 폐불의 상황은 점차 안정된 다. 왜냐하면 무종이 846년 음력 3월 23일, 조귀진이 진상한 단약의 부작용 으로 사망하기 때문이다.[342] 단약의 재료는 보통 수은·납·유황·주사 등으

---

342 『舊唐書』18上, 「本紀 18上-武宗」. "846年 3月 23日: 壬寅, 上不豫, 制改御名炎。帝重方士, 頗服食修攝, 親受法籙。至是藥躁, 喜怒失常, 疾旣篤, 旬日不能言。宰相李德裕等請見, 不 許。中外莫知安否, 人情危懼。是月二十三日, 宣遺詔, 以皇太叔光王柩前卽們。是日崩, 時 年三十三。謚曰至道昭肅孝皇帝, 廟号武宗, 其年八月, 葬于端陵, 德妃王氏祔焉。"; 『佛祖歷

로 오늘날의 관점에서 보면 인체에 매우 치명적인 중금속이다.

도교에서 단약은 보통 불사약과 통한다. '단약=불사약'이라기보다는 최고의 단약이 신선이 되는 불사약이라는 의미 정도로 이해하면 되겠다. 그런데 갈홍치천葛洪稚川(281~341)의 『포박자抱朴子』「내편內篇」을 보면 식물 약재는 불에 넣으면 타서 사라지기 때문에 이를 통해서는 불사를 성취할 수 없다. 그러나 금속은 불에 타도 녹기만 할 뿐 사라지지 않으므로 불사의 단약丹藥(금단金丹)이 가능하다.[343] 이 때문에 단약의 재료는 금속성이 주가 되며, 금속이면서도 자유로운 형태를 가진 수은은 고대로부터 최고의 불사약 재료로 평가되곤 하였다.[344]

무종은 광증을 겪다가 죽는데, 이는 수은과 같은 중금속 중독이 원인이었을 것이다.[345] 중금속 중독은 환각을 유발하기도 하는데, 이것은 도리어 신선 세계에 대한 확증을 불러일으키게 된다. 즉 착각이기는 하지만 단약의 복용자는 신선 세계를 실제로 보는 것이다. 이러한 단약의 폐해는 청나라의 제5대 황제인 옹정제(재위 1722~1735)로까지 이어진다.

무종의 단약으로 인한 사망과 함께 회창법난의 상황은 반전한다. 물론 앞서 언급한 것처럼 복불復佛이 단행되는 것은 847년 음력 윤3월이다.[346] 그

代通載』22, 「感應緣-唐沙門釋慈藏」(『大正藏』49, 716a). "唐武宗。師趙歸眞餌金丹藥。會昌不滿早致崩亡。"

343 『抱朴子』, 「內篇」, 〈第4 金丹〉. "凡草木燒之卽燼, 而丹砂燒之成水銀, 積變又還成丹砂. 其去凡草木亦遠矣. 故能令人長生. 神仙獨見此理矣. (…) 抱朴子曰: 按《黃帝九鼎神丹經》曰: "黃帝服之, 遂以升仙." 又雲, 雖呼吸道引, 及服草木之藥, 可得延年, 不免於死也. 服神丹, 令人壽無窮已, 與天地相畢, 乘雲駕龍, 上下太淸, 黃帝以傳玄子."

344 같은 책. "又以二百四十銖, 合水銀百斤火之, 亦成黃金. 金成者, 藥成也."

345 『舊唐書』18上, 「本紀 18上-武宗」. "846年 3月 23日 壬寅: 至是藥躁, 喜怒失常, 疾旣篤, 旬日不能言."

346 『資治通鑑』248, 「唐紀」64, 〈宣宗 大中 1(847)年 閏三月〉.

러나 무종이 단약 복용으로 사망했고, 이에 따라 제16대 황제로 즉위한 선종 宣宗(재위 846~859)은 폐불의 가장 큰 주동자인 도사 조귀진을 주살한다.[347] 즉 무종의 사망과 함께 복불이 단행된 것은 아니지만, 폐불의 주체인 무종과 조 귀진이 사라지면서 폐불령은 명목만 남은 상황으로 반전하는 것이다.

「범일전」의 844(회창 4)년 폐불 기록을 일반적인 법난의 조칙이 발휘된 845년 음력 3월 3일 이후로 보면 범일이 고산으로 대피하는 기간과 이후 6 개월 이상을 궁핍함 속에 있었던 상황, 그리고 이인의 권유로 체력을 추슬러 거처를 이동할 때까지 이곳에서 지낸 기간 등을 고려한다면 회창법난 내내 산속에 은거했었음을 추론해 볼 수 있다. 즉 844년 사태의 기록을 845년의 오기로 이해하면 기록의 전체적인 정합성이 더욱 높게 확보되는 것이다.

---

347 『佛祖統紀』 42, 「武宗(炎穆宗第五子)」(『大正藏』 49, 386b). "捕趙歸眞劉元淸鄧元超等十二人。並 集朝堂誅之。陳其屍首。";『佛祖統紀』 54, 「三教厄運 儒·道·釋」(『大正藏』 49, 471b). "宣宗卽 位。捕趙歸眞等十三人誅之。李德裕貶死崖州。"

제2절

입당의 마지막 행적과
진귀조사설의 문제

1.
육조탑묘 참배와 귀국 연도 문제

1) 범일의 보림사 육조탑묘 참배

846년 음력 3월 23일 무종의 죽음으로 회창법난이 일단락된 이후 범일은 일
단 쇠약해진 몸을 추스른 것으로 보인다. 「범일전」에는 "후에 서원을 세우기
를, '소주韶州로 가서 조사탑祖師塔에 예禮하리라.' 하였다."라고 되어 있다.[348]
여기에는 '후'라는 분명한 기간의 경과가 나타나 있다. 폐불 동안 거동조차
불편할 정도로 쇠약해진 몸을 추스르는 것은 제법 시간이 걸리는 일이다. 즉
이 구절 속에는 무종의 사망으로 인한 상황의 반전과 함께 범일의 체력 회복
이 암시되어 있는 것이다.

범일은 폐불 과정에서 개인적인 건강 악화 등의 문제를 겪는다. 그러
나 그와 더불어 화려했던 양경兩京의 불교가 무너지며 처참하게 짓밟히는
상황을 겪는 일은 유학승인 범일의 처지에서 육체적인 고통만큼이나 큰 충
격적인 일이었음에 틀림없다. 범일에게 있어 불교는 오늘날처럼 다종교의
관점에서 인식되는 것과 달리 절대의 진리일 수밖에 없으며 불보살의 이적
과 가피 역시 분명한 사실이었을 것이다. 이런 상황에서 무종과 도교에 의
해 단행된 폐불로 인하여 성물과 사찰이 무기력하게 훼손되고 파괴되는 것

---

348 『祖堂集』17, 「溟州崛山故通曉大師嗣鹽官」(『大藏經補編』25, 618b). "後以誓向韶州, 禮祖師
塔。"

을 범일은 납득하기 어려웠다. 이러한 현실에서 흔히 대두되는 불교적인 해법이 바로 말법론末法論이다.[349] 말법론은 실제로 북주北周 무제武帝의 폐불(574~579)과[350] 신행信行(540~594)의 삼계교三階教 운동[351] 또는 남산율종南山律宗을 창종한 도선道宣(596~667)의 현세 인식을 통해서 살펴지는 부분이기도 하다.[352]

말법 이론에 의하면 말법 시대에는 중생들의 근기가 낮고 세상이 험악해지며 불교가 무너진다. 범일 역시 회창법난을 정면으로 맞으면서 이런 생각을 하는 것은 9세기를 사는 승려로서는 당연한 판단이었을 것이다.

범일은 회창법난이 잠잠해진 846년 음력 3월 23일 이후에는 양경으로 나오게 되고, 이에 따라 폐불의 참상을 그대로 보게 된다. 『삼국유사』의 일연 역시 경주의 황룡사가 화재로 소실되기 이전과 이후를 답사한다. 그리고 폐허가 된 황룡사를 목격한 일연은 쓸쓸한 회한의 기록을 남기게 된다.[353] 이는 양현지楊衒之의 『낙양가람기洛陽伽藍記』에서도 확인되는 회한의 정서이다.[354] 화려하고 찬란한 영광의 모습을 보고 난 뒤에 만나는 폐허가 주는 회한은 말로 설명하기 어려운 복잡한 심사였을 것이다. 이 시기는 「범일전」의 전개로 봤을 때 범일이 쇠약해진 몸을 추스르는 기간에 해당한다. 바로 이와

---

349 김철수, 「佛教의 末法思想과 三階教의 사회 활동성」, 『東洋社會思想』 1 (1998), 260쪽.

350 구보타 료온 著, 崔俊植 譯, 「廢佛事件」, 『中國儒佛道 三教의 만남』 (서울: 民族社, 1994), 125-140쪽.

351 권탄준, 「三階教 信行禪師의 사회적 실천의 보살행」, 『東아시아佛教文化』 29 (2017), 168-170쪽; 강경중, 「信行의 三階教에 대한 고찰」, 『人文學研究』 106 (2017), 19-21쪽.

352 廉仲燮, 「慈藏의 傳記資料 研究」 (서울: 東國大 歷史教育學科 博士學位論文, 2015), 38-44쪽.

353 『三國遺事』 3, 「興法第三-迦葉佛宴坐石」 (『大正藏』 49, 989a·b). "宴坐石在佛殿後面。嘗一謁焉。(…) 旣而西山大兵已後。殿塔煨燼。而此石亦夷沒。而僅與地平矣。"

354 『洛陽城內伽藍記』 1 (『大正藏』 51, 999a·b).

육조혜능의 등신불을 모셨었던 남화선사의 영조탑

하동 쌍계사 금당. 과거에는 '육조영당'이라 불렸다.

하동 쌍계사 금당에 모셔진 육조정상탑

같은 혼란 상황에서 자신을 다잡고 불법의 재건을 위해 다짐하는 서원의 노력이 바로 광동성 소주의 조사탑 참배라고 하겠다.

조사탑 참배는 범일보다 먼저 유학한 도의(784 입당, 821 귀국)에게서도 확인된다.[355] 또 쌍계사의 진감혜소는 쌍계사에 육조영당六祖影堂을 건립하기도 한다.[356] 실제로 도의와 혜소는 당나라에서 만나기도 했다.[357] 이들의 육조 현창顯彰은 당시 신라 선승들에게 육조와 조계가 차지하는 위상을 잘 나타내 준다.[358] 이런 점에서 본다면, 범일의 소주행韶州行에는 이런 영향 역시 일정 부분 존재했을 것이다. 즉 범일의 소주행은 내적으로는 폐불 이후 불법의 의지를 다지고, 외적으로는 당시 신라 선불교 유학승들의 영향에 의한 측면으로 이해될 수 있는 것이다.

범일이 있었던 양경은 섬서성 장안과 하남성 낙양이다. 이곳에서 보림사寶林寺가 자리한 광동성 소주는 홍콩·마카오가 인접한 쪽으로 직선거리로도 대략 1,200킬로미터나 떨어져 있다. 육조시대만 하더라도 소주는 남조에서도 변방의 오랑캐 취급을 받던 지역이다. 수나라 때 대운하가 건설되면서 상황이 조금 나아지기는 하지만 이러한 인식은 당나라로도 이어진다. 이는 혜능이 홍인을 친견했을 때 어디서 왔는지를 묻는 과정에서 '영남嶺南의

---

355 『祖堂集』17, 「雪岳陳田寺元寂禪師嗣西堂」(『大藏經補編』25, 615b), "遂屆廣府寶壇寺, 始受具戒. 後到曹溪, 欲禮祖師之堂, 門扇忽然自開, 瞻禮三遍而出, 門閉如故."

356 〈河東雙磎寺眞鑑禪師塔碑〉, "屈指法胤則禪師乃曹溪之玄孫. 是用建六祖影堂彩飾粉墉廣資導誘. 經所謂爲悅衆生故綺錯繪衆像者也."; 김정권, 「眞鑒禪師 慧昭의 南宗禪 受容과 雙谿寺 創建-新羅下代 南宗禪 受容의 한 例」, 『歷史와 談論』27(1999), 31-33쪽; 문무왕, 「雙溪寺 開山의 歷史와 創建主 眞鑑禪師의 生涯와 思想」, 『講座美術史』58(2022), 195-196쪽.

357 〈河東雙磎寺眞鑑禪師塔碑〉, "有鄕僧道義先訪道於華夏邂逅適願西南得朋."

358 鄭性本, 『新羅禪宗의 研究』(서울: 民族社, 1995), 191-192쪽.

신주新州에서 왔다.'라고 답하자 "갈료獦獠(오랑캐)에게도 불성이 있는가?"라고 한 것을 통해 분명해진다.[359]

「범일전」에서 "천리千里를 멀다고 하지 않고 조계曹溪에 이르렀다."라고 한 것은[360] 먼 거리와 함께 내적인 갈등이 해소되는 돌파구로서 조계가 선택되었다는 것을 의미한다. 또 이러한 기록을 통해 범일의 체력이 장거리 이동에 큰 지장이 없을 정도로 회복되었다는 것을 알 수 있게 된다. 즉 양경에서의 체력 회복 시간 역시 상당했음이 판단되는 것이다.

「범일전」에는 범일이 846년 음력 8월에 배편으로 당나라를 떠난 것으로 되어 있다.[361] 그러나 무종의 사망이 846년 음력 3월 23일이며, 회창법난이 잠재적으로 중지되는 것은 무종의 사망 사실이 퍼지면서라는 점을 고려한다면, 이보다는 조금 더 시간이 걸렸을 것으로 판단된다. 즉 음력 4월 정도는 되어야 폐불의 잠재적 중지와 범일의 은둔이 끝났을 것이라는 말이다.

여기에 범일이 체력을 회복하는 시간을 고려한다면, 846년에 소주의 보림사에서 육조탑을 배알하고 해안으로 나가 배를 탄다는 것은 물리적으로 불가능하다. 이런 점에서 846년 음력 8월 기록은 847년 음력 8월의 오기로 판단하는 것이 타당하다.

이와 같은 판단이 가능한 것은 극심한 체력 저하 후의 회복에는 상당한 후유증이 존재하기 때문이다. 즉 먼 길을 가기 위해서는 완전한 상태까지는 아니더라도 기존 체력에 일정 수준 도달하는 정도까지는 회복되어야 한다.

---

359 『六祖大師法寶壇經』全1卷, 「行由第一」(『大正藏』48, 348a). "禮拜五祖。祖問曰:'汝何方人? 欲求何物?' 惠能對曰:'弟子是嶺南新州百姓, 遠來禮師, 惟求作佛, 不求餘物.' 祖言:'汝是嶺南人, 又是獦獠, 若爲堪作佛?' 惠能曰:'人雖有南北, 佛性本無南北;獦獠身與和尙不同, 佛性有何差別?'"

360 『祖堂集』17, 「溟州崛山故通曉大師嗣鹽官」(『大藏經補編』25, 618b). "不遙千里, 得詣曹溪。"

361 같은 책. "郤以會昌六年丁卯八月, 還涉鯨浪, 返于雞林。"

중국 광주 광효사 조전

    범일은 서원을 일으켜 도착한 보림사에서 제법 유숙했을 것이며, 또 광동성 신주新州(현재의 신흥현新興縣)에는 혜능의 생가(고택)이자 입적처 및 부모님의 무덤이 있는 국은사國恩寺와 풍번문답風幡問答과 혜능의 출가로 유명한 광주의 광효사光孝寺(혹 법성사法性寺, 제지사制旨寺) 그리고 소주자사韶州刺史 위거韋璩의 초청으로 『법보단경』(혹 『육조단경』)이 설해지는 대범사大梵寺 등의 사찰도 있다.[362] 「범일전」에는 보림사 외의 사찰을 참배한 기록은 없다. 그러

---

362 후루타 쇼킨·다나카 료쇼 著, 남동신·안지원 譯, 『中國禪宗의 六祖, 혜능』(서울: 玄音社, 1993), 124-210쪽 ; 駒澤大學禪宗史研究會 編, 『慧能研究: 慧能の傳記と資料に關する基礎的研究』(東京: 大修館書店, 1979) 參照. 『曹溪大師別傳』全1卷(『卍新纂大日本續藏經選錄』86, 52b). "大師生緣新州。故宅爲國恩寺。" ; 『南宗頓教最上大乘摩訶般若波羅蜜經六祖惠能大師於韶州大梵寺施法壇經』全1卷(『大正藏』48, 343c). "大師先天二年八月三日滅度。七月八日, 喚門人告別。大師先天元年於新州國恩寺造塔, 至先天二年七月告別。" ; 『六祖大師法寶壇經』全1卷, 「行由第一」(『大正藏』48, 349c-350a). "遂出至廣州法性寺, 值印宗法師講《涅槃經》。時有風

나 서원을 발해 천 리를 마다치 않고 달려간 범일의 상황에서 그리 멀지 않은 위치에 자리한 혜능의 성적聖蹟 사찰을 참배했을 개연성은 충분하다.

이외에도 범일은 광주에서 직접 신라로 돌아가는 배편을 이용했을 것으로 추정되는데[363] 여기에도 상당한 시간이 소요되었을 것이다. 왜냐하면 범일은 소주의 인근에서 신라로 가는 배편을 알아봐서 타야 하는데, 당시에는 같은 당나라 안이라도 언어와 문화 차이가 컸기 때문이다. 이와 같은 상황들을 고려한다면 846년 음력 8월 기록은 847년 음력 8월로 수정되는 것이 타당하다.

847년 음력 8월로 수정이 가능하다면 범일이 양경을 떠나는 것은 846년 말의 음력 10월쯤부터 847년 초라고 판단할 수 있다. 6개월 정도면 무너진 몸을 추스르고 천 리의 성지 순례를 감행하는 것이 어느 정도는 가능할 것이기 때문이다. 즉 한겨울의 이동을 배제한다면, 범일이 양경을 떠나 소주행을 감행한 것은 846년 음력 10~11월이나 847년 음력 1~2월쯤으로 추정하는 것이 가능하다.

吹旛動, 一僧曰: 『風動。』一僧曰: 『旛動。』議論不已。惠能進曰: '不是風動, 不是旛動, 仁者心動。'一衆駭然。印宗延至上席, 徵詰奧義。見惠能言簡理當, 不由文字, 宗云: '行者定非常人。久聞黃梅衣法南來, 莫是行者否?'惠能曰: '不敢。'宗於是作禮, 告請傳來衣鉢出示大衆。宗復問曰: '黃梅付囑, 如何指授?'惠能曰: '指授卽無; 惟論見性, 不論禪定解脫。'宗曰: '何不論禪定解脫?'能曰: '爲是二法, 不是佛法。佛法是不二之法。'宗又問: '如何是佛法不二之法?'惠能曰: '法師講《涅槃經》, 明佛性, 是佛法不二之法。如高貴德王菩薩白佛言: 「犯四重禁、作五逆罪, 及一闡提等, 當斷善根佛性否?」佛言: 「善根有二: 一者常, 二者無常, 佛性非常非無常, 是故不斷, 名爲不二。一者善, 二者不善, 佛性非善非不善, 是名不二。蘊之與界, 凡夫見二, 智者了達其性無二, 無二之性卽是佛性。」印宗聞說, 歡喜合掌, 言: '某甲講經, 猶如瓦礫; 仁者論義, 猶如眞金。'於是爲惠能剃髮, 願事爲師。惠能遂於菩提樹下, 開東山法門。'"

363 曹永祿은 梵日이 歸國 때도 入唐 때의 逆順인 '杭州-海昌院(法難으로 毀撤 후 850년 齊豊寺로 復元) → 明州-開國寺'를 통해 배편으로 新羅로 歸國했을 것으로 判斷했다. 曹永祿, 「崛山祖師 梵日 新傳」, 『韓國史學史學報』 33(2016), 28-30쪽.

중국 광동성 남화선사. 과거 '보림사'라 불리었다.

「범일전」은 범일이 "조계"에 도착한 것으로 되어 있지만,[364] 여기에서 말하는 조계는 조계산曹溪山 보림사를 의미한다. 이 지역은 조씨의 땅으로 보림사 앞에는 오늘날까지 조씨의 개울인 조계曹溪가 흐르고 있다. 이 '조계' 라는 이름으로 인해 '조계산'이라는 이름도 만들어지게 된다.

선종은 교종보다 발생 기원이 늦고, 주 관심이 본래 완성에 입각한 자 각과 수행을 강조한다. 이에 따라 선발의 교종이 도시 중심으로 발전한 것과 달리, 후발의 선종은 산에 의거하는 경우가 많았다. 이러한 발생론적인 특수 성으로 인해 선종 사원은 산명山名을 상징으로 차용하게 된다. 이는 나말여 초에 이식되는 구산선문의 전통에서도 확인되는 양상이다.

---

364 『祖堂集』17,「溟州崛山故通曉大師嗣鹽官」(『大藏經補編』25,618b), "得詣曹溪。"

그러므로 「범일전」의 "조계"란, 혜능의 진신이 모셔진 보림사를 의미한다. 물론, 이후 조계는 『조계보림전曹溪寶林傳』이나 『조계대사별전曹溪大師別傳』에서와 같이 남종선이나 혜능을 의미하는 상징 단어로 사용된다.[365] 또 조계종은 한반도에서는 고려 초기부터 종파명으로 사용된다.[366] 그러다가 고려 중기에 의천義天(1055~1101)이 선종을 표방한 천태종을 개창하여 선종 승려들의 상당수가 천태종으로 옮겨가게 되자,[367] 위기의식을 느낀 범남종선과 지눌知訥(1158~1210)계에서 조계종을 표방하며 단합을 주장하게 된다.[368] 이때 조계종을 표방하는 것 역시 이와 같은 조계에 대한 인식의 연결선상에서 이해될 수 있다.

「범일전」에는 범일이 보림사의 혜능 탑묘에 도착하자 두 가지 이적이 일어났음을 기록하고 있다. 첫째 "향운香雲이 홀연히 일어나 (혜능의) 탑묘塔廟 앞에서 반선盤旋하였다."라는 것,[369] 둘째 "영학靈鶴이 갑자기 와서 누대 위에서 우는(요려嘹唳) 일"이다.[370]

첫째, 향운이 일어난다는 것은 범일의 참배가 혜능의 뜻에 부합한다는

---

365 『大唐韶州雙峯山曹溪寶林傳』全10卷(7·9·10卷 缺落), (『大藏經補編選錄』14,3a-155a) ; 『曹溪大師別傳』全1卷(『卍新纂大日本續藏經選錄』86,49a-54b).

366 許興植,「曹溪宗의 起源과 展開」,『普照思想』9(1995), 117-118쪽.

367 〈淸道雲門寺圓鷹國師碑〉. "▨▨▨國師西游於宋傳華嚴義兼學天台敎觀以哲宗元祐元年丙寅回. 尊崇智者別立宗家. 于時蘂林衲子傾屬台宗者十六七." ; 김상현,「義天의 天台宗 開創過程과 그 背景」,『天台學硏究』2(2000), 204-206쪽 ; 채상식,「義天의 佛敎統合 試圖와 그 推移」,『韓國民族文化』57(2015), 199-200쪽.

368 許興植,「曹溪宗의 起源과 展開」,『普照思想』9(1995), 121-122쪽 ; 이영호(진월),「12世紀 初期의 韓國 禪宗 狀況과 曹溪宗 成立時期 小考」,『佛敎學報』59(2011), 143-147쪽.

369 『祖堂集』17,「溟州崛山故通曉大師嗣鹽官」(『大藏經補編』25,618b). "香雲忽起, 盤旋於塔廟之前。"

370 같은 책. "靈鶴倏來, 嘹唳於樓臺之上。"

것을 상징한다. 향은 불조佛祖의 신명과 통하는 감응의 매개체이다.[371] 이런 점에서 홀연히 향 연기가 피어올라 혜능의 탑묘에서 반선한다는 것은 범일의 참배를 혜능이 받아들였다는 의미로 풀이될 수 있다. 즉 이 사건은 범일이 혜능 남종선의 계승자임을 상징하는 것이다. 여기에서 탑묘는 혜능을 모신 진신탑(현재의 영조탑靈照塔으로 당나라 선천先天[712~713]연간에 조성)을 가리키는 것으로 현재는 조전祖殿(조사전)의 앞에 자리 잡고 있다.

혜능은 국은사에서 입적한다.[372] 이후 부패하지 않은 등신불이 보림사의 진신탑에 봉안된다.[373] 그러다가 다시금 진신탑 뒤의 조전으로 옮겨지고, 명말明末에 쇠락한 사찰과 조전을 중수한 감산덕청憨山德淸(1546~1622[혹

---

371 『三國遺事』4,「義解第五–阿道基羅」(『大正藏』49, 986b). "時梁遣使賜衣著香物(高得相詠史詩云. 梁遣使僧曰元表. 宣送溟檀及經像). 君臣不知其香名與其所用. 遣人齎香遍問國中. 墨胡子見之曰. 此之謂香也. 焚之則香氣芬馥. 所以達誠於神聖. 神聖未有過於三寶. 若燒此發願. 則必有靈應."; 『宋高僧傳』8,「唐韶州今南華寺慧能傳」(『大正藏』50, 755c). "洎夫唐季劉氏稱制番禺. 每遇上元燒燈. 迎眞身入城爲民祈福. 大宋平南海後. 韶州盜周思瓊叛換. 盡焚其寺塔將延燎. 平時肉身非數夫昊舉. 煙爛向逼二僧對昇. 輕如夾紵像焉. 太平興國三年今上勅重建塔. 改爲南華寺(寶林寺)矣." 혜능과 관련해서는 入寂 後 法軀를 모시는 부분에서 香을 피워 혜능의 의지를 묻는다는 내용이 전해진다. 혜능은 誕生地인 國恩寺에 入寂한다. 그러나 以後 門徒들 안에서 혜능의 法軀를 모시는 부분과 관련해 異見이 發生한다. 이때 解決策으로 혜능 앞에 香을 피워 香 煙氣가 向하는 곳에 모시기로 합의한다. 이렇게 香 煙氣가 가리킨 곳이 寶林寺였고, 혜능의 法軀는 寶林寺에 모셔지게 되었다고 한다.

372 『南宗頓教最上大乘摩訶般若波羅蜜經六祖惠能大師於韶州大梵寺施法壇經』全1卷(『大正藏』48, 343c).

373 『宋高僧傳』8,「唐韶州今南華寺慧能傳」(『大正藏』50, 755c). 入寂한 뒤에 法軀가 腐敗하지 않고 等身佛이 되어 塔에 奉安하는 예는 華嚴宗의 初祖인 杜順(法順)과 九華山 金地藏 등에서도 확인해 볼 수가 있다. 『續高僧傳』25,「唐雍州義善寺釋法順傳二十九(智儼)」(『大正藏』50, 653c). "於南郊義善寺. 春秋八十有四臨終雙鳥投房. 悲驚哀叫. 因卽坐送于樊川之北原. 鑿穴處之. 京邑同嗟. 制服亘野. 肉色不變經月逾鮮. 安坐三周枯骸不散. 自終至今. 恒有異香流氣屍所. 學侶等恐有外侵. 乃藏于龕內. 四衆良辰赴供彌滿. 弟子智儼名貫至相. 幼年奉敬雅遵餘度. 而神用清越振績京臯. 華嚴攝論. 尋常講說. 至龕所化導鄕川. 故斯塵不終矣."; 『九華山志』5,「九華山創建化城寺記–(唐)費冠卿」(『中國佛寺史志彙刊選錄』72, 233c). "趺坐函中, 經三周星, 開將入塔, 顏狀亦如活時. 舁動骨節, 若撼金鎖. 經云:「菩薩鉤鎖, 百骸鳴矣.」基塔之地, 發光如火, 其圓光與其佛廟, 羣材締構, 衆力保護."

1623])과[374] 동시대의 단전가진丹田司進(1535~1614)의 등신불이 좌우에 추가 되면서 오늘날에 이르고 있다.[375]

둘째, 신령한 학이 누대에서 우는 것은 도교나 신선 사상과 관련된 영이靈異로 불교적인 측면은 아니다. 도교나 신선 이야기에는 신선은 학을 타고 이동한다는 내용이 존재한다. 일반적인 백학白鶴이 500년을 묵으면 청학靑鶴이 된다고 하며,[376] 이런 청학이 날아다니는 곳을 청학동靑鶴洞이라고 한다. 이 때문에 청학동은 이상향을 의미하는 말로 쓰이는데, 이것이 책으로 묶인 것이 조선 중기 조여적趙汝籍(?~?)의 『청학집靑鶴集』이다.[377]

학은 불교적 상징이 아니다. 그럼에도 동아시아에서는 격의불교格義佛教 과정에서 불교가 도교의 용어를 차용한 것이나, 도교의 학창의鶴氅衣나 도포道袍를 장삼長衫으로 수용하는 것처럼[378] 혼재되는 양상이 존재한다. 이에 따라 도교나 신선 사상적인 학도 이적의 상징으로 받아들여지는 것이다.

또 〈석증-범일〉의 범일 출생설화에는 학이 깃으로 덮어 주었다는 내용과 이에 따른 학바위와 학산 등의 지명이 존재하는데, 범일과 학의 관계로 가장 분명한 것은 바로 사실 이 기록이다. 즉 이를 바탕으로 명주 지방의 학과 관련된 측면이 범일과 결합하는 정도로 이해하는 것이 가능하다는 말이다.

그러나 「범일전」의 학은 청학과 같은 특수한 학은 아니었다. 이렇게 놓

---

374 『憨山大師夢遊全集』50-51,「曹溪中興錄上·下」(『卍新纂大日本續藏經選錄』73, 807c-823c).

375 玆玄 著, 『玆玄 스님이 들려주는 佛教史 100場面』(서울: 佛光出版社, 2018), 344쪽.

376 廉仲燮, 「五臺山의 信孝居士 자료에 대한 분석」, 『國學研究』42(2020), 452쪽.

377 李錫浩 譯註, 『韓國奇人傳·靑鶴集』(서울: 明文堂, 1990) 參照. 靑鶴에 대한 내용은 淵源이 최소한 朝鮮 前期로까지 遡及된다. 이는 栗谷이 五臺山과 관련된 〈遊靑鶴山記〉(『栗谷全書』13,「記」, 280b)를 통해서 확인해 볼 수 있다.

378 박춘화·김도공·남경미, 「韓國 僧侶 長衫에 관한 研究-現代 曹溪宗과 太古宗 長衫을 中心으로」, 『韓國佛教學』88(2018), 248-250쪽.

고 본다면, 학이 날아와서 우는 것은 우연으로 보는 것도 가능하다. 즉 종교적 상징의 차이나 이적의 관점에서도 첫째와 둘째 사건은 층위가 다르다는 말이다. 그런데도 이를 연결해서 기록하는 것은 혜능 계승자로서의 범일을 부각하기 위한 측면으로 이해된다. 또 이러한 육조탑묘에서의 사건은 범일을 통해서만 전해질 수 있다는 점에서 범일 스스로가 이와 같은 내용을 부각했음을 인지해 보는 것도 가능하다. 즉 범일이 부각하고 문도가 수용한 것이 범일의 육조탑묘 참배에 따른 이적이며, 이를 통해 범일과 사굴산문은 혜능의 심법이 범일에게 직결된다는 상징을 확보하며 강조하고 있는 것이다.

범일의 육조탑묘 참배와 이때 동반된 이적의 강조는 명주불교에서의 위치와 관련해서도 중요하다. 명주에는 범일 이전에 같은 마조계의 서당지장에게 인가를 받고 821년에 귀국한 도의가 설악산 진전사에 주석하고 있었기 때문이다. 이에 비해 범일의 귀국은 847년으로 차이가 크다. 그런데 범일은 851년 명주도독 김공의 요청으로 명주를 대표하는 선승이 된다. 이런 상황에서 범일과 사굴산문으로서는 민중을 설득할 수 있는 내용으로 도의를 압도하는 이적의 필연성이 존재하게 된다. 실제로 도의 역시 조계를 참배한 내용이 『조당집』권17의 「도의전」에 기록되어 있는데 이를 제시해 보면 다음과 같다.

(도의는 광부廣府 보단사寶壇寺에서 구족계를 받은 뒤에) 조계에 이르렀다. 조사당(조사지당祖師之堂)에 예배하려 하니 문선門扇이 홀연히 스스로 열렸다. 첨예瞻禮를 세 번 마치고 나오니 문이 전과 같이 닫혔다.[379]

379 『祖堂集』17,「雪岳陳田寺元寂禪師嗣西堂」(『大藏經補編』25, 615b). "後到曹溪, 欲禮祖師之堂, 門扇忽然自開, 瞻禮三遍而出, 門閉如故."

도의의 조사당 참배 이적 역시 대단한 것은 아니다. 범일과 유사한 정도의 긍정적인 관점 판단에 따른 이적일 뿐이다. 또 이 기록의 내포 의미 역시 「범일전」과 마찬가지로 도의가 혜능에게 흡족한 심법의 전수자였다는 것 정도이다.

〈도의국사진영〉

그러나 이들 두 기록에는 두 가지의 결정적인 차이가 있다. 첫째, 범일은 혜능의 육신이 모셔진 진신탑에 예배하는 반면, 도의는 혜능의 사당인 조사당을 참배하고 있다는 점이다. 둘째는 범일의 이적 숫자가 두 가지로 도의의 한 가지보다 많다는 점이다. 조사당이 진신탑과 인접해 있다는 점과 세 가지 이적 모두 그렇게까지 특수하지 않다는 점에서 본다면, 이러한 차이는 관점에 따라서는 소소한 차이로 치부될 수도 있다. 그러나 명주 지역 안의 같은 마조계 홍주종 안에서 경쟁하는 상황이라면, 이는 크게 변별되는 측면이 될 개연성도 존재한다.

실제로 도의에 비해 범일은 입당 유학만 늦은 것이 아니라, 도의는 마조 문하 삼대사 중 두 분인 지장과 백장의 인가를 받았는데, 이는 범일의 제안 사법과는 비교되기 어렵다. 또 지장과 백장은 모두 강서라는 홍주종의 지역적인 정통성도 담보하고 있다. 이에 비해 항주의 제안은 홍주종의 타당성을 확보하기 쉽지 않다. 이런 점에서 본다면, 범일과 범일 문도는 혜능과의 연결점을 강하게 강조할 필요가 있었을 것이다. 즉 「범일전」의 육조탑묘의 참배에 따른 두 가지 이적에는 사실적인 측면 외에도 범일이 굴산사에 주석한 이후의 명주불교적인 측면도 존재한다는 말이다.

실제로 「범일전」에는 육조탑묘의 이적으로 인해 "절의 대중이 놀라며, 서로 함께 말했다. '이와 같은 서상은 실로 미증유未曾有다. 마땅히 선사(범일)가 온 조짐이리라.'"라고 하여 감탄하는 내용이 강조되어 있다.[380] 즉 범일은 혜능에게 부합하는 선승인 동시에 보림사 대중들도 인정하는 승려인 것이다. 이렇게 놓고 본다면, 범일은 마조계와 석두계 및 혜능에게 서상瑞祥으로 인정받은 최고의 선승이라는 권위를 확보하게 된다.

혜능의 서상 인정은 범일이 회창법난 과정에서 겪은 고난과 내적인 회의가 일정 부분 해소되는 관점 전환의 계기가 되었을 것이다. 범일이 서상으로 혜능에게 인정받는 것은 내적 갈등의 해소로 해석될 수 있으며, 이는 더 이상 당나라에서 얻을 것이 없음을 상징하기도 한다. 이는 「범일전」에서 "이때 고리故里(고향)로 돌아가서 불법을 널리 베풀 것을 생각했다."라고 하여 유학의 뜻이 모두 이루어졌음을 나타내고 있는 것을 통해서도 단적인 판단이 가능하다.[381]

물론 범일이 신라 귀국으로 생각을 전환한 것에는 당시 당나라의 현실적인 측면도 존재했다. 그것은 845년 음력 4월에 외국 승려로 사부祠部의 도첩이 없는 이들의 추방령이 내려졌기 때문이다. 당나라에서 외국 승려가 사부의 도첩을 취득하기 위해서는 9년이 지나야 가능했는데 외국 승려 중에는 이를 신청하지 않는 이들도 다수 있었다.[382] 즉 이는 외국 승려의 상당수에 대한 추방령이라고 할 수 있는 것이다. 만일 이를 어길 시에는 조칙을 어긴

---

380 『祖堂集』17, 「溟州崛山故通曉大師嗣鹽官」(『大藏經補編』25, 618b). "寺衆愕然, 共相謂曰:「如此瑞祥, 實未曾有。應是禪師來儀之兆也。」"

381 같은 책. "於是思歸故里, 弘宣佛法。"

382 權悳永, 「唐 武宗의 廢佛과 新羅 求法僧의 動向」, 『韓國學』(舊『精神文化研究』) 17-1(1994), 99-100쪽.

›› 207 ‹‹

›› 207 ‹‹

죄를 물어 단죄하는 것으로 되어 있다.

당시 외국 승려의 추방과 관련해서는 엔닌[圓仁]의 『입당구법순례행기
入唐求法巡禮行記』 권4 속의 생생한 기록을 통해서 확인된다.[383] 무종의 외국
승려 추방 조치와 관련해서 주목되는 것이 낭혜무염(성주산문)의 845년 귀국
과 철감도윤(사자산문)과 범일의 847년 귀국이다. 〈성주사낭혜화상비명〉에
의하면 무염은 제帝의 명에 의해 귀국한 것으로 되어 있다.[384] 여기에서 '제'
가 무종이라는 점을 생각해 본다면, 무염은 추방령에 따라 곧장 귀국한 것을
알 수 있다.

이에 반해 도윤과[385] 범일은 847년에
신라로 귀국한다. 도윤의 귀국이 상대적으
로 늦은 것은 도윤 역시 범일처럼 전에 없던 폐불
을 만나 일단 피난형의 은거를 택했기 때문으로
추정된다. 회창폐불은 845년 음력 3월 3일에 단
행된다. 그러나 폐불의 전조는 842년 음력 3월
부터 점진적으로 강화되고 있었다는 점에서
당시 유학승들로서는 극단적인 폐불을 분
명하게 인지하지 못했을 수 있다. 이런 과
정에서 피난형 은거가 선택되는 것이다. 죽

화순 쌍봉사 철감선사부도(국보)

---

383 『入唐求法巡禮行記』 4, 「會昌年四月初-會昌年七月十七日」(『大藏經補編』 18, 104b-110b).

384 〈保寧聖住寺址郞慧和尙塔碑〉, "會昌五年來歸帝命也. (…) 沙之復汰之東流是天假." 『祖堂
集』에는 會昌 6年 즉 846年에 歸國한 것으로 되어 있어 차이가 있다. 그러나 여기에서는 一般
論에 根據하여 〈碑文〉을 따르고자 한다. 『祖堂集』 17, 「嵩嚴山聖住寺故兩朝國師嗣麻谷」(『大
藏經補編』 25, 620b), "已得心珠於麻谷. 會昌六年, 迴歸本國."

385 〈和順雙峯寺澈鑒禪師塔碑〉는 破壞되어 螭首의 "双峰山故澈鑒禪師碑銘"이라는 碑銘만 把
握될 수 있을 뿐이다. 이 때문에 道允의 歸國 연도는 『祖堂集』의 記錄이 유일하다. 『祖堂集』
17, 「雙峰和尙嗣南泉」(『大藏經補編』 25, 629a), "以會昌七祀夏初之月, 旋屆靑丘, 便居楓岳."

음을 무릅쓰고 구법의 입당 유학길에 올랐는데, 명확하지 않은 폐불 상황으로 인해 귀국에 오른다는 것은 쉽지 않은 판단이었을 것이기 때문이다. 여기에 외국 승려에 관해서는 예외 조항이 유지된 기간이 있었다는 점에서 사태의 관망을 위한 은거 판단은 흐름상 자연스럽다. 이와 같은 판단 속에 도윤과 범일과 같은 유학승이 존재했던 것이다.

그런데 846년 음력 3월 23일에 무종이 사망하고 선종이 즉위하면서 폐불의 분위기는 달라진다. 또 847년 음력 윤3월에는 복불령이 내려진다. 그런데 도윤은 847년 음력 4월(하초지월夏初之月)에 귀국하고,[386] 범일은 847년 음력 8월(필자 수정)에 당나라를 떠나게 된다. 즉 이들은 모두 복불령이 내려진 이후에 당나라를 떠나고 있다. 이는 이들의 귀국이 단순한 추방령에 대한 후속 조처 과정에서만이 아니라, 폐불 과정에서의 심리적인 변화 역시 중대한 원인이었음을 생각해 보게 한다. 즉「범일전」의 "이때 고리故里(고향)로 돌아가서 불법을 널리 베풀 것을 생각했다."라는 기록은 충분한 타당성을 담보하는 내용이다.[387]

2) 범일의 귀국 목적과 연도의 문제점

「범일전」은 범일이 고리로 돌아가 불법을 펴기 위해 "회창 6(846)년 정묘 8월에 경랑鯨浪을 건너기 시작해 계림雞林으로 돌아왔다."라고 적고 있다.[388] 고리는 고향을 의미한다. 이런 점에서 본다면, 이는 고리인 '굴산사에서 40여

---

386 같은 책.

387 鄭東樂,「通曉 梵日(810~889)의 生涯에 대한 再檢討」,『民族文化論叢』24(2001), 75쪽.

388 『祖堂集』17,「溟州崛山故通曉大師嗣鹽官」(『大藏經補編』25, 618b). "卻以會昌六年丁卯八月, 還涉鯨浪, 返于雞林."

년을 주석했다.'라는[389] 「범일전」의 서술과 함께 전후의 일관성을 확보한다. 『삼국유사』권3의 「낙산이대성 관음·정취·조신」에도 "회창 7년 정묘에 환국還國했다. 먼저 굴산사를 창건하고 (선불교)의 가르침을 전하였다."라고 되어 있다.[390] 즉 범일의 문헌에는 '고리 → 굴산사 창건 → 40여 년 주석'의 구조가 존재하는 것이다.

그러나 범일이 처음부터 고향인 명주 지역의 교화를 염두에 둔 것인지는 명확하지 않다. 왜냐하면 범일은 경주로 돌아온 이후 851년 무렵까지 주로 경주 쪽에서 주석했을 것으로 판단되기 때문이다.[391] 이후 851년 음력 1월 백달산(현재의 대전시 대덕구 회덕동 쪽으로 추정)에서[392] 연좌宴坐하다가[393] 명

---

389 같은 책. "溟州都督金公仍請住崛山寺。一坐林中, 四十餘載。"

390 『三國遺事』3, 「興法第三-洛山二大聖 觀音·正趣·調信」(『大正藏』49, 997a). "以會昌七年丁卯還國。先創崛山寺而傳教。"

391 鄭東樂, 「通曉 梵日(810~889)의 生涯에 대한 再檢討」, 『民族文化論叢』24(2001), 77쪽. "梵日은 文聖王의 歸依를 받기는 하였지만, 당시 新羅의 政治的 狀況은 順坦하지 않았던 것으로 보인다. 神武王 祐徵의 卽位를 도와 주었던 淸海鎭 大使 張保皐가 文聖王이 卽位하자 同王 7년(845) 자신의 딸을 王妃로 들이려다 失敗하고 同王 8년(846) 淸海鎭에서 反亂을 일으키다가 殺害된다. 그리고 梵日이 歸國하기 대략 3개월 전인 同王 9년 5월에는 伊飡 良順과 波珍飡 興宗 등이 謀反하였다가 伏誅되고, 同王 11년(849) 9월 伊飡 金式, 大昕 등이 反易하여 伏誅되었으며, 同王 13년(851) 2월에는 淸海鎭을 破하고 그곳 사람을 碧骨郡으로 徙民시켰다. 文聖王 9년(847) 8월 '弘宣佛法'하기 위해 歸國한 梵日은 慶州에서 自身을 지켜 줄 수 있는 政治的 後援者나 檀越을 만나기 어려웠고, 文聖王 역시 각종 謀反으로 인해 梵日에게 關心을 가지고 支援해 줄 수 없었을 것이다. 이러한 狀況을 經驗하면서 梵日은 慶州를 떠나게 되었다."

392 申千湜, 「韓國佛敎史上에서 본 梵日의 位置와 崛山寺의 歷史性 檢討」, 『嶺東文化』1(1980), 12쪽; 佛敎史學會 編, 『韓國佛敎禪門의 形成史研究』(서울: 民族社, 1986), 288쪽; 金杜珍, 「新羅下代 崛山門의 形成과 그 思想」, 『省谷論叢』17(1986), 320쪽; 曺凡煥 著, 『羅末麗初 禪宗山門 開創 硏究』(서울: 景仁文化社, 2008), 144쪽; 曺凡煥, 「新羅 下代 梵日 禪師와 崛山門의 開創」, 『梵日國師 硏究叢書』(江陵: 梵日國師文化祝典委員會, 2016), 37-38쪽; 曺凡煥, 「羅末麗初 禪僧의 이상과 현실-崛山門 出身의 行寂과 開淸 禪師를 중심으로」, 『韓國思想史學』57(2017), 232쪽.

393 『祖堂集』17, 「溟州崛山故通曉大師嗣鹽官」(『大藏經補編』25, 618b). "暨大中五年正月, 於白達山宴坐, 溟州都督金公仍請住崛山寺。"

주도독 김공의 요청으로 굴산사로 옮기게 된다.[394] 즉 범일의 귀국 후 행보는 명주만을 목적으로 한 것이 아님이 드러나고 있다. 이런 점에서 본다면, 「범일전」의 '고리 교화' 부분은 범일의 굴산사 주석이 강조되면서 반영된 후대의 인식에 의한 측면일 개연성도 존재한다. 즉 기록상에서 뒤에 위치하는 굴산사 강조가 선행하는 고리의 강조를 초래했을 수 있다는 말이다.

「범일전」의 내용만으로는 범일이 언제 백달산으로 이동했는지 분명하지 않다. 그러나 백달산에서 굴산사로 옮기는 851년 음력 1월 이전의 상당 기간을 경주에서 머물렀을 것으로 추정하는 것은 크게 무리가 아니다.

범일은 명주에서 출가하지만, 경주에서 비구계를 받고 이후 6년(829~835)간 경주에서 생활했다. 비구계부터를 본격적인 승려라고 본다면, 범일의 제대로 된 승려 생활은 경주에서 이루어졌다고 봐도 과언이 아니다. 즉 범일이 귀국 후에도 경주에서 머물렀다는 판단은 행동의 일관성이 확보되는 합리적인 추론이라는 말이다.

범일은 11년(836~847) 정도 유학했지만, 그럼에도 귀국한 범일에게는 입당하기 전의 마지막 생활 터전인 경주가 가장 안정적인 곳이었을 것이다. 또 이러한 경주 주석 과정에서 백달산이 인연처가 되었을 개연성도 크다. 이런 점에서 본다면, 847년부터 851년 사이 대부분은 경주 쪽에 머물고 있었다고 보는 것이 합리적이다.

이런 점에서 본다면, 범일이 851년부터 입적하는 889년까지 굴산사와 명주 쪽에 주석했지만(40여재四十餘載~40여 년), 범일이 처음부터 고향 교화를 목적으로 귀국한 것인지에 관해서는 의문을 가질 수 있다. 물론 범일은 함통

---

394 鄭東樂은 이때의 實務者로 〈昌林寺無垢淨塔願記〉(855)에 등장하는 '守溟州別駕 金嶷寧'을 꼽고 있어 注目된다. 鄭東樂, 「梵日의 崛山門 開創과 成長基盤 造成」, 『新羅史學報』 35(2015), 72쪽.

咸通 12(871)년의 경문왕景文王(제48대, 재위 861~875)과 광명廣明 원元(880)년의 헌강왕憲康王(제49대, 재위 875~886), 그리고 광계光啓 3(887)년의 정강왕定康王(제50대, 재위 886~887)이라는 삼왕三王의 초청에도 응하지 않고 굴산사를 중심으로 주석했다. 그러나 이는 모두 범일이 환갑이 지난 뒤인 만년의 사건이다.

범일은 당시로서는 80세(810. 1. 15~889. 5. 1)라는 대단한 장수자였다. 또 범일의 경주에서의 초빙 거절에는 신라 하대 중앙 권력의 약화와 지방 권력의 독립성 등의 관점도 고려되어야만 한다. 그러나 일차적으로는 당시 환갑이 넘으면 장거리 이동이 쉽지 않은 신체적인 측면이 고려되는 게 타당하다. 이런 점에서 본다면, 범일의 교화 대상을 처음부터 고리, 즉 고향으로 한정하는 것에는 문제가 있다. 「범일전」의 내용처럼 범일의 귀국 목적이 고향 교화였다면 경주에 머물지 말고 곧장 고향 쪽으로 이동하는 것이 타당하기 때문이다.

물론 이 문제를 해결하는 방법이 없는 것은 아니다. 왜냐하면 고리를 고향으로만 해석하지 않고, 당에 대비되는 고국인 신라로 이해하는 것도 가능하기 때문이다. 즉 고리는 고향을 중심으로 고국이 덧붙여진 이중적인 의미로 사용된 것 정도로 이해하면 가장 무난한 것이 아닌가 한다.

범일은 "회창 6(846)년 정묘丁卯 8월에 경랑鯨浪을 건너기 시작해 계림雞林으로 돌아온다."[395] 그런데 회창 6년의 간지는 '정묘'가 아닌 '병인丙寅'이다. 또 정묘는 당나라 제18대 선종의 연호인 대중 1(847)년이다. 즉 이 기록 속에는 '회창 6년을 따를 것인지'와 '정묘라는 간지를 따를 것인지'의 문제가 존재하는 것이다.

---

395 『祖堂集』17, 「溟州崛山故通曉大師嗣鹽官」(『大藏經補編』25, 618b), "卻以會昌六年丁卯八月, 還涉鯨浪, 返于雞林。"

그런데 앞서 언급한 『삼국유사』 권3의 「낙산이대성 관음·정취·조신」에는 "회창 7(847)년 정묘에 환국還國했다. 먼저 굴산사를 창건하고 (선불교의) 가르침을 전하였다."라고 되어 있다. 이 기록은 정묘라는 간지에 무게 비중을 두어 회창을 7년으로 처리했으나, 회창 연호는 6년이 끝이고 7년은 없다. 또 범일이 돌아와서 먼저 굴산사를 창건했다는 내용도 「범일전」과 다르다.

　　이치로 보았을 때 범일이 입당 유학길에 오르기 전 경주에서 생활했다는 점, 또 김의종의 도움으로 뜻을 이룰 수 있었다는 점 등을 고려한다면, 경주에서 일정 기간 주석하면서 지인들에게 귀국을 알리고 당에서 겪은 이야기를 해 주는 정도가 타당하다. 특히 당시 당나라에는 회창법난이라는 불교적으로 최대의 관심거리가 될 사건이 발생했다는 점에서 더욱 그렇다. 이런 점에서 본다면, 「낙산이대성 관음·정취·조신」의 내용보다는 「범일전」의 귀국 후 경주 주석과 백달산 연좌 이후에 굴산사 주석과 같은 이동이 자연스러운 측면이 된다. 즉 「낙산이대성 관음·정취·조신」의 기록에도 문제가 존재하는 것이다.

　　그러나 두 기록의 공통점이 정묘라는 점과 앞서 언급한 범일의 이동 거리와 동선으로 봤을 때 846년 출발에는 불가능에 가까운 무리가 따른다. 이런 점에서 「범일전」의 "회창 6(846)년 정묘 8월"은 '대중 1(847)년 정묘 8월'로 수정되는 것이 타당하다.[396] 흥미로운 것은 『조당집』 권17의 「도윤전」에도 철감도윤이 회창 7년에 귀국한 것으로 되어 있다는 점이다.[397] 즉 회창 7년이라는 연호 착각이 여기에도 존재하는 것이다. 이 또한 대중 1년 판단에 대

396　李基白 著,「新羅初期佛敎와 貴族勢力」,『新羅思想史硏究』(서울: 一潮閣, 1986), 76쪽 ; 金興三,「羅末麗初 闍崛山門과 政治勢力의 動向」,『古文化』50(1997), 398쪽.

397　『祖堂集』17,「雙峰和尙嗣南泉」(『大藏經補編』25, 629a), "以會昌七祀夏初之月, 旋届青丘, 便居楓岳。"

한 한 방증이 될 수는 있지 않은가 한다.

또 범일은 입당 때 김의종과 함께 국가 차원의 외교 사절과 함께했지만, 귀국 때는 소주를 들르게 되면서 출발 지역이 완전히 바뀌게 된다. 이에 범일이 신라의 국가 선박(국선國船)을 이용하지 못했을 가능성이 대두한다. 또 소주가 위치한 광동성은 당나라 남쪽 지역에서 물류 유통이 활발한 지역이지만 당의 수도인 장안과 낙양 쪽과는 거리가 멀다. 이는 신라의 공식적인 사절이 오갈 수 있는 곳이 아니라는 말이다. 이렇게 놓고 본다면, 범일은 귀국 시에는 개인적으로 구한 당과 신라 사이의 무역선에 의지해 경주로 왔을 개연성이 크다.[398]

또 당시 신라에서 광동성 쪽으로는 해안선을 이용한 해로가 존재하고 있었기 때문에 이와 같은 귀국은 충분히 가능했다. 「범일전」에서 범일이 음력 8월에 출발한 것 역시 신라로 오는 해류와 관련된 것으로 이해된다. 참고로 범일의 신라 귀국, 즉 도착을 음력 8월로 보는 경우도 존재한다.[399] 그러나 해풍의 방향을 고려해 본다면 음력 8월에 출발해서 초겨울쯤 경주에 도착했다고 이해하는 것이 타당하다.

조영록은 범일의 귀국을 '소주韶州 → 항주杭州 → 명주明州 → 신라新羅'로 판단하고 있다.[400] 그러나 범일이 847년 봄쯤 소주의 보림사를 참배하고,

---

398 曺凡煥, 「新羅 下代 張保皐와 禪宗」, 『STRATEGY21』 4-2(2001), 109쪽.

399 曺凡煥, 「新羅 下代 梵日 禪師와 崛山門의 開創」, 『梵日國師 硏究叢書』(江陵: 梵日國師文化祝典委員會, 2016), 35-36쪽 ; 車長燮, 「梵日國師와 崛山寺의 歷史的 位置」, 『梵日國師 硏究叢書』(江陵: 梵日國師文化祝典委員會, 2016), 100쪽.

400 曺永祿은 崔致遠이 〈鳳巖寺智證大師寂照塔碑〉에서 범일을 "孤山日"이라고 稱한 것을 根據로 杭州의 孤山寺로 판단했다. 이런 경우에는 歸國도 入國 때와 마찬가지로 明州 쪽이 된다. 그러나 筆者는 孤山은 崛山과 의미적으로 통하는 異稱으로 추정한다. 曺永祿, 「崛山祖師 梵日新傳」, 『韓國史學史學報』 33(2016), 28-30쪽. "29쪽: 崔致遠은 그를 孤山日이라 한 것은 '杭州 西湖의 孤山寺 梵日'이라는 뜻이다. 長慶年間(821~824)에 白居易가 杭州刺史로 있으면서 西

음력 8월에 당나라를 떠났을 것으로 추정된다는 점에서, 항주와 명주를 거친 신라 귀국은 어려웠을 것이다. 왜냐하면 소주 인근에는 보림사 외에도 혜능과 관련된 참배 사찰들이 다수 존재한다는 점, 또 귀국과 관련된 배편을 구하는 데도 시간이 필요하다는 점에서 이동 거리가 멀면 물리적인 시간이 확보되지 않기 때문이다. 실제로 소주에서 명주는 지도상의 직선거리로만 1,000킬로미터가 넘는 먼 거리이다. 물론 범일의 보림사 참배가 소주에서의 마지막이라면 가능성도 있다. 그러나 보림사의 상징성으로 볼 때 이곳 참배가 첫 번째 여정이었을 개연성이 크다는 점에서 무리라는 판단이 타당성을 확보할 수 있다.

또 배편으로 계림으로 왔다고 했으니 입국 때와 마찬가지로 귀국 때도 하곡현(현재의 울산)으로 돌아온 것임을 알 수 있다. 즉 범일은 왕복을 모두 하곡으로 하는 것이다. 이는 삼국 통일이 완수되고 200여 년이 지난 신라 하대까지도 경주에서 당으로 들어가는 방법은 육로나 당항성에 비해 하곡현이 주로 사용되었다는 것을 알게 해 준다.[401]

「범일전」에는 범일의 귀국과 관련해서, 다음과 같은 찬탄 게송이 적혀 있다.

높이 솟은(정정亭亭) 계율의 달(밝음),

湖 孤山寺의 辟支塔 옆에 殿閣을 세워 詩를 즐겼던 까닭에 그 山이 세상에 널리 알려지게 되었다. 孤山에 머물던 梵日은 때로는 明州에 드나들며 歸國船便을 알아보는 일에 時間을 보냈을 것이다."

401 元寂道義의 記錄에는 山西省 五臺山을 參拜한 內容이 收錄되어 있다. 이는 唐의 首都가 長安과 洛陽이라는 점을 考慮할 때, 陸路로 入唐했다는 추정을 가능하게 한다. 『祖堂集』 17, 「雪岳陳田寺元寂禪師嗣西堂」(『大藏經補編』 25, 615b). "以建中五年歲次甲子, 隨使韓粲號金讓恭, 過海入唐, 直往臺山, 而感文殊。空聞聖鍾之響, 山見神鳥之翔。"

빛의 흐름 현토玄兔의 성城(월궁)에 이르는구나!

교교皎皎한 의주意珠는

청구靑丘(한반도)의 경계를 비춰서 뚫는다네.[402]

이 게송의 앞 구절은 범일의 청정한 수행력이 현토의[403] 성인 월궁에까지 번치는 것을 의미한다. 그리고 뒤 구절은 성성적적惺惺寂寂한 깨침이 청구, 즉 신라의 모든 곳을 꿰뚫어 버리는 측면을 나타낸다. 즉 범일의 계율적인 청정성에 입각한 본래 완성의 깨달음이 이후 신라를 진동시키게 됨을 찬탄하고 있다.

남종선의 특징은 본래 완성에 입각한 주관유심주의이다. 이에 따라 인식 주체가 너무 강력해지면 윤리가 가설될 곳이 존재하지 않는 문제가 발생한다. 이 때문에 선불교는 철학보다 미학적인 판단에서 연구되는 측면이 존재한다.[404]

실제로 본래 완성에 입각한 강력한 유심주의는 이지李贄(이탁오李卓吾, 1527~1602)나[405] 경허성우鏡虛惺牛(1849~1912)와 같은 윤리 문제를 파생하기

---

402 『祖堂集』 17, 「溟州崛山故通曉大師嗣鹽官」(『大藏經補編』 25, 618b). "亭亭戒月, 光流玄兔之城 ; 皎皎意珠, 照徹靑丘之境。"

403 月宮에 玉兔가 存在한다는 認識은 屈原의 『楚辭』에서 確認된다. 그러나 달과 관련된 동아시아 古代의 일반적인 認識은 두꺼비, 즉 蟾蜍였다. 『楚辭』, 「天問」. "夜光何德, 死則又育, 厥利維何, 而顧菟在腹" ; 『淮南子』, 「7. 精神訓」. "月中有蟾蜍" ; 『初學記』 1, "託身於月, 是爲蟾蜍, 而爲月精" ; 廉仲燮, 〈4. 달과 토끼〉, 「佛敎 宇宙論 日月光의 象徵 分析」, 『國學研究』 19(2011), 197-202쪽.

404 李澤厚 著, 「第五章 形上追求」, 『華夏美學』(天津 : 天津社會科學院出版社, 2002), pp. 190-229 ; 李澤厚 著, 『美的歷程』(天津 : 天津社會科學院出版社, 2001), pp. 145-168 ; 葉郎 著, 「魏晉玄學與魏晉南北朝美學」, 『中國美學史大綱』(上海 : 上海人民出版社, 2005), p. 184.

405 시마다 겐지 著, 김석근·이근우 譯, 『朱子學과 陽明學』(서울 : 까치, 1990), 203-214쪽 ; 李贄 著, 김혜경 譯, 「卓吾 李贄 先生의 年譜」, 『焚書 Ⅱ』(서울 : 한길사, 2004), 592-614쪽.

도 한다.[406] 실제로 '막행막식莫行莫食 무방반야無妨般若(비계율적인 행동이 반야에 방해되지 않는다)' 등의 관점은 대중적인 사회성이나 국가의 제도적인 측면에서는 분명 문제의 소지가 크다.[407] 이와 같은 문제는 선불교 말고도 성기설性起說과 일체유심一切唯心을 주장하는 화엄종에서도 확인된다.

『임간록林間錄』 권상에는 동시대의 화엄가인 청량징관淸涼澄觀(738~839)과 조백대사棗栢大士 이통현李通玄(635~730)에 대한 윤리적인 관점 차이가 수록되어 있다. 징관은 매우 엄격한 행동 양식을 보인다. 이는 「청량국사전淸涼國師傳」에서 "비구니 사찰의 티끌도 밟지 않고 거사의 탑상榻牀에는 옆구리를 붙이지 않았다."라는 구절로 분명해진다.[408] 이에 반해 이통현은 활달하고 자유로운 원효와 같은 방식의 삶을 살았던 분이다. 그러자 당시 사람들은 '화엄가라면 징관 같아서는 안 되며, 응당 이통현 같아야 한다.'라고 말했다. 이에 대해 『임간록』을 편집한 송나라의 각범혜홍覺範慧洪(1071~1128)은 이통현이 출가하면 청량처럼 될 수 있다고 설명해 출가와 재가를 명확히 구분하는 자세를 취하고 있다.[409]

---

406 廉仲燮,〈② 元曉·鏡虛와 律〉,「韓國佛敎 戒律觀의 根本問題 考察-中國文化圈의 特殊性을 中心으로」,『宗敎研究』72(2013), 77-80쪽 ; 尹暢和,「鏡虛의 酒色과 三水甲山」,『佛敎評論』52(2012), 189-198쪽.

407 廉仲燮,「韓國佛敎의 戒律 變化에 대한 安當性 摸索」,『宗敎文化研究』24(2015), 100-106쪽 ; 廉仲燮,「韓國佛敎 戒律觀의 根本問題 考察-中國文化圈의 特殊性을 中心으로」,『宗敎研究』72(2013), 56-80쪽.

408 『華嚴經疏論纂要』全1卷,「淸涼國師傳」(『大藏經補編選錄』3, 4a). "體不捐沙門之表。心不違如來之制。坐不背法界之經。性不染情礙之境。足不履尼寺之塵。脇不觸居士之榻。目不視非儀之綵。舌不味過午之餚。手不釋圓明之珠。宿不離衣鉢之側。"

409 『林間錄』上(『卍新纂大日本續藏經選錄』87, 247c). "棗栢大士 . 淸涼國師。皆弘大經。造疏論。宗於天下。然二公制行皆不同。棗栢則跣行不滯。超放自如。以事事無礙行心。淸涼則精嚴玉立。畏五色糞。以十願律身。評者多喜棗栢坦宕。笑淸涼縛束。意非華嚴宗所宜爾也。予曰。是大不然。使棗栢薙髮作比丘。未必不爲淸涼之行。盖此經以遇緣即宗合法。非如餘經有局量也。"

〈청량징관 진영〉　　　〈위산영우 진영〉　　　〈앙산혜적 진영〉

이는 선불교 위앙종의 위산영우潙山靈祐(771~853)와 앙산혜적仰山慧寂(807~883)의 대화 속에서도 살펴진다. 위산은 앙산에게 "행리를 말하지 않는다(불설행리不說行履)'가 '행리를 중시하지 않는다(불귀행리不貴行履)'로 와전되어, 살殺·도盜·음淫·망妄의 네 가지 바라이죄波羅夷罪가 무애행無碍行으로 자행되었다."라고 하고 있다. 본체론에 치중한 현상적인 윤리 문제를 분명하게 지적하고 있는 것이다. 즉 8~9세기 당나라 불교 안에서도 이와 같은 폐해와 문제의식이 강하게 대두하고 있었다.

이런 계율과 깨침을 충돌의 관점에서 파악하는 방식은 신라 하대에도 영향을 미쳤을 것이다. 특히 신라에는 『삼국유사』 권5의 「광덕 엄장廣德 嚴莊」에 등장하는 광덕과 엄장이나, 『삼국유사』 권3의 「남백월이성 노힐부득 달달박박南白月二聖 努肹夫得 怛怛朴朴」에서 확인되는 노힐부득과 달달박박 같은 정상적인 승려가 아닌 이들이 있다. 이는 신라에 존재하던 대처승에 대한 기록인 동시에 아이러니하게도 성인으로까지 존숭된다.[410] 즉 계율에 대한 엄격성이 신라에도 무너져 있었으며, 이를 신라불교 역시 무감각하게 받

---

410 『三國遺事』 5,「神呪第六-廣德 嚴莊」(『大正藏』 49, 1012b·c) ; 『三國遺事』 3,「興法第三-南白月二聖 努肹夫得 怛怛朴朴」(『大正藏』 49, 995b~996b).

아들이고 있었다.

계율의 문제는 본체론에 입각한 주관주의를 견지하는 선불교에서 더 강력하게 작용하기 쉽다. 이와 같은 윤리 문제를 인지하고, 이에 대한 방어 기제를 전개하는 내용이 바로 「범일전」에서 확인되는 계율에 대한 강조가 아닌가 한다.

「범일전」은 길지 않은 문헌이지만 "정행원비淨行圓備"와 "정정계월亭亭 戒月"의 두 차례나 범일의 계율에 대한 청정함을 강조하는 대목이 존재한다. 이는 범일의 선풍이 계율, 즉 윤리에 기반한 깨달음이었을 가능성을 환기한 다. 특히 범일이 산 신라 하대에는 기존의 사회제도가 붕괴하며 여러 방면에 서 문제가 다수 노출되던 시기이다. 이런 점에서 본다면, 범일의 계율적인 삶 의 태도는 훨씬 더 주효했을 것이다. 즉 범일이 굴산사를 중심으로 사굴산문 을 개창할 수 있었던 원동력 중 하나에는 '계율의 청정함을 강조하는 선불 교'라는 특징도 일정 부분 작용했다고 하겠다.

2.
진귀조사설의 의미와 범일의 제창 의도

1) 진귀조사설의 함의와 범일

고려 말인 1294(충렬왕 19)년 천책天頙(1206~?)이[411] 여러 선불교 문헌에서 요지를 집취하여 간행한『선문보장록禪門寶藏錄』의〈제4칙〉·〈제24칙〉·〈제52칙〉에는 '진귀조사설眞歸祖師說'이라는 불교사상 가장 특이한 내용이 수록되어 있다.[412] 진귀조사설은 붓다가 인도 비하르주 보드가야의 보리수 아래에서 완전한 깨달음을 얻지 못하고, 재차 '진귀조사'라는 조사를 찾아가 교외별전의 깨달음을 얻어 정각正覺을 완성했다는 내용이다. 즉 불교의 교조인 붓다는 자력으로는 동아시아불교의 교종과 같은 측면만 깨달았을 뿐이며, 이후에 본래 완성을 자각하는 심법心法은 진귀조사를 통해서 증득했다는 것이다.

이는 불교사적인 관점이나 불교의 교조에 관한 판단에서 볼 때 매우 비상식적인 주장이다. 그러나 이와 같은 주장이 존재하는 데는 나름의 이유가 있고, 또 이것이 범일과 관련된다는 점에서 이에 관한 판단을 요청받지 않을 수 없다.

411　天頙은 天台宗 僧侶이므로 眞歸祖師說이 수록되기 어렵다는 점에서『禪門寶藏錄』은 天頙에게 假託된 著述일 뿐이라는 관점도 존재한다. 國立中原文化財研究所 編,「羅末麗初 崛山門 思想의 形成」,『闍崛山門 崛山門』(忠州: 國立中原文化財研究所, 2012), 59쪽.

412　鄭東樂은 高翊晉과 蔡尙植의 先行 研究에 근거하여, 眞歸祖師說이 梵日系에 의해 創案되어 假託된 것으로 판단했다. 鄭東樂,「梵日(810~889)의 禪思想」,『大丘史學』68(2002), 21쪽.

진귀조사설의 내포 의미는 교종에 대한 선종의 강력한 우위 주장이다. 특히 이 주장이 교조인 석가모니의 권위를 떨어트리는 측면이 존재함에도 전개되고 있다는 점은 세계종교사에서 비슷한 방식을 찾기 어려울 정도로 이례적이다.

먼저 이해의 편리를 위해 〈제4칙〉·〈제24칙〉·〈제52칙〉을 차례로 제시해 보면 다음과 같다.

〈제4칙〉

당토唐土(중국)의 제2조인 혜가惠可 대사가 달마達磨에게 물었다. "지금 (저에게) 부촉付屬된 정법正法은 묻지 않겠습니다. (그러나) 석조釋祖(석가모니)께서는 어떤 분에게 전해 받고, 어떤 곳에서 증득한 것입니까? 자비로 곡진히 설해 주시면 후래後來의 성규成規가 될 것입니다." 달마가 말했다. "나에게 곧 **5천축五天竺의 제조諸祖들**이 전설傳說한 편篇이 있다. 이제 너를 위해 설해서 보여주겠다." (그러고는) 게송으로 말했다. "**진귀조사眞歸祖師**가 설산에 있으며, 총목叢木('木'은 '林'의 오기) 중에서 석가를 기다리네. 가지고 있던 조사의 (심)인을 임오세壬午歲에[413] 전하니, 심득心得한 동시同時에 조종지祖宗旨라네.

– 『달마밀록達磨密錄』[414]

413　정영식, 「高麗中期의 『禪門寶藏錄』에 나타난 九山禪門의 禪思想」, 『韓國思想과 文化』 50(2009), 354쪽. "제4칙에서 '傳持祖印壬午歲'는 '釋迦牟尼가 壬午年에 祖師의 心印을 전해 받았다'고 하는 것인데, 이것은 아마도 '釋迦의 成道는 壬午歲였다'는 說에서 온 것일 것이다. 그러나 '釋迦의 成道가 壬午年이었다'는 主張은 中國의 宋代 以後에 생긴 것으로 達磨의 發言일 리가 없다."

414　『禪門寶藏錄』1, 「禪敎對辨門(二十五則)」(『卍新纂大日本續藏經選錄』64,807c). "唐土第二祖惠可大師。問達磨。今付正法卽不問。釋祖傳何人。得何處。慈悲曲說。後來成規。達磨曰。我卽五天竺。諸祖傳說有篇。而今爲汝說示。頌曰。眞歸祖師在雪山。叢木房中待釋迦。傳持祖印

〈제24칙〉

명주 (사)굴산의 범일국사는 (신)라대羅代 진성대왕(재위 887~897)이 선교禪敎의 양의兩義를 선문宣問(하문下問)한 것에 답해서 말했다. "나의 본사석가本師釋迦께서는 출태出胎 설법說法으로 각행各行(사방四方) 칠보七步하시며,[415] '(천상천하) 유아독존唯我獨尊'이라 하였습니다. (장성한) 후에 유성踰城 (출가하여) 설산雪山 중으로 가시어 '인성오도因星悟道'를 하게 됩니다.[416] (그러나) 곧장 이 법이 미진未臻임을 알고는 수십數十 개월을 유행遊行한 끝에 조사祖師를 심방尋訪하여, **진귀대사眞歸大師**에게 비로소 '현극의 지玄極之旨'를 전해 증득했습니다. 이것이 (바로) '교외별전敎外別傳'입니다."

– 『해동칠대록海東七代錄』[417]

〈제52칙〉

위魏나라 명제明帝(제2대, 재위 226~239)가 천축삼장 가마라다迦摩羅陁에게 물어 말했다. "불경 중에 어떠한 경전에 귀의해야 군국君國에 유익함이 있겠습니까?"

壬午歲。心得同時祖宗旨。達磨密錄。"

415 卽行七步는 典籍에 따라, 그냥 7步와 4方 7步 및 6方 7步와 10方 7步까지 多樣하게 存在한다. 廉仲燮,「韓國〈毘藍降生相圖〉에서의 右手와 左手의 安當性 考察」,『溫知論叢』25(2010), 417-423쪽.

416 정영식,「高麗中期의『禪門寶藏錄』에 나타난 九山禪門의 禪思想」,『韓國思想과 文化』50(2009), 354쪽. "마찬가지로 24칙의 '因星悟道'도 宋代 以後에 나오는 설이므로, 梵日의 主張일 리가 없는 것이다."

417 『禪門寶藏錄』1,「禪敎對辨門(二十五則)」(『卍新纂大日本續藏經選錄』64, 810a). "溟州崛山梵日國師。答羅代眞聖大王宣問禪敎兩義云。我本師釋迦。出胎說法。各行七步云唯我獨尊。後踰城往雪山中。因星悟道。旣知是法未臻極。遊行數十月。尋訪祖師眞歸大師。始傳得玄極之旨。是乃敎外別傳也。(…)海東七代錄。"

삼장이 답해서 말했다. "이 땅에 (전해진) 경법지처經法之處로는 안 됩니다."
(명)제가 물었다. "어떠한 이유입니까?"

(삼)장이 대답했다. "멀지 않은 연한年間에 나의 스승인 반야다라般若多羅 (문하에서 나와 함께 배운) 동학同學 보리달마菩提達磨가 이 나라(중국)에 이르러 붓다의 심인지처心印之處를 전하면 (지금의) 경법經法은 행해지지 않을 것이기 때문입니다."

(명)제가 물었다. "한漢나라 황제(후한의 명제) 이래로 대(법)장大(法)藏이 동쪽으로 흘러온 중의 십이부경十二部經 밖에 별도로 불심법인佛心法印이 어찌 있단 말입니까?"

(삼)장이 말했다. "본사석가本師釋迦(세존)께서 왕궁에서 탄생하시어 성장하여 19세에[418] (법)장의 가운데를 관찰하고 십이부경에 의지했으나, **조사지종祖師之宗에는 계합契合하지 못했습니다.** (그래서) 멀리 설산에 이르러 12년을 유행하며[419] 깊은 조원祖院을 구해 심인지법心印之法을 전득傳得했습니다. 그런 뒤에 설산雪山에서 성도하고 (『화엄경』의) 보광(명)전普光(明)殿 및 칠처팔회七處八會까지 설했지만,[420] 심인지법에는 미치지 못했습니다. (왜냐하면) 경·율·론의 별외지법別外之道이 있는 연유입니다."

– 『위명제소문제경편魏明帝所問諸經篇』[421]

---

418 이는 29歲 出家와는 다른 北方 佛敎의 19歲 出家說을 背景으로 하는 部分이다.『修行本起經』2,「遊觀品第三」(『大正藏』3, 467c). "至年十九, 四月七日, 誓欲出家.";『佛說太子瑞應本起經』上(『大正藏』2, 475b). "至年十九, 四月八日夜, 天於窓中, 叉手白言: '時可去矣!'";『過去現在因果經』2(『大正藏』3, 632a). "爾時太子年至十九, 心自思惟: '我今正是出家之時.'" 等 多數.

419 이는 6년 苦行說과는 다른 12년 修行說을 背景으로 한다. 이렇게 되면, 31세에 成道해서 49년 說法하시고, 80세에 涅槃에 드시는 北方 佛敎의 傳統의 一般的인 構造가 만들어지게 된다.

420 七處八會 34品은 60卷 佛陀跋陀羅 譯(418~420)의『華嚴經』을 의미한다. 實叉難陀 譯(695~699)의 80卷『華嚴經』은 七處八會 39品이기 때문이다.

421 『禪門寶藏錄』3,「君臣崇信門三十九則 尼婆附」(『卍新纂大日本續藏經選錄』64, 813c). "魏明帝問

인용문을 보면, 〈제4칙〉에는 진귀조사(혹 대사)설이 지금은 전하지 않는 『달마밀록』을 인용해서, 중국 선불교의 전래자인 초조 달마가 2조인 혜가에게 가르쳐 준 것으로 등장한다. 즉 진귀조사설의 원형은 인도라는 주장이다. 그러나 인도불교에는 여래선이라면 몰라도 중국불교에서와 같은 조사선이 존재하기는 쉽지 않다.[422] 그러므로 이는 중국불교, 특히 선불교가 자신들의 우위와 정통성을 강조하기 위해 후대에 가탁假託한 내용이라고 판단된다.

또 〈제24칙〉에는 지금은 전하지 않는 『해동칠대록』에 근거하여, 범일이 진성여왕에게 답하는 방식으로 붓다의 보드가야 보리수 성도가 완전하지 못했고, 이후 진귀조사를 통해서 비로소 완성되는데 이것이 교외별전임을 부각하고 있다. 즉 교와 차별화되는 선의 우월성을 드러내고 있는 것이다.

끝으로 〈제52칙〉에는 위 명제가 가마라다에게 묻는 방식으로 되어 있는데, 내용은 19세에 출가한 붓다가 십이부경에 의지해서 깨닫지 못하고 12년간을 다시금 노력해 조사의 심인지법을 증득하여 성도한 것으로 되어 있다. 여기에서 19세와 12년간이란, 중국불교에서 보편적으로 수용하던 불전佛傳의 19세 출가설과 12년 고행설의 관점에 입각한 주장이다. 이 기록의 근거는 『위문제소문제경』이다.

이 기록에서 흥미로운 것은 달마가 중국에 왔다는 기록은 527년이라는

天竺三藏迦摩羅陀曰。佛經之中。何經歸依。君國有益。三藏答曰。此地不是經法之處。帝問。是何所由。藏曰。不遠年間。我師般若多羅。同學菩提達摩。降至此國。傳佛心印之處。所以經法不行。帝問。漢帝已來。大藏東流中。寄十二部經之外。何有佛心法印。藏曰。本師釋迦王宮誕生。長而十九。觀之藏中。寄十二部經。未契祖師之宗。遠至雪山。遊行十二年紀。求尋祖院。傳得心印之法。於後雪山成道。普光殿說。及於七處八會。不及心印之法。所以經律論別外之道。(…) 魏明帝所問諸經篇。"

422 許興植은 指空의 陳述을 바탕으로 印度佛教 안에도 達磨의 別派인 禪佛教 傳統이 있었다고 判斷한다. 그러나 筆者는 이를 指空의 誇張으로 이해했다. 許興植 著, 「第1章 指空禪賢」, 『高麗로 옮긴 印度의 등불』(서울: 一潮閣, 1997), 102쪽 ; 廉仲燮, 「指空의 敎·禪修學 主張에 대한 檢討와 問題點」, 『東洋哲學研究』 82(2015), 110-114쪽.

점이다. 가마라다는 달마와 사형제 간으로 등장한다. 그런데 이는 조비曹조(위나라 초대 황제, 재위 220~226)의 아들인 위 명제와는 너무 연대 차이가 크다. 즉 기본적인 연대조차 고려하지 않은 난삽한 내용인 셈이다.

이외에도 십이부경이 붓다가 설한 교설을 범주별로 정리한 것이라는 점에서 출가한 붓다가 수행 과정에서 십이부경에 의지했다는 것 역시 존재할 수 없다. 또 여기에는 『화엄경』의 설법이 심인지법에 미치지 못한다고 하여 교종 위에 존재하는 것이 선종임을 강조하고 있어서 흥미롭다.[423]

그런데 〈제52칙〉에는 진귀조사에 대한 직접적인 언급이 없다. 또 〈제24칙〉이 보드가야 성도 후에 진귀조사에게 재차 가르침을 받는 구조와는 달리, 여기에서는 십이부경 다음의 조사 가르침을 통해서 보드가야 성도가 이루어지는 것으로 되어 있다. 즉 성도 후의 조사 가르침이 아니다.[424]

이는 교외별전의 강조 속에서 진귀조사설로 통합되기 전에 여러 주장이 다양하게 존재했을 개연성을 환기한다. 즉 선종의 교종에 대한 우위 주장 중에 붓다가 조사에게 별도로 가르침을 받았다는 다양한 주장들이 존재했고, 이것이 진귀조사라는 구체성으로 발전한 것이라는 판단이 가능한 것이다.

2) 범일의 진귀조사설 제창과 의미

『선문보장록』 〈제24칙〉에는 범일이 진귀조사설을 제51대 진성여왕(재위 887~897)에게 말해 주는 것으로 되어 있다. 이를 사실로 받아들인다면 범일

---

423 김호귀, 「韓國禪에서 禪敎差別의 展開와 그 變容」, 『禪學』 36(2013), 14-16쪽 ; 오홍석, 「『禪門寶藏錄』에 나타난 禪思想과 韓國禪에 미친 影響」, 『東西哲學硏究』 81(2016), 193-194쪽.

424 오홍석, 「『禪門寶藏錄』에 나타난 禪思想과 韓國禪에 미친 影響」, 『東西哲學硏究』 81(2016), 200-201쪽.

이 진성여왕을 만났다는 의미가 된다.

진성여왕의 재위 시작은 887년 음력 7월 6일이며, 퇴위는 897년 6월이다. 범일의 입적은 굴산사에서 80세를 일기로 889년 음력 5월 1일에 이루어진다.[425] 이렇게 되면, 진성여왕의 재위 기간에서 겹치는 것은 887년 음력 7월 6일부터 범일이 입적하는 889년 음력 4월 사이가 된다. 즉 1년 9개월의 교차 기간이 존재하는 것이다.

그러나 범일이 진성여왕을 만나기 위해서는, 신라 말의 혼란기에 진성여왕이 명주로 왔을 개연성은 없으므로, 노구의 범일이 경주로 오갈 수밖에 없다. 이에 범일의 입적 시기(889. 음력 5. 1)를 고려하면 889년 범일이 경주를 왕복하는 데는 무리가 따랐을 것이란 추론을 가능하게 한다. 80세로 입적하는 범일의 장거리 이동은 불가능했을 것이기 때문이다.

또 진성여왕이 887년 음력 7월 6일에 즉위한다는 점을 고려하면 즉위 직후 안정이 필요한 시기에 범일을 부른다는 것 역시 쉽지 않다. 또 887년에는 제50대 정강왕이 범일을 초청했으나 가지 않았다는 분명한 언급이 존재한다.[426] 즉 정강왕의 초청에는 가지 않고, 여동생인 진성여왕의 초청에는 응하는 이해하기 쉽지 않은 상황이 발생하는 것이다. 그러므로 887년을 제외하고, 범일과 진성여왕의 만남이 실제로 존재했다고 가정할 때, 이는 888년에 이루어졌다고 보는 것이 가장 합리적이다. 만일 범일과 진성여왕의 상면이 사실이라면, 범일의 진귀조사설 전파는 입적 전의 마지막 큰 사건이 되는 셈이다.

---

425 『祖堂集』17,「溟州崛山故通曉大師嗣鹽官」(『大藏經補編』25, 619a), "五月一日右脅累足, 示滅于崛山寺上房。"

426 같은 책(618b), "咸通十二年三月景文大王, 廣明元年憲康大王, 光啓三年定康大王, 三王並皆特迂御禮, 遙申欽仰, 擬封國師。各差中使, 迎赴京師。大師久蘊堅貞, 礭乎不赴矣。"

물론 만년의 범일과 진성여왕 초기라는 서로 상면하기 어려운 사정으로 직접 대면이 아닌 간접 대면의 가능성을 생각해 볼 수도 있다. 다시 말해 서신을 통한 교류가 가능했을 수도 있다는 말이다.[427] 그러나 이 역시 당시의 조건을 고려해 봤을 때 가능성이 크지는 않다고 판단된다.

일부 연구에서는 중국 자료에 진귀조사설에 대한 언급이 없다는 점을 근거로 이를 한국불교에서 제창한 독창적인 개념이라는 주장이 존재한다.[428] 또 〈제24칙〉의 "인성오도因星悟道"가 송나라 이후에 나오는 말이므로 범일의 말일 수 없다는 주장도 있다.[429] 그러나 "명성출시明星出時", 즉 샛별(금성, 계명성)이 뜰 때 오도했다는 것은 여러 불전에서 살펴지는 내용이다. 그러므로 이러한 불전의 내용이 후대에 유행하는 "인성오도"라는 말로 변화되었을 개연성도 충분하다. 즉 내용적인 부분에서 전혀 존재하지 않았던 것이라면 몰라도 용어적인 변화만으로 후대의 변형이라고 판단하기에는 어려움이 존재한다는 말이다.

'영축산의 염화미소拈華微笑'가 만들어지고, 삼처전심三處傳心이 확립되며, '교외별전敎外別傳 불립문자不立文字 직지인심直指人心 견성성불見性成佛'과 같은 16자 체계가 완성되는 것은 회창법난 이후 선불교의 독주 체제가 갖

---

427 鄭東樂, 「通曉 梵日(810~889)의 生涯에 대한 再檢討」, 『民族文化論叢』 24(2001), 80쪽. "이미 수차례의 國師 冊封을 拒絶한 그가 入寂하기 直前에 眞聖女王과 直接 對面하였다는 것은 疑問이나, 使臣을 통해 間接的으로 만났을 可能性은 있다."

428 정영식, 「高麗中期의 『禪門寶藏錄』에 나타난 九山禪門의 禪思想」, 『韓國思想과 文化』 50(2009), 354쪽. "筆者가 생각건대, 眞歸祖師說은 中國人이 아니라 韓國人이 처음 만들었다고 생각되며(中國의 文獻에서는 發見되지 않으므로), 敎宗 특히 華嚴에 대한 禪의 優位를 主張하기 위해 創作된 설이라고 생각된다. 그리고, 그 創作 年代는 『禪門寶藏錄』의 刊行 年代인 1293년 以前일 것이다."; 鄭性本 著, 「梵日의 禪思想과 眞歸祖師說」, 『新羅禪宗의 研究』(서울: 民族社, 1995), 194-200쪽.

429 정영식, 「高麗中期의 『禪門寶藏錄』에 나타난 九山禪門의 禪思想」, 『韓國思想과 文化』 50(2009), 354쪽.

추어지면서 나타나는 현상이다.[430] 이런 점에서 진귀조사설 같은 선불교의 당위성을 강력하게 주장하는 황망한 주장이 당나라로까지 소급되기 어렵다는 판단도 가능하다. 그러나 이와 반대로 황망한 주장일수록 오히려 변환기의 안정되지 못한 상태에서 대두한다는 점을 상기할 필요가 있다.

실크로드를 타고 전래한 불교가 중국에서 자리 잡기 시작하자 후한시대의 도교에서는 함곡관函谷關을 나간 노자가 인도를 교화하고 제자인 윤희尹喜가 붓다가 되었다는 소위 윤희작불尹喜作佛의 주장이 등장한다.[431] 이것이 위경僞經으로 만들어진 것이 서진西晉(265~316)의 제2대 혜제惠帝(재위 290~301) 말년에 도사 왕부王浮에 의해 찬술되는 『노자화호경老子化胡經』이다.[432] 이와 유사한 것으로는 『노자서승경老子西昇經』도 존재한다.[433] 또 이에 대항하기 위해 불교에서는 붓다가 가섭迦葉·유동儒童·광정光淨의 세 제자를 보냈는데, 이들이 각각 노자·공자孔子·안회顏回라는 삼성파견설三聖派遣 說을 주장하는 『청정법행경淸淨法行經』 등이 만들어지기도 한다.[434] 『청정법행경』은 당나라 초기 도선道宣의 『광홍명집廣弘明集』(644)에도 수록되어 있

---

430 변희욱, 「敎學 以後, 敎外別傳 以後: 敎外別傳의 解釋學」, 『哲學思想』 55(2015), 35-36쪽.

431 나우권, 〈(3) 老子化胡說 批判〉, 「佛敎의 道敎 批判과 道敎의 應答」, 『道敎文化硏究』 42(2015), 180-184쪽.

432 『老子化胡經』 全1卷(『大正藏』 54, 1266c-1267c). "至于照王。其歲癸丑。便卽西邁。過函谷關。授喜道德五千章句。并說妙眞西昇等經。(…) 又經六十餘載。桓王之時。歲次甲子一陰之月。我令尹喜。乘彼月精。降中天竺國入乎白淨夫人口中託廕而生。號爲悉達。捨太子位。入山修道。成無上道。號爲佛陀。"; 최귀묵, 「佛菩薩의 起源에 대한 道敎와 神道의 異說」, 『語文論集』 87(2019), 8-12쪽.

433 『老子西昇經』 全1卷, 「第一 西昇章」. "老子西昇, 開道竺乾."

434 『破邪論』 上(『大正藏』 52, 1478c). "內典天地經曰。佛遣三聖化彼東土。迦葉菩薩彼稱老子。淸淨法行經云。佛遣三弟子震旦敎化。儒童菩薩彼稱孔丘。光淨菩薩彼云顏回。摩訶迦葉彼稱老子。"; 최귀묵, 「佛菩薩의 起源에 대한 道敎와 神道의 異說」, 『語文論集』 87(2019), 13-14쪽.

다.[435] 또 9세기에는 성도부成都府 대성자사大聖慈寺의[436] 승려 장천藏川에 의해 시왕 신앙을 정립하는 『예수시왕생칠경預修十王生七經』 같은 경전이 만들어지기도 한다.[437]

오늘날의 관점에서 이들 주장은 모두 황망하기 이를 데 없다. 이러한 주장이 시대와 신앙적인 변화가 나타나는 변혁기에 대두한다는 점에 주목할 필요가 있다. 즉 안정되지 않은 상태에서 특정 불교 세력의 당위성을 강조하는 다양한 이설들이 존재할 수 있다는 것이다.

특히 선불교는 육조시대 강남문화를 배경으로 즉심즉불卽心卽佛과 같은 인식 주체를 강조하며 새롭게 대두한 수행론이다. 이는 필연적으로 전통적인 교종과 차별화되는 후발의 당위성을 강하게 요청받을 수밖에 없다. 이러한 요청 구조 속에서 등장하는 것이 천태종의 25조 금구상승설金口相承說을[438] 변형한 '28조 전등설傳燈說', 즉 '조통설祖統說'이다.[439] 또 하택신회荷澤神會(668~760)의 '(가사)전의설傳衣說'은 북종에 대한 남종의 정통성을 강조하는 것이기는 하지만,[440] 이와 같은 배경에는 선불교의 당위성을 강조하려는

435 『廣弘明集』8,「服法非老第九」(『大正藏』52,140a). "經云. 釋迦成佛已有塵劫之數. 或爲儒林之宗. 或爲國師道士. 固知佛道冥如符契. 又淸淨法行經云. 佛遣三弟子振旦敎化. 儒童菩薩彼稱孔丘. 光淨菩薩彼稱顏淵. 摩訶迦葉彼稱老子."

436 大聖慈寺는 大慈寺로도 불린 사찰로 唐 肅宗의 至德 年間인 756~758에 敕建된다. 張總 著, 『地藏信仰硏究』(北京: 宗敎文化出版社, 2003), pp. 24-25.

437 廉仲燮,「高麗佛畫의 地藏菩薩 圖像 硏究」(서울: 東國大 美術學科 博士學位論文, 2021), 100-103쪽.

438 최동순,「初期 天台祖統說의 成立 硏究」, 『普照思想』21(2004), 210-225쪽.

439 鄭性本,「禪宗 傳燈說의 成立과 發展Ⅳ」, 『佛敎學報』34(1997), 20-25쪽.

440 鄭性本,「禪宗의 印可證明 硏究1-傳衣說의 成立과 發展을 中心으로」, 『佛敎學報』36(1999), 129-137쪽 ; 『圓覺經略疏鈔』4(『卍新纂續藏經』9, 863a). "因洛陽詰北宗傳衣之由乃滑臺演兩宗眞僞便有難起開法不得然能大師滅後二十年." ; 『神會和尙語錄의 第三個頓煌寫本』,「一、神會語錄의 三個本子的比勘」(『大藏經補編選錄』25, 210a-211a), "中國佛敎史上最成功的革命者, 印度禪的毀滅者, 中國禪的建立者, 袈裟傳法的僞史的製造者, 西天二十八祖僞史的最早製

측면 역시 일정 부분 존재하는 것도 사실이다.

전의傳衣에 의한 당위성 강조는 신회 이전에도 자장이 산서성 오대산에서 문수보살에게 붓다의 가사를 수수하는 것이나,[441] 현장의 자은종(법상종)에서 당래불當來佛인 미륵의 가사상전袈裟相傳 주장 등을 통해서 확인해 볼 수 있다.[442] 특히 당나라 초 중국불교 안에서 현장의 영향이 절대적이었다는 점을 고려한다면,『미륵하생경』 등에 입각한 자은종의 가사상전 주장이 후대의 신회에게 영향을 주었을 개연성은 충분하다.

또 선불교의 28조 전등설의 주장은 이후『경덕전등록』등 오등록(『경덕전등록景德傳燈錄』[30권]·『천성광등록天聖廣燈錄』[30권]·『건중정국속등록建中靖國續燈錄』[30권]·『연등회요聯燈會要』[30권]·『가태보등록嘉泰普燈錄』[30권])에 게송을 통

造者, 六祖壇經的最早原料的作者, 用假造歷史來做革命武器而有最大成功者, －－這是我們的神會』(…) 民國四十九年三月十日夜, 胡適.」

441 『三國遺事』3,「塔像第四-前後所將舍利」(『大正藏』49, 993a·b). "慈藏法師所將佛頭骨·佛牙·佛舍利百粒·佛所著緋羅金點袈裟一領."; 같은 책,「臺山五萬眞身」(『大正藏』49, 998b·c). "將緋羅金點袈裟一領·佛鉢一具·佛頭骨一片到于師邊. (…) 仍以所將袈裟等付而囑云. 此是本師釋迦尊之道具也. 汝善護持.";『三國遺事』4,「義解第五-慈藏定律」(『大正藏』49, 1005b-1006a). "以袈裟舍利等付之而滅. (…) 并太和龍所獻木鴨枕. 與釋尊由(由는 '田'의 誤)衣等. 合在通度寺.";『五臺山事蹟』,「五臺山月精峯開創祖師傳記」-「奉安舍利開建寺庵第一祖師傳記」. "又以緋羅金點袈裟一領. 白玉鉢盂一座. 珠貝金葉經五貼. 全身舍利百枚. 佛頂骨. 並佛指節骨等. (…) 奉獻珠玉等寶而還入.";廉仲燮,「慈藏의 傳記資料 研究」(서울: 東國大 歷史教育學科 博士學位論文, 2015), 327-329쪽.

442 『佛說彌勒下生經』全1卷(『大正藏』14, 422c). "爾時, 阿難! 彌勒如來當取迦葉僧伽梨著之. 是時, 迦葉身體奄然星散. 是時, 彌勒復取種種華香供養迦葉. 所以然者? 諸佛世尊有敬心於正法故. 彌勒亦由我所受正法化, 得成無上正眞之道.";『佛說彌勒大成佛經』全1卷(『大正藏』14, 433c). "爾時, 彌勒持釋迦牟尼佛僧伽梨, 覆右手不遍纔掩兩指, 復覆左手亦掩兩指 ; 諸人怪歎 :『先佛卑小, 皆由衆生貪濁憍慢之所致耳.";『大唐西域記』9,「摩伽陀國下」(『大正藏』51, 919c). "我今將欲入大涅槃. 以諸法藏. 囑累於汝. 住持宣布勿有失墜. 姨母所獻金縷袈裟. 慈氏成佛留以傳付.";『法苑珠林』29,「聖迹部第二」(『大正藏』53, 504a). "又東度黃河百餘里至屈屈吃播陀山(舊云雞足)直上三峯. 狀如雞足. 頂樹大塔. 夜放神炬光明通照. 卽大迦葉波於中寂定處也. 初佛以姨母織成金縷大衣袈裟傳付彌勒. 令度遺法四部弟子. 迦葉承佛教旨. 佛涅槃後第二十年. 捧衣入山以待彌勒."

한 과거 칠불의 전등 입장으로 구체화한다. 이러한 전등설, 즉 조통설의 중국 문화적인 배경은 맹자(B.C. 372?~B.C. 289?)와 순자(B.C. 398~B.C. 238)가 주장하는 선왕주의先王主義와 후왕주의後王主義에 입각한 '도통설道統說'이다. 즉 심법의 전수와 상전이라는 개념은 중국 문화적인 바탕에 근거한 것이며, 이를 구체화하는 것이 바로 전의설인 셈이다.

실제로 801년에 간행되는 『조계보림전曹溪寶林傳』 권1에는 석가모니가 가섭불의 가르침을 계승하는 다음과 같은 내용이 수록되어 있어 주목된다.

> 후에 (주나라) 소왕昭王 42(B.C. 1009)년에 군탄지세湆灘之歲(고갑자古甲子 12지에서 9번째인 신申의 해를 의미함)에 이르러, 2월 8일 태자의 나이 19세에 이르러 출가하고자 하였다. 이에 혼자 생각으로 되뇌었다. '마땅히 무엇을 만나야 할까?' 곧 사문유관四門遊觀하여 네 가지 등의 일을 보았는데, 마음에 비희悲喜가 있었다. 이에 생각했다. '이 노·병·사는 마침내 염리厭離해야만 한다. 오직 가섭파라제불迦葉波羅提佛의 말교末教 제자가 있으니, 이야말로 **진귀처眞歸處**로구나.'[443]

이를 통해서 보면, '가섭불 → 석가모니불'의 상속이나 자은종의 영향에 의한 '석가모니불 → 미륵불'의 전의설 등의 실질적인 사자상승이 아닌 격세상승隔世相承이 먼저 대두되는 것을 알 수 있다. 격세상승은 맹자와 순자 등에서 확인되는 도통설의 특징 중 하나이다.[444] 즉 격세상승에 대한 생각이 조

---

443 『雙峯山曹侯溪寶林傳』殘卷(『大藏經補編選錄』 14, 3a·b). "後至昭王四十二年湆灘之歲二月八日太子年登十九欲求出家. 而自念言. 當復何遇. 即於四門游觀見四等事心有悲喜. 而作思惟. 此老病死終可厭離. 唯有迦葉波羅提佛末教弟子是眞歸處."

444 蔡方鹿 著, 『中國道統思想發展史』(成都: 四川人民出版社, 2003), pp. 259-268 ; 趙吉惠 外 著, 김동휘 譯, 『中國儒學史 2』(서울: 신원문화사, 1997), 271-272쪽 ; 林明熙, 「中國哲學史上的 "系統

›› 231 ‹‹

사선의 강조 속에서 사자상승으로 변모하는 과정과 관련해 진귀조사설이 대두하고 있는 것이다.

실제로 위의 인용문에는 "유가섭파라제불말교제자시진귀처唯迦葉波羅提佛末教弟子是眞歸處"라는 구절 속에 '진귀'라는 말이 등장하고 있다. 즉 6세기 말에서 7세기 초에 진귀조사설의 구조적인 맹아가 확인되는 것이다. 이는 범일이 유학했을 9세기 초·중반에는 진귀조사설이 중국 선불교 안에서 유전하고 있었을 개연성을 추론해 볼 수 있게 한다. 즉 진귀조사설이 선불교의 중심적인 정설은 아니지만, 다양한 주장 중에 강력한 인상을 주는 것일 수는 있다는 말이다.

물론 과거불에 대한 계승과 조사의 직접적인 등장은 논리적인 층위가 다르다. 그러나 가섭불과 관련된 부분에 '진귀'라는 단어가 등장한다는 점에서 이를 통해 진귀조사설에 이르는 전체적인 연결 흐름이 존재하는 것을 개략적이나마 인지해 보는 것은 가능하다.

즉 『노자화호경』·『노자서승경』과 『청정법행경』의 황당한 흐름이 『예수시왕생칠경』을 통해서 당나라에서도 확인된다는 점, 그리고 후발인 선불교의 당위성 강조와 관련된 중국 전통의 도통설에 입각한 전등설(조통설)과 불교 내적인 전의설의 강조 등이 복합적인 작용을 하는 과정에서, 교조가 조사에게 가르침을 받았다는 진귀조사설에까지 이른 것이다. 물론 진귀조사설이 중국불교에서 완성된 것인지, 또는 고려에서 완성되는 것인지는 분명하지 않다. 다만 범일 이전의 중국불교 안에서 진귀조사설이 확립될 개연성은 충분히 존재하고 있었다는 점만은 명확하다고 판단된다.

說" 與 "道統" 觀念」, 『哲學과 文化』 18(2009), 168-171쪽.

『선문보장록』〈제24칙〉은『해동칠대록』을 인용해 범일의 진귀조사설 주장을 기록하고 있다. 1294년의『선문보장록』이『해동칠대록』을 인용하기 위해서는『해동칠대록』이 작성된 지 얼마 안 된 문헌은 아닐 것이라는 추론을 가능하게 한다. 이는 늦어도 12세기 말에는 고려불교에 범일이 진귀조사설의 도입자라는 이야기가 전해지고 있었다는 추론을 가능하게 한다. 즉 고려 중기에는 범일이 진귀조사설을 소개했다는 주장이 일반화되어 있었다.

또 여기에는 단순히 범일에게 진귀조사설의 유포가 가탁되었다고 치부하기보다는 '왜 하필 진귀조사설의 한반도 유포자가 범일이었다고 하게 되었을까?'에 대한 생각도 해 볼 필요가 있다.[445] 주지하다시피 범일의 사굴산문은 굴산사를 제외하고도 큰 사찰로 명주의 오대산(월정사 등)과 고려 중기의 지눌로 대표되는 송광사가 존재하고 있었다. 이는 고려 말에 나옹혜근 → 무학자초 → 함허득통의 사승 관계가 등장하는 배경이 되기도 한다. 즉 구산선문 중에서 가지산문과 더불어 가장 활발했던 것이 사굴산문이다. 그런데도 이러한 주장이 사굴산문의 개창 조사인 범일의 이름으로 전승되고 있었다는 것은 진귀조사설이 실제로 사굴산문의 전승과 관련될 개연성을 환기해 준다.

고려 중기에 진귀조사설의 전래자로 범일이 정해지고 있었다고 해서 이 설의 한반도 전래를 곧장 범일로까지 소급할 수 있는 것은 아니다. 그러나 사굴산문이 활발하게 움직이고 있는 상황에서 이질적인 진귀조사설을 개창 조사에게 가탁한다는 것은 이해하기 쉽지 않다.

또 범일은 「범일전」에서 계율이 강조되는 모습이 확인된다. 계율이 곧 윤리 의식과 통한다는 점에서 범일이 날조하는 것 역시 쉽지 않다고 판단된

---

445 金杜珍,「新羅下代 崛山門의 形成과 그 思想」,『星谷論叢』17(1986), 323-324쪽 ; 曹永祿,「崛山祖師 梵日 新傳」,『韓國史學史學報』33(2016), 38-39쪽.

순천 송광사

다. 즉 '사굴산문이 권위를 가지고 있는 상황'과 '범일의 계율적인 청정성'을 고려해 보았을 때 진귀조사설은 범일이 당에서 전래한 것일 개연성이 오히려 크다는 말이다.

『삼국유사』에는 황룡사와 관련된 기록의 출전을 「자장전」과 「옥룡집」으로 들고 있다.[446] 이는 황룡사를 주도했던 것이 통일신라 때에는 자장계였고, 고려에 와서는 도선계였다는 점을 분명히 해 준다. 이중 도선은 불분명하지만, 자장은 환희歡喜에 이어 황룡사 제2대 주지가 된다.[447] 이는 범일과 진

---

446 『三國遺事』3,「興法第三-迦葉佛宴坐石」(『大正藏』49, 989a), "玉龍集及慈藏傳與諸家傳紀皆云。"; 廉仲燮,「慈藏의 傳記資料 研究」(서울: 東國大 歷史敎育學科 博士學位論文, 2015), 24쪽.

447 『三國遺事』3,「興法第三-皇龍寺丈六」(『大正藏』49, 990b), "寺初主眞骨歡喜師。第二主慈藏國統。次國統惠訓。次廂律師云。"

귀조사설 간에도 『해동칠대록』의 기록까지는 아니더라도 나름의 연결 관계가 존재했을 것이라는 판단을 가능하게 한다. 즉 수록 문헌의 주장에는 나름의 타당성이 내포되어 있을 수밖에 없다는 말이다.

끝으로 범일이 889년 입적한다는 점을 고려한다면, 888년(범일 79세)에 명주에서 경주로 오갔다는 판단 역시 쉽지 않다. 특히 경문왕(62세)·헌강왕(71세)·정강왕(77세)의 초청에도 응하지 않았던 범일이라는 점에서 진성여왕의 초청에만 응했다는 것도 이해가 쉬운 상황은 아니다. 물론 신왕이 등극하고, 이 과정에서 명주 세력과 모종의 긴밀한 연대가 있었다면 이 역시 불가능한 일은 아니다. 그러나 정강왕의 초치를 78세에 거절한 범일이 79세에 진성여왕의 요청에 응한다는 것은 일반적으로는 상식적이지 않다.[448] 특히 〈낭원개청비문〉에 범일이 최후 만년(모기耄期)에 이르자 기력이 부족해 개청에게 지도하도록 했다는 기록이 있다는 점에서 더욱 그렇다.[449]

그러나 범일에 대한 자료가 제한적인 상황에서 딱히 반대 자료가 있는 것도 아니므로 이를 부정할 수만도 없다. 그러므로 범일이 진귀조사설의 신라 유입과 관련되어 있다면 안사의 난 이후 당의 지방 분권화 과정에서 선불교의 당위성 강조 필연성에 따라 선불교 일부에서 유행했을 개연성을 상정해 보는 것도 충분히 가능하다. 물론 이는 주류가 아닌 비주류의 관점이었기 때문에 동시대를 전후한 다른 신라의 입당 유학승들에게서는 살펴지지 않는다고 하겠다. 왜냐하면 진귀조사설이 범일 당시 당나라 선불교의 주된 입

---

448 鄭東樂은 實相山門의 秀澈이 景文王과 禪敎同異의 質問을 받은 事例를 根據로, 直接이 아닌 間接的인 意見交換은 可能했을 수도 있다는 意見을 披瀝하고 있다. 鄭東樂, 「梵日(810~889)의 禪思想」, 『大丘史學』 68(2002), 22-23쪽.

449 〈江陵普賢寺朗圓大師塔碑〉. "大師年德, 皆至耄期, 不任極倦誨人, 兼疲看客. 教禪師事同法主, 勤接來徒."

장이었다면, 이후의 선불교 문헌인 전등 기록이나 신라 유학승들의 관점에서 일부라도 확인되는 것이 타당하기 때문이다.

또 범일이 입당 시에 진귀조사설을 들었다면 847년 신라로 귀국해서 851년 백달산에 연좌하는 중간의 경주 주석 기간의 경주에서 말했을 가능성이 일차적으로 존재한다. 또 이후의 굴산사 주석 과정에서도 진귀조사설을 이야기했을 것이다. 이러한 전승이 일정 부분 유전하고 있었기 때문에 경주에서 진귀조사설의 전달자가 범일로 등장하며, 『해동칠대록』에 진귀조사설이 범일의 이름으로 수록되어도 사굴산문에서 문제 삼지 않았던 것이 아닌가 한다.[450]

그렇다면 왜 하필 진귀조사설이 범일과 진성여왕의 문답 속에 존재하는 것으로 등장하는 것일까? 물론 가장 쉬운 방법은 기록을 사실로 수용하는 것이다. 그러나 888년에 79세의 범일이 진성여왕을 만난다는 것은 쉽지 않다.[451] 그런데도 군이 진성여왕이 등장하는 것에 주목할 필요가 있다. 진성여왕은 천재지변과 재정 고갈 등의 문제로 인해 태자로 책립된 제49대 헌강왕(재위 875~886)의 서자인 요嶢(제52대 효공왕)에게 897년 양위한다.[452]

450　鄭東樂, 「梵日(810~889)의 禪思想」, 『大丘史學』 68(2002), 21쪽.

451　曹永祿, 「崛山祖師 梵日 新傳」, 『韓國史學史學報』 33(2016), 39쪽. "그는 眞聖女王을 만나지 않았음이 분명하다."

452　『三國史記』 11, 「新羅本紀 11」. "眞聖王 十一(897)年, 夏六月, 王謂左右曰, '近年以來, 百姓困窮, 盜賊蜂起, 此孤之不德也. 避賢讓位, 吾意決矣.' 禪位扵校勘 太子嶢."; 권영오, 「眞聖女王 生涯 記錄의 檢討」, 『女性과 歷史』 35(2021), 90~95쪽.

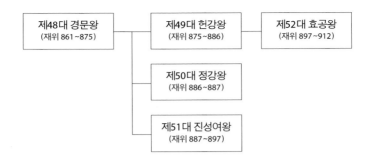

제48대 경문왕
(재위 861~875)

제49대 헌강왕
(재위 875~886)

제52대 효공왕
(재위 897~912)

제50대 정강왕
(재위 886~887)

제51대 진성여왕
(재위 887~897)

　　왕조 국가에서 군주의 양위는 일반적인 승계 형태가 아니다. 그러므로 여기에는 정치 세력 간에 심각한 문제가 존재했음을 추정해 보는 것은 어렵지 않다. 이런 점에서 본다면, 진성여왕과 범일의 만남은 이후 패배해서 양위한 진성여왕의 당위성을 강조하려는 진성여왕계의 주장이었을 개연성도 추론될 수 있다. 진귀조사설이 표면이 아닌 이면의 정통성을 주장하는 논리를 제공하고 있다는 점에서 본다면, 진귀조사설은 양위한 진성여왕의 당위성을 강조하는 진성여왕계의 방어 기제로 작동될 수 있기 때문이다.

　　또 진귀조사설은 보드가야의 성도를 넘어서는 진귀조사의 가르침이라는 설정인데, 이는 국왕이었던 진성여왕이 양위한 상황과 일치되는 구조를 보인다는 점에서도 주목된다. 즉 진성여왕은 양위를 통해서 더욱 완전한 단계에 이르렀다는 해석 역시 가능한 것이다. 이런 점에서 본다면, 범일이 진성여왕에게 진귀조사설을 말해 주는 것은 패배한 진성여왕 측의 당위성 강조와 패배한 여왕 측의 후대 방어 기제 양상으로 읽어 보는 것도 가능하다 하겠다.

백달산 연좌와
명주도독의 굴산사 초빙

1.
백달산 연좌 기록의 내포 의미 검토

범일은 847년 음력 8월에 당의 광주 쪽에서 출발해 초겨울 경주에 도착한다.[453] 이후 「범일전」에는 "대중大中 5(851)년 정월에 이르러 백달산白達山에서 연좌宴坐하고 있으니, 명주도독 김공이 이에 굴산사에 주석하기를 청하였다."라고 되어 있다.[454] 즉 범일은 851년 음력 정월 이전에는 경주에서 백달산으로 이동해 주석하고 있었다.

851년 음력 정월에 명주도독의 방문을 받았다는 것은 늦어도 850년 겨울 이전에는 백달산으로 이동해 있었다는 것을 의미한다. 백달산은 현재의 대전시 대덕구 회덕동 쪽으로 판단하는 선행 연구가 있다.[455] 회덕동 쪽은 명주와 인접한 지역이므로 명주도독의 굴산사 주석 요청과 연계해 이해되기 쉽다.

「범일전」에는 기록되어 있지 않지만, 범일은 굴산사 주석 이후 「낙산이대성 관음·정취·조신」을 통해서 확인되는 낙산사의 정취전의 건립과 정취보살

---

453 『祖堂集』17, 「溟州崛山故通曉大師嗣鹽官」(『大藏經補編』25, 618b). "卻以會昌六年丁卯八月 (筆者 年代 修整), 還涉鯨浪, 返于雞林."

454 같은 책. "暨大中五年正月, 於白達山宴坐, 溟州都督金公仍請住崛山寺."

455 申千湜, 「韓國佛教思想에서 본 梵日의 位置와 崛山寺의 歷史性 檢討」, 『嶺東文化』 創刊號 (1986), 288쪽 ; 金杜珍, 「新羅下代 崛山門의 形成과 그 思想」, 『省谷論叢』17(1986), 320쪽 ; 曹凡煥, 「新羅 下代 梵日 禪師와 崛山門의 開創」, 『梵日國師 研究叢書』(江陵: 梵日國師文化祝典委員會, 2016), 37쪽.

백달산으로 추정되는 대전 계족산

상봉안, 또 〈낭원개청비문〉에 적시되어 있는 오대산 주석 사실이 존재한다.[456]

낙산사는 의상 화엄종의 관음 신앙을 대표하는 사찰이자 한국불교 최고의 관음성지이다. 이는 중국 절강성 보타산普陀山 구조와의 유사성,[457] 또 현존하는 160여 점의 고려불화 중 가장 많은 40점을 차지하는 수월관음도가 낙산사 설화를 배경으로 해 중국 수월관음도와 차이를 보인다는 점을 통해서도 분명한 인지가 가능하다.[458]

456 〈江陵普賢寺朗圓大師塔碑〉. "大師不遠千里, 行至五臺, 謁通曉大師."

457 송화섭, 「中國 저우산군도(舟山群島) 푸퉈산(普陀山)의 海神과 觀音信仰」, 『島嶼文化』 42(2013), 67쪽 ; 曹永祿, 「羅·唐 東海 觀音道場, 洛山과 普陀山−동아시아 海洋佛教 교류의 역사 현장」, 『淨土學研究』 17(2012), 216−221쪽 ; 黃金順, 「洛山說話와 高麗水月觀音圖, 普陀山 觀音道場」, 『佛教學研究』 18(2007), 107−114쪽.

458 黃金順, 「洛山說話와 高麗水月觀音圖, 普陀山 觀音道場」, 『佛教學研究』 18(2007), 101−107

양양 낙산사 해수관음상

　또 명주의 오대산은 자장이 중국 산서성 오대산을 참배하는 과정에서 문수보살을 친견하고 문수의 부촉으로 신라에 개착되는 문수성산文殊聖山이다.[459] 오대산이 한국불교 최초의 성산이라는 점은 이후 경기도 연천의 보개산寶蓋山(지장보살)과[460] 원 간섭기 초에 개착되는 강원도 고성의 금강산(법기-담무갈보살) 형성에[461] 많은 영향을 미치게 된다. 또 신라 하대에는 신문

　　쪽 ; 趙秀娟,「高麗時代 水月觀音菩薩圖 圖像 硏究」(서울: 東國大 美術學科 博士學位論文, 2015), 13-39쪽.

459　廉仲燮,「韓國佛敎 聖山인식의 시원과 전개-五臺山·金剛山·寶盖山을 중심으로」,『史學硏究』126(2017), 88-93쪽 ; 廉仲燮,「慈藏의 傳記資料 硏究」(서울: 東國大 歷史敎育學科 博士學位論文, 2015), 428-437쪽.

460　廉仲燮,「韓國佛敎 聖山인식의 시원과 전개-五臺山·金剛山·寶盖山을 중심으로」,『史學硏究』126(2017), 105-109쪽.

461　廉仲燮,「魯英 筆 高麗 太祖 曇無竭菩薩 禮拜圖의 타당성 검토」,『國學硏究』30(2016), 564-

평창 오대산 상원사

왕의 아들인 효명孝明이 오대산에서 수도하는 과정에서 제33대 성덕왕(재위 702~737)으로 즉위하게 되며, 705년에는 성덕왕에 의해 상원사가 개창된다.[462] 이와 같은 오대산의 한국불교사적인 위상은 『삼국유사』에 오대산 관련 항목이 총 4편으로 황룡사보다 큰 비중을 차지하는 것을 통해서도 분명

580쪽 ; 廉仲燮, 「韓國佛敎 聖山인식의 시원과 전개-五臺山·金剛山·寶盖山을 중심으로」, 『史學硏究』 126(2017), 98-105쪽.

462 眞如院의 開創은 3월 4일, 3월 8일, 8월 3일의 세 가지가 존재한다. 이 중 資料의 頻度數와 共通點을 고려했을 때 가장 유력한 것은 3월 8일이다. 『三國遺事』 3, 「塔像第四-臺山五萬眞身」(『大正藏』 49, 999a). "以神龍元年(乃唐中宗復位之年聖德卽位四年也)乙巳三月初四日始改創眞如院。"; 같은 책, 「溟州(古河西府也)五臺山寶叱徒太子傳記」(『大正藏』 49, 1000a). "神龍元年三月八日。始開眞如院(云云)。"; 『五臺山事蹟』, 「五臺山聖跡幷新羅淨神太子孝明太子傳記」. 甲本: "以唐神龍元年乙巳三月初八日。王親率軍民而到山。始開眞如院造安泥像文殊。"; 丙本: "以唐神龍元年乙巳八月初三日。王親率軍民而到山。始開眞如院造安泥像文殊。"

해진다.[463] 그런데도 「범일전」은 이후의 낙산사와 오대산은 제외하면서 백달산 연좌는 언급하고 있다. 이는 백달산이 귀국 후 범일의 초기 정착과 관련해서 가장 중요한 거점이었기 때문으로 판단된다.

「범일전」의 백달산 기록에는 특정한 사찰명에 대한 언급이 없다. 또 백달산은 전통적인 명산이거나 불교적인 위상을 가진 산도 아니다. 이런 점에서 본다면, 「범일전」의 백달산 주석은 굴산사로의 이거移去와 관련된 연결의 의미를 갖는 기록이라는 판단도 가능하다.

범일의 귀국과 굴산사 주석의 동선은 다음과 같다.

847년 초겨울, 하곡현(울산)으로 귀국
847년 겨울, 하곡현에서 경주로 이동
847년 겨울부터 850년까지의 상당 기간을 경주에서 주석
늦어도 850년에는 백달산에 주석
851년 음력 1월, 명주도독의 초청으로 굴산사로 이거

참고로 범일의 오대산 주석 연대와 낙산사에 정취전과 정취보살상을 봉안한 연대는 다음과 같다.

858년, 꿈에 정취보살이 나타나고, 이후 낙산사에 정취전을 조성하며 정취보살상을 모심
864년부터 867년 무렵, 개청이 오대산으로 범일을 찾아옴

---

463   廉仲燮, 「初期 闍崛山門과 五臺山의 관계성 검토」, 『震檀學報』 135(2020), 48쪽.

「범일전」이 범일의 굴산사 주석 이후 낙산사나 오대산 행적을 언급하지 않고 있다는 점을 통해서 본다면, 「범일전」의 백달산 연좌 기록은 굴산사와의 연결 및 굴산사 주석을 강조하기 위한 측면으로 해석될 수 있다. 이는 백달산 주석의 다음 서술로 "(굴산사에) 일좌一坐로 임林 중에서 40여재四十餘載를 지냈다."라는 기록이 있는 것을 통해서 분명해진다.[464]

백달산 연좌는 범일이 경주를 떠나 최초로 자신의 회상會上을 개창한 것으로 볼 수 있다. 이런 점에서 백달산은 초기 범일의 교화와 관련해서 중요한 의미를 가진다. 그러나 사찰명도 기재되어 있지 않은 점에서 본다면, 「범일전」 서술의 방점은 백달산 연좌보다는 굴산사 주석에 있다고 판단된다. 또 굴산사의 40여 년 주석을 강조하다 보니 낙산사와 오대산에 대한 부분은 생략된 것이 아닌가 한다.

백달산 연좌에서 '연좌宴坐'란, 혹 '연좌燕坐'로도 쓰는데 인도 말 'pratisaṃlayana'로 번역하면 '안선安禪'이나 '좌선坐禪'의 의미이다. 이는 「가섭불연좌석」 등의 기록을 통해서 확인해 볼 수가 있다.[465]

백달산 연좌에서의 연좌란 백달산에 있는 선 수행이 가능한 사찰을 개설했거나 기존 사찰을 선 수행이 가능하도록 변모시켰다는 의미로 이해될 수 있다. 백달산 '주석'보다 '연좌'를 강조한 것은 범일이 백달산에서 선불교 중심으로 생활했다는 것을 나타낸다. 이런 점에서 이 백달산 연좌는 이후의 사굴산문 개창과 연관된 굴산사 주석과 연결점이 확보된다고 하겠다. 실제로 백달산 '연좌' 기록 이후에 굴산사 '안선' 내용이 나온다는 점은 이와 같은

---

464 『祖堂集』 17, 「溟州崛山故通曉大師嗣鹽官」(『大藏經補編』 25, 618b), "溟州都督金公仍請住崛山寺。一坐林中, 四十餘載。"

465 『三國遺事』 3, 「塔像第四-迦葉佛宴坐石」(『大正藏』 49, 989a), "新羅月城東龍宮南有迦葉佛宴坐石。"

연결이 의도적이었을 개연성을 환기한다. 즉 「범일전」은 백달산 주석에 대해서는 축소하고 있지만, 연좌를 강조해 사굴산으로의 이거에 대한 정당성을 확보하는 것이다.

그런데도 범일의 백달산 연좌는 귀국 후 최초로 자신의 도량을 개척한 것이라는 점에서 의의가 크다. 즉 범일은 경주에서 후원자가 생겨 백달산으로 이동하고, 자신이 주도하여 선불교의 가르침을 전개하고 있는 것이다.

범일의 백달산 주석과 관련된 후원자와 후원 세력은 명확하지 않다. 그러나 범일 역시 백달산에서 자기 뜻이 펼쳐질 수 있다는 판단하에 후원자의 요청을 수락해 백달산에 주석한 것으로 풀이된다. 그렇지 않다면 기존의 연고가 확인되지 않는 백달산으로 이거移去하여 법석을 마련하지는 않았을 것이기 때문이다. 이런 점에서 백달산 주석은 범일에 있어서도 매우 중요한 측면임이 분명하다. 또 백달산의 위치로 봤을 때 이 시기의 명성으로 인하여 명주도독의 초빙이 존재했을 개연성도 있다. 이런 점에서도 백달산 주석은 중요한 의미를 가진다.

그러나 백달산은 범일의 굴산사 이거 이후 사굴산문에서 이렇다 할 위치를 점하지 못했던 것 같다. 만일 그렇지 않다면, 제아무리 사굴산 주석을 강조하기 위함이라 하더라도 백달산 주석과 관련해서 사찰명도 기재되지 않을 수는 없기 때문이다. 즉 백달산은 범일의 신라 귀국 후 교두보의 역할을 한 중요한 곳이지만, 굴산사로의 이거 이후에는 위상을 잃고 점차 중요도에서 멀어지게 되는 것이다.

백달산에서 범일을 후원한 호족의 정체는 명확하지 않지만, 중앙 귀족의 분리에 따른 선사禪師의 초청이 발생했을 가능성 정도를 추론해 보는 것은 그리 어렵지 않다. 이러한 판단이 가능한 것은 성주산문의 개창자 무염이 무열왕계 김인문의 후손인 김흔金昕의 중앙 권력 분립에 따른 남포 지역

보령 성주사지

호족이 될 때, 보령의 오합사烏合寺에 주석하게 하는 모습 등이 존재하기 때
문이다.[466] 연구자에 따라서는 오합사를 김인문과 관련된 사찰로 보기도 한
다.[467] 오합사는 무염의 주석으로 인해 이후 성주사聖住寺(성주산문)로 변모하
게 된다.[468] 범일의 백달산 주석 무렵에는 김흔과 친족 집단으로 중앙에서 떨

---

466 〈保寧聖住寺址朗慧和尙塔碑〉. "迺北行擬目選終. 焉之所會王子昕懸車爲山中宰相邂逅適
願. 謂曰, '師與吾俱祖龍樹乙粲, 則師內外爲龍樹令孫, 眞瞠若不可及者. 而滄海外矚蕭湘故
事, 則親舊緣固不淺. 有一寺在熊川州坤隅, 是吾祖臨海公, 祖諱仁問唐酬伐獩貊功封爲臨
海君公受封之所. 間劫刦燼沐菑金田半灰匪, 慈哲孰能興滅繼絶可强爲朽夫住持乎?' 大師
答曰, '有緣則住.'"; 진창영, 「新羅下代 禪佛敎 傳播期 禪師들의 敎化實踐과 敎學思想-洪陟
·無染을 中心으로」, 『韓國敎育史學』 41-4(2019), 97-98쪽.

467 임종태, 「保寧 聖住寺址의 伽藍變遷 硏究」, 『先史와 古代』 42(2014), 119쪽.

468 曺凡煥, 「新羅 下代 梵日 禪師와 崛山門의 開創」, 『梵日國師 硏究叢書』(江陵: 梵日國師文化祝典
委員會, 2016), 37쪽; 임종태, 「保寧 聖住寺址의 伽藍變遷 硏究」, 『先史와 古代』 42(2014), 120쪽.

어져 나와 지방에 정착하는 이들이 더 존재했다.[469] 그러므로 이들 가운데 범일의 후원 세력이 있었을 개연성도 존재하는 것이다.

또 백달산의 범일 후원 세력은 명주와의 거리나 이후 명주도독의 범일 초청을 고려해 본다면 김주원계와 통할 수 있는 측면도 존재한다. 만일 그렇지 않았다면 이후의 명주도독 초빙은 쉽지 않았을 것이기 때문이다. 또 굴산사 주석 이후 백달산과의 관계가 완전히 틀어졌다면 백달산 기록 자체가 삭제되었을 가능성도 있다. 그런데 백달산 기록이 존재하는 것은 백달산과 굴산사가 크지는 않지만, 모종의 연결 관계를 형성하고 있었을 개연성으로 해석될 수도 있다. 이런 점에서 본다면, 굴산사 주석 이후 백달산과의 관계는 소원해졌지만, 완전히 끊어진 정도는 아니라고 하겠다.

범일이 백달산에 주석한 기간은 그리 길지는 않았던 것 같다. 왜냐하면 오합사에 무염이 주석하면서 성주사로 변모하는 것과 같은 나름의 중요한 변화가 있었다면 특정한 사찰 이름이 기록되지 않을 수 없기 때문이다. 즉 범일은 백달산의 정착기에 고향인 명주도독의 초청을 받게 되고 이후에 굴산사로 이동하게 되면서 백달산은 범일계에서 위상을 잃고 표류한 것이 아닌가 한다. 또 범일이 굴산사로 옮기는 이유에는 신라 하대 지방호족의 강세 속에서 범일에게 명주의 주통州統과[470] 같은 역할이 부여되었기 때문으로 판단된다.

---

469 崔柄憲, 「新羅下代 禪宗九山派의 成立－崔致遠의 四山碑銘을 중심으로」, 『韓國史研究』 7(1972), 474쪽 ; 曺凡煥, 「新羅 下代 梵日 禪師와 崛山門의 開創」, 『梵日國師 研究叢書』, (江陵: 梵日國師文化祝典委員會, 2016), 37쪽.

470 方東仁, 「崛山門 梵日國師와 溟州豪族」, 『梵日國師 研究叢書』(江陵: 梵日國師文化祝典委員會, 2016), 21쪽. "崛山門의 梵日은 溟州[江陵]의 州統보다 격이 높은 資格이 아니겠는가 생각한다. (…) 梵日의 位相을 지켜나갈 수 있었던 밑바탕은 그가 단지 崛山門의 開祖라는 權威가 아니라, 州[溟州]의 州統(州師가 더 적격일 듯)의 資格과 地方長官의 스승(王師에 대한 都督師)의 役割을 원숙하게 인도한 데 기인하는 것이었다."

2.
굴산사 초빙과 40여 년 주석의 강조 의미

범일은 851년 정월부터 이후 입적하는 899년 음력 4월 말까지 주로 굴산사를 중심으로 활동했다. 범일과 관련해서는 앞서 언급한 858년 이후에 양양의 낙산사에 정취전을 조성하고 정취보살상을 봉안한 기록과 사굴산문의 2세인 낭원개청의 비문(〈낭원개청비문〉)에 입각한 864~867년 무렵의 오대산 주석 내용이 더 있다.

그런데 「범일전」은 "일좌一坐로 임林 중中에서 40여재四十餘載가 되니, 열송列松이 행도行道의 회랑이 되고, 평석平石이 안선安禪의 좌대를 지었다."라고 하여,[471] 이후의 기간을 굴산사에 온전히 주석했던 것으로 일축한다. 이는 범일의 주된 주석처가 굴산사였으며, 낙산사와 오대산은 이 주석 기간에 찾았던 정도였기 때문으로 이해된다.

굴산사의 주석 기록을 보면, "일좌임중一坐林中 40여재"라고 해서 범일의 수행에 대한 상징적 찬사를 읽어볼 수 있다. 또 "열송이 행도의 회랑이 되고, 평석이 안선의 좌대가 되었다."라는 것은 수행처로서 사굴산문의 특징을 잘 나타내 준다.

강릉에는 소나무가 특히 많은데 이는 자장이 한송정寒松亭(혹 대송정大松

---

[471] 『祖堂集』17,「溟州崛山故通曉大師嗣鹽官」(『大藏經補編』25, 618b), "溟州都督金公仍請住崛山寺。一坐林中, 四十餘載。列松爲行道之廊, 平石作安禪之座。"

강릉 한송사지

亭)에서 문수를 친견하는 기록을 통해서도 확인된다.[472] 한송정은 오늘날 강릉 비행장 안의 한송사지로 추정된다.[473] 이와 같은 강릉의 특징 때문에 오늘날까지 강릉시는 '솔향 강릉'을 시의 수식으로 사용하고 있다.

또 평석이 좌선대가 된다는 것 역시 열송 회랑과 더불어 자연적인 선문의 모습을 잘 나타내 준다. 실제로 〈낭원개청비문〉에는 사굴산문을 "송문松

---

472 『三國遺事』4,「義解第五-慈藏定律」(『大正藏』49, 1005c). "暮年謝辭京輦於江陵郡(今冥州也)創水多寺居焉。復夢眞僧狀北臺所見。來告曰。明日見汝於大松汀。驚悸而起。早行而松汀。果感文殊來格。諮詢法要。乃曰。重期於太伯葛蟠地。遂隱不現(松汀至今不生莿刺。亦不棲鷹鸇之類云)。";『五臺山事蹟』,「五臺山月精寺開創祖師傳記」·「奉安舍利開建寺庵第一祖師傳記」. "爲欲面見文殊。尋往溟州五臺山。… 云云 … 後於大松下今寒松汀是也。一云居士忽現。與師淸談。良久而謂曰。昔日之約。卿識之乎。言已卽滅。師於是自責曰。居士是昔日五臺山所現梵僧化現耳。向空頂禮。卽向太伯山。尋葛蟠處。"

473 廉仲燮,「慈藏의 東北方行과 入寂 기록 분석」,『新羅文化』48(2016), 114-117쪽.

門"이라고 적고 있어 주목된다.[474]

'열송'과 '평석'은 굴산사 초기의 소박함이 범일의 탁월한 지도력에 의한 대중의 운집 속에서 급성장하는 모습을 인지해 보게 한다. 또 이는 올바른 수행처로서의 굴산사에 대한 상징으로도 이해될 수 있다. 범일이 만년에 삼왕이 경주로 초청할 정도였다는 점을 고려한다면, 이는 대가람의 위상에 상응하는 운치 있는 미화된 표현이라고 이해될 수 있다. 물론 이러한 굴산사의 변화에는 범일을 굴산사로 모신 명주도독의 역할 역시 중요한 측면을 차지했을 것이라는 점은 재론의 여지가 없다.

「범일전」의 굴산사에 관한 내용은 40여 년 주석의 강조와는 달리 많지 않다. 특히 굴산사의 가람이나 운영과 관련된 내용은 전혀 없고, 다음과 같은 선문답 하나가 수록되어 있을 뿐이다.

> 누가 물었다. "어떤 것이 조사의 뜻입니까?"
> 대답해서 말했다. "육대六代는 잃어버린 것이 없다."
> 또 물었다. "어떤 것이 납승納僧의 힘쓸 바입니까?"
> 대답해서 말했다. "불佛의 계급階級을 밟지 말고, 남을 따라 깨달으려는 것을 절대로 삼갈지어다."[475]

이는 제안과 약산계에 이어 「범일전」에 등장하는 세 번째의 선문답이

---

474 〈江陵普賢寺朗圓大師塔碑〉. "文德二年夏, 大師歸寂. (…) 兼以常守松門, 幾遭草寇, 詰遮洞裏, 惟深護法之懷, 堅操汀邊, 志助栖禪之懇."

475 『祖堂集』17, 「溟州崛山故通曉大師嗣鹽官」(『大藏經補編』25, 618b). "有問: '如何是祖師意旨?' 答曰: '六代不曾失。' 又問: '如何是納僧所務?' 答曰: '莫踏佛階級, 切忌隨他悟.'"

다. 그러나 앞의 두 경우가 범일이 묻는 사람이었다면, 여기에서 범일은 답변자, 즉 조사로서의 위상을 보인다는 점에서 차이가 있다. 그러나 범일이 약산에 머문 것은 잠시였다는 점을 고려한다면 굴산사의 내용은 상대적으로 빈약하다.

인용문의 "여하시조사의지如何是祖師意旨"는 선어록에서 많이 나오는 "여하시조사서래의如何是祖師西來意(어떤 것이 [달마]조사께서 서쪽에서 온 함의입니까?)"와 비슷한 내용으로 조사선의 핵심을 묻는 것이다.[476] 이에 대한 범일의 관점은 첫째 답에서 본래 완성에 입각한 완전성의 환기를 말한다. 그리고 둘째 답에서는 주관심에 입각한 "독립이불개獨立而不改, 주행이불태周行而不殆(홀로 우뚝하여 고칠 것이 없고, 두루 움직여도 위태로움이 없다)"와[477] 같은 개별적인 현재 완성의 천명 정도로 정리될 수 있겠다.[478]

범일과 제안의 관계는 사법 및 6년 동안이나 모셨다는 점에서 의미가 크다. 그런데 약산은 약산유엄을 만난 것도 아닌 상태에서의 단편적인 일화에 불과하다. 그런데도 굴산사 40여 년 주석과 비슷한 정도의 분량을 차지하고 있다.

범일의 선문답과 관련해서는 별도의 『범일어록』이 존재했을 것이다. 그런데도 「범일전」의 굴산사 40여 년 주석과 관련해 질문자가 누군지도 기록되어 있지 않은 선문답 하나만이 남아 있다는 점, 또 굴산사의 중창이나 사굴산문의 번성 등에 관한 내용이 전혀 없다는 점은 아쉬운 측면이 아닐 수 없다.

476　金興三, 「羅末麗初 崛山門의 禪思想」, 『白山學報』 66(2003), 58-60쪽.

477　『老子』, 〈第25章〉. "有物混成, 先天地生, 寂兮寥兮, 獨立而不改, 周行而不殆, 可以爲天下母. 吾不知其名, 字之曰道, 强爲之名曰大."

478　金興三, 「羅末麗初 崛山門의 禪思想」, 『白山學報』 66(2003), 60-61쪽 ; 鄭東樂, 「梵日 (810~889)의 禪思想」, 『大丘史學』 68(2002), 16-17쪽.

「범일전」의 구조는 크게 '① 탄생과 출가 → ② **입당 유학과 사법** → ③ 명주도독의 굴산사 초빙과 주석 → ④ 삼왕의 국사 초빙' 이렇게 총 4단계로 이루어져 있다. 이를 다시 내용으로 분류해보면, '①·②에서 확인되는 신이영웅 → ② **남종선의 사법 인가** → ③·④ 명주도독과 삼왕이라는 권력자의 존숭'으로 정리될 수 있다. 이 중에서 가장 중요하게 다루어지는 것은 「범일전」의 구조와 내용에 공통으로 들어가는 ② **입당 사법**이다. 이와 같은 「범일전」의 구성 방식은 다른 선승들의 전기에서도 확인되는 공통점 중 하나로 「범일전」만의 특징은 아니다. 그러나 이와 같은 구성 방식으로 인해 굴산사는 범일이 가장 오래 주석하고 사굴산문을 개창한 곳임에도 불구하고 매우 간략화되어 있는 것이다.

인용문에서 제시한 굴산사에서의 선문답을 보면, 질문자가 조사의 뜻을 묻자 범일은 6대, 즉 달마에서 혜능에 이르는 6대의 조사들은 본래 완성을 자각했을 뿐 별도로 얻고 잃은 것이 없었음을 답해 준다. 즉 본마음을 잃어버린 것이 없으니 별도로 얻거나 추구해야 할 것도 없다는 의미이다. 이는 남종선이 강조하는 본래심의 완전성과 홍주종의 도불용수道不用修에 대한 우회적인 강조라고 하겠다.

두 번째로 어떤 것이 선승의 노력할 바인가를 묻자 범일은 단계적인 것에 현혹되지 말고 내 안에 완성된 본래심을 자각할 것을 재차 촉구하고 있다. 이 부분은 화엄종(화엄업)에서 말하는 '십신 → 십주 → 십행 → 십회향 → 십지 → 등각 → 묘각'과 같은 52위(혹 42위) 차제론이나 북종선의 점오에 대한 비판적인 관점을 내포하고 있다. 통일신라에 북종선의 영향이 적다는 점, 또 신라 하대를 주도하던 것은 화엄종이었다는 점을 고려한다면 이는 남종선의 입장에서 화엄종을 비판하는 것으로 해석될 수 있다.

신라 하대 초기 선사들의 상당수가 화엄학을 수학했던 이들임이 현존하는 선사들의 비문을 통해서 확인된다.[479] 실제로 범일의 최고 제자인 개청과 행적 모두 범일과 만나기 전 화엄학을 수학한 인물들이다.[480] 이런 점에서 본다면, 이 선문답의 상대 역시 화엄학을 수학했던 승려가 전향, 혹은 선불교에 관심을 가지는 정도의 상황으로 이해해도 큰 문제는 없을 것 같다.

그리고 선문답의 말미에 "남을 따라 깨달으려는 것을 절대로 삼갈지어다."라고 한 것은 선불교의 주관중심주의에 따른 본래심, 즉 본성(혹 불성)에 대한 완전성의 자각을 촉구하는 것으로 풀이된다. 이는 중국의 불교 전래 이전부터 존재하던 인성론人性論(혹 심성론心性論)의 관점과 연관되는 측면이기도 하다.

예컨대『맹자孟子』의 "만물은 나에게 갖추어져 있다(만물개비어아의萬物皆備於我矣)."와[481]『서경書經』「탕고湯誥」의 "상제가 충衷을 하민下民에게 내리니, 항상한 성품이 있는 것 같다."라는 것,[482] 또『시경詩經』「증민蒸民」의 "하늘이 모든 백성을 생하였다(천생증민天生烝民)."[483] 및『중용中庸』〈수삼구首三句〉의 "천명지위성天命之謂性"의[484] 논리에 입각한 성선性善의 양지양능良知

479 황태성(무진),「羅末麗初 華嚴寺에 관한 硏究-『華嚴寺事蹟』에 대한 비판적 검토를 중심으로」(金浦: 中央僧伽大 文化財學科 博士學位論文, 2022), 70-84쪽.

480 〈江陵普賢寺朗圓大師塔碑〉. "尋師於華嚴山寺, 問道於正行法師. 法師知此歸心, 許令駐足. 其於師事, 備盡素誠. 志翫雜華, 求栖祇樹, 高山仰止, 備探鷲嶺之宗, 學海栖遲, 勤覽猴池之旨."; 〈奉化太子寺朗空大師塔碑〉. "至於伽耶海印寺, 便謁宗師, 精探經論, 統雜花花妙義, 該貝葉之眞文."; 曹凡煥,「羅末麗初 禪僧의 이상과 현실-崛山門 出身의 行寂과 開淸 禪師를 중심으로」,『韓國思想史學』57(2017), 229쪽.

481 『孟子』,「7. 盡心 上」. "MZ130400: 孟子曰, '萬物皆備於我矣. 反身而誠, 樂莫大焉. 强恕而行, 求仁莫近焉.'"

482 『尙書』,「湯誥第三」. "SS商, 湯誥01: 惟皇上帝, 降衷于下民, 若有恒性, 克綏厥猷惟后."

483 『詩經』,「大雅-蕩之什」,〈烝民〉. "天生烝民, 有物有則. 民之秉彝, 好是懿德."

484 『中庸』,〈首三句〉. "天命之謂性, 率性之謂道, 脩道之謂教."

良能이나[485] 치양지설致良知說 등을 통해서 확인해 보는 것이 가능하다.[486] 이와 같은 측면을 남종선이 잘 계승·발전시킨 것이 자심시불自心是佛에 따른 즉심즉불卽心卽佛의 관점이다.[487]

그러나 이 선문답에는 홍주종의 특징이라고 할 수 있는 평상심시도에 입각한 일상 긍정이나, 활발발한 행동주의의 모습은 살펴지지 않는다. 즉 홍주종의 특징이 두드러지지 않는다는 말이다. 그런데도 왜 하필 이 선문답이 짧은「범일전」안에, 그것도 굴산사 40여 년의 삶을 축약하는 대표성을 가지면서 수록되고 있는 것인지는 잘 이해되지 않는다.

범일의 굴산사 주석과 관련하여 마지막으로 정리해야 할 부분은 범일이 '굴산사를 창건했는지'와 '굴산사의 명칭' 문제가 있다.[488]「범일전」에는 "명주도독 김공이 이에 '굴산사崛山寺에 주석'하기를 청했다."라고 하여[489] 공과 관련된 굴산사가 먼저 존재하고 여기에 범일의 주석을 요청하는 것으로 되어 있다. 그러나「낙산이대성 관음·정취·조신」에는 "회창 7(847)년 정묘에 환국하여 먼저 '굴산사崛山寺를 창건'하고 가르침을 전한 것"으로 되어

485　『孟子』,「7. 盡心 上」.“MZ131500: 孟子曰,‘人之所不學而能者, 其良能也, 所不慮而知者, 其良知也. 孩提之童無不知愛其親者, 及其長也, 無不知敬其兄也. 親親, 仁也, 敬長, 義也, 無他, 達之天下也.’”

486　양태호,「王陽明의 '致良知說'에 관한 硏究」,『東西哲學硏究』8(1991), 104-128쪽 ; 宣炳三,「王陽明 致良知說의 二重構造」,『儒教文化硏究』9(2007), 260-262쪽.

487　方立天 著, 이봉순·황성규·김봉희 譯,「第19章 洪州宗의 平常心是道說」,『中國佛教哲學–心性論(下)』(坡州: 韓國學術情報[株], 2010), 127쪽 ;『無門關』全1卷,「30. 卽心卽佛」(『大正藏』47, 296c-297a).

488　方東仁은 851년 이전에 崛山寺가 존재했다면, 教宗 사찰이었을 것으로 推定한다. 方東仁,「崛山寺에 대한 硏究와 展望–韓國大學博物館協會 春季學術發表會要旨」,『古文化』24(1984), 30쪽.

489　『祖堂集』17,「溟州崛山故通曉大師嗣鹽官」(『大藏經補編』25, 618b).“溟州都督金公仍請住崛山寺。”

있다.[490] 즉 굴산사의 창건에 대해 서로 다른 내용이 존재하는 것이다.

명주도독이 백달산에 주석하던 범일을 초청했다는 것은 사전에 범일이 이거할 사찰이 존재했던 것으로 이해될 수 있다. 왜냐하면 백달산에서 법석을 펼치며 주석하던 범일을 명주도독이 제아무리 고향인 명주로 초청하는 상황이라도 거주할 사찰은 존재해야 할 것이기 때문이다. 경주에 있던 범일이 곧장 명주도독의 초청으로 오는 상황이라면 정착 과정에서 사찰이 새롭게 창건될 개연성도 존재한다. 그러나 이미 백달산이라는 연좌할 수 있는 안정된 기반이 확보된 상태에서 이동하는 상황이라면 주석 사찰의 선행이 필연적일 수밖에 없다는 말이다.

그렇다면 왜 「낙산이대성 관음·정취·조신」에는 범일이 굴산사를 창건한 것으로 기록한 것일까? 이는 범일의 주석으로 인해 사격이 일신되면서 신창新創에 가까운 중창이 발생했기 때문으로 판단된다. 마치 무염이 오합사에 주석한 후 사격의 일신과 함께 사찰명이 성주사(제46대 문성왕의 사액)로 바뀌는 것과 유사한 상황이나[491] 진표율사가 금산사金山寺로 출가했다는 기록과 함께 금산사를 창건했다는 이중 기록이 존재하는 것과 비슷한 상황이다.[492] 이런 경우 신창은 아니지만 신창에 준하는 위상이 존재하므로 관점에

---

490 『三國遺事』3,「興法第三-洛山二大聖 觀音·正趣·調信」(『大正藏』49, 997a). "以會昌七年丁卯還國。先創崛山寺而傳敎。"

491 〈保寧聖住寺址郎慧和尙塔碑〉. "大中初, 始就居, 且胗飭之, 俄而道大行, 寺大成. 繇是, 四遠間津輩, 視千里猶趎步, 其臻不億, 寔繁有徒. 大師 猶鍾待扣而鏡忘罷, 至者 靡不以慧炤導其目, 法喜娛其腹, 誘憧憧之躅, 變蚩蚩之俗. 文聖大王, 聆其運爲, 莫非神王化, 甚恧之. 飛手敎優勞, 且多大師答山相之四言, 易寺牓爲聖住, 仍編錄大興輪寺."

492 眞表의 金山寺 出家 記錄: 『三國遺事』4,「義解第五-眞表傳簡」(『大正藏』49, 1007b). "年至十二歲. 投金山寺崇濟法師講下."; 〈鉢淵藪眞表律師藏骨碑〉. "而求名山於母岳山藪順濟法師所投師削髮."; 『三國遺事』4,「義解第五-東楓岳鉢淵藪石記」(『大正藏』49, 1008b). "年至十二. 志求出家. 父許之. 師往金山藪順濟法師處容染." 眞表의 金山寺 開創 記錄: 『宋高僧傳』14,「唐百濟國金山寺眞表傳」(『大正藏』50, 794b·c). "時則挂錫樹枝敷草端坐. 四望信士不勸自

따라서는 창건이라는 명칭이 사용될 수도 있는 것이다.

또 나말의 입당 유학 선승들은 당시 확립되던 중국 선종 사찰의 가람 배치 형태를 모사한 새로운 형식을 도입하는 모습을 보이고는 한다.[493] 즉 굴산사에도 범일에 의한 대대적인 변화의 측면이 존재했을 것이라는 말이다.

그렇다면 이제 남은 문제는 '범일이 주석하기 전 굴산사의 명칭도 굴산사였느냐?'라는 점이다. 즉 굴산사라는 사명이 사격이 일신된 뒤에 변경된 명칭인지, 이전부터 존재하던 명칭인지에 관한 판단이 필요하다는 말이다. 실제로 성주사처럼 사격이 일신된 뒤에 사찰 명칭이 바뀌는 일도 있지만, 진표의 금산사나 나옹이 대대적(262칸)으로 수조修造한 양주 회암사檜巖寺처럼[494] 상황에 따라서는 사명이 유지되는 경우도 존재하기 때문이다.

굴산사는 굴산 및 굴산 인근의 사찰이라는 의미이다. 굴산은 오늘날의 학산鶴山으로 낮은 언덕 정도의 야트막한 산이다. 그런데 굴산사의 사명과 관련해서는 「범일전」의 '굴산사崛山寺'와 「낙산이대성 관음·정취·조신」의 '굴산사崛山寺'의 두 가지가 존재한다. 즉 글자가 다르게 나타나는데, 일반적으로는 '굴崛'을 '굴崛'과 통하는 정도로 이해하는 정도이다. 즉 '굴崛'이 올바른 표기이며, '굴崛'은 문제가 있지만 통용될 수 있는 글자라는 것이다.

來。同造伽藍號金山寺焉。";〈鉢淵藪眞表律師藏骨碑〉, "時壬寅四月二十七日也。師受頂記教法已。喜遍身心禮拜而退, 欲靭金山藪出不思議房。下山而來至大淵津, 忽有龍王出淵邊奉獻玉鉢袈裟將八萬眷屬侍。往金山藪到此山已, 四方郡縣儒士之徒不勸自來, 同造茄藍不日成之。";『三國遺事』4, 「義解第五-東楓岳鉢淵藪石記」(『大正藏』49, 1008b), "時壬寅四月二十七日也。師受教法。已欲創金山寺。下山而來。至大淵津。忽有龍王。出獻玉袈裟。將八萬眷屬侍。往金山藪。四方子來。不日成之。"

493 한지만, 「羅末麗初 九山禪門 伽藍構成의 의미」, 『大韓建築學會論文集』 32-6(2016), 53-57쪽.

494 李穡 撰, 『牧隱文藁』2, 「天寶山檜巖寺修造記」, "凡爲屋二百六十二間。凡佛軀十五尺者七, 觀音十尺。";廉仲燮, 「檜巖寺 修造名分의 변화와 慈藏의 영향」, 『建築歷史研究』 94(2014), 38쪽.

‘굴屈堀’이 올바른 표기가 되는 이유는 굴산崛山 및 굴산사崛山寺와 관련해서 이 명칭이 인도의 영축산인[495] 기사굴산耆闍崛山(Gṛdhrakūṭa, 혹 기사굴산祇闍崛山·기사다산耆闍多山)에서 유래하기 때문이다. 기사굴산의 축약 형태가 바로 사굴산과 굴산이다. 즉 사굴산문의 사굴산이란, 인도 마가다국 왕사성의 동북쪽에 있는 대표적인 산인 영축산을 상징하는 것이다.

영축산은 붓다 당시 왕사성에서 죽림정사(Veṇuvana-vihāra)와 더불어 가장 중요한 불교 수행의 거점이었다. 이 때문에 오늘날까지 영축산의 석굴들에는 사리불이나 아난의 이름이 붙은 채 전해지고 있다.[496] 또 마가다국의 빔비사라 왕이 영축산의 붓다를 친견하기 위해 가마에서 내려 예를 표하고 걸어 올라간 곳에는 ‘하승下乘’과 ‘퇴범退凡’이라는 표지석이 있었다고도 한다.[497] 즉 영축산은 왕사성을 대표하는 영산靈山이자 마가다국의 불교를 대표하는 수행 거점으로 크게 존숭되었다.

영축산은 동아시아의 대승불교와 관련해서도 의미가 크다. 영축산정靈鷲山頂의 여래향실如來香室(향전香殿, gandhakuṭī)은 『화엄경』과 더불어 가장 중

---

495 廉仲燮,「通度寺 創建 說話에 끼친 영향 관계 검토-中國과 新羅 五臺山 및 皇龍寺의 영향을 중심으로」,『東아시아佛敎文化』47(2021), 260쪽의 脚註 23. “靈鷲山의 ‘鷲’ 자는 대표적인 발음으로 ‘축’과 ‘취’가 있다. 이는 鷲揬山에서도 나타나는 발음의 문제이다. 그러나 조선 초기인 1463(세조9)년 刊經都監에서 간행된『法華經諺解』등에서 靈鷲山을 영축산으로 명기해, 우리의 전통 발음이 취가 아닌 축임을 분명히 하고 있다. 이런 점에서 靈鷲山은 영취산이 아닌 영축산으로 발음되어야 한다. 또 鷲 자의 발음 문제는 지난 2001년 1월 9일 梁山市 지명위원회에서 영축산으로 확정된 바 있다. 즉 전통과 공식 발음 모두 취가 아닌 축인 셈이다.”

496 『大唐西域記』9,「摩伽陀國下」(『大正藏』51, 921b). “佛石室西北, 石室前有大磐石, 阿難爲魔怖處也。尊者阿難於此入定, 魔王化作鷲鳥, 於黑月夜分據其大石, 奮翼驚鳴, 以怖尊者。尊者是時驚懼無措, 如來鑒見, 伸手安慰, 通過石壁, 摩阿難頂, 以大慈言而告之曰:「魔所變化, 宜無怖懼。」阿難蒙慰, 身心安樂。石上鳥迹、崖中通穴, 歲月雖久, 于今尚存。精舍側有數石室, 舍利子等諸大羅漢於此入定。”

497 같은 책(921a). “頻毘娑羅王爲聞法故, 興發人徒, 自山麓至峯岑, 跨谷凌巖, 編石爲階, 廣十餘步, 長五六里。中路有二小窣堵波, 一謂下乘, 卽王至此徒行以進；一謂退凡, 卽簡凡人不令同往。”

인도 기사굴산 정상

요한 경전이자 천태종의 소의 경전이기도 한 『묘법연화경』(『법화경』)이 설해
지는 장소이다.[498] 또 선불교와 관련해서 영축산은 다자탑전반분좌多子塔前
半分座·곽씨쌍부槨示雙趺와 더불어 삼처전심三處傳心으로 일컬어지는 염화
미소拈華微笑의 배경이 되기도 한다.

　　삼처전심은 선불교에서 교외별전敎外別傳을 강조하기 위해 셋을 한데
묶어 천명하는 심법의 상속에 대한 특별성의 강조이다.[499] 이 중 염화미소는
1029년의 『천성광등록天聖廣燈錄』 권2에서 가장 먼저 발견되는 것으로 중국

---

498 『大唐西域記』9, 「摩伽陀國下」(『大正藏』 51, 921b). "其南崖下有窣堵波, 在昔如來於此說《法花
經》."; 『大唐大慈恩寺三藏法師傳』3, 「起阿踰陀國終伊爛挐國」(『大正藏』 50, 237c), "如來在世
多居此山說《法華》,《大般若》等無量衆經."

499 김성욱, 「三處傳心에 대한 논의 연구-起源과 의미를 중심으로」, 『佛敎學硏究』46(2016), 195쪽.

에서 만들어진 이야기라는 인식이 지배적이다.[500] 그런데 아이러니하게도 염화미소는 이후 삼처전심 중에서도 가장 유명한 대표성을 가지게 된다. 즉 선불교의 후대 인식에서 영축산은 선의 시작점, 즉 배꼽과 같은 역할을 하는 곳으로 이해되는 것이다.

흥미로운 것은 이 염화미소가 범일 당대로까지 올라갈 개연성도 존재한다는 점이다. 이와 같은 판단이 가능한 것은 〈낭원개청비문〉(940)의 모두冒頭에 "대저 살펴보면, 영축산정(축두鷲頭)의 바위 위에서 세웅世雄(붓다)께서 입교지종立教之宗을 열었으며, 계족산鷄足山 중에서 (마하)가섭迦葉이 전심지지傳心之旨를 표하였다."라는 구절이 존재하기 때문이다.[501] 여기에서 계족산의 가섭에 대한 부분은 마하가섭이 붓다의 이모인 대애도大愛道(Mahā-prajāpati)가 보시한 금란가사를 가지고 있다가 당래불當來佛(미래불)인 미륵에게 전달한다는 내용에 따른 것이다.[502] 이를 선불교에서는 전의傳衣를 통한 전심傳心으로 이해한다.

그런데 앞 구절인 '축두에서의 입교종지'란, 염화미소와 같은 내용으로밖에는 생각될 수 없다. 물론 다른 관련 자료가 존재하지 않기 때문에 '축두

---

500 『天聖廣燈錄』2,「第一祖摩訶迦葉尊者」(『卍新纂大日本續藏經選錄』78, 428c). "如來在靈山說法。諸天獻華。世尊持華示衆。迦葉微笑。世尊告衆曰。吾有正法眼藏。涅槃妙心。付囑摩訶迦葉。流布將來。勿令斷絶。仍以金縷僧伽梨衣付迦葉。以俟慈氏。"; 김성욱,「三處傳心에 대한 논의 연구-起源과 의미를 중심으로」, 『佛教學研究』46(2016), 193-194쪽.

501 〈江陵普賢寺朗圓大師塔碑〉. "原夫鷲頭巖上世雄開立教之宗, 鷄足山中迦葉表傳心之旨."

502 『大唐西域記』6,「劫比羅伐窣堵國」(『大正藏』51, 902a). "其側不遠有窣堵波。是如來於大樹下東面而坐。受姨母金縷袈裟。"; 『大唐大慈恩寺三藏法師傳』6,「劫比羅伐窣堵國」(『大正藏』50, 902a). "其側不遠有窣堵波, 是如來於大樹下, 東面而坐, 受姨母金縷袈裟。"; 『大唐西域記』9,「摩伽陀國下」(『大正藏』51, 919c). "我今將欲入大涅槃。以諸法藏。囑累於汝。住持宣布勿有失墜。姨母所獻金縷袈裟。慈氏成佛留以傳付。"; 『法苑珠林』29,「聖迹部第二」(『大正藏』53, 504a). "又東度黃河百餘里至屈屈吃播陀山(舊云雞足)直上三峯。狀如雞足。頂樹大塔。夜放神炬光明通照。卽大迦葉波於中寂定處也。初佛以姨母織成金縷大衣袈裟傳付彌勒。令度遺法四部弟子。迦葉承佛教旨。佛涅槃後第二十年。捧衣入山以待彌勒。"

의 입교종지'가 염화미소와 정확히 같은 내용인지는 분명하지 않다. 다만 장소가 영축산정이며 이곳에서 붓다에 의한 선불교의 입교종지가 개시되었다는 점에서 양자가 유사한 내용을 가지는 것만은 분명하다. 개청이 범일의 수제자라는 점을 고려한다면 이는 범일 당시에도 이와 같은 내용이 전해지고 있었을 개연성을 추론해 보도록 한다. 즉 염화미소와 관련된 선불교의 시원적인 당위성이 범일의 굴산 및 굴산사라는 명칭에도 내포될 개연성이 존재하는 것이다.

이런 점에서 본다면, 범일의 사굴산문 표방은 붓다의 심법을 계승한 선불교의 정통성을 빌리려는 의미가 존재한다는 판단도 가능하다. 그런데 굴산崛山 및 굴산사崛山寺는 범일이 주석한 이후의 명칭이 아니라 명주도독의 초빙으로 주석하게 된 곳의 명칭에 지나지 않는다. 「범일전」의 굴산과 굴산사라는 명칭에는 범일의 의도가 반영된 것이 아닌, 우연성만이 존재할 뿐이라는 말이다.

그러나 이를 우연만으로 치부하기에는 석연치 않은 점이 있다. 특히 범일의 선문은 이 명칭을 배경으로 '사굴산문'이 된다. 이는 굴산과 굴산사라는 명칭이 범일의 뜻에 부합해서 수정의 필연성이 없었다는 것을 의미한다. 물론 우연히 이렇게 되었을 수도 있다. 그러나 이를 우연의 일로만 치부하기에는 개연성이 부족한 것 역시 사실이다.

특히 영축산이라는 명칭과 관련, 같은 명주 안의 영서嶺西에 있는 자장의 오대산 영향도 존재할 수 있다는 점에서 더욱 그렇다.[503] 중국 산서성 오

---

503 〈江陵普賢寺朗圓大師塔碑〉에 기록된 梵日의 五臺山 住錫 記錄 외에도 『臨瀛誌』에는 梵日이 五臺山에서 태어나 五臺山에서 示寂했다는 내용도 있어 주목된다. 이는 後代까지도 梵日과 五臺山의 連結이 강하고 폭넓게 전해지고 있었다는 의미가 되기 때문이다. 『臨瀛誌』, 「前誌」 2,〈釋證-梵日〉; 『增修臨瀛誌』,〈釋證-梵日〉. "五臺之山現於佛書名於天下. 老禪韻釋來遊者甚多. 載乘不傳釋門亦無記錄焉. 梵日生於斯慈藏寶川修道於斯. 義相元曉往來乎. (…) 創立神伏崛山兩山大寺. 造塔山以補地脈. 後隱五臺山示寂."

중국 오대산에 자리한 현통사

중국 최초의 사찰로 알려져 있는 백마사

대산의 중심에는 산 안의 산으로 영축산이 존재한다.[504] 이 영축산에 있는 사찰이 중국 오대산에서 낙양의 백마사白馬寺(67년 창건) 다음으로 창건되었다는 기록이 있는 대부영축사大孚靈鷲寺이다.[505] 영축사는 이후 당나라 때 화엄사華嚴寺라는 사명의 변화를 거쳐 명나라에 이르러 현통사顯通寺로 변모한다.[506] 앞서도 잠시 언급했던 것처럼 범일은 864~867년 무렵에 자장이 개창한 명주 오대산에 주석했다. 그런데 이러한 오대산과 관련해서도 중국 오대산의 내용이기는 하지만 영축산이라는 명칭이 확인되는 것이다.

물론 시기적으로 봤을 때 범일의 굴산사 주석은 851년이므로 명주 오대산의 영향을 받았을 수는 없다. 그러나 오대산이 굴산사에 앞서 명주 지역을 대표하는 성산聖山이었다는 점을 감안하면 이 역시 나름의 연결 가능성을 완전히 배제하기는 어렵다.

이처럼 판단이 명확하지 않은 상황에서 주목되는 것이 바로 「범일전」의 '굴산嵋山'과 '굴산사嵋山寺'라는 표기이다. 왜냐하면 지금까지는 '굴嵋'을 '굴崛'과 통하는 정도의 글자로 보았지만 이를 통해서 나름의 해법을 도출해 보는 것이 가능할 수도 있기 때문이다.

---

504 『廣淸涼傳』1, 「菩薩何時至此山中三」(『大正藏』51, 1103c). "又此山形。與其天竺靈鷲山相似。因以爲名焉。"; 『大方廣佛華嚴經隨疏演義鈔』76, 「諸菩薩住處品第三十二」(『大正藏』36, 601c). "山形似於靈鷲。故號爲大孚靈鷲寺。"

505 『律相感通傳』全1卷, 「初問佛事」(『大正藏』45, 876b). "漢明之初。摩騰天眼亦見有塔。請帝立寺。"; 『道宣律師感通錄』全1卷, 「宣律師感天侍傳」(『大正藏』52, 437a). "漢明之初。摩騰天眼亦見有塔。請帝立寺。"

506 『淸涼山志』2, 「臺內佛刹凡六十八-大顯通寺」(『中國佛寺史志彙刊選錄』79, 69a). "古名「大孚靈鷲寺」。漢明帝時, 滕蘭西至, 見此山, 乃文殊住處, 兼有佛舍利塔, 奏帝建寺。滕以山形若天竺靈鷲, 寺依山名;帝以始信佛化, 乃加「大孚」二字。大孚, 弘信也。元魏孝文帝再建, 環帀鷲峯, 置十二院。前有雜花園, 故亦名「花園寺」。至唐太宗重修。武后以新譯《華嚴經》中, 載此山名, 改稱「大華嚴寺」。觀國師於中造疏。至明太宗文皇帝勅重建, 感通神應, 自昔未有, 故賜額「大顯通」。"

문경 봉암사 지증대사부도비(국보). 희양산문 개창자인 지증도헌의 부도비로서
최치원이 지은 사산비명 중 하나이다.

'굴嵝'이란, 나무가 없는 민둥산을 의미한다. 실제로 현재의 학산을 가
보면 주변 민가에 의해 쉽게 민둥산이 될 정도로 낮은 산임을 확인해 볼 수
있다. 즉 우뚝 솟아 있다는 의미의 '굴嵂'보다는 민둥산 '굴嵝'에 보다 잘 부합
하는 것이다. 이는 굴嵝이 굴嵂과 통하는 것이 아니라 원래는 굴嵝이었던 것
이 변모해 굴嵂이 되었을 개연성을 상정해 보게 한다. 실제로 최치원의 사산
비명四山碑銘 중 하나인 〈지증대사비문智證大師碑文〉에는 굴산이 아닌 고산

›› 263 ‹‹

孤山으로 나타난다.[507] 여기에서 고孤는 의미에 따라 굴崛보다는 굴嶹과 통한다. 즉 민둥산과 외로움이 상통하는 것으로 '고산孤山'은 굴산嶹山의 이칭일 수도 있는 것이다. 이는 굴산嶹山의 굴산崛山 변화 가능성에 대한 한 방증이 될 수 있다는 점에서 주목된다. 종합해 보면 원래는 민둥산으로 나지막한 굴산嶹山이 있었고, 이에 따라 인근에 굴산사嶹山寺가 존재한다. 이것이 범일의 주석과 이후의 발전 과정에서 음가音價가 같은 굴산崛山과 굴산사崛山寺로 변모돼 통용되었을 수 있다는 말이다. 당연히 이 과정에서 선문으로서의 사굴산문이라는 명칭도 확립되었을 것이다.

이렇게 되면, 범일이 우연히 굴산과 굴산사에 주석하고, 이후에도 산명과 사명이 바뀌지 않는 점, 또 사굴산문이라는 선문의 명칭 및 영서 오대산과의 관계 등이 모두 일시에 해소된다. 즉 범일은 유사성에 입각한 변화를 통해 '전래되던 명칭의 타당성'과 '우연에 따른 신이성'을 동시에 확보할 수 있게 되는 것이다.

「범일전」에는 범일을 붓다에 비견하려는 모습이 뚜렷하게 존재한다. 이 중 입적 시에 범일이 '우협으로 누워 발을 포갠 것'은 범일이 의도한 명백한 행위이다. 이런 범일의 의도성을 감안한다면, 굴嶹을 굴崛로 전환해 기사굴산(영축산)의 단위성을 확보하고, 선불교의 정통은 물론이거니와 붓다와의 연결을 강조하려고 했다는 추론도 충분히 가능하다. 즉 굴嶹의 굴崛로의 전환에는 범일의 붓다화와 관련된 측면 역시 존재한다는 말이다.

또 선문의 명칭은 홍인과 혜능 이래로 중요한 상징성을 가진다. 그런데 낮은 굴산은 명산의 조건과는 거리가 있다. 그런데도 이것이 선문의 명칭으로 사용될 수 있는 것은 기사굴산이라는 인도불교의 정통성과 직결되는 강

---

507 〈聞慶鳳巖寺智證大師塔碑〉. "北山義, 南岳陟, 而降大安徹國師, 慧目育, 智力聞, 雙溪照, 新興彦, 涌岩體, 珍丘休, 雙峰雲, 孤山日, 兩朝國師聖住染, 菩提宗."

인도 기사굴산 정상의 독수리바위

력한 상징이 존재하기 때문이다.

　실제로 인도의 기사굴산 역시 왕사성을 대표하는 영산이기는 하지만 높지 않은, 언덕 같은 산에 불과하다. 또 기사굴산의 산정에는 독수리바위가 있는데 굴산에는 학바위가 존재한다. 이런 점에서 양자의 산세에 입각한 유사성을 상정해 보는 것도 가능한 상황이다. 여기에 선행하는 가치로서 명주 오대산 등이 자장에 의해 중국 산서성 오대산을 모사하고 있다는 점을 고려한다면,[508] 의도적인 왜곡의 개연성은 더욱 커진다. 즉 굴嵷의 굴嵂로의 변화를 통해 이러한 두 가지 한자가 등장하는 부분에 대한 타당성이 모두 확보되는 것이다.

508　廉仲燮, 「신라시대 河曲縣의 文殊信仰 전래시기 고찰」, 『國學研究』 36(2018), 213–221쪽 ; 廉仲燮, 「初期 闍崛山門과 五臺山의 관계성 검토」, 『震檀學報』 135(2020), 36–48쪽.

제4장

범일의 굴산사 주석과
명주불교로의 확대

명주도독 김공의 범일 후원과 성격

1.
명주군왕 김주원과 명주도독 김공의 관계

범일을 굴산사로 초빙하는 명주도독 김공과 관련해서는 김주원계와 관련된
인물일 것으로 보는 게 가장 일반적이다.[509] 그러나 김공金公의 '공公'을 이름
으로 보고, 당시의 상피제相避制에 근거해서 김주원계를 견제하려는 신라의
중앙에서 파견된 인물로 보는 관점도 존재한다.[510] 이와 같은 관점 속에서 김
공이 불교의 범일과 연합(정교政敎 결합)해 김주원계를 약화하려고 했다는 주
장도 있다.[511]

　김공의 범일 초빙은 명주도독이라는 지위상 단순한 신도의 입장만이

509　金杜珍,「新羅下代 崛山門의 形成과 그 思想」,『省谷論叢』17(1987), 308쪽 ; 方東仁,「崛山門
　　　梵日國師와 溟州豪族」,『梵日國師 硏究叢書』(江陵: 梵日國師文化祝典委員會, 2016), 21쪽 等 多
　　　數. 申虎澈,「後三國時代 溟州豪族과 崛山寺」,『韓國古代史探究』9(2011), 115-116쪽의 脚註
　　　4. "崔柄憲이 崛山門의 開祖인 梵日, 그의 祖父인 溟州都督 金述元, 그를 崛山寺에 招聘한 溟
　　　州都督 金公, 王順式, 王景, 王乂, 그리고 梵日의 弟子인 開淸 및 그 檀越勢力들을 대부분 金
　　　周元의 後孫으로 본(崔柄憲,「新羅下代 禪宗9山派의 成立」,『韓國史硏究』7[1972], 103-196쪽) 이후 申千
　　　湜, 金杜珍, 金相珍 등 大部分이 이 見解를 따르고 있어, 하나의 通說로 되었다(이의 연구사적인 정
　　　리는 金興三,「新羅末 崛山門 梵日과 金周元系 關聯說의 批判的 檢討」,『韓國古代史硏究』50[2008], 312-314쪽
　　　參照). 최근 이에 대한 反論이 대두되고 있는 바, 金興三, 曺凡煥, 申虎澈이 있다."

510　金興三,「羅末麗初 闍崛山門과 政治勢力의 動向」,『古文化』50(1997), 402-403쪽 ; 申虎澈,
　　　「後三國時代 溟州豪族과 崛山寺」,『韓國古代史探究』9(2011), 132쪽.

511　金興三,「羅末麗初 闍崛山門과 政治勢力의 動向」,『古文化』50(1997), 403쪽 ; 鄭東樂,「通曉
　　　梵日(810~889)의 生涯에 대한 再檢討」,『民族文化論叢』24(2001), 78쪽.

아닌 명주의 최고 스승인 주통州統의 부여라는 이해가 타당하다.[512] 신라에는 고려의 국사나 왕사에 준하는 국통國統(혹 승통僧統, 사주寺主)제도가 진흥왕 때인 551년부터 존재한다.[513] 승통은 중국 북위(386~534)의 '도인통道人統'이나 '사문통沙門統'과 같은 뜻으로[514] 국가 승려 전체에 대한 통솔권자를 의미한다. 이 때문에 승통은 '국통'으로도 불린다.

국통제도는 통일신라 초기인 제31대 신문왕(재위 681~692) 때가 되면 신라의 구주九州에 각기 주통과 그 밑에 군통郡統 2인을 두는 방식으로 발전·구체화한다.[515] 이런 점에서 본다면, 명주도독에게 초빙받은 범일은 명주의 주통과 같은 위치에 있었다고 할 수 있다. 이러한 범일의 지위는 이후 수도인 경주에서 삼왕三王(제48대 경문왕·제49대 헌강왕·제50대 정강왕)이 불러도 가지 않는 한 원인이 되었을 것이다. 범일로서는 붕괴하던 경주의 권력 구조에 휘말리지 않고, 수행과 지도를 통해 선불교를 확대할 수 있는 명주 세력과의 관계가 더 중요했을 수도 있다는 말이다.[516]

---

512 方東仁,「崛山門 梵日國師와 溟州豪族」,『梵日國師 研究叢書』(江陵: 梵日國師文化祝典委員會, 2016), 21쪽.

513 『三國史記』40,「雜志 9」,〈國統〉. "國統一人 一云寺主, 眞興王十二年, 以高句麗惠亮法師爲寺主."

514 원영만,「北魏 僧官制 成立과 變遷에 관한 研究-法果와 曇曜를 중심으로」,『韓國佛敎學』55(2009), 74~77쪽 ;『三國志』114,「魏書 114」,〈志 20-釋老志〉. "初皇始中趙郡有沙門法果. 誠行精至開演法籍, 太祖聞其名詔以禮徵赴京師." ;『佛祖統紀』20,「法運通塞志第十七之五-北魏-太祖」(『大正藏』49, 353c). "皇始二(397)年詔趙郡法果爲沙門統."

515 『三國史記』40,「雜志 9」,〈武官〉. "州統: 州統九人. 郡統: 郡統十八人." ; 方東仁,「崛山門 梵日國師와 溟州豪族」,『梵日國師 研究叢書』(江陵: 梵日國師文化祝典委員會, 2016), 20쪽.

516 金興三,「羅末麗初 闍崛山門과 政治勢力의 動向」,『古文化』50(1997), 403~404쪽 ; 鄭東樂,「通曉 梵日(810~889)의 生涯에 대한 再檢討」,『民族文化論叢』24(2001), 81~82쪽. 申虎澈은 梵日의 後援勢力이 溟州의 土着 貴族인 金周元系가 아닌 慶州에서 派遣 나온 中央 貴族이며, 이를 통해서 慶州와의 關係를 맺고 있는 것으로 判斷했다. 申虎澈,「後三國時代 溟州豪族과 崛山寺」,『韓國古代史探究』9(2011), 135쪽. "梵日은 溟州의 土着 勢力의 後援보다는 오히려

범일 당시 명주 호족은 압도적인 김주원계를 필두로 작은 호족들이 존재하고 있었다. 김주원의 외가와 범일의 외가인 지씨支氏(혹 문씨文氏)나[517] 나말여초 왕예王乂와 왕경王景 및 왕순식王順式(혹 왕순식王筍息)[518] 등은 이들 작은 호족의 존재를 잘 나타내 준다.[519]

〈낭혜화상부도비〉에 따르면, 명주를 대표하는 호족인 김주원은 태종 무열왕인 김춘추의 차남 김인문金仁問(629~694)의 후손이다.[520]

보령 성주사지 낭혜화상부도비(국보)

溟州 外官으로 내려온 眞骨貴族의 지원을 받아 崛山寺를 開創하고, 나아가 新羅 王室과의 因緣을 바탕으로 中央 貴族과 彈力的인 關係를 맺으면서 그들의 後援 下에 더욱 發展시킬 수 있었다고 생각한다."

517 『祖堂集』17, 「溟州崛山故通曉大師嗣鹽官」(『大藏經補編』25, 617a). "其母支氏, 累葉豪門." 同姓不婚에 의해 본래는 金氏에서 바뀐 것으로 보기도 한다. 申千湜, 「韓國佛敎史上에서 본 梵日의 位置와 崛山寺의 歷史性 檢討」, 『嶺東文化』1(1980), 10-11쪽; 金興三, 「新羅末 崛山門 梵日과 金周元系 關聯說의 批判的 檢討」, 『韓國古代史硏究』50(2008), 316-317쪽; 鄭東樂, 「通曉 梵日(810~889)의 生涯에 대한 再檢討」, 『民族文化論叢』24(2001), 63쪽.

518 王順式과 關聯해서는 金周元系라는 觀點도 存在한다. 國立中原文化財硏究所 編, 「崛山門의 檀越勢力과 山門의 分化」, 『闍崛山門 崛山門』(忠州: 國立中原文化財硏究所, 2012), 50쪽.

519 『高麗史』88, 「列傳 1」, 〈后妃〉. "大溟州院夫人王氏, 溟州人, 內史令乂之女."; 『高麗史』2, 「世家 2」, 〈太祖 19(936)年 9月 8日 甲午〉. "溟州大匡王順式·大相兢俊·王廉·王乂, 元甫仁一等, 領馬軍二萬."; 『高麗史節要』88, 「太祖神聖大王」, 〈太祖 11(928)年 1月〉. "溟州順式率衆入朝, 賜姓王, 拜大匡, 其子長命賜名廉, 拜元甫, 小將官景亦賜姓王, 拜大丞."; 申虎澈, 「後三國時代 溟州豪族과 崛山寺」, 『韓國古代史探究』9(2011), 116-126쪽.

520 〈保寧聖住寺址郎慧和尙塔碑〉. "會王子昕懸車爲山中宰相邂逅適願. 謂曰, '師與吾俱祖龍樹乙粲, 則師內外爲龍樹令孫, 眞瞠若不可及者. 而滄海外躡蕭湘故事, 則親舊緣固不淺. 有

무열왕의 6대손인 김주원은 신라 중대에서 하대로의 과도기인 제37대 선덕왕宣德王(재위 780~785, 내물왕의 십대손)인 김양상金良相이 후사 없이 붕어하자 강력한 무열왕계의 혈연적인 당위성으로 인해 왕으로 추대된다. 그러나 김주원은 갑작스러운 홍수로 인해 알천閼川(후대의 북천北川)을 건너지 못하여 화백회의에 참석해서 승인받지 못한다.[521] 이런 상황에서 당시 상대등인 내물왕의 12대손인 김경신金敬信이 여론을 반전시켜 제38대 원성왕元聖王(재위 785~798)으로 즉위하는 초유의 사건이 발생한다.[522] 이로 인해 무열왕계의 신라 중대가 끝나고 신라 하대로의 변화가 시작된다.

　　김주원과 김경신의 대립은 부계가 무열왕계인 김주원과 부계는 내물왕계이면서 모계가 무열왕계인 김경신의 왕위에 대한 대립이다. 혈통적인 왕위 승계의 당위성은 김주원이 더 크다. 그러나 무열왕계인 제36대 혜공왕惠

一寺在熊川州坤隅, 是吾祖臨海公, 祖諱仁問唐酬伐獩貊功封爲臨海君公受封之所.'"江陵金氏의 族譜에는 金周元이 武烈王의 三男으로 金文王의 後孫으로 記錄되어 差異가 있다. 車長燮, 「朝鮮時代 族譜의 編纂과 意義-江陵金氏 族譜를 中心으로」, 『朝鮮時代史學報』 2(1997), 36-37쪽.

521 당시의 극적인 상황을 『三國遺事』 2, 「紀異第二-元聖大王」(『大正藏』 49, 975a·b)에서는 다음과 같이 전하고 있다. "(원성)왕이 말했다. '위에 周元이 있는데, 어떻게 (내가) 上位[王位]에 오를 수 있습니까?' 阿飡이 말했다. '은밀히 北川의 神에게 祭祀지내면 가능할 것입니다.' (왕이) 이 말을 따랐다(王曰。上有周元。何居上位。阿飡曰。請密祀北川神可矣。從之。)."

522 『三國史記』 10, 「新羅本紀 10」, 〈元聖王 元(785)年 1月〉. "及宣德薨, 無子, 群臣議後, 欲立王之族子周元. 周元宅於京北二十里, 會大雨, 閼川水漲, 周元不得渡. 或曰, "卽人君大位, 固非人謀. 今日暴雨, 天其或者不欲立周元乎. 今上大等敬信, 前王之弟, 德望素高, 有人君之體." 於是, 衆議翕然, 立之継位. 旣而雨止, 國人皆呼萬歲."; 『三國遺事』 2, 「紀異第二-元聖大王」(『大正藏』 49, 975a·b). "王乃辟禁左右而請解之. 曰. 脫幞頭者. 人無居上也. 著素笠者. 冕旒之兆也. 把十二絃琴者. 十二孫傳世之兆也. 入天官井. 入宮禁之瑞也. 王曰. 上有周元. 何居上位. 阿飡曰. 請密奉周元爲王. 將迎入宮. 家在川北. 忽川漲不得渡. 王先入宮卽位. 上宰之徒衆皆來附之. 拜賀新登之主. 是爲元聖大王. 諱敬信金武. 蓋厚夢之應也. 周元退居溟州.";「新增東國輿地勝覽」 44, 「江原道-江陵大都護府-人物」. "新羅: 金周元. 太宗王之孫. 初, 宣德王薨, 無嗣, 群臣奉貞懿太后之敎, 立周元爲王. 族子上大長等敬信劫衆自立, 先入宮稱制. 周元懼禍, 退居溟州, 遂不朝請. 後二年, 封周元爲溟州郡王, 割溟州翼領三陟、斤乙於、蔚珍等官爲食邑, 子孫因以府爲鄕."

恭王(재위 765~780)이 김지정金志貞의 난(780) 과정에서 시해되고[523] 이를 진압한 선덕왕이 등극하게 되는데, 이때 가장 큰 협조 세력이 상대등이 되는 김경신이다. 즉 무열왕계로서 혜공왕과 혈연적인 연결성이 존재하는 김주원, 그리고 김지정의 난 이후 공신을 대표하는 김경신 간의 알력 다툼에서 혈통적인 우월성을 가진 김주원이 패배하는 것이다.

김주원의 혈통적 우월성은 골품제도 안에서는 원성왕도 부정하기 어려운 권위였다. 그러나 김주원은 세력으로는 원성왕을 상대하기 곤란했다. 이런 양자의 미묘한 관계 속에서 서로를 인정하는 한국 역사상 가장 특이한 힘의 균형이 성립하게 된다. 이것이 『신증동국여지승람新增東國輿地勝覽』 권44에 수록된 김주원이 명주군왕溟州郡王에 봉해졌다는 기록이다.[524] 물론 이와 같은 결과를 받아들이지 않고, 김주원의 아들인 김헌창金憲昌(?~822)과 손자

---

[523] 『三國遺事』卷2에는 惠恭王이 金良相에 의해서 殺害된 것으로 記錄되어 있으나, 『三國史記』卷9에는 金志貞의 亂 過程에서 王과 王妃가 殺害되는 것으로만 되어 있어 차이가 있다. 『三國遺事』2, 「紀異第二-景德王·忠談師·表訓大德」(『大正藏』49, 974c). "故國有大亂. 修爲宣德與金良相所弒."；『三國史記』9, 「新羅本紀 9」, 〈惠恭王 16(780)年 4月〉. "夏四月, 上大等金良相與伊湌敬信擧兵, 誅志貞等, 王與后妃, 爲亂兵所害. 良相等諡王爲惠恭."

[524] 金周元은 江陵 金氏의 始祖이다. 다만 江陵 金氏 族譜에는 金周元이 金文王의 後孫이라고 되어 있어 차이가 있다. 『新增東國輿地勝覽』44, 「江原道-江陵大都護府-人物」. "新羅: 金周元. (…) 後二年, 封周元爲溟州郡王, 割溟州翼嶺三陟, 斤乙於, 蔚珍等官爲食邑, 子孫因以府爲鄕." 金興三은 金周元이 溟州君王이며, 이들 勢力이 襲封되었다는 『勝覽』「人物」 기록은 15세기 族譜의 成立과 編纂 過程에서 誇張된 것이라는 主張을 全開하고 있어 注目된다. 金興三, 「新羅末 崛山門 梵日과 金周元系 關聯說의 批判的 檢討」, 『韓國古代史研究』50(2008), 301-310쪽. "… 云云 … 結局 『勝覽』의 金周元 關聯 記事는 歷史的 史實을 記錄해 놓은 것이 아님을 알 수 있다. 이 記事는 단지 江陵 金氏 後孫들이 自身의 始祖인 金周元이 王에 버금갔다고 顯彰하고 이를 基盤으로 江陵地域에서 權威를 誇示하고 계속 主導權을 유지하기 위해 종이와 풀로 만들어놓은 歷史에 不過하다." 金周元이 溟州로 물러난 이유에 대해서 「平昌郡古記」에는 어머니가 溟州 出身이라는 내용이 있어 주목된다(周元不得就位曰, 溟州我母之本鄕, 率其川北人同歸作主, 以是知溟州, 是公母之本鄕也). 國立中原文化財研究所 編, 「1. 三和寺 鐵造盧舍那佛坐像 造像記」, 『옛 기록 속의 崛山門-崛山門 關聯 文獻資料集』(忠州: 國立中原文化財研究所, 2013), 321쪽 ; 琴昌憲, 「屈山寺에 대하여」, 『臨瀛文化』26(2002), 249쪽.

인 김범문金梵文(?~825)이 제41대 헌덕왕憲德王(재위 809~826) 때 연이어 난을 일으키기도 한다.[525] 그러나 이런 난에 명주의 김주원계가 직접적으로 가담한 정황은 없다. 또 이후 신라의 왕실에서도 명주의 김주원계를 압박하는 모습이나 군사 행동을 개시하는 측면은 전혀 확인되지 않는다.[526] 매우 독특하고 특수한 관계가 정립된 것이다.

실제로 김주원의 손자인 김정여金貞茹는 경주에서 파진찬波珍湌(혹 장상將相이나 상대등)에 오르고,[527] 증손자인 김양金陽 역시 시중이 되는 것이 확인된다.[528] 이는 명주의 김주원계가 분리된 이후에도 경주의 왕실과 밀접한 연관 관계를 확보하고 있었다는 것을 의미한다. 특히 이러한 관계가 김헌창과 김범문의 난 이후에도 지속되고 있다는 점에서 경주의 중앙 귀족과 명주의 김주원계가 일반적인 관점에서 생각하는 것과는 차이가 있다는 점은 크게 주목된다.[529]

<hr>

525 『三國史記』10,「新羅本紀 10」,〈憲德王 14(822)年 3月〉. "三月, 熊川州都督憲昌, 以父周元不得爲王反叛, 國號長安, 建元慶雲元年. 脅武珍·完山·菁·沙伐四州都督, 國原·西原·金官仕臣及諸郡縣守令, 以爲己屬. 菁州都督向榮, 脫身走推火郡, 漢山·牛頭·歃良·浿江·北原等, 先知憲昌逆謀, 擧兵自守.";같은 책,〈憲德王 14(822)年 3月 18日〉. "憲昌僅以身免, 入城固守, 諸軍圍攻浹旬, 城將陷. 憲昌知不免自死, 從者斷首與身各藏. 及城陷, 得其身於古塚誅之, 戮宗族·黨與凡二百三十九人, 縱其民. 後論功賞賞有差. 阿湌祿眞授位大阿湌, 辭不受. 以歃良州屈自郡, 近賊不汙於亂, 復七年.";같은 책,〈憲德王 17(825)年 1月〉. "十七年, 春正月, 憲昌子梵文與高達山賊壽神等百餘人, 同謀叛, 欲立都於平壤, 攻北漢山州, 都督聰明率兵, 捕殺之(平壤今楊州也).";김창겸,『新羅 下代 王位繼承 硏究』(서울: 京仁文化社, 2003), 297쪽;이상훈,「金憲昌의 亂과 新羅軍의 對應」,『軍事硏究』138(2014), 12~21쪽.

526 方東仁,「崛山門 梵日國師와 溟州豪族」,『梵日國師 硏究叢書』(江陵: 梵日國師文化祝典委員會, 2016), 18쪽; 황선영,「新羅 下代 金憲昌 亂의 性格」,『歷史와 境界』35(1998), 19쪽.

527 『新增東國輿地勝覽』44,「江原道-江陵大都護府-人物」. "新羅: 金貞茹. 宗基之子. 始仕於朝, 官至上大等, 封溟源公."

528 『三國史記』44,「列傳 4」,〈金陽〉. "家系: 金陽, 字魏昕, 太宗大王九世孫也. 曾祖周元伊湌, 祖宗基蘇判, 考貞茹波珍湌. 皆以家世爲將相.";『三國史記』11,「新羅本紀 11」,〈文聖王 9(847)年〉. "侍中金茹卒, 伊湌魏昕(金陽임)爲侍中."

529 盧明鎬,「羅末麗初 親族組織의 變動」,『又仁金龍德博士停年紀念史學論叢』(서울: 又仁金龍德

원성왕은 785년 음력 1월 보위에 오른다.[530] 그리고 이후 김주원은 785~786년에 명주로 낙향해 명주군왕으로 봉해지며, 명주·익령翼嶺(양양)·삼척三陟·근을어近乙於(평해)·울진蔚珍 등의 영동 지방을 식읍食邑으로 받는다.[531] 이에 따라 하서부河西府(하슬라)인 명주는 하서국河西國과 같은 독립성을 확보하기도 한다.[532]

김주원 이후 명주군왕은 아들인 김종기金宗基로 습봉襲封된다.[533] 또 손자인 김정여는 명원공溟源公에 봉해진다.[534] 그리고 증손자인 김양은 김명金明의 난(838-희강왕 3)을 진압하고 제45대 신무왕神武王(재위 839년 4~7월)을 도운 공로 등이 인정되어 847(문성왕 9)년에는 시중侍中 겸 병부령兵部令에 이른다. 사후에는 명원군왕溟源郡王으로 추봉된다.[535] 이것이 명주군왕 4대(김주원

博士停年紀念史學論叢刊行委員會, 1988), 47-48쪽 ; 임호민, 「梵日 관련 설화에 대한 史的 검토」, 『梵日國師 研究叢書』(江陵: 梵日國師文化祝典委員會, 2016), 239쪽. "金宗基, 金貞茹, 金章如, 金昕은 모두 侍中을 역임한 바 있다. 그러나 金昕은 元聖王系인 金祐徵 麾下에 있었고, 金昕 역시 元聖王系인 金明의 麾下에 있었다. 이들은 四寸임에도 불구하고 王位爭奪戰에 加擔하면서 敵對的 關係를 유지하고 있다. 이는 8世紀 後半부터 야기되었던 심각한 王位爭奪戰의 와중에서는 親族集團의 특징이라 할 수 있는 親族 共同體意識보다는 政治的 優劣이 더 우선시되었다는 점을 反證하는 것이다."

530 『三國史記』10, 「新羅本紀 10」, 〈元聖王 元(785)年 1月〉. "元聖王立."

531 『新增東國輿地勝覽』44, 「江原道-江陵大都護府-人物」. "新羅: 金周元. (…) 周元懼禍, 退居溟州, 遂不朝請. 後二年, 封周元爲溟州郡王, 割溟州翼領三陟、斤乙於、蔚珍等官爲食邑, 子孫因以府爲鄕."

532 金甲童과 方東仁은 河西國說을 주장하기도 하지만, 이는 資料가 분명하지 않다. 方東仁, 「崛山門 梵日國師와 溟州豪族」, 『梵日國師 研究叢書』(江陵: 梵日國師文化祝典委員會, 2016), 17-18쪽.

533 『新增東國輿地勝覽』44, 「江原道-江陵大都護府-人物」. "新羅: 金宗基. 周元之子. 襲封爲王."；『東國輿地志』7, 「江原道-江陵大都護府-人物」. "新羅: 金宗基. 周元子. 襲封爲溟州郡王."

534 같은 책. "新羅: 金貞茹. 宗基之子. 始仕於朝, 官至上大等, 封溟源公."

535 같은 책. "新羅: 金陽. 貞茹之子. 金明之亂, 佐神武王定社稷. 官至侍中、兼兵部令, 追封爲溟源郡王."

명주군왕릉(강원 기념물). 명주군왕으로 봉해진 강릉 김씨의 시조 김주원 묘소.

→ 김종기 → 김정여 → 김양) 70여 년의,[536] 한국사에서 다시는 비슷한 예를 찾아
볼 수 없는 특징적이고 독특한 번왕藩王의 위치이다.[537] 이외에도 김주원계

---

[536] 方東仁,「崛山門 梵日國師와 溟州豪族」,『梵日國師 硏究叢書』(江陵: 梵日國師文化祝典委員會,
2016), 18쪽의 脚註 14. "金周元의 落鄕을 일단 元聖王 1~2年(785~786)으로 가정하고, 그의 대
를 이어 金宗基(아들)-金貞茹(손자)-金陽(증손자)이 死亡하는 857年(憲安王 元年)까지를 계산해
보았다. 그러나 金甲童은 第7會 江陵學세미나「羅末麗初 江陵豪族의 成立背景과 存在樣
態」에서 憲德王 14年(822)에 일어난 金憲昌의 亂 以後, '江陵을 據點으로 하였던 4代 37年間
의 獨立的인 생활은 막을 내리게 되었다. 當然한 結果로서 河西國이란 國號도 除去되었다.'고
했다. 그리고 그 典據로『大東地志』를 들고 있다. 그러나『大東地志』의 '4代 37年'은 무엇에 根
據한 것인지 알 수 없다. '4代'라면 金周元-金宗基-金貞茹-金陽까지여야 할 것이다."; 國立中
原文化財硏究所 編,「崛山門의 檀越勢力과 山門의 分化」,『閣崛山門 崛山門』(忠州: 國立中原
文化財硏究所, 2012), 47쪽.

[537] 金周元(溟州郡王) → 金宗基(溟州郡王) → 金貞茹(溟源公) → 金陽(溟源郡王).『新增東國輿地勝
覽』44,「江原道-江陵大都護府-人物」. "新羅: 金周元. 太宗王之孫。初, 宣德王薨, 無嗣, 群
臣奉貞懿太后之敎, 立周元爲王。族子上大長等敬信劫衆自立, 先入宮稱制。周元懼禍, 退

›› 276 ‹‹

의 유력인사로는 김양의 사촌 형으로 경주에서 상국相國에 오르는 김흔金昕
이나,[538] 김상기金上琦 → 김인존金仁存 → 김고金沽의 세 부자가 존재한다.[539]

물론 이와 같은 기록에 문제가 없는 것은 아니다. 왜냐하면 김주원이 명
주군왕에 봉해졌다는 등의 기록은 『삼국사기』에 등장하지 않기 때문이다.
또 『삼국사기』 권10의 「신라본기 10」에는 원성왕 1(785)년 음력 3월에 총관
제도를 도독제都督制로 고치는 내용이 있다.[540] 즉 여기에는 '명주군왕과 명
주도독의 관계를 어떻게 볼 것인지'의 문제가 존재하는 것이다.

군왕과 도독의 관계는 일반적이라면 군왕이 상위에 있고, 도독이 하위
가 된다. 그러나 명주군왕이 정사인 『삼국사기』에 등장하지 않는다는 점이

居溟州, 遂不朝請. 後二年, 封周元爲溟州郡王, 割溟州翼領三陟、斤乙於、蔚珍等官爲食
邑, 子孫因以府爲鄕. / 金宗基. 周元之子. 襲封爲王. / 金貞茹. 宗基之子. 始仕於朝, 官至
上大等, 封溟源公. / 金陽. 貞茹之子. 金明之亂, 佐神武王定社稷. 官至侍中、兼兵部令, 追
封爲溟源郡王."; 『東國輿地志』7, 「江原道-江陵大都護府-流寓」. "金周元. 新羅武烈王之
孫. 初宣德王薨, 無嗣, 群臣奉貞懿太后命, 立周元爲王. 族子上大長等敬信先入宮稱制, 是
爲元聖王. 周元懼禍, 退居溟州, 遂不朝請. 後二年, 封周元爲溟州郡王, 割溟州翼領三陟、
斤乙於、蔚珍等官爲食邑. 子孫因以府爲鄕. 李珥. 本朝漢陽人. 父元秀娶於本府人申氏.
母夢黑龍騰東海入寢舍, 而生珥. 六歲始來京都. 珥以名儒, 事明宗、宣祖. 其外祖母李氏
老無子, 珥旣顯, 請暇來省, 有《遊靑鶴山》等記. 官終右贊成. 諡文成."; 같은 책, 「江原道-江
陵大都護府-人物」. "新羅 金宗基. 周元子. 襲封爲溟州郡王. / 金貞茹. 宗基子. 始仕於朝,
官至上大等, 封溟源公. / 金陽. 貞茹子. 金明之亂, 佐神武王, 定社稷. 官至侍中兼兵部令,
追封爲溟源郡王. 詳慶州."; 金興三, 「新羅末 崛山門 梵日과 金周元系 關聯說의 批判的 檢
討」, 『韓國古代史研究』50(2008), 313쪽.

538 『三國史記』44, 「列傳 4」, 〈金陽附金昕〉. "歲餘請還, 皇帝詔授金紫光祿大夫·試大常卿. 及歸
國, 王以不辱命, 擢授南原大守. 累遷至康州大都督, 尋加伊湌兼相國."

539 『東國輿地志』7, 「江原道-江陵大都護府-人物」. "金上琦. 周元之後. 登第, 官至侍郎平章
事. 配享宣宗廟庭. / 金仁存. 上琦子, 初名緣. 性明敏, 少登科, 直翰林院, 累轉起居舍人、
知制誥、兵部員外郎. 遼使孟初至, 仁存爲接伴. 嘗一日竝轡出郊, 雪始霽, 馬蹄觸地作聲.
初唱云: '馬蹄踏雪乾雷動.' 仁存卽應聲曰: '旗尾飜風烈火飛.' 初愕然曰: '眞天才也.' 歷事
宣、獻、肅三朝, 嘗奉使遼、宋, 皆能專對. 好學老不釋卷. 官至守太傅、門下侍中. 諡文
成. 配享睿宗廟庭. / 金沽. 仁存弟. 風姿雅麗, 以文學顯於世. 官至侍郎平章事."

540 『三國史記』10, 「新羅本紀 10」, 〈元聖王 元(785)年 3月〉. "改摠管爲都督."

문제이다. 이와 관련해서 주목되는 문헌이『삼국사기』권44의「열전 4」〈김양金陽〉이다. 여기에는 "증조-주원-이찬, 조祖-종기-소판, (부父)-정여-파진찬은 모두 대대로 장상將相이었다(김양은 시중)."라는 내용이다.[541] 이렇게 놓고 본다면, 정사는 아니지만 명주군왕(혹 명원군왕)의 기록이 존재한다는 점에서 명주에서는 군왕으로 칭하는 것이 용인되었지만 중앙에서의 공식 칭호는 도독이었을 개연성이 크다. 즉 신라 하대 중앙 권력의 약화와 함께 이중적인 모습과 이의 묵인이 존재했을 가능성이 상정되는 것이다. 또 이와 같은 명주의 강한 독립적 특수성을 고려해 봤을 때 범일을 초빙한 명주도독 김공 역시 어떤 방식으로든 김주원계와 관련될 개연성이 존재한다고 하겠다.

541　『三國史記』44,「列傳 4」,〈金陽〉. "家系: 金陽, 字魏昕, 太宗大王九世孫也. 曾祖周元伊飡, 祖宗基蘇判, 考貞茹波珍飡. 皆以世家爲將相."

2.
명주도독 김공과 사굴산문의 후원 세력 변화

김주원의 아들 중 김헌창-김범문계는 반 란으로 결손되지만, 김종기와 김신金身은 명주를 기반으로 건재했다. 이 중 김종기계가 경주의 중앙으로 진출했다면 김신계는 명주를 기반으로 토착화한 것으로 판단된다. 이 김신의 5대손이 김선희金善希의 아들 김예金乂(후일 왕예王乂)이다. 나말여초 혼란기 때, 왕건은 명주 세력을 포섭하기 위해 김예의 딸을 왕비로 맞아들이고 왕씨 성을 하사(사성賜姓)한다.[542] 이에 따라 김예가 왕예로 바뀌는 것이다.

김양이 사후에 명원군왕으로 추봉된다는 점을 고려한다면, 명주의 실질적인 관리 주체는 김신계였을 개연성도 존재한다. 즉 범일을 초빙한 명주도독 김공은 김주원계 중 김신계 또는 김신계가 용인하는 중앙에서 파견된 범김주원계였을 가능성이 크다.

범일은 821년 귀국하는 설악산 진전사의 도의에 비해 26년 늦은 847년에 귀국한 같은 마조계의 선승이다. 또 앞서도 언급한 바와 같이 도의의 사법 스승인 지장은 백장회해·남전보원과 더불어 마조 문하의 삼대사 중 한 분으로 범일의 사법스승인 제안보다 홍주종 안에서의 위상이 높다. 또 도의

542　申虎澈, 「後三國時代 溟州豪族과 崛山寺」, 『韓國古代史探究』 9(2011), 121-124쪽.

는 지장뿐만 아니라 백장에게도 인가를 받았다.[543] 그런데도 범일이 명주의 대표적인 고승이 되어 범일계의 사굴산문이 발전하는 것은 명주도독의 후원과 절대 무관하지 않을 것이다. 물론 여기에는 굴산사가 명주도독의 관저가 위치한 강릉 쪽에 존재하는 측면 역시 작용했을 것이라는 점은 재론의 여지가 없다.

신라 하대 지방 분권이 강화되는 과정에서 지방호족과도 유사한 위치의 지방 장관인 명주도독의 입장에서는 자신에게 협조하는 강력한 상징 승려를 요청받게 된다. 이 부분에서 주목되는 대목이 바로 「범일전」에서 범일의 조부가 명주도독을 역임한 김술원이며, 어머니 지씨(혹 문씨)가 명주 호족이라는 대목이다.[544] 이는 범일 역시 김주원와 깊은 관련이 있으며, 범일을 초빙한 명주도독과도 깊은 연결점을 가지며 상호 협력할 수 있는 조건을 형성하고 있었다는 것을 의미한다. 즉 명주도독의 범일 초빙에는 혈연과 세력 간의 연대와 범일로 상징되는 불교적인 필연성 등이 공존하고 있다.

범일의 위치는 명주의 주통으로 판단되는데 이는 범일이 일정 부분 명주도독의 스승과 같은 역할도 했음을 의미한다. 이와 관련해서 가장 주목되는 유물이 1978년 관동대학교의 지표조사 때 발견된 '명주도독'이 새겨져 있는 비편이다.[545] 일부의 연구에서는 범일이 주통보다 급이 높은 주사州師였을 것이라는 주장도 있다.[546] 즉 국사나 왕사에게 상응하는 명주의 주사라

---

543 『祖堂集』17,「雪岳陳田寺元寂禪師嗣西堂」(『大藏經補編』25, 615b). "於是頭陀而詣百丈山懷海和尙處, 一似西堂。和尙曰:「江西禪脈, 總屬東國之僧歟?」"

544 『祖堂集』17,「溟州崛山故通曉大師嗣鹽官」(『大藏經補編』25, 617a). "其母支氏, 累葉豪門。"

545 文玉賢,「江陵 崛山寺址의 空間 構成과 特性」,『東國史學』59(2015), 390-391쪽.

546 方東仁,「崛山門 梵日國師와 溟州豪族」,『梵日國師 硏究叢書』(江陵: 梵日國師文化祝典委員會, 2016), 21쪽. "崛山門의 梵日은 溟州[江陵]의 州統보다 격이 높은 資格이 아니겠는가 생각한다. 흔히 溟州豪族은 崛山門과 檀越 關係에 있었다고 말한다. 그러나 엄밀히 따져보면 溟州都督

는 것이다. 그러나 당시 이런 승직이 있었는지는 분명하지 않다. 그러므로 현재로서는 주통이라고 보는 것이 더 합리적인 판단이 된다.

범일이 굴산사에 주석한 이후 40여 년을 지냈다는 「범일전」의 강조와 삼왕의 초청에도 응하지 않았다는 내용은 지방 분권이 강화되던 시기에 명주호족과 범일의 관계를 상징하는 것으로 해석된다. 즉 범일 역시 김주원계와 관련된 인물로서 명주의 안정에 이바지할 필요가 있었던 것이다. 또 범일과 명주도독의 이해관계 일치는 당대에 범일의 굴산사와 사굴산문이 비약적으로 확대되고, 「범일전」의 기록에서처럼 범일이 붓다화되는 모습으로까지 발전하는 한 요인이 되었을 것이다.[547]

실제로 진전사의 도의는 왕씨이며, 당나라 광부廣府 보단사寶壇寺에 가서 구족계를 받은 것으로 되어 있다.[548] 이는 명주 및 신라불교 안에서 도의의 입지가 제한적이었음을 추론해 보게 한다. 즉 명주도독 출신의 조부와 명주 호족계인 모친을 두고, 명

강릉 굴산사지 지표조사 때 발견된 '명주도독'명 비편

과 崛山寺와의 關係는 個人과 佛心과의 關係가 아니라, 앞에서도 지적한 바와 같이 梵日은 州師의 資格과 同時에 都督의 스승[都督師]의 資格을 갖는다고 할 수 있다."

547 廉仲燮, 「初期 闍崛山門과 五臺山의 관계성 검토」, 『震檀學報』135(2020), 38-39쪽.

548 『祖堂集』17, 「雪岳陳田寺元寂禪師嗣西堂」(『大藏經補編』25, 615b). "在溟州, 師諱道義, 俗姓王氏, 北漢郡人。(…) 以建中五年歲次甲子, 隨使韓粲號金讓恭, 過海入唐, 直往臺山, 而感文殊。空聞聖鍾之響, 山見神鳥之翔。遂屆廣府寶壇寺, 始受具戒。"

주도독의 요청으로 굴산사에 주석하는 범일과 명주권 안에서 확연한 차이가 존재할 수밖에 없는 것이다.

그러나 범일과 명주도독의 돈독한 관계는 범일의 입적 후 굴산사와 사굴산문의 혼란 양상을 초래하게 한다. 범일의 수제자는 개청이며, 개청에 준하는 상족제자로 행적이 있다. 그러나 개청과 행적은 모두 굴산사에 주석하며 사굴산문을 안정시키지 못하는 특이한 행적을 보인다.

범일의 입적 후 굴산사를 책임진 제자가 누구인지는 명확하지 않다. 『오대산사적』「신효거사친견오류성사적信孝居士親見五類聖事蹟」에는 범일에게 십성 제자가 있었다고 되어 있다.[549] 이는 개청과 행적 및 오대산에 주석한 신의信義 외에도 7명의 뛰어난 제자가 더 있었다는 것을 의미한다. 즉 법명이 전하지 않는 7명 중 누군가가 굴산사를 계승했을 것으로 추정되는 것이다.[550] 그러나 십성 제자라고 해도 나머지 8명은 개청과 행적에 비견될 수 있는 인물들이 아니다. 그런데도 개청과 행적이 굴산사를 떠나고 있다.[551]

---

549 『五臺山事蹟』,「信孝居士親見五類聖事蹟」. "信義頭陀繼來重刱。義公卽梵日國師十聖弟子中之一人也。"

550 曺凡煥,「新羅末 高麗初 崛山門의 成長과 分化」,『文化史學』37(2012), 59쪽. "다만 여기서는 梵日 禪師의 또 다른 弟子가 있었고 그를 中心으로 하는 勢力에 의해서 崛山門이 유지되었고 開淸이나 行寂이 밀려나게 된 것으로 보여지는 것이다. 돌려 말하면 開淸이나 行寂 以外에 梵日의 또 다른 弟子가 있어 崛山寺를 이끌었음을 알려 준다. 다만 아쉬운 것은 梵日 死後 崛山寺에 남아 그곳을 지키면서 그곳을 이끌었던 人物이 누구인지는 알 수가 없다는 점이다. 결국 崛山寺를 떠나 活動하였던 開淸이나 行寂을 통해 崛山門이 分化되었다고 하는 사실만을 알 수 있을 뿐이다." ; 國立中原文化財研究所 編,「崛山門의 檀越勢力과 山門의 分化」,『闍崛山門 崛山門』(忠州: 國立中原文化財研究所, 2012), 51쪽.

551 曺凡煥은 開淸과 行寂인 梵日 門下에서 함께 약 15년 정도를 修學했을 것으로 판단했다. 曺凡煥,「羅末麗初 禪僧의 이상과 현실-崛山門 出身의 行寂과 開淸 禪師를 중심으로」,『韓國思想史學』57(2017), 230쪽.

봉화 태자사 낭공대사부도비(보물)

먼저 행적은 〈낭공행적비문〉에 따르면, 하남河南(현재 경상남도 하동) 출생으로 최씨이다. 즉 명주에 이렇다 할 배경이 없는 셈이다. 행적은 범일의 제자가 된 후 870년 사신과 함께 입당해서, '① 산서성 오대산 참배와 이적 발생 → ② 사천성 성도 정중정사靜衆精舍의 무상無相 영당 참배(예무상대사영당禮無相大師影堂) → ③ 청원행사계의 호남성 석상산石霜山의 석상경제石霜慶諸(807~888)의 참배와 인가[552] → ④ 광동성 육조탑묘 참배'까지 중국 전역을 순례한다.[553] 행적이 해로로 입당했음에도[554] 굳이 산서성 오대산을 참배하고 있다는 것은 명주와 관련해서 자장이

---

552 曺凡煥은 石霜慶諸에게 印可를 받은 것은 아니라고 판단했다. 또 여기에는 梵日의 馬祖系와 慶諸의 石頭系에 따른 문제도 존재할 것으로 추정했다. 즉 印可를 받았다고 하더라도 梵日의 繼承者인 行寂이 石頭系를 嗣法했다는 것에 부담을 느껴, 이에 대한 부분을 명료하게 기록하지 않았을 수도 있다는 말이다. 曺凡煥, 「羅末麗初 禪僧의 이상과 현실-崛山門 出身의 行寂과 開淸 禪師를 중심으로」, 『韓國思想史學』 57(2017), 233쪽.

553 〈奉化太子寺朗空大師塔碑〉. "大師法諱, 行寂, 俗姓崔氏. 其先周唐之尙父遐苗, 齊國之丁公遠裔, 其後使乎兎郡留寓雞林, 今爲京萬河南人也. (…) 以後至五臺山, 投花嚴寺, 求感於文殊大聖. 先上中臺, 忽遇神人鬢眉皓爾, 叩頭作禮, 膜拜祈恩. 謂大師曰, '不易遠來, 善哉佛子! 莫淹此地, 速向南方, 認其五色之霜, 必沐曇摩之雨.' 大師含悲頂別, 漸次南行. 乾符二年, 至成都, 俯巡謁, 到靜衆精舍, 禮無相大師影堂, 大師新羅人也. 因謁寫眞, 聞遺美, 爲唐帝導師, 玄宗之師, 同鄕唯恨異其時, 後代所求追其▨. 企聞石霜慶諸和尙, 啓如來之室, 演迦葉之宗, 道樹之陰, 禪流所聚. 大師毆勤禮足, 曲盡虔誠, 仍栖方便之門, 果得摩尼之寶. 俄而追遊衡岳, 衆知識之禪居, 遠至漕溪, 禮祖師之寶塔, 傍東山之遐秀. 採六葉之遺芳, 四遠叅尋, 無方不到."

554 같은 碑文. "金公情深傾盖, 許以同舟. 無何利涉大川, 達于西岸, 此際不遠千里, 至於上都."

나 도의의 영향을 생각해 보게 한다.[555] 또 무상의 참배는 정중종의 신라 영향을 고려해 보게 하는 대목이 된다. 이외에 육조탑묘 참배는 도의와 범일의 영향을 고려해 보게 한다.

행적의 순례에 선행하는 영향 관계를 생각해 볼 수 있는 것은 행적의 참배 동선이 서로 간에 멀리 떨어져 있어 분명한 목적을 위해 움직였다는 판단을 가능하게 하기 때문이다. 즉 산서성의 오대산과 사천성의 정중정사는 당나라를 대각선으로 관통하는 최장 거리이다. 이는 뚜렷한 목적이 선행되지 않았다면 참배하기 어려운 동선임이 분명하다.

이후 행적은 885년 귀국하여 재차 범일을 사법하고, 889년 범일의 병환을 시봉하다가 입적 시에 유일하게 전심傳心을 부촉받는 제자가 된다.[556] 이후 906년 제52대 효공왕孝恭王(재위 897~912)에 의해 경주에서 국사의 예우(국사지예國師之禮)를 받고,[557] 915년에는 제53대 신덕왕神德王(재위 912~917)에 의해 크게 존숭된다.[558] 이처럼 행적에게는 범일의 치명治命제자와 같은 위상이 존재하며,[559] 경주의 왕실에서도 큰 존숭의 대상이었음을 알 수 있다.

---

555 曺凡煥, 「羅末麗初 禪僧의 이상과 현실-崛山門 出身의 行寂과 開淸 禪師를 중심으로」, 『韓國思想史學』 57(2017), 230쪽.

556 〈奉化太子寺朗空大師塔碑〉. "以中和五年, 來歸故國. 時也, 至於崛嶺, 重謁大師, 大師云, '且喜早歸. 豈期相見? 後學各得其賜, 念玆在玆.' 所以再託扉蓮, 不離左右. 中間忽携瓶鉢重訪水雲, 或錫飛於五嶽之初, 暫栖天柱, 或赿渡於三河之後, 方住水精. 至文德二年四月中, 崛山大師寢疾, 便往故山, 精勤侍疾, 至於歸化, 付囑傳心者, 唯在大師一人而已."

557 曺凡煥은 孝恭王에 의해 行寂이 國師가 된 것을 판단했다. 曺凡煥, 「羅末麗初 禪僧의 이상과 현실-崛山門 出身의 行寂과 開淸 禪師를 중심으로」, 『韓國思想史學』 57(2017), 239쪽.

558 〈奉化太子寺朗空大師塔碑〉. "孝恭大王驟登寶位, 欽重禪宗. 以大師獨步海東, 孤標天下, 特遣僧正法賢等, 聊飛鳳筆, 徵赴皇居. (…) 神德大王光統丕圖, 寵徵赴闕. 至貞明元年春, 大師遽携禪衆, 來至帝鄕, 依前, 命南山實際寺安之."

559 김상영, 「闍崛山門의 展開 樣相과 崛山寺의 位相」, 『江陵 崛山寺址의 發掘調査와 保存·整備』(忠州: 國立中原文化財研究所, 2016), 26쪽. "崛山寺를 통한 繼承은 開淸에 의해 이루어지는 것이 사실이므로 行寂 門徒의 입장에서 傳法의 측면을 강조하고 나섰을 가능성은 충분하다."

그런데도 행적은 범일의 입적 후에는 상주翔州(혹 삭주朔州, 춘천)의 건자난야建子蘭若에 법석을 열며,[560] 이후 왕실의 귀의를 얻은 후에는 경주 남산의 실제사實際寺에 주석했다. 그러다가 915년 경주의 관족冠族인 명요부인明瑤夫人의 요청으로 석남산사石南山寺에[561] 주석하다가 916년 입적한다.[562] 즉 범일의 입적 후에 행적의 굴산사 주석은 전혀 살펴지지 않는 것이다.

다음으로 개청은 〈낭원개청비문〉에 의하면, 김씨 성의 경주 출생으로 조부는 경주에서 관직을 살았고, 부친은 강군康郡(현재의 진주)에서 벼슬살이 했다.[563] 개청은 남해의 금산에서 노승으로 나타나 선객禪客으로 변신하는 신인神人의 인도로 범일을 알게 된다. 그리고 오대산으로 가서 범일을 참배한 후 입실한다. 이후 범일의 만년을 보필하고, 범일이 입적하자 문도들을 추슬러 보탑寶塔(부도)과 비석을 세우며 송문松門(굴산사)을 수호한다.[564] 앞서

---

560 曹凡煥은 建子蘭若의 위치상 唐에서 귀국한 뒤 梵日에게 오기 전에 존재했던 因緣處였을 것으로 推定한다. 曹凡煥, 「羅末麗初 禪僧의 이상과 현실-崛山門 出身의 行寂과 開淸 禪師를 중심으로」, 『韓國思想史學』 57(2017), 236-237쪽; 洪性益, 『淸平寺와 韓國佛教』(서울: 景仁文化社, 2009), 31-33쪽.

561 石南山寺와 關聯해서 許興植 編著의 『韓國金石全文-中世上』(서울: 아세아文化社, 1984)의 李智冠 譯註에는 "石南寺이니, 慶北 迎日郡 長鬐面 芳山里 妙峰山 槐洞溪谷 중에 遺址가 있는데, 약 150년 전에 全燒되었다."라고 되어 있다. 그러나 金杜珍은 「新羅下代 崛山門의 形成과 그 思想」, 『省谷論叢』 17(1986), 304쪽에서 石南山寺를 慶北 奉化郡의 太子寺로 보고, 門徒들이 行寂의 碑石을 建立하면서 名稱을 太子寺로 變更한 것을 判斷하고 있다.

562 〈奉化太子寺朗空大師塔碑〉. "憩錫於翔州之建子若, 纔修茅舍, 始啓山門, 來者如雲, 朝三暮四. (…) 神德大王光統丕圖, 寵徵赴闕. 至貞明元年春, 大師遽携禪衆, 來至帝鄉, 依前, 命南山實際寺安之. (…) 辭還之際, 特結良因. 爰有女弟子, 明瑤夫人, 鼇山宗枝, 鳩林冠族. 仰止高山, 尊崇佛理. 以石南山寺, 請爲收領永以住持. 秋七月, 大師以甚愜雅圖, 始謀栖止此寺也. 遠連西岳, 高壓南溟, 溪澗爭流, 酷似金輿之谷, 巖巒鬪峻, 疑如紫盖之峰, 誠招隱之幽据, 亦栖禪之佳境者也. 大師遍探靈巘, 未有定居, 初至此山, 以爲終焉之所."

563 〈江陵普賢寺朗圓大師塔碑〉. "大師諱開淸, 俗姓金氏, 辰韓鷄林人也. 其先東溟冠族, 本國宗枝. 祖守貞, 蘭省爲郎, 栢臺作吏. 考有車, 宦遊康郡, 早諧避地之心, 流寓喙鄉, 終擲朝天之志."

564 같은 碑文. "此時, 遠聞蓬島中有錦山, 乘盃而欻涉鼇波, 飛錫而尋投鹿苑. 栖禪之際, 偶覽藏

강릉 보현사 낭원대사부도(보물)　　　　　강릉 보현사 낭원대사부도비(보물)

검토한 행적이 치명제자였다면, 개청은 범일의 만년에 후학 지도가 어렵게
되자 이를 담당해 법주法主와 같은 위상을 가지게 된다.[565] 그리고 범일의 최

經, 披玉軸一音, 得金剛三昧. 十旬絶粒, 先修正覺之心, 三歲飡松, 冀證菩提之果. 勤參之際,
忽有老人, 瞻仰之中, 飜爲禪客, 粲然發玉, 晧尒垂霜. 謂大師曰, '師宜亟傍窮途, 先尋崛嶺.
彼有乘時大士, 出世神人, 悟楞伽寶月之心, 知印度諸天之性.' 大師不遠千里, 行至五臺, 謁
通曉大師. 大師曰, '來何暮矣, 待汝多時.' 因見趍庭, 便令入室. (…) 大師年德, 皆至耄期, 不任
極倦誨人, 兼疲看客. 敎禪師事同法主, 勤接來徒, 牛頭添上妙香之, 塵尾代玄譚之柄, 可謂
猶如洪州大寂, 地藏▨誘引之門, 有若魯國宣尼, 子夏代師資之道者矣. 文德二年夏, 大師歸
寂. 和尙墨巾, 倍增絶學之悲, 恒切忘師之恨. 所以敬修寶塔, 遽立豊碑.”

565　같은 碑文. “(梵日通曉)大師年德皆至耄期, 不任極倦誨人兼疲看客敎. (開淸)禪師事同法主勤
接來徒.”

후를 함께한 범일 문도의 문장門長 같은 역할을 하고 있다. 또 범일의 입적 후
는 나말여초의 혼란기였는데,[566] 이때 개청이 초구草寇 등에 의한 위기의 굴
산사를 지켜낸다.[567]

그러나 어떤 이유에서인지[568] 개청은 명주의 알찬閼湌 민규閔規의[569] 후
원으로 창건된 보현산사普賢山寺의 지장선원地藏禪院(현재의 강릉시 성산면 보광
리의 보현사)에[570] 주지로 초청되어 이거한다.[571] 이때의 상황을 〈낭원개청비
문〉에서는 "대사가 (민규의 요청에) 대답했다. '단나(민규의 보현산사 시주)를 깊이
감사드립니다. **인연이 있다면 (가서) 살게 될 것입니다.' 누차에 망설였으나
(준순逡巡) 옮겨가게 되었다.**"라고 되어 있어 개청이 더 이상 굴산사에 머물

---

566 金杜珍, 「崛山門 梵日國師 관련 자료의 검토」, 『韓國古代史探求』 33(2019), 416-417쪽.

567 〈江陵普賢寺朗圓大師塔碑〉. "兼以常守松門, 幾遭草寇, 詰遮洞裏, 惟深護法之懷, 堅操汀
邊, 志助栖禪之懇."

568 〈朗圓開淸碑文〉에는 "草寇" 문제가 언급되어 있으며, 金興三 등이 이를 따르고 있다. 그러나
이것만으로 地藏禪院의 移去와 이후 入寂 때까지의 住錫을 이해하기에는 무언가 석연치 않은
점이 존재하지만, 이에 주목하는 연구는 아직 없다. 金興三, 「羅末麗初 闍崛山門의 淨土信仰
과 華嚴思想」, 『江原文化硏究』 19(2000), 128쪽 ; 金興三, 「羅末麗初 崛山門 信仰의 여러 모
습」, 『歷史와 現實』 41(2001), 165쪽 ; 金興三, 「羅末麗初 崛山門 開淸과 政治勢力」, 『韓國中
世史硏究』 15(2003), 201쪽.

569 曺凡煥, 「羅末麗初 崛山門의 成長과 分化」, 『古代都市 溟州와 崛山寺』(忠州: 國立中原文化財研
究所, 2011), 130쪽.

570 金興三은 開淸이 普賢山寺로 移去한 후 寺刹名을 知藏禪院으로 改稱한 것으로 推定한다. 또
地藏禪院의 名稱은 開淸이 당시를 五濁惡世로 보아, 釋迦와 彌勒을 연결하는 無佛 時代의
敎主로서의 地藏에 注目했을 것으로 판단한다. 金興三, 「羅末麗初 闍崛山門의 淨土信仰과
華嚴思想」, 『江原文化硏究』 19(2000), 128-129쪽.

571 崔炳憲은 開淸 역시 梵日과 같은 系統의 溟州都督과 연결되는 인물로 보았다(崔炳憲, 「新羅下代
禪宗九山派의 成立-崔致遠의 四山碑銘을 중심으로」, 『韓國史硏究』 7[1972], 474쪽). 그러나 이렇게 되면 開
淸이 崛山寺에서 知藏禪院(현재의 普賢寺)으로의 移去를 설명하기 쉽지 않은 문제가 발생한다.
그런데도 이후의 연구는 崔炳憲의 관점을 답습하는 모습을 보여 주목된다. 金興三, 「羅末麗初
崛山門 開淸과 政治勢力」, 『韓國中世史硏究』 15(2003), 189쪽. "崔炳憲의 見解는 申千湜·張
文哲·方東仁·金杜珍·金昌奎·鄭東樂 등에 의해 받아들여져 현재 通說로 認定되고 있다."

강릉 보현사

기 어려웠음을 나타내 주고 있어 주목된다.[572] 또 개청은 보현산사(지장선원)에서 명주의 호족이자 당시 군주사軍州事였던 태광太匡 왕순식王荀息(王順式)의 존숭도 받는 것이 확인된다.[573] 그럼에도 굴산사에 주석할 수는 없었다. 끝으로 개청은 제55대 경애왕景哀王(재위 924~927)의 초빙으로 경주로 와서 국사의 예로 존숭된다. 그리고 930년 보현산사(지장선원)에서 입적한다.[574]

572 〈江陵普賢寺朗圓大師塔碑〉. "仍捨普賢山寺, 請以住持. 大師對曰, '深感檀那. 有緣則住.' 遂巡秱入." ; 金興三, 「羅末麗初 闍崛山門과 政治勢力의 動向」, 『古文化』 50(1997), 409-410쪽.

573 같은 碑文. "亦有知當州軍州事太匡王公荀息, 鳳毛演慶, 龍額呈祥, 趍理窟以探奇, 詣禪山而仰異, 人中師子, 扣山陰翫月之門, 天上麒麟, 投刻縣栖霞之舍." ; 金興三, 「羅末麗初 崛山門 開淸과 政治勢力」, 『韓國中世史研究』 15(2003), 191-200쪽; 曺凡煥, 「羅末麗初 禪僧의 이상과 현실-崛山門 出身의 行寂과 開淸 禪師를 중심으로」, 『韓國思想史學』 57(2017), 242-245쪽.

574 〈江陵普賢寺朗圓大師塔碑〉. "本國景哀大王聞大師德高天下, 名重海東, 恨闕迎門, 遙申避

만년에 주석처를 경주로 옮기는 행적과 달리 개청은 굴산사에 상당한 애정을 가지고 있었다. 이는 개청이 범일의 입적 후 문장의 역할을 하며 굴산사를 지켜내고, 부득이한 이거 역시 굴산사와 같은 경계 안의 보현산사(지장선원)에 주석하는 것을 통해서 분명해진다.[575] 그런데 개청은 보현산사로 나간 후에 다시는 굴산사로 돌아오지 못한다. 이는 개청의 계승자인 신경神鏡이 오대신경五臺·神鏡이라고 해서[576] 오히려 영서嶺西의 오대산과 관련되고 있는 것을 통해서도 일정 부분 인지되는 측면이다. 즉 범일의 치명제자격인 행적과 문장이자 수제자였던 개청 모두 굴산사와의 직접적인 연결이 끊어지는 것이다. 물론 사굴산문의 영향에 보현산사와 오대산이 있다는 점에는 이견이 있을 수 없다.[577]

국사급 예우를 받는 두 제자가 모두 굴산사를 떠날 수밖에 없었다는 점, 또 개청은 범일의 입적 후에 문도의 문장과 같은 역할을 하면서 굴산사를 외침으로부터 수호하고 있다는 점에서[578] 다른 제자가 개청을 밀어내는 것은 쉽지 않을 것이다. 행적에게는 명주와 관련된 후원자 및 후원 세력에 관한 내용이 전혀 확인되지 않는다. 또 개청의 최대 후원자인 명주의 알찬(혹 아손

席. 仍遣中使崔暎, 高飛鳳詔, 遠詣雋廬, 請扶王道之危, 仍表國師之禮. (…) 勤王, 讚邑人之奉佛. 川南止觀, 長流福慧之泉, 嶺外言歸, 仰見淸涼之月. 纔臻舊隱, 忽患微痾, 漸至危慮, 潛知去矣. 以同光八年秋九月二十四日, 示滅於普賢山寺法堂."

575 金興三, 「羅末麗初 闍崛山門과 政治勢力의 動向」, 『古文化』 50⁽¹⁹⁹⁷⁾, 406–407쪽.

576 〈江陵普賢寺朗圓大師塔碑〉. "上足弟子神鏡·聰靜·越晶·奐言·惠如·明然·弘琳禪師等."; 李鍾益 著, 『大韓佛教 曹溪宗 中興論』(서울: 寶蓮閣, 1976), 93–94쪽.

577 金興三, 「羅末麗初 闍崛山門과 政治勢力의 動向」, 『古文化』 50⁽¹⁹⁹⁷⁾, 408–409쪽.

578 〈江陵普賢寺朗圓大師塔碑〉. "文德二年夏, 大師歸寂. 和尙墨巾, 倍增絶學之悲, 恒切忘師之恨. 所以敬修寶塔, 遠立豊碑. 兼以常守松門, 幾遭草寇, 詰遮洞裏, 惟深護法之懷, 堅操汀邊, 志助栖禪之懇."

阿飡, 제6관등)⁵⁷⁹ 민규 역시 범일의 후원자인 명주도독(제2~9관등)과는 차이가
있다.⁵⁸⁰

물론 개청에게는 나말여초 명주 지역의 유력한 호족인 왕순식의 존숭
에 관한 내용이 존재한다.⁵⁸¹ 그런데도 개청이 굴산사로 돌아가지 못한다는
것은 굴산사가 주통 및 명주도독과 관련된 사찰이지만, 왕순식은 명주도독
과는 세력 범위가 다른 위치의 호족이었다는 추론을 가능하게 해 준다. 즉
범일의 입적 후에 굴산사는 범김주원계와 관련된 명주도독과의 관계 속에
서 개청이나 행적이 주석하지 못하는 상황으로 변화한 것이다. 이 때문에 개
청의 계승자인 신경 역시 범일의 주석처이자 자장계 영역인 오대산으로 가
는 것이 아닌가 한다. 실제로 오대산에는 신경 외에도 범일의 십성 제자 중
한 명인 두타신의頭陀信義도 주석하고 있다.⁵⁸²

범일의 입적 후 문도를 인솔하던 문장은 개청이다. 그러나 나말여초의
혼란 속에서 굴산사에도 파괴의 문제가 있었고, 이와 더불어 주통 및 명주도
독과 관련해서 개청 역시 보현산사인 지장선원으로 이동하는 것이 아닌가
한다. 물론 이와 같은 변화 속에서 당시 굴산사가 파괴되기는 했어도 그 위
상이 적지 않았을 것이며, 또 이를 장악한 범일 문도도 분명 존재했을 것이

---

579 金興三, 「羅末麗初 崛山門 開淸과 政治勢力」, 『韓國中世史研究』 15(2003), 202쪽.

580 『三國史記』 40, 「雜志 9」, 〈外官-都督〉. "都督九人. 智證王六年, 以異斯夫爲悉直州軍主. 文
武王元年, 改爲揔管, 元聖王元年, 稱都督. 位自級飡至伊飡爲之."; 曺凡煥, 「羅末麗初 禪僧
의 이상과 현실-崛山門 出身의 行寂과 開淸 禪師를 중심으로」, 『韓國思想史學』 57(2017), 241
쪽.

581 金興三, 「羅末麗初 闍崛山門과 政治勢力의 動向」, 『古文化』 50(1997), 411-414쪽.

582 『三國遺事』 3, 「塔像第四-臺山五萬眞身」(『大正藏』 49, 998c). "後有頭陀信義. 乃梵日之門人
也. 來尋藏師憩息之地. 創庵而居."; 『五臺山事蹟』, 「信孝居士親見五類聖事蹟」. "信義頭
陀繼來重刱. 義公卽梵日國師十聖弟子中之一人也."; 廉仲燮, 「初期 闍崛山門과 五臺山의
관계성 검토」, 『震檀學報』 135(2020), 35-38쪽.

다.[583] 그러나 이를 알 수 있는 단서는 현재 어디에도 존재하지 않는다.[584]

「범일전」이 개청이 주도한 〈범일비문〉을 근거로 제작되었을 것이라는 관점을 받아들인다면,[585] 시기적으로 개청 이후의 인물인 사굴산문을 주도한 승려가 「범일전」에 나타나지 않는 것은 당연하다. 그러므로 이와 관련해서는 김주원계 및 명주도독과의 밀접한 연관성을 가지는 범일의 십성 제자 중 한 명이었을 것이라는 추정 정도만이 가능하다. 왜냐하면 범일에게 십성 제자가 있음에도 그보다 하열한 다른 인물을 굴산사의 주관자로 세운다는 것은 명주도독의 입장에서도 반발에 따른 부담이 큰 일이기 때문이다. 즉 개청을 대신해 사굴산문을 주도하기 위해서는 개청만큼은 아니지만 이에 필적할만한 나름의 위상이 존재하는 승려여야만 했을 것이라는 말이다.

---

583 曹凡煥, 「羅末麗初 崛山門의 成長과 分化」, 『古代都市 溟州와 崛山寺』(忠州: 國立中原文化財研究所, 2011), 134쪽.

584 申虎澈은 開淸이 崛山寺를 떠나는 이유를 後三國의 混亂이 시작되면서 中央의 後援이 줄었기 때문으로 판단하고 있어 주목된다. 申虎澈, 「後三國時代 溟州豪族과 崛山寺」, 『韓國古代史探究』9(2011), 135쪽. "後三國期에 들어서서 溟州 一帶가 梁吉이나 弓裔의 勢力圈에 들어가게 되자 中央政府의 影響力이 弱化되면서 中央의 後援은 줄어들고 아울러 地方 豪族과의 관계 또한 두텁지 못한 狀況에서 崛山寺는 더 이상 核心 道場의 役割을 해 나갈 수 없게 된 것이 아닐까 한다. 梵日이 入寂한 후 그의 弟子인 開淸과 行寂이 모두 崛山寺에 住持하지 않고 다른 寺刹로 옮기는 것도 이와 무관하지 않을 것이다."

585 鄭東樂, 「崛山門 梵日國師 관련 자료의 검토」, 『韓國古代史探求』33(2019), 414-421쪽.

제2절

범일의 정취보살상 봉안과
오대산 주석 등

1.
낙산사 정취보살상의 봉안 기록 검토

1) 의상의 낙산사 개창과 관음 신앙

범일의 낙산사 정취전 건립 및 정취보살상 봉안에 관한 내용은 『삼국유사』 권3의 「낙산이대성 관음·정취·조신」에 수록되어 있다.[586] 여기에는 범일이 낙산사에 정취보살상을 모신 것을 중심으로 의상의 낙산사 개창과 원효의 관음 친견 실패에 관한 내용 등이 수록되어 있다. 즉 범일계 문헌 안에 의상 과 원효의 이야기가 포함된 구조이다. 이 때문에 일연은 주문注文에서 이들 의 연대를 고려해 사건의 순서를 바꾸었다는 점을 분명히 하고 있다[587]. 이는 일연 당시에는 낙산사 역시 범일계 문헌을 일반론으로 수용하고 있었다는 점을 명확히 해 준다. 즉 일연 당시까지도 의상계 화엄의 낙산사가 사굴산문 의 영향권 속에 존재했을 개연성이 있는 것이다.[588]

　　보타락가산은 『화엄경』의 「입법계품」을 경전적인 배경으로 한다. 이에

586　『三國遺事』3, 「興法第三-洛山二大聖 觀音·正趣·調信」(『大正藏』49, 997a·b) ; 鄭東樂, 「崛山門 梵日國師 관련 자료의 검토」, 『韓國古代史探求』33(2019), 427-432쪽.

587　같은 책(997a), "古本載梵日事在前。相曉二師在後。然按湘曉二師爾□於高宗之代。梵日在於會去之後。相昌一百七十餘歲。故今前却而編次之。" 一然의 記錄으로 인해, 洛山寺의 開創은 실제로는 梵日인데 後에 의상에게 假託한 것이라는 硏究도 존재한다(黃金順, 「洛山說話와 高麗水月觀音圖, 普陀山觀音道場」, 『佛教學硏究』18(2007), 99-100쪽).

588　鄭東樂, 「梵日의 崛山門 開創과 成長基盤 造成」, 『新羅史學報』35(2015), 83쪽.

따르면 선재동자는 27번째[589] 선지식인 비슬지라거사鞞瑟胝羅居士(Veṣṭhila, 안주장자安住長者)에게 남쪽의 보타락가산으로 가 관세음보살을 친견한 후 '보살이 어떻게 보살의 행을 배우며 보살의 도를 닦는지'를 물어보라는 말을 듣게 된다.[590] 이에 따라 선재는 시냇물이 굽이쳐 흐르고 숲이 우거진 곳의 향기로운 풀이 부드럽게 땅을 덮고 있는 보타락가산에서 관세음보살을 친견하게 된다. 이때 선재는 관세음보살이 금강보좌金剛寶座(혹 금강보석金剛寶石) 위에 결가부좌하고 수많은 보살에게 가르침을 설하는 모습을 본다.[591] 그

589 善財의 善知識 參拜 過程에서 文殊菩薩은 맨 처음과 맨 마지막의 普賢菩薩 직전에 두 번 등장한다. 즉 全體 善知識의 총수는 53이 아닌 54인 셈이다. 그러므로 重複되는 文殊를 한 번으로 整理하는 過程에서, 첫 시작의 文殊를 빼면 모든 善知識의 順序는 −1이 되어 鞞瑟胝羅居士는 26번째가 된다. 이런 경우에는 觀世音菩薩과 정취보살의 순서도 각각 −1이 되어 각각 27번째와 28번째로 바뀐다. 즉 53善知識과 관련해서는 두 번 登場하는 文殊를 起算하는 方式에 따라 순서에 차이가 발생할 수 있는 것이다.

590 『大方廣佛華嚴經』50,「入法界品第三十四之七」(『大正藏』9, 717c). "善男子! 於此南方, 有山名曰光明, 彼有菩薩名觀世音, 汝詣彼問云何菩薩學菩薩行、修菩薩道.";『大方廣佛華嚴經』68,「入法界品第三十九之九」(『大正藏』10, 366c). "善男子! 於此南方有山, 名: 補怛洛迦; 彼有菩薩, 名: 觀自在. 汝詣彼問: 菩薩云何學菩薩行、修菩薩道?";『大方廣佛華嚴經』16,「入不思議解脫境界普賢行願品」(『大正藏』10, 732c). "善男子! 於此南方有山, 名補怛洛迦, 彼有菩薩名觀自在, 汝詣彼問菩薩云何學菩薩行、修菩薩道.";『佛說羅摩伽經』1(『大正藏』10, 859c). "善男子! 於此南方, 有孤絶山, 名金剛輪莊嚴高顯, 彼有菩薩名觀世音, 住其山頂, 汝詣彼問, 云何菩薩學菩薩行, 修菩薩道?"

591 『大方廣佛華嚴經』51,「入法界品第三十四之八」(『大正藏』9, 718a). "漸漸遊行, 至光明山, 登彼山上, 周遍推求, 見觀世音菩薩住山西阿, 處處皆有流泉'浴池, 林木鬱茂, 地草柔軟, 結跏趺坐金剛寶座, 無量菩薩恭敬圍遶, 而爲演說大慈悲經, 普攝衆生.";『大方廣佛華嚴經』68,「入法界品第三十九之九」(『大正藏』10, 366c). "漸次遊行, 至於彼山, 處處求覓此大菩薩. 見其西面巖谷之中, 泉流縈映, 樹林蓊鬱, 香草柔軟, 右旋布地. 觀自在菩薩於金剛寶石上結跏趺坐, 無量菩薩皆坐寶石恭敬圍遶, 而爲宣說大慈悲法, 令其攝受一切衆生.";『大方廣佛華嚴經』16,「入不思議解脫境界普賢行願品」(『大正藏』10, 733a). "漸次前行, 至於彼山, 處處求覓此大菩薩. 見其西面巖谷之中, 泉流縈映, 樹林蓊鬱, 香草柔軟, 右旋布地, 種種名華周遍嚴飾. 觀自在菩薩於清淨金剛寶葉石上結跏趺坐, 無量菩薩皆坐寶石恭敬圍遶, 而爲宣說智慧光明大慈悲法, 令其攝受一切衆生.";『佛說羅摩伽經』1(『大正藏』10, 859c). "漸漸遊行, 到彼孤山, 步步登陟, 念觀世音, 正念不捨. 遙見經行在巖西阿, 處處皆有流泉花樹, 林池清淥, 金花香草, 柔軟鮮潔, 皆從菩薩功德所生. 至其山頂, 見觀世音坐於金剛八楞之座, 座出光明, 嚴

리고 선재는 관세음보살에게 가르침을 받은 후 29번째 선지식으로 정취보살을 찾게 된다.[592]

그러나 「입법계품」에는 보타락가산 및 관세음보살과 관련된 구체적인 묘사는 등장하지 않는다. 보타락가산에 대한 구체적인 내용을 기록하는 것은 이곳을 직접 답사한 현장玄奘(602?~664)이다. 현장은 당태종에게 보고서로 올리기 위해 작성(편찬자는 제자인 변기辯機임)한 『대당서역기大唐西域記』 권10에서 말랄야산秫剌耶山의 동쪽에 포달락가산布呾洛迦山이 있다는 점, 산이 위험하여 암곡이 가파른데 산꼭대기에는 연못이 있으며, 물이 거울처럼 맑

節無比, 與無量菩薩, 眷屬圍遶, 而爲說法。"

592 『大方廣佛華嚴經』51, 「入法界品第三十四之八」(『大正藏』9, 718c). "爾時, 東方有一菩薩, 名曰正趣, 來詣此土。住金剛山頂, 至此山時, 娑婆世界六種震動, 衆寶莊嚴放大光明, 映蔽日月。釋、梵、天龍八部, 光明悉如聚墨, 普照地獄、餓鬼、畜生、閻羅王處, 滅除衆苦, 斷除煩惱及諸病苦。普雨寶雨, 充滿佛刹, 乃至普雨一切莊嚴雲雨, 供養如來。隨其所應, 示現其身, 然後來詣觀世音所。"; 『大方廣佛華嚴經』68, 「入法界品第三十九之九」(『大正藏』10, 367b). "爾時, 東方有一菩薩, 名曰: 正趣, 從空中來, 至娑婆世界輪圍山頂, 以足按地; 其娑婆世界六種震動, 一切皆以衆寶莊嚴。正趣菩薩放身光明, 映蔽一切日、月、星、電, 天龍八部、釋、梵、護世所有光明皆如聚墨; 其光普照一切地獄、畜生、餓鬼、閻羅王處, 令諸惡趣, 衆苦皆滅, 煩惱不起, 憂悲悉離。又於一切諸佛國土, 普雨一切華香、瓔珞、衣服、幢蓋; 如是所有諸莊嚴具, 供養於佛。復隨衆生心之所樂, 普於一切諸宮殿中而現其身, 令其見者皆悉歡喜, 然後來詣觀自在所。"; 『大方廣佛華嚴經』16, 「入不思議解脫境界普賢行願品」(『大正藏』10, 735b). "爾時, 有一菩薩名正性無異行, 從於東方虛空中來, 至此世界輪圍山頂, 以足按地。時, 此世界六種震動, 變成無數雜寶莊嚴。復於其身放大光明, 映蔽一切釋、梵、護世、天龍八部、日、月、星、電所有光明, 皆如聚墨; 其光普照地獄、餓鬼、畜生、閻羅王界, 及餘一切苦惱衆生, 罪垢銷除、身心清淨。又於一切諸佛刹土普興一切諸供養雲, 普雨一切華香、瓔珞、衣服、幢蓋, 如是所有諸莊嚴具, 供養於佛。復以神力隨諸衆生心之所樂, 普於一切諸宮殿中而現其身, 令其見者皆悉歡喜, 然後來詣觀自在菩薩摩訶薩所。"; 『佛說羅摩伽經』2(『大正藏』10, 860c-861a). "爾時東方有一菩薩, 名無異行, 寶花承足, 步虛而來, 詣娑婆世界金剛輪山, 足蹈山時, 娑婆世界六種震動, 變成衆寶以爲莊嚴。舉身毛孔普放光明, 皆悉映蔽日月星辰, 梵釋四王、及一切天、龍神、夜叉、揵闥婆、阿脩羅、迦樓羅、緊那羅、摩睺羅伽、人非人等, 火珠光明、摩尼珠光, 皆如聚墨。又此光明, 普照地獄、餓鬼、畜生、閻羅王處, 及諸幽闇, 消滅衆苦, 斷除煩惱病苦怖畏, 皆得安隱。普雨寶雨, 充滿佛刹, 及雨一切供養之具, 以是等種種供養供養如來, 隨諸衆生所應見身, 爲其示現, 遍六趣已, 到金剛輪山, 至觀世音所。"

은데 산을 감싸며 20겁(겁匝)을
돌아 남해로 들어간다는 점, 연
못 옆에는 관자재보살이 오가
며 머무는 돌로 만들어진 천궁
天宮이 있는데 목숨을 건 성지
순례자들이 많다는 점, 또 산 아
래 사는 사람이 지극한 마음으
로 관자재보살 뵙기를 원하면
어떤 때는 자재천의 형상으로,
또 어떤 때는 숯을 바른 외도의
모습으로 나타나 위로하며 소
원을 들어준다는 점에 대해 기
록하고 있다.[593]

현장의 내용은 보타락가산
과 관련된 현존하는 가장 오래
된 답사 기록이라는 점에서 주목
된다. 그러나 이 기록은 동아시
아의 보타락가산 및 관음 신앙과
연관되는 부분으로 크게 이렇다
할 측면은 존재하지 않는다.

현장법사

---

593 『大唐西域記』10, 「秣羅矩吒國」(『大正藏』 51, 932a). "秣剌耶山東有布呾洛迦山, 山徑危險, 巖
谷敧傾, 山頂有池, 其水澄鏡, 流出大河, 周流繞山二十匝, 入南海。池側有石天宮, 觀自在菩
薩往來遊舍。其有願見菩薩者, 不顧身命, 厲水登山, 忘其艱險, 能達之者, 蓋亦寡矣。而山下
居人, 祈心請見, 或作自在天形, 或爲塗灰外道, 慰喩其人, 果遂其願。"

동아시아의 보타락가산 및 관음 신앙의 이해와 관련해서 가장 주목되는 구절은 아이러니하게도 『화주보명진경化珠保命眞經』에 수록된 다음과 같은 〈예경문禮敬文〉이다.

바다 가운데(해중海中)에 보타산이 용출湧出해 있는데,
관음보살님은 그 사이에 계신다네.
세 그루의 푸른빛(혹 자줏빛) 대나무(취죽翠竹)들은 (서로) 반려伴侶가 되고,
한 버드나무 가지로는 물을 뿌려 티끌을 정화한다네.
앵무새(파랑새)가 꽃을 물고 공양하러 오고,
용녀龍女는 백천의 배로 보물을 가져와 헌상하네.
(관음보살의) 발이 밟는 곳마다 천 잎의 홍련紅蓮이 드러나고,
손에 가진 정수淨水(정병)는 뭇 중생들을 제도한다네.[594]

인용문의 〈예경문〉이 언제 확립된 것인지는 분명하지 않다. 일설에는 이것이 북위北魏(550~577)시대의 손경덕孫敬德이 찬술한 『불설고왕관세음경佛說高王觀世音經』에 의한 것이라고 하지만[595] 이는 사실이 아니다.[596]
그러나 장언원張彦遠(815~879)의 『역대명화기歷代名畫記』 권3에 "성광사勝光寺 (…) 탑塔의 동남쪽 원원에 주방周昉(8세기)이 수월관자재보살水月觀自

594 『佛說化珠保命眞經』 全1卷(『卍新纂大日本續藏經選錄』1,417a). "海中湧出普陀山, 觀音菩薩在其間. 三竿翠竹爲伴侶, 一枝楊柳洒塵凡. 鸚鵡衔花來供養, 龍女獻寶百千猷(혹 觥). 脚蹈紅蓮千朵現, 手持淨水度群生."

595 堀岡智明, 「ボストン美術館藏朝鮮佛畵について」, 『佛敎藝術』83(1972), p.55.

596 송은석, 「麗末鮮初 補陀落迦山 觀音의 信仰과 美術」, 『美術史學』28(2019), 254쪽 ; 강소연, 「水月, 淸淨慈悲의 美學」, 『韓國佛敎學』58(2010), 391-393쪽 ; 조수연, 「高麗後期 水月觀音菩薩圖의 雙竹表現 硏究」, 『China硏究』15(2013), 221-223쪽 ; 지미령, 「高麗 水月觀音圖의 대나무 圖像에 관한 考察」, 『佛敎文藝硏究』3(2014), 18-19쪽.

在菩薩을 그려서 장식했다(엄장掩障). 보살의 원광圓光 및 대나무는 모두 정갈하게 처리되어 성색成色되었다."라는 기록이 있다.[597] 여기에는 수월관음도의 구성물 중 하나인 '대나무'가 확인된다. 또『역대명화기』권10에는 주방과 관련해서 "묘창수월지체妙創水月之体(신묘한 수월관음의 모습을 창안했다)"라는 내용이 있는데,[598] 이를 근거로 주방이 수월관음도상의 창안자라는 관점도 존재한다.[599] 물론 주방의 수월관음도 배치가 후대의 수월관음도와 일치하는 것인지는 알 수 없다. 다만 이를 통해서 주방이 활동하던 8세기에는 어느 정도 수월관음도의 구성 방식이 갖추어지고 있었음을 인지해 보는 정도는 가능하다.

실제로 프랑스 파리의 기메박물관에 소장된 천복天福 8(943)년명 〈천수천안관음보살도千手千眼觀音菩薩圖〉(견본채색, 50.0×50.0센티미터)에는 "수월관음보살水月觀音菩薩"이라는 묵서명墨書銘이 존재한다. 또 같은 기메박물관 소장의 만당晩唐~오대五代의 〈수월관음반가상水月觀音半跏像〉(견본채색, 53.3×37.2센티미터) 역시 도상의 유사성이 확인된다. 이는 당 말~오대 무렵에는 수월관음도상의 체계가 개략적으로나마 확립되었을 개연성이 되기에 충분하다.[600]

---

597 張彦遠 撰,『歷代名畫記』3. "胜光寺 西北院小殿南面東西偏門上, 王定畫行僧, 及門間菩薩圓光. 三門外神及帝釋, 楊仙喬畫. 三門北南廊, 尹琳畫. 塔東南院, 周昉畫《水月觀自在菩薩》掩障, 菩薩圓光及竹, 幷是劉整成色。"

598 張彦遠 撰,『歷代名畫記』10. "周昉, 字景玄, 官至宣州長史. 初效張萱畫, 后則小异, 頗极風姿. 全法衣冠, 不近閭里. 衣裳勁簡, 彩色柔麗. 菩薩端嚴, 妙創水月之体. 《蜂蝶圖》、《按箏圖》、《楊眞人陸眞人圖》、《五星圖》傳于代。"

599 松本榮一 著,『敦煌畫の硏究』(東京: 東方文化學院東京硏究所, 1937), pp.344-345.

600 趙秀娟,「高麗時代 水月觀音菩薩圖 圖像 硏究」(서울: 東國大 美術學科 博士學位論文, 2015), 26-27쪽 ; 정은우,「高麗時代의 觀音信仰과 圖像」,『佛敎美術史學』8(2009), 121쪽.

〈천수천안관음보살도〉	〈수월관음반가상〉

파리 기메박물관 소장, 천복 8년(943)	파리 기메박물관 소장, 만당~오대

그런데 문제는 의상(625~702)의 연대는 이보다 1세기 이상 빠르다는 점이다. 의상의 신라 귀국이 670년이며[601] 이후 676년에 낙산사를 창건하게 된다.[602]

『화주보명진경』에 나타나 있는 ① 해중보타산海中普陀山, ② 삼간취죽三竿翠竹, ③ 일지양류一枝楊柳, ④ 앵무함화鸚鵡銜花, ⑤ 용녀헌보龍女獻寶, ⑥ 수지정수手持淨水는 모두 중국 수월관음도 도상의 핵심적인 특징이다. 이 중 해중보타산은 해안낙산으로, 삼간취죽은 이간취죽으로 바뀌면 고려 수월관음도가 된다.[603] 해중보타산이 해안낙산이 되는 것은 보타락가산에 대한 경전

---

601 의상의 歸國은 〈浮石本碑〉의 咸亨 二(671)年과 『三國遺事』 卷4, 「義湘傳教」의 咸亨 元年 庚午(670)의 두 가지가 있다. 이 중 年代와 干支를 함께 기록하고 있는 咸亨 元年說이 더 一般的으로 수용되고 있다. 高翊晉 著, 『韓國古代佛教思想史』(서울: 東國大學校出版部, 1989), 279쪽 ; 全海住 著, 『義湘華嚴思想史研究』(서울: 民族社, 1993), 91쪽.

602 『三國遺事』 3, 「興法第三-洛山二大聖 觀音 正趣 調信」(『大正藏』 49, 1006c). "儀鳳元年。 湘歸太伯山。 奉朝旨創浮石寺。 敷敞大乘靈感頗著。"

603 지미령, 「高麗 水月觀音圖의 대나무圖像에 관한 고찰」, 『佛教文藝研究』 3(2014), 23-30쪽 ; 趙秀娟, 「高麗時代 水月觀音菩薩圖 圖像 研究」(서울: 東國大美術學科博士學位論文, 2015), 186-197쪽.

강화 석모도 보문사 마애석불좌상(인천 유형문화재)

의 서술이 '바닷속 섬에 있는 산'과 '바다에 인접해 있는 산'이라는 두 가지 경우가 모두 나타나기 때문이다.[604] 실제로 동해의 낙산사와 더불어 서해의 대표적인 관음도량인 보문사는 석모도라는 섬 안에 있어 동해의 낙산사와는 관음 거주처에 대한 이해 차이를 보인다. 즉 해중과 해안은 관음과 관련된 경전의 차이에 따른 측면을 반영한 것이라는 말이다.

이에 반해 삼간취죽에서 이간취축으로의 변화는 「낙산이대성 관음·정

---

604 『大方廣佛華嚴經』51, 「入法界品第三十四之八」(『大正藏』9, 718a) ; 『大方廣佛華嚴經』68, 「入法界品第三十九之九」(『大正藏』10, 366c) ; 『大方廣佛華嚴經』16, 「入不思議解脫境界普賢行願品」(『大正藏』10, 733a) ; 『佛說羅摩伽經』1(『大正藏』10, 859c) ; 玆玄, 「佛敎에서의 바다 象徵과 觀音信仰을 통한 問題 解消」, 『佛敎의 바닷길, 바다를 통한 文化 交流』(釜山: 國立海洋博物館, 2020) 參照.

취·조신」의 "쌍죽"의 영향에 의한 것이다.[605] 즉 고려불화 수월관음도에는 「낙산이대성 관음·정취·조신」의 영향이 분명하게 존재하는 것이다.[606]

또 낙산사 홍련암의 구조는 중국 절강성 보타산 범음동梵音洞의 구조와 높은 유사성을 보인다. 이런 점에서 본다면, 중국 보타산의 영향이 의상에 의해 신라로까지 전파된 것이라는 관점도 성립할 수 있다. 실제로 의상과 관련해서는 섬서성 장안 남쪽의 진령산맥에 있는 태백산 신앙의 이식으로서 태백산(현재의 소백산) 부석사의 개창,[607] 또 「백화도량발원문白花道場發願文」의 찬술 안에 존재하는 관음 신앙과 〈(천수)대비주〉의 수용 등이 확인된다.[608] 이런 점에서 본다면, 중국 동해의 보타산 관음 신앙 구조가 신라의 동해 낙산사로 이식되었을 개연성도 일정 부분은 존재한다고 하겠다.

그런데 중국 보타산의 개창과 관련해서는 불긍거관음원不肯去觀音院과 관련된 부분도 존재한다. 이 불긍거관음원의 관음상과 관련해서 남송 지반志磐의 『불조통기佛祖統紀』(1269) 권42에는 일본 승려인 혜악慧鍔(혹 혜악惠蕚)이 당나라 제16대 선종宣宗(재위 846~859)의 대중大中 12(858)년에 산서성 오대산의 관음상을 일본으로 가지고 가다가 이곳에서 배가 움직이지 않자 남겨서 모시게 되었다는 내용이 있다.[609] 이를 통해서 본다면 중국 보타산의 개

---

605 『三國遺事』3, 「興法第三-洛山二大聖 觀音 正趣 調信」(『大正藏』49, 996c). "乃見眞容。謂曰。於座上山頂雙竹湧生。當其地作殿宜矣。師聞之出崛。果有竹從地湧出."

606 지미령, 「高麗 水月觀音圖의 대나무 圖像에 관한 고찰」, 『佛敎文藝硏究』3(2014), 23-30쪽 ; 趙秀娟, 「高麗時代 水月觀音菩薩圖 圖像 硏究」(서울: 東國大 美術學科 博士學位論文, 2015), 186-197쪽.

607 『三國遺事』3, 「興法第三-洛山二大聖 觀音 正趣 調信」(『大正藏』49, 1006c). "儀鳳元年。湘歸太伯山。奉朝旨創浮石寺。敷敞大乘靈感頗著." ; (1007a). "湘乃令十刹傳敎. 太伯山浮石寺."

608 「白花道場發願文」全1卷(『韓佛全』2, 9a). "誦大悲呪 念菩薩名." 金煐泰, 「白花道場發願文의 몇 가지 문제」, 『韓國佛敎學』13(1998), 14쪽.

609 『佛祖統紀』42, 「宣宗(忱憲宗十三子)」(『大正藏』49, 388b). "十二年。勅天下諸寺修治諸祖師塔○

양양 낙산사 홍련암

창은 858년을 넘기 어렵게 된다. 흥미롭게도 858년은 범일이 낙산사와 관련해서 정취보살의 꿈을 꾸고 정취전의 조성을 재촉받은 해이기도 하다.[610]

그런데 1123년 고려에 사신으로 온 북송 말 서긍徐兢의 『고려도경高麗圖經』(1123) 권34에는 보타산에 소량蕭梁, 즉 양무제(재위 502~549)가 창건한 보타원寶陀院이 있으며 이곳에 영감관음靈感觀音이 있다는 기록이 있다.[611] 또 보타산의 관음 신앙과 관련해서는 그 시작을 동진시대의 관음사로 보기도 한다.[612]

『고려도경』에는 보타산의 연기설화로 신라의 상인이 등장하는 내용도 있어 주목된다. 이에 따르면, 신라 상인이 중국 오대산의 관음상을 배로 모셔 가려다 암초를 만나 이곳에서 더 이상 나가지 못했다. 이에 암초 위에 관음상을 놓으니 보타원의 승려인 종악宗岳이 절에 봉안한다. 이후로 바다를 항해하는 선박이 왕래할 때 반드시 복을 빌었고, 그렇게 하면 감응하지 않는 예가 없었다고 한다.[613] 서긍의 기록에 따르면, 보타원이 먼저 있었고, 신라

日本國沙門慧鍔。禮五臺山得觀音像。道四明將歸國。舟過補陀山附著石上不得進。衆疑懼禱之曰。若尊像於海東機緣未熟。請留此山。舟卽浮動。鍔哀慕不能去。乃結廬海上以奉之(今山側有新羅礁)鄞人聞之。請其像歸安開元寺(今人或稱五臺寺。又稱不肯去觀音)。"

610 『三國遺事』3,「興法第三-洛山二大聖 觀音·正趣·調信」(『大正藏』49,997a·b). "大中十二年戊寅二月十五日。夜夢昔所見沙彌到窓下。曰。昔在明州開國寺。與師有約。旣蒙見諾。何其晚也。祖師驚覺。押數十人到翼嶺境。尋訪其居。有一女居洛山下村。問其名。曰德耆。女有一子年才八歲。常出遊於村南石橋邊。告其母曰。吾所與遊者有金色童子。母以告于師。師驚喜。與其子尋所遊橋下。水中有一石佛。舁出之。截左耳類前所見沙彌。卽正趣菩薩之像也。乃作簡子卜其營構之地。洛山上方吉。乃作殿三間安其像。"

611 『宣和奉使高麗圖經』34,〈海道一-梅岑〉. "其深麓中,有蕭梁所建寶陁院,殿有靈感觀音."

612 貝逸文,「論普陀山南海觀音之形成」,『浙江海洋學院學報』20-3(2003) 參朝;송화섭,「中國 저우산군도(舟山群島) 푸퉈산(普陀山)의 海神과 觀音信仰」,『島嶼文化』42(2013), 52쪽.

613 『宣和奉使高麗圖經』34,〈海道一-梅岑〉. "昔新羅賈人,往五臺,刻其像,欲載歸其國,暨出海遇焦,舟膠不進. 乃還置像於焦上. 院僧宗岳者,迎奉於殿. 自後海舶往來,必詣祈福,無不感應.吳越錢氏,移其像於城中開元寺."

중국 절강성 보타산 남해관음입상

상인에 의해 이운되던 오대산의 관음상이 후에 모셔진 것으로 되어 있어 지반의 설과는 차이가 존재한다.[614]

양무제의 재위 기간은 502~549년으로 분명하다. 그러나 오대산이 문수성지로 강력하게 대두하는 것은 도선道宣(596~667)과 자장 때가 되어서야 가능하다.[615] 이에 따라 당의 제3대 고종 때인 662(용삭龍朔 2)년에는 칙명으로 문수보살의 이적異蹟을 조사하는 칙사가 파견된다.[616] 또 이 조사 과정에

---

614 黃金順은 中國 普陀山의 開創을 900년경으로 추정하여, 新羅의 洛山寺 역시 梵日系에 의한 것으로 주장한다. 黃金順,「高麗 水月觀音圖에 보이는『40華嚴經』영향」,『美術史硏究』17(2003), 40-43쪽 ; 黃金順,「洛山說話와 高麗水月觀音圖, 普陀山 觀音道場」,『佛敎學硏究』18(2007), 97-101쪽

615 廉仲燮,「慈藏의 傳記資料 硏究」(서울: 東國大 歷史敎育學科 博士學位論文, 2015), 290-312쪽.

616『古淸凉傳』2,「遊禮感通四」(『大正藏』51, 1098b·c). "唐龍朔年中。頻勅西京會昌寺沙門會賾共

›› **304** ‹‹

서 다시금 이적이 발생하는데, 이에 따라 664(인덕麟德 1)년에는 오대산에 대
규모의 공양이 이루어진다.[617]

오대산의 문수보살 이적에 대한 조사단 파견은 702(장안長安 2)년에 한
차례 더 벌어진다.[618] 이와 같은 오대산 문수 신앙의 관심과 유행으로 인해
문수보살은 당을 수호하는 보살이 되어 772년에는 나라의 모든 사찰에 문
수전文殊殿이 건립된다.[619]

內侍掌扇張行弘等。往淸涼山。檢行聖迹。磧等。祇奉明詔。星馳頂謁。幷將五臺縣呂玄覽
畫師張公榮等十餘人。共往中臺之上。未至臺百步。遙見佛像。宛若眞容。揮動手足。循還
顧盼。漸漸至近。展轉分明。去餘五步。忽然冥滅。近登至頂。未及周旋。兩處開香。芬列逾
盛。又於塔前。遣榮粧修故佛。點眼纔畢。並聞洪鐘之響。後欲向西臺。遙見西北。一僧著黑
衣。乘白馬奔就皆共立待相去五十步間。忽然不見。磧慶所稀逢彌增款詣。又往大孚寺東
堂。修文殊故像。焚燎傍草。飛飆及遠。燒爇花園。煙焰將盛。其園。去水四十五步。遣人往
汲。未及至間。堂後立起黑雲擧高五丈。尋便雨下。驟滅無餘。雲亦當處消散。莫知其由。便
行至於飯仙山。內侍張行弘。復聞異香之氣。從南向北。凡是古跡。悉追尋存亡名德。皆親
頂禮。磧等。旣承國命。目覩佳祥。具已奏聞。深稱聖旨。於是。淸涼聖跡。益聽京畿。文殊
寶化。昭揚道路。使悠悠溺喪。識妙物之冥泓。蠢蠢迷津。悟大方之幽致者。國君之力也。非
夫道契玄極。影響神交。何能降未常之巨唱。顯難思之勝軌。千載之後。知聖后之所志焉。
磧。又以此山圖爲小帳。逑略傳一卷。廣行三輔云。"

617 같은 책.

618 『廣淸涼傳』1,「釋五臺諸寺方所七」(『大正藏』51, 1107a·b). "上接雲霓長安二年五月十五日。建
安王仕幷州長史。奏重修葺。勅大德感法師。親謁五臺。山以七月二十日。登臺之頂。僧俗
一千餘人。同見五色雲中。現佛手相。白狐白鹿。馴狎於前。梵響隨風。流亮山谷。異香芬
馥。遠近襲人。又見大僧。身紫金色。面前而立。復見菩薩。身帶瓔珞。西峯出現。法師。乃
圖畫聞奏。帝大悅。遂封法師昌平縣開國公。食邑一千戶。請充淸禪寺。主掌京國僧尼事。
仍勅左庶子侯知一。御史大夫魏元忠。命工琢玉御容。入五臺山。禮拜菩薩。至長安三載。
送向淸涼山安置。於是傾國僧尼。奏乞送之。帝不許。以雁門地連獫狁。但留御容於太原崇
福寺大殿。中間供養。於五臺山。造塔建碑。設齋供養。是知眞境菩薩所居。帝王日萬機之
務。猶造玉身。來禮大聖。矧餘凡庶。豈不從風一遊淨域。累劫殃消。暫陟靈峯。多生障滅者
矣。"; 金相範,〈Ⅲ. 武則天의 五臺山 文殊聖地 後援〉,「唐代 五臺山 文殊聖地와 國家權力」,
『東洋史學研究』119(2012), 61-67쪽.

619 『代宗朝贈司空大辨正廣智三藏和上表制集』3,「勅置天下文殊師利菩薩院制一首·謝勅置
天下寺文殊院表一首(幷答)」(『大正藏』52, 841c-842a); 金相範,〈Ⅳ. 代宗과 不空-五臺山 文殊信
仰의 全國化〉,「唐代 五臺山 文殊聖地와 國家權力」,『東洋史學研究』119(2012), 72-74쪽.

평창 상원사 문수전

여기에 자장이 입당 이전에 하곡현(현재의 울산)에서 중국 오대산 문수 신앙의 영향을 받고 있다는 점,[620] 또 자장의 오대산 순례와 문수 친견이 642년에 이루어진다는 점,[621] 그리고 자장의 신라 귀국이 643년 음력 3월 16일에 이루어진다는 점을 고려한다면,[622] 7세기 초·중반에 오대산 문수 신앙의 신라 유행을 짐작해 보는 것도 충분히 가능하다. 즉 『고려도경』 속

620 廉仲燮,「신라시대 河曲縣의 文殊信仰 전래시기 고찰」,『國學研究』36(2018), 213~223쪽.

621 『五臺山事蹟』,「五臺山月精寺開創祖師傳記」. "慈藏入唐遊歷名山周尋聖跡。至貞觀十六年 往五臺山。"

622 慈藏은 643년에 歸國한다는 것은 모든 關聯 資料가 공통된다. 그러나 3월이라는 것은『三國史 記』卷5,「新羅本紀 5」에서 확인되며, 16일이라는 점은『三國遺事』卷3,「皇龍寺九層塔」에만 수록되어 있다.『三國史記』5,「新羅本紀 5」. "善德王一十二年: 三月。入唐求法高僧慈藏還。"; 『三國遺事』3,「塔像第四-皇龍寺九層塔」(『大正藏』49, 990c). "貞觀十七年癸卯十六日。將唐帝 所賜經像袈裟幣帛而還國。"

신라 상인의 오대산 관음상의 신라 이운 시도를 7세기 중반으로 판단하는 것도 가능하다는 말이다. 이는 7세기 중반에 보타산의 관음성지화가 이루어지는 과정에서 먼저 성지가 되어 있던 오대산의 영향을 받게 되었을 개연성을 환기한다.

또 이러한 보타산 관음성지화의 핵심에는 관음의 수신水神적인 성격과 관련해서 해상무역과 연관이 있다는 점이 확인된다.[623] 이렇게 되면, 관음과 관련된 모티브들이 보타산을 통해서 먼저 성립하고, 이것이 이후 주방에 의해 재구성되면서 수월관음도의 구도적인 틀로 정착한 것이라는 판단이 가능하다.

의상은 661년 당항성(현재의 화성)을 통해서 당으로 입국한다. 이에 따라 산동성 등주登州에서 선묘善妙를 만나게 된다.[624] 의상의 신라 귀국은 당의 신라 침공과 관련된 정보를 전달하기 위해 670년에 급작스럽게 이루어진다.[625] 이때 귀로는 나타나 있지 않지만 절강성 영파 쪽을 통해서 하곡현으로 왔을 개연성도 있다. 즉 오대산의 1차 조사단 파견과 관련된 662년과 664년의 사건은 661년 입당해서 장안에 유학 중이던 의상에게 상당한 영향을 줄 수 있는 것이다.

또 귀국 때 영파로 왔다면, 당시 확립되던 보타산 관음 신앙의 영향을 받는 것도 충분히 가능하다. 이러한 결과로 의상은 귀국 직후 경주에서 당의 신라 침공을 알린 뒤 하슬라의 낙산사를 개창했다는 추정도 성립할 수 있게

---

623 玆玄,「佛敎에서의 바다 象徵과 觀音信仰을 통한 問題 解消」,『佛敎의 바닷길, 바다를 통한 文化 交流』(釜山: 國立海洋博物館, 2020) 參照 ; 송화섭,「中國 저우산군도(舟山群島) 푸퉈산(普陀山)의 海神과 觀音信仰」,『島嶼文化』42(2013), 71-73쪽.

624 김용의,「동아시아에 擴散된 義湘과 善妙의 사랑 이야기」,『日本語文學』54(2012), 327-328·333쪽.

625 『三國遺事』4,「義解第五-義湘傳敎」(『大正藏』49, 1006c). "以咸享元年庚午還國。"

된다.[626] 이렇게 되면, 중국 보타산의 범음동과 낙산사 홍련암의 지형 및 구조적 유사성이 성립하는 이유에 대한 한 해법도 확보될 수 있다. 앞서도 언급한 바와 같이 의상은 태백산 신앙도 이식하고 있다. 이런 점에서 보타산의 관음 신앙을 낙산으로 이식했다는 판단 역시 충분히 가능한 구조가 존재한다고 하겠다.

2) 관음 신앙과 정취 신앙의 결합과 범일

낙산사는 의상에 의해 개창되지만 부석사처럼 화엄종의 종찰과 같은 역할을 한 것은 아니다. 만일 그랬다면 신라 하대 화엄종의 위상을 고려해 보았을 때 「낙산이대성 관음·정취·조신」의 기록에서 확인되는 것과 같은 범일에 의한 정취 신앙의 추가는 불가능했을 것이다. 그러므로 이보다는 의상의 「백화도량발원문白花道場發願文」에서 확인되는 관음 신앙적인 요소가 작용한 정도로 이해하는 것이 타당하다.

의상이 화엄 사상을 견지하면서 관음 신앙을 가졌다는 것은 일견 이율배반적인 관점으로 보일 수도 있다. 그러나 자장 역시 계율을 표방하지만 사상적으로는 화엄 사상을 견지했고, 신앙적으로는 문수 신앙을 견지하는 모습이 확인된다. 즉 의상에서와 같은 사상과 신앙의 이중 구조가 자장에서도 목도되는 것이다. 실제로 의상이 건립한 부석사는 본존을 무량수전으로 하는 아미타불 독존을 모시고 있기까지 하다.[627]

---

626 박미선, 「義相과 元曉의 觀音信仰 - 『三國遺事』〈洛山二大聖 觀音·正趣·調信〉을 중심으로」, 『韓國古代史研究』 60(2010), 207-208쪽 ; 배금란, 「新羅 觀音信仰 研究 - 觀音聖顯의 구조와 기능을 중심으로」(서울: 서울大 宗教學科 博士學位論文, 2020), 118쪽.

627 〈浮石寺圓融國師碑〉(1053). "是寺者 義相師 遊方西華 傳炷智儼 後還而所創也 像殿內唯造 阿彌陀佛像 無補處 亦不立影塔 弟子問之 相師曰 師智儼云 一乘阿彌陀 無入涅槃 以十方

영주 부석사 무량수전 내부. 아미타불 독존을 모시고 있다.

정선 정암사 수마노탑(국보)

또 자장 역시 의상과 마찬가지로 태백산 석남원(현재는 한백산 정암사)을 통해서 태백산 신앙의 이식을 시도하고 있다는 점, 이외에도 두 사람 모두 동북방에 성지를 지정하고 있다는 점에서 자장과 의상은 생각보다 높은 행적의 유사성이 확인된다. 즉 의상에게도 자장의 영향이 목도되는 것이다. 실제로 민지閔漬의 「유점사사적楡岾寺事蹟」(1297)에 의상은 자장이 개창한 오대산을 찾은 것으로 기록되어 있다.[628] 자장과 의상, 그리고 범일에 이르는 세 분의 영향 관계가 명주라는 인접한 지역권 안에서 강하게 작용하고 있는 것이다. 또 세 분의 영향 관계는 인물의 시대 순서상 '자장→의상→범일'이라는 점 역시 분명하다.

정취보살 신앙은 『화엄경』 「입법계품」 3종(60권·80권·40권본)과 이의 이역異譯인 『나마가경羅摩伽經』(전3권)에서만 확인된다. 그러나 이를 배경으로 하는 독립 신앙적인 발전은 딱히 확인되는 것이 없다. 참고로 동아시아 대승불교에서 독립된 보살 신앙을 형성하는 것은 관세음보살과 지장보살 그리고 미륵보살과 문수보살이 전부이다.[629] 이외에 부분적이나마 독립 성격을 가지는 보살로는 보현보살과 천관天冠보살[630] 그리고 우리나라 금강산의 법

淨土爲體 無生減相 故華嚴經入法界品云 或見阿彌陀 觀世音菩薩 灌頂授記者 充滿諸法界 補處補闕也 佛不涅槃 無有闕時 故□□補處 不立影塔 此一乘深旨也 儼師以此傳相師 相師 傳法嗣 旣了國師"; 鄭炳三, 「義湘華嚴思想 研究」(서울: 서울大 史學科 博士學位論文, 1991), 179–189쪽.

628 振興會資料, 「史傳: 金剛山楡岾寺事蹟記-楡岾寺寄本」, 『佛敎振興會月報』 1-7(1916), 42쪽. "新羅古記云。義湘法師。初入五臺山。次入是山。曇無竭菩薩。現身而告曰。五臺山有行有數人出世之地。此山無行無數人出世之地也。"

629 廉仲燮, 「高麗佛畫의 地藏菩薩 圖像 硏究」(서울: 東國大 美術學科 博士學位論文, 2021), 408–410쪽.

630 崔成烈, 「天冠寺와 天冠菩薩 信仰」, 『天冠寺의 歷史와 性格』(長興: 長興郡, 2013), 37–39쪽 ; 袁冰凌 編著, 『支提山華嚴寺誌』(福建: 福建人民出版社, 2013) 參照.

기(담무갈)보살과[631] 신라 오대산의 대세지보살 정도가 존재할 뿐이다.[632] 즉 정취보살은 이와 같은 범주에 들지 않는 것이다.

「입법계품」에서 선재동자는 53선지식을 참배하는 과정에서 27번째에 비슬지라거사를 만나고 28번째에 관세음보살을 친견하게 된다. 그리고 관음의 인도로 29번째에 정취보살에게 80권『화엄경』을 기준으로 "보질행해탈普疾行解脫"을 배운다.[633] 그런데 흥미로운 것은 정취보살의 친견 방식이 선재가 찾아가는 것이 아니라, 정취보살이 동방으로부터 허공으로 날아와 관음의 거주처로 오는 방식이라는 점이다.[634] 즉 선재가 가르침을 받는 과정에서 관음과 정취는 한 공간에 존재하는 '일주처一住處 이보살二菩薩'의 상황이 전개되는 것이다.[635]

정취보살에게 독립 신앙적인 요소가 약하다는 점, 그리고 관음과 정취

631 廉仲燮, 「韓國佛教 聖山인식의 시원과 전개-五臺山·金剛山·寶盖山을 중심으로」, 『史學研究』126(2017), 100-102쪽 ; 廉仲燮, 「魯英 筆 高麗 太祖 曇無竭菩薩 禮拜圖의 타당성 검토」, 『國學研究』30(2016), 564-580쪽.

632 廉仲燮, 「韓國五臺山 五萬眞身信仰의 특징과 北臺信仰의 변화」, 『佛教學研究』70(2020), 6-11쪽.

633 『大方廣佛華嚴經』68, 「入法界品第三十九之九」(『大正藏』10,367c). "善男子! 我唯得此菩薩普疾行解脫, 能疾周遍到一切處. 如諸菩薩摩訶薩, 普於十方無所不至, 智慧境界等無差別, 善布其身悉遍法界, 至一切道, 入一切刹, 知一切法, 到一切世, 平等演說一切法門, 同時照耀一切衆生, 於諸佛所不生分別, 於一切處無有障礙 ; 而我云何能知能說彼功德行?"

634 『大方廣佛華嚴經』51, 「入法界品第三十四之八」(『大正藏』9,718c) ; 『大方廣佛華嚴經』68, 「入法界品第三十九之九」(『大正藏』10,367b) ; 『大方廣佛華嚴經』16, 「入不思議解脫境界普賢行願品」(『大正藏』10,735b) ; 『佛說羅摩伽經』2, (『大正藏』10,860c-861a).

635 송은석, 「高麗時代 正趣菩薩 信仰과 正趣菩薩圖 - 普陀洛伽山 信仰의 또 다른 측면」, 『泰東古典研究』37(2016), 136쪽의 표 1 參朝.

經名	『羅摩伽經』	『大方廣佛華嚴經』(60卷本)	『大方廣佛華嚴經』(80卷本)	『大方廣佛華嚴經』(40卷本)	『大唐西域記』
高麗藏 番號	K0102	K0079	K0080	K1262	K1065
大正藏 番號	T0294	T0278	T0279	T0293	T2087

가 한 공간 속에서 선재를 만난다는 점, 또 수월관음도가 선재동자가 관음을 친견하는 상황을 그린 그림이라는 점에서 화엄종의 확대와 해상 실크로드의 발전에 따른 관음 신앙의 유행이 정취보살로의 연결을 초래할 개연성을 확보한다.[636]

범일은 정취보살의 화신인 신라 명주溟州 출신의 사미승을 입당 직후에 중국 절강성 명주明州의 개국사에서 만난다.[637] 그런데 절강성 명주는 현재의 영파寧波에 속하는 곳으로, 이 영파의 앞바다에는 중국 관음성지인 보타산(섬)과 낙가산(섬)이 위치한다. 실제로 보타산과 낙가산은 오늘날까지 영파 쪽의 주산시舟山市의 주산 군도에 속해 있다.[638] 이렇게 놓고 본다면, 당나라 불교에서 확대되던 관음 신앙이 정취보살까지도 포함하게 되고, 이를 범일이 신라로 이식해 왔을 개연성도 존재한다.[639]

28번째	菩薩 이름	觀世音菩薩	觀世音菩薩	觀自在菩薩	觀自在菩薩	觀自在菩薩
	住處	金剛輪山頂	光明山西阿	補怛洛迦山	補怛洛迦山	布咀落伽山
	만남 場所	金剛輪山	光明山	補怛洛迦山	補怛洛迦山	
	菩薩姿勢	結跏趺坐	結跏趺坐	結跏趺坐	結跏趺坐	
29번째	菩薩 이름	無異行菩薩	正趣菩薩	正趣菩薩	正性無異行	
	住處	東方	東方	東方	東方	
	만남 場所	金剛輪山→金剛輪山頂	金剛山頂→光明山	輪圍山頂→補怛洛迦山	輪圍山頂→補怛洛迦山	
	菩薩姿勢	虛空을 걸어옴	옴	空中으로부터 옴	虛空으로부터 옴	

636 송은석, 「高麗時代 正趣菩薩 信仰과 正趣菩薩圖 - 普陀洛伽山 信仰의 또 다른 측면」, 『泰東古典研究』 37(2016), 140-163쪽 ; 송은석, 「麗末鮮初 補陀落迦山 觀音의 信仰과 美術」, 『美術史學』 28(2019), 264-265쪽.

637 『三國遺事』 3, 「興法第三-洛山二大聖 觀音·正趣·調信」(『大正藏』 49, 996c-997a), "後有崛山祖師梵日。太和年中入唐。到明州開國寺。有一沙彌截左耳在衆僧之末。"

638 송화섭, 「中國 저우산군도(舟山群島) 푸퉈산(普陀山)의 海神과 觀音信仰」, 『島嶼文化』 42(2013), 53-55쪽.

639 배금란, 「『三國遺事』 「洛山二大聖 觀音·正趣·調信」條의 敍事的 特徵-洛山 觀音聖地의 象徵的 의미를 중심으로」, 『佛敎學報』 91(2020), 86-87쪽.

중국 절강성 보타산 보타강사

불교 성지의 신라 이식은 자장이 산서성 오대산을 하슬라의 오대산으로 개창하는 것과 섬서성 태백산을 정선의 태백산(현재의 한백산)으로 비정하는 것,[640] 또 의상이 섬서성 태백산을 영주 태백산(현재의 소백산)으로 이식하

---

640 『三國遺事』4,「義解第五-慈藏定律」(『大正藏』49, 1005c). "暮年謝辭京輦於江陵郡(今冥州也)創水多寺居焉。復夢眞僧狀北臺所見。來告曰。明日見汝於大松汀。驚悸而起。早行而松汀。果感文殊來格。諮詢法要。乃曰。重期於太伯葛蟠地。遂隱不現(松汀至今不生荊刺。亦不棲鷹鸇之類云)藏往太伯山尋之。見巨蟒蟠結樹下。謂侍者曰。此所謂葛蟠地。乃創石南院(今淨岩寺)以候聖降。";『五臺山事蹟』,「五臺山月精寺開創祖師傳記」. "爲欲面見文殊。尋往溟州五臺山。… 云云 … 後於大松下今寒松汀是也。一云居士忽現。與師淸談。良久而謂曰。昔日之約。卿識之乎。言已卽滅。師於是自責曰。居士是昔日五臺山所現梵僧化現耳。向空頂禮。卽向太伯山。尋葛蟠處。見大蟒蟠在大樹下。謂侍者曰。此文殊所諭之地也。卽受戒移蟒於山下。刱院曰薩那。今淨嵓岩寺是也。從此院而南去一千許步。有神仙洞。又刱蘭若曰上薩那。往來兩寺以待文殊。";「奉安舍利開建寺庵第一祖師傳記」. "爲欲面見文殊。尋往溟州五臺山。… 云云 … 後於大松下今寒松汀是也。一居士忽現。與師淸談。良久而謂曰。昔日之約。卿識之乎。言已卽滅。師於是自責曰。居士是昔日五臺山所現梵僧化現耳。向空頂禮。

는 것이나 보타산을 낙산으로 이식하는 것, 또 복건성 민동閩東의 지제산支提山 천관보살 신앙이 전남 장흥의 천관산과 천관사로 이식되는 것을 통해서 확인된다.[641] 이런 점에서 본다면, 범일에 의한 영파 보타산의 관음+정취 신앙이 낙산으로 이식되는 것도 충분히 가능하다.[642] 특히 범일의 출가가 낙산사 쪽의 화엄계와 무관하지 않을 것이라는 점, 또 범일이 명주도독에 의해 명주를 대표하는 주사州師와 같은 역할을 하고 있다는 점에서 낙산사에 정취보살상을 모시고 사굴산문의 영향을 확대한다는 것은 충분한 타당성을 확보한다.

범일은 수행적으로는 홍주종을 계승하지만 사상적으로는 화엄을 견지했을 개연성도 있다.[643] 이와 같은 판단이 가능한 것은 두 가지이다.

첫째는 명주에서 범일에게 영향을 주고 있는 자장과 의상이 모두 화엄사상과 관련된 인물이라는 점이다. 의상은 해동초조의 초조라는 점에 이견이 없다. 그러나 자장과 관련해서도 화엄의 최초 전래자라는 점과[644] 문수 신앙에서의 화엄과의 연결점이 확인된다.[645] 이외에도 황룡사를 중심으로 자장계

即向太白。尋葛蟠處。見大蟒蟠在大樹下。謂侍者曰。此文殊所諭之地。即受戒移蟒於山下。創院曰薩那(今淨岩寺是也)。從此院而南去一千許步。有神仙洞。又創蘭若曰上薩那。往來兩寺以待文殊。"

641 呂聖九,「元表의 生涯와 天冠菩薩信仰 研究」,『國史館論叢』48(1993), 221-241쪽 ; 이희재,「8世紀 西域求法僧 元表의 재고찰」,『韓國敎授佛子聯合學會誌』19-2(2013), 97-100쪽 ; 魏聖,「天冠菩薩 靈府 天冠山」,『長興文化』35(2013) 參照 ; 朴泰宣,「新羅 天冠菩薩信仰 研究」,『青藍史學』3(2000), 227-229쪽.

642 曺永祿,「崛山祖師 梵日 新傳」,『韓國史學史學報』33(2016), 35-36쪽.

643 金興三,「羅末麗初 闍崛山門의 淨土信仰과 華嚴思想」,『江原文化研究』19(2000), 140-146쪽.

644 李杏九(道業),「韓國 華嚴의 初祖考-慈藏法師의 華嚴思想」,『東國論集』13(1994), 10-17쪽.

645 廉仲燮,「慈藏과 華嚴의 관련성 고찰-中國五臺山 文殊親見의 타당성을 중심으로」,『韓國佛教學』77(2016), 273-284쪽.

화엄이 유지되었던 모습이 신라 하대까지 확인된다는 점 등이 살펴진다.

둘째는 범일의 상족제자인 개청이 범일의 입적 후에 명주(현재의 강릉) 보현산사普賢山寺의 지장선원地藏禪院에 주석한다는 점이다.[646] 여기에서 보현산의 보현은 보현보살을 의미한다. 보현보살은『화엄경』「여래출현품如來出現品」 등에도 등장하지만, 결정적인 것은 「입법계품」과 관련된 맨 마지막의 「보현보살행원품普賢菩薩行願品」이다.[647] 이런 점에서 본다면, 보현산사의 지장선원이란, 화엄을 기반으로 하는 보현 신앙과 7세기 중반에서 8세기 초에 걸쳐 당나라에서 명부시왕 신앙과 결합하며 강력하게 부각하는 지장 신앙이[648] 혼재된 정도로의 판단이 가능하다.

또 범일의 고족제자인 행적은 입당 중에 중국 오대산 화엄사에서 문수대성의 감응을 구하고, 중대에서는 신인을 만나는 것으로 되어 있다.[649] 또 만년에는 명요부인明瑤夫人에게 경북 영일의 석남산사石南山寺를 헌사받아 주석한다.[650] 여기에서의 석남은 화엄과 관련된 구체적인 명칭은 아니다. 그러나 범일에게 영향을 미치는 자장의 입적처가 석남원(현재의 정암사)이라는 점을 주목해 볼 필요가 있다.[651] 즉 우연의 일치일 수도 있지만 자장계 화엄

---

646 현재 강원도 강릉시 성산면 보광리에 위치한 普賢寺이다.〈江陵普賢寺朗圓大師塔碑〉. "仍捨普賢山寺, 請以住持."

647 강기선,「『華嚴經』「普賢行願品」의 思想과 文學的 談論」,『哲學論叢』86(2016), 5-19쪽.

648 尹富,「中國地藏信仰研究」(四川: 四川大學 博士學位論文, 2005), pp. 79-103 ; 尹富,「七世紀中葉至八世紀初地藏造像論考」,『法鼓佛學學報』第4期(2009), pp. 93-98 ; 廉仲燮,「高麗佛畵의 地藏菩薩 圖像 研究」(서울: 東國大 美術學科 博士學位論文, 2021), 64-103쪽.

649 〈奉化太子寺朗空大師塔碑〉. "以後至五臺山, 投花嚴寺, 求感於文殊大聖. 先上中臺, 忽遇神人鬈眉皓爾, 叩頭作禮, 膜拜祈恩."

650 같은 碑文. "爰有女弟子明瑤夫人, 鼇島宗枝鳩林冠族. 仰止高山, 尊崇佛理. 以石南山寺請爲收領永以住持. 秋七月大師以甚愜雅懷始謀栖止此寺也."

651 『三國遺事』4,「義解第五-慈藏定律」(『大正藏』49, 1005c). "乃創石南院(今淨岩寺)以候聖降。粤有老居士。方袍襤褸。荷葛簣。盛死狗兒來。謂侍者曰。欲見慈藏來爾。門者曰。自奉山箒未

과 연결되는 명칭의 유사성이 존재하는 것이다.

개청과 행적이 모두 본래는 화엄종과 관련된 승려임은 비문에서 확인된다.[652] 즉 이들은 범일에 의해 홍주종의 가르침을 받은 후에도 모두 화엄적인 요소가 사라지지 않고 있다. 이렇게 놓고 본다면, 범일과 화엄의 관계에 대한 뚜렷한 언급은 존재하지 않지만, 범일 역시 사상적으로는 화엄과 관련될 개연성이 존재한다. 즉 범일이 낙산사에 정취전을 조성하고 정취보살상을 봉안하는 것은 충분한 설득력과 자료 간의 정합성을 확보하고 있다는 말이다.

또 범일의 정취보살 친견은 자장의 문수보살 친견, 의상의 관음보살 친견과 같은 보살 친견의 연장선상에서 이해될 수 있다.[653] 흥미롭게도 명주불교의 비조격 흐름에는 공통적으로 보살 친견이 존재하는 것이다. 참고로 도의는 중국 오대산에서 문수보살의 친견을 시도한 것 같으나 허공에서 종소

見忤犯吾師諱者。汝何人斯爾狂言乎。居士曰。但告汝師。遂入告。藏不之覺曰。殆狂者耶。門人出訴逐之。居士曰。歸歟歸歟。有我相者焉得見我。乃倒簀拂之。狗變爲師子寶座。陞坐放光而去。藏聞之。方具威儀。尋光而趍登南嶺。已杳然不及。遂殞身而卒。茶毘安骨於石穴中。";『五臺山事蹟』,「五臺山月精寺開創祖師傳記」·「奉安舍利開建寺庵第一祖師傳記」."創院曰薩那(今淨岩寺是也)。從此院而南去一千許步。有神仙洞。又創蘭若曰上薩那。往來兩寺以待文殊。一日有非僧非俗老居士着破袈裟。荷葛簀盛死狗。謂侍者曰。欲見慈藏和尙而來耳。侍者怒其直稱師諱。以杖逐之。居士曰。告於汝師然後去矣。侍者入告。師曰。狂悖人也。胡不黜之。侍者出言而逐之。居士曰。歸歟歸歟。有我相者。焉得見我。於是倒葛簀死狗化爲獅子座。登其座放大光明。乘空而去。侍者入告。師具法服望見其光。登空而到南嶺捨身。仍茶毘於其處。安骨于石冗('冗'은'穴'의 誤)焉。"

652 〈江陵普賢寺朗圓大師塔碑〉."尋師於華嚴山寺，問道於正行法師。法師知此歸心，許令駐足。其於師事，備盡素誠。志翫雜華，求栖祇樹，高山仰止，備探鷲嶺之宗，學海栖遲，勤覽猴池之旨。";〈華化太子寺朗空大師塔碑〉."苦求遊學▨尋學海，歷選名山。至於伽耶海印寺，便謁宗師，精探經論，統雜花花妙義，該貝葉之眞文."

653 이외에도『三國遺事』에는 智通과 眞表의 菩薩 受戒가 더 살펴진다.『三國遺事』5,「避隱第八 –朗智乘雲·普賢樹」(『大正藏』49, 1015b)."忽見異人出。曰我是普大士。欲授汝戒品。故來爾。因宣戒訖乃隱。";『三國遺事』4,「義解第五–眞表傳簡」(『大正藏』49, 1007b·c)."二七日終。見地藏菩薩。現受淨戒。","於中第八簡子喩新得妙戒。第九簡子喩增得具戒。"; 같은 책,「關東楓岳鉢淵藪石記(此記乃寺主瑩岑所撰承安四年己未立石)」(『大正藏』49, 1008b)."地藏授與戒本。慈氏復與二栍。一題曰九者。一題八者。""復感慈氏。從兜率駕雲而下。與師受戒法。"

리를 듣는 것으로 끝나고 만다.[654] 또 행적 역시 중국 오대산 중대에서 신인을 만난 것이 전부이다.[655] 그리고 「낙산이대성 관음·정취·조신」에 따르면 원효 역시 관음 친견에 실패한다.[656]

이에 반해 명주 오대산에서 보천과 효명(후일 성덕왕)은 오대 오만보살을 친견하는 것으로 되어 있다.[657] 여기에서 오만 보살은 동-관세음, 남-지장, 서-대세지, 북-미륵, 중앙-문수이다.[658] 이렇게 놓고 본다면, 명주불교나 이

---

654 『祖堂集』17,「雪岳陳田寺元寂禪師嗣西堂」(『大藏經補編』25, 615b). "以建中五年歲次甲子, 隨使韓粲號金讓恭, 過海入唐, 直往臺山, 而感文殊. 空聞聖鍾之響, 山見神鳥之翔."

655 〈奉化太子寺朗空大師塔碑〉. "先上中臺, 忽遇神人鬢眉皓爾, 叩頭作禮, 膜拜祈恩."

656 『三國遺事』3,「興法第三-洛山二大聖 觀音·正趣·調信」(『大正藏』49, 996c). "後有元曉法師. 繼踵而來. 欲求瞻禮初至於南郊水田中. 有一白衣女人刈稻. 師戲請其禾. 女以稻荒戲答之. 又行至橋下. 一女洗月水帛. 師乞水. 女酌其穢水獻之. 師覆棄之. 更酌川水而飮之. 時野中松上有一靑鳥. 呼曰休醍□(醐)和尙. 忽隱不現. 其松下有一隻脫鞋. 師旣到寺. 觀音座下又有前所見脫鞋一隻. 方知前所遇聖女乃眞身也. 故時人謂之觀音松. 師欲入聖崛更覩眞容. 風浪大作. 不得入而去."

657 『三國遺事』3,「塔像第四-臺山五萬眞身」(『大正藏』49, 999a). "一日同上五峰瞻禮. 次東臺滿月山. 有一萬觀音眞身. 現在南臺麒麟山. 八大菩薩爲首一萬地藏. 西臺長嶺山無量壽如來爲首一萬大勢至. 北臺象王山釋迦如來爲首五百大阿羅漢. 中臺風盧山亦名地盧山. 毘盧遮那爲首一萬文殊. 如是五萬眞身一一瞻禮."; 같은 책,「溟州五臺山寶叱徒太子傳記」(『大正藏』49, 999c). "五臺進敬禮拜. 青在東臺滿月形山. 觀音眞身一萬常住. 南臺麒麟山. 八大菩薩爲首. 一萬地藏菩薩常住. 白方西臺長嶺山. 無量壽如來爲首. 一萬大勢至菩薩常住. 黑掌北臺相王山. 釋迦如來爲首. 五百大阿羅漢常住. 黃處中臺風爐山. 亦名地爐山. 毘盧遮那爲首. 一萬文殊常住."; 「溟州五臺山寶叱徒太子傳記」(『大正藏』49, 999c). "五臺進敬禮拜. 青在東臺滿月形山. 觀音眞身一萬常住. 南臺麒麟山. 八大菩薩爲首. 一萬地藏菩薩常住. 白方西臺長嶺山. 無量壽如來爲首. 一萬大勢至菩薩常住. 黑掌北臺相王山. 釋迦如來爲首. 五百大阿羅漢常住. 黃處中臺風爐山. 亦名地爐山. 毘盧遮那爲首. 一萬文殊常住."; 『五臺山事蹟』,「五臺山聖跡幷新羅淨神太子孝明太子傳記」. "兄弟二人一心敬禮. 往東臺而見阿閦如來爲首一萬觀世音菩薩眞身常住. 登南臺則見八大菩薩爲首一萬地藏菩薩眞身常住. 登西臺則見無量壽如來爲首一萬大勢至菩薩眞身常住. 至北臺而見釋迦如來爲首一萬彌勒菩薩眞身五百大阿羅漢眞身常住. 到中臺則見毘盧遮那如來爲首一萬文殊菩薩眞身常住."

658 廉仲燮,「韓國五臺山 五萬眞身信仰의 특징과 北臺信仰의 변화」,『佛敎學硏究』70(2020), 6-7쪽.

의 개창자들에게는 보살 친견이라는 특징이 존재하는 것을 알 수 있다. 이는 후일 태조 왕건의 금강산 담무갈보살 친견 등으로까지 유전된다.[659]

범일의 정취보살 친견은 중국 명주에서의 경우 직접 친견이며, 신라 명주에서는 꿈에서의 간접적인 개시이다.[660] 이는 자장이 중국 오대산에서 문수보살을 직접 친견하고, 명주(당시는 하슬라) 수항리의 수다사水多寺에서는 꿈에 친견하는 구조와 유사하다.「자장정율」에는 자장이 이 꿈을 통해서 대송정大松亭(혹 한송정寒松亭)에서의[661] 문수 친견을 약속하는 것으로 되어 있다.[662] 이는 범일의 정취보살 친견 구조와 높은 유사성이 인지된다. 즉 전체적인 구조로 봤을 때 범일은 자장의 문수 친견에 따른 영향을 받고 있으며, 이와 연관해서 의상이 개창한 낙산사에 정취전을 건립하고 보살상을 봉안하고 있는 정도로 이해될 수 있다. 이는 범일에게 자장과 의상의 계승자와 같은 측면이 존재한다는 것을 의미한다. 즉 범일은 중국 남종선에서는 마조계와 석두계의 계승자인 동시에 신라의 명주에서는 자장 및 의상과 연결되고 있는 것이다.

「낙산이대성 관음·정취·조신」에 따르면, 범일은 851년 굴산사로 주석처를 옮긴 7년 후인 858년 음력 2월 15일 꿈에 정취보살이 나타나 자신을

---

659 廉仲燮,「魯英 筆 高麗 太祖 曇無竭菩薩 禮拜圖의 타당성 검토」,『國學研究』30(2016), 580–591쪽.

660 『三國遺事』3,「興法第三-洛山二大聖 觀音·正趣·調信」(『大正藏』49, 996c-997a), "後有崛山祖師梵日。太和年中入唐。到明州開國寺。有一沙彌截左耳在衆僧之末。與師言曰。吾亦鄕人也。家在溟州界翼嶺縣德耆坊。師他日若還本國。須成吾舍。既而遍遊叢席。得法於鹽官(事具在本傳)以會昌七年丁卯還國。先創崛山寺而傳教。大中十二年戊寅二月十五日。夜夢昔所見沙彌到窓下。曰。昔在明州開國寺。與師有約。既蒙見諾。何其晚也。"

661 『五臺山事蹟』,「五臺山月精寺開創祖師傳記」·「奉安舍利開建寺庵第一祖師傳記」. "後於大松下(今寒松汀是也)。"

662 『三國遺事』4,「義解第五-慈藏定律」(『大正藏』49, 1005c). "暮年謝辭京輦於江陵郡(今溟州也)創水多寺居焉。復夢眞僧狀北臺所見。來告曰。明日見汝於大松汀。驚悸而起。早行而松汀。果感文殊來格。諮詢法要。乃曰。重期於太伯葛蟠地。遂隱不現。"

찾아달라는 재촉을 받게 된다. 이후 낙산 아래의 돌다리 밑에서 석불(정취보살임)을 찾아내고, 이후 모실 곳을 간자簡子로 점쳐 낙산 위에 세 칸의 불전을 창건하고 (정취)보살상을 봉안한다.[663]

여기에서 나타나는 음력 2월 15일은 동아시아불교에서 수용되던 붓다의 열반일이다.[664] 여기에서의 열반이란, 무여열반無餘涅槃으로 완전한 깨달음의 의미와 함께 마친다는 뜻을 내포한다. 이런 점에서 본다면, 음력 2월 15일에 이루어지는 이 사건은 하나를 마친 후 새로운 시작의 의미로 해석될 수 있다. 즉 굴산사의 안정과 낙산사로의 영향력 확대로도 이해될 수가 있는 것이다.[665]

또 간자로 점을 쳐서 정취보살상을 봉안한 것은 범일의 행동이 불보살의 뜻에 부합된다는 의미이다. 이는 의상이 쌍죽이 솟은 곳에 원통보전을 지은 것과[666] 같은 불교적인 신이성이 범일에게도 계승되고 있다는 해석을 가능하게 한다.

「낙산이대성 관음·정취·조신」은 범일이 새롭게 정취보살상을 조성한 것이 아니라 돌다리 아래에서 석불상을 발굴한 것으로 기록되어 있다. 이를 사실로 받아들인다면, 범일 이전에 정취 신앙이 유입되어 있었다가 다른 신

---

663 『三國遺事』3,「興法第三–洛山二大聖 觀音·正趣·調信」(『大正藏』49, 997a). "乃作簡子卜其營構之地. 洛山上方吉. 乃作殿三間安其像."

664 2월 15일이 涅槃日이라는 것은 동아시아 佛敎의 認識일 뿐이다.『大唐西域記』6,「劫比羅伐窣堵國」(『大正藏』51, 903b). "佛以生年八十吠舍佉月後半十五日入般涅槃. 當此三月十五日也. 說一切有部. 則佛以迦剌底迦月後半八日入般涅槃. 此當九月八日也."

665 曺凡煥,「新羅末 高麗初 崛山門의 成長과 分化」,『文化史學』37(2012), 50쪽 ; 曺凡煥,「羅末麗初 崛山門의 成長과 分化」,『古代都市 溟州와 崛山寺』(忠州: 國立中原文化財硏究所, 2011), 124–126쪽.

666 『三國遺事』3,「興法第三–洛山二大聖 觀音·正趣·調信」(『大正藏』49, 996c). "乃見眞容. 謂曰. 於座上山頂雙竹湧生. 當其地作殿宜矣. 師聞之出崛. 果有竹從地湧出. 乃作金堂塑像而安之. 圓容麗質. 儼若天生. 其竹還沒."

앙에 밀려 폐지된 것을 범일이 다시금 재흥한 것이 된다.[667] 그러나 정취보살이 독립 신앙의 요소가 크지 않다는 점에서, 범일 이전의 신라에 정취 신앙이 존재했다는 것은 받아들이기 쉽지 않다. 이런 점에서 본다면, 이는 범일에 의해 석상이 조성된 상황이 후일 귀 부분이 파손된[668] 상황과 결부되어, 신이성을 통해 범일 당대의 일로 혼재되면서 만들어진 연기 설화가 아닌가 한다. 왜냐하면 관음 신앙과 연결되는 정취 신앙이 낙산 아래에서 파손되고 매몰된 정취석상(석불石佛)으로 발견된다는 것은 이해하기 쉽지 않기 때문이다.

『화엄경』의 주석가 중 현수법장賢首法藏(643~712)과 청량징관清凉澄觀(738~839)은 정취보살에 대해 이렇다 할 주목을 하지 않는다.[669] 그러나 조백대사 이통현李通玄(635~730 또는 646~740)은『신화엄경론新華嚴經論』40권 등에서[670] 관음의 비悲와 정취의 지智를 "주비지원융무이문主悲智圓融無二門"이나 "회지비일체會智悲一體"로 이해하며 강조하는 모습을 보인다.[671] 이러한 이통현의 관점은 관음 신앙과 정취 신앙의 연결을 통해 비지원융悲智圓融을 제시하고 있다는 점에서 주목된다. 이는 이후 관음 신앙의 확대에 정취 신앙

667 金興三,「羅末麗初 闍崛山門의 淨土信仰과 華嚴思想」,『江原文化研究』19(2000), 140쪽.

668 『三國遺事』3,「興法第三-洛山二大聖 觀音·正趣·調信」(『大正藏』49, 996c). "有一沙彌截左耳在衆僧之末."

669 『花嚴經探玄記』18,「入法界品第三十四」(『大正藏』35, 451b). "於中菩薩有六。三處現身。一初文殊爲佛母故。本有緣故。初位劣故。唯一人也。二中間漸進現於二人。謂觀音正趣也。後位成滿顯德勝故。具有三人。謂彌勒文殊及普賢。";『大方廣佛華嚴經疏』55, (『大正藏』35, 918c). "於中菩薩有六。三處現身。一初文殊信位劣故。唯顯一人。二中間漸進現於二人。謂大悲正趣。三位後成滿顯於三人。謂彌勒等."

670 『新華嚴經論』40, (『大正藏』36, 1000c). "第七第八迴向觀世音菩薩及正趣菩薩同會而現。主悲智圓融無二門。"

671 『略釋新華嚴經修行次第決疑論』3,「十迴向」(『大正藏』36, 1039b). "及善財見正趣菩薩。與觀世音同會而見。以明觀音正趣。會智悲一體。又表第七是悲增。第八智增。以明正趣得智體增明。返歸悲位。是就觀音同會而見."

이 대두할 수 있는 사상적 배경이 되기 때문이다.

　이통현은 범일보다 150년 이상 앞선 인물이다. 이는 당의 관음 신앙이 의상과 범일의 중간 시기에 이통현의 관점을 사상의 배경으로 하여 정취 신앙으로 확대되었을 가능성을 시사해 준다. 즉「입법계품」에 근거한 관음 신앙의 확대 속에는 이통현의 사상 배경이 작용하면서 보다 강력해질 개연성이 존재하는 것이다. 이와 같은 개연성은 범일 당시의 당나라 관음 신앙 중 일부가 정취 신앙을 포함하면서 거대화되어 존재했으며, 이를 범일이 신라 관음 신앙의 최고 성지인 낙산사로 이식하고 있다는 판단을 가능하게 한다. 그러나 이통현과 달리 법장이나 징관에게는 관음과 정취의 적극적인 결합 구조가 확인되지 않는다. 이는 관음 신앙에 정취 신앙이 결합하는 것이 당나라 불교의 보편적인 관음 신앙은 아니었다는 점을 분명히 해 준다.

　낙산사의 관음전 옆에 정취전이 조성된 것은 신라 하대 관음 신앙에 큰 변화가 발생했다는 것을 의미한다. 또 이는 범일의 사굴산문 영향이 낙산사

양양 낙산사

에 강하게 작용했다는 증거이기도 하다.

그런데 낙산사의 정취전과 관련된 내용은 이후 980년 무렵에 관음재觀音齋와 정취재正趣齋가 행해진 기록[672] 및 조선 후기인 17세기의 기행문에서도 이들 전각의 존재를 확인해 볼 수 있다. 그러나 정취전은 18세기의 기록에서는 더 이상 발견되지 않는다.[673] 즉 17세기 이후에 화재 등 어떤 이유에 의해서 없어진 것으로 볼 수 있다.

또 관음 신앙과 정취 신앙의 결합은 진주 용암사龍巖寺의 박전지朴全之가 1318년에 찬술한 「영봉산용암사중창기靈鳳山龍巖寺重創記」에서도 확인된다. 여기에는 "금당金堂의 주불인 석가여래대상과 별전別殿에 봉안된 관음보살과 정취보살을 수리하였다."라는 기록이 있기 때문이다.[674] 이는 낙산사의 관음 신앙과 정취 신앙의 결합 구조가 후에 다른 지역으로까지 확대되었

---

672 韓國學文獻研究所 編, 「襄住地密記」, 『洛山寺事蹟·乾鳳寺本末事蹟』(서울: 亞細亞文化社, 1977), 130-131쪽. "鎭背走之山形, 排置正趣菩薩殿, 大藏殿, 消災殿, 十六聖衆殿, 四天王殿, 曼陀羅諸殿, 及寶衆寮, 凡二百間也. (…) 國行春秋觀音齋二日, 正趣齋二日, 鎭兵四天王道場五日, 齋料布施, 襄州·溟州·蔚珍, 聚斂燈油, 春州·洪州, 祖宗杖村."; 國立中原文化財研究所 編, 『闍崛山門 崛山門』(忠州: 國立中原文化財研究所, 2012), 35쪽; 金興三, 「羅末麗初 崛山門 研究」(江陵: 江原大 史學科 博士學位論文, 2002), 103쪽; 黃金順, 「洛山說話와 高麗水月觀音圖, 普陀山觀音道場」, 『佛敎學硏究』 18(2007), 98쪽.

673 韓繼禧, 「洛山寺記」(1470), 『洛山寺事蹟·乾鳳寺本末事蹟』(서울: 亞細亞文化社, 1977), 127쪽. "有觀音正趣二大士像焉."; 南孝溫, 「錄-遊金剛山記」(1485), 『續東文選』 21. "甲午平明. 余坐亭上望出日. 智生饋朝飯. 引余見觀音殿. 所謂觀音像. 技極精巧. 若有精神焉. 殿前有正趣殿. 殿中有金佛三軀."; 『秋江集』 5, 「記-遊金剛山記」; 申楫, 『河陰先生文集(河陰集)』 7, 「關東錄 下-兼鹽鐵使從事官錄」(1627). "甲戌申周覽前後法堂. 前堂曰正趣之殿. 後堂庭中. 有小塔僅數丈. 上有風鐸鏗鏗然."; 李時善, 『松月齋先生集(松月齋集)』 5, 「荷華編(雜篇)-關東錄」(1686). "事蹟云新羅義相師初入此窟見觀音. 觀音以水精念珠. 東海龍王所獻如意珠授之. 義相作觀音殿. 又造觀音土像於內寺正趣殿而甚靈. 故光廟命僧學悅新之. 然此寺自古無成佛者也."

674 朴全之, 『東文選』 68, 「記-靈鳳山龍岩寺重創記」(1318). "其金堂主佛釋迦如來大像. 別殿所安觀音正趣兩菩薩之修也. 師出私儲. 亦募於他. 以具諸緣而黃金滿於如來之軀. 五彩瑩於菩薩之相. 其大藏之補也."

›› 322 ‹‹

다는 것을 알게 해 준다.

그러나 관음과 정취의 결합 구조는 유물이나 관련 문건으로 봤을 때 관음 신앙의 일반적인 형태와 모습은 아니었다. 그렇지만 이를 통해서 범일이 낙산사에 이식한 정취 신앙이 후대까지도 낙산사를 중심으로 유전 및 확대되었다는 점만은 분명하다. 이는 일연 또한 범일계 문헌을 통해 낙산사 기록을 남기고 있다는 점을 볼 때 더욱 그렇다.

이외에도 한국불교 안에는 의상이 전파한 「대비주大悲呪」와 관련해서 『천수경』이 강조된다. 주지하다시피 『천수경』은 한국불교에서만 사용되는 기도의식과 관련된 송경문誦經文으로 전체적으로는 관음 신앙의 강조를 중심으로 진언 등 여러 좋은 내용들이 결합한 종합 경전이다. 그런데 『천수경』에는 관세음보살을 필두로 11대 보살이 열거되는데 이 중 정취보살이 포함된다.[675] 특히 여기에서 언급되는 11대 보살의 대다수가 관음보살의 이칭異稱이라는 점에서 주목된다. 즉 한국불교 안에는 관음 신앙 안에 정취 신앙이 뒤섞여 오늘날까지 유전되고 있는 것이다. 이러한 구조의 이식자가 바로 범일이다.

그러면 끝으로 '범일은 정취 신앙자였는가?'에 대해서 생각해 볼 필요가 있다. 자장은 문수 신앙자며, 의상은 관음 신앙자였다는 점에서 범일에게 있어 정취 신앙도 선불교와 충돌하지는 않는다. 이런 점에서 범일을 정취 신앙자였다고 판단해 보는 것도 가능하다.

그러나 후대까지도 정취 신앙은 독립 신앙의 성격이 약하다는 점에서

---

675 『千手經』. "南無觀世音菩薩摩訶薩。南無大勢至菩薩摩訶薩。南無千手菩薩摩訶薩。南無如意輪菩薩摩訶薩。南無大輪菩薩摩訶薩。南無觀自在菩薩摩訶薩。南無正趣菩薩摩訶薩。南無滿月菩薩摩訶薩。南無水月菩薩摩訶薩。南無軍茶利菩薩摩訶薩。南無十一面菩薩摩訶薩。南無諸大菩薩摩訶薩。"; 正覺(문상련) 著, 『千手經 研究』(서울: 운주사, 1997), 106쪽.

676 범일이 정취 신앙자였을 개연성은 약하다. 즉 정취 신앙은 독립적인 신앙 성격이 약해 이를 단독으로 견지하기는 어렵다는 말이다. 그러므로 이보다 는 범일의 출가 및 낙산사의 정취전 조성과 정취보살상 봉안 등과 관련해 볼 때 범일 역시 의상과 마찬가지로 관음 신앙자였다고 보는 것이 더 타당하지 않은가 한다. 다만 관음 신앙 중에서 범일은 당시 당나라에서 새롭게 유행하 던 정취 신앙과의 결합을 선호했다고 할 수 있다. 또 의상과 범일의 관음 신 앙에는 해상으로 입당과 귀국을 해야 했던 상황, 또 관음이 해상과 관련해서 안전을 담당하는 측면도 일정 부분 작용하기 때문이라는 판단도 가능하다.

---

676 송은석, 「高麗時代 正趣菩薩 信仰과 正趣菩薩圖 – 普陀洛伽山 信仰의 또 다른 측면」, 『泰東古典研究』 37(2016), 143–144쪽. "산청 淨趣菴(혹 正趣菴)의 創建 說話에 觀音 信仰과 짝을 이룬 正趣 信仰이 간취된다. 즉 「大聖山淨趣菴重建記」에 의하면, '옛날 동해에 서 1장 6척의 金身이 솟아올라 두 줄기의 祥瑞로운 빛을 내었는데, 한 줄기는 金剛山을 가리키고 또 한 줄기는 大聖山을 가리켰다. 義相祖師가 빛이 가리키는 곳을 찾아 金剛山에는 圓通殿을 세우고, 大聖山에는 正趣菴을 세운 이유이다.'라고 하였다(亘湜, 「大聖山淨趣菴重建記–新等面淨趣菴」[1834], 『朝鮮寺刹史料 上』[漢城: 朝鮮總督府, 1911], 608쪽. "唯我大聖山正趣菴, 羅麗古寺而何曰淨趣菴也. 昔者丈六金身聳出於東海之中, 放二道瑞氣, 一指金剛, 一指大聖, 故義相祖師隨尋終源, 遂刱寺菴, 金剛刱圓通殿, 大聖建淨趣而故也"). 이 記文은 비록 19세기 기록이기는 하나 觀音과 正趣가 여전히 하나의 信仰으로 묶여 실행되고 있었음을 보이는 점에서 주목된다."

2.
범일의 오대산 주석과 사굴산문의 관계

1) 범일의 오대산 주석 기록과 굴산

「범일전」은 851년 음력 1월에 명주도독 김공의 요청으로 범일이 굴산사로 거주처를 옮겨 이후 40여 년을 굴산사에 주석한 것으로 되어 있다.[677] 그러나 「낙산이대성 관음·정취·조신」에는 858년 음력 2월 15일 정취보살이 꿈에 나타나 낙산사에 정취전 및 정취보살상을 봉안한 내용이 존재한다.[678] 이는 범일이 7년 동안 굴산사를 안정시키고, 이후 굴산사의 세력을 주변으로 확대했음을 시사해 준다.

　　낙산사는 굴산사의 북쪽에 위치하는데 직선거리로 약 50킬로미터 정도 떨어져 있다. 약 50킬로미터는 결코 가까운 거리가 아니다. 이는 범일이 굴산사를 벗어나 상당 기간 낙산사나 낙산사 일원에서 머물렀을 개연성을 환기한다. 즉 범일이 40여 년을 굴산사에 주석했다는 것은 굴산사를 중심으로

---

[677] 『祖堂集』17, 「溟州崛山故通曉大師嗣鹽官」(『大藏經補編』25,618b). "溟州都督金公仍請住崛山寺。一坐林中, 四十餘載。"

[678] 『三國遺事』3, 「興法第三-洛山二大聖 觀音·正趣·調信」(『大正藏』49,997a·b). "大中十二年戊寅二月十五日。夜夢昔所見沙彌到窓下。曰。昔在明州開國寺。與師有約。既蒙見諾。何其晚也。祖師驚覺。押數十人到翼嶺境。尋訪其居。有一女居洛山下村。問其名。曰德耆。女有一子年才八歲。常出遊於村南石橋邊。告其母曰。吾所與遊者有金色童子。母以告于師。師驚喜。與其子尋所遊橋下。水中有一石佛。舁出之。截左耳類前所見沙彌。卽正趣菩薩之像也。乃作簡子卜其營構之地。洛山上方吉。乃作殿三間安其像。"

활동했다는 의미이지 반드시 굴산사 일원인 강릉 쪽에만 머물렀다는 뜻은 아니다.

그러나 낙산사는 거리가 있지만 굴산사와 같은 영동 지역에 속해 있으므로 이동에는 큰 무리가 없다. 이런 점에서 거리로는 오히려 가깝지만, 대관령을 넘어야 하는 영서의 오대산 주석이 낙산사에 비해 늦게 나타나는 것은 초기 굴산사의 세력 확대와 관련해서 시사하는 바가 적지 않다. 즉 굴산사의 영향은 명주 안에서 남북으로 먼저 확대되고, 그 이후에 영서로 진출한 것이라는 판단이 가능한 것이다.

〈낭원개청비문〉에 의하면, 개청은 835년 음력 4월 15일에 태어나[679] 대중大中(847~859) 말년末年에 강주康州(현재의 진주 및 함양 일원) 엄천사嚴川寺(함양군 엄천 북쪽 언덕에 있었던 사찰)[680] 관단官壇에서 구족계를 받는다. 즉 개청의 비구계 수지는 859년으로 추정되는 것이다.

이후 개청은 제방을 다니며 하안거를 하고, 본사인 화엄산사華嚴山寺(구례 화엄사)로 돌아와 제 경전을 연구하고 군미群迷를 인도한다.[681] 이 기간을 대략 3~5년 정도로 추정하면 타당하지 않을까 한다. 그리고 개청은 다시금 남해 금산으로 가서 참선과 경전을 보다가 100일간 단식하고, 3년간 솔잎만 먹으면서 집중 수행을 하게 된다. 이 과정에서 이인異人의 노승을 만나 범일에게로 간다.[682] 개청이 3년의 집중 수행을 마친 것이 아니므로 금산행 이후

679 〈江陵普賢寺朗圓大師塔碑〉. "以大中八年四月十五日, 誕生. 大師面如滿月, 脣似紅蓮."

680 『新增東國輿地勝覽』31, 「慶尙道-咸陽郡」. "佛宇: 嚴川寺. 在嚴川北岸。"

681 〈江陵普賢寺朗圓大師塔碑〉. "大中末年, 受具足戒於康州嚴川寺官壇. 旣而忍苦尸羅, 忘勞草繫, 傷鴨之慈心愈切, 護鵝之懸念弥深. 守夏已闌, 却歸本寺. 再探衆典, 以導群迷, 超懂喜之多聞, 邁顔生之好學."

682 같은 碑文. "此時, 遠聞蓬島中有錦山, 乘盃而欻涉鼇波, 飛錫而尋投鹿苑. 栖禪之際, 偶覽藏

의 전체 기간은 대략 2~3년 정도로 추산해 볼 수 있다. 이렇게 되면, 개청이 오대산에서 범일과 만난 시기는 대략 864~867년 무렵으로 추정해 보는 것이 가능하다.

범일이 낙산사에 정취보살상을 모시기 시작한 것은 858년 음력 2월 15일이다.[683] 그런데 여기에는 정취전을 조성하는 일이 있으므로, 보살상의 봉안은 빨라도 858년 겨울이나 이듬해인 859년에 이루어진 것으로 보는 것이 타당하다. 즉 낙산사에 정취전과 정취보살을 봉안한 이후 5~8년 뒤에 범일은 오대산에 주석하고 있는 것이다. 이를 범일이 굴산사에 주석하는 851년부터 추산하면 13~16년 뒤 오대산에 주석하는 것임을 알 수 있다. 이 정도 기간이라면 범일은 굴산사를 완전히 안정시킨 뒤에 오대산으로 옮겨 교화 영역을 확대한 것임을 알게 된다.

개청이 범일을 친견하는 〈낭원개청비문〉의 내용을 제시해 보면 다음과 같다.

(개청이) 100일(십순十旬)간 양식을 끊고 먼저 정각지심正覺之心을 닦았다. (이후) 3년간 솔잎만 먹으면서 보리菩提의 결과를 증득하기 원했다. 부지런히 참구하던 즈음에 홀연히 노인이 나타났다. 첨앙瞻仰하는 중에 바뀌어 선객禪客이 되었다. 옥호玉晧를 발하는 것이 찬연粲然한데, 서리를 드리운 것과 같았다. (낭원)대사에게 말했다. "(낭원)사師는 마땅히 서

經, 披玉軸一音, 得金剛三昧. 十旬絶粒, 先修正覺之心, 三歲飡松, 冀證菩提之果. 勤參之際, 忽有老人, 瞻仰之中, 飜爲禪客, 粲然發玉, 晧尒垂霜. 謂大師曰, '師宜亟傍窮途, 先尋崛嶺. 彼有乘時大士, 出世神人, 悟楞伽寶月之心, 知印度諸天之性.'

683 『三國遺事』 3, 「興法第三−洛山二大聖 觀音·正趣·調信」(『大正藏』 49, 996c). "大中十二年戊寅 二月十五日. 夜夢昔所見沙彌到窓下. 曰. 昔在明州開國寺. 與師有約. 旣蒙見諾. 何其晩也."

›› 327 ‹‹

둘러서 길이 끝나는 데까지 (가서) **먼저 굴령崛嶺을 찾으십시오**. 저곳에는 시대에 부합하는 보살(승시대사乘時大士)이며 출세신인出世神人이 있습니다. (범일은) 능가보월楞伽寶月의 마음을 깨달았고, 인도제천印度諸天의 본질(성性)을 알고 있습니다." (개청)대사가 천 리 길을 멀다 않고 가서 오대(산)五臺(山)에 이르러 통효대사通曉大師를 배알했다. (범일)대사가 말했다. "어찌 오는 것이 (이리) 늦었느냐! 너를 기다린 것이 오래다." 이로 인해 뜰로 오는 것을 보고는 곧 입실入室을 허락했다.[684]

인용문에는 개청이 범일을 찾아갔을 때, 범일이 오대산에 주석하고 있었다는 것 외에도 다양한 내용이 포함되어 있다. 먼저 개청에게 범일을 찾아가라고 말하는 사람은 신인神人같지만 선객으로 변한다는 점에서 선불교를 수행하는 이인의 노승 정도로 판단된다. 실제로 이 노승은 범일 역시 출세신인으로 평가하는 모습이 보인다. 즉 당시 새롭게 들어온 선불교의 수행승들을 교종의 승려와는 다른 이인의 관점에서 보는 측면이 존재했던 것 같다. 또 여기에는 전통적인 수행문화인 '선仙'과[685] 연관된 측면도 존재했던 것이 아닌가 판단된다.

노승의 정체는 알 수 없다. 그러나 범일을 극찬하고 굴령으로 찾아갈 것을 적극 권하는 것으로 보아 범일계의 선불교를 수행한 승려가 아닌가 추정된다. 이 노승이 홀연히 나타났지만 신인이 아니라는 점은 그가 굴령을 지시

---

684 〈江陵普賢寺朗圓大師塔碑〉. "十旬絶粒, 先修正覺之心. 三歲食松, 冀證菩提之果. 勤參之際, 忽有老人. 瞻仰之中, 飜爲禪客. 粲然發玉, 皓尒垂霜. 謂大師曰. '師宜亟傍窮途, 先尋崛嶺. 彼有乘時大士, 出世神人. 悟楞伽寶月之心, 知印度諸天之性.' 大師不遠千里, 行至五臺, 謁通曉大師. 大師曰. '來何暮矣. 待汝多時.' 因見趍庭, 便令入室."

685 韓國哲學會 著, 『韓國哲學史 上』(서울: 東明社, 1987), 9-20·149쪽 ; 현상윤 著, 『朝鮮思想史』(서울: 民族文化社, 1978), 16쪽.

했지만 실제로 범일은 오대산에 있었던 것을 통해서 알 수 있다. 즉 노승은 범일이 주석하고 있는 위치를 잘 모르는 신이 아닌 사람인 것이다.

또 범일과 관련된 것으로 추정되는 노선객이 범일의 오대산 주석을 모르고 있다는 것은 이 사건, 즉 범일의 오대산 이거가 새로운 일이었을 개연성을 환기한다. 또 개청이 노선객에게 굴령, 즉 굴산사를 지시받고 있으므로 개청 역시 굴산사로 갔다가 대관령을 넘어 오대산으로 왔을 가능성이 크다.

〈낭원개청비문〉의 굴령崛嶺을 대굴령, 즉 대관령으로 보는 관점도 존재한다. 왜냐하면 대관령은 강릉의 진산鎭山으로 신라시대에는 '대령大嶺'으로 고려에서는 '대현大峴' 또는 '굴령'이라고 칭했기 때문이다. 그러나 〈낭원개청비문〉의 연대는 940년으로 당시에는 '대령'으로 불리던 시기라는 점, 또 당시 범일이 주석하던 곳이 굴산의 굴산사라는 점에서 〈낭원개청비문〉의 굴령을 굴산사로 보는 것이 타당하지 않은가 한다. 실제로 945년의 〈낭공행적비문〉에는 행적이 굴산으로 가서 통효대사를 배알한 것으로 되어 있다.[686] 여기에서 '굴산'은 '굴산사'를 가리키는 것이 분명하다. 즉 굴령과 굴산에 차이가 있지만, 940년의 〈낭원개청비문〉과 945년의 〈낭공행적비문〉이라는 점에서 양자를 같은 대상, 즉 '굴령=굴산'으로 봐도 큰 문제는 없는 것이 아닌가 한다.

노선객은 범일을 가리켜 "시대의 대사大士"라고 칭탄한다. 여기에서의 대사란 개사開士와 더불어 보살(bodhi-sattva)의 번역어이다. 즉 새로운 불교를 펼치는 진정한 보살급의 고승이라는 의미이다.

또 노선객은 개청에게 범일을 "출세신인出世神人"이라 말하고 있다. 출세는 출가의 의미도 있지만 세상을 벗어난 수행자라는 뜻도 존재한다. 또 선

---

686 〈奉化太子寺朗空大師塔碑〉. "徑詣崛山, 謁通曉大師, 自投五體, 虔啓衷懷. 大師便許昇堂, 遂令入室."

불교는 산에 의지하는 수행문화를 갖고 있다. 이런 점에서 이 표현은 전통적인 신선 사상적인 관점을 포함하는 불교의 진정한 수행자이자 깨달은 초인의 의미가 있다고 하겠다.

다음으로 "능가보월楞伽寶月"이란, 초기 선불교가 4권『능가경』을 전수하는 능가종楞伽宗이었기 때문에 나타나는 표현이다. 능가는 초기 전등서傳燈書인 돈황 문서『능가사자기楞伽師資記』등을 통해서도 확인되는 측면이다.[687] 그리고 "보월"이란, 본성인 본래심을 밝혔다는 의미이다. 즉 범일은 4권 능가종을 계승한 깨친 분이라는 뜻이다.

그러나 이어지는 "인도제천印度諸天의 본질(性性)을 안다."라는 말은 다소 의미가 불분명하다. 당시는 남종선이 새롭게 대두하면서 교종으로부터 인도불교의 본질과 다르다는 비판을 받기도 했던 때이다. 이는 범일보다 먼저 귀국(821)한 도의가 '(교종의) 외우는 말에 빠진 이들로부터 마어魔語라는 비판을 받고 종적을 감춘다.'라는 내용이 〈지증대사비문智證大師碑文〉에 수록된 것[688] 등을 통해서 판단해 볼 수 있다. 이러한 비판은 선종이 교종과는 다른 점이 존재하기 때문에 발생하는 측면이다.

그런데 이와 같은 선종에 대한 비판적인 관점은 이후 826년 홍척이 귀국하는 시기에 이르면 바뀌게 되고, 당시 제42대 홍덕왕(재위 826~836)과 태자에 의해 선종은 크게 융성하게 된다.[689] 즉 선종에 대한 인식과 상황이 일변하고 있는 것이다. 또 진감혜소가 귀국(830)했을 때는 "홍덕 대왕이 비봉필

---

687 『楞伽師資記』全1卷(『大正藏』85, 1283a-1290c).

688 〈聞慶鳳巖寺智證大師塔碑〉. "南之高. 旣醉於誦言, 競嗤爲魔語. 是用韜光廡下斂迹壺中, 罷思東海東終遁北山, 豈大易之無悶中庸之不悔者邪. 華秀多嶺芳定林, 蟻慕者彌山雁化者出谷, 道不可廢時然後行."

689 같은 碑文. "興德大王纂戎, 宣康太子監撫, 去邪毉. 國樂善肥家. 有洪陟大師亦西堂證心來. 南岳休足, 驚冤陳順風之請龍樓慶開霧之期. 顯示密傳朝凡暮聖, 變非蔚也興且勃焉."

飛鳳筆로 위로하여 맞으며, '도의선사가 앞서 이미 귀국하였고, (이제) 상인上人이 이어서 왔으니 두 보살이 되었다.'라고 하여[690] 단기간에 변화된 선종의 위상을 잘 나타내 주고 있다.[691]

이와 같은 변화의 연장선상에서, 노선객은 남종선이야말로 인도제천의 본질, 즉 심법상승心法相承이라는 논리를 전개하는 것이 아닌가 한다. 즉 남종선이 오히려 인도불교의 정통을 계승한 측면이라는 주장이다. 그러나 인도제천이란, 인도의 신들이라는 의미이므로 이는 정확한 당위적인 표현이 아니다. 즉 이 부분은 노선객이 교종이나 인도불교에 대해서는 정확한 지식이 없던 분이라는 판단을 가능하게 하는 대목이다. 하지만 노선객이 주장하는 게 시대의 새로운 최고의 깨친 고승이 범일이라는 점을 강조하는 것만은 분명하다. 이러한 노선객의 인도로 개청은 불원천리 범일을 찾아가게 된다.

개청이 오대산에 주석하던 범일을 만난 시기는 대략 864~867년이다. 그러나 이는 이때 범일이 오대산에 주석하고 있었다는 의미이지, 범일이 언제부터 언제까지 오대산에 주석했는지, 또 이후 범일의 주석처에 계속해서 범일계가 머물렀는지 등에 대한 해답을 제공해 주지는 않는다. 그러나 〈낭원개청비문〉만으로 본다면, 개청을 범일에게 소개하는 노선객도 알지 못하고 있을 정도로 범일의 오대산 주석은 당시에 발생한 새로운 변화라는 점, 또 『오대산사적』에 범일의 십성十聖 제자 중 한 분인 두타신의가 오대산의 중창주로 언급된다는 점에서[692] 범일이 떠난 후에도 범일계의 오대산 주석은 계

---

690 〈河東雙磎寺眞鑑禪師塔碑〉, "興德大王飛鳳筆迎勞日, 道義禪師暴已歸止上人繼至爲二菩薩."

691 鄭東樂, 「通曉 梵日(810~889)의 生涯에 대한 再檢討」, 『民族文化論叢』 24(2001), 71쪽.

692 『三國遺事』3, 「塔像第四-臺山五萬眞身」(『大正藏』 49, 998c). "後有頭陀信義。乃梵日之門人也。來尋藏師憩息之地。創庵而居。"; 『五臺山事蹟』, 「信孝居士親見五類聖事蹟」. "信義頭陀繼來重刱。義公卽梵日國師十聖弟子中之一人也。"

속되었다고 판단할 수 있다.

또 민지에 의해 1297년에 찬술된『금강산유점사사적金剛山楡岾寺事蹟』에는 의상 또한 오대산을 다녀간 것으로 기록되어 있다.[693] 앞서도 언급한 바와 같이 범일은 명주불교와 관련해서 자장과 의상의 영향을 많이 받고 있으며, 낙산사에 정취전과 정취보살상을 봉안하기도 한다. 이런 점에서 본다면, 범일의 오대산 주석에는 자장과 함께 의상의 영향 역시 존재한다는 판단도 일정 부분 가능하다.

다만 금강산의 불교는 신라 하대의 진표율사에 의해 시작되어 원 간섭기 초에 완성된다는 점에서[694] 의상이 금강산에 갔으며 그 과정에서 오대산을 들렀는지에 대한 명확한 판단은 쉽지 않다. 즉 의상의 낙산사 개창과 관련해 후에 인근의 고성 금강산으로 의상의 행적이 연결되고, 이 과정에서 오대산으로까지도 확대된 것이라는 판단도 가능한 것이다.

물론 자장이 의상보다 빠른 인물로 오대산을 개창했다는 점에서 의상이 낙산사를 창건하는 과정 가운데 오대산에 들렀을 개연성도 존재한다. 왜냐하면 금강산의 법기보살 성산화聖山化에도 먼저 문수보살의 성산이 되어 있었던 오대산의 영향이 작용하기 때문이다.[695] 이런 점에서 의상에 대한 부분 역시 오대산을 통해 금강산으로 이식되었을 가능성도 존재한다고 하겠다.

---

693 振興會資料,「史傳: 金剛山楡岾寺事蹟記-楡岾寺寄本」,『佛敎振興會月報』1-7(1916), 42쪽. "新羅古記云。義湘法師。初入五臺山。次入是山。曇無竭菩薩。現身而告曰。五臺山有行有數人出世之處。此山無行。無數人出世之地也。世傳云。義湘是金剛('剛'은 '山'의 誤)寶盖如來後身也。若然則。必不妄傳斯語矣。"

694 廉仲燮,「魯英 筆 高麗 太祖 曇無竭菩薩 禮拜圖의 타당성 검토」,『國學硏究』30(2016), 566쪽 ; 廉仲燮,「韓國佛敎 聖山認識의 시원과 전개-五臺山·金剛山·寶盖山을 중심으로」,『史學硏究』126(2017), 99쪽 ; 許興植,「指空의 遊歷과 定着」,『伽山學報』1(1991), 92쪽.

695 廉仲燮,「韓國佛敎 聖山認識의 시원과 전개-五臺山·金剛山·寶盖山을 중심으로」,『史學硏究』126(2017), 98-105쪽.

그러나 민지가 1307년 음력 2월에 찬술한『오대산사적』에는 오대산과 관련된 의상에 관한 내용이 전혀 없다. 의상의 한국불교사적인 위치를 고려하고 또 해동화엄종의 역할을 생각한다면 의상이『오대산사적』에서 누락되는 것은 일반적이지 않다. 이런 점에서만 본다면, 의상이 오대산에 왔었다는 것은 후대의 주장일 개연성이 크다. 그러나『오대산사적』에는 최언위崔彦撝가 940년 찬술한〈낭원개청비문〉에 등장하는 범일에 대한 부분 역시 존재하지 않는다. 이렇게 놓고 본다면 범일처럼 의상도 누락되었을 수 있다. 즉 의상과 오대산에 관한 판단은 현존하는 자료만으로는 결코 쉽지 않은 상황이다.

　　범일의 오대산 주석과 관련해서 주목할 점 중 하나는 오대산과 사굴산의 관계이다. 오대산은 본래 청량산이고, 사굴산은 영축산이므로 양자는 별개로 연결 관계가 없어 보인다. 그러나 중국 오대산 안의 중심에는 영축산이 존재한다. 오대산이라는 큰 산 안에 다시금 작은 영축산이 포함된 것이다.

　　오대산의 영축산은 산의 형태가 인도의 영축산과 유사하므로 붙여진 이름이다.[696] 이 영축산에 있는 사찰이 바로 대부영축사大孚靈鷲寺이다. 대부영축사에서의 대부는 '부孚'가 '신信'의 의미이므로[697] '큰 믿음'이라는 뜻이 된다. 즉 대부영축사란 '큰 믿음의 영축사'라고 하겠다.[698]

　　도선이 찬술한『율상감통전律相感通傳』과『도선율사감통록道宣律師

696　『律相感通傳』全1卷,「初問佛事」(『大正藏』45, 876b). "山形像靈鷲。"；『道宣律師感通錄』全1卷,「宣律師感天侍傳」(『大正藏』52, 437a). "山形像似靈鷲。"

697　『律相感通傳』全1卷,「初問佛事」(『大正藏』45, 876b). "名曰大孚。孚者信也。帝信佛理。立寺度人。"；『道宣律師感通錄』全1卷,「宣律師感天侍傳」(『大正藏』52, 437a). "名大孚。孚信也。帝信佛理。立寺勸人。"

698　廉仲燮,「慈藏의 傳記資料 硏究」(서울: 東國大 歷史敎育學科 博士學位論文, 2015), 271쪽.

感通錄』에 의하면, 영축사는 중국불교의 최초 전래자인 가섭마등迦葉摩騰(Kāśyapamātanga)에 의해 후한의 제2대 명제明帝(재위 57~75) 때 창건된 것으로 기록되어 있다.[699] 즉 가섭마등과 축법난竺法蘭(Dharmaraksa)에 의해 중국불교 최초 사찰로 67(영평永平 10)년에 시작되는 후한 수도 낙양의 백마사白馬寺와[700] 필적하는 사찰이 바로 대부영축사이다. 물론 이것이 사실일 개연성은 낮다. 이는 후일 중국 오대산 문수 신앙의 성세 속에서 오대산불교의 정통성을 강조하기 위해 편입된 주장으로 보는 것이 타당하다.

그러나 그렇다고 해서 이 기록에 의미가 전혀 없는 것은 아니다. 왜냐하면 대부영축사야말로 중국 오대산을 대표하는 오대산 내 최초이자 최고의 사찰이기 때문이다. 이 대부영축사는 당나라 때 중건되는 과정에서 '대화엄사大華嚴寺'로 개칭된다. 이곳에 화엄종의 제4조인 징관이 주석하면서, 대화엄사는 화엄종의 가장 중요한 사찰로 자리매김한다. 이후 대화엄사는 '현통사顯通寺'로 명칭이 재차 변경되지만 중화민국 시기까지 중국 오대산 68곳에 달하는 사찰을 대표하는 최고·최대의 가람임에 변함없는 위상을 유지한다.[701]

오대산과 영축산의 이중 구조와 관련해서 현존하는 자장 자료에는 이에 대해 언급되는 부분이 전혀 없다.[702] 그러나 중국 오대산 문수 신앙의 확

---

699 『律相感通傳』全1卷,「初問佛事」(『大正藏』45, 876b). "漢明之初。摩騰天眼亦見有塔。請帝立寺。";『道宣律師感通錄』全1卷,「宣律師感天侍傳」(『大正藏』52, 437a). "漢明之初。摩騰天眼亦見有塔。請帝立寺。"

700 『佛祖統紀』35,「明帝(莊光武子)」(『大正藏』49, 329c);『破邪論』上(『大正藏』52, 480a); 鎌田茂雄 著, 章輝玉 譯,『中國佛教史 1-初傳期의 佛教』(서울: 장승, 1997), 123-136쪽.

701 『淸涼山志』2,「臺內佛刹凡六十八」(『中國佛寺史志彙刊選錄』79, 69a). 中國 五臺山은 2009년 6월 유네스코 世界文化遺産으로 登載된 이후 옛 절터의 復元에 박차를 가하고 있으며, 108개 寺刹의 建立을 目標로 하고 있다.

702 廉仲燮,「慈藏의 傳記資料 研究」(서울: 東國大 歷史教育學科 博士學位論文, 2015) 參照.

양산 통도사에서 바라본 영축산

대로 인해 오대산과 영축산의 구조는 자장 이전에 이미 하곡현(울산)에 이식되어 있었다.[703] 이러한 문수 신앙의 하곡현 이식은 자장이 입당 유학하여 산서성 오대산을 찾아 문수보살을 친견하는 한 배경이 된다.[704]

오대산과 영축산의 구조가 하곡현에 이식되어 있었다는 것은 다음의 두 가지를 통해서 확인할 수 있다. 첫째, 『삼국유사』「낭지승운朗智乘雲 보현수普賢樹」에 나오는 하곡에 위치한 영축산과 전불시대(가섭불시대) 가람지인 영축사와 관련된 부분이다. 「낭지승운 보현수」에는 원효와 지통의 한참 선배인 낭지(낭지는 527년에 하곡 영축산에 주석함)가 신통으로 구름을 타고 중국 청량산(오대산)을 오고 가는 내용이 기록되어 있다.[705]

둘째, 현재 영축산 인근에 문수산이 존재하는데, 문수산의 옛 이름이 바로 '청량산'이라는 점이다.[706] 청량산은 『화엄경』「보살주처품」에 등장하는 문수보살이 1만 보살을 대동하고 머무는 거주처로 중국 오대산은 이 청량산에 비정되는 산이다. 즉 동아시아에서는 '청량산=오대산'인 것이다. 이 때문

---

703 廉仲燮,「新羅時代 河曲縣의 文殊信仰 전래시기 고찰」,『國學研究』36(2018), 213–221쪽.

704 『三國遺事』4,「義解第五-慈藏定律」(『大正藏』49, 1005a·b). "藏自嘆邊生西希大化。以仁平三年丙申歲(即貞觀十年也)受敕。與門人僧實等十餘輩西入唐。謁淸涼山。山有曼殊大聖塑相。"；『三國遺事』3,「塔像第四-皇龍寺九層塔」(『大正藏』49, 990c). "新羅第二十七善德王卽位五年。貞觀十年丙申。慈藏法師西學。乃於五臺感文殊授法(詳見本傳)。"；같은 책,「臺山五萬眞身」(『大正藏』49, 998b). "初法師欲見中國五臺山文殊眞身。以善德王代貞觀十年丙申(唐僧傳云十二年。今從三國本史)入唐。"；같은 책,「皇龍寺丈六」(『大正藏』49, 990b). "後大德慈藏西學到五臺山。感文殊現身。授訣仍囑。"；廉仲燮,「新羅時代 河曲縣의 文殊信仰 전래시기 고찰」,『國學研究』36(2018), 221–223쪽；「慈藏의 入唐目的과 年度에 대한 타당성 검토-関潰의「第一祖師傳記」를 중심으로」,『史學研究』118(2015), 86–104쪽.

705 『三國遺事』5,「避隱第八-朗智乘雲 普賢樹」(『大正藏』49, 1015b·c). "師甞乘雲往中國之淸涼山。隨衆聽講。俄頃卽還彼中僧謂是隣居者。然罔知攸止。一日令於衆曰。除常住外。別院來僧。各持所居名花異植。來獻道場。智明日折山中異木一枝歸呈之。彼僧見之。乃曰。此木梵號怛提伽。此云赫。唯西竺海東二靈鷲山有之。彼二山皆第十法雲地菩薩所居。斯必聖者也。遂察其行色。乃知住海東靈鷲也。"

706 蔚山文化院 編,『蔚山地名史』(蔚山:蔚山文化院, 1986), 679쪽.

›› 336 ‹‹

울산 율리영축사지 전경

에 징관은 오대산 대화엄사에 주석하면서 '청량징관'이라 불리게 된다. 이 청량산의 명칭 때문에 오늘날까지 울산에는 청량면과 청량리 등의 지명이 존재한다.[707] 또 현재 문수산(청량산)은 해발 600미터로 인접한 해발 350미터의 영축산과 이어져 있다.[708]

　　자장 이전에 하곡현에 청량산과 영축산의 구조가 존재했다는 것은 경주에서 구족계를 받고 하곡(울산)을 통해 당나라를 왕복하는 범일 역시 이를 인지하고 있었음을 의미한다. 즉 오대산과 영축산의 구조가 자장에 의해 직

707　'淸涼'은 언제부턴가 漢字가 바뀌어 현재는 '淸良'으로 사용되고 있다. 같은 책, 395-397·679-680쪽.

708　蔚山文化院 編, 『蔚山地名史』(蔚山: 蔚山文化院, 1986), 84·678쪽 ; 蔚山南區文化院 編, 『蔚山南區地名史』(蔚山: 蔚山南區文化院, 2009), 181쪽 ; 蔚山博物館 編, 『靈鷲-蔚山靈鷲寺 出土遺物資料集』(蔚山: 蔚山博物館, 2014), 2쪽.

접적으로 언급된 것은 없지만, 이러한 부분이 범일에게 영향을 미칠 수 있는 부분은 충분히 존재하는 것이다.

물론 현존하는 자장 자료가 극히 제한적이라는 점에서 범일 당시 자장과 관련한 영축산 관련 부분이 전승되었을 개연성을 배제할 수 없다. 왜냐하면 자장의 창건 사찰인 현양(현재의 양산)의 축서산(현재의 영축산) 통도사의 개창 역시 오대산과 영축산의 관계 속에서 이해될 수도 있는 측면이기 때문이다.[709] 이와 같은 오대산과 영축산의 관계는 「범일전」의 굴산이 (사)굴산으로 변화하는 데 있어 오대산과 관련한 영향이 존재했을 개연성을 상정해 보게 한다. 즉 중국 오대산에서 확인되는, 오대산 안에 존재하는 영축산의 구조가 명주의 영동과 영서의 오대산과 사굴산(영축산)의 구조로 유전하는 모습이다.

또 범일이 굴산과 오대산을 오갔다는 것은 지역적으로 명주를 분기하는 대관령을 지났다는 것을 의미한다. 이는 후대에 확인되는 부분이기는 하지만 범일이 대관령 국사성황신國師城隍神이 되는 것과 연관되어 이해될 수 있는 측면이라는 점에서 주목된다.[710]

이외에도 개청이 범일을 오대산에서 친견한다는 것은 개청 역시 오대산에 일정 부분 머물렀다는 의미가 된다. 즉 개청과 오대산의 관계 역시 성립되는 것이다.

또 행적의 〈낭공행적비문〉에는 중국 오대산을 참배한 기록이 있다.[711]

---

709 新編 通度寺誌 編纂委員會 編, 「제1편 通度寺의 歷史」, 『新編 通度寺誌 上』(서울: 담앤북스, 2020), 31-42쪽 ; 廉仲燮, 「通度寺 創建 說話에 끼친 영향 관계 검토-中國과 新羅 五臺山 및 皇龍寺의 영향을 중심으로」, 『東아시아佛敎文化』 47(2021), 255-270쪽.

710 李揆大, 「梵日과 江陵端午祭의 主神인 國師城隍神」, 『臨瀛文化』 24(2000) 參照 ; 심형준, 「江陵端午祭 主神 交替 문제에 관한 고찰-梵日國師의 등장 문제」, 『歷史民俗學』 43(2013), 265-293쪽 ; 안광선, 「江陵端午祭 神格變動」, 『民俗學研究』 41(2017), 182-193쪽 ; 朴道植, 「江陵端午祭 主神 교체의 시기와 역사적 배경」, 『地方史와 地方文化』 22-1(2019), 130-151쪽.

711 〈奉化太子寺朗空大師塔碑〉. "以後至五臺山, 投花嚴寺, 求感於文殊大聖. 先上中臺, 忽遇神

보은 복천사. 현재는 보은 법주사 산내 암자로서 '복천암'으로 불린다.

행적은 855년 보은 복천사 관단에서 비구계를 수지한다. 이후 교종(상교像教)을 배웠는데 성취되는 것이 없자 굴산으로 범일을 찾아간다.[712] 앞서도 언급한 바와 같이 행적이 855년 비구계 수지 후 교종에 대한 노력 기간을 3~5년 정도 잡는다면, 행적이 범일을 찾은 것은 대략 857~859년 무렵으로 추정해 볼 수 있다. 범일이 낙산사에 정취전을 짓고 정취보살상을 모시는 것은 858~859년의 일이다. 이렇게 놓고 본다면, 행적이 범일을 굴산에서 만난 가장 유력한 기간은 857년이 된다. 물론, 이후에도 범일이 낙산과 굴산을 오갔

人鬢眉皓爾, 叩頭作禮, 膜拜祈恩. 謂大師曰, '不易遠來, 善哉佛子! 莫淹此地, 速向南方, 認其五色之霜, 必沐曇摩之雨.' 大師含悲頂別, 漸次南行."

712 같은 碑文. "大中九年, 於福泉寺官壇, 受其具戒, 旣而浮囊志切, 繫草情深. 像教之宗, 已勞力學, 玄機之旨, 盡以心求? 所以杖策挈瓶, 下山尋路. 徑詣崛山, 謁通曉大師, 自投五體, 虔啓衷懷. 大師便許昇堂, 遂令入室."

을 것이므로 정취전의 개창 과정에서도 행적의 범일 친견이 전혀 불가능한 것은 아니다.

그런데 행적은 범일에게 입실(승당입실昇堂入室)한 이후 870년 당에 비조사備朝使로 가는 김긴영(공)金緊榮(公)과 함께 입당 유학한다.[713] 행적은 입당 이후 상도上都(장안)로 이동한 얼마 뒤인 부처님오신날에 당나라 제17대 의종懿宗(재위 859~873)을 만나게 된다.[714] 870년 입당하여 섬서성까지 이동했다는 점을 고려한다면, 871년 음력 4월 8일에 행적은 의종을 만났을 것으로 추정된다. 그리고 산서성 오대산을 순례하고 875년 사천성 성도의 정중정사靜衆精舍(혹 정중사淨衆寺)에 도달한다.[715] 섬서성에서 산서성 오대산의 거리를 고려하고, 또 오대산에서 성도가 매우 먼 거리라는 점을 고려한다면, 행적이 중국 오대산을 참배한 시기는 872~874년 사이임을 유추해 볼 수 있다.

〈낭공행적비문〉 속에서 확인되는 행적의 오대산 부분을 제시해 보면 다음과 같다.

> (장안에서 부처님오신날 의종 황제를 친견했다.) 이후 오대산에 이르러 화엄사花嚴寺(화엄사華嚴寺로 현재의 현통사)로 가서 문수대성文殊大聖의 감응을 구하였다. 먼저 중대中臺에 올라가니 홀연히 눈썹과 귀밑머리가 하얀 신인神人을 만났다. 이에 고두작례叩頭作禮하고 절을 하며 은혜를 기원했다. (신

---

713 같은 碑文. "遂於咸通十一年, 投入備朝使金公緊榮, 西▨之心, 備陳所志. 金公情深傾盖, 許以同舟. 無何利涉大川, 達于西岸, 此際不遠千里, 至於上都."

714 같은 碑文. "未幾, 降誕之辰, ▨徵入內. 懿宗皇帝, 遽弘至化, 虔仰玄風, 問大師曰, '遠涉滄溟, 有何求事?' 大師對勅曰, '貧道幸獲觀風上國, 問道中華. 今日叩沐鴻恩, 得窺盛事. 所求遍遊靈跡, 追尋赤水之珠, 還耀吾鄕, 更作靑丘之印.' 天子厚加寵賚, 甚善其言, 猶如法秀之逢晋文, 曇鸞對梁武, 古今雖異, 名德尤同."

715 같은 碑文. "乾符二年, 至成都, 俯巡謁, 到靜衆精舍, 禮無相大師影堂, 大師新羅人也. 因謁寫眞, 聞遺美, 爲唐帝導師, 玄宗之師, 同鄕唯恨異其時, 後代所求追其▨."

인이 행적)대사에게 말했다. "멀리 오는 것이 쉽지 않은데, 선재善哉로구나, 불자佛子여! 이 땅에 오래 머물지 말고 속히 남방으로 가라. 그 오색지상五色之霜을 발견하면, 반드시 담마曇摩(진리)의 비에 목욕하게 되리라." (행적)대사는 슬픔을 머금고 정례하며 헤어져 점차 남행하였다.[716]

인용문을 보면 행적은 화엄사를 참배하고 이후 중대로 이동해 신인을 만난 것으로 되어 있다. 그런데 642년에[717] 오대산을 참배한 자장은 북대에서 문수보살을 친견하고 중대 쪽으로 와서 태화지에서 신인(실제로는 대화지 용임)을 만나는 것으로 나타난다.[718] 자장이 신라를 대표하는 중국 오대산 문수 친견자이자, 신라 오대산의 개창자라는 점, 또 이것이 설악산의 도의에게도 일정 부분 영향을 주었을 것이라는 점에서 행적 역시 자장과 도의의 영향을 받았을 것임은 분명하다. 특히 범일의 굴산과 자장이 개창한 오대산이 같은 명주에 있다는 점, 또 개청이 찾았을 때 범일의 오대산 주석 시기와는 차이가 있지만 그 이전에도 범일이 오대산을 참배했을 개연성 정도는 충분히 존재한다는 점들을 고려한다면, 행적의 오대산 참배는 자장과 결코 무관할 수 없다.

716 같은 碑文. "以後至五臺山投花嚴寺求感於文殊大聖. 先上中臺忽遇神人鬒眉皓. 爾叩頭作禮膜拜祈恩. 謂大師曰. 不易遠來善哉佛子. 莫淹此地速向南方. 認其五色之霜必沐曇摩之雨. 大師含悲頂別漸次南行."

717 『五臺山事蹟』,「五臺山月精寺開創祖師傳記」. "慈藏入唐遊歷名山周尋聖跡。至貞觀十六年往五臺山."; 廉仲燮,「慈藏의 傳記資料 硏究」(서울: 東國大 歷史敎育學科 博士學位論文, 2015), 257쪽.

718 『五臺山事蹟』,「五臺山月精寺開創祖師傳記」. "北臺果有文殊像帝釋所立也. (…) 而往大和池. 池邊有精舍石塔池龍之所創也. 師坐塔前有老人從地而出曰, 道人求何事乎師曰求菩提耳. 老人卽池龍也."; 廉仲燮,「慈藏의 傳記資料 硏究」(서울: 東國大 歷史敎育學科 博士學位論文, 2015), 296-346쪽.

평창 오대산 서대 수정암

    일부 선행 연구에서는 〈낭공행적비문〉에 등장하는 당나라에서 귀국한 뒤 범일을 재친견하고 가르침을 받은 다음 운수행각 중에 주석한 "수정水精"을 오대산 서대의 수정암으로 보기도 한다.[719] 이에 따라 행적과 오대산의 관계가 돈독하며,[720] 범일의 십성 제자 중 한 명인 신의信義를 행적으로 판단하기도 한다.[721] 그러나 이는 너무 단편적인 내용들만 존재할 뿐으로 무언가를 특정하기에는 어려움이 있다. 다만 이를 통해서 행적에게도 오대산의 영향

---

719 〈奉化太子寺朗空大師塔碑〉, "中間忽携瓶鉢重訪水雲, 或錫飛於五嶽之初暫栖天柱, 或盂渡於三河之後方住水精."

720 석길암, 「羅末麗初 五臺山 佛敎圈의 再形成 過程과 背景」, 『韓國思想史學』46(2014), 45쪽.

721 강병희, 「文獻으로 본 月精寺 八角九層石塔」, 『月精寺聖寶博物館學術叢書 1–月精寺 八角九層石塔의 再照明』(平昌: 月精寺聖寶博物館, 2000), 37쪽.

이 존재할 수 있다고 판단을 해 보는 정도는 가능하다고 하겠다.

이렇게 놓고 본다면, 범일의 두 상족제자인 개청과 행적에게는 모두 명주 오대산과 관련된 자장의 영향이 존재하는 것을 알 수 있다. 즉 범일 및 초기 사굴산문과 관련해서 굴산과 오대산의 연결이 강하게 인식되는 것이다.[722] 이와 같은 측면은 오대산의 중창주 중 한 사람으로 언급되는 범일의 십성 제자 중 신의를 통해서 더욱 분명하게 구체화된다.[723]

2) 신의의 오대산 주석과 월정사

사굴산문 중 오대산과 관련해서 가장 뚜렷한 발자취를 남긴 인물은 범일의 십성 제자 중 한 명인 신의이다. 범일에게 십성 제자, 즉 십대 제자가 있었다는 기록은 『삼국유사』에서는 확인되지 않는다. 이는 민지의 『오대산사적』 「신효거사친견오류성사적信孝居士親見五類聖事蹟」의 "(신효 거사를 이어서) 신의 두타가 와서 중창했다. (신)의공은 범일국사의 십성 제자 중 한 사람이다."라는 부분이 유일하다.[724]

범일의 십성 제자 중 분명한 것은 신의뿐이다. 여기에 상족제자인 개청과 행적을 생각해 보는 정도가 가능하다. 동아시아에서 십대 제자에 대한 기록이 가장 빠른 것은 공자의 제자를 사과·십철四科·十哲로 분류하는 부분이다.[725] 붓다에게도 십대 제자가 있지만 이는 기원후에 성립되는 『유마경維摩

722   金興三,「羅末麗初 闍崛山門과 政治勢力의 動向」,『古文化』50(1997), 408-409쪽.

723   『五臺山事蹟』,「信孝居士親見五類聖事蹟」. "義公卽梵日國師十聖弟子中之一人也."

724   같은 책. "(信孝)居士沒後 信義頭陀繼來重刱. 義公卽梵日國師十聖弟子中之一人也."

725   『論語』,「先進第十一」. "LY1103: 德行-顏淵·閔子騫·冉伯牛·仲弓。言語-宰我·子貢。政事-冉有·季路。文學-子游·子夏."

經』의 「제자품弟子品」에 의한 것이므로 공자에 비해 시기가 늦다.[726] 물론 중국불교의 전래가 후한 명제 때인 67년이라는 점을 고려한다면[727] 동아시아에서는 처음부터 붓다의 십대 제자 존재를 믿었을 것으로 판단된다. 즉 기원은 공자가 빠르지만 중국불교에서는 붓다 당시부터 붓다의 십대 제자가 존재했을 것으로 이해했다는 말이다.

십대 제자에 대한 언급은 선불교의 제5조인 홍인과[728] 혜능에게서도 확인된다.[729] 혜능에게는 붓다화가 존재한다는 점에서[730] 십대 제자에 대한 언급은 붓다와 스승인 홍인을 모사한 것으로 판단된다.[731] 십대 제자는 붓다화가 진행되는[732] 해동화엄종의 초조인 의상의 십대덕十大德 기록에서도 확인된다.[733] 범일에게도 붓다화가 존재하며 또 혜능과 의상의 영향이 존재한다

---

726 『維摩詰所說經』上, 「弟子品第三」(『大正藏』14, 539c-544a).

727 『佛祖統紀』35, 「明帝(莊光武子)」(『大正藏』49, 329c) ; K. S. 케네쓰 첸 著, 박해당 譯, 『中國佛教 上』(서울: 民族社, 1991), 42-44쪽.

728 『新校定的敦煌寫本神會和尙遺著兩種』全1卷, 「(二)校寫『菩提達摩南宗定是非論』後記」(『大藏經補編』25, 137a). "這十人的名字如下: 1. 神秀 2. 資州智詵 3. 白松山劉主簿 4. 華州智藏(疑卽是後來的「東嶽降魔藏」; 敦煌寫本歷代法寶記作惠藏) 5. 隨州玄約 6. 嵩山老安 7. 潞州法如(卽是後來的「嵩山少林寺法如」) 8. 韶州惠能 9. 揚州高麗僧智德 10. 越州義方".

729 『六祖大師法寶壇經』全1卷, 「付囑第十」(『大正藏』48, 360a). "師一日喚門人法海、志誠、法達、神會、智常、智通、志徹、志道、法珍、法如等."

730 『南宗頓教最上大乘摩訶般若波羅蜜經六祖惠能大師於韶州大梵寺施法壇經』全1卷(『大正藏』48, 342a). "善哉大悟, 昔所未問, 嶺南有福, 生佛在此, 誰能得智."; 駒澤大學禪宗史研究會編, 『慧能研究: 慧能の傳記と資料に關する基礎的研究』(東京: 大修館書店, 1979), p. 332.

731 후루타 쇼킨·다나카 료쇼 著, 남동신·안지원 譯, 『中國禪宗의 六祖, 혜능』(서울: 玄音社, 1993), 202-207쪽. "云云 … '십대 제자'라는 발상은 北宗系 玄賾이 『楞伽人法志』에서 주장한 東山法門 弘忍 門下의 '십대 제자'를 흉내낸 것으로 여겨지며, 神會 이외에 대해서는 그 사실성에도 의문을 가지고 있다. … 云云."

732 『三國遺事』4, 「義解第五-義湘傳教」(『大正藏』49, 1007a). "世傳湘乃金山寶蓋之幻有也."

733 같은 책. "徒弟悟眞. 智通. 表訓. 眞定. 眞藏. 道融. 良圓. 相源. 能仁. 義寂等十大德爲領首. 皆亞聖也."

는 점에서 범일의 십성 제자라는 측면 역시 충분히 가능하다.

신의가 오대산의 중요 인물이라는 점은 오대산과 관련된 두 문헌인『삼
국유사』와『오대산사적』에서 모두 확인된다. 이의 해당 부분을 제시해 보면
다음과 같다.

① 「대산오만진신」: (자장)법사는 정관貞觀 17(643)년 이 산(강원도 오대산)
에 이르러 (문수)진신眞身을 보고자 하였으나, 3일 (동안이나 날씨가) 음침
해서 결과를 얻지 못하고 돌아갔다. (…) **후일 두타신의가 있었는데, 이
는 범일의 문인이었다. 이곳을 찾아와 (자)장사(慈)藏師가 쉬던 땅에 암
자를 짓고 살았다. 신의가 죽은 뒤에 암자 또한 오래도록 황폐해졌다.**
수다사水多寺의 장로 유연有緣이 있었는데, (이곳을 다시금) 중창하고 살았
으니 지금의 월정사가 그곳이다.[734]

② 「대산월정사오류성중」: 이 월정사는 자장이 처음에 모옥茅屋을 맺었
으며, 다음에 신효 거사가 와서 살았고, (그) **다음에는 범일의 문인인 신
의두타가 와서 암자를 창건하여 살았다.** 후에 수다사의 장로 유연이 있
어 와서 거주하였는데, 점차로 대사大寺를 이루었다.[735]

③ 「신효거사친견오류성사적」: (신효는) 자장조사가 일찍이 머물던 곳(지
금의 월정사)에 머물렀다. (…) **(신효)거사의 몰후沒後에 신의두타가 계래**

---

734 『三國遺事』3,「塔像第四-臺山五萬眞身」(『大正藏』49,998c). "師以貞觀十七年來到此山。欲覩
眞身三日。晦陰不果而還。(…) 後有頭陀信義。乃梵日之門人也。來尋藏師憩息之地。創庵
而居。信義旣卒。庵亦久廢。有水多寺長老。有緣重創而居。今月精寺是也。"

735 같은 책,「臺山月精寺五類聖衆」(『大正藏』49, 1000a·b). "此月精寺慈藏初結茅。次信孝居士來
住。次梵日門人信義頭陀來。創庵而住。後有水多寺長老有緣來住。而漸成大寺。"

繼來 중창하였다. 신의 공公은 곧 범일국사의 십성 제자 중 1인이다. ⁽ᵈᵃ⁾ (다시금) 궐후厥後에 황폐되어 적년積年된 뒤에 수다사의 장로 유연이 중영重營하여 주석하였다. 유연 역시 보통 사람이 아니다. ⁽이런⁾ **연유로 이곳 (월정사를) 세상에서는** (자장·신효·신의·유연의) **'4성소주지사四聖所住之寺' 라고 부른다.**⁷³⁶

세 인용문의 전체 내용은 범일의 제자인 신의가 오대산의 중요한 중창주라는 점이다. 신의에 대해서는 '두타'라는 단어가 붙는 것이 확인된다. 두타는 두타제일 마하가섭 등에서 확인되는 것으로 인도 말 'dhūta'의 음역이다. 이는 최소한의 소유에 의한 청정한 수행을 의미한다. 인도에서는 12두타와 16두타가 존재한다.⁷³⁷ 그러나 동아시아에서는 기후 환경의 차이로 인해 분소나 탁발과 같은 측면들이 유지될 수 없다. 이에 따라 두타는 '청정한 엄격주의자' 정도의 상징적 의미로만 사용된다.

또 두타와 관련해서는 두타가 신의의 법호法號일 수 있는지의 문제가 존재한다. 그러나 인용문 ①에는 "두타신의"로 되어 있지만, ②와 ③은 "신의두타"로 표기된 부분이 확인된다. 이는 두타가 법호가 아니라 신의의 수행적인 성격을 나타내 주는 특징이라는 점을 분명히 해 준다.

신의와 관련해서는 두타라는 측면 외에 전하는 것이 없다. 그런데 『임영지』「전지」의 〈총화叢話〉에는 범일이 주도한 범종의 조성에서 문제가 되었

---

736 『五臺山事蹟』,「信孝居士親見五類聖事蹟」, "到慈藏祖師所曾住處 今月精寺而住焉. (…) 居士沒後 信義頭陀繼來重刱. 義公卽梵日國師十聖弟子中之一人也. 厥後荒廢積年 而水多寺長老有緣 重營而住. 緣亦非常人也. 由是世號爲四聖所住之寺也."

737 京性 著, 『佛教修行의 頭陀行 研究』(서울: 藏經閣, 2005), 37~44쪽.

다는 범일의 제자 '두타頭陀'라는 인물이 언급되어 있다.[738] 이 두타가 신의를 가리키는 것인지는 불분명하지만 관련 자료가 핍진한 상황에서 동일한 단어가 등장한다는 점은 주목해 볼 만한 측면임이 틀림없다.

범일이나 개청·행적의 기록에는 공히 계율과 청정성의 강조가 나타난다.[739] 그런데도 신의를 군이 두타로까지 수식하고 있는 것을 보면 신의는 이들보다도 엄격한 수행자였다고 판단된다. 이는 오대산의 개창자인 자장이 엄격한 율사였다는 점과 일치된다는 점에서 주의가 요구된다. 즉 신의와 자장의 영향 관계에서는 오대산 외에도 엄격성이라는 측면 역시 존재하는 것이다.

범일의 십성 제자에 대한 언급은 신의와 관련된 ③에서 살펴지는 것이 유일하다. 이는 1차적으로는 이의 수록 문헌이 『오대산사적』이라는 점에서 오대산의 중창주인 신의의 위상을 높이기 위한 것으로 판단된다. 즉 신의가 범일의 상족제자인 개청이나 행적에 비해 큰 문제가 없는 제자라는 점을 분명히 하기 위한 조치라고 이해될 수도 있는 것이다. 경주 쪽에서 주로 활동한 행적은 차치하고라도 오대산과 같은 명주권 안에 위상이 높은 개청이 주석하고 존재하는 것은 오대산불교의 위상과 관련해서 자칫 문제가 될 수도 있다. 이에 따라 신의를 강조하는 측면에서 십성 제자라는 표현이 더 부각되고 있는 것이 아닌가 한다.

---

738 『臨瀛誌』,「前誌」2,〈叢話〉;『增修臨瀛誌』,〈叢話〉. "梵日鑄鍾之原至今草木不生焉. 諺傳. 梵日上佐頭陀鑄頗小. 梵日怒以杖揮棄之鍾輪旋十餘步方定. 故其地不生草木也."

739 『祖堂集』17,「溟州崛山故通曉大師嗣鹽官」(『大藏經補編』25, 617a). "淨行圓備, 精勤更勵, 爲緇流之龜鏡, 作法侶之楷模."; 같은 책(618b). "亭亭戒月, 光流玄兔之城;皎皎意珠, 照徹青丘之境."; 〈江陵普賢寺朗圓大師塔碑〉. "旣而忍苦尸羅, 忘勞草繫, 傷鴨之慈心愈切, 護鵝之慜念弥深."; 〈奉化太子寺朗空大師塔碑〉. "大中九年, 於福泉寺官壇, 受其具戒, 旣而浮囊志切, 繫草情深."

〈낭원개청비문〉에는 개청에 대해서 제55대 경애왕景哀王(재위 924~927)
이 국사의 예를 갖추었다는 점,[740] 또 개청의 입적 후에 고려 조정은 '낭원대
사朗圓大師'라는 시호와 '오진悟眞'이라는 탑호를 하사한다는 내용,[741] 그리고
말미에는 개청의 문하에 신경神鏡·총정總靜·월효越皛·환언奐言·혜여惠如·
명연明然·홍림선사弘琳禪師 등이 있었음이 기록되어 있다.[742]

또 〈낭공행적비문〉에는 행적이 제52대 효공왕孝恭王(재위 897~912)과 제
53대 신덕왕神德王(재위 912~917)에 의해 존숭되었음이 기록되어 있다.[743] 그
리고 입적 후에는 제54대 경명왕明王(재위 917~924)이 '낭공대사朗空大師'라
는 시호와 '백월서운白月栖雲'이라는 탑호를 내리고,[744] 문하에 신종信宗·주
해周解·임엄林儼·양규讓規(경景) 등 무려 500여 인이나 번성한 것으로 되어
있다.[745]

이에 비해 두타를 표방한 신의는 이렇다 할 문도와 후사가 딱히 없었던
것 같다. 이와 같은 추정이 가능한 것은 ①·③에서 신의의 입적 후 주석처가

---

740 〈江陵普賢寺朗圓大師塔碑〉. "本國景哀大王聞大師德高天下, 名重海東, 恨闕迎門, 遙申避
席. 仍遣中使崔暎, 高飛鳳詔, 遠詣鷲廬, 請扶王道之危, 仍表國師之禮."

741 같은 碑文. "以此錫諡曰朗圓大師, 塔名悟眞之塔."

742 같은 碑文. "上足弟子神鏡·聰靜·越皛·奐言·惠如·明然·弘琳禪師等, 俱栖慧苑, 共守禪局,
思法乳以年深, 想慈顏而日遠."

743 〈奉化太子寺朗空大師塔碑〉. "孝恭大王驟登寶位, 欽重禪宗. 以大師獨步海東, 孤標天下, 特
遣僧正法賢等, 聊飛鳳筆, 徵赴皇居. 大師謂門人曰, "自欲安禪, 終須助化. 吾道之流於末代,
外護之恩也." 乃以天祐三年秋九月初, 忽出溟郊, 方歸京邑. 至十六日, ▨登秘殿, 孤坐禪床.
主上預淨宸襟, 整其冕服, 待以國師之禮, 虔申鑽仰之情."

744 같은 碑文. "神德大王光統丕圖, 寵徵赴闕. 至貞明元年春, 大師遽携禪衆, 來至帝鄉, 依前, 命
南山實際寺安之. 此寺, 則先是聖上以黃閣潛龍, 禪局附鳳 尋付▨師, 永爲禪宇."

745 같은 碑文. "今上, 聖文世出, 神武天資, 三駈而克定三韓, 一擧而齊成一統. 今則高懸金鏡, 普
照靑丘, 所以振恤黎民, 已致中興之運. 歸依釋氏, 皆披外護之恩. 以此錫諡曰朗圓大師, 塔
名悟眞之塔."; "大師於唐新羅國, 景明王之天祐年▨, ▨緣畢已, 明王諡號銘塔, 仍勑崔仁
㳂侍郎, 使撰碑文."

황폐해지고, 뒤에 범일계와는 다른 자장계로 판단되는 수다사의 장로 유연
이 오는 것으로 되어 있기 때문이다. 만일 신의의 문도가 개청이나 행적처럼
번성했다면 신의의 주석처가 황폐해지는 일은 발생할 수 없고, 또 수다사 유
연의 주석도 쉽지 않았을 것이기 때문이다.

　　수다사의 장로 유연을 자장계로 판단해 볼 수 있는 것은 수다사가 자장
이 창건한 사찰이며,[746] 자장은 이곳에서 문수보살을 꿈에 만나 가르침을 받
기 때문이다.[747] 즉 월정사는 '자장(개창) → 신효 → 신의(범일계) → 유연(자장
계)'으로의 변화가 목도되는 것이다.

　　다만 수다사 역시 오대산이 범일계로 편입되는 시기에 함께 편입되었
다면,[748] 유연의 주석은 범일계에서 자장계로의 변화가 아니라 범일계 안에
서의 변화로 이해해 볼 개연성도 존재한다.[749] 그러나 신의 이후의 유연 계승
이 같은 범일계 안에서의 변화였다면, 「대산월정사오류성중」에서처럼 자연
적인 연결로 기록하는 것이 타당하다. 그러나 「신효거사친견오류성사적」에
서는 굳이 신의의 "궐후厥後에 황폐되어 적년積年된 뒤" 유연이 온 것으로 되
어 있다. 이는 신의와 유연의 연대를 분리하는 동시에 계통에 대한 구분으로
도 이해될 수 있다는 점에서 주목된다. 즉 범일계에서 자장계로의 변화로 이
해하는 것이 더 타당하다는 말이다.

---

746 『三國遺事』 4, 「義解第五-慈藏定律」(『大正藏』 49, 1005c). "暮年謝辭京輦於江陵郡[今冥州也]創
水多寺居焉。"

747 같은 책. "復夢眞僧狀北臺所見。來告曰。明日見汝於大松汀。"

748 석길암, 「羅末麗初 五臺山 佛敎圈의 再形成 過程과 背景」, 『韓國思想史學』 46(2014), 47쪽.

749 같은 論文. 47-48쪽.

3) 오대산과 범일계의 관계 및 사굴산문

신라 오대산은 자장에 의해 제28대 진덕여왕(재위 647~654) 때 개창된다.[750] 선덕여왕이 비담·염종의 난 과정에서 647년 음력 1월 8일에 붕어하게 되자[751] 정국은 난을 진압한 김춘추·김유신의 결혼 동맹으로 주도된다. 이 과도기 상황에서 보위에 오르는 인물이 제26대 진평왕(백정白淨)의 동생인 진안갈문왕眞安葛文王(국반國飯 혹 국분國芬)의 딸인 제28대 진덕여왕이다.

선덕여왕은 국정 운영의 어려움 속에서 당나라에 유학 가 있던 자장의 귀국을 요청한다.[752] 이후 자장은 대국통이 되어 국가불교의 체계를 확립하며 흔들리던 왕권을 보위한다.[753] 이 과정에서 자장은 황룡사구층목탑의 건립을 주청(공사 책임자는 용수龍樹임)하고, 하곡현(울산)에 대당 외교 거

선덕여왕 12년(643)에 자장율사가 창건한 사찰로 알려진 태화사는 고려 말 왜구의 침입이 극심하던 시기에 없어진 것으로 추측된다. 보물로 지정되어 있는 울산 태화사지 십이지상 사리탑은 유일하게 남은 태화사의 유물이다.

---

750 廉仲燮,「慈藏의 五臺山 開創과 中臺 寂滅寶宮」,『韓國佛教學』67(2013), 24-25쪽 ; 廉仲燮, 「慈藏의 傳記資料 硏究」(서울: 東國大 歷史教育學科 博士學位論文, 2015), 401-407쪽.

751 『三國史記』5,「新羅本紀 5」. "十六年: 春正月。毗曇廉宗等。謂女主不能善理。因謀叛擧兵。不克。八日[或月]。王薨。"

752 『續高僧傳』24,「護法下-唐新羅國大僧統釋慈藏傳(圓勝)」(『大正藏』50, 639b). "貞觀十七年。本國請還。";『三國遺事』4,「義解第五-慈藏定律」(『大正藏』49, 1005b). "貞觀十七年癸卯。本國善德王上表乞還。"

753 廉仲燮,「慈藏의 新羅歸國과 大國統 취임문제 고찰-善德王과의 관계 및 大國統 문제를 중심으로」,『東國史學』59(2015), 234-256쪽 ; 廉仲燮,「慈藏의 國家佛教에 대한 검토-僧團整備 및 皇龍寺九層木塔과 戒壇建立을 중심으로」,『新羅文化』47(2016), 82-89쪽.

점인 태화사와 현양(현재의 양산)에 계단사찰戒壇寺刹인 통도사를 개창하는 등 불교계의 통일과 발전으로 신라를 단합시키고 선덕여왕을 지원하는 모습을 보이게 된다.[754] 그러나 선덕여왕의 급작스러운 붕어와 진덕여왕의 등장은 자장을 선덕여왕과 결부된 구세력으로 만들어 김춘추와의 경쟁에서 밀려나게 한다.[755] 이와 같은 상황에서 동북방 고구려의 침략에 따른 우려가 발생하자 자장은 650년 이후 동북방 행을 감행해 신라의 영향력이 느슨했던 하슬라의 세력을 규합하고, 이를 통해 권토중래까지도 도모하려는 행보를 보이게 된다.[756]

이것이 진덕여왕 시기 자장의 동북방 행이다. 그런데 이때 자장은 중국 오대산에서 문수보살을 만났을 때 받은 가르침 중 '신라의 동북방에도 중국 오대산과 기운이 통하는 오대산이 있으니 개창하라.'는 말을 실행에 옮긴다.[757] 이러한 결과가 바로 신라 오대산의 개창이다.

---

754 廉仲燮,「慈藏의 國家佛教에 대한 검토-僧團整備 및 皇龍寺九層木塔과 戒壇建立을 중심으로」,『新羅文化』47(2016), 89-97쪽.

755 李龍寬,〈2. 金春秋系와의 對立과 慈藏의 沒落〉,「善德女王代 慈藏의 政治的 活動」,『嶺東文化』6(1995), 40-41쪽 ; 南東信,〈(1) 金春秋의 儒教政治理念〉,「慈藏의 佛教思想과 佛教治國策」,『韓國史研究』76(1992), 37-40쪽 ; 廉仲燮,「慈藏의 傳記資料 研究」(서울: 東國大 歷史教育學科 博士學位論文, 2015), 401-428쪽.

756 廉仲燮,「慈藏의 傳記資料 研究」(서울: 東國大 歷史教育學科 博士學位論文, 2015), 367-458쪽. 慈藏의 東北方行은 悲劇的인 入寂으로 마무리된다.『江原道旌善郡太白山淨巖寺事蹟』. "不及舍(舍'는 '捨'의 誤)身而去曰. 我身在室中三月則遠來矣. 應有外道來欲燒之. 不徒留待. 未過一月. 有僧大責燒之. 三月後空請曰. 無身可托(托'는 '託'의 誤)已矣. 奈何. 吾之遺骨藏置嵓穴俾後. 參見手摩者. 同願往生故. 今母子祖殿南嵓而時彧(或)放光也." ; 旌善郡 編,「江原道旌善郡太白山淨巖寺事蹟」,『水瑪瑙塔의 특징과 그 가치』(春川: 산책, 2012), 158쪽 ; 金杜珍,「慈藏의 文殊信仰과 戒律」,『韓國學論叢』12(1990), 26쪽.

757 『三國遺事』3,「塔像第四-臺山五萬眞身」(『大正藏』49, 998c). "又曰. 汝本國艮方溟州界有五臺山. 一萬文殊常住在彼. 汝往見之." ;『五臺山事蹟』,「五臺山月精寺開創祖師傳記」·「奉安舍利開建寺庵第一祖師傳記」. "又曰. 卿之本國溟州之地. 亦有五坮山. 一万文殊常住之所也. 卿還本國可徃親炙. (已上出臺山本記)."

그러나 자장의 오대산 개창은 생각처럼 명료하지 않다. 이는 다음과 같은 관련 자료에서 자장이 오대산에서 문수보살을 친견하려 했으나 실패했다는 기록을 통해서 확인해 볼 수 있다.

「대산오만진신」
법사는 정관 17(643)**년 이 (오대)산에 이르러 (문수)진신을 보고자 하였으나, 3일 (동안이나 날씨가) 음침해서 결과를 얻지 못하고 돌아갔다.** 돌아와 (경주의) 원녕사元寧寺에 머물렀는데 이에 문수가 나타나서 말하기를, "갈반처葛蟠處로 가라." 하였으니, 지금의 정암사淨嵓寺가 그곳이다.[758]

「대산월정사오류성중」
사寺 중에 전해지는 『고기古記』를 살펴보면 다음과 같다. **자장법사가 처음 오대산에 이르러 문수진신을 보고자 하여, 산기슭에 모옥茅屋을 맺고 머물렀다. (그러나) 7일이 되도록 친견하지 못하니,** 묘범산妙梵山에 이르러 정암사淨岩寺를 창건했다.[759]

「개창조사전기」·「제일조사전기」
일설에 의하면 (자장)조사가 환국하여, 범승梵僧[문수의 화신임][760]이 준 불의佛衣·불발佛鉢·보리菩提·불골佛骨 등을 황룡사에 봉안하고 이에 그

---

758 『三國遺事』 3, 「塔像第四-臺山五萬眞身」(『大正藏』 49, 998c). "師以貞觀十七年來到此山。欲睹眞身三日。晦陰不果而還。復住元寧寺。乃見文殊。云至葛蟠處。今淨嵓寺是 (亦載別傳)。"

759 같은 책, 「塔像第四-臺山月精寺五類聖衆」(『大正藏』 49, 1000a). "按寺中所傳古記云。慈藏法師初至五臺。欲睹眞身。於山麓結茅而住。七日不見。而到妙梵山創淨岩寺。"

760 「臺山五萬眞身」에서는 "老僧", 「慈藏定律」에는 "異僧"으로 되어 있어 차이가 존재한다.

절에 머물러 공양하였다. (그러다가 자장은) **문수를 친견코자 하여, (문수를) 찾아 명주의 오대산으로 갔다. 지금의 월정사지에 이르러 임시로 초암 草庵을 세워 3일에 이르도록 머물렀다. 이때 그 산이 음침陰沈하여 열리지 않으니 그 형상을 살필 수 없어 물러났다. 뒤에 또다시 가서 팔척방 八尺房을 세우고 무릇 7일을 머물렀다.** ⋯ 운운 (이상은『대산본전기臺山本傳記』에 나와 있다.)[761]

중국 오대산에서 문수보살이 자장에게 신라 오대산을 개창하라고 지시했음에도 불구하고, 신라 오대산에서는 문수 친견에 실패한 것은 오대산 개창이 순탄하지만은 않았다는 의미로 해석된다. 결국 자장은 태백산(현재의 한백산) 석남원(현재의 정암사)에서 문수보살을 친견하지 못하고 따라가다가 마침내 절벽에서 운신殞身(혹 사신捨身)하는 돌발적이고 비극적인 방식으로 최후를 마치게 된다.[762] 즉 자장의 동북방 행은 비극적으로 마무리되는 것이다.[763]

761 『五臺山事蹟』,「五臺山月精寺開創祖師傳記」. "一云師旣還國。以梵僧所授佛衣佛鉢菩提腦骨等。入安皇龍寺。爲欲面見文殊。尋往溟州五臺山。到今月精寺地。假立草庵。留至三日。于時是山陰沉不開。未審其形而去。後又復來創八尺房而住者凡七日。云云。(已上出臺山本傳記)。";「奉安舍利開建寺庵第一祖師傳記」. "一云師旣還國。以梵僧所授佛衣佛鉢菩提腦骨等。入安皇龍寺。爲欲面見文殊。尋往溟州五臺山。到今月精寺地。假立草庵。留至三日。于時是山陰沉不開。未審其形而去。後又復來創八尺房而住者凡七日。云云。(上出臺山本傳記)。"

762 『三國遺事』4,「義解第五-慈藏定律」(『大正藏』49, 1005c). "居士曰。歸歟歸歟。有我相者焉得見我。乃倒簀拂之。狗變爲師子寶座。陞坐放光而去。藏聞之。方具威儀。尋光而趍登南嶺。已杳然不及。遂殞身而卒。茶毘安骨於石穴中。";『五臺山事蹟』,「五臺山月精寺開創祖師傳記」. "居士曰。歸歟歸歟。有我相者。焉得見我。於是倒葛簀死狗化爲獅子座。登其座放大光明。乘空而去。侍者入告。師具法服望見其光。登空而到南嶺捨身。仍茶毘於其處。安骨于石冗('冗'은 '穴'의 誤)焉。";「奉安舍利開建寺庵第一祖師傳記」. "居士曰。歸歟歸歟。有我相者。焉得見我。於是倒葛簀死狗化爲獅子座。登其座放大光明。乘空而去。侍者入告。師具法服望見其光。登空而到南嶺捨身。仍茶毘於其處。安骨于石冗('冗'은 '穴'의 誤)焉。"

763 廉仲燮,「『淨巖寺事蹟』에서 확인되는 淨巖寺 創建記錄 檢討Ⅰ」,『東아시아佛教文化』

이와 같은 자장의 혼란한 행보로 인해 자장이 오대산 개창은 실재하기는 하지만 뚜렷한 사찰과 같은 것을 건립하지 못하는 불명확성을 가지게 된다. 인용문을 보면 자장이 오대산 개창과 관련해서 머문 기간은 3일과 7일에 불과하며, 장소 역시 초암과 팔척방 정도에 지나지 않는다. 그리고 오대산의 불교 전통은 이후 단절되었다가 신라 하대에 보천과 효명에 의해 다시금 부활한다. 이는 자장의 자취가 계승되기 어려웠다는 것을 의미한다. 이 때문에 오대산과 관련해서는 자장을 개창자로 하여 산 안쪽의 상원사를 중심으로 하는 보천·효명 그리고 산 입구 쪽의 월정사를[764] 중심으로 하는 신효→신의→유연으로 분리되는 모습이 확인된다.[765]

오대산에 존재하는 상원사와 월정사라는 각기 다른 층위의 이중 구조는 『삼국유사』안의 오대산에 관한 내용이 네 항목이나 되는 이유가 된다. 이는 각각 ① 「대산오만진신臺山五萬眞身」(월정사)·② 「명주오대산보질도태자전기溟州五臺山寶叱徒太子傳記」(상원사)·③ 「대산월정사오류성중臺山月精寺五類聖衆」

764 『五臺山事蹟』, 「閔漬跋文(1307年 2月)」. "五臺山者, 佛聖眞身常住之所也. 月精寺者, 五類大聖現迹之地也. 況是寺亦爲是山之喉吻, 故我太祖肇開王業, 依古聖訓, 每歲春秋 各納白米二百石, 塩五十石, 別修供養, 而用資福利."

765 廉仲燮, 「五臺山의 信孝居士 자료에 대한 분석」, 『國學研究』 42(2020), 438-440쪽.

(월정사)·④「오대산문수사석탑기五臺山文殊寺石塔記」(상원사로 추정됨)이다.[766] 네 항목이라는 비율이 얼마나 큰 것이냐면, 신라를 대표하는 천년 국찰이자 신라 삼보 중 두 가지를 가진 황룡사 역시 ①「가섭불연좌석迦葉佛宴坐石」·②「황룡사장육皇龍寺丈六」·③「황룡사구층탑皇龍寺九層塔」·④「황룡사종·분황사약사·봉덕사종皇龍寺鐘·芬皇寺藥師·奉德寺鍾」의 네 가지에 불과하다는 점,[767] 특히 이 중 ③「황룡사종 분황사약사 봉덕사종」은 온전히 황룡사만을 다룬 것이 아니라 분황사와 봉덕사까지 아우르고 있다는 점에서 오대산 기록이 얼마나 많은지를 알게 한다. 여기에 ①「대산오만진신」은 분량 면에서도 전체 황룡사 기록 네 건의 약60퍼센트를 차지할 정도로 압도적이다.

　　이와 같은 상황이 나타나는 것은 신라 하대부터 진행되는 오대산의 성세도 있지만, 그보다는 오대산 기록에 상원사와 월정사라는 두 가지가 한데 묶여 있는 측면이 크다. 오대산은 신라 하대부터 성세를 보이지만 이 정도로는 국찰인 황룡사에 필적할 정도는 아니기 때문이다.

　　오대산 안에서 신의가 주석하는 곳은 상원사 쪽이 아닌 월정사 영역이다. 이는 『오대산사적』「신효거사친견오류성사적」에 "세상 사람들이 월정사를 사성(자장→신효→신의→유연)이 주석한 사찰로 불렀다(세호위사성소주지사야世號爲四聖所住之寺也)."라는 언급을 통해서 분명해진다.[768]

　　자장의 동북방 행이 650년 이후이며 몰년은 653~655년 사이이다.[769] 자장이 오대산을 개창한 것은 동북방 행의 초기이다. 이런 점에서 자장의 오대산 주석은 651~652년 사이로 추정된다. 또 자장 다음으로 오대산에 주석

766　『三國遺事』3,「塔像第四」(『大正藏』49, 998a-1000b·1001b).

767　같은 책(『大正藏』49, 989a-989b·990a-991b).

768　『五臺山事蹟』,「信孝居士親見五類聖事蹟」. "由是世號爲四聖所住之寺也."

769　廉仲燮,「慈藏의 生沒年代에 대한 종합적 검토」,『東아시아佛教文化』29(2017), 375쪽.

하는 보천과 효명은 이 중 효명이 제33대 성덕왕聖德王(재위 702~737)이라는 점에서 재위 기간을 통한 연대 추정이 가능하다. 이를 통해서 판단해 본다면 보천과 효명의 오대산 은거와 (상원사 쪽) 주석은 대략 700년 전후임을 알 수 있다.[770] 그리고 성덕왕에 의한 상원사 개창은 705년 음력 3월 4일이나 3월 8일(혹 8월 3일)이다.[771]

다음으로 신효의 월정사 주석은 최근 필자가 750~850년 사이임을 밝혀낸 바 있다.[772] 그리고 이 뒤로 고려될 수 있는 것은 개청이 오대산으로 범일을 찾아오는 시기가 864~867년이라는 점이다.

초기 오대산과 관련된 주요 인물의 주석 연대

자장의 오대산 주석 시기	651~652년
보천과 효명의 오대산 주석 시기	700년 전후
성덕왕(효명)의 상원사 개창	705년
신효의 월정사 주석	750~850년
개청이 오대산의 범일을 찾은 시기	864~867년

---

[770] 廉仲燮,「寶川과 孝明의 五臺山 隱居 기록 속 문제점 검토」,『韓國佛教學』95(2020), 172-178쪽.

[771] 『三國遺事』3,「塔像第四-臺山五萬眞身」(『大正藏』49, 998c). "神龍元年開土立寺。則神龍乃聖德王卽位四年乙巳也。" ; (999a). "以神龍元年(乃唐中宗復位之年聖德王卽位四年也)乙巳三月初四日始改創眞如院。大王親率百寮到山。營構殿堂。幷塑泥像文殊大聖安于堂中。" ;「塔像第四-溟州(古河西府也)五臺山寶叱徒太子傳記」(『大正藏』49, 1000a). "神龍元年三月八日。始開眞如院(云云)。" 聖德王의 眞如院 開創 年代는『五臺山事蹟』,「五臺山聖跡幷新羅淨神太子孝明太子傳記」의 甲本에는 "三月初八日"로 되어 있고, 丙本에는 "八月初三日"로 되어 있어 차이가 있다. 甲本: "以唐神龍元年乙巳三月初八日。王親率軍民而到山。始開眞如院造安泥像文殊。" ; 丙本: "以唐神龍元年乙巳八月初三日。王親率軍民而到山。始開眞如院造安泥像文殊。"

[772] 廉仲燮,「五臺山의 信孝居士 자료에 대한 분석」,『國學研究』42(2020), 441-445쪽.

　　범일이 오대산에 주석하고, 이때 개청이 입실한다는 것은 신의 역시 이 무렵부터 오대산에 주석했을 개연성을 환기한다. 그러나 현존하는 오대산 기록에 범일은 전혀 언급되지 않으며, 신의 역시 오대산 범일과의 연결점이 나타나 있지 않다. 신의와 관련된 기록에서 주목되는 것은 「신효거사친견오류성사적」의 월정사를 "사성소주지사야四聖所住之寺也."라고 했다는 구절과 신의가 입적한 후 황폐해진 후에 유연이 왔다고 기술되어 있는 정도이다.[773] 즉 범일과는 완전히 다른 흐름을 말하고 있으며, 그 핵심에는 월정사라는 사찰의 승계 내지 부침만이 존재하는 것이다. 즉 신의에 대해 기록하고 있는 월정사 문헌은 월정사를 강조하고 있는 상황에서 신의를 등장시키고 있을 뿐이라는 말이다.

　　이렇게 놓고 본다면, 범일이 오대산에서 주석한 곳과 신의가 주석했던 월정사 쪽은 다른 곳일 개연성이 크다.[774] 즉 같은 오대산 안에서 상원사와 월정사처럼 서로 분리된 거주처로 존재했을 것이라는 말이다. 물론 신의의 오대산 주석에는 스승인 범일의 영향이 작용했을 것이라는 데는 이론의 여지가 없다. 그러나 그렇다고 해서 반드시 같은 거주처, 즉 동일한 사찰에 살았다는 관점까지 성립하는 것은 아니다.

　　실제로 신의와 단절되어 있기는 하지만 격세로 월정사 쪽을 계승하는 유연은 수다사의 장로였음이 기록되어 있다. 수다사는 월정사와 같은 평창군 진부면 수항리에 위치하던 사찰로 「자장정율」에는 자장이 동북방으로 와

773　『五臺山事蹟』, 「信孝居士親見五類聖事蹟」, "義公卽梵日國師十聖弟子中之一人也. 厥後荒廢積年 而水多寺長老有緣 重營而住."

774　廉仲燮, 「初期 闍崛山門과 五臺山의 관계성 검토」, 『震檀學報』135(2020), 48-52쪽.

'수다(水多)' 명문의 기와편과 '태백곡 수다사' 명문의 청동촛대를 통해 수다사 터로 확인된 수항리사지

서 개창한 사찰이다.[775] 내용을 보면 자장은 수다사를 창건하고 주석하던 과정의 꿈에서 문수보살이 나타나 대송정(혹 한송정, 후일의 강릉 한송사임[776])에서 만날 것을 기약한다.[777] 이는 자장이 평창군 진부면 동산리 오대산에서 문수보살의 친견에 실패한 후 물러나서 창건한 사찰이 같은 진부면 수항리의 수다사임을 알 수 있게 한다. 이 수다사의 장로 유연이 신의 이후 월정사로 오

775 1987년 五臺山 隣近의 平昌郡 珍富面 수항리의 사찰 터에서 "大定二十八年戊申三月日造水多寺講堂燭臺重一斤六兩 弟子 安序"라는 銘文이 새겨진 靑銅 촛대가 발견된다. 이에 따라 이곳이 水多寺로 推定되고 있다.『三國遺事』4,「義解第五-慈藏定律」(『大正藏』49, 1005c). "暮年謝辭京輦於江陵郡(今溟州也)創水多寺居焉." ; 석길암,「羅末麗初 五臺山 佛敎圈의 再形成 過程과 背景」,『韓國思想史學』46(2014), 47쪽.

776 廉仲燮,「慈藏의 東北方行과 入寂 기록 분석」,『新羅文化』48(2016), 114-117쪽.

777 『三國遺事』4,「義解第五-慈藏定律」(『大正藏』49, 1005c). "復夢眞僧狀北臺所見。來告曰。明日見汝於大松汀。驚悸而起。早行而松汀。果感文殊來格."

는 것이다. 이는 월정사가 범일계에서 자장계로 변화했다는 의미로 해석될
수 있다.

실제로 월정사는 후대에 오대산을 대표하는 총괄적인 대표 사찰이 되
지만[778] 처음에는 작았던 것 같다. 이는 4성, 즉 자장→신효→신의→유연
의 연결 과정이 중간중간에 모두 끊기면서 계승되고 있다는 점, 또 「대산월
정사오류성중」에 이들의 주석으로 인해 "점차로 대사大寺를 이루었다."라는
구절이 존재하는 것을 통해서 인식해 보는 것이 가능하다.[779] 즉 사성의 연
결은 월정사가 대사가 된 이후의 월정사를 중심으로 하는 관점이다. 또 이를
통해서 범일이 주석한 곳과 다른 장소로서의 월정사를 인지해 보는 것이 가
능하다. 만일 월정사 쪽에 범일이 주석했다면 범일의 위상상 이를 누락시키
기는 어려웠을 것이기 때문이다. 즉 범일은 월정사 쪽이 아닌 오대산의 다른
곳에 주석처를 마련했던 것이다.

그렇다면 범일이 주석한 곳은 어떻게 되었을까? 범일의 주석처와 관
련해서는, 출처에 논란의 소지가 있기는 하지만, 이장용李藏用(1201~1272)의
「선가종파도禪家宗派圖」 속에 사굴산문의 계보에 관한 측면이 있어 주목된
다. 그러나 「선가종파도」는 현재 원본이 전하지 않으며, 이종익의 『대한불교
조계종 중흥론』에만 인용되어 있을 뿐이다.[780] 여기에는 범일에서 지눌에 이
르는 총 12대의 사굴산문 계보가 기록되어 있는데, 앞쪽에 오대산과 관련된

---

778 『五臺山事蹟』, 「閔漬跋文(1307年 2月)」. "五臺山者, 佛聖眞身常住之所也. 月精寺者, 五類大
聖現迹之地也. 況是寺亦爲是山之喉吻, 故我太祖肇開王業, 依古聖訓, 每歲春秋 各納白米
二百石, 塩五十石, 別修供養, 而用資福利."

779 『三國遺事』 3, 「塔像第四-臺山月精寺五類聖衆」(『大正藏』 49, 1000a·b). "此月精寺慈藏初結
茅. 次信孝居士來住. 次梵日門人信義頭陀來. 創庵而住. 後有水多寺長老有緣來住. 而漸
成大寺."

780 李鍾益, 『大韓佛教 曹溪宗 中興論』(서울: 寶蓮閣, 1976), 93-94쪽. 李鍾益은 李藏用의 「禪家宗
派圖」를 李鍾益이 보고 책에 수록한 것이라고 말한다.

측면이 있어 주목된다.

① 신라품일新羅品日(굴산범일崛山梵日) → ② 보현개청普賢開淸 → ③ 오
대신경五臺神鏡[781] → ④ 대은도장大隱道藏 → ⑤ 사자지휴獅子智休 → ⑥
청학도잠靑鶴道潛 → ⑦ 두타응진頭陀應眞 → ⑧ 단속지현斷俗智玄 → ⑨
장수담진長壽曇眞 → ⑩ 천축능인天竺能仁 → ⑪ 신광종휘神光宗暉 → ⑫
보조지눌普照知訥[782]

이 사굴산문의 계보를 사실로 받아들인다면 맨 마지막에 지눌이 등장
한다는 점에서 지눌의 적통성과 타당성을 강조하기 위해 송광사를 중심으
로 사굴산문에서 제작한 것으로 판단해 볼 수 있다. 그런데 여기에는 ② 보
현개청을 계승한 제자로 ③ 오대신경이 적시되어 있어 주목된다. 개청 비명
의 전칭은 〈고려국명주보현산지장선원고국사낭원대사오진지탑비명병서
高麗國溟州普賢山地藏禪院故國師朗圓大師悟眞之塔碑銘幷序〉이다. 이중 보현산을
빌려 '보현개청'이라는 명칭을 붙이고 있다. 이와 같은 방식은 ① 신라품일
(굴산범일)에서도 확인된다. 이렇다는 것은 구조적으로 봤을 때 ③ 오대신경
역시 오대산의 신경이라는 의미로 이해될 수 있다. 물론 ⑫ 보조지눌은 이와
같은 원칙에 해당하지 않는다. 이외에 ④~⑪은 다른 비교 자료가 없으므로
판단이 쉽지 않다.

그러나 신라 하대의 초기 선불교가 산문을 강조했다는 점, 또 범일과 개
청이 모두 같은 방식을 취하고, 오대신경의 오대가 범일과 개청의 연결점이

---

781 〈江陵普賢寺朗圓大師塔碑〉. "上足弟子神鏡·聰靜·越晶·奐言·惠如·明然·弘琳禪師等."

782 番號는 筆者가 敍述의 必要性을 위해 追加한 것이다.

존재하는 오대산임은 자못 분명해 보인다. 즉 이를 통해서 범일이 주석하던 오대산 사찰이 개청 문하의 신경을 통해 유전되었을 개연성을 확보해 볼 수 있는 것이다.

주지하다시피 범일의 입적 후 굴산사는 나말여초의 혼란기와 후원 세력의 변화로 인해 복잡한 상황을 겪게 된다.[783] 이에 따라 문도의 문장 격인 개청 역시 굴산사에 주석하지 못하고 보현산 지장선원(현재의 보현사)으로 옮겨 간다.[784] 이렇게 놓고 본다면, 개청의 계승자인 신경 역시 굴산사에 주석하지 못하고, 범일계의 오대산 사찰에 주석했을 개연성도 충분히 존재할 수 있다. 즉 오대산에는 상원사계와 월정사계 외에도 지금까지 알려지지 않았던 범일계가 상당 기간 존재했던 것이다. 그런데도 신의는 범일의 십성 제자 중 한 명임에도 불구하고 범일계 사찰과는 별도로 또 다른 월정사 쪽에 정착했던 것으로 판단된다. 이 신의의 주석처는 내용의 전개 방식으로 봤을 때 후일 월정사가 되는 곳임이 분명하다.

범일의 신라 귀국은 847년이며, 명주도독 김공의 요청으로 굴산사로 옮겨오는 것은 851년이다. 또 행적이 범일에게 입실하는 것은 855년이며, 개청의 입실은 864~867년이다. 이는 범일이 굴산사에 주석한 4년 후에 행적의 입실이 이루어졌다는 것을 의미한다. 행적에 비해 개청의 입실은 상당히 늦은 편이다.

신의가 범일의 십성 제자 중 한 명이라는 점은 신의 역시 867년 이전에

---

783 같은 碑文. "文德二年夏, 大師歸寂, 和尙墨巾, 倍增絶學之悲, 恒切忘師之恨. 所以敬修寶塔, 遽立豊碑. 兼以常守松門, 幾遭草寇, 詰遮洞裏, 惟深護法之懷, 堅操汀邊, 志助栖禪之懇.";
金興三,「羅末麗初 崛山門 開淸과 政治勢力」,『韓國中世史硏究』15(2003), 201쪽.

784 〈江陵普賢寺朗圓大師塔碑〉. "爰有當州慕法弟子閔規關澮, 欽風志切, 慕道情深, 早侍禪扉, 頻申勤款. 仍捨普賢山寺, 請以住持. 大師對曰, '深感檀那. 有緣則住.' 遂巡秖入, 便副禪襟, 廣薙丘原, 遐通道路."

는 범일의 제자가 되어 있었을 가능성을 환기한다. 왜냐하면 대표 제자가 되기 위해서는 비범함도 중요하지만 불교에서는 법랍法臘(하랍夏臘), 즉 출가 시기 역시 차지하는 비중이 크기 때문이다. 즉 출가가 너무 늦어서는 십성 제자에 포함되기 쉽지 않다는 말이다.

그렇다면 왜 신의는 범일의 오대산 주석처를 계승하지 않고 월정사 쪽에 주석하게 되었을까? 이에 대해서는 관련 자료가 없으므로 정확한 판단은 불가능하다. 다만 신의의 수행자로서의 특징에 '두타'가 강조되어 등장한다는 점은 그가 번잡함을 꺼리고 은거하는 것을 선호했을 개연성을 추측해 보게 한다.

개청이 입실하던 864~867년 범일의 명주 안에서의 위상을 고려한다면 오대산 안의 범일 주석처 역시 상당한 기반을 확보하고 있었을 것으로 판단된다. 이에 반해 신의의 주석처는 신의가 입적하자 황폐해질 정도로 간소한 시설이었음이 유추된다. 신의가 범일의 십성 제자 중 한 명이라는 점은 범일의 주석처와 그리 멀지 않은 곳에 자신의 거처를 확보했을 가능성을 추론케 한다. 즉 신의는 범일 주석처와 멀리 떨어지지 않은 곳에 암자와 같은 시설을 구축하고 있었으며 이곳이 후일의 월정사로 발전하게 되는 것이다.

그렇다면 신의의 오대산 주석 시기는 언제가 타당할까? 이에 대해서는 일단 두 가지 판단이 가능하다. 첫째, 범일의 입적 후 굴산사에 주석하는 문도에게 변화가 발생하므로 이때 오대산으로 오게 되었을 개연성이다. 둘째, 범일의 오대산 주석 시점에 범일 문도의 오대산에 관한 관심이 증대되었을 것이므로 신의의 두타적인 특성상 다수가 운집해 있던 굴산사보다는 상대적으로 조용한 오대산에 주석했을 개연성이 그것이다. 신의에 대한 자료의 한계로 인해 이 중 어떤 것이 맞다는 판단을 내릴 수는 없다. 즉 현재로서는 두 가지 가능성을 제시하는 정도가 전부라고 하겠다.

월정사 쪽은 신의 이후 자장계의 유연이 주석하게 되면서 주도권은 자장계로 변화하게 된다. 이는『오대산사적』에 자장에 대한 「개창조사전기」가 확립되는 한 배경이 되었을 것이다. 그러나 이에 비해 오대신경까지 이어지는 범일의 주석처는 이후 오대산에서 힘을 잃어버린 것으로 보인다. 이는 범일에 관한 내용이『오대산사적』에서 완전히 누락되는 것을 통해서 판단해 볼 수 있다. 즉 오대산은 상당 기간을 자장계 주도로 계승된 것이다.

오대산에서 범일계의 약화 시점과 관련해서 현존하는 자료만으로는 자장계인 유연의 등장과 관련된다고 판단을 해 보는 것 정도만이 가능할 뿐이다. 즉 직승直承 관계는 아니지만 시대적으로만 놓고 본다면 신의 다음에 신경이 있고, 그 이후에 유연이 존재하는 것이다(신의→신경→유연). 이는 유연이 신의를 계승해서 사찰에 주석하는 것이 아니라, 황폐해진 이후에 중영했다는 기록에 입각한 판단이다. 이런 점에서 본다면, 유연은 시기적으로 고려초의 승려로 보는 것이 타당하다.

그렇다고 해서 오대산이 사굴산문과 완전히 관계가 끊긴 것은 아니다. 왜냐하면 고려 말인 1371년 음력 8월 26일 공민왕에 의해 왕사에 책봉되어 동방제일도량東方第一道場 송광사의 주지가 되는 나옹혜근懶翁惠勤(1320~1376)이[785] 1360년과 1369년의 두 차례에 걸쳐 오대산에 주석하기 때문이다.[786] 당시 송광사는 굴산사보다도 사굴산문 내에서 더 위상이 높았다. 이에 따라 사굴산문 출신이 아니면 주지가 될 수 없었다. 이런 나옹이 오대산에 두 차례나 주석한다는 것은 사굴산문과 오대산의 연결이 고려 말까지도 유지되고 있었다는 점을 분명히 해 준다. 이는 오대산 북대 고운암에

---

785 廉仲燮, 「懶翁에게서 살펴지는 '五臺山佛敎'의 영향」, 『溫知論叢』39(2014), 181-183쪽.

786 『懶翁和尙語錄』, 「懶翁行狀」(『韓佛全』6, 707b). "辛亥八月二十六日 (…) 封爲王師 (…) 謂松廣寺 爲東方第一道場."；〈懶翁碑文〉(『韓佛全』6, 709b).

오대산 북대의 나옹대

서 나옹에게 법을 받는 환암혼수幻庵混脩(보각국사普覺國師, 1320~1392)[787] 역시
1375년 가을부터 1376년 음력 3월까지 송광사 주지가 되는 것을 통해서도
분명해진다.[788] 이외에도 〈혼수비문〉에는 "굴하제이좌崛下第二座"라는 표현
이 있는데, 이를 '굴산문의 제이좌'라는 의미로 해석하기도 한다.[789]

---

787 〈忠州青龍寺普覺國師幻庵定慧圓融塔碑〉. "玄陵高師行誼請住檜巖寺. 不就乃入金鼇山.
又入五臺山居神聖菴. 時懶翁勤和尙亦住孤雲菴. 數與相見, 咨質道要. 翁後以金襴袈裟·象
牙拂·山形杖遺師爲信."

788 같은 碑文. "令投大禪師繼松祝髮訓習內外典聰慧異常月開日益卓然有聲逐爲崛下第二
座."

789 김상영, 「闍崛山門의 展開 樣相과 崛山寺의 位相」, 『江陵 崛山寺址의 發掘調査와 保存·整
備』(忠州: 國立中原文化財硏究所, 2016), 23쪽. "14世紀를 살다간 高僧 幻庵 混脩(1320~1392)의 碑
에는 '逐爲崛下 第二座'라는 표현이 있으며, 木庵 粲英(1328~1390)의 비에는 '赴叢林 升迦智山
下 第二座'라는 표현이 있다. 混脩는 闍崛山門, 粲英은 迦智山門의 傳統이 각각 存續되고 있

›› **364** ‹‹

충주 청룡사지 보각국사부도비(보물)

충주 청룡사지 보각국사부도(국보)와 석등(보물)

강릉 굴산사지에서 출토된 명문 기와편과 탁본. '오대산 금강사(五臺山 金剛社)'라는 명문이 뚜렷하다.

나옹과 나옹계의 오대산 주석으로 인하여 여말선초 오대산의 불사는 나옹 문도들에 의해 주도된다.[790] 또 이와 같은 영향은 나옹의 제자인 무학자초無學自超(1327~1405)의 계승자 함허득통涵虛得通(1376~1433)의 오대산 참배로까지 이어진다.[791]

사굴산문과 오대산의 연결을 인지하도록 해 주는 오대산 측의 자료는 앞서 언급한 두타신의와 오대신경 외에는 존재하지 않는다. 그러나 굴산사

는 상황 속에서 出家하였음을 알 수 있게 해주는 표현이다."

790 黃仁奎,「麗末鮮初 懶翁門徒의 五臺山 中興佛事」,『佛敎硏究』36(2012), 263~271쪽.

791 『涵虛堂得通和尙語錄』,「涵虛行狀」(『韓佛全』7, 251a·b), "庚子(1420)秋季。入于江陵五臺山。誠俻香羞。供養五臺諸聖。詣靈鑑菴。薦羞懶翁眞影。信宿其菴。夜夢有一神僧。從容謂師曰。卿名己和。厥號得通。師拜手祗受。翛然夢覺。身氣淸爽。若登大淸。"

쪽에는 오대산에 대한 영향이 확인되는 직접적인 유물이 있다. 이는 2011년 5월부터 11월까지 진행된 굴산사지 2차 시굴 조사 때 발견된 고려 중기 12세기의 '오대산 금강사金剛社' 명문 기와이다.[792] 여기에서 오대산 금강사는 오대산 남대의 지장 신앙 사찰인 금강사를 가리키는 것으로 이해된다. 이는 금강사를 「대산오만진신」의 기록과[793] 마찬가지로 '금강사金剛社'로 표기하는 측면으로 파악해 볼 수 있다.[794]

'오대산 금강사' 명문 기와의 발견은 기존에 발견된 '오대산' 명문 기와의 타당성을 강화하는 동시에 오대산의 영향을 더욱 구체화해 주는 것이라는 점에서 주목된다.[795] 또 이는 오대산의 굴산사에 대한 영향이 나옹 이전에도 존재하고 있었다는 것을 알게 한다. 그리고 굴산사의 위상을 고려해 봤을 때 굴산사의 영향 또한 오대산에 미쳤을 것이라는 추론은 무리한 판단일 수 없다.

---

792 國立中原文化財研究所 編, 『江陵 崛山寺址(史蹟 第448號) 現場說明會 資料集-第2次 試掘調查』(忠州: 國立中原文化財研究所, 2011), 25-29쪽 ; 國立中原文化財研究所 編, 「出土遺物」, 『闍崛山門 崛山門』(忠州: 國立中原文化財研究所, 2012), 175-180쪽.

793 『三國遺事』 3, 「塔像第四-臺山五萬眞身」(『大正藏』 49, 999b·c). "赤任南臺。南面置地藏房。安圓像地藏及赤地畫八大菩薩爲首一萬地藏像。福田五員畫讀地藏經金剛般若。夜 □ 察禮懺。稱金剛社。" ; 『五臺山事蹟』, 「五臺山聖跡幷新羅淨神太子孝明太子傳記」.

794 國立中原文化財研究所 編, 『江陵 崛山寺址(史蹟 第448號) 試掘調查 報告書』(忠州: 國立中原文化財研究所, 2013), 200쪽.

795 國立中原文化財研究所 編, 『江陵 崛山寺址(史蹟 第448號) 現場說明會 資料集-第2次 試掘調查』(忠州: 國立中原文化財研究所, 2011), 28쪽.

3.
잔존하는 범일의 불사 기록과 흔적

1) 『동국여지승람』의 삼화사 창건 기록

범일이 낙산사에 정취전을 조성하고 정취보살상을 봉안한 내용과 오대산에
주석한 것은 나름의 분명한 기록에 따른 연대 추정이 가능한 사건이다. 그런
데 이외에도 범일과 관련해서는 연대 추정이 쉽지 않은 내용들이 몇몇 존재
한다. 그러나 이들 사건은 파편적이기 때문에 명확성보다는 정리하는 정도
에서만 그치고자 한다.

먼저 살펴볼 것은 『신증동국여지승람』 권44에 수록된 범일(품일)국사에
의한 동해시 두타산 삼화사三和寺의 창건 내용이다. 이의 해당 부분을 제시
해 보면 다음과 같다.

> 삼화사는 두타산에 있다. 식영암의 「기문」에 따르면, "(…) 신라 말에 세
> 신인神人이 있었는데 각기 거느린 무리가 매우 많았다. 이곳에 모여서
> 서로 더불어 모의謀議하였다. (이것이) 옛날 제후諸侯가 회맹지예會盟之禮
> 를 하는 것과 같았다. 오랜 뒤에 헤어져 갔다. 지역인(토인土人)들은 이에
> 따라 그 봉우리 이름을 '삼공三公'이라 하였다.
> 후에 사굴산의 품일조사品日祖師가 그곳에 가서 여기에 불사佛祠를 창
> 건하고, 또 삼공이라는 현판(사명寺名-삼공사)을 걸었다. (뒤에 고려) 태조께
> 서 왕이 되고(용비龍飛)는 조칙으로 이 절의 이름을 문안에 기록하도록

동해 삼화사

하였다. (그리고) 후사后嗣(後嗣)에 전하게 하였으니 기이한 일이다! 신인
이 이 자리를 통해 그 조짐을 보여 주고, (품일)조사가 터에 절을 창건하
여 그 상서로움을 인지했다. 이에 신성왕神聖王(왕건)이 (후삼국의) 세 땅을
화합시켰으니, 그 효응效應이 분명하게 드러났다. 이를 통해서 절 이름
을 고쳐서 삼화사로 하였다."라고 하였다.[796]

796 『新增東國輿地勝覽』22,「江原道-三陟都護府-佛宇」."三和寺。在頭陀山。○釋息影菴記:
'(山在郡西北三十里, 雄跨遐裔, 控臨大海, 氣勢與臺嶠綿亘。山東面巨壑, 蓬如倄岡, 迤如大溪, 瀏瀏然中注入于
海。有支山起伏而東, 未五十步, 又屈折而南, 峭豎成一峯。峯下地可四十畝, 在溪北隆然而夷。) 新羅末有三神
人, 各率僚伍甚衆, 集于玆, 相與謀議, 若古諸侯會盟之禮者, 久之乃去。土人因名其峯爲三
公。頃有闍崛山品日祖師遂往, 卽其所建佛祠, 亦以三公揭榜。太祖龍飛, 爰勅玆寺籍名錄
案, 俾傳后嗣。異矣夫! 神人占位示其兆, 祖師構基識其祥。及神聖王會和三土, 其效應著明,
用是更寺目曰三和寺。'"

식영암은 고려 말의 고승으로 환암혼수(1320~1392)에게『능엄경楞嚴經』을 가르친 사굴산문의 승려이다.[797] 즉 나옹(1320~1376)이나 혼수에 비해 연배가 위인 승려이다. 이런 점을 고려한다면 〈식영암기〉는 14세기의 고려시대 문건임을 알 수 있다.

〈식영암기〉에 따르면 삼화사는 범일의 창건으로 나타난다. 그런데『삼화사고금사적三和寺古今事蹟』에는 자장이 오대산을 개창하고 난 후인 642년에 흑련대黑蓮臺로 창건한 것을 정일晶日(품일의 오류)이 주석한 것이라고 하여 차이가 있다.[798] 그러나 642년은 자장이 중국 산서성 오대산을 참배하던 시기이며,[799] 자장의 귀국은 643년 음력 3월 16일이다.[800] 또『삼국유사』와『오대산사적』이 전하는 자장의 동북방 행에서 가장 빠르게 개창되는 곳은 오대산이다. 실제로『삼화사고금사적』에도 자장의 오대산 개창을 삼화사 창건에 선행한 사건으로 기록하고 있다. 즉 문헌에 치밀하지 못한 모습이 보이는 것이다.[801]

---

797 〈忠州青龍寺普覺國師幻庵定慧圓融塔碑〉. "謁息彰鑑和尙于禪源, 學楞嚴深得▨▨▨(『陽村集』 37,「碑銘類」,〈有明朝鮮國普覺國師碑銘 幷序〉의 補充-其髓)."

798 『三和寺古今事蹟』. "古蹟言, 慈藏祖師始通于唐而後八, 于本國五臺山周尋聖蹟遊歷. 頭陀 始創黑蓮臺. 今三和寺也. 新羅第二十七善德王十一(642)年, 唐貞觀十六年壬寅也. (…) 所謂 道詵所占處, 或曰晶日所住也."

799 『五臺山事蹟』,「五臺山月精寺開創祖師傳記」. "慈藏入唐遊歷名山周尋聖跡. 至貞觀十六年 往五臺山."; 廉仲燮,「慈藏의 傳記資料 研究」(서울: 東國大 歷史敎育學科 博士學位論文, 2015), 257 쪽.

800 慈藏이 643년에 歸國했다는 것은『三國史記』등 모든 慈藏關聯 資料에서 일치된다. 그러나 그때가 3월이라는 것은「新羅本紀 5」에서만 확인되며, 16일이었다는 것은「皇龍寺九層塔」에 만 수록되어 있다. 즉 이와 같은 자료들을 종합한 결과가 바로 643년 3월 16일인 것이다.『三國 史記』5,「新羅本紀 5」. "善德王-十二年: 三月. 入唐求法高僧慈藏還.";『三國遺事』3,「塔像 第四-皇龍寺九層塔」(『大正藏』49, 990c). "貞觀十七年癸卯十六日. 將唐帝所賜經像袈裟幣帛 而還國."

801 呂聖九,「慈藏의 行蹟과 溟州地域 寺刹」,『古代都市 溟州와 崛山寺』(忠州: 國立中原文化財研究

이에 반해 식영암은 고려 말의 분명한 위상을 가진 고승이다. 이런 〈식영암기〉에 자장에 대한 언급이 일절 없다는 점, 또 범일의 창건에 관한 내용만 있는 것으로 보아 삼화사는 식영암 당시 자장이 아닌 범일의 창건 사찰로 판단되었음을 알 수 있다.

그러나 1996년 〈동해 삼화사 철조노사나불좌상〉(구 보물 제1292호)의 등에서 10행 161자의 명문(판독 글자는 약 140자)이 발견되면서 삼화사 창건의 실체가 드러나게 된다. 이를 통해서 알 수 있는 것은 삼화사가 864년[802] 무렵 화엄업(화엄종)의 승려 결언決言이[803] 주도한 왕실 주관의 화엄종 사찰이라는 점이다.[804] 명문의 발견은 범일이 삼화사의 창건자가 될 수는 없다는 점을 분명히 해 준다. 즉 이는 후에 삼화사가 사굴산문의 영향권에 속했다는 의미로 이해될 수 있는 정도이다.[805]

所,2011), 106-107쪽.

802　方東仁,「三和寺의 創建과 歷史性 檢討」,『文化史學』8(1997), 16쪽 ; 정영호,「三和寺 鐵佛과 三層石塔의 佛敎美術史的 照明」,『文化史學』8(1997), 26쪽 ; 김유범,「東海市 三和寺 鐵佛의 吏讀文」,『口訣硏究』31(2013), 99쪽.

803　華嚴業의 決言을 海印寺의 僧侶로 보는 관점이 있다. 장일규,「三和寺 鐵造盧舍那佛像의 造成과 그 의미」,『異斯夫와 東海』9(2015), 153-154쪽.

804　鄭東樂,「羅末麗初 崛山門 梵日과 三陟地域」,『異斯夫와 東海』10(2015), 193-194쪽 ; 鄭東樂,「梵日의 崛山門 開創과 成長基盤 造成」,『新羅史學報』35(2015), 86-88쪽 ; 國立中原文化財硏究所 編,「1. 三和寺 鐵造盧那佛坐像 造像記」,『옛 기록 속의 崛山門-崛山門 關聯 文獻資料集』(忠州: 國立中原文化財硏究所, 2013), 103쪽 ; 崔聖銀,「溟州地域 羅末麗初 佛敎彫刻과 崛山禪門」,『古代都市 溟州와 崛山寺』(忠州: 國立中原文化財硏究所, 2011), 377쪽.

805　鄭東樂은 梵日이 三和寺에 住錫했거나 重建한 것으로 판단했다. 鄭東樂,「羅末麗初 崛山門 梵日과 三陟地域」,『異斯夫와 東海』10(2015), 194쪽. "釋息影菴記"의 梵日이 三公寺(三和寺)를 '創建'했다는 내용은 '住錫 혹은 重創'한 것으로 파악하면 좋을 듯하다.' ; 鄭東樂,「梵日의 崛山門 開創과 成長基盤 造成」,『新羅史學報』35(2015), 89쪽三和寺 鐵佛의 造成은 860년대에는 확대되던 闍崛山門에 대한 牽制의 의미가 존재한다는 관점도 있어 注目된다(장일규,「三和寺 鐵造盧舍那佛像의 造成과 그 의미」,『異斯夫와 東海』9[2015], 158쪽 ; 鄭東樂,「梵日의 崛山門 開創과 成長基盤 造成」,『新羅史學報』35[2015], 74쪽). 그러나 870년대에는 闍崛山門의 영향권으로 變貌하였을 것으로 판단하고 있다(方東仁,「三和寺의 創建과 歷史性 檢討」,『文化史學』8[1997], 16쪽 ; 정영호,「三和寺 鐵佛과 三

동해 삼화사 철조노사나불좌상(보물)

동해 삼화사 철조노사나불좌상에 새겨진 명문

정동락은 범일이 삼화사에 주석했거나 중건한 것으로 판단했지만 창건 연대로 볼 때 삼화사가 사굴산문의 영향으로 편입되는 것은 범일 만년이 되어야 가능할 것으로 판단된다.[806] 그리고 이후에는 오대산을 통해 범일과 관계를 맺는 하슬라를 대표하는 고승인 자장까지도 끌어들이는 것이 아닌가 한다. 즉 삼화사는 '화엄종의 결언 → 사굴산문의 범일 및 범일계 → 자장' 순의 순서로 발전하고, 기록에는 시대에 따른 역순 구조가 작동하면서 '자장 → 범일'로 완성된다고 하겠다. 또 자장의 완전한 편입은 식영암의 「기문」으로 볼 때 조선 전기에 이르러 완료된 것으로 판단된다.

또 『삼화사고금사적』을 보면, 자장의 강조와 달리 뒤에 의상 → 도선道詵(827~898) 이후에 그것도 범일이나 품일이 아닌 정일로 짧게 등장한다. 주지하다시피 연대순으로 볼 때 범일이 도선보다 앞선다. 그런데도 이렇게 기록되어 있다는 것은 식영암 때의 인식과 달리 삼화사와 관련된 범일의 위치에 변화가 생겼다는 것을 알 수 있다. 즉 여말선초의 굴산사 폐사와 함께 범일과 사굴산문의 영향력이 줄어들면서 인식에도 변화가 존재한 것으로 판단된다.

범일과 관련해서는 삼화사 외에도 삼척의 천은사天恩寺·영은사靈隱寺·신흥사新興寺도 창건했다는 전승이 존재한다.[807] 특히 영은사에는 "창건주 범일국사 진영創建主 梵日國師 眞影"이라는 화기畵記가 쓰여져 있는 〈범일국사 진영〉(구 강원도유형문화재 제140호)도 존재하고 있어 주목된다. 이 진영은 조

層石塔의 佛敎美術史的 照明」,『文化史學』 8[1997], 26쪽 ; 鄭東樂,「梵日의 崛山門 開創과 成長基盤 造成」,『新羅史學報』 35[2015], 90쪽).

806 같은 論文.

807 朴漢永 撰,〈天恩寺記實碑〉(1921) ; 許穆 撰,『陟州誌』(1662) ; 呂訓 撰,〈靈隱寺事蹟碑〉(1830) ;『雲興寺(新興寺의 바뀐 이름)事蹟』(1870) ;『新興寺事蹟』(1977)·〈新興寺重修碑〉(1977) ; 鄭東樂, 「羅末麗初 崛山門 梵日과 三陟地域」,『異斯夫와 東海』 10(2015), 206-212쪽.

삼척 영은사 대웅보전(강원 유형문화재)

선 제22대 정조(재위 1776~1800) 때에 봉안된 것이다.

　　그러나 이 역시 삼화사와 마찬가지로 후대에 사굴산문의 영향권에 삼척이 편입되는 과정에서 확대되는 범일 창건설로 보는 것이 타당하다. 즉 범일의 만년이나 그 이후에 삼척 역시 사굴산문의 영향권으로 포함된 것으로 판단해 볼 수 있는 것이다.

2) 『임영지』 「전지」의 신복사 창건과 범종 주조

『임영지』 「전지」(1608~1623)에는 범일의 불사와 관련해서 굴산사 외에도 신복사와 탑산 및 석장과 범종에 관한 내용이 수록되어 있다. 이 중 먼저 〈석증-범일〉에 수록된 범일의 신복사 창건 내용을 제시해 보면 다음과 같다.

〈석증-범일〉

이름을 범(일)이라 하였다. 성장하여 축발祝髮하고 승려가 되었는데, 신통神通과 불과佛果의 묘화妙化를 측량할 길이 없다. 신복神伏과 굴산 두 산의 큰 절을 창립創立하였다. **탑산塔山**을 조성해서 지맥을 보충하였다. 후에 오대산에 은거하여 시적示寂하였다.[808]

여기에서 '신복神伏'은 강릉시 내곡동에 위치한 신복사지神福寺址의 신복으로 보는 것이 일반적이다.[809] 그런데 인용문의 '신복'은 '신복사'라는 사명이라기보다는 문맥상 굴산과 더불어 산명을 가리키는 것으로 판단된다. 즉 신복산의 신복사인 셈이다.

'신복神伏'과 '신복神福'의 글자상 차이는 크게 세 가지의 판단을 가능하게 한다. 첫째, 산명과 사찰명의 차이, 즉 신복산神伏山 신복사神福寺일 수 있다는 말이다. 둘째, '신복神伏'이 원형이고, '신복神福'은 후대의 변화일 수 있다는 판단이다. 이것이 가능한 것은 신복(신의 조복)과 신복(신의 축복)이 모두 나름의 의미를 확보할 수 있기 때문이다. 즉 '신복神伏'을 '신복神福'의 오기로 보기에는 어려운 측면이 존재하는 것이다. 셋째, '신복神伏'은 '신복神福'의 오기라는 판단이다. 가장 단순한 것으로 음가가 같은 글자의 혼동이라는 관점이다. 그러나 이 셋 중에서 어떤 것이 맞는다는 판단은 현재로서는 불가능하다.

신복사지는 굴산사지의 북쪽으로 직선거리 약 3킬로미터 정도에 자리

---

808 『臨瀛誌』, 「前誌」 2, 〈釋證-梵日〉 ; 『增修臨瀛誌』, 〈釋證-梵日〉. "名曰梵. 旣長祝髮爲僧, 神通佛果妙化不測. 創立神伏崛山兩山大寺. 造塔山以補地脈. 後隱五臺山示寂."

809 채미하, 「朝鮮時代 江陵의 城隍祠와 端午祭」, 『梵日國師 硏究叢書』(江陵: 梵日國師文化祝典委員會, 2016), 193쪽의 脚註 71. "原文에는 神伏이라 표기되어 있는데, 현재 神福寺址가 위치한 곳을 지칭하므로 神福을 잘못 기록한 것으로 보아야 한다."

강릉 신복사지 삼층석탑(보물)과 석조보살좌상(보물)

잡고 있다. 즉 인접한 거리에 있는 것이다. 신복사의 위치는 일차적으로 사굴산문의 확대로 이해해 볼 수 있다. 그러나 이와 동시에 후대 신복사 측에서 범일 개창설을 주장했을 가능성도 성립한다. 즉 위치상으로 보았을 때 사굴산문 영향권 안의 신복사는 맞지만, 범일의 개창까지는 아닌 것을 신복사의 권위를 높이기 위해 창사를 범일에게 가탁했을 수도 있다는 말이다. 이와 같은 인식이 가능한 것은 인용문에 '신복神伏과 굴산'이라고 하여 신복이 앞에 언급되기 때문이다.

동아시아의 한자에는 선행하는 언어의 우월성이 매우 분명하다. 이는 천지·남녀·군신·부부·자녀 등 모든 병렬 단어를 통해서 확인해 볼 수 있다. 이런 점에서 본다면, 굴산과 비교될 수 없는 신복이 굴산의 앞에 등장하는 것은 일반적인 측면이 아니다. 이런 점에서 인용문과 같이 신복사를 범일이 창건했다는 관점도 성립할 수 있지만, 동시에 후대 범일 창건이 신복사 측에 의해 가탁된 것이라는 판단도 가능하다.

『임영지』「전지」의 〈총화〉에는 범일과 관련된 다양한 이야기가 수록되어 있다. 이 중 먼저 〈탑산기〉와 관청의 외대문外大門에 관한 내용을 제시해 보면 다음과 같다.

〈탑산기塔山記〉는 처음에 범일국사가 지은 것이다. (그러나 고려 제8대) 현종조(재위 1009~1031)에 거란(단병丹兵)의 난으로 잃어버리게 되었다. 그 후에 부사府使가 고로古老들에게 물어 봐 산탑山塔(탑산의 착오)의 소재지 지所在之地를 상세히 알아내서 부사府司에 보관하였다. (그러나) 임진의 난 때 태반太半이 오훼汚毀되어 오직 탑이 설립된 일부분만을 상고할 수 있었다. 참고(가고可考)할만한 내용은 이미 총론에 기재되어 있다. (그러나) 그 사전祠典·족도族圖·잡의雜儀는 모두 모호模糊하여 분별할 수 없다. 그중에 석전釋奠 일관一款만이 갖추어져 있을 뿐이다. (그러나 이 또한) 지금의 오례의五禮儀와는 크게 서로 다르다. (그래서) 어떤 시대의 의제儀制를 지은 것인지 알 수가 없다.[810]

고로古老가 말했다. "명주가 처음 건립된 날 범일은 큰 절을 관사의 터에 건립하려 하여, 승도僧徒가 이 일을 주관하였다. 그 후에 사찰이 병화에 불에 타고 부관府館도 옮겨서 갖추어지게 되었다. 오직 절의 문만이 독존하고 (있으니,) 지금의 외대문外大門이다. 그러므로 대문을 소제掃除할 때는 지금도 승장僧匠을 쓴다 하니," (나름) 그럴듯하다.[811]

인용문을 보면 〈탑산기〉는 범일이 명주 지역의 불교와 관련된 내용을 '탑산'을 중심으로 집취集聚하고,[812] 관련 의례 등을 기록한 문건 정도로 이해된다. 탑산에는 불교를 넘어서는 국가와 민중적인 의미를 내포하는 측면도 존재했던 것 같다. 그러므로 고려의 거란 침입 때 〈탑산기〉를 잃어버리게 되자 부사가 탑산의 장소와 내용을 복구하려고 노력하는 것이 아닌가 한다. 그러나 이때에도 문헌만 복구되고 탑산의 핵심이라고 할 수 있는 탑은 복구되지 않은 것 같다. 또 이 문헌마저도 임진왜란을 거치면서 훼손되어 일부만 남게 돼 내용 파악이 어려웠던 것으로 보인다. 〈탑산기〉의 소실과 관련해서

810 『臨瀛誌』,「前誌」 2, 〈叢話〉 ; 『增修臨瀛誌』, 〈叢話〉. "塔山記初作於梵日國師. 失於顯宗朝丹兵之亂. 其後府使詢問古老, 詳在山塔所在之地, 藏之府司. 壬辰之亂汚毀太牛, 惟塔設立一條尙有. 可考者其說已載於總論. 其祠典族圖雜儀, 皆模糊莫辨. 其中釋奠一款具存. 與今五禮儀大相舛謬. 未知倣何代儀制而作也."

811 같은 책. "古老言. 溟州初建之日, 梵日剏大寺于官舍之基僧徒主之. 其後寺利爐於兵爇府館移搆('搆'는 '構'의 誤)焉. 惟沙門獨存卽今外大門也. 故掃除大門至今用僧匠意然也."

812 〈塔山記〉에 대한 梵日 撰述 記錄으로 인해 이를 崛山寺와 관련된 文獻으로 보는 관점도 존재한다. 白弘基,「溟州 崛山寺址 發掘調查 略報告」, 『考古美術』 161(1984), 3쪽.

는 이때 굴산사 역시 거란에 의해 피해를 보았을 것으로 추정하는 관점도 존재한다.[813] 참고로 굴산사는 이때 타격을 입어서 축소 운영되다가 여말선초에 폐사되었을 것으로 추정되고 있다.[814]

그런데 흥미로운 것은 이 〈탑산기〉에 사전祠典·족도族圖·잡의雜儀·석전釋奠 등이 언급되어 있으며, 이 중 석전은 조선의 『국조오례의』(1474)와 차이가 있다는 내용이다. 이는 조선 전기 이전의 예법이나 전통과 관련된 측면들이 〈탑산기〉에 기록되어 있었음을 알게 한다. 즉 〈탑산기〉는 단순한 불교문헌이 아닌 고대의 문화를 기록하고 있는 중요한 문건이었던 것이다.

〈탑산기〉와 관련해서는 앞선 신복사 창건과 관련된 인용문에서 "탑산塔山을 조성해서 지맥을 보충하였다."라는 구절도 있다. 이는 탑산의 목적이 명주의 기운을 왕성하게 하기 위한 산천비보사탑山川裨補寺塔에 해당하는 것임을 알게 한다. 김흥삼은 중국 선불교의 유입 과정에 풍수지리적인 측면이 존재한다는 점, 또 초기 사굴산문에도 이와 관련된 부분이 확인되는 점을 지적한 바 있다.[815]

또 범일과 비교하면 조금 늦지만, 왕건의 「훈요십조」에는 옥룡도선玉龍道詵(827~898)의 영향에 의한 산천비보의 내용이 수록되어 있다.[816] 「훈요십

---

813 文玉賢, 「江陵 崛山寺址의 空間 構成과 特性」, 『東國史學』 59(2015), 380쪽 ; 白弘基, 「溟州 崛山寺址 發掘調查 略報告」, 『考古美術』 161(1984), 3-5쪽 ; 최영희, 「崛山寺址 기와를 통해 본 高麗時代 溟州地域의 生産體制」, 『江陵 崛山寺址의 發掘調查와 保存·整備』(忠州: 國立中原文化財研究所, 2016), 69쪽 ; 鄭東樂, 「崛山門 梵日國師 관련 자료의 검토」, 『韓國古代史探求』 33(2019), 422쪽.

814 鄭東樂, 「梵日의 崛山門 開創과 成長基盤 造成」, 『新羅史學報』 35(2015), 74쪽 ; 琴昌憲, 「屈山寺에 대하여」, 『臨瀛文化』 26(2002), 254쪽.

815 도의철, 「江陵 崛山寺址(史蹟 第448號) 伽藍의 考古學的 成果와 高麗 崛山寺」, 『韓國禪學』 36(2013), 301-302쪽 ; 金興三, 「羅末麗初 崛山門 信仰의 여러 모습」, 『歷史와 現實』 41(2001), 163-173쪽.

816 『高麗史』 2, 「世家 2」, 〈太祖2-26(953)年 癸卯 四月〉. "其二曰, 諸寺院, 皆道詵推占山水順逆

조」가 953년의 일이라는 점을 고려한다면 889년에 입적하는 범일과는 64년의 차이가 존재한다. 그러나 후삼국 통일 이전부터 도선의 영향이 존재했다는 점, 산천비보사탑설이 신라 말에 대단히 유행했기 때문에 왕건이 이를 제재하려고 한다는 점, 도선이 구산선문 중 동리산문을 개창한 광자혜철(785~861)의 제자라는 점 등이 고려될 수 있다. 특히 범일이 887~889년 무렵에 동리산문의 동진경보洞眞慶甫(869~948)를 지도해 준다는 점은 범일과 도선의 동리산문과의 연결성을 확인해 준다.[817]

이렇게 놓고 본다면, 범일 역시 산천비보사탑에 일가견이 있었다는 판단도 가능하다. 이런 관점에서 〈탑산기〉가 존재하는 것이다. 그러므로 부사역시 〈탑산기〉에 관심을 가지는 것이 아닌가 한다.

다음으로 관청의 외대문 이야기는 이 문이 사찰 문의 형식을 하고 있으며, 이의 관리를 승려들이 하는 부분에 대한 것으로 이해된다. 이야기의 전제인 명주가 건립될 때, 범일이 관청 자리에 사찰을 창건했다는 것은 당연히 불가능한 말이다. 왜냐하면 하슬라何瑟羅(하서河西)가 '명주'로 개칭되는 것은 757년이기 때문이다.[818]

而開創. 道詵云, '吾所占定外, 妄加創造, 則損薄地德, 祚業不永.' 朕念後世國王公侯后妃朝臣, 各稱願堂, 或增創造, 則大可憂也. 新羅之末, 競造浮屠, 衰損地德, 以底於亡, 可不戒哉? / 其五曰, 朕賴三韓山川陰佑, 以成大業. 西京水德調順, 爲我國地脈之根本, 大業萬代之地. 宜當四仲巡駐, 留過百日, 以致安寧. / 其八曰, 車峴以南, 公州江外, 山形地勢, 並趨背逆, 人心亦然. 彼下州郡人, 參與朝廷, 與王侯國戚婚姻, 得秉國政, 則或變亂國家, 或嗛統合之怨, 犯蹕生亂. 且其曾屬官寺奴婢, 津驛雜尺, 或投勢移免, 或附王侯宮院, 姦巧言語, 弄權亂政, 以致災變者, 必有之矣. 雖其良民, 不宜使在位用事.'

817 曺凡煥, 「羅末麗初 崛山門의 成長과 分化」, 『古代都市 溟州와 崛山寺』(忠州: 國立中原文化財研究所, 2011), 127쪽.

818 『三國史記』9, 「新羅本紀 9」. "景德王 757年 陰曆 12月: 河西州爲溟州, 領州一·郡九·縣二十五."; 김창석, 「古代 嶺東地域의 政治體와 溟州의 變遷」, 『江陵 崛山寺址의 發掘調査와 保存·整備』(忠州: 國立中原文化財研究所, 2016), 17~18쪽.

아마도 후대 사찰지에 관청이 건립되는 상황이나 조선의 숭유억불 이후에 발생하는 사찰 건축물을 옮겨 재사용하는 방식에서 발생하는 내용이 아닌가 한다. 조선 최초의 사액서원인 주세붕의 소수서원이 숙수사지宿水寺址에 건립된 것 등은 잘 알려진 사실이다. 이와 같은 사건이 강릉에서도 발생했으며, 이 과정에서 사찰 문에 대한 부분이 후대까지도 부각되면서 이야기가 전승되는 정도로 이해된다. 그러나 이 이야기는 범일의 사굴산문이 강릉에서 굴산사 외에도 다수의 사찰로 확대되었을 개연성에 대한 한 방증이 된다는 점에서 주목된다.

다음으로는 같은 『임영지』 「전지」의 〈총화〉에 수록된 범일의 석장과 범종에 관한 내용이다. 이의 해당 부분을 적시해 보면 다음과 같다.

> 부사府司에 예로부터 소장되어 있던 철장鐵杖이 두 개가 있다. 큰 것은 한 아름이 넘고 머리 부분이 둥글었다. 작은 것은 지팡이의 머리 쪽에 각각 아홉 개의 고리가 조각되어 있었다. 전하는 말에 "(큰 것은) 범일을 받치던(짚던) 것이며, 작은 것은 제자의 물건이다."라고 한다.
> 양봉래楊蓬萊가 먼저는 강릉의 재宰(부사)로 있다가 후에 안변安邊의 책임자가 되었다. (그런데 안변) 대청大廳 앞에는 석주石柱로 된 화대火臺가 있었다. 그 높이는 강릉의 철장鐵杖과 서로 비슷했다. 부사府司가 고기古記를 상고해 보니 '고려 중엽에 안변이 강릉에 소속되어 있을 때 철주화대鐵柱火臺가 있었다. (그런데) 강릉인江陵人이 배에 석화대石火臺를 싣고 서로 바꿔 갔다.'라고 되어 있었다. 이와 같은 전거로 본다면 대장大杖은 화대주火臺柱요 소장에는 고리가 있으니 곧 진짜 범일의 지팡이일 것이

다. 그러나 정확히는 알 수 없다.[819]

범일이 종을 주조하던 들판에는 지금에 이르도록 초목이 나지 않는다.
전하는 말에 "범일의 상좌 **두타**가 (종을) 주조하였는데 작은 이지러짐이
있었다. 범일이 노하여 지팡이를 휘둘러 버리니, 종륜鍾輪이 선회하다
가 십여 보 만에 방향이 정해졌다. 그러므로 그 땅에는 초목이 생生하지
않는다."라고 한다. 그 종은 이제 동문에 매달려 있는 종이다.

을유년 6월 대(홍)수로 제방이 무너지자 불기佛器(종을 지칭하는 것인지 애매
함)가 무수한 조각으로 하천 변에 흩어졌다. 부사府使 한효우韓孝友가 (이
것을) 취하여, 향교鄕校에서 (사용하는) 용머리 국자(용적龍勺)을 만들었다.
그 나머지는 백성들이 다수 취하였다.[820]

　　인용문의 철장 부분은 강릉 부사에 전해지던 대소의 철장 두 개에 관한
이야기다. 대장은 둘레가 한 아름이나 될 정도이니 불교의 석장으로 보기에
는 무리가 있다. 실제로 기록자 역시 의심을 하여 나름의 방식으로 문제를
해결하는 모습을 보인다. 대장이 기록자의 추론처럼 철주화대인지는 명확
하지 않다. 그러나 크기상으로 이는 석장이 아닌 것만은 분명하다. 만일 기록
자의 말과 달리 두 가지 모두 사찰의 기물이 옮겨진 것이라면 당간幢竿의 철

819　『臨瀛誌』,「前誌」2,〈叢話〉;『增修臨瀛誌』,〈叢話〉. "府司旧藏鐵杖二事. 大者過合抱而頭圓.
　　　　小則杖頭各刻九環. 諺傳, 梵日所拄而小則弟子之物也. 楊蓬萊先宰江陵後莅安邊. 大廳前
　　　　有石柱火臺其高與江陵鐵杖相拉. 考府司古記, 乃高麗中葉安邊屬江陵之時, 有鐵柱火臺.
　　　　江陵人船載石火臺相易以去. 據此以觀則大杖乃火臺柱而小杖有環者卽眞梵日之杖也. 然
　　　　未知是否."

820　같은 책. "梵日鑄鍾之原至今草木不生焉. 諺傳. 梵日上佐頭陀鑄頗小. 梵日怒以杖揮棄之鍾
　　　　輪旋十餘步方定. 故其地不生草木也. 其鍾卽今東門懸鍾也. 乙酉六月大水決防佛器無數散
　　　　落川邊. 府使韓孝友取爲鄕校龍勺. 其餘民多取之."

로 된 일부라는 판단 정도가 가능하다. 즉 두 개의 철장이 모두 사찰 물건으로 부사에 전해지는 것이라면, 크기와 형태적인 유사성으로 판단해 봤을 때 당간의 일부 외에는 다른 가능성이 없다는 말이다. 물론 기록자의 설명처럼 대장은 원래 불교 물건이 아닐 수도 있다. 이렇다면 당연히 불교적인 판단은 불가능하다.

소장은 상부에 아홉 개의 고리가 있는 것으로 되어 있으니 석장이 분명하다. 석장은 운수납자雲水衲子, 즉 행각승行脚僧이 가지는 호신 도구 겸 교화 수단이다. 석장은 동물을 만났을 때는 호신용으로 사용되며, 석장의 고리에서 나는 소리는 승려의 존재를 알리고 이목을 집중시켜 교화하는 데 유용하게 사용된다. 또 석장 고리가 서로 부딪힐 때 나는 소리로, 동물과의 대면을 사전에 차단하는 효과도 존재한다. 이외에도 『대목련경大目連經』에는 석장을 사용해서 지옥문을 열고, 고리 소리를 통해 지옥고를 쉬게 해 주는 측면도 존재한다. 이와 같은 석장의 기능은 대승불교의 보살 신앙에서는 승려의 모습으로 표현되는 지옥의 구제자, 지장보살에게 집중되는 모습을 보이게 된다.[821]

그런데 석장의 고리는 일반적으로 여섯 개를 원칙으로 한다. 이 때문에 석장을 육환장, 즉 여섯 개의 고리를 가진 지팡이라고 칭하곤 한다. 또 대승에서는 이 여섯 개의 고리를 육바라밀과 연결해 이해하는 모습도 보인다.

그런데 인용문의 석장은 아홉 개의 고리를 가진 것으로 되어 있다. 아홉 개의 고리는 석장에서는 일반적이지 않다. 그런데 『대목련경』에는 붓다의 석장은 고리가 열두 개인 것으로 나타난다. 물론 『대목련경』의 열두 고리가

---

821 『大目連經』(興福寺板, 1584年, 『新集成文獻』, 02040_0001_0017-0018), "佛語目連。汝執我十二環錫杖。被我袈裟掌我鉢盂。至地獄門前振錫三聲。獄門自開關鑰自落。獄中一切罪人聞我錫杖之聲。皆得片時停息。目連被得袈裟手持錫杖。至地獄門前振錫三聲。獄門自開關鑰自落。目連突入獄中。"

붓다 당시를 반영하는 것은 아니다. 그러나 이를 통해서 후대에 6×2=12의 석장이 고승들에게 사용되었을 개연성을 인지해 보는 것도 가능하다.

아홉 개의 고리는 아마도 이러한 열두 개의 고리 중 일부가 파손되어 아홉 개만 남은 상황이 아닌가 한다. 또 열두 개 고리의 석장이 최고급이라는 점을 고려한다면 이 석장의 주인은 인용문의 전승에서처럼 범일일 가능성도 상당히 존재한다. 물론 이를 명확히 할 방법은 현재로서는 없다.

또 석장은 본래 행각승의 지팡이에서 시작되지만 여기에 내포된 외적인 힘을 물리치는 기능이 강조되면서 삿된 것에 대한 조복의 의미가 상징화된다. 그리고 석장 고리의 소리를 통한 주목의 측면은 석장에 신호 용구의 의미를 부가한다.

실제로 『삼국유사』 권5의 「밀본최사密本摧邪」에는 밀본이 선덕(여)왕의 병을 치료하는 과정에서 육환장을 침전 안으로 날려 늙은 여우를 찔러 문제를 해결하는 내용이 있다.[822] 그리고 권3 「대산오만진신」에는 성덕왕의 형인 보천이 오대산에서 수행할 때, '석장이 하루에 세 번 소리를 내며 방을 세 바퀴 도는 것으로 종과 경쇠를 삼았다.'라는 부분도 존재한다.[823] 이외에도 권4 권 「양지사석良志使錫」에는 선덕여왕 때의 양지가 석장을 날려 탁발하는 내용도 있다.[824] 즉 석장이 범일 이전부터 신라불교 안에서 다양한 용도로 사용되었음이 확인되는 것이다.

---

822 『三國遺事』 5, 「神呪第六-密本摧邪」(『大正藏』 49, 1010b). "善德王德曼遘疾彌留。有興輪寺僧法惕。應詔侍疾。久而無効。時有密本法師。以德行聞於國。左右請代之。王詔迎入內。本在宸仗外讀藥師經。卷軸纔周。所持六環飛入寢內。刺一老狐與法惕。倒擲庭下。王疾乃瘳。時本頂上發五色神光。觀者皆驚。"

823 『三國遺事』 3, 「塔像第四-臺山五萬眞身」(『大正藏』 49, 999b). "所持錫杖一日三時作聲。遶房三匝。用此爲鐘磬。隨時修業。"

824 같은 책, 「良志使錫」(『大正藏』 49, 1004a). "唯現迹於善德王朝。錫杖頭掛一布帒。錫自飛至檀越家。振拂而鳴戶。知之納齋費。帒滿則飛還。故名其所住曰錫杖寺。其神異莫測皆類此。"

석장의 상징적 변화로 인해 기존의 지팡이(장장長杖)와 같은 용도 외에도 단장短杖으로 축소되어 목탁이나 요령과 같은 불교의식구(법구)의 하나로 사용되기도 한다. 또 석장은 인용문에는 철장이라고 되어 있지만 동으로 만드는 것이 일반적이다. 철은 주물을 하는 과정에서 표면이 거칠고, 녹이 발생하기 때문이다. 그러므로 인용문의 아홉 개의 고리가 있는 소장은 철장이라고 되어 있지만, 금속제의 지팡이임을 강조하는 정도로 이해해 동장銅杖으로 판단하는 것이 타당하다.

또 석장 전체를 동으로 만들 경우 중간이 빈 파이프와 같은 허공장虛空杖으로 만들어도 무게가 상당하다. 이에 따라 자루는 나무로 하고 상부만 동으로 제작해서 끼워 넣는 방식을 사용하는 것이 일반적이었다. 이는 국립중앙박물관 등에 남아 있는 석장의 유물을 통해서도 확인된다. 그러나 상부만 동으로 제작되면 나무 자루가 삭아서 사라지기 때문에 장장과 단장의 구분은 쉽지 않다.

그런데 인용문의 묘사를 보면 소장 역시 전체가 동으로 된 장장의 형태인 것으로 파악된다. 이는 이 소장이 실제로 사용된 것이 아닌 범일을 상징하는 의장용儀仗用이 아니었을까 싶은 생각이 들게 한다. 그러나 이 역시 인용문만으로는 정확한 판단이 불가능하다. 다만 이를 통해서「전지」(1608~1623)가 만들어지던 17세기 초까지 범일의 것으로 전하는 성물이 유전하고 있었다는 점만은 분명해진다. 또 이와 같은 불교의 성물이 부사에 간직되어 있었다는 것은 종교를 넘어선 범일의 폭넓은 존숭 구조의 일면을 엿볼 수 있다는 점에서 주목된다.

다음으로는 범일이 조성한 범종에 관한 내용이다. 종은 정부의 관종官鍾과 사찰의 범종梵鍾으로 나뉘므로 여기에서 지칭하는 종은 사찰 종이므로 범종으로 칭하는 것이 더 명확하다.

인용문은 총 세 가지를 말하고 있다. 첫째는 범일이 주조한 범종과 관련된 신이함으로 땅에 풀이 나지 않는 당시까지의 자연 현상에 대한 연기 설화이다. 이 이야기에서 범일은 지팡이로 범종을 쳐서 회전하게 하는 엄청난 위신력을 가진 인물이다. 이는 범일의 시대를 초월한 위대함에 대한 내용으로 명주의 민속 신앙에서 범일이 폭넓은 영향 관계를 형성하는 한 측면을 알게 해 주는 중요한 대목이다.

또 여기에는 앞서 언급한 바 있는 범일의 제자로서 두타가 등장한다. 그런데 이 두타는 월정사의 중창주 중 한 분인 범일의 제자 두타신의와 명칭에서의 동일성이 확보된다. 그러나 이 이야기에서 두타는 범일을 도드라지게 보여 주기 위한 다소 부족한 제자로만 나타나고 있어, 월정사를 중창하는 십성 제자의 위상을 가진 인물인지에 관한 판단이 쉽지 않다. 그런데도 자료가 극히 제한적인 상황에서 명칭이 중복된다는 것 역시 중요한 측면이라는 점만은 분명하다.

둘째는 당시의 사건으로 범일에 의해서 주조된 범종이 안동 성곽의 동문에 걸려 있었다는 점이다. 사찰이 폐사하는 과정에서 범종을 관종으로 사용하는 것은 오대산 〈평창 상원사 동종〉(구 국보 제36호)이 사찰이 폐사된 후 안동 문루에 걸려 있던 것을 1469(예종 1)년 왕명으로 상원사로 이운해 오는 것을 통해서도 확인해 볼 수가 있다.[825] 이렇게 용도가 전환된 범종은 아침과 저녁에 성문을 여닫을 때 각각 33번과 28번을 타종하는 용도로 사용된다.[826]

인용문만으로는 범일이 주조했다는 이 범종이 어떤 사찰의 종이었는지는 명확하지 않다. 그러나 『임영지』「속지」(1786)의 〈기사記事〉에는 이 동문

---

825 黃壽永, 「五臺山 上院寺銅鐘의 搬移事實」, 『歷史學報』 16(1961), 124쪽.

826 廉仲燮, 「梵鐘 타종횟수의 타당성 고찰」, 『韓國佛敎學』 57(2010), 236-265쪽.

상원사 동종(국보)

의 범종을 사람들이 '굴산사종'이라고 했다는 내용이 있다.[827] 「속지」는 「전지」에 비해서 찬술 연대가 떨어지지만 같은 동문의 종으로 언급된 것으로 봐서 동일한 범종으로 봐도 큰 문제는 없다고 판단된다. 즉 「속지」가 편찬되는 1786년 무렵까지는 강릉 동문에 굴산사종으로 전하는 범종이 존재하고 있었다. 그러므로 인용문 속 동문의 범종은 굴산사종으로 인식되던 종이다.

셋째는 을유년 6월의 대홍수 상황으로 인해 불기가 유실되는 내용을 기록하고 있다. 앞의 문장과의 관계를 놓고 본다면, 여기에서의 불기는 범일이 주조한 '동문=굴산사종'이어야만 한다. 그러나 수재로 범종이 많은 조각으로 깨진다는 것은 이해하기 쉽지 않다. 또 앞선 『임영지』 「속지」의 〈기사〉에 동문의 범종에 관한 내용이 존재한다는 점에서, 여기에서의 불기는 범종이라기보다는 말 그대로 다른 불기로 보는 것이 타당하다. 즉 어딘가에 보관되어 있던 불기가 홍수로 인해 유실된 상황이다. 이렇게 놓고 본다면, 이 "을유년 6월 ~" 부분은 앞선 범종의 내용과는 또 다른 불교 관련 기록으로 보는 것이 맞다.

인용문의 의미 파악에 도움이 되는 『임영지』 「속지」의 〈기사〉 내용을 제시해 보면 다음과 같다.

동문東門의 종은 세상에 전하기를, "굴산사종으로 (신)라 승려 범일국사가 주조한 바"라고 한다. 운년云年이 오래되어 작은 깨짐이 있다. (그래서 종을) 치면 깨진 징 소리와 같아서 듣는 이들이 이것을 싫어했다. 영묘英廟(영조) 을유(1764)년에 조후趙候 덕성德成(조덕성)이 다시 주조하여 만들었다. (그러나 종의) 체제體制가 교졸巧拙하여 신구新舊가 판이하

---

827 『臨瀛誌』, 「續誌」, 〈記事〉; 『增修臨瀛誌』, 〈記事〉. "東門鍾世傳崛山寺鍾, 而羅僧梵日國師所鑄."

니, 사람들이 이것을 애석하게 여겼다.[828]

인용문을 보면 동문의 종이 굴산사종으로 알려져 있다는 점, 또 이 범종이 오래되어서 깨져 기능을 상실하자 1764년 조덕성이 새로 주조했다는 점, 그런데 새 종의 모양새가 이전만 못해서 볼품이 없었음을 알 수 있다. 주지하다시피 통일신라의 범종은 전 세계 최고의 종으로 '코리안 벨Korean Bell'이라는 국제적인 명칭으로 불린다. 물론 조선시대의 종도 세계적인 관점에서는 나름의 훌륭한 점을 다수 갖추고 있다. 그러나 통일신라의 범종에 비견될 가치는 아니다.

이런 점에서 본다면, 1764년에 새로 조성된 관종이 대비되며 탄식을 자아내도록 한 동문의 종은 통일신라시대의 범종이었을 개연성이 충분하다. 물론 그렇다고 해서 이것이 곧장 굴산사종이라는 것을 의미하지는 않는다.

주지하다시피 굴산사에는 현존하는 최대 규모인 높이 5.4미터에 달하는 〈강릉 굴산사지 당간지주〉(구 보물 제86호)가 존재한다. 당간지주는 사찰의 규모를 짐작해 볼 수 있는 중요한 척도 중 하나이다. 또 굴산사지의 영역은 현재까지 완전히 정리되지 않았지만 드러난 것만으로도 매우 광대한 규모이다. 이는 굴산사종의 크기가 엄청났을 개연성을 추론해 보도록 한다. 왜냐하면 사찰의 범종은 전체 대중을 운집하는 신호용 법물法物이기 때문이다. 그러므로 사역 전체에 울리기 위해서는 어지간한 크기로는 감당이 될 수 없다. 굴산사지의 발굴을 통해서 황룡사지에서처럼 종각 유적이 드러난다면 굴산사지 범종의 크기를 유추해 보는 것도 가능하다. 그러나 현재로서는 당간지주나 사역寺域을 통한 간접적인 크기 판단만이 가능할 뿐이다.

---

828 같은 책. "東門鍾世傳崛山寺鍾, 而羅僧梵日國師所鑄. 云年久小破. 撞之如破鉦聲聽者惡之. 英廟乙酉趙候德成改鑄. 而體制巧拙新舊判異人惜之."

범종의 크기가 크다는 것은 종의 무게가 엄청나다는 것을 의미한다. 이는 '종鍾'라는 글자가 '金(쇠 금)+重(무거울 중)'으로 금속으로 된 가장 무거운 물건으로 치부되는 것을 통해서도 분명해진다. 즉 가뜩이나 무거운 물건인 종이 거대화되면 종을 걸어 두는 시설 건축 역시 일반적이어서는 안 된다. 이는 〈성덕대왕신종〉(12만 근)의 네 배 이상의 무게를 가진 〈황룡사종〉(49만 7천 5백 81근)을 걸기 위해[829] 종각의 건축 기둥이 이중으로 되어 있는 것을 통해서도 확인되는 부분이다. 즉 여기에는 '조선시대의 강릉 동문이 굴산사종의 거대한 무게를 지탱할 정도의 큰 규모였느냐?'의 문제가 존재하는 것이다.

발굴을 통해서 정확하게 확인된 사실은 아니지만 강릉 성의 동문 정도라면 규모가 아주 크지는 않았을 것으로 판단된다. 이런 시설물에 거대한 굴산사종을 걸었다는 것은 쉽게 이해되지 않는다. 그러므로 동문의 종을 세상 사람들이 굴산사종이라고 한 것은 당시 사람들의 범일과 관련된 민간 신앙적인 요소가 작용한 결과일 뿐 사실이 아닐 개연성이 크다. 즉 이 동문의 종은 굴산사종이 아닌 다른 폐사찰에서 옮겨 온 범종이었을 것이며, 이 종 역시 통일신라시대의 범종이 아니었을까 추정된다. 이는 앞서 언급한 것처럼 조선 종과 대비되는 빼어난 수작으로서의 형태가 대비되는 것을 통해 유추가 가능한 부분이다.

829　『三國遺事』3,「興法第三−皇龍寺鐘 芬皇寺藥師 奉德寺鐘」(『大正藏』49,991b).

강릉 굴산사지 당간지주(보물)

제5장

범일의 강릉단오제
주신으로서의 확립 과정 검토

강릉단오제의 특징과
국사성황신 성립 기록

1.
중국 단오제와 강릉단오제의 차이와 특징

강릉단오제는 1967년 1월 16일에 중요무형문화재(현 국가무형문화재) 제13호로 등재된다. 이후 2005년 11월 25일에는 유네스코 〈인류구전 및 무형유산 걸작〉으로 선정되고, 2008년에는 유네스코 인류무형유산 대표목록에 등재된다. 즉 한국을 넘어 세계를 대표하는 무형문화유산이 된 것이다.

음력 5월 5일의 단오는 한해의 중간으로 양기가 충만한 남향(남쪽)의 양명함을 상징한다. 동아시아 전통에서는 기수奇數(홀수)와 우수偶數(짝수)를 구

유네스코 인류무형유산으로 등재된 강릉단오제 – 봉안제

분하고, 이에 따른 존비尊卑의 차이를 둔다. 이에 따라 기수인 홀수는 하늘·양·남성·형이상 등의 상징으로 차용되고, 우수인 짝수는 땅·음·여성·형이하 등의 상징이 된다. 이는『주역』의 음양론이나 형이상(도道)과 형이하(기器)의 구분 등을 통해서 확인해 볼 수 있다.[830]

동아시아의 기수 중시는 명절 문화에서도 확인된다. 이는 1월 1일(설날)·3월 3일(삼짇날)·5월 5일(단오)·7월 7일(칠석)·9월 9일(중양절)처럼 기수가 겹치는 날이 명절이 되기 때문이다. 이외에도 동아시아의 명절은 농사와 관련된 달 숭배, 즉 보름 명절이 더 있다. 1월 15일(정월대보름)·6월 15일(유두)·7월 15일(백중·백종)·8월 15일(추석·한가위)이 그것이다. 즉 우수의 중첩에는 단한 차례도 명절이 존재하지 않는 것이다. 물론 최근 중국에서는 10월 10일을 '쌍십절雙十節'이라고 하며 명절 개념에 편입시키는 측면이 있다. 그러나 이는 전통 명절이 아닌 중화민국의 시발점이 되는 신해혁명이 1911년 10월 10일(음력 8월 19일) 호북성 무창진武昌鎭에서 발발한 것을 기념한 것이다.[831] 그러므로 이를 전통의 범주에서 이해할 수는 없다.

기수가 중첩된다고 해도 11월 11일은 명절이 되지 않는다. 이는『주역』에서 9를 극수極數로 보기 때문이다.[832] 이러한『주역』의 인식으로 인해 기수의 중첩 명절 중 단오가 중간이라는 의미로 쓰이게 된다.

단오端午의 '단端'은 바름, 즉 올바르다는 의미이다. 또 '오午'는 남쪽이라는 뜻이다. '자오축子午軸'이라는 말이 남북을 의미하고, 중국 북경 자금성紫

830　『周易』,「繫辭上 12」. "是故形而上者謂之道, 形而下者謂之器, 化而裁之謂之變, 推而行之謂之通, 舉而錯之天下之民謂之事業."

831　오수열,「辛亥革命과 民國初期에서의 孫文의 役割에 관한 연구」,『韓國東北亞論叢』58(2011), 29쪽 ; 배경한,「辛亥革命 前後始期 孫文의 아시아 인식」,『中國近現代史硏究』52(2011), 2쪽.

832　程頤·朱熹 著, 金碩鎭 譯,「易序」,『周易傳義大全解釋 上』(서울: 大有學堂, 1997), 10-11쪽 ; 尹相喆·金秀吉 著,「제6부 河圖와 洛書」,『周易入門』(서울: 大有學堂, 1997), 136-138쪽.

禁城이 '군인남면지술君人南面之術'에 입각해[833] 정문을 남쪽인 남향으로 하며 이를 '오문午門'이라고 한 것은 이와 같은 양상을 잘 나타내 준다.

추석이 햇곡식을 조상에게 올리는 추수 감사제의 의미가 있다면, 한국의 단오는 농사의 본격적인 시작과 관련된 풍요를 기원하는 상징을 내포한다. 이 때문에 단오는 설·추석·한식과 더불어 전통적인 4대 명절로 인식됐다. 불의 상징을 가지는 한식은 춘추시대 진문공晉文公(재위 B.C. 636~B.C. 628) 때의 인물인 개자추介子推(B.C.?~B.C. 636)의 죽음이라는 중국적인 관점이 한반도로 유입된 것이다.[834] 그러나 단오는 전국시대 초나라 굴원屈原(B.C. 343?~B.C. 278)이 멱라수汨羅水에 빠져 죽은 것에 대한 추모와는[835] 완전히 변별되는 한국적인 전개를 가진다.[836] 이런 특수성이 존재하기 때문에 한국의 강릉단오제는 중국의 단오인 용선절龍船節보다 유네스코 무형유산에 먼저 등재될 수 있었다.[837] 즉 명칭은 같고 명칭의 기원은 중국이지만 한반도의 단오는 중국과 달리 굴원이 존재하지 않는 완전히 다른 방식의 특별한 전통문화이다.

---

833 班固 撰, 『漢書』 30, 「藝文志(諸子略序)」. "君人南面之術: 1. 人君, 君主也。 2. 君人, 治理人民。 南面, 帝王之位南向, 故稱君王爲南面。"; 金一權, 「唐宋代의 明堂儀禮 變遷과 그 天文宇宙論的 運用」, 『宗敎와 文化』 6(2000), 209-210쪽.

834 김영수, 「晉文公의 論功行賞과 介子推의 龍蛇之歌」, 『東洋古傳硏究』 51(2013), 33-36쪽.

835 參考로 江陵端午祭가 2005년 11월 25일 유네스코 〈人類口傳 및 無形遺産傑作〉으로 選定되자, 類似한 端午 風習을 가진 中國이 强하게 反撥한다. 이에 따라 유네스코는 中國의 端午인 端午節을 '龍船節'이라는 이름으로 2009년 9월 30일에 유네스코 〈文化遺産 代表目錄〉에 登載되도록 한다. 張正龍·張娥凜, 「中國端午節 傳承과 現在的 觀點」, 『아시아江原民俗』 24(2010), 420-421쪽 ; 程嘉哲·劉深 著, 『屈原吟踪漫記』(重慶: 重慶出版社, 1992), pp. 1-8 ; 江筱倩, 「淺析韓國江陵端午祭對中國端午傳承之啓發」, 『東硏』 4(2018), p. 15.

836 김명자, 「韓, 中 端午 流來說과 관련 歲時」, 『南道民俗硏究』 14(2007), 10-17쪽 ; 江筱倩, 「淺析韓國江陵端午祭對中國端午傳承之啓發」, 『東硏』 4(2018), p. 21-26.

837 김명자, 「韓, 中 端午 流來說과 관련 歲時」, 『南道民俗硏究』 14(2007), 18-34쪽.

용선경기. 중국의 단오 풍습 중 하나이다.

　　한국 단오제 중 가장 대표적인 강릉단오제는 '대관령 국사성황신인 범일국사'와 '대관령 산신인 김유신 장군(『성소부부고』 권14)' 그리고 '대관령 국사여성황신 정씨녀鄭氏女'를 모시고 진행된다.[838] 이는 대관령의 호환虎患 및

838　張正龍, 『江陵 端午祭 現場論 探究』(서울: 國學資料院 2007), 130쪽. "傳說에 의하면 大關嶺國師女城隍神은 東萊府使를 歷任한 鄭賢德(1810~1883)의 딸이라고 한다. 一說에는 朝鮮朝 肅宗때 大關嶺城隍神이 草溪 鄭氏인 鄭完柱씨의 無男獨女인 경방댁 鄭氏 처녀가 창원 황씨 황수징과 結婚하였으나 시댁이 멀어 친정에 머물러 있다가 호랑이에게 물려 갔다고 한다. 大關嶺國師城隍神이 혼자 있는 鄭氏 처녀를 데리고 오려고 鄭氏의 꿈에 나타나 請婚했으나 사람이 아닌 神에게 딸을 줄 수 없다고 거절당하자 호랑이를 시켜 야밤에 머리를 감고 대청마루에 얌전히 앉아있던 처녀를 大關嶺으로 데리고 가서 靈魂結婚式을 했다고 한다. 사람들이 처녀를 찾아 大關嶺으로 갔더니 처녀의 靈魂은 이미 간데없고 身體는 碑石처럼 서 있었다고 전한다. 이러한 傳說은 이른바 虎患說話의 유형이며 解寃形의 하나로서 虎患 당한 처녀가 昇華된 神格으로 再生하는 科程을 통해 虎患을 防止하고 大關嶺 險路의 安全과 地域의 安寧, 豐饒를 祈願하는 祝祭의 한 要素를 내포하게 된 것이다."; 김정남, 「江陵端午祭 관련 說話와 韓國 現代 小說 -모티프의 수용과 변용 양상을 중심으로」, 『韓民族文化硏究』 49(2015), 371쪽. 김기설, 「江陵端

수호와 관련된 요청 구조 속에서의 변형과 관련된 것으로 판단된다.

　현행 강릉단오제의 주신은 대관령 국사성황신인 범일국사이다. 이는 성황제가 조선의 성리학 이전에는 무속적인 요소가 강력했다는 점에서 불교의 민간화를 나타내 주는 대표적인 사례이다. 특히 고승인 범일이 남성 국사성황신인데도 불구하고, 강릉의 정씨녀를 국사여성황신으로 등장시켜 합사(합배)하는 방식은 고승에 대한 인식이 크게 변모한 측면이라는 점에서 주목된다. 즉 민간 신앙화 과정에서 불교보다도 무속적인 요소가 더 큰 영향을 미치고 있는 것이다.

午祭 祭儀의 現況과 診斷」, 『아시아江原民俗』 23 (2009), 356쪽. "鄭賢德은 草溪 鄭氏의 시조인 鄭倍傑의 27世孫으로 鄭氏女의 아버지 完柱의 큰형 天柱의 6世孫이다. 天柱는 석창의 큰아들이고, 完柱는 석창의 셋째 아들이다. 그러니 大關嶺 國師서낭신과 死後에 婚配를 한 鄭氏女는 始祖 鄭倍傑의 22世孫으로 鄭賢德의 5代祖 姑母가 되고, 경방파(승지공파)의 派祖인 석창의 손자인 完柱와 어머니 安東 權氏 사이에서 태어난 외동딸이다."

강원도 대관령

2.
대관령 산신과 국사성황신의 관련 기록 정리

강릉단오제의 주신은 대관령과 관련된다. 대관령은 강원도를 영동과 영서로 양분하는 분기점으로 동서의 왕래에 잦은 어려움을 초래했다. 특히 대관령 동쪽인 강릉 및 영동 지역은 바다의 영향을 받는 해양성 기후로 강우량이 많고 온난하다. 이에 반해 영서 지역은 공기가 대관령을 건너며 수분을 빼앗기게 되므로 춥고 건조한 기후대가 된다. 즉 대관령으로 인해 영동과 영서의 기후에도 큰 차이가 발생하는 것이다.

또 예전에는 호환이 많았다. 이는 오늘날까지 한국 속담에 호랑이(혹 범)가 들어가는 것이 130종 이상이라는 점을 통해서도 분명한 판단이 가능하다. 즉 대관령은 특성상 호환이 빈번하게 발생하기 쉬운 조건이다.

이런 점에서 신라에서부터 확인되는 삼산·오악三山·五嶽과[839] 같은 뿌리 깊은 산악 숭배 전통은 대관령에 신앙적인 특수성을 부각하기에 충분했다. 또 신라시대에는 수도인 경주에서 강릉을 거쳐 오대산 등으로 통하는 길이 있었다는 점,[840] 그리고 고려가 건국되면서는 개경이 수도가 되며, 강릉에

---

[839] 洪淳昶,「新羅 三山·五岳에 대하여」,『新羅文化』4(1983), 38-57쪽 ; 尹善泰,「新羅 中代의 成典寺院과 國家儀禮-大·中·小祀의 祭場과 관련하여」,『新羅文化』23(2002), 105-117쪽 ; 김영수,「三山·五嶽과 名山大川 崇拜의 淵源 硏究」,『人文科學』31(2001), 379-389쪽.

[840] 『三國遺事』2,「紀異第二-文虎王法敏」(『大正藏』49, 972c). "王一日召庶弟車得公曰。汝爲冢宰。均理百官平章四海。公曰。陛下若以小臣爲宰。則臣願潛行國內。示民間徭役之勞逸。

서 대관령을 건너야 할 필연성이 더욱 강력해진다는 점은[841] 대관령과 관련
된 수호 신앙적인 요소가 강조될 수밖에 없는 필연성을 내포한다.

대관령 신앙과 관련된 가장 이른 기록은『고려사』권92의「열전」〈왕순
식〉에서 확인된다.

936년

『고려사』권92「열전」〈왕순식〉: (고려) 태조가 (후백제의) 신검神劍을 토벌
할 때, (왕)순식이 명주로부터 그 병사를 거느리고 와서 연합하여 그들을
격파했다. 태조가 (왕)순식에게 이르러 말했다. "짐이 꿈에 이승異僧이
갑사甲士 삼천을 거느리고 온 것을 보았다. (그런데) 익일에 경卿이 병사
를 거느리고 와서 도우니, 이것이 그 감응이로다." 순식이 말했다. "신이
명주를 출발해서 대현大峴(대관령)에 이르니, **이승異僧의 사당**이 있었습
니다. (이에) 제祭를 진설하고 기도하였습니다(설제이도設祭以禱). (주)상께
서 꿈꾼 바가 필시 이것일 것입니다." 태조가 기이하게 여겼다.[842]

후백제 신검이 견훤을 금산사에 유폐시키고 금강을 죽인 뒤 보위에 오
른 기간은 935~936년이다. 또 선행 연구에서는 이 기사의 상황을『고려사』

祖賦之輕重。官吏之淸濁。然後就職。王聽之。公著緇衣。把琵琶爲居士形。出京師。經由阿
瑟羅州(今溟州)牛首州(今春州)北原京[13](今忠州)至於武珍州(今海陽)巡行里閈。"

841 李揆大,「江陵端午祭의 形成과 歷史的 展開」,『江陵端午祭의 傳承과 비전』(서울: 고요아침,
2008), 22쪽 ; 황루시,「江陵端午祭 傳承에 관한 檢討」,『人文學研究』17(2012), 28쪽.

842 『高麗史』92,「列傳 5」,〈諸臣-王順式〉."太祖討神劍, 順式自溟州, 率其兵會戰, 破之. 太祖謂
順式曰, '朕夢見異僧, 領甲士三千而至, 翼日, 卿率兵來助, 是其應也.' 順式曰, '臣發溟州至
大峴, 有異僧祠, 設祭以禱, 上所夢者, 必此也.' 太祖, 異之."

권2에 견주어 936년 음력 9월의 일리천一利川 전투로 이해하고 있다.[843] 왕건이 신검을 토벌했다는 인용문의 시점 기록을 수용해 이를 일리천 전투로 받아들인다면, 936년 이전 대관령에 이승을 모신 이승사異僧祠가 존재했다는 것을 알 수 있다. 여기에서 이승은 범일국사로 그리고 사당은 성황당이나 산신각으로 보는 것이 지금까지의 가장 일반적인 연구 관점이다.[844] 즉『고려사』에는 대관령과 관련해서 불교적인 '이승'이 기록된 것이다.

다음으로 주목되는 문헌은 1486년에 간행되는『동국여지승람』권44의「강원도」〈강릉대도호부-사묘祠廟〉이다. 여기에는 성황사와 김유신사,[845] 그리고 대관령 산신사(대관산신사)가 나누어져 있음을 알 수 있는 짤막한 정보가 수록되어 있다.

---

843 鄭東樂,「崛山門 梵日國師 관련 자료의 검토」,『韓國古代史探求』33(2019), 435쪽. "一利川 戰鬪는 936년 9월 高麗의 王建과 後百濟의 神劍이 벌인 後三國 統一의 마지막 大會戰이었다. 이때 王順式은 溟州大匡으로 馬軍 2만을 거느리고 中軍의 指揮官으로 參戰하였다." ;『高麗史』2,「世家 2」,〈太祖 19년 9월〉. "甲午 隔一利川而陣, 王與甄萱觀兵. 以萱及大相堅權·述希·皇甫金山, 元尹康柔英等, 領馬軍一萬, 支天軍大將軍元尹能達·奇言·韓順明·昕岳, 正朝英直·廣世等, 領步軍一萬爲左綱. 大相金鐵·洪儒·朴守卿, 元甫連珠·元尹萱良等, 領馬軍一萬, 補天軍大將軍元尹三順·俊良, 正朝英儒·吉康忠·昕繼等, 領步軍一萬, 爲右綱. 溟州大匡王順式·大相兢俊·王廉·王乂, 元甫仁一等, 領馬軍二萬, 大相庾黔弼, 元尹官茂·官憲等, 領黑水·達姑·鐵勒諸蕃勁騎九千五百, 祐天軍大將軍元尹貞順, 正朝哀珍等, 領步軍一千, 天武軍大將軍元尹宗熙, 正朝見萱等, 領步軍一千, 杆天軍大將軍金克宗, 元甫助杆等, 領步軍一千, 爲中軍."

844 金興三,「羅末麗初 崛山門 信仰의 여러 모습」,『歷史와 現實』41(2001), 177쪽 ; 鄭東樂,「崛山門 梵日國師 관련 자료의 검토」,『韓國古代史探求』33(2019), 436-437쪽 ; 안광선,「異僧祠 一考」,『臨瀛民俗研究』8(2009), 25-50쪽 ; 안광선,「江陵端午祭 山神祭 研究-高麗末 朝鮮 初期를 중심으로」,『東洋學』58(2015), 177쪽의 脚註 20. "(異僧祠를) 張正龍은 서낭당이나 山神堂으로 보고 있으며 金興三은 梵日國師의 祠堂, 안광선은 普賢寺의 前身인 知藏禪院이라고 주장하고 있다. 또 朴道植은 江陵과 관련있는 慈藏 등의 高僧, 채미하는 梵日國師로 보고 있다." ; 張正龍 著,『江陵官奴假面劇 研究』(서울: 集文堂, 1989), 29-30쪽.

845 金庚信祠의 淵源은 멀리 統一 新羅로까지 遡及된다는 觀點도 있다. 朴道植,「江陵端午祭 主神 교체의 시기와 역사적 배경」,『地方史와 地方文化』22-1(2019), 135쪽.

1486년(1530년 증보)

『동국여지승람』권44 「강원도」〈강릉대도호부-사묘〉: 사직단社稷壇(부
府의 서쪽에 있다.) / 문묘文廟(향교에 있다.) / 성황사城隍祠(부府의 서쪽 100보에
위치한다.) / 여단厲壇(부府의 북쪽에 있다.) / 김유신사金庾信祠(화부산花浮山에
있다.『신증新增(동국여지승람)』: 지금은 성황사에 합사合祀되었다.) / 대관산신사大
關山神祠(부府의 서쪽 40리에 위치한다.)[846]

　　같은『동국여지승람』권44 〈강릉대도호부-인물〉의 왕순식 항에는『고
려사』와 같은 내용의 다음과 같은 기록도 있다. 그러나 이는『고려사』와 같
은 내용이므로 큰 의미가 되지는 못한다.

　　왕순식: 왕순식이 본주本州(명주)에서 장군일 때, (고려) 태조가 신검神劍
을 토벌했다. (왕)순식이 명주에서 그 병사를 거느리고 전쟁에 참여해서
그들(신검 군대)을 깨트렸다. 태조가 (왕)순식에게 말했다. "짐이 꿈에 **이
승異僧이 갑사甲士 3천**을 거느리고 이르는 것을 보았다. 익일翼日에 경
卿이 병사를 거느리고 와서 도왔으니 이는 그 감응이다." (왕)순식이 말
했다. "신이 명주를 출발해서 대현大峴에 이르니 **이승사異僧祠**가 있어서
제를 베풀어 기도하였습니다. (주)상께서 꿈꾼 것이 반드시 이것일 것입
니다." 태조가 이것을 기이하게 여겼다.[847]

846　『新增東國輿地勝覽』44,「江原道-江陵大都護府」. "祠廟: 社稷壇。在府西。文廟。在鄕校。
　　城隍祠。在府西百步。厲壇。在府北。金庾信祠。在花浮山。〔新增〕今合于城隍。大關山神
　　祠。在府西四十里。"

847　같은 책. "人物-高麗: 王順式。爲本州將軍。太祖討神劍, 順式自溟州率其兵, 會戰破之。太
　　祖謂順式曰: '朕夢見異僧領甲士三千而至, 翼日卿率兵來助, 是其應也。' 順式曰: '臣發溟州
　　至大峴, 有異僧祠, 設祭以禱。上所夢者必此也。' 太祖異之。"

『동국여지승람』「강릉대도호부」의 기록은『고려사』와 450여 년의 차이가 존재한다. 그런데 여기에는 성황사·김유신사·대관령산신사의 분리가 존재해 있는 내용이 기록되어 있다. 이는 사묘의 위치와 관련된 내용일 뿐이므로 '이승'에 대한 언급은 살펴지지 않는다. 그러나 이승은 김유신사와는 관련이 없을 것이므로 이를 성황이나 대관령 산신과의 연결점으로 추론해 보는 것 정도는 가능하다.

또 1530년의 『신증동국여지승람』의 발행 때는 화부산의 김유신사가 성황사에 합사되었다는 내용이 있다. 이 말이 '김유신이 성황으로 변모했다는 것인지', '화부산의 김유신사에 모종의 문제가 발생해서 성황사에 부가되었다는 것인지'는 불분명하다. 이와 관련해서 선행 연구에는 조선 전기에 정부에서 음사淫祠를[848] 규제하는 상황에서 김유신사가 음사로 규정되어 성황사에 합사되었다는 관점이 존재한다.[849]

흥미로운 것은 『동국여지승람』에는 성황사의 위치로 강릉부의 서쪽 100보라고 적고 있다는 것이다. 이 성황사는 1909년 훼철毁撤되는 강릉대도호부 관아 뒤편에 위치하던 대성황사이다. 그런데 이 위치는 대관령 신앙과는 거리로 봤을 때 직결시키기 어렵다. 즉 이는 음사로 규제된 대관령 성황사와는 별개로 정부에 의해 관리된 정사正祠의 성황사인 것이다. 이 정사 성황사의 제관은 당연히 관리가 담당했다.

---

848 『沙溪全書』30,「家禮輯覽-祭禮」. "曲禮 非其所祭而祭之 名曰淫祀. 淫祀無福. 註-非其所祭而祭之 如法不得祭 與不當祭而祭之. 淫過也. 以過事神 神弗享也. 故無福."

849 채미하,「朝鮮時代 江陵의 城隍祠와 端午祭」,『漢城史學』29(2014), 87-88쪽.

| 명주(강릉)의 성황 | 음사 성황(국가 미인정) | 위치: 대관령 | 민간 주도 |
| | 정사 성황(국가 인정) | 위치: 강릉부 서쪽 100보 | 관원 주관 |

　　정사 성황과 별개로 음사에도 불구하고 민간 신앙의 대관령 성황사 역시 단절되지 않고 존속한다.[850] 이 민간 성황과 관련된 부분이 '이승'과 후대의 '국사'와 연결되는 민간 신앙적인 측면으로 판단된다. 즉『신증동국여지승람』이 간행되는 1530년에 강릉 쪽에는 김유신사가 합사된 정사 성황사와 대관령 산신사가 존재했고, 이외의 기록에는 나타나지 않는 불교의 승려와 관련된 음사로서의 민간 신앙적인 성황이 대관령 쪽에 존재했던 것이다.

대관령 옛길 위에 자리한 국사성황사 전경

850　최종석,「朝鮮前期 淫祀的 城隍祭의 양상과 그 성격」『歷史學報』204 (2009), 212-224쪽.

대관령 국사성황사. 성황사에 모셔진 범일국사는 활을 메고 말을 탄 장군의 모습이다.

대관령 산신당. 산신 모습을 한 김유신 장군의 진영이 모셔져 있다.

그렇다면 왜 김유신사는 정사 성황사에 합사되고, 불교 승려와 관련된 이승사에 대해서는 일절 언급이 없는 것일까? 이는 김유신은 삼국 통일과 관련된 국가적인 인물이지만, 불교 승려는 숭유억불이 강조되던 조선 전기에 훼철의 대상일 뿐이었기 때문이다. 즉 김유신사는 국가가 주도하는 정사인 성황사에 수용되며 일부 양성화되었지만, 불교 승려와 관련된 대관령 성황은 음사로 규정되어 배척된 것이다. 또 음사로 규정되는 대관령 성황사는 『동국여지승람』(1486)에 전혀 나타나지 않는다는 점에서 1486년 이전에 성황사와 관련된 정리가 일단락되었음을 알 수 있다. 그리고 『동국여지승람』(1486)과 『신증동국여지승람』(1530)의 사이에 김유신사가 정사 성황사에 합사(합배)되는 신앙 구조의 변화가 2차로 발생하는 것이다.

그런데 1786년부터 1933년까지의 명주 지역 기록을 정리하고 있는 『증수임영지』「단묘壇廟」에는 1910년 김유신사가 다시금 화부산의 향교 동쪽에 재건되는 내용이 실려 있어 주목된다. 이 기록이 주목되는 것은 이것이 비록 후대의 자료이기는 하지만 김유신이 성황으로 대체된 것은 아니라는 판단을 가능하게 해 주기 때문이다. 즉 김유신은 최소한 성황은 아니었다.

1884년 이후

김유신사: 처음에는 부府 서쪽의 성황사에 봉안되었다(이상은 구지舊誌『임영지』를 참조하라). 고종 갑신甲申(1884) 봄에 그 후손인 (김)현구顯球·(김)하근河根·(김)홍두弘斗 등이 다시금 화과산 아래의 향교 동쪽에 사당을 세웠다. 제사 일은 5월 5일을 사용했다. 경술庚戌(1910) 가을에 유적비를 (추가해서) 세웠다.[851]

---

851 『(增修)臨瀛誌』,「壇廟」. "金庾信祠: 初奉于府西城隍祠(以上舊誌). 高宗甲申春, 其後孫顯球河根弘斗等, 更立祠于花浮山下鄕校東. 祀日用五月五日. 庚戌秋立遺跡碑."

『증수임영지』를 보면 상황사에 합사되었던 김유신을 후손이 분리해서 옛 김유신사로 복구하고 단오에 제사를 올렸다는 것을 알 수 있다. 즉 김유신과 성황은 분리해서 존재했지만 음력 5월 5일의 단오와 결합하여 있는 이중적인 모습이 확인되는 것이다.

다음으로 주목되는 문헌은 1603년 허균許筠(1569~1618)의 『성소부부고惺所覆瓿藁』 권14 「문부文賦 11 − 찬贊」에 수록된 〈대령산신찬大嶺山神贊 병서幷序〉이다. 이는 허균이 1603(선조 36)년에 직접 강릉단오제를 보고 기술한 내용이라는 점에서 의의가 크다.

1603년

『성소부부고』 권14 〈대령산신찬 병서〉: 계묘癸卯(1603)년 여름. 나는 명주에 있었는데, 주 사람들이 5월 길일(초하루)에 대령신大嶺神을 맞이하려 하였다. (이에 내가) 수리首吏에게 (내용을) 물었다. 수리가 말했다. "(대령)신이란, 신라 대장군인 김공 유신입니다. (유신)공이 소싯적에 (명)주로 유학游學하였습니다. (이때) 산신이 검술을 가르쳐 주고, (명)주의 남쪽 선지사禪智寺에서 검을 주조하였습니다. (검을) 90일 만에 제로諸爐에서 꺼내니, 광휘가 태양 빛을 앗아갈 정도로 번쩍였습니다. (유신)공이 패용하고 분노하면 (검은) 칼집에서 튀어나왔습니다. 이것으로 고구려를 멸하고 백제를 평정했습니다. 죽은 후에는 (대관)령의 신이 되었으니, 지금에 이르도록 영이靈異가 있습니다. 이로 인해 주 사람들이 매년 5월 초 길일에 제사를 올립니다. 기旛·번蓋·향香·화花를 갖추어 대령에서 (신장대를) 맞아와 부사府司에 봉치奉置합니다. (그렇게) 5일이 지나면 잡희雜戲를 베풀어서 기쁘게 해드립니다. 신神이 기쁘면 종일토록 개蓋(신장대)가 쓰러지지 않는데 그해에는 풍년이 듭니다. (신이) 노하면 개蓋가 쓰러지는데 (이렇게 되면) 풍수지재風水之災가 있게 됩니다." 나는 이를 이상히 여겨 그날에 가서 보았다. 과연 쓰러지지 않자 주 사람 부로父老들이 모두 기뻐하며, 구시謳詩를 외치고 서로 경사스럽게 여겨 변무抃舞를 추었다. 내가 생각해 보건대 (유신)공은 살아서는 왕실에 공을 세워 삼통지업三統之業을 이루었다. (그리고) 죽고 수천 년이 되어서도 오히려 다른 사람에게 화복禍福을 주어 그 신神을 드러내니, 이는 가히 기록할만하다.[852]

허균의 〈대령산신찬 병서〉는 『신증동국여지승람』과는 70여 년의 차이만 존재한다. 이런 점에서 본다면 당시 김유신은 대성황사에 합사되어 있었다고 보는 것이 타당하다. 그런데 여기에는 김유신이 대관령 산신으로 등장하고 있다. 이것을 대성황사에 합사되어 있던 상황에서 김유신이 대관령 산신으로 인식된 것인지, 또는 대성황사에 합사된 것과는 별개로 대관령 산신과 습합된 것인지는 불분명하다. 다만 글의 제목이 〈대령산신찬 병서〉라는 점, 또 그 시기가 음력 5월 길일이고 5일이 지난다는 말이 있으니, 음력 5월 초하루부터 단오를 넘을 때까지로 추론해 보는 것이 가능하다. 즉 강릉단오

---

852 『惺所覆瓿藁』14,「文賦11-贊」,〈大嶺山神贊 幷序〉. "歲癸卯夏. 余在溟州. 州人將以五月吉. 迓大嶺神. 問之首吏. 吏曰. 神卽新羅大將軍金公庾信也. 公少時游學于州. 山神敎以劍術. 鑄釖於州南禪智寺. 九十日而出諸爐. 光耀奪日. 公佩之. 怒則躍出韜中. 以之滅麗平濟. 死而爲嶺之神. 至今有靈異. 故州人祀之. 每年五月初吉. 具旛蓋香花. 迎于大嶺. 奉置于府司. 至五日陳雜戱以娛之. 神喜則終日盖不俟仆. 歲輒登. 怒則盖仆. 必有風水之災. 余異之. 及期往看之. 果不俟. 州人父老悉驩呼謳詩. 相慶以抃舞. 余惟公生而立功於王室. 成統三之業. 死數千年. 猶能福禍於人. 以現其神. 是可紀也已. (逢贊曰. 猗紫纓裔. 趬趬桓桓. 爲國虎臣. 提抱登壇. 杖鉞轅門. 氣呑麗濟. 鞭笞虎貔. 驅駕勇貍. 佩以吳鉤. 出自昆吾. 紅光艶奕. 紫焰呵噓. 熊津斬馬. 萬艘來壓. 白江後期. 三軍氣懾. 公鬚蝟磔. 按劍而咆. 赤龍閃躍. 驚電匝鞱. 王師遝協. 克剗扶蘇. 蠢爾高驁. 陸梁西隅. 發卒徂征. 皇威霆震. 東師一萬. 鼓而先進. 攙槍麈勁. 嶽圻淵騰. 積甲投戈. 峂海瑣陵. 英公爲笑. 七部泥膝. 隣釁迄除. 國已去疾. 日月開朗. 天地昭蘇. 環三韓境. 盡歸版圖. 鼎彝旂常. 丹靑帶礪. 東海之東. 功无與建. 雄風英烈. 今數千年. 乃享廟食. 于閼之顫. 歲時芬芯. 疇敢以慢. 公靈不昧. 降福簡簡. 雲馬風車. 颷然而來. 穀登歲熟. 民不沴災. 溟漲洋洋. 五臺鬱鬱. 千秋萬歲. 香火罔缺. 余忝同族. 亦帷溟泯. 刊頌以揚. 惟我神明.)"

제와의 연관성이 인지되는 것이다. 또 김유신이 대관령 산신이라는 점에서 본다면 대성황사에서 성황과 합사되어 있었음에도 성황은 아니었다는 점은 자못 분명해진다. 왜냐하면 제아무리 김유신이라고 하더라도 동일 지역권에서 산신과 성황을 겸한 신앙 대상이 된다는 것은 가능성이 낮기 때문이다.

아마도 김유신사를 통해 독자성을 강하게 유지하던 김유신이 정사 대성황사에 합사되며 독립성을 잃자, 이에 대한 반대급부로 김유신의 독자적인 장군으로서의 강력한 이미지가 대관령 산신과의 습합을 이루어내는 것이 아닌가 한다. 만일 그렇지 않다면 불과 70여 년 만에 발생하고 있는 신앙 변화를 설명하기 쉽지 않다. 즉 1603년 김유신은 성황과 공간적인 합사가 이루어져 있었지만, 내용상으로는 대관령 산신과의 연결이라는 이중성을 가지고 있었다.

또 허균의 기록에는 대관령과 관련해서 이승異僧에 대한 내용이 전혀 살펴지지 않는다. 그러나 이후의 기록인 『임영지』에는 '승·속이신僧·俗二神'에 대한 부분이 수록되어 있어 주목된다. 즉 당시에 '성황-이승', '산신-김유신'의 구조가 존재했을 개연성이 존재하는 것이다.

대관령 신앙 및 강릉단오제와 관련해서 가장 많은 내용을 기록하고 있는 것은 『임영지』다. 『임영지』는 강릉을 중심으로 하는 명주 지역의 역사·문화·지리 등을 기록하고 있는 지방지로 「전지」·「후지」·「속지」로 나뉜다. 이 중 「전지」는 광해군 연간인 1608~1623년의 기록이며, 「후지」는 1748(영조 24)년 편찬된다. 그리고 「속지」는 정조 10년인 1786년에 이루어진다.[853] 이 『임영지』를 흔히 '구지舊誌'라고 하며, 여기에 1786~1933년까지 147년간의

---

853 『臨瀛誌』, 「續誌」, 〈凡例〉.

기록을 추가한 것이 바로 『증수임영지』이다.[854] 이 중 「전지」와 「속지」에는 다음과 같은 매우 중요한 내용이 수록되어 있어 주목된다.

1608~1623년

『임영지』「전지」〈사전祀典〉: 대관산신大關山神 –「탑산기塔山記」에 (다음과 같이) 기록되어 있다. 왕순식이 고려 태조를 따라 남쪽을 정벌할 때 꿈에 승·속이신僧·俗二神이 병사를 거느리고 구하러 오는 것을 보았다. (꿈에서) 깨고 전쟁에서 이겼으므로 대관大關에서 제사하였다. 지금에 이르도록 제사하고 있다(이는 『고려사』에 기록된 바와 같지 않다).[855]

『임영지』「전지」는 「탑산기」라는 『고려사』와는 또 다른 선행 기록을 인용해서 '승·속이신'에 대해 언급하고 있다. 또 여기에는 꿈을 꾸는 주체가 왕건이 아닌 왕순식으로 되어 있으며, 대관령에서의 제사를 올리는 시점 역시 전쟁 전과 전쟁 후의 차이가 존재한다.[856] 특히 이 기록은 『고려사』의 내용과 차이를 명확히 인지하고 있어 주목된다.

그러나 『고려사』「왕순식」과 내용적인 유사성이 확인된다는 점에서 양자는 비슷한 전승을 토대로 했음이 분명하다. 또 왕순식이 대관, 즉 대관령에서 제사를 올리고 있다는 점에서 이 사건이 대관령과 관련된다는 점 역시 확실하다. 즉 본 연구와 관련해서 가장 주목되는 차이는 『고려사』의 '이승'이

---

854 박영완, 「江陵 臨瀛誌 硏究」, 『江原民俗學』 7(1992), 34–36쪽.

855 『臨瀛誌』, 「前誌」 2, 〈祀典〉. "大關山神: 塔山記載, 王順式從高麗太祖南征時, 夢僧俗二神率兵來救. 覺而戰捷, 故祀于大關. 至于至祭[此與高麗史 所記不同]."

856 金興三, 「羅末麗初 崛山門 信仰의 여러 모습」, 『歷史와 現實』 41(2001), 176쪽. "『高麗史』의 것은 戰爭이 發生되기 전의 狀況을 記錄한 것이고, 『臨瀛誌』의 것은 戰爭이 끝난 뒤의 일을 적어 놓은 것이므로 모두 有用한 것이다."

여기에서는 '승·속이신'으로 변모하는 부분이라고 하겠다.

앞선 『임영지』「전지」 2 〈총화叢話〉를 통해서 검토한 바와 같이 「탑산기」의 최초 작성자는 범일이며 이에 대한 후대의 유실과 보충 및 변화가 존재한다.[857] 연대를 고려해 봤을 때 범일의 「탑산기」에 왕순식에 관한 내용이 들어갈 수는 없다. 이는 「탑산기」가 후대에 보충·변화되는 과정에서 첨가된 부분임이 분명하다. 즉 「탑산기」는 범일의 기록을 토대로 후대 보충·변화되는 과정에서 명주 지역의 전승을 포함하게 되는 문헌이라고 판단해 볼 수 있는 것이다. 이런 점에서 불교를 중심으로 하는 문헌인 「탑산기」에 '승·속이신'의 기록이 포함된 것은 시사하는 바가 적지 않다.

『임영지』「전지」의 「탑산기」 인용은 제20대 경종(재위 1720~1724) 무렵에 찬술된 문헌인 『강릉지』 권2에서도 거의 같은 내용이 확인된다.[858] 『강릉지』가 당시까지 전해지던 「탑산기」를 직접 인용한 것인지, 아니면 『임영지』를 재인용한 것인지는 명확하지 않다. 다만 이를 통해서 『임영지』「전지」 이후 100여 년 후에도 '승·속이신'의 인식이 전승되고 있었다는 점, 또 『고려사』의 '이승'보다 후대에는 승·속이신이 더 보편적으로 수용되고 있었다는 점을 인지해 보는 정도는 충분히 가능하다.

『신증동국여지승람』(1530)에서 확인되는 김유신과 성황사의 합사는, 1603년의 〈대령산신찬 병서〉에 이르면 김유신과 대관령 산신과의 결합이라는 이중 구조로 목도된다. 그런데 같은 시기인 『임영지』「전지」(1608~1623)에

---

857 『臨瀛誌』, 「前誌」 2, 〈叢話〉; 『增修臨瀛誌』, 〈叢話〉. "塔山記初作於梵日國師. 失於顯宗朝丹兵之亂. 其後府使詢問古老, 詳在山塔所在之地, 藏之府司. 壬辰之亂污毀太半, 惟塔設立一條尚存. 可考者其說已載於總論. 其祠典族圖雜儀, 皆模糊莫辯. 其中釋奠一款具存. 與今五禮儀大相舛謬. 未知倣何代儀制而作也."

858 『江陵誌』 2, 「風俗」. "大關山神塔山記載, 王順式從高麗太祖南征時, 夢僧俗二神率兵來, 救覺而戰捷, 故祀于大關至于今致祭."

는 「탑산기」를 인용한 대관령과 관련된 '승·속이신'의 기록이 존재하는 것이다.

『임영지』「전지」가『고려사』의 기록과 다름에도 불구하고 지역의 선행 자료인 「탑산기」를 인용하고 있다는 것은 「전지」의 작성 시기로 봤을 때 후대에 재정리된 「탑산기」도 허균의 〈대령산신찬 병서〉에 앞서는 것으로 볼 수 있다. 즉 「탑산기」를 인용하고 있는『임영지』「전지」(1608~1623)는 허균의『성소부부고』〈대령산신찬 병서〉(1603)보다 성립 연대는 늦지만 더 빠른 기록의 권위를 확보할 수 있는 것이다. 이는 〈대령산신찬 병서〉에 범일에 대한 언급이 없으므로 범일이 대관령 성황신이 되는 것은 조선 후기의 변화일 뿐이라는 관점에[859] 반론을 제기하기에 충분한 측면이라고 판단된다.

「탑산기」의 승·속이신 중 '속俗'은 김유신으로 보는 것이 타당하다.[860] 즉 대관령을 중심으로 '이승'과 김유신의 이중 구조가 내려오면서 상호 습합되는 모습을 알 수 있는 것이다. 이 중 김유신이 산신과 밀접한 연결 관계를 확보한다는 허균의 기록을 토대로 본다면 이승은 민간 신앙인 음사의 성황 지위를 가지는 것으로 이해되는 것이 타당하다.

실제로 산을 주관하는 산신과 터주신으로서의 국사신局司神 사이에는 분명한 구분 인식이 존재했다. 이는 산신(산신각, 혹은 삼성각 내에 산신을 모심)을

---

859 심형준은 既存에 提示되었던 다양한 主神의 變化 時期에 대한 관점들과 타당성을 잘 정리해 놓고 있어 주목된다. 심형준, 「江陵端午祭 主神 交替 問題에 관한 考察-梵日國師의 登場 問題」, 『歷史民俗學』43(2013), 262-264쪽.

860 임동권 著, 『江陵端午祭-重要無形文化財指定資料』(서울: 서울文化財管理局, 1966), 16쪽 ; 金善豊 著, 『韓國詩歌의 民俗學的研究』(서울: 螢雪出版社, 1977), 36-39쪽 ; 張正龍 著, 『江陵官奴假面劇 研究』(서울: 集文堂, 1989), 29-30쪽 ; 채미하, 「朝鮮時代 江陵의 城隍祠와 端午祭」, 『漢城史學』29(2014), 97쪽 ; 채미하, 「朝鮮時代 江陵의 城隍祠와 端午祭」, 『梵日國師 研究叢書』(江陵: 梵日國師文化祝典委員會, 2016), 192쪽. "金庾信이 五臺山에서 칼을 鑄造하였다는 것(『臨瀛誌』, 「前誌」2, 〈祀典〉)은 大關山神祠의 主神으로 僧·俗二神을 모신 것과 관련 있다고 생각한다."

합천 해인사 국사단

모시고 있는 사찰 안에 해인사 국사단局司壇·신륵사 국사당局祀堂·원주 구
룡사 국사단局司壇 등 다수의 국사단(혹 국사당)이 존재한다는 점, 또 사찰의
새벽 예불 때 진행되는 〈행선축원行禪祝願〉에 "토지천룡호삼보土地天龍護三
寶(토지신과 천룡팔부는 삼보를 옹호하옵고) 산신국사보정상山神局司補禎祥(산신과 국
사신은 상서로움을 도와주소서)"이라고 해서,[861] 산신과 국사신의 분명한 이중 구
조가 목도된다는 점을 통해 확인이 가능하다.[862] 즉 승·속이신의 구조에서

861 安震湖 編,『釋門儀範』上,「二. 祝願篇」,〈第一. 行禪祝願〉(ABC, 04309_0001 v1, 43a) ;『茶松文
稿』2,「地瓦窟開基祝文」(ABC, H0315 v12, 730c). "山神局司. 崇岳尊靈. 土祇地神. 降此道場.
護我羶事." ;『茶松文稿』2,「曹溪山松廣寺七星閣新建開基祝」(ABC, H0315 v12, 756b). "金學模
敢昭告于山神局司. 土祇靈神." 等.

862 황루시는 筆者와 달리 山神과 國師를 類似神格으로 理解하고 있다. 황루시,「江陵端午祭의
傳統性과 持續性」,『歷史民俗學』9(2000), 154-155쪽.

'속-김유신-산신'의 연결을 확보한다면, 승은 국사局司와 결합하여 신의 성격적으로는 고려 이래의 성황과 결합하고 국사 발음은 국사國師와 통하는 것이 아닌가 한다. '속-김유신-산신'에 대응하는 '승-범일-국사성황'의 완성이라고 판단되는 것이다.

또 이들의 민간 신앙적인 변용 과정에서 승·속이신이라는 양자적인 습합(혼재)도 일정 부분 진행되는 것이 아닌가 한다. 그리고 이러한 습합 시기는 『신증동국여지승람』의 성황사에 김유신이 합사되는 1486년 이후부터 1530년 이전이라고 추론해 볼 수 있다.

「전지」보다 약 160년 후의 기록이지만, 『임영지』 「속지」(1786)에는 강릉 단오제의 주신으로 무속적인 성향이 강한 '국사'가 등장한다.[863] 이 국사는 대관령에서 비롯되어 대성황사에 안치되는 대관령과 성황을 연결하는 존재라는 점에서 주목된다. 이의 해당 기록을 제시해 보면 다음과 같다.

매년 4월 15일에 본부本府(강릉부)의 현직 호장戶長이 무격巫覡을 영솔領率하여 대관령에 이른다. (대관령의) 핵심 되는 곳 위에 1칸의 신사神祠가 있다. 호장이 신당에 나아가 고유告由하고, 무격으로 하여금 수목 사

863　朴道植, 「江陵端午祭 主神 교체의 시기와 역사적 배경」, 『地方史와 地方文化』 22-1(2019), 142-143쪽.

이에서 신령한 한 나무를 구하도록 한다. 신에 의해 바람이 불고 가지와 잎이 흔들리면, 이에 '신령이 의거하는 바'라고 하며 그 나뭇가지를 잘랐다. (그러곤) 건장자健壯者에게 받들어 지니게 했는데 이를 '**국사國師**'라고 하였다. (…) 어두워질 때 관아에 도착하니 화톳불이 관아를 두루 비추고 있었다. (잘라 온 나뭇가지는) 관노비(관예官隷)들이 편안하게 맞아서 성황사城隍祠에 안치했다. 5월 5일이 되니 무격 등이 각 색의 비단천을 모아 고기 비늘처럼 겹겹이 폭을 잇닿게 했다. (이) 오색찬란함이 장간長竿에 걸리니 (거대한) 일산이 드리운 것 같았다. 이름을 (중앙의 깃봉) 덮개에 쓰고 역건자力健者(건장자)로 하여금 받들고 앞서가게 했다. 무격 등은 악기를 연주하며 그 뒤를 따랐다. (또 그 뒤로) 창기倡妓들이 무리 지어 잡희雜戱를 지으며 나아가 종일토록 하다가 성의 남문을 나가 소학천巢鶴川에 이르러 파하였다. (대관)령 위에서 받들어 온 신목神木은 그 익일에 성황사에서 소화燒火했다. 이 읍邑의 습속이 (이처럼) 항상 해진 것이 이미 오래되었다. (만일) 이렇게 하지 않으면 풍우風雨가 곡식을 손상하고 금수禽獸가 물物을 해친다고 한다.[864]

또 같은 「속지」의 〈기사記事〉에는 단오에 관한 내용은 아니지만, 1762년의 내용으로 '국사의 배송'에 대한 부분이 수록되어 있다.[865] 즉 「속지」의

864 『臨瀛誌』,「續誌」,〈風俗〉. "每年, 四月十五日, 本府時任戶長, 領率巫覡, 詣大關嶺, 領上有神祠一間. 戶長就神堂告由, 令巫覡求神靈於樹木間有一木. 神颷颯然枝葉自搖, 乃曰, 神靈之所依斫其一枝. 令健壯者奉持, 謂之國師. (…) 乘昏到官燎火遍野, 官隷祇迎歸安于城隍祠. 至五月五日, 巫覡等聚各色錦緞鱗次連幅. 五彩燦爛掛長竿如傘垂. 名以爲盖, 令力健者奉之以前行. 巫覡等作樂隨之. 倡優輩進雜戱盡日出城南門, 到巢鶴川而罷. 嶺上奉來神木則, 以其翌日燒火于城隍祠, 此邑習俗以爲常其來已久. 不然則風雨損稼禽獸害物云."

865 『臨瀛誌』,「續誌」,〈記事〉. "英廟壬午夏, 府伯尹坊, 以三陟殺獄覆撿官, 坐罷. 禁府胥吏, 李逵爲名者, 奉拿命到官, 以情債事, 徵責首吏時, 崔吏光振, 當戶長之任, 胥吏招之. 是日乃五月

기록만을 놓고 본다면, 이 국사는 현재의 대관령 국사성황신이자 강릉단오제의 주신으로 되어 있는 범일국사에 부합한다. 그러나 여기에 문제가 전혀 없는 것은 아니다. 허균의 〈대령산신찬 병서〉(1603)에 등장하는 대관령 산신과 강릉단오제 주신으로서 김유신의 성격이 연대적으로 앞에 있기 때문이다. 즉 양자 사이에는 약 180년이라는 시차가 존재하는 것이다.

그러나 앞서 언급한 것처럼 인용문의 음사 성황을 국사와 연결하고 이 국사가 정사의 대성황사로 안치되는 것으로 본다면 이렇다 할 문제는 존재하지 않는다. 이렇게 되면 강릉단오제의 주신과 관련된 충돌, 즉 '대관령 산신-김유신'과 '대관령 성황-국사'라는 이중 구조가 존재하면서 모든 문제는 해결되기 때문이다.

또 「속지」(1786)의 '국사'가 새롭게 등장한 개념이 아니라, 『고려사』의 '이승(935~936)'과 「전지」(1608~1623) 「탑산기」의 '승·속이신'을 계승하고 있다는 점에서 본다면 이의 연대와 불교적인 타당성을 부정하기는 쉽지 않다. 또 김유신과 관련해서는 김유신이 성황신과 결합하는 결정적인 측면은 발견되지 않는다.

또 허균의 〈대령산신찬 병서〉와 관련해서는 임진왜란의 상흔과 이의 극복 과정에서 대두하는 강력한 장군, 즉 김유신에 대한 민중적 요청도 생각해 볼 수 있다. 즉 당시에는 김유신과 같은 강력한 무장의 신앙적 필연성이 강하게 대두하던 시기라는 말이다. 이렇게 놓고 본다면, 김유신이 강릉단오제

五日, 國師拜送之日也. 戶長方有事於城隍祠, 移時乃至. 胥吏性頗燥妄, 使人結縛手, 執馬牌亂打戶長, 曰: "汝歸重城隍, 待我淺薄, 未知城隍何神, 汝雖尊敬於吾何關語, 多駭悖." 俄而, 胥吏四肢戰縮, 骨節刺痛, 有若被人結束, 精神昏耗, 始乃危懼, 喉中作聲, 曰: "吾其死矣." 因嘔血暴死."; 심형준, 「江陵端午祭 主神 交替 問題에 관한 考察–梵日國師의 登場 問題」, 『歷史民俗學』 43(2013), 269쪽; 朴道植, 「江陵端午祭 主神 교체의 시기와 역사적 배경」, 『地方史와 地方文化』 22-1(2019), 141쪽.

경주 김유신묘

의 전통적인 주신이 아니었을 수도 있고, 또 주신으로 존재했다고 하더라도 그 기간은 양난의 극복기 정도라는 판단도 가능하다.

이후 17세기 예학 시대가 본격화되고 武무보다는 文문의 선호가 강조되면 장군보다는 국사적인 민중적 요청이 증대할 수밖에 없다. 이는 조선 후기에 국사가 강릉단오제의 주신이 될 수밖에 없는 하나의 타당한 이유를 설명해 준다. 즉 김유신은 특수한 시대적인 요청에 따른 강릉단오제의 주신이었고 그 이전(이승과 「탑산기」에 입각한 판단)과 이후에는 불교적인 이승과 국사의 측면이 존재했을 것이라는 말이다.

또 김유신은 명장으로서의 강력한 위상을 가지기는 하지만, 강릉과 명주와 직접적인 연관성을 가지지는 않는다. 이에 반해 범일은 강릉 출신으로 40여 년을 굴산사 쪽에 머물며, 경주의 삼왕 초청에도 응하지 않았던 진정한 강릉인이었다. 이런 점에서 강릉단오제의 주신으로는 김유신보다는 범일의 타당성이 앞서는 것이 아닌가 한다.

또 강릉단오제의 주신이 범일이 되는 것과 관련해서는 나말여초에 결성되었다가 1681(숙종 7)년에 재결성되는 미타계彌陀契에서 찾는 연구도 있다.[866] 이는 〈대령산신찬 병서〉(1603)에 범일 대신 김유신이 주신의 위치에 있기 때문이다. 이 주장 따르면 미타계를 주도한 향리들이 범일을 강릉단오제의 주신인 국사성황으로 변모시켜 자신들의 입지와 지배력을 강화하려고 했다는 것이다.[867] 그러나 향리에 의한 요청 구조가 존재했다고 하더라도 이를 곧장 변화의 핵심으로 이해하는 것에는 무리가 있다는 반론 역시 만만치 않다.[868] 즉 미타계에 따른 변화는 여러 요인 중 하나일 수는 있어도 직접적인 요인으로 판단하기는 어렵다는 말이다.

---

866 李揆大, 「江陵 國師城隍祭와 鄕村社會의 變化-鄕吏層의 彌陀契를 中心으로」, 『歷史民俗學』 7(1998), 115쪽 ; 李揆大 著, 「朝鮮後期 鄕村社會 變化와 江陵 國師城隍祭」, 『朝鮮時期 鄕村社會 研究』(서울: 신구문화사, 2009), 264쪽 ; 李揆大, 「江陵端午祭의 形成과 屈折, 그리고 재정립의 傳承樣態-通曉大師 梵日 · 彌陀契와 관련하여」, 『梵日國師 研究叢書』(江陵: 梵日國師文化祝典委員會, 2016), 170쪽.

867 李揆大, 「國師城隍祭와 鄕村社會의 變化-鄕吏層의 彌陀契를 中心으로」, 『臨瀛文化』 22(1998), 4쪽.

868 안광선, 「江陵端午祭 神格變動」, 『民俗學研究』 41(2017), 188쪽, "임동권은 주민들의 證言을 바탕으로 僧은 梵日國師. 俗은 金庾信이라고 僧俗을 解釋하고 있으며, 최철도 임동권의 주장을 그대로 수용하고 있다(최철 著, 『嶺東民俗志』(서울: 通文館, 1972), 156쪽)." ; 심형준, 「江陵端午祭 主神 交替 問題에 관한 考察-梵日國師의 登場 問題」, 『歷史民俗學』 43(2013), 283쪽.

제2절

이승의 존재와
범일로의 대체 가능성

1.
이승과 승·속이신의 '승'에 대한 판단

지금까지의 강릉단오제와 관련된 선행 연구들은『고려사』의 '이승異僧'과 「전지」의 '승·속이신'의 승을 대부분 범일국사로 판단했다.[869] 또 강릉단오제의 주최 측에서 '천년 축제'로 규정하는 것은『고려사』의 '이승=범일=주신'으로 규정하기 때문이다. 물론 여기에는〈대령산신찬 병서〉에 입각한 '김유신=주신'의 구조가 존재하기는 한다. 그러나 이는 특정 시기의 변화를 반영하는 것일 뿐 전체가 그렇다는 것은 아니다.

　강릉시나 사단법인 강릉단오제위원회 및 사단법인 강릉단오제보존회의 입장은 '이승=범일=주신'이며, 여기에 보조적으로 '김유신=주신'의 구조가 첨가되는 정도라고 하겠다. 이는 현행하는 강릉단오제의 전개 방식인 음력 4월 5일의 신주神酒 빚기에서 음력 5월 8일의 송신제送神祭까지의 핵심에 대관령 국사성황신이자 강릉단오제의 주신인 범일국사가 존재하는 것을 통해서 분명해진다.[870]

---

869 임동권 著,『江陵端午祭-重要無形文化財指定資料』(서울: 서울文化財管理局, 1966), 16쪽 ; 金善豊 著,『韓國詩歌의 民俗學的研究』(서울: 螢雪出版社, 1977), 36-39쪽 ; 張正龍 著,『江陵官奴假面劇 研究』(서울: 集文堂, 1989), 29-30쪽 ; 채미하,「朝鮮時代 江陵의 城隍祠와 端午祭」,『漢城史學』29(2014), 97쪽. 이에 관해서는 批判的인 觀點의 研究도 존재한다. 심형준,「江陵端午祭 主神 交替 문제에 관한 고찰-梵日國師의 등장 문제」,『歷史民俗學』43(2013), 279-283쪽 ; 황루시,「江陵端午祭 傳承에 관한 檢討」,『人文學研究』17(2012), 31-34쪽.

870 한양명,「고을축제로서 江陵端午祭의 節次와 內容에 대한 검토」,『共演文化研究』18(2009),

강릉단오제 – 신주 빚기

　　그러나 이승사의 이승이 범일인지에 대해서는 생각해 볼 여지가 존재한다. 범일의 입적은 889년이며 『고려사』의 해당 기록은 935~936년이다. 이는 범일의 입적 후 36년 만에 민중적인 신격화가 이루어졌다는 의미가 된다. 더구나 935~936년은 왕순식이 군대를 인솔해서 대관령을 넘던 시점이므로 범일의 신격화는 이보다는 최소 5년 이상 선행되어야 한다. 즉 입적 후 불과 1세대 만에 대관령과 관련해서 민중적인 신격화가 이루어졌다는 말이다. 이것은 범일이 제아무리 위대한 고승이라 하더라도 너무 빠른 감이 있다. 특히 민간 신앙의 수용은 불교를 넘어서는 변화된 외연 확장이라는 점에서 더욱 그렇다.

　　실제로 중국 화엄종의 실질적 개창자인 현수법장賢首法藏(643~712) 역

571-594쪽 ; 이경화, 「江陵端午祭의 傳承과 變容」, 『人文學研究』 15(2011), 65-79쪽 ; 김흥술, 「江陵端午祭와 江陵의 都市文化」, 『江原史學』 23(2008), 201-208쪽.

시 그와 관련된 전기 자료들을 검토하면 이렇게까지 빠른 신격화가 이루어지지는 않는다.[871] 특히 당시는 사굴산문이 굴산사를 중심으로 활발하게 활약하던 시기이다. 이런 상황에서 고승이 민중적인 신격화 대상이 된다는 것은 상대적으로 쉽지 않다. 특히 대관령 동쪽의 강릉만이 아니라 영서의 오대산도 사굴산문의 영향권에 들어가 있다는 점에서 대관령이 험난해 강력한 민중 신앙적인 필연성이 존재한다고 하더라도 범일이 변용되기는 결코 쉬운 상황이 아니다. 즉 범일계의 반발과 기득권 불교로서의 권위에 의해 이와 같은 작업이 쉽지 않았을 것이라는 말이다.

이외에도 결정적인 반론이 가능한 것은 왕순식이 범일의 수제자 낭원개청의 후원자, 즉 단월이라는 점이다.[872] 이 때문에 이승사의 이승을 낭원개청으로 보는 연구도 있다.[873] 그러나 낭원개청의 신도인 왕순식이 개청을 인지하지 못해 이승으로 칭한다는 것은 이해하기 쉽지 않다.

또 왕순식이 개청의 신도라는 것은 왕순식이 범일에 대한 인식 역시 분명히 가지고 있었음을 의미한다. 그런 점에서도 왕순식이 범일을 알아보지 못하고 이승을 모신 이승사라고 기록하는 것 역시 이해하기 쉽지 않다. 즉 '이승=범일'이라는 기존의 연구자들이 보인 태도에는 석연치 않은 측면이 존재하는 것이다.[874] 현재 일반화되어 있는 '이승=범일'의 구조는 후대에 변

---

871 戒環 著, 「第1章 法藏의 傳記資料와 生涯」, 『賢首 法藏 研究-華嚴敎學의 大成者』(서울: 운주사, 2011), 13-24쪽.

872 〈江陵普賢寺朗圓大師塔碑〉, "亦有知當州軍州事太匡王公荀息, 鳳毛演慶, 龍額呈祥, 趍理窟以探奇, 詣禪山而仰異, 人中師子, 扣山陰翫月之門, 天上麒麟, 投剡縣栖霞之舍."

873 안광선, 「知藏禪院과 異僧祠 研究」, 『臨瀛文化』 35(2011), 99-118쪽 ; 안광선, 「江陵端午祭 山神祭 研究-高麗末 朝鮮 初期를 중심으로」, 『東洋學』 58(2015), 179쪽.

874 金興三, 「羅末麗初 崛山門 信仰의 여러 모습」, 『歷史와 現實』 41(2001), 175-177쪽 ; 鄭東樂, 「崛山門 梵日國師 관련 자료 검토」, 『梵日國師 研究叢書』(江陵: 梵日國師文化祝典委員會, 2016), 227쪽 ; 채미하, 「朝鮮時代 江陵의 城隍祠와 端午祭」, 『梵日國師 研究叢書』(江陵: 梵日國師文化祝典委員會, 2016), 190-196쪽.

강릉단오제 – 영신 행차

화된 결과일 수 있다는 말이다.

　일반적으로 불교 문헌에서 '이승'이라는 표현은 '외국 승려'를 지칭하거나 '신이승'이라는 의미가 있다.[875] 여기에 후일 범일로 치환될 정도의 역량을 갖추고 있으며, 범일에 앞서 명주에서 활약한 고승이라면 오대산과 명주불교를 개척하고 석남원, 즉 정암사에서 입적하는 자장 외에는 없다. 특히 자장의 신이승적인 요소는 한국불교사 전체를 통틀어도 매우 이례적이다.[876] 또 범

875　『三國遺事』4,「義解第五-慈藏定律」(『大正藏』49, 1005b). "山有曼殊大聖塑相。彼國相傳云。帝釋天將工來彫也。藏於像前禱祈冥感。夢像摩頂授梵偈。覺而未解。及旦有異僧來釋云(已出皇龍塔篇)。" ;『三國遺事』5,「避隱第八-朗智乘雲 普賢樹」(『大正藏』49, 1015b). "歃良州阿曲縣之靈鷲山(歃良。今梁州阿曲一作西又云佛。又屈弗。今蔚州置屈弗驛。今存其名)有異僧。庵居累紀。而鄕邑皆不識。師亦不言名氏。常講法華。仍有通力。"

876　慈藏의 神異靈應的인 측면은 孕胎에서부터 石南院 入寂까지 전 生涯에 걸쳐 강하게 나타나고 있다. 廉仲燮,「慈藏의 傳記資料 研究」(서울: 東國大歷史敎育學科 博士學位論文, 2015) 參照.

일에게는 오대산과 관련된 자장의 영향이 뚜렷하게 확인되는 상황이다.[877]

이와 관련해서 박도식은 「강릉지역에서의 범일국사 봉안 연구」과 「강릉단오제 주신 교체의 시기와 역사적 배경」에서, 범일에 앞선 자장을 이승으로 추정하고 있어 주목된다.

『임영지』(전지前誌)에 의하면 "범일은 이곳(오대산)에서 태어났고, 자장·보천은 이곳에서 수도하였으며, 의상·원효는 산천 사이를 오갔다고 하나 모두 전하는 것이 없다. 비록 『삼국유사』에 있다고 하더라도 믿을 것이 못 된다. 우리 유자儒者들이 이를 말하기 부끄러우나 다만 몇 사람의 행적을 대략 가다듬어 한 고사故事로 보완한다."라고 하였다(『임영지』「전권前卷 2」,〈석증조釋證條〉). 즉 신라 때 활동했던 강릉과 관련 있는 승려는 범일·자장·보천·의상·원효 등이 있었음을 알 수 있다. 범일이 입적한 해는 889년이고, 왕순식이 이상한 승사에 '설제이도設祭以禱'한 해는 936년이다. 그런데 범일이 입적한 지 얼마 안 되어 대관령 국사성황신으로 설정되었는지는 의문이다. 호족의 후손들이 고려 중기 이후 각 지역에서 지배 세력으로 정착한 후에 자신들의 조상을 성황사의 신으로 설정하고 배향하였던 점에서 볼 때, 이상한 승사에 모셔진 '승'은 범일 이전에 활동하였던 자장이 아닐까 생각된다. 자장은 당나라에서 돌아와 643(선덕여왕 12)년에 오대산이 문수보살이 머무는 성지라고 생각하여 초암草庵을 짓고 머물면서 문수보살의 진신眞身을 친견하고자 하였다.[878]

---

877 〈江陵普賢寺朗圓大師塔碑〉. "大師不遠千里, 行至五臺, 謁通曉大師." ;『臨瀛誌』,「前誌」2, 〈釋證-梵日〉;『增修臨瀛誌』,〈釋證-梵日〉. "梵日生於斯慈藏寶川修道於斯. … 云云 … 後隱五臺山示寂."

878 朴道植,「江陵地域에서의 梵日國師 奉安 研究」,『梵日國師 研究叢書』(江陵: 梵日國師文化祝典委員會, 2016), 156쪽 脚註 70 ; 朴道植,「江陵端午祭 主神 교체의 시기와 역사적 배경」,『地方史

자장은 선덕여왕이 비담·염종의 난(647. 음력 1. 8~17) 과정에서 돌연 붕어하자,[879] 정국의 변화와 함께 종래의 지위에 변동이 발생한다. 이후 진덕여왕 재위 기간(647~654)에 김춘추·김유신계와의 갈등 속에서 동북방의 안정 필연성과 세력 규합을 통한 복귀를 위해 동북방 행을 단행하게 된다.[880] 물론 불교의 전승에 따르면, 자장이 동북방을 찾은 것은 중국 오대산 문수보살의 부촉에 의해 신라의 동북방에 존재하는 오대산을 찾으라는 지시 때문이었다고 되어 있다.[881] 그러나 전후의 정황이나 자장의 행보 등을 고려해 본다면 경주에서의 정국 변화에 따른 위기를 문수 신앙의 환기 속에서 하슬라의 세력 규합을 통해 극복하려고 했다고 보는 것이 타당하다.[882]

자장이 동북방 하슬라(757년 '명주'로 개칭됨)에서 개창한 사찰은 『삼국유사』와 『오대산사적』에 따르면 오대산(평창)·수다사(평창)·한송사(강릉)·정암

와 地方文化』22-1(2019), 132쪽 脚註 13. "梵日이 入寂한 해는 889년이고, 王順式이 異僧祠에서 '設祭以禱'한 해는 936년이다. 그런데 梵日이 入寂한 지 얼마 안 되어 大關嶺國師城隍神으로 設定되었는지는 의문이다. 異僧祠에 모셔진 '僧'은 梵日 이전에 활동하였던 僧侶가 아닐까 생각된다. 이와 관련하여 『臨瀛誌』 「前誌」에 '梵日은 이곳(五臺山)에서 태어났고, 慈藏·寶川은 이곳에서 修道하였으며, 義湘·元曉는 山川 사이를 오갔다고 하나 모두 전하는 것이 없다.'고 하였다(『臨瀛誌』 「前卷2」, 〈釋證條〉). 新羅 때 江陵과 관련 있는 僧侶는 梵日·慈藏·寶川·義湘·元曉 등이 있다."

879 崔昌大, 「善德·眞德女王과 그 時代」, 『釜山工業專門大學 研究論文集』 23(1982), 133쪽 ; 丁仲煥, 「毗曇·廉宗亂의 原因考」, 『東亞論叢』 14(1977), 13-14쪽.

880 李龍寬, 〈2. 金春秋系와의 對立과 慈藏의 沒落〉, 「善德女王代 慈藏의 政治的 活動」, 『嶺東文化』 6(1995), 40-41쪽 ; 南東信, 〈1. 金春秋의 儒教政治理念〉, 「慈藏의 佛教思想과 佛教治國策」, 『韓國史研究』 76(1992), 37-41쪽 ; 廉仲燮, 「慈藏의 東北方行과 入寂 기록 분석」, 『新羅文化』 48(2016), 114쪽.

881 『三國遺事』 3, 「塔像第四-臺山五萬眞身」(『大正藏』 49, 998c). "又曰. 汝本國艮方溟州界有五臺山. 一萬文殊常住在彼. 汝往見之. 言已不現." ; 「五臺山事蹟」, 「五臺山月精寺開創祖師傳記」. "又曰. 卿之本國溟州之地. 亦有五坮山. 一万文殊常住之所也. 卿還本國可往親叅. (已上出臺山本記)." ; 「奉安舍利開建寺庵第一祖師傳記」. "又曰. 卿之本國溟洲之地. 亦有五坮山. 一萬文殊常住眞身之所也. 卿還本國可往親叅. (已上出山本記)."

882 廉仲燮, 「慈藏의 傳記資料 研究」(서울: 東國大 歷史教育學科 博士學位論文, 2015), 401-458쪽.

평창 월정사 진영각 벽화. 문수보살에게 가사와 사리를 받는 자장율사의 모습을 묘사했다.

사(정선)의 네 곳이다.[883] 이외에도 법흥사(영월)·삼화사(동해)·신흥사(속초)·
백담사(인제)·봉정암(인제) 등 명주권의 유력 사찰들 역시 자장을 개창 조사
로 주장하고 있다. 물론 이를 어느 정도까지 신뢰할 수 있을지는 의문이다.

883　『三國遺事』4,「義解第五–慈藏定律」(『大正藏』49,1005c). "暮年謝辭京輦於江陵郡(今冥州也)創
水多寺居焉. 復夢眞僧狀北臺所見. 來告曰. 明日見汝於大松汀. 驚悸而起. 早行而松汀.
果感文殊來格.";『三國遺事』3,「塔像第四–臺山五萬眞身」(『大正藏』49,998c-999a);「塔像第
四–溟州(古河西府也)五臺山寶叱徒太子傳記」(『大正藏』49,999c-1000a);『五臺山事蹟』,「五臺山
聖跡幷新羅淨神太子傳記」;「五臺山聖跡幷新羅淨神太子孝明太子傳記」;『五臺山事跡
記』,「五臺山月精寺開創祖師傳記」;「奉安舍利開建寺庵第一祖師傳記」. "爲欲面見文殊.
尋往溟州五臺山. … 云云 … 後於大松下今寒松汀是也. 一云居士忽現. 與師淸談. 良久而
謂曰. 昔日之約. 卿識之乎. 言已卽滅. 師於是自責曰. 居士是昔日五臺山所現梵僧化現
耳. 向空頂禮. 卽向太伯山. 尋葛蟠處. 見大蟒蟠在大樹下. 謂侍者曰. 此文殊所諭之地也.
卽受戒移蟒於山下. 枷院曰薩那. 今淨嵓岩寺是也.";南武熙,「慈藏과 韓國佛教의 寶宮信
仰」,『韓國佛教學』66(2013),62-63쪽.

그러나 이를 통해서 명주와 관련해 자장의 영향이 강력하게 존재한다는 점을 인지하는 것은 가능하다.

실제로 삼척 홍전리 사지의 발굴 과정에서 발견된 〈홍전리 사지 비문〉의 파편에 당나라로 유학해 대장경을 이운해 왔으며, 국통國統의 지위에 올랐던 고승의 기록이 존재한다.[884] 이는 자장에 대한 선호와 영향이 일찍부터 명주권에 존재했다는 방증이 되기에 충분하다. 즉 자장은 범일 이전 명주권에 폭넓은 영향을 행사한 강력한 신이승인 것이다. 이는 의상이 낙산사를 개창했으며, 원효도 낙산사 쪽에 왔음에도 이렇다 할 영향력이 적은 것과 대비된다.

삼척 홍전리 사지 비편. '국통(國統)'이라 새겨져 있다.

---

884 廉仲燮, 「『淨巖寺事蹟』에서 확인되는 淨巖寺 創建記錄 검토 Ⅰ」, 『東아시아佛敎文化』 33 (2018), 372쪽. "三陟 홍천리사지에 관해서는 2016년 10월에 發掘結果가 공개되었다. 이때 '國統'이라는 名稱과 唐나라에서의 大藏經 移運에 대한 내용을 추정해 볼 수 있는 碑片이 확인되는데, 이러한 조건에 부합되는 인물은 慈藏 이외에는 딱히 없다는 점에서 주목된다."

자장의 일생은 계율 및 문수 신앙과 관련된 신이함이 두드러진다. 또 자장은 한국불교 사리 신앙의 정립자이기도 하다. 자장 이전에도 한반도에 사리는 전래해 있었다.[885] 그러나 사리 신앙이 확립되는 것은 자장과 직결된다.[886] 이는 현존하는 사대 보궁(혹 봉정암을 포함한 오대 보궁)의 인식을 통해서도 확인해 볼 수 있다.[887]

자장의 신이성과 관련된 부분을 정리해 보면 다음과 같다.

NO	신이한 내용	출전
1	별이 어머니의 품 안으로 들어오는 태몽으로 잉태되어 4월 8일에 탄생함.	「자장전」·「자장정율」·「개창조사전기」·「제일조사전기」[888]
2	이조異鳥가 수행 중인 자장에게 음식을 공급해 줌.	「자장전」·「자장정율」·「석자장」[889]

885 『三國遺事』3, 「塔像第四-前後所將舍利」(『大正藏』49, 993a). "國史云. 眞興王大淸三年己巳. 梁使沈湖送舍利若干粒."；朱南哲 著, 「第4章. 佛敎의 傳來와 寺刹建築」, 『韓國建築史』(서울: 高麗大出版部, 2006), 69-89쪽.

886 慈藏이 韓國佛敎의 舍利 信仰 정립자라는 측면은 「前後所將舍利」의 敍述 方式에서도 확인된다. 또 慈藏을 이해하는 두 축은 '戒律-國家佛敎'와 '文殊-舍利 信仰'이다. 『三國遺事』3, 「塔像第四-前後所將舍利」(『大正藏』49, 993a·b)；廉仲燮, 「慈藏의 傳記資料 硏究」(서울: 東國大 歷史教育學科 博士學位論文, 2015), 20쪽.

887 寶宮으로 일컬어지기는 하지만 淨巖寺·法興寺·鳳頂庵에는 佛舍利가 奉安된 구체적인 측면은 확인되지 않는다.

888 『續高僧傳』24, 「護法下-唐新羅國大僧統釋慈藏傳(圓勝)」(『大正藏』50, 639a). "冥祥顯應. 夢星墜入懷. 因卽有娠. 以四月八日誕. 載良晨. 道俗衛慶希有瑞也."；『三國遺事』4, 「義解第五-慈藏定律」(『大正藏』49, 1005a). "母忽夢星墜入懷. 因有娠. 及誕. 與釋尊同日. 名善宗郎."；『五臺山事蹟』, 「五臺山月精寺開創祖師傳記」·「奉安舍利開建寺庵第一祖師傳記」. "母氏夢流星入懷."

889 『續高僧傳』24, 「護法下-唐新羅國大僧統釋慈藏傳(圓勝)」(『大正藏』50, 639b). "卽又深隱. 外絶來往. 糧粒固窮. 以死爲命. 便感異鳥各銜諸果就手送與. 鳥於藏手就而共食. 時至必爾. 初無乖候. 斯行感玄徵. 罕有聯者."；『三國遺事』4, 「義解第五-慈藏定律」(『大正藏』49, 1005a). "乃深隱岩叢. 糧粒不恤. 時有異禽. 含果來供. 就手而喰."；『法苑珠林』64, 「感應緣-唐沙

3	천인天人 혹은 범승梵僧에 의한 서상수계瑞祥受戒가 이루어짐.	「자장전」·「자장정율」·「개창조사전기」·「제일조사전기」·「석자장」[890]
4	서상수계 후 허공에서 소리가 들리고, 5계를 주자 장님이 보고 귀머거리가 듣게 됨.	「제일조사전기」·「개창조사전기」[891]
5	당나라 유학 도중 꿈에 법상을 친견하고, 이후 이것이 사실과 같음을 알게 됨.	「법상전」[892]
6	당나라로 유학하여 도둑을 감화하고, 맹인과 병자를 낫게 함.	「자장전」·「석자장」[893]
7	종남산 운제사 동쪽 초암에서 신을 만나고 병이 치료됨.	「자장전」·「자장정율」[894]

門釋慈藏」(『大正藏』53,779b·c). "持戒不群慈救爲先。深隱山居來往絶糧。便感異鳥各衒諸果就手送與。鳥於藏手同共食之。時至必爾初無乖候。行感玄徵罕有繼者。"

890 『續高僧傳』24,「護法下-唐新羅國大僧統釋慈藏傳(圓勝)」(『大正藏』50,639b). "遂於眠寐見二丈夫曰。卿在幽隱欲何利。藏曰。惟爲利益衆生。乃授藏五戒訖曰。可將此五戒利益衆生。又告藏曰。吾從忉利天來。故授汝戒。因騰空滅。";『三國遺事』4,「義解第五-慈藏定律」(『大正藏』49,1005a). "俄夢天人來授五戒。";『五臺山事蹟』,「五臺山月精寺開創祖師傳記」. "夢見二僧來授五戒。曰我等從靈鷲山爲授卿戒而來耳。言訖登空而去。";「奉安舍利開建寺庵第一祖師傳記」. "忽二梵僧來授五戒。曰吾等爲卿授戒來從靈鷲。言訖而失焉。乃一夢也。";『法苑珠林』64,「感應緣-唐沙門釋慈藏」(『大正藏』53,779c). "遂於眠寐見二丈夫曰。卿在幽隱欲何利。藏曰。唯爲利生。乃授藏五戒訖曰。可將此五戒利益衆生。又告藏曰。吾從忉利天來故授汝戒。因騰空滅。"

891 『五臺山事蹟』,「奉安舍利開建寺庵第一祖師傳記」. "師旣奉持如擎油鉢。忽聲空中聲。曰與其獨善其身塾若普濟海人。";「五臺山月精寺開創祖師傳記」. "出山一息之間國中士女咸授五戒。盲者淂視聾者得聞。"

892 『續高僧傳』15,「義解篇十一-唐京師普光寺釋法常傳」(『大正藏』50,541a). "乃於船中夢矚顔色。及覩形狀宛若夢中。"

893 『續高僧傳』24,「護法下-唐新羅國大僧統釋慈藏傳(圓勝)」(『大正藏』50,639b). "人物繁擁財事旣積。便來外盜。賊者將取。心戰自驚返來露過。便授其戒。有患生盲。詣藏陳懺後還得眼。由斯祥應。從受戒者日有千計。";『法苑珠林』64,「感應緣-唐沙門釋慈藏」(『大正藏』53,779c). "或盲者見道。病者得愈。"

894 『續高僧傳』24,「護法下-唐新羅國大僧統釋慈藏傳(圓勝)」(『大正藏』50,639b). "於終南雲際寺

8	운제사에서 대귀신을 봄.	「자장전」·「석자장」[895]
9	산서성에서 문수보살을 친견하고, 가르침과 성물聖物을 수수함.	「자장정율」·「대산오만진신」·「황룡사장육」·「황룡사구층탑」·「개창조사전기」·「제일조사전기」[896]

東懸嵓之上。架室居焉。旦夕人神歸戒又集。時染少疹。見受戒神爲摩所苦。尋卽除愈。往還三夏常在此山。";『三國遺事』4,「義解第五-慈藏定律」(『大正藏』49,1005b)."藏嫌其繁。擁啓表入終南雲際寺之東嵓。架嵓爲室。居三年。人神受戒。靈應日錯。辭煩不載。"

895　『續高僧傳』24,「護法下-唐新羅國大僧統釋慈藏傳(圓勝)」(『大正藏』50,639b)."將事東蕃。辭下雲際。見大鬼神其衆無數。帶甲持仗云。將此金輿迎取慈藏。復見大神與之共闘拒不許迎。藏聞臭氣塞谷蓬勃。卽就繩床。通告訣別。其一弟子又被鬼打蹙死乃蘇。藏卽捨諸衣財。行僧德施。又聞香氣遍滿身心。神語藏曰。今者不死八十餘矣。";『法苑珠林』64,「感應緣-唐沙門釋慈藏」(『大正藏』53,779c)."見大鬼神。其數無量。帶甲持仗云。將此金輿迎取慈藏。復見大神與之共闘拒不許迎。藏聞臭氣塞谷蓬勃卽就繩床通告訣別。其一弟子又被鬼打幾死乃蘇。藏卽捨衣鉢行僧得施。又聞香氣遍滿身心。神語藏曰。今者不死八十餘矣。"

896　『三國遺事』4,「義解第五-慈藏定律」(『大正藏』49,1005b)."山有曼殊大聖塑相。彼國相傳云。帝釋天將工來彫也。藏於像前禱祈冥感。夢像摩頂授梵偈。覺而未解。及旦有異僧來釋云(已出皇龍塔篇)又曰。雖學萬教。未有過此文。以袈裟舍利等付之而滅(藏公初匿之。故唐僧傳不載)藏知已蒙聖莂。乃下北臺。抵大和池。";『三國遺事』3,「塔像第四-臺山五萬眞身」(『大正藏』49,998b·c)."初至中國太和池邊石文殊處。虔祈七日。忽夢大聖授四句偈。覺而記憶。然皆梵語。罔然不解。明旦忽有一僧。將緋羅金點袈裟一領。佛鉢一具。佛頭骨一片到于師邊。問何以無聊。師答以夢所受四句偈。梵音不解爲辭。僧譯之云。呵囉婆佐曩。是曰了知一切法。達[口*(上/示)*聿]哆佉嘢。云自性無所有。曩伽呬伽曩。云如是解法性。達[口*((上/示)*聿]盧舍那。云卽見盧舍那。仍以所將袈裟等付而囑云。此是本師釋迦尊之道具也。汝善護持。又曰。汝本國方溟州界有五臺山。一萬文殊常住在彼。汝往見之。言已不現。";『三國遺事』3,「塔像第四-皇龍寺丈六」(『大正藏』49,990b)."後大德慈藏西學到五臺山。感文殊現身。授訣仍囑云。汝國皇龍寺。乃釋迦與迦葉佛講演之地。宴坐石猶在。故天竺無憂王。聚黃鐵若干斤泛海。歷一千三百餘年。然後乃到而國。成安其寺。";『三國遺事』3,「塔像第四-皇龍寺九層塔」(『大正藏』49,990c)."乃於五臺感文殊授法(詳見本傳)文[A4]殊又云。汝國王是天竺刹利利種。王預受佛記。故別有因緣。不同東夷共工之族。然以山川崎嶮故。人性麤悖。多信邪見。而時或天神降禍。然有多聞比丘在於國中。是以君臣安泰。萬庶和平矣。言已不現。藏知是大聖變化。泣血而退。";『五臺山事蹟』,「五臺山月精寺開創祖師傳記」."(至貞觀十六年往五臺山)東臺一坐不起者三旬。夢見一僧來謂曰。欲悟佛法者。宜於北臺面見文殊。師於是往尋北臺。果有文殊像帝釋所立也。師就像前。藉草爲坐。精修一旬。夢見是文殊像摩頂。授梵語偈曰。鉢羅佉遮那。嚩哩吒伽那。曩伽休啥喃。哆哩盧舍那。師受偈而終夜誦之。明旦忽有梵僧來。謂曰。昨夜有何事乎。師曰。文殊像授梵語偈。不解其義。甚恨之。梵僧譯之曰。

10	오대산 태화지에서 신인으로 변신한 용을 만남.	「자장정율」·「대산오만진신」·「황룡사구층탑」·「개창조사전기」·「제일조사전기」[897]

了知一切法。自性無所有。如是解法性。卽見盧舍那。因謂曰。欲求佛法無過此偈。又以緋羅金點袈裟一領。白玉鉢盂一座。珠貝金葉經五貼。全身舍利百枚。佛頂骨。並佛指節骨等授之曰。並是本師釋迦信物。可愼護之。又曰。卿之本國皇龍寺者。世尊與迦葉晏坐說法之地。林池座石尚在。卿知之乎。如佛所記則當有造塔立像之因云。(已上出元曉所撰本傳)。又曰。卿之本國溟州之地。亦有五岾山。一万文殊常住之所也。卿還本國可徃親衆。(已上出臺山本記)。";「奉安舍利開建寺庵第一祖師傳記」"(然後始入五臺於)。北岾帝釋所立文殊像前。藉艸爲座。精修一旬。夢見文殊像摩頂。授梵語偈曰。鉢羅佉遮那。嚩哩哆伽那。曩伽休舍喃。哆哩盧舍那。師受偈已覺終夜誦之。明早忽有梵僧來。謂曰。昨夜有何事乎。師曰。文殊像授梵語偈。不解其義。甚恨之。梵僧譯之曰。了知一切法。自性無所有。如是解法性。卽見盧舍那。因謂曰。欲求佛法無過此偈。又以緋羅金點袈裟一領。白玉鉢盂一座。珠貝金葉經五貼。全身舍利百枚。佛頂骨。佛指節骨等授之曰。幷是本師釋迦信物。可愼護之。又曰。卿之本國皇龍寺者。世尊與迦葉晏座說法之地。林池座石尚在。卿知之乎。如佛所記則當有造塔立像之因云。(上出元曉所撰本傳)。又曰。卿之本國溟洲之地。亦有五岾山。一萬文殊常住眞身之所也。卿還本國可徃親衆。(已上出岾山本記)。"

897 『三國遺事』4,「義解第五-慈藏定律」(『大正藏』49,1005b-1006a)."幷太和龍所獻木鴨枕。與釋尊由('由'는'田'의 誤)衣等。合在通度寺。";『三國遺事』3,「塔像第四-臺山五萬眞身」(『大正藏』49,998c)."太和池龍現身請齋供養七日。乃告曰。昔之傳偈老僧是眞文殊也。亦有叮囑創寺立塔之事。";『三國遺事』3,「塔像第四-皇龍寺九層塔」(『大正藏』49,990c)."經由中國太和池邊。忽有神人出問。胡爲至此。藏答曰。求菩提故。神人禮拜。又問。汝國有何留難。藏曰。我國北連靺鞨。南接倭人。麗濟二國。迭犯封陲。隣寇縱橫。是爲民梗。神人云。今汝國以女爲王。有德而無威。故隣國謀之。宜速歸本國。藏問歸鄕將何爲利益乎。神曰。皇龍寺護法龍。是吾長子。受梵王之命。來護是寺。歸本國成九層塔於寺中。隣國降伏。九韓來貢。王祚永安矣。建塔之後設八關會。赦罪人。則外賊不能爲害。更爲我於京畿南岸置一精廬。共資予福。予亦報之德矣。言已遂奉玉而獻之。忽隱不現。";『五臺山事蹟』,「五臺山月精寺開創祖師傳記」"追慕不已往大和池。池邊有精舍石塔。池龍之所創也。師坐塔前。有老人從池而出。曰道人求何事乎。師曰求菩提耳。老人卽池龍也。便起作禮問答國家事云云。又曰皇龍寺護法是吾長者。受梵王之命。往護其寺。卿還本國。若於是寺立九層塔。國之太平在於此也。奉獻珠玉等寶而還入(已上出元曉所撰)。一云。是池龍出而言。曰解偈梵僧眞文殊也。今授我供。而去向海上東京而住。願師亦受我七日供養。師於是從請受。然後還國(已上出臺山本傳記)。";「奉安舍利開建寺庵第一祖師傳記」"追慕不已乃往大和池。池邊有精舍石塯。池龍之所創也。師坐塔前。有老人從池而出。曰道人求何事乎。師曰求菩提耳。老人卽池龍也。便起作禮問答國事云。又曰皇龍寺護法是吾長者。受梵王之命。往護其寺。卿還本國。若於是寺立九層塔。國之太平在於此也。奉獻珠玉等寶而還入(已上出元曉所撰)。一云是池龍出而言。曰解偈梵僧眞文殊也。今授我供。向海上東京而徍。願師亦受我七日供養。師於是從請受。然後還國(已上出臺山本傳記)。"

11	귀국 후 황룡사에서 『보살계본』을 강의하자, 7일간 감로가 내림.	「자장전」·「자장정율」·「석자장」[898]
12	경주의 생가인 원녕사 낙성식에서 『화엄경』을 강설하니 52녀가 현신함.	「자장정율」[899]
13	만년에 문수보살을 친견함.	「대산오만진신」[900]
14	하슬라에서 문수보살을 친견하고, 대송정을 거쳐 석남원을 창건함.	「자장정율」·「개창조사전기」·「제일조사전기」[901]

---

898 『續高僧傳』24,「護法下-唐新羅國大僧統釋慈藏傳(圓勝)」(『大正藏』50,639c). "晚又於皇龍寺講菩薩戒本. 七日七夜天降甘露. 雲霧奄藹覆所講堂. 四部興嗟聲望彌遠. 及散席日. 從受戒者其量雲從."; 『三國遺事』4,「義解第五-慈藏定律」(『大正藏』49,1005b). "又於皇龍寺演菩薩戒本七日七夜. 天降甘澍. 雲霧暗靄. 覆所講堂. 四衆咸服其異."; 『法苑珠林』64,「感應緣-唐沙門釋慈藏」(『大正藏』53,779b). "王請於皇龍寺講菩薩戒本. 七日七夜天降甘露. 雲霧電靄覆所講堂. 四部驚嗟美聲彌遠."

899 『三國遺事』4,「義解第五-慈藏定律」(『大正藏』49,1005c). "又改營生緣里第元寧寺. 設落成會. 講雜花萬偈. 感五十二女. 現身證聽. 使門人植樹如其數. 以旌厥異. 因號知識樹."

900 『三國遺事』3,「塔像第四-臺山五萬眞身」(『大正藏』49,998c). "復住元寧寺. 乃見文殊. 云至葛蟠處."

901 『三國遺事』4,「義解第五-慈藏定律」(『大正藏』49,1005c). "暮年謝辭京輦於江陵郡(今冥州也)創水多寺居焉. 復夢眞僧狀北臺所見. 來告曰. 明日見汝於大松汀. 驚悸而起. 早行而松汀. 果感文殊來格. 諮詢法要. 乃曰. 重期於太伯葛蟠地. 遂隱不現(松汀至今不生莉刺. 亦不棲鷹鸇之類云)藏往太伯山尋之. 見巨蟒蟠結樹下. 謂侍者曰. 此所謂葛蟠地. 乃創石南院(今淨岩寺)以候聖降."; 『五臺山事跡記』,「五臺山月精寺開創祖師傳記」. "後於大松下今寒松汀是也. 一云居士忽現. 與師淸談. 良久而謂曰. 昔日之約. 卿識之乎. 言已卽滅. 師於是自責曰. 居士是昔日五臺山所現梵僧化現耳. 向空頂禮. 卽向太伯山. 尋葛蟠處. 見大蟒蟠在大樹下. 謂侍者曰. 此文殊所諭之地也. 卽受戒移蟒於山下. 剙院曰薩那. 今淨嵩岩寺是也. 從此院而南去一千許步. 有神仙洞. 又剙蘭若曰上薩那. 往來兩寺以待文殊."; 「奉安舍利開建寺庵第一祖師傳記」. "後於大松下今寒松汀是也. 一居士忽現. 與師淸談. 良久而謂曰. 昔日之約. 卿識之乎. 言已卽滅. 師於是自責曰. 居士是昔日五臺山所現梵僧化現耳. 向空頂禮. 卽向太白. 尋葛蟠處. 見大蟒蟠在大樹下. 謂侍者曰. 此文殊所諭之地. 卽受戒移蟒於山下. 創院曰薩那(今淨岩寺是也). 從此院而南去一千許步. 有神仙洞. 又創蘭若曰上薩那. 往來兩寺以待文殊."

| 15 | 석남원에서 현신한 문수보살을 친견하지 못하고 비극적으로 입적함. | 「자장정율」·「개창조사전기」·「제일조사전기」[902] |

    자장은 석남원(정암사)에서 입적한 후 다비한 영골이 전통적인 신선 신앙과 결부된 석혈石穴에 봉안된다.[903] 즉 민간 신앙적인 요소가 목도되는 것이다. 그런데 후대의 기록이기는 하지만, 이 자장의 영골을 만지면 극락왕생한다(참견수마자參見手摩者, 동원왕생고同願往生故)는 내용도 있어 주목된다.[904]

902 『三國遺事』4,「義解第五-慈藏定律」(『大正藏』49, 1005c). "粤有老居士。方袍襤縷。荷葛簣。盛死狗兒來。謂侍者曰。欲見慈藏來爾。門曰。自奉山箒未見忤犯吾師諱者。汝何人斯爾狂言乎。居士曰。但告汝師。遂入告。藏不之覺曰。殆狂者耶。門人出詬逐之。居士曰。歸歟歸歟。有我相者焉得見我。乃倒簣拂之。狗變爲師子寶座。陞坐放光而去。藏聞之。方具威儀。尋光而趍登南嶺。已杳然不及。遂殞身而卒。茶毘安骨於石穴中。";『五臺山事跡記』,「五臺山月精寺開創祖師傳記」. "往來兩寺以待文殊。一日有非僧非俗老居士着破袈裟。荷葛簣盛死狗。謂侍者曰。欲見慈藏和尙而來耳。侍者怒其直稱師諱。以杖逐之。居士曰。告於汝師然後去矣。侍者入告。師曰。狂悖人也。胡不黜之。侍者出言而逐之。居士曰。歸歟歸歟。有我相者。焉得見我。於是倒葛簣死狗化爲獅子座。登其座放大光明。乘空而去。侍者入告。師具法服望見其光。登空而到南嶺捨身。仍茶毘於其處。安骨于石冗('冗'는 '穴'의 誤)焉。";「奉安舍利開建寺庵第一祖師傳記」. "往來兩寺以待文殊。一日有非僧非俗老居士着破袈裟。荷葛簣盛死狗。謂侍者曰。欲見慈藏和上而來也。侍者怒其直稱師諱。以杖逐之。居士曰。告於汝師然後去矣。侍者入告。師曰。狂悖人也。何不黜之。侍者出言而逐。居士曰。歸歟歸歟。有我相者。焉得見我。於是倒葛簣死狗化爲獅子座。登其座放大光明。乘空而去。侍者入告。師具法服望見其光。登空而到南嶺捨身。仍茶毘於其處。安骨于石冗('冗'는 '穴'의 誤)焉。"

903 『五臺山事蹟』,「五臺山月精寺開創祖師傳記」·「奉安舍利開建寺庵第一祖師傳記」. "從此院而南去一千許步。有神仙洞。又刱蘭若曰上薩那。往來兩寺以待文殊。";"從此院而南去一千許步。有神仙洞。又創蘭若曰上薩那。往來兩寺以待文殊。"; 旌善郡 編,「太白山葛來寺虔誠日錄」,『水瑪瑙塔의 특징과 그 가치』(春川: 산책, 2012), 194쪽;『三國遺事』4,「義解第五-慈藏定律」(『大正藏』49, 1005c). "遂殞身而卒。茶毘安骨於石穴中。";『五臺山事蹟』,「五臺山月精寺開創祖師傳記」·「奉安舍利開建寺庵第一祖師傳記」. "登空而到南嶺捨身。仍茶毘於其處。安骨于石冗('冗'는 '穴'의 誤)焉。"; 廉仲燮,「『淨巖寺事蹟』에서 확인되는 淨巖寺 創建記錄 검토 I」,『東아시아佛教文化』33(2018), 389-390쪽.

904 『江原道旌善郡太白山淨巖寺事蹟』. "三月後空請曰。無身可托('托'은 '託'의 誤)已矣。奈何。吾

이외에도 자장과 관련해서는 '이승異僧'을 만나는 기록이 있다.[905] 이런 점 등을 종합해 본다면, 범일이 입적 후 불과 1세대에 대관령에서 민간 신앙과 결합하여 신격화된 상태였다기보다 왕순식이 만난 이승의 존재는 653~655년[906] 무렵 입적한 자장으로 보는 것이 타당하지 않은가 한다. 자장의 입적과 왕순식이 대관령에서 이승에게 제를 올린 시차는 280여 년 정도이다. 이 정도라면 자장의 외연이 불교를 넘어 전통 신앙에도 영향을 미치기에 충분한 시간이다. 또 민간 신앙화의 결과로 변모한 자장을 왕순식이 인지하지 못했을 가능성도 충분하다. 즉『고려사』대관령의 이승은 범일보다는 자장의 개연성이 더 크다는 말이다.

현존하는 범일의 기록에서 확인되는 신이성은 자장에 비해 크지 않다. 또 본래(본성) 환기를 통한 일상성을 강조하는 선불교의 특성상 범일에게는 신이성이 작용할 여지가 상대적으로 적다. 또 앞서 검토한 바와 같이 범일에게는 자장의 영향이 다수 인지된다. 이외에도 후대의 자료이기는 하지만 범일이 오대산에서 탄생하고 입적했다는 기록도 있으며,[907] 굴산사지의 발굴에서 '오대산' 및 '오대산 금강사' 명문 기와가 다수 발견되었다는 점 등에 주목할 필요가 있다.[908] 이와 같은 영향 관계 및 자장과 범일의 교화 영역 중 상당 부분이 중첩된다는 점을 고려해 본다면 자장이 민간 신앙과 결

之遺骨藏置崑穴俾後。參見手摩者。同願往生故。今母子祖殿南崑而時或(或)放光也。"

905 文殊菩薩의 化身이「慈藏定律」에서는 "異僧",「臺山五萬眞身」에서는 "一僧"과 "老僧"으로 되어 있다.『三國遺事』4,「義解第五-慈藏定律」(『大正藏』49, 1005b). "有異僧來釋云[已出皇龍塔篇]又曰。"

906 廉仲燮,「慈藏의 生沒年代에 대한 종합적 검토」,『東아시아佛敎文化』29(2017), 375쪽.

907 『臨瀛誌』,「前誌」2,〈釋證-梵日〉;『增修臨瀛誌』,〈釋證-梵日〉. "梵日生於斯慈藏寶川修道於斯. … 云云 … 後隱五臺山示寂."

908 國立中原文化財研究所 編,『江陵 崛山寺址(史蹟 第448號) 現場說明會 資料集-第2次 試掘調査』(忠州: 國立中原文化財研究所, 2011), 28쪽.

합한 측면이 후에 범일로 계승될 개연성은 충분히 존재할 수 있다고 판단
된다.

2.
자장에서 범일로의 변화 가능성과 타당성

범일이 입적한 후 36년 만에 등장하는 『고려사』〈왕순식〉의 이승은 범일보다는 자장이 민간 신앙에 수용된 결과로 보는 것이 더 타당하다. 이렇게 놓고 본다면, '승·속이신'의 '승'도 처음에는 선행한 고승인 자장이었을 개연성이 크다. 이는 인물의 생존 시기를 봐도 김유신(595~673)과 가까운 것은 범일(810~889)보다는 자장(생년 594~599~몰년 653~655)이다. 즉 함께 민간 신앙화되기에 유리한 측면이 존재하는 것이다.

평창 오대산 중대 적멸보궁

또 자장은 하슬라와 관련해서 경주라는 중앙에서 옮겨 온 최초의 비중
있는 인물인 동시에 신이승이었다. 이는 자장이 하슬라에 강력한 이미지를
각인시킬 수 있는 유리한 입각점을 가지고 있었다는 것을 의미한다.

자장의 민간 신앙화된 측면은 신라 하대에 사굴산문의 영향이 강화되
고, 이 과정에서 민간에까지 영향을 미치게 되며 점차 범일로의 대체가 이루
어진 것이 아닌가 한다. 특히 초기의 선불교와 관련해서는 중국과 한국에서
모두 신선 사상과 습합되는 부분이 보이는데, 이는 사굴산문의 조사인 범일
의 민간 신앙 수용에 유리한 측면으로 작용했을 것이다.

실제로 오대산의 중대中臺는 신선의 연단鍊丹과 관련된 명칭인 '지로봉
地爐峰'과 '풍로산風爐山'으로 불린다.[909] 또 신효 거사의 내용에는 학으로 변
하는 보살의 화신 이야기가 전해지며,[910] 율곡은 「유청학산기遊靑鶴山記」를
남기고 있다.[911] 그리고 이중환의 『택리지』에는 『해동전도록海東傳道錄』의
저자인 상당上黨 한무외韓無畏(1517~1610)가 오대산에서 시해尸解했으며, 최
고의 연단 복지로 오대산을 꼽았다는 내용이 존재한다.[912] 이외에도 적멸보
궁寂滅寶宮이라는 명칭의 시작처는 중대 적멸보궁인데,[913] 여기에서 '보궁'이

909 『五臺山事蹟』,「奉安舍利開建寺庵第一祖師傳記」. "五臺山, 登地爐峰, 奉安佛腦及頂骨. 立
碑於伽羅墟. (碑則隱而不現)." ; 『五臺山事蹟』, 「五臺山聖跡幷新羅淨神太子孝明太子傳記」.
"慈藏法師奉安佛腦及頂骨於中臺地爐峰." ; 『三國遺事』 3, 「塔像第四-臺山五萬眞身」(『大正
藏』 49, 999a). "黃處中臺風爐山. 亦名地爐山. 毘盧遮那爲首. 一萬文殊常住."

910 『三國遺事』 3, 「塔像第四-臺山月精寺五類聖衆」(『大正藏』 49, 1000a). "俄有五比丘到云. 汝之
持來袈裟一幅今何在. 士茫然. 比丘云. 汝所執見人之羽是也. 士乃出呈. 比丘乃置羽於袈
裟闕幅中相合. 而非羽乃布也. 士與五比丘別. 後方知是五類聖衆化身也." ; 『五臺山事蹟』,
「信孝居士親見五類聖事蹟」.

911 『栗谷全書』 13, 「記」, 〈遊靑鶴山記〉, 280b.

912 『擇里志』,「卜居總論-江原道」. "上黨韓無畏得道尸解而稱修丹福地以此山爲第一."

913 張成在, 「寂滅寶宮의 변천과 사상 – 一然을 통해 본 5大寶宮에 대한 정합적 이해」, 『韓國佛教
學』 66(2013), 134쪽. "寶宮이란 말은 中臺 殿閣의 懸板에서 비롯된 것으로 보인다."

라는 말은 도교에서 도관을 나타내는 것으로 이는 불교의 사찰 건물에 붙이는 '전각殿閣'과는 차이가 있다.[914]

또 자장의 최후 입적처인 정암사와 관련해서도 신선 사상의 흔적이 확인된다.[915] 즉 하슬라의 신선과 관련된 민간 신앙 위에 자장을 필두로 하는 불교가 들어와 1차로 습합되고, 이를 신선적인 요소를 강조한 선불교의 조사인 범일이 계승하는 구조로 이해될 수 있는 것이다. 즉 범일은 자장이 확보한 불교+민간 신앙적인 측면을 계승해서 확립하고 있다는 말이다. 이에 따라 승·속이신의 승은 자장에서 범일로 전환되고, 이후 승은 국사=범일로 고착된다고 하겠다.

대관령 신앙 속의 불교적인 변형

이승(자장) → 승·속이신(자장·김유신) → 자장에서 범일로의 전환 → 승·속이신(범일·김유신) → 국사(범일)성황

범일의 자장 대체와 관련해서는 불교 내적으로 검토되어야 할 부분도 존재한다. 이것은 자장의 남산율종南山律宗과 범일의 선종, 즉 사굴산문의 불교 내적인 위치이다. 자장은 아도·원효·의상·도선과 더불어 한국불교사상 가장 많은 사찰을 창건한 것으로 전해지는 비조격 인물이다.

---

914 『臨瀛誌』의 「前誌」에는 "老禪韻釋來遊者甚多."라는 句節도 있어 주목된다. 『臨瀛誌』, 「前誌」 2, 〈釋證-梵日〉; 『增修臨瀛誌』, 〈釋證-梵日〉. "五臺之山現於佛書名於天下. 老禪韻釋來遊者甚多. 載乘不傳釋門亦無記錄焉. 梵日生於斯慈藏寶川修道於斯. 義相元曉往來乎. 山川之間皆無傳焉(五臺之山은 佛書에 나타나 있는 天下의 名山이다. 老禪과 韻釋으로 와서 노닌 자들이 甚多하다. [그러나] 수록된 것이 전하지 않으며, 釋門에도 또한 기록된 것이 없다. 梵日이 이곳에서 生하였으며, 慈藏과 寶川이 이곳에서 修道하였다. 또 義相과 元曉가 往來했던 곳이다. [그러나] 山川之間에 전부 전해지는 것이 없다)."

915 『五臺山事蹟』, 「五臺山月精寺開創祖師傳記」. "從此院(淨巖寺)而南去一千許步. 有神仙洞. 又刱蘭若曰上薩那. 往來兩寺以待文殊."

자장을 대표하는 것은 '계율'과 '문수 신앙' 그리고 '사리 숭배'이다.[916] 그러나 계율은 불교의 체계가 잡히지 않았던 정착기에 크게 강조되는 측면이지, 후에는 종파불교로서의 강력한 면모를 보이기 어렵다. 이는 중국불교의 남산율종도 예외가 아니다. 실제로 『속고승전』 권24의 「자장전」 등에서 확인되는 자장의 중요한 역할은 신라불교의 체계를 세우는 국가불교적인 것이 주류라고 하겠다.[917] 이는 『삼국유사』의 자장 전기 편명이 「자장정율慈藏定律」인 것을 통해서도 판단해 볼 수 있다.

국가불교적인 부분은 매우 중요하고 필요한 측면이다. 그러나 이는 불교가 안정화되고 발전하는 후대가 되면 자연스럽게 필연성이 약해질 수밖에 없다. 즉 자장의 위상은 종파불교가 활성화되는 시기에 오면 제한적일 수밖에 없는 것이다.

또 문수 신앙 역시 당나라의 초당初唐과 성당盛唐 시기에 중국 오대산의 융성과 더불어 성세를 보이지만, 이후 성당부터 강력하게 대두하는 지장 신앙과[918] 해상 실크로드의 확대와 관련된 관음 신앙에 주도권을 내주게 된다.[919] 그리고 사리 숭배 역시 불교의 배경이 될 수는 있지만 종파적인 강렬한 특징을 가질 수는 없다. 이런 점에서 자장의 위상은 불교의 안정 및 발전과 더불어 낮아질 수밖에 없다.

916 廉仲燮, 「慈藏의 傳記資料 研究」(서울: 東國大 歷史教育學科 博士學位論文, 2015), 101-458쪽 ; 廉仲燮, 「慈藏 戒律思想의 한국불교적인 특징」, 『韓國佛教學』 65(2013), 261-266쪽 ; 廉仲燮, 「慈藏의 五臺山 開創과 中臺 寂滅寶宮」, 『韓國佛教學』 66(2013), 10-18쪽.

917 廉仲燮, 「慈藏의 國家佛教에 대한 검토-僧團整備 및 皇龍寺九層木塔과 戒壇建立을 중심으로」, 『新羅文化』 47(2016), 82-97쪽.

918 廉仲燮, 「高麗佛畫의 地藏菩薩 圖像 研究」(서울: 東國大 美術學科 博士學位論文, 2021), 64-103쪽.

919 玆玄, 「佛教에서의 바다 象徵과 觀音信仰을 통한 問題 解消」, 『佛教의 바닷길, 바다를 통한 文化 交流』(釜山: 國立海洋博物館, 2020) 參照.

이는 아도가 한국불교 시원자로서의 상징성을 가지며, 원효와 의상이 가장 강력한 교종인 화엄 사상과 연결되는 것과는 차이가 크다. 또 자장은 나말여초의 도선이 태조 왕건과 직결되는 국가 권력과 관련된다는 점과도 차이가 있다. 즉 자장은 뛰어난 비조격 고승임에는 분명하지만 강력한 종파의 후원을 받을 수 없다는 점에서 후대 위상에 변화가 존재할 개연성을 가지는 것이다.

이에 비해 범일의 사굴산문은 고려로 가면 더욱 강력한 세력으로 부각한다. 고려 중기 보조지눌(1158~1210)과 이후의 진각국사 혜심(1178~1234)에 의한 『선문염송禪門拈頌』(1226) 간행,[920] 그리고 『선문염송』이 승과僧科의 선종 교재 채택으로 선종 내에서 주도권을 확립하는 측면과[921] 같은 흐름은 고려 말의 나옹혜근(1320~1376)과 환암혼수(1320~1392), 그리고 무학자초(1327~1405)와 함허득통(1376~1433)으로 계승되면서 여말선초 한국불교를 주도하는 모습을 보이게 된다. 이는 양주 회암사가 유생의 방화로 소실되는 조선 전기까지 이어진다.[922] 즉 사굴산문은 고려 중기 이후에 강력한 위상을 가지며 한국불교를 주도하게 된다.

자장이 특정 종파에 의한 현양에 어려움이 있었다면, 범일은 사굴산문의 역할 증대로 인해 개창조로서의 위상 강화가 꾸준히 존재한다. 이는 명주 불교 안에서 자장에 대한 범일의 대체가 발생할 수 있는 측면이 된다. 특히 범일이 자장의 영향을 받은 인물이라는 점은 이와 같은 가능성을 더욱 높이

---

920 이영석, 「『禪門拈頌』의 編纂에 관한 연구」, 『淨土學研究』 5(2002), 261~262쪽.

921 廉仲燮, 「慧諶의 「狗子無佛性話揀病論」 찬술 배경과 내용 분석」, 『哲學研究』 148(2018), 205쪽.

922 李健(1614~1662)의 記錄 등을 토대로 丙子胡亂 이후 回復되지 못한 것으로 판단된다. 한지만·이상해, 「檜巖寺의 沿革과 正廳·方丈址에 관한 復元的 연구」, 『建築歷史研究』 17-6(2008), 49쪽.

양주 회암사지

기에 충분했을 것이다. 앞서 언급한 범일이 '자장의 하슬라(명주) 불교의 개
창지 중 가장 중요한 오대산에서 탄생과 입적했다.'라는 후대의 기록은[923] 이
와 같은 인식의 타당성을 제공하기에 충분하다.

끝으로 자장의 만년 하슬라(명주) 행에는 비담과 염종의 난(647. 음력 1.
8~17)을 진압하면서 핵심으로 부상한 김춘추·김유신 연합에 대한 자장의 패
배도 존재한다는 점에 주목할 필요가 있다. 자장은 선덕여왕과 관련된 구 세
력으로 신라 상대에서 중대로 전환되는 과도기의 진덕여왕 시기에 책임 문
제로부터 완전히 자유로울 수 없었다. 이는 선덕여왕이 비담·염종의 난 과

923 『臨瀛誌』, 「前誌」 2, 〈釋證-梵日〉 ; 『增修臨瀛誌』, 〈釋證-梵日〉, "梵日生於斯慈藏寶川修道
於斯. … 云云 … 後隱五臺山示寂."

정에서 붕어했다는 점에서 더욱 그렇다.[924] 이와 관련해서 주목되는 내용이 진덕왕 때의 사건으로 사서에는 감질허邯帙許와 김춘추에 의해 제기된 것으로 나오는 당나라의 복제 수용과 연호 사용 부분이다.[925] 그러나 이는 승전僧傳에서는 모두 자장의 건의에 의한 것으로 되어 있다.[926] 즉 모종의 충돌 양상이 인지되는 것이다.[927]

실제로 자장과 자장계는 김춘추가 집권하는 중대 초기에는 이렇다 할 활동 내용이 살펴지지 않는다. 이는 자장의 장조카인 명랑明朗이[928] 문무왕

924 善德王의 薨去와 관련해서는 毗曇·廉宗의 亂에 의해 희생되었다는 것(山尾幸久 著,『古代の日朝關係』[東京: 塙書房, 1989], p.392·400)과 亂의 과정에서 자연사한 것(朱甫暾,「毗曇의 亂과 善德王代 정치운영」,『李基白先生古稀記念 韓國史學論叢上』[서울: 一朝閣, 1994], 212-213쪽)이라는 두 가지가 있다.

925 『三國史記』5,「新羅本紀 5」,"眞德王-二年: 冬. 使邯帙許朝唐. 太宗勅御史問. 新羅臣事大朝. 何以別稱年號. 帙許言. 曾是天朝未頒正朔. 是故先祖法興王以來. 私有紀年. 若大朝有命. 小國又何敢焉. 太宗然之. (…) 春秋又請改其章服. 以從中華制. 於是. 內出珍服. 賜春秋及其從者. 詔授春秋爲特進. 文王爲左武衛將軍."; 南東信,〈2〉. 服飾改革과 慈藏의 沒落〉,「慈藏의 佛敎思想과 佛敎治國策」,『韓國史硏究』76(1992), 41쪽.

926 『續高僧傳』24,「護法下-唐新羅國大僧統釋慈藏傳(圓勝)」(『大正藏』50, 639c). "又以習俗服章中華有革. 藏惟歸崇正朔義豈貳心. 以事商量舉國咸遂. 通改邊服一准唐儀. 所以每年朝集位在上蕃. 任官遊踐並同華夏. 據事以量通古難列."; 『三國遺事』4,「義解第五-慈藏定律」(『大正藏』49, 1005c). "甞以邦國服章不同諸夏. 舉議於朝. 簽允曰臧. 乃以眞德王三年己酉. 始服中朝衣冠. 明年庚戌又奉正朔. 始行永徽號. 自後每有朝觀. 列在上蕃. 藏之功也."; 『三國遺事』1,「紀異卷第一-大宗春秋公」(『大正藏』49, 971c). "太宗初卽位. (…) 是王代始服中國衣冠牙笏. 乃法師慈藏請唐帝而來傳也."; 『三國史記』5,「新羅本紀 5」,"眞德王-二年: 春正月. 遣使大唐朝貢.""眞德王-四年: 是歲. 始行中國永徽年號."

927 南東信,〈2〉. 服飾改革과 慈藏의 沒落〉,「慈藏의 佛敎思想과 佛敎治國策」,『韓國史硏究』76(1992), 41쪽.

928 慈藏의 父親인 蘇判茂林의 膝下에는 明朗의 母인 南澗夫人이 더 있다(『三國遺事』5,「神咒第六-明朗神印」(『大正藏』49, 1011b)). 南澗夫人과 관련해서는 慈藏의 여동생이라는 설(高翊晋,「新羅密敎의 思想內容과 展開樣相」,『韓國密敎思想硏究』[서울: 東國大學校出版部, 1986], 151쪽; 辛鍾遠,「慈藏과 中古時代 社會의 思想的 課題」,『新羅初期佛敎史硏究』[서울: 民族社, 1992], 254-255쪽; 辛鍾遠,『三國遺事』善德王知幾三事條의 몇 가지 문제」,『新羅文化』17[1996], 56쪽)과 누나라는 설(張志勳,「慈藏과 芬皇寺」,『新羅文化』20[1999], 57쪽; 鄭容淑,「『三國史記』에 나타난 女性記事의 검토」,『太平洋獎學文化財團 叢書 8』[서울: 太平洋獎學文化財團, 1999] 參照; 廉仲燮,「慈藏의 傳記資料 硏究」[서울: 東國大 歷史敎育學科 博士學位論文, 2015], 117-120쪽)의 두 가지가 존재한다. 南澗夫人 문제에 있어서 가장 중요한 자

때인 668년 당의 서해를 통한 신라 침략이라는 긴급한 상황에서야 비로소 등용되는 것을 통해서 판단해 볼 수 있다.[929] 또 이 시기 신라불교의 공백(자장의 공백)을 메우며 등장하는 인물이 바로 원효와 의상이다.[930] 또 자장에게는 비극적인 정암사 입적 기록이 있는데, 이 역시 자장의 만년이 순탄치 않았음에 대한 한 방증이 된다.[931]

이렇게 놓고 본다면, 자장은 결혼 동맹인 김춘추·김유신과는 껄끄러운 관계였다는 판단이 가능하다.[932] 그런데도 승·속이신의 구조는 자장과 김유신이라는 둘의 화해, 즉 해원을 도모하는 모습이 존재하고 있어 주목된다. 경주에서 문무왕과 김유신이 각각 호국용과 33천의 도리천중忉利天衆이 되어

료는 慈藏이 "武林公之第二子"로 적시되어 있는 「第一祖師傳記」이다. 『五臺山事蹟』, 「奉安舍利開建寺庵第一祖師傳記」. "祖師俗姓金氏諱慈藏. 小名善宗. 新羅武林公之第二子. 善德王之親族也. 家世將相. 代有高官."

929 『三國遺事』 5, 「神呪第六-明朗神印」(『大正藏』 49, 1011b). "善德王元年入唐. 貞觀九年乙未來歸. 總章元年戊辰. 唐將李勣統大兵. 合新羅滅高麗. 後餘軍留百濟. 將襲滅新羅. 羅人覺之. 發兵拒之. 高宗聞之赫怒. 命薛邦興師將討之. 文武王聞之懼. 請師開祕法禳之(事在文武王傳中)因玆爲神印宗祖."; 『三國遺事』 2, 「紀異-文虎王法敏」(『大正藏』 49, 972a·b). "相乃東還上聞. 王甚憚之. 會群臣問防禦策. 角干金天尊奏曰. 近有明朗法師入龍宮. 傳祕法而來. 請詔問之. 朗奏曰. 狼山之南有神遊林. 創四天王寺於其地. 開設道場則可矣. 時有貞州使走報曰. 唐兵無數至我境. 迴槧海上. 王召明朗曰. 事已逼至如何. 朗曰. 以彩帛假搆宜矣. 乃以彩帛營寺. 草搆五方神像. 以瑜珈明僧十二員. 明朗爲上首. 作文豆婁祕密之法. 時唐羅兵未交接. 風濤怒起. 唐舡皆沒於水. 後改刱寺. 名四天王寺. 至今不墜壇席(國史大改刱在調露元年己卯)後年辛未. 唐更遣趙憲爲帥. 亦以五萬兵來征. 又作其法. 舡沒如前."

930 廉仲燮, 「『華嚴寺事蹟』 創建記錄의 타당성 분석」, 『淨土學硏究』 34(2020), 33쪽.

931 『三國遺事』 4, 「義解第五-慈藏定律」(『大正藏』 49, 1005c). "藏聞之. 方具威儀. 尋光而趍登南嶺. 已杳然不及. 遂殞身而卒. 茶毘安骨於石穴中."; 『五臺山事蹟』, 「五臺山月精寺開創祖師傳記」·「奉安舍利開建寺庵第一祖師傳記」. "師具法服望見其光. 登空而到南嶺捨身. 仍茶毘於其處. 安骨于石冗('冗'은 '穴'의 誤)焉."

932 慈藏과 金春秋의 衝突과 관련해서 생각될 수 있는 또 측면으로는 太和寺에 대한 부분이 더 있다. 廉仲燮, 「慈藏의 傳記資料 硏究」(서울: 東國大 歷史敎育學科 博士學位論文, 2015), 198-199쪽.

경주 문무대왕릉

경주 중심의 신라를 수호한다면,[933] 하슬라(명주)에서는 자장과 김유신이 불력佛力과 무력으로 수호하는 구조가 갖추어지는 것이다.

　　자장과 대척점에 있는 김유신을 함께 모신다는 것은 일견 문제가 있다고 판단할 수도 있다. 그러나 한국무속의 특징은 '강자에 대한 의지'와 '해원解冤을 통한 승화'이다. 이런 점에서 본다면, 강자인 자장과 김유신의 결합이라는 승·속이신은 딱히 문제될 것이 없다. 또 이들을 해원시켜 조화로운 이상을 전개하려는 것 역시 윤리관이 다른 무속적인 관점에는 문제가 없는 판단이다.[934]

---

933 『三國遺事』2,「紀異第一－万波息笛」(『大正藏』49, 973a). "王異之。命日官金春質(一作春日)占之。日。聖考今爲海龍鎭護三韓。抑又金公庚信乃三十三天之一子今降爲大臣。二聖同德。欲出守城之寶。若陛下行幸海過。必得無價大寶。"

934 民間 信仰이나 巫俗의 倫理觀에서는 因果論에 따른 정의를 드러내는 방식이라기보다는 힘의 正當性을 合理化하는 것이 一般的이다. 이런 점에서 본다면, 慈藏과 金庚信이라는 僧·俗二神의 結合도 큰 問題는 없다고 판단된다.

명주 지역의 범일 신격화와
민간 신앙화

1.
민간 신앙의 범일 수용과 신격화 시기

범일의 후대 신격화와 관련해서 가장 주목되는 기록은 앞서 언급한 『임영지』 「전지」 권2의 〈석증-범일〉이다. 「전지」의 찬술은 1608~1623년이다. 이는 「전지」가 임진왜란(1592. 음력 5. 23~1598. 음력 12. 16) 이후부터 병자호란 (1636. 음력 12.~1637. 음력 1)이 발발하는 사이의 복구기에 맞춰 산일된 자료를 취합해 정리한 것임을 알 수 있다.

「전지」가 편찬될 당시 굴산사는 폐사가 되어 있었을 것으로 판단되지만 당시 범일의 전기는 존재하고 있었다. 또 범일과 관련된 사찰로 굴산사 외에도 오대산과 낙산사가 있다는 점에서 이들 사찰에 범일에 대한 모종의 자료나 전승이 존재했을 개연성도 존재한다.

〈석증-범일〉의 기록을 보면 「범일전」과는 완전히 다른 민간 신앙에 따른 자기 구조와 체계를 가지고 있다. 이는 범일에 대한 민간 신앙의 수용이 늦어도 조선 전기에는 확립되어 있었다는 것을 의미한다.

왜란은 조선 역사상 유례가 없는 대혼란이다. 이런 점에서 이 시기에 민간 신앙으로의 수용이 가속화되었다는 판단은 충분히 가능하다. 그러나 이때 범일에 대한 민간 신앙의 수용이 처음으로 발생했다고 보는 것은 상식적이지 않다. 왜냐하면 혼란기에 기존과 전혀 다른 새로운 관점이 도출되어 유행한다는 것은 일반적이지 않기 때문이다. 즉 늦어도 왜란 이전에 범일에 대한 나름의 민간 신앙적 수용이 존재했고, 이것이 왜란을 거치며 확실해졌다고 보는 것이 타당하다는 말이다. 범일의 민간 신앙적 가속화는 왜란과 같은 전시의 혼란 상황 속에서 문제를 해결할 수 있는 수호신과 같은 영웅에 대한 요구가 강화될 수밖에 없는 측면이 존재하기 때문이기도 하다.

이와 같은 추론을 방증해 주는 자료가 바로 아키바 타카시[秋葉隆]의 「강릉단오제」(1930)이다. 이 기록을 근거로 박도식은 범일이 대관령 국사성황신이 되는 것을 임진왜란 이후로 판단하고 있다.[935] 이의 해당 내용을 제시해 보면 다음과 같다.

> 범일국사는 강릉의 진복리眞福里에 살았는데, 때마침 임진왜란이 일어났다. 국사가 대관령에 올라가서 기도를 하니, 산하초목이 모두 군세軍勢의 모습으로 보였으므로 일본군이 감히 공격하지 못하고 달아나 버렸다는 일화를 남긴 그 걸승傑僧이다. 생각하건대 이러한 이야기는 모두 산신 신앙이 영웅신으로 변형되어 가는 과정을 나타낸 것이다.[936]

범일의 민간 신앙 수용 시기와 관련해서 주목해야 할 점 중 하나는 대관령의 비중 차이이다. 주지하다시피 명주에는 대관령이라는 영동과 영서를 분기하는 험난한 지형이 존재한다. 신라시대에는 경주가 수도였기 때문에 영서보다는 영동의 강릉을 중심으로 명주가 움직였다. 즉 동해안 길을 따라서 이동하는 경주와 강릉의 관계가 중요한 것이다.

실제로 자장과 보천·효명 등 영서의 오대산과 관련된 인물들은 모두 수

---

935 朴道植, 「江陵地域에서의 梵日國師 奉安 硏究」, 『梵日國師 硏究叢書』(江陵: 梵日國師文化祝典委員會, 2016), 157쪽. "梵日國師가 死後에 大關嶺國師城隍神이 되었다고 하는 根源說話가 처음 登場하는 것은 壬辰倭亂 以後이다."

936 秋葉隆 著, 沈雨晟 譯, 『朝鮮民俗誌』(서울: 東文選, 1993), 200쪽.

도인 경주로부터 이탈해 분리되어야 하는 필연성을 일정 부분 간직한 분들이다. 이런 점에서 본다면, 강릉의 굴산사를 거점으로 하는 범일과 이들은 같은 불교 인물이기는 하지만, 영동과 영서라는 입각점에서는 뚜렷한 차이를 보인다.

그러나 고려시대가 되면, 개경이 수도가 되면서 강릉에서는 대관령을 극복해야 할 필연성이 강력하게 대두한다. 이는 조선의 수도 역시 한양이라는 점에서 조선왕조로도 유전된다. 즉 신라시대의 대관령은 극복할 필요성이 낮은 선택적 가치였다면, 고려와 조선에서의 대관령은 필연적인 극복의 대상이 되는 것이다. 신라와 고려의 수도 위치 변화에 따른 동선 변화가 대관령에 관한 판단을 다르게 만들었다는 말이다.

대관령에 관한 판단 변화는 승·속이신의 범일과 김유신을 대관령과 밀착시키고, 이들의 영향이 영동의 강릉단오제까지 영향을 미칠 수 있는 구조를 확보하게 한다. 이는 범일과 김유신이 모두 대관령과 관련해서 강릉단오제의 주신으로 존재하는 기록을 통해서 분명해진다.

김유신의 명주에서의 활약은 전해지는 기록이 없어 명확하지 않다. 그러나 범일은 강릉의 굴산사를 중심으로 활약한 인물이다. 이런 점에서 강릉에서의 변화가 먼저이고, 이후 대관령의 비중 확대와 더불어 범일이 결부되며, 이것이 다시금 강릉단오제의 주신으로 확립되는 것이 아닌가 판단된다. 실제로 〈석증-범일〉에서 확인되는 범일에 대한 민간 신앙의 수용 구조는 범일의 탄생과 관련된 신이성에 집중되어 있다.

또 그 장소로 언급되는 곳은 굴산사의 조사당 영역에 존재하는 석천과 학산이다. 물론 대관령과 관련된 것으로는 대관령 국사성황에 따른 대관령 국사여성황이 모셔지는 과정도 존재한다. 그러나 이는 〈석증-범일〉의 구조와는 완전히 다른 것으로 여기에서 거론되는 두 명의 정씨녀는 모두 조선 후기의 여성일 뿐이다. 그러므로 이는 조선 후기에 발생하는 또 다른 2차 변형에 따른 결과라고 보는 것이 타당하다.

이해를 쉽게 하도록, 앞서 언급한 〈석증-범일〉의 해당 부분을 한 번 더 제시해 보면 다음과 같다.

〈석증-범일〉

신라 때에 양가의 여식이 굴산崛山에 살고 있었는데, 나이가 차도록 시집을 가지 못했다. (그러던 어느 날) 우물에서 빨래하고 있었는데 하늘의 태양 빛이 배를 비추었다. (이때) 물을 마시니 임신하여 아비 없이 아들을 낳았다. 가인家人이 이상히 여겨 (아이를) 얼음 위에 두었는데, 낮에는 새가 날개로 덮어 주고 밤에는 서광이 하늘로 뿜어져 나왔다. (이에 다시금) 거두어 길러 이름을 범일이라 하였다.[937]

〈석증-범일〉의 배경은 굴산과 석천이다. 이러한 구체적인 장소 제시는 이 설화가 대관령과 무관하게 강릉에서 만들어졌다는 것을 의미한다. 여기에 굴산사의 폐사를 선행 연구들에서처럼 여말선초로 비정한다면, 굴산사가 존재할 시기에 이와 같은 민간 신앙적인 설화 변형이 완료되었다고는 보기 어렵다. 즉 굴산사가 폐사된 이후에 〈석증-범일〉의 내용과 같은 설화 구조가 점차 강화되고 안정화되다가 임진왜란과 같은 혼란기를 만나 고착화되었다고 볼 수 있는 것이다. 물론 폐사 이전에도 대관령과 관련해서 자장을 계승한 이승과 승·속이신의 구조 속에 범일이 편입된 변모가 존재했을 것이다. 이는 대관령을 넘어야 하는 고려시대에 변모되었을 것으로 추론된다.

---

937 『臨瀛誌』,「前誌」2,〈釋證-梵日〉;『增修臨瀛誌』,〈釋證-梵日〉.“新羅時有良家女居于崛山, 年大未嫁. 浣紗于井甃上日光照腹, 歆然有娠無夫而生子. 家人異之置之氷上鳥覆之夜有瑞 光射天. 收養之名梵日.”

이와 같은 추론은 고려시대 때 중국에서 성황신이 유입된 정황과도 일치한다.[938]

그렇다면 왜 굴산사가 있었던 굴산과 석천을 배경으로 범일에 대한 민간 신앙의 수용이 이루어지는 것일까? 그것은 굴산사의 폐사 후에 발생하는 상실감이 사굴산문의 개조이자 국사로도 불린 범일에 대한 강력한 의지依支로 변화하면서 민간적인 측면으로 수용된 것으로 볼 수 있다.

또 〈석증-범일〉의 설화적인 변형은 '범일'이라는 법명과 관련된 측면이 크다. 그런데 법명은 탄생 때 부여되는 속명이 아니라 출가 때 은사에게 받는 불교식 이름이다. 이런 점에서 설화 속에서 확인되는 범일이라는 법명과 관련된 영웅설화는 범일의 승려 인식이 퇴색되면서 형성된 것임을 알 수 있다. 이는 이 설화가 형성될 당시의 시대적인 요청 구조와 시대 판단을 가능하게 해 준다는 점에서 주목된다.

끝으로 범일의 민간 신앙 편입이 용이했던 사굴산문 내부적인 측면도 고려해 보아야 할 필요가 있다. 필자는 앞서 불교의 외부적인 것으로 범일은 선행했던 이승으로서의 자장을 계승한 측면이 존재한다는 점을 언급하였다. 그러나 사굴산문이 작동되는 구조 속에서 '사굴산문은 왜 범일의 민간 신앙 편입의 가속화를 좌시했느냐?'라는 의문은 해소되지 않는다.

이와 관련해서 주목되는 측면이 굴산사 외에 사굴산문을 대표한다고 할 수 있는 송광사와 오대산에 범일에 관한 내용이 전승되는 것이 없다는 점이다. 정상적이라면 이들 사찰이 건재한 상황에서 비중이 축소될 수는 있어도 범일에 관한 내용이 유전되는 것이 타당하다.

---

938 김기덕, 「高麗時代 城隍神에 대한 封爵과 淳昌의 〈城隍大神事跡〉懸板의 分析」, 『城隍堂과 城隍祭-淳昌 城隍大神事跡記 研究』(서울: 民俗院, 1998), 124-135쪽 ; 안광선, 「江陵端午祭 神格變動」, 『民俗學研究』41 (2017), 186쪽.

오대산 사고

주지하다시피 송광사는 지눌(1158~1210)과 혜심 이후 성세를 보이며 고려 말에는 '동방제일도량東方第一道場'이라는 최고의 칭호를 듣기에 이른다.[939] 또 오대산은 조선 초에는 금강산과 더불어 사찰과 승려가 매우 많았으며,[940] 조선 중기에는 사명당에 의해 오대산사고五臺山史庫(구 사적 제37호)가 건립되면서 안정적인 재원을 확보한다.[941] 그런데도 범일에 관한 내용이 전혀 기록되어 있지 않은 것이다.

---

939 『懶翁和尙語錄』, 「行狀」(『韓佛全』6, 707b). "辛亥八月二十六日 (…) 封爲王師 (…) 謂松廣寺 爲東方第一道場."; 〈碑文〉(『韓佛全』6, 709b).

940 『成宗實錄』261, 23(1492)年 1月 17日 戊子 2번째 記事. "謙曰: 江原道人物鮮少, 而有如金剛山、(五)臺山, 寺刹甚多, 所居僧徒, 不知其幾。"

941 廉仲燮, 「五臺山史庫의 立地와 四溟堂」, 『東國史學』57(2014), 15-30쪽.

이와 관련해서 추론될 수 있는 것이 지눌과 송광사의 약진에 따른 범일과 굴산사의 약화이다.[942] 즉 사굴산문 안의 중천조重闡祖격인 지눌계가 강조되고 송광사가 사굴산문의 종찰과 같은 역할을 하면서 범일과 굴산사의 위상에 변화가 발생했다는 말이다. 또 이와 관련해서 생각해 볼 수 있는 것이 1010년부터 발생하는 거란의 침입에 의한 굴산사의 피해와 이에 따른 약화이다. 즉 1010년 굴산사는 거란의 침입으로 심각한 타격을 입게 되고, 여기에 송광사 지눌계가 약진하면서 사굴산문 종찰의 위상마저 흔들리게 된다.

범일과 굴산사의 위상 변화는 오대산 등의 이탈을 초래했던 것 같다. 굴산사지의 발굴에서는 '오대산'과 '오대산 금강사' 명문 기와가 발견되었지만, 아이러니하게도 오대산 측에는 범일과 관련된 어떠한 기록이나 유물도 존재하지 않는다.

특히 민지가 오대산 측 중창주인 이일而一의 요청을 받아 찬술한『오대산사적』에는[943] 범일이 오대산에 주석했고, 제자 신의가 중창주로 등장하지만 범일에 관한 내용은 전혀 없다. 이로써 13세기 후반에 이미 범일에 관한 내용이 오대산에서 지워진 것으로 이해될 수 있다. 즉 송광사의 약진과 더불

---

942 文玉賢,「江陵 崛山寺址의 空間 構成과 特性」,『東國史學』59(2015), 380쪽. "『臨瀛誌』에는 梵日國師가 만든〈塔山記〉가 1010년 顯宗 때 거란의 侵入으로 燒失되었다는 기록이 있다. 이 時期 거란의 侵入으로 崛山寺가 많은 피해를 입었을 가능성을 시사하는데, 2~4단계의 변화는 거란의 침입 이후 崛山寺의 重建 樣相을 反映하는 것이라 추정된다. 崛山寺는 1113년을 중심으로 重創되었으며, 짧은 기간 동안 여러 번의 變化過程을 거쳤을 것으로 생각된다. (…) 13세기에 거란의 침입으로 피해를 입은 이후에는 소규모로 운영되다가 廢寺된 것으로 추정할 수 있다."

943 『五臺山事蹟』,「閔漬跋文」. "沙門而一見之。愾然發嘆。旣已殫力修葺。來謂余曰。是山之名。聞於天下。而所有古稽。皆羅代鄕言。非四方君子所可通見。雖欲使人能究是山寺之靈異。豈可得乎。若他日。或有天使到山。而求觀古記。則其將何以示之哉。願以文易其鄕言。使諸觀者明知大聖靈奇之跡。如日月皎然耳。予聞其言。以爲然。雖自知爲文不能副其意。亦重違其請。而筆削云爾。大德十一年二月日。(宣授朝列大夫翰林直學士匡靖大夫僉議都僉議司事延英殿大司學提修史判文翰署事閔漬記。)"

어 굴산사의 영향력이 약화하고, 이러한 사굴산문 내부의 변화는 범일이 불교 외적인 민간 신앙과 결합할 수 있는 한 원인이 되었다는 판단이다. 범일이 승전僧傳과 같은 역사를 벗어나 신이승으로서의 설화적인 면모로 윤색되기 쉬운 구조가 존재하는 것이다.

이상의 변화를 시대순으로 간략하게 정리해 보면 다음과 같다.

민간 신앙의 범일 수용과 설화적 변형 과정

① 고려: 대관령을 넘어야 하는 필연성 속에서 강릉에 강한 영향력이 존재했던 범일의 점진적인 자장 대체

② 거란 침입(1010): 굴산사의 피해로 사굴산문 종찰의 권위 손상

③ 12~13세기: 지눌계와 송광사의 약진으로 범일의 위상 저하 가속

④ 13세기 후반: 오대산의 이탈 −『오대산사적』에서 범일 누락

⑤ 14세기 후반: 송광사의 종찰급 위상 확립 − 동방제일도량

⑥ 여말선초: 사굴산문의 폐사와 이후 범일의 민간 신앙 편입 가속화

⑦ 조선 전기: 석천과 학산 등과 결합된 범일의 영웅설화 기본 구조 완성

⑧ 임진왜란: 범일 설화의 확산과 안정

⑨『임영지』「전지」(1608~1623)에 범일의 영웅설화 수록

⑩ 조선 후기: 대관령과 강릉의 관계 속에서 강릉 출신의 대관령 국사여성황 성립

2.
범일에게서 확인되는 민간 신앙적 구조

범일의 민간 신앙 수용에 따른 구조는 총 네 가지로 살펴진다. 첫째, 영웅신화적인 측면으로 이는 〈석증-범일〉을 통해서 확인된다. 여기에서는 태양 숭배와 무염수태無染受胎, 그리고 탄생 후의 이적 양상이 기록되어 있다. 둘째, '국사'와 '국시', '국수' 등의 명칭에 대한 부분이다. 국사는 불교의 국사와 발음과 내용적인 부분에서 연결되는 측면도 있지만, 여기에는 전통적인 무속의 산신이나 성황신과 같은 신을 지칭하는 측면도 존재하기 때문이다.[944] 셋째, 조선 후기에 편입되는 정씨녀에 대한 부분이다. 이는 호환과 연관된 산악 숭배의 양상을 잘 나타내 준다. 또 범일을 승려라기보다는 무속의 신으로 보는 관점이 강하다는 점에서 주목되는 측면이다. 넷째, 대관령 국사성황당의 〈무신도巫神圖〉에서 확인되는 표현이다. 여기에 범일은 산악 숭배 및 무인의 측면이 강하게 부각되어 있는데, 이 역시 무속적인 강자에 대한 의지依支를 잘 나타내 준다.

　　먼저 첫째를 보면 굴산에 살던 과년한 처녀가 등장한다. 그녀는 우물에서 빨래하다가 태양이 배를 비추고 물을 마신 후 임신하게 된다. 우물은 무속이나 신화 구조 속에서 재생의 공간이나 다른 세계로의 이동을 상징한다.

944　김태곤 著,『韓國民間信仰研究』(서울: 集文堂, 1983), 135쪽 ; 안광선,「江陵端午祭 神格變動」,『民俗學研究』41 (2017), 185-189쪽.

또 여기에서는 태양 숭배와 관련된 태양에 의한 미혼 여성의 수태를 나타내고 있다. 즉 태양과 관련된 범일의 비범한 잉태를 강조하는 것이다.

태양 숭배는 단군 신화에서도 확인되는 환인·환웅이나 삼위태백三危太伯 또는 태백산太白山 등의 밝달(배달)과 같은 측면을 통해서 인지해 볼 수 있다.[945] 또 고주몽의 탄생 신화나 박혁거세, 또는 김수로나 김알지 등의 난생 신화와도 관련된다. 여기에 영서의 오대산에는 성오평省烏坪이라는 태양 숭배와 관련된 뚜렷한 흔적이 존재한다.[946] 이런 점에서 석천과 관련된 태양에 의한 잉태는 전통적인 관념 및 명주 지역의 태양 숭배와 관련된 측면이라고 할 수 있다.

그러나 이는 '범일'이라는 법명을 통해서 후대에 민간 신앙적인 요소가 덧씌워진 것으로 타당한 측면은 아니다. 즉 범일에게서 확인되는 태양 숭배와 관련된 측면은 전통적인 무속 구조를 '범일'이라는 법명이 끌어들이면서 발생한 결과이다. 그리고 미혼 여성의 수태는 태양을 통해 임신한 아이가 인간을 넘어서는 신성을 가진 초인이라는 점을 보다 부각하는 측면으로 이해될 수 있다.

이렇게 탄생한 범일은 가족에게 받아들여지지 않고 얼음 위에 버려진다. 이때 낮에는 새가 날개로 덮어 주고 밤에는 서광이 뿜어 나오는 이적이 발생한다. 즉 탄생 직후부터 버려지는 환란을 만나고 이를 이적으로 극복하는 구조가 확인되는 것이다. 이 역시 헤라클레스 신화 등에서 확인되는 영웅 신화의 보편적인 측면과 연장선상에서 이해될 수 있다.

---

945 『三國遺事』1, 「紀異卷第一-古朝鮮(王儉朝鮮)」(『大正藏』49, 961c-962a) ; 李承休 著, 김경수 譯, 『帝王韻紀』(서울 : 亦樂, 1999), 135-136쪽.

946 『三國遺事』3, 「塔像第四-臺山五萬眞身·溟州五臺山寶叱徒太子傳記·臺山月精寺五類聖衆」(『大正藏』49, 998c-1000a).

범일국사의 탄생설화를 간직한 강릉 굴산사지 석천 우물

　특히 주목되는 것은 얼음의 등장이다. 왜냐하면 이는 「범일전」의 범일 탄생일이 음력 1월 5일이라는 것과 연결 지어 이해될 수 있는 대목이기 때문이다. 즉 〈석증-범일〉에서 유일하게 「범일전」과 상통하는 측면이 바로 이 부분이다. 이는 〈석증-범일〉의 설화 구조가 「범일전」의 전승이 완전히 사라진 후에 성립한 것이 아니라는 점을 나타내 주는 중요한 방증이 된다.

　〈석증-범일〉과 가장 유사한 것은 고주몽 신화이다. 이는 고구려적인 요소가 후대까지도 강릉 쪽에 일정 부분 남아 있었을 개연성을 환기한다. 고주몽 신화는 『삼국사기』 권13의 「고구려본기 1」 〈동명성왕〉과 『삼국유사』 권1의 「기이 1」 〈고구려〉에 대동소이한 내용으로 수록되어 있다. 〈석증-범일〉과의 상호 대비를 위해 〈동명성왕〉의 내용을 제시해 보면 다음과 같다.

해부루가 붕어하자 금와가 왕위를 계승하였다.

이때 태백산 남쪽의 우발수優渤水에서 여인을 만났다. (금와가 여자에게) 물으니 말했다. "나는 하백河伯의 딸로 이름은 유화柳花입니다. 여러 동생과 함께 나가서 노닐었습니다. 그때 한 남자가 있어 스스로 말하기를 '천제의 아들 해모수'라 하고, 나를 웅심산熊心山 아래의 압록강 변의 방으로 꾀어 사통하고는 곧장 가서 돌아오지 않았습니다. 부모님은 내가 중매도 없이 다른 사람을 따라갔다고 꾸짖어 마침내 우발수優渤水에 귀양(적거謫居)하게 되었습니다."

금와가 이를 이상하게 여겨 방 안에 유폐幽閉하였다. (그러자) 태양이 비췄으며, (유화는) 몸을 끌어당겨 피했다. (그러나) 태양 빛이 또 따라와서 비췄다. 이로 인해 임신하여 알 하나를 낳았는데, 크기가 다섯 되(升) 정도나 되었다. (금와)왕이 이것을 버려 개와 돼지에게 주었으나 모두 먹지 않았다. 또 길 가운데에 버렸으나 소나 말이 피하였다. 나중에는 들판에 버렸더니 새가 날개로 덮어 주었다.

왕이 이것을 쪼개려 하였으나 능히 깨뜨릴 수가 없었으니, 마침내 그 어머니에게 되돌려 주었다. 그 어머니가 물건으로 그것을 싸서 따뜻한 곳에 두었더니, 한 남자아이가 껍질을 부수고 나왔다. 골격과 의표儀表가 영특하고 호걸스러웠다(영기英奇).

나이가 겨우 일곱 살에 억연嶷然 범상치 않았다. 스스로 활과 화살을 만들어서 쏘았는데 백발백중이었다. 부여의 속어에 활 잘 쏘는 것(선사善射)을 '주몽朱蒙'이라 하는 고로 이것으로 이름을 삼았다.[947]

『三國史記』13, 「高句麗本紀 1」, 〈東明聖王(37年)〉. "及解夫婁薨, 金蛙嗣位. 於是時, 得女子於大白山南優渤水. 問之曰, '我是河伯之女, 名柳花. 與諸弟出遊, 時有一男子, 自言天帝子解慕漱, 誘我於熊心山下, 鴨淥邊室中私之, 卽徃不返. 父母責我無媒而從人, 遂謫居優渤水.' 金蛙異之, 幽閉於室中, 爲日所炤, 引身避之, 日影又逐而炤之. 因而有孕, 生一卵, 大如

인용문은 태양에 의한 임신과 태양과 더러움에 물들지 않음을 상징하는 알의 탄생과 이 알을 깨고 나온 고주몽의 이름 비정에 관한 내용이다. 〈석증-범일〉과 유사한 내용은 '태양에 의한 임신'과 '버려진 상황을 새가 날개로 덮어 주었다는 부분', 그리고 '이름이 결정되는 방식'이라고 하겠다. 짧은 문헌에 존재하는 높은 유사성은 〈석증-범일〉이 선행하는 고주몽 신화의 영향을 받았다는 점을 분명히 해 주고 있다.

둘째는 '국사'와 '국시', '국수' 등의 명칭에 따른 유사성이다. 대관령 국사성황의 '국사'는 우리말로는 '국시'·'국수'·'국술'·'국슈'·'구슈' 등 여러 가지 발음으로 나타난다. 또 한자 표기로는 대관령의 '국사國師' 표기 외에도 '국사國祀'·'국사國仕'·'국사局司'·'국사國士'·'국수菊秀'·'국수菊樹' 등이 확인된다.[948] 즉 이는 한자어가 아닌 우리말의 음역이다. 이런 점에서 대관령의 '국사'는 불교적인 '국사國師'라기보다는 전통적인 신을 나타내는 측면과 관련된 것으로 보는 것이 타당하다. 그러나 유사 발음에 의한 한자 표기가 '국사國師'라는 점은 불교적인 영향과 전통 신앙과의 습합을 나타내 준다는 점에서 주목된다.

또 국사성황신에서 '국사'를 신의 의미로 해석하면, '신(국사)'과 '성황신'이라는 동의어 반복 구조가 발생한다. 국사나 성황신의 개별적인 언급은 흔한 표현이지만, 이를 겹쳐서 '국사성황신'이라고 하는 것은 일반적이지 않기 때문이다. 그러므로 명확하지는 않지만 국사성황신의 '국사'에는 불교적인 강함을 상징하는 국사적인 측면이 존재할 개연성도 있다. 즉 불교적인 국사

五升許. 王棄之與犬豕, 皆不食. 又棄之路中, 牛馬避之. 後棄之野, 鳥覆翼之. 王欲剖之, 不能破, 遂還其母. 其母以物裹之, 置於暖處, 有一男兒破殼而出, 骨表英奇. 年甫七歲, 嶷然異常, 自作弓矢射之, 百發百中. 扶餘俗語, 善射爲朱蒙, 故以名云.'

948 장장식, 〈11. 國師堂, 국수당 關聯 地名〉, 『朝鮮地誌資料』'京畿道篇'에 나타난 民俗 관련 地名 分析」, 『民俗學硏究』 24(2009), 211쪽.

국사성황사에서 제와 굿을
마친 후 신목잡이가 신목을
들고 대관령국사여성황사로
이동하는 모습

와 민간 신앙적인 성황신이라는 강자끼리의 결합이 바로 국사성황신의 의미일 수도 있다는 말이다. 왜냐하면 이러한 특수성이 하필 범일국사가 성황신으로 변모되었다고 하는 대관령에서 나타나기 때문이다. 이와 같은 양상은 국사여성황신이라는 측면에서도 확인된다. 그러나 이는 국사성황신에 대한 여성적인 측면이므로 먼저 성립한 국사성황신에서 파생된 가치로 보는 것이 타당하다.

강력함은 무속 신의 중요한 속성이다. 불교 시대를 거치면서 고승을 대표하는 국사에게 강력한 신이성이 부가되는 것은 화쟁국사 원효나 도선국사 등을 통해서 쉽게 확인된다. 즉 민간 신앙의 구조 속에서는 양자가 겹칠 수 있는 통로가 존재하는 것이다. 특히 범일은 명주에서 자장을 계승하는 강력한 신이승이자 국사로 불린 인물이라는 점에서 더욱 그렇다.

불교 시대를 거치면서, 무속적인 구조에 불교적인 영향이 존재하는 것은 삼불제석三佛帝釋이나 제석굿 등을 통해서 쉽게 확인된다. 이와 같은 관점에서 본다면, 본래 전통 신앙 속에서 신을 지칭하던 국사 명칭이 명주를 대표하는 범일국사와 연계되어 이해되었을 개연성은 충분하다. 즉 '이승사 → 승·속이신'의 신이승적인 요소가 범일국사를 국사(신)와 연결될 수 있도록까지 변모시키고 있는 것이다. 물론 여기에는 대관령이라는 반드시 극복해야만 하는 대상이 한몫했음은 주지의 사실이다.

민간 신앙이란 계통이나 구조가 체계적인 종교처럼 명확하지 않다. 또 강함에 대한 추구를 중시하다 보니 불교 시대를 거치면서 불교와 쉽게 융합될 수 있는 측면이 존재하게 된다. 이는 '대관령 국사성황신=범일국사'라는 인식이 보편성을 확보하게 되는 한 이유라고 하겠다.

셋째는 대관령 국사성황신의 부인인 국사여성황신에 대한 부분이다. 조선 후기의 정씨녀가 첨가되는 측면은 앞서 정리한 바 있다. 그런데 여기에는 '국사성황신을 승려인 범일로 볼 때 정씨녀와의 결혼이 타당한가?'의 문

〈무신도−삼불제석〉. 명칭에서 불교의 영향이 엿보인다.

대관령국사여성황사에서의 봉안제 모습. 여성황사 내 국사여성황신 진영이 봉안되어 있다.

제가 존재한다. 왜냐하면 불교의 승려는 독신을 기본으로 하기 때문이다. 즉 여기에는 '국사성황신이 범일이 아니라는 관점'과 '무속적인 이해에 따른 변형 구조에서는 범일국사의 결혼이 가능하다'라는 두 가지 측면의 이해가 도출될 수 있다.

먼저 정씨녀와의 결혼을 통해 국사성황신이 독신의 승려인 범일일 수 없다는 주장은 반드시 성립되는 조건은 아니다. 왜냐하면 이와 같은 결혼 구조가 국사성황신의 처음 등장부터 존재하는 것이 아니라 이는 조선 후기의 2차 변화에 따른 결과이기 때문이다. 즉 정씨녀의 등장 이전까지의 국사성황신은 독신이었다는 의미로 해석될 수 있도록 해 주는 것이다. 이런 점에서 본다면, 이는 오히려 국사성황신이 독신의 승려인 범일일 수 있는 타당성을 변증해 주는 측면이 되기도 한다. 즉 2차 변화에 따른 결과를 선행하는 국사

성황신의 특징으로 소급해서 규정할 수는 없다는 말이다.[949]

다음으로 무속적인 판단에 따른 범일국사의 결혼 가능성에 대해서 살펴보자. 결혼을 인간의 당연한 윤리적 관점으로 이해하는 것은 무속이라기보다는 유교적인 관점이다. 유교의 영혼관은 불교의 업業에 의한 상속 윤회나 기독교의 신에 의한 영혼의 부여와는 다르다. 유교에서는 기론氣論을 바탕으로 부모와 대지 및 별자리 등의 주변 환경에 근거해 영혼이 새롭게 만들어진다고 보았다. 이와 같은 사고를 대변하는 말이 '신토불이身土不二'이다. 인간의 영혼은 죽은 후에는 에너지 공급이 끊기면서 흩어지게 되는데, 이 때문에 제사는 천위遷位가 되고 영구히 유지(불천위不遷位)되지 않는다. 이는『주자어류朱子語類』권3의「귀신鬼神」등을 통해서 확인해 볼 수 있다.[950]

유교의 영혼관에서 영혼은 개체의 완전한 독립성을 가진다기보다는 혈통을 통해서 후손과 연결되며 일정 부분 상속된다.『주역』「2. 곤괘坤卦」의 "적선지가積善之家 필유여경必有餘慶, 적불선지가積不善之家 필유여앙必有餘殃(선을 쌓은 집안에는 반드시 남은 경사가 있고, 선을 쌓지 않은 집안에는 반드시 남은 재앙이 있다)"은 이와 같은 가족에 의한 집단 상속 구조를 잘 나타내 준다.[951] 이는 '삼

---

949 황루시는 鄭氏女의 受容, 즉 國師城隍 信仰의 2차 擴大가 1890년에서 멀지 않은 過去로 推定하고 있어 주목된다. 황루시,「江陵端午祭 傳承에 관한 檢討」,『人文學硏究』17 (2012), 35-36쪽. "아키바(秋葉隆)는 1928년 南大川 주변 頹落한 女城隍祠를 찾아간 이야기를 敍述하였다. 이미 廢墟가 된 작은 祠堂 入口에는 '靈神堂, 庚寅 四月 上澣 月波'라고 記錄된 額子가 걸려 있고 안에는 "土地之神位"라고 墨書한 白木의 神位가 있었다고 한다. 약간의 제기까지 있어 아직 信仰이 사라져 버리지 않았음을 알 수 있었다고 했다. 庚寅年이면 늦어도 1890년에는 세워진 祠堂이고, 더 역사가 오랠 수도 있다."

950 김수청,「儒敎의 靈魂觀에 대한 분석적 고찰」,『韓國民族文化』25 (2005), 272-280쪽.

951 『周易』,「坤卦第二」. "ZY02坤卦19: 積善之家, 必有餘慶, 積不善之家, 必有餘殃. 臣弑其君, 子弑其父, 非一朝一夕之故, 其所由來者漸矣!"

천 가지 죄 중에서 불효가 으뜸이고, 불효 중에서 자식(아들) 없는 것이 으뜸'이라는 말을 통해서도 판단해 볼 수 있다.[952] 즉 부계씨족제父系氏族制를 기반으로 아들로 유전하는 구조 속에서는 아들이 없으면 상속 집단 전체가 단절되기 때문이다.

불교의 업설에 의한 윤회론은 영혼의 개별적인 독립성을 상정한다. 이 때문에 결혼은 선택일 뿐 필수일 수 없다. 그러나 유교의 집단 구조 속의 영혼관에서 결혼은 집단 전체의 존망을 가름하는 기준이 된다. 이 때문에 유교에서는 결혼은 인륜지대사人倫之大事로 평가되며 특별히 중시되는 것이다. 이렇게 놓고 본다면, 국사성황신과 국사여성황신의 결혼 구조는 민간 신앙적인 무속보다는 유교적인 인식과 관련된 것으로 판단해 볼 수 있다.

그러나 문제는 국사성황과 국사여성황의 결혼이 일반적인 결혼이 아닌 배우자를 죽이면서 하는 특이한 방식의 폭력적이고 강압적으로 진행된다는 점이다. 또 전승에 따라서는 정씨녀가 황수징과 혼인했다가 친정에서 호랑이에 물려 갔다고도 한다.[953] 즉 여기에는 강자의 목적 당위성만 강조될 뿐, 상대에 대한 윤리적인 측면은 존재하지 않는다.

비윤리적이라고 하더라도 목적만 성취되면 타당하다는 주장은 『삼국유사』 권1의 「탈해왕脫解王」 등에서 확인되는 무속적인 구조에 다름 아니다.[954] 즉 국사성황신과 국사여성황신의 결혼에는 유교의 윤리관을 넘어서

---

952 이 말은 『明心寶鑑』 「孝行」의 "18. 五刑之屬三千, 而罪莫大於不孝."에 父系氏族制의 男性承繼 觀點을 追加한 것이다.

953 張正龍, 『江陵 端午祭 現場論 探究』(서울: 國學資料院 2007), 130쪽. "一說에는 朝鮮朝 肅宗 때 大關嶺城隍神이 草溪 鄭氏인 鄭完柱씨의 無男獨女인 경방댁 鄭氏 처녀가 창원 황씨 황수징과 結婚하였으나 시댁이 멀어 친정에 머물러 있다가 호랑이에게 물려 갔다고 한다."

954 『三國遺事』1, 「紀異卷第一-第四脫解王」(『大正藏』49, 965c). "望城中可居之地。見一峯如三日月。勢可久之地。乃下尋之。卽瓠公宅也。乃設詭計。潛埋礪炭於其側。詰朝至門云。此是吾祖代家屋。瓠公云否。爭訟不決。乃告于官。官曰。以何驗是汝家。童曰。我本治匠乍出隣

는 무속적인 구조가 존재하는 것이다. 이는 정씨녀가 호랑이에게 죽은 후에 이들의 결합이 완성된다는 영혼결혼식과 같은 전개를 통해서 분명해진다.

이외에도 정씨녀의 죽음이 호랑이, 즉 호환에 의한 것이며, 무속에서는 호랑이를 산군이나 산신령과 통하는 존재로 본다는 점 역시 고려될 수 있다. 이렇게 되면 호환에 의한 정씨녀의 죽음을 국사성황신과의 결합을 통해서 승화하고 해원시키는 구조를 인식해 볼 수 있기 때문이다.

이렇게 놓고 본다면, 국사성황신과 국사여성황신의 결혼은 유교와 무속적인 구조가 절충된 변화라고 하겠다. 또 이것이 2차로 변형해서 추가되는 구조라는 점에서, 예학 시대를 거치며 강조되는 결혼 문화적인 요소가 영향을 미쳤다는 판단도 가능하다.

그렇다면 무속적인 관점에서는 승려인 범일의 결혼도 가능할까? 민간 신앙적인 무속에는 일관된 체계성보다는 강함에 대한 의지가 더 중요하다. 특히 국사성황신은 범일이라고 하더라도 이미 민간 신앙적인 변화를 거친 무속적인 신으로서의 범일이다. 즉 불교적인 사굴산문의 범일과는 동일인인 동시에 논리적 층위를 다르게 확보하고 있다는 말이다. 이런 점에서 2차 변화 시기에 국사성황신의 결혼 구조가 발생한다고 해도 큰 문제는 없다. 왜냐하면 국사성황신이 범일이라고 하더라도 이것은 불교적인 범일이 아닌 민간 신앙에 수용된 무속적인 범일이기 때문이다.

실제로 현재의 강릉단오제를 보면, 국사성황신을 범일로 규정하고 있음에도 국사여성황신의 존재를 수정하지 않을 뿐 아니라, 이들의 합사合祀(음력 4. 15)와 두 신의 청신제請神祭(음력 5. 1)를 올리는 것이 주축이 된다. 이때 시작되는 굿판은 송신제送神祭(음력 5. 8) 때까지 진행된다. 즉 국사성황신을

鄕。而人取居之。請堀地檢看。從之。果得礪炭。乃取而居[9]爲。時南解王知脫解是智人。以長公主妻之。是爲阿尼夫人。"

범일로 보고 있음에도 국사여성황신과의 합사에 대한 문제의식이 전혀 존재하지 않는 것이다. 민간 신앙에서 합사는 풍요(풍년)와 다산 등을 상징한다. 이런 점에서 범일의 결혼과 합사는 철저히 무속의 민간 신앙적인 판단에 종속되어 있다고 하겠다. 즉 강릉단오제 주신으로서의 범일은 철저히 민간 신앙적인 이해와 판단에 의해 재정립된 강자로서의 범일인 것이다.

넷째는 국사성황신의 〈무신도〉에서 확인되는 표현 방식이다. 이는 국사여성황신의 〈무신도〉와도 연관해서 이해할 수 있는 부분이다. 국사성황신은 국사여성황신의 성립에 비해 시기가 빠르다. 이는 두 무신도의 원형이 동시대의 인식을 반영하는 것이 아니라는 점을 분명히 해 준다. 즉 국사성황신의 구조를 바탕으로 국사성황신의 〈무신도〉가 먼저 성립되고, 이후에 국사여성황신의 내용과 이를 반영한 〈무신도〉가 추가되었을 것이라는 말이다. 그러나 현존하는 두 무신도는 모두 오래된 것이 아니다. 즉 두 무신도 사이에는

대관령 국사성황사에 봉안된 〈무신도〉

발생에 따른 층위가 존재했지만, 현존하는 무신도로는 이것을 확인하기 어렵다는 말이다.

먼저 대관령 국사성황사(구 강원도 시도기념물 제54호)의 〈무신도〉를 보자. 배경으로서의 향 우측을 보면 십장생에 속하는 소나무와 바위가 목도된다. 또 대칭되는 향 좌측에는 폭포와 그 너머로 멀리 떨어진 원경의 삼산이 보인다. 이는 심산유곡을 나타내려는 장소(대관령)적인 표현으로 판단된다.

이와 같은 널찍한 평면을 배경으로 백마를 타고 철릭 같은 옷을 입은 채, 활을 쥐고 수염이 무성한 국사성황신이 그려져 있다. 이때 말고삐는 하급 무관으로 보이는 인물이 잡은 모습이다. 종자는 오른손으로는 말고삐를 잡고 있고, 왼손으로는 기다란 채찍을 쥐어 말을 모는 인물임을 분명히 하고 있다.

국사성황신은 황색에 안감이 감색인 철릭을 입고, 모자는 흑립을 표현한 것으로 판단된다. 왼손에는 활을 쥐고 등에는 전통箭筒을 찼는데, 오른손으로는 말고삐를 잡고 식지로 왼쪽을 가리키고 있다. 활은 국궁인데, 칼을 차지 않는 활 중심적인 표현을 하고 있어 주목된다. 실제로 조선 후기 문관의 철릭 착용에 칼은 필수가 아니었다. 〈무신도〉는 이와 같은 인식을 반영한 것이 아닌가 판단된다.

국사성황신이 문관임에도 철릭을 입은 무복武服 차림으로 묘사되는 것은 조선의 문관 우대적인 측면과 민간 신앙에서 강력함에 대한 의지를 잘 나타내 준다. 특히 대관령은 해발이 높은 험난한 지형인 데다 호랑이와 표범 등에 의한 위험이 도사리고 있었다. 이는 국시國是로서의 유교와 현실적이자 민간 신앙적인 강함에의 의지依支는 당연한 모습으로 이해된다.

국사성황신의 얼굴은 짙은 눈썹꼬리가 치켜 올라간 용맹하고 과단성 있는 인상을 보인다. 또 눈은 부리부리하게 표현되어 있는데 다소 사백안 같은 모습을 띠고 있다. 이는 모든 곳을 주시해서 놓치지 않고 보호하겠다는 의미로 해석될 수 있다. 그리고 코와 귓불은 두툼하고 풍성하게 그려져 있는데, 이는 조선 후기의 복과 덕이 있는 모습을 묘사한 것이다. 얼굴 표현만 놓고 본다면, 무신도 말고도 남종 문인화를 대표하는 달마도의 양상도 일정 부분 시사 받아 볼 수 있다. 그림의 전체적인 표현 의미는 용맹함과 모든 곳을 주시해서 수호를 굳건히 하여 바람을 이루어 주겠다는 정도로 해석될 수 있을 것 같다.

국사성황신의 회화적인 표현과 관련해서는 '승려를 문관 형태의 철릭을 입히는 것이 가능하냐?'는 문제가 제기될 수 있다.[955] 그러나 앞서도 언급한 바와 같이 범일은 '불교적인 역사적 범일'과 '민간 신앙적인 수용과 변형을 거친 강자로서의 범일'의 두 분이 존재한다는 점에 유의해야 한다. 즉 불교적 범일과 민간 신앙적인 범일은 같은 범일이지만 완전히 다른 관점에서 이해되는 범일이다. 이런 점에서 민간 신앙적인 이해에 의한 범일 표현은 불교와는 무관한 민간 신앙적인 입각점과 타당성만을 갖추면 된다. 즉 불교와 무속적인 민간 신앙을 동일 잣대로 판단할 필요는 없다는 말이다. 이런 점에서 범일에 대한 문관 형태의 무복 표현은 큰 문제가 없는 것이 된다.

또 민간 신앙적인 변화가 아닌 현실적인 면에서도 임진왜란을 거치는 과정에서 사명당이나 영규·처영 등은 승병장으로 활약한다. 또 여기에는 청허휴정淸虛休靜(1520~1604)의 제자로 팔도선교종도총섭이 되었다가도 속퇴하는 승왕僧王으로 불린 의엄義嚴(곽언수郭彦秀) 같은 이들도 있다.[956] 즉 양란

---

955 황루시,「江陵端午祭 傳承에 관한 檢討」,『人文學硏究』17(2012), 33쪽. "大關嶺 國師城隍神의 화분을 보면 활을 들고 말을 탄 將軍이 호랑이를 거느린 모습이다. 적어도 화분을 통해서는 僧侶로서의 모습을 전혀 찾아볼 수 없다."

956 김용태,「壬辰倭亂 義僧軍 活動과 그 佛敎史的 의미」,『普照思想』37(2012), 242쪽.

김명국의 〈달마도〉

을 거치면서 승려에게도 무장의 이미지가 갖춰질 수 있는 구조가 존재하게 된 것이다.

실제로 승병장 중 가장 유명한 사명당은 오대산을 중건하고,[957] 강릉 허균과의 인연 역시 깊다.[958] 또 범일과 관련된 설화에는 범일이 왜군을 물리친다는 민간 전승도 있다는 점에서[959] 승병장으로의 묘사 가능성 역시 완전히 배제할 수는 없다.

무속과 민간 신앙에서 중요하게 여기는 것은 신앙 대상의 강함과 이 힘이 나를 수호해 줄 수 있느냐는 것이다. 즉 '타당성이 존재하느냐?'보다는 어떻게 결합하였든 강하냐의 문제가 논점이라는 말이다. 이와 같은 관점이 우선이다 보니 때에 따라서는 무리한 변형이 발생하기도 하지만 아이러니하게도 이를 수용하는 데는 큰 문제가 없다. 즉〈무신도〉는 그 대상이 범일이라고 하더라도 불교적인 측면을 고려하지 않고, 민간 신앙적인 측면에서 이해해도 큰 무리가 없다는 말이다.

이와 같은 이해 관점을 바탕으로 이제부터는 대관령 국사성황사의〈무신도〉에 대한 불교적인 타당성과 가능성에 대해서도 검토해 보자.

국사성황신의 묘사에서 가장 문제가 되는 것은 풍성한 수염이다. 왜냐하면 승려는 머리와 함께 수염도 깎게 되어 있기 때문이다. 동아시아 전통에서 수염은 남성 권위의 상징이다. 특히 수염이 없는 사람은 아이와 여성 그리고 내시라는 점에서 모두 낮추어 보는 문화가 존재한다.

---

957 廉仲燮,「五臺山史庫의 立地와 四溟堂」,『東國史學』57(2014), 20–22쪽.

958 오경후,「朝鮮中後期 禪敎學과 四溟 惟政의 敎學觀」,『圓佛敎思想과 宗敎文化』81(2019), 261–262쪽.

959 임동권 著,『江陵端午祭–重要無形文化財指定資料』(서울: 서울文化財管理局, 1966), 17–18쪽 ; 朴道植,「江陵地域에서의 梵日國師 奉安 研究」,『梵日國師 研究叢書』(江陵: 梵日國師文化祀典委員會, 2016), 157–158쪽.

그런데 흥미로운 것은 이와 같은 수염에 대한 선호가 동아시아불교에서도 확인된다는 점이다. 이는 한국불교에서 가장 오래된 불화인 5세기에 제작된 고구려 장천 1호분 〈예불도〉의 불상 묘사를 통해서도 확인해 볼 수 있다. 물론 이 〈예불도〉 불상의 수염은 국사성황신처럼 풍성하고 위엄 있는 모습은 아니다. 그러나 동아시아의 불교 안에는 인도불교와는 다른 수염에 대한 선호가 존재하는 것이다. 또 붓다의 묘사가 아닌 고승의 그림인 달마도를 보면, 달마는 풍성한 수염을 가진 인물로 묘사된다. 이는 수염만으로 고승인 범일을 표현한 것이 아니라는 주장을 불교 안에서도 약화할 수 있는 여지가 된다.

또 대관령 국사성황사의 〈무신도〉를 자세히 보면, 흑립의 아래로 머리카락에 대한 검은색 묘사가 존재함을 알 수 있다. 즉 삭발이 아니라는 말이다. 그러나 불상의 표현에도 '나발'이라는 상투가 변형된 머리카락에 대한 표

중국 길림성 집안시의 장천 1호분 〈예불도〉

〈영산회상도〉(조선). 본존인 석가모니불을 중심으로 보살이 원형의 구도로 서 있다.

현이 존재하며,[960] 앞서의 의엄과 같은 이들도 존재하니 이 역시 민간 신앙의 관점에서 볼 때 반드시 불가능한 정도는 아니라고 하겠다.

끝으로 대관령 국사성황사 〈무신도〉의 주인공 묘사의 바깥에는 호위 역할을 하는 두 마리의 호랑이가 묘사되어 있다. 주인공을 중심으로 양쪽에서 반원형의 구조를 취하고 있는 호랑이들은 조선불화 영산회상도 등에서 쉽게 확인되는 원형 구조와 유사한 상하의 신분 위치를 보인다. 또 호랑이는 유연하고 날쌔게 표현되어 있지만, 그런데도 용맹함은 다소 누그러진 모습이다. 이는 호환이라는 공포를 누그러트리려는 방어 기제가 작동한 측면으로 조선 후기의 산신도 등에서 쉽게 확인되는 모습이다.

그러나 산신도와 국사성황사의 〈무신도〉 사이에는 현격한 세 가지 차이가 존재한다.[961]

첫째는 무복의 문제이다. 산신은 신선과 같은 모습을 취하기 때문에 무복으로 묘사되지 않는다. 이에 비해 국사성황사 〈무신도〉는 철릭의 표현을 통해 강력한 이미지를 강조하고 있어 차이를 보인다.

둘째는 호랑이의 숫자이다. 전통적인 산신도에는 한 마리의 호랑이만 등장한다.[962] 이는 호랑이가 산신을 호위하는 하급의 대상으로 인식되기도 하지만, 호랑이를 '산군山君'이라고 해서 의인화된 존재를 산신으로 보기도

---

960 『中阿含經』9, 「(五九)王相應品三十二相經第二(初一日誦)」(『大正藏』1, 494a). "復次, 大人頂有肉髻, 團圓相稱, 髮螺右旋, 是謂大人大人之相." 等 ; 崔完秀 著, 『韓國佛像의 원류를 찾아서 1』(서울: 대원사, 2002), 42-52·59-71쪽.

961 황루시는 國師城隍神을 山神과 연관된 의미로 판단했다. 황루시, 「江陵端午祭 傳承에 관한 檢討」, 『人文學研究』17(2012), 33쪽. "국사신의 의미는 정확하지 않지만 山위에 있다는 것으로 보아 山神일 가능성이 있다고 본다." ; 황루시, 「江陵端午祭의 傳統性과 持續性」, 『歷史民俗學』9(2000), 154-155쪽.

962 현대적인 山神圖에는 두 마리의 호랑이가 그려지는 경우도 존재한다. 그러나 전통적인 山神圖는 '山神+호랑이', 또는 '山神+호랑이+仙童'과 같은 구조로 되어 있다.

하기 때문이다. 즉 산신도에서는 산신과 더불어 호랑이 역시 중심이 되기 때문에 한 마리만 등장한다. 산신도에서 호랑이는 도상의 중심 배치에 따른 기수奇數(홀수)의 원리가 작동하는 것이다.

〈산신도〉(조선)

이에 비해 국사성황사 〈무신도〉에는 두 마리의 호랑이가 등장한다. 이는 호랑이가 중심 신격의 위치에 존재하는 것이 아니라, 호위적인 하급 대상일 뿐이라는 점을 분명히 해 준다. 즉 우수偶數(짝수)이다. 기수와 우수의 차이는 동아시아의 불화나 도교화 등 종교화에서 확인되는 인식 차이를 통해서 판단될 수 있다.[963] 기수로 묘사되는 대상은 중앙에 위치하는 중심적인 신앙 대상인 반면, 우수로 등장하는 대상은 바깥쪽에 위치하는 보조적인 신앙 대상일 뿐이다. 산신도와 변별되는 호랑이의 위치 하락은 국사성황신이 말을 타는 것을 통해서도 분명해진다. 즉 산신과 호랑이가 연결되어 있다면, 국사성황신은 호랑이보다는 백마와 밀접한 연결 구조를 확보하는 것이다. 이는 마부의 등장을 통해서도 방증될 수 있는 부분이다.

963   玆玄 著,『佛畫의 秘密』(서울: 曹溪宗出版社, 2017), 279쪽.

'산신-호랑이'와 '국사성황신-백마'의 구조는 〈무신도〉의 두 마리 호랑이가 국사성황신을 수호하는 동시에 호환의 극복 상징으로 이해될 수 있다. 즉 〈무신도〉에서의 호랑이는 인도불교에서 천룡팔부天龍八部(① 천天[신神]·② 용龍·③ 야차夜叉·④ 아수라阿修羅·⑤ 가루라迦樓羅·⑥ 건달바乾闥婆·⑦ 긴나라緊那羅·⑧ 마후라가摩睺羅迦)가 귀화신歸化神으로 불법의 수호자가 되는 것과 같은 역할을 하는 것이다.

한 마리의 백마와 두 마리의 호랑이 구조와 관련해서, '산신-호랑이'와 '성황신-말'의 구조가 영동 지역에 존재한다는 관점이 있다. 이는 황루시의 「강릉단오제 전승에 관한 검토」의 다음 구절을 통해서 분명해진다.

> 흔히 **산신은 호랑이를 부리고 서낭은 말을 부린다는 것**이다. 특히 영동 지역 서낭당에는 서낭의 사자로 작은 말을 조성하여 모신 곳이 많았다. **서낭신위 앞에 철마나 토마, 기와로 구운 말이 놓여 있는데 이 신물들은 앞다리가 부러진 모습으로 자주 발견된다.**[964] **호랑이와 싸우다가 다리를 다쳤다는 것이다. 결국 서낭은 호랑이로부터 주민들을 보호하는 신격이고 호랑이와는 적대 관계에 있음을 알 수 있다.** 즉 호랑이를 부리는 대관령 국사성황은 민간의 서낭과 그 성격이 다르다. 오히려 전형적인 산신의 성격을 가지고 있다고 보겠다.[965]

---

[964] 다리 파손은 앞다리 파손과 뒷다리 파손이 섞여 있어 일관성이 존재하지는 않는다.

명주 지역 성황사의 파손된 철마와 토마

[965] 황루시, 「江陵端午祭 傳承에 관한 檢討」, 『人文學研究』 17(2012), 33쪽.

호랑이와 말의 대립 구도에서 본다면, 국사성황사 〈무신도〉의 한 마리의 백마와 두 마리의 호랑이 구도는 '호환을 물리치는 백마로 상징되는 성황신'의 존재로도 이해해 볼 수 있다. 그러나 황루시 역시 대관령 국사성황은 말과 더불어 호랑이도 부리는 것으로 판단한다. 이는 국사성황사 〈무신도〉의 호랑이를 성황신의 위신력 안에 포함되는 관계로 이해했기 때문이다.

실제로 국사성황사 〈무신도〉와 연관해서 이해가 가능한 국사여성황사 〈무신도〉에도 호랑이가 그려져 있다. 이는 대관령 국사성황과 여성황은 일반적인 성황신 구조와는 다르다는 판단을 가능하게 한다.

말은 호랑이를 이길 수 없다. 그런데도 말에 의한 호랑이의 제압 구도가 나타난다는 것은 이 말이 일반적인 말이 아니라는 점을 환기한다. 즉 박혁거세의 탄생 신화에서 확인되는 고신라의 천마(백마) 토템이나,[966] 또는 말을 타는 장군의 가능성을 추정해 볼 수가 있는 것이다.

〈무신도〉의 말이 백마라는 점을 고려한다면, 고신라의 천마(백마) 토템과의 연결 인식도 가능하다. 앞서 범일의 탄생과 관련해서는 고주몽의 탄생 신화적인 영향도 확인된다는 점을 분명히 했다는 점에서 본다면, 명주가 고구려와 신라의 접경으로 양자의 신화 구조에 모두 영향을 받고 있다는 판단도 가능하다.

또 국사성황사 〈무신도〉의 백마에는 무복의 성황신이 타고 있으니, 두 번째의 타당성을 인지해 보는 것도 가능하다. 다만 무복 표현이 장군의 갑옷과 같은 무인의 것이 아닌 철릭이라는 문관의 무복이라는 점에서 국사성황신이 장군이라는 판단은 성립하지 않는다. 즉 국사성황사 〈무신도〉는 문무

966　『三國史記』1,「新羅本紀 1」. "赫居世居西干(B.C. 57年 陰曆 4月 15日): 高墟村長蘇伐公, 望楊山麓, 蘿井傍林間, 有馬跪而嘶. 則徃觀之, 忽不見馬, 只有大卵."; 『三國遺事』1,「紀異卷第一 -新羅始祖 赫居世王」(『大正藏』49, 964c). "楊山下蘿井傍. 異氣如電光垂地. 有一白馬跪拜之狀. 尋撿之. 有一紫卵(一云靑大卵)馬見人長嘶上天."

가 혼재된 강함의 다양한 요구에 부응하는 민중적인 묘사의 결과라고 하겠다.

셋째는 동남동녀와 같은 선동仙童의 유무이다. 산신도는 신선도와 연관성이 있다. 이 때문에 단약(불사약)의 제조나 영생과 관련된 상징물을 들고 있는 선동이 함께 묘사되기도 한다. 또 산신도의 구도에 따라서는 중앙의 산신을 중심으로 호랑이와 선동이 좌우로 배치되는 모습을 보이기도 한다.

그러나 국사성황신을 그린 〈무신도〉에는 선동이 전혀 등장하지 않는다. 그보다는 말을 타고 있는 성황신에 따른 동적인 모습이 표현되어 있다. 이는 대관령을 무사히 넘기 위한 바람을 담고 있는 것으로 풀이된다. 즉 산신도와 국사성황신의 〈무신도〉는 그림의 내용과 목적에 차이가 있는 것이다.

이상의 차이점들을 통해서 본다면, 산신도와 국사성황신 〈무신도〉는 일견 비슷한 듯 보이지만 완전히 다른 구조와 내용을 가진 그림이라는 것을 알 수 있다. 즉 국사성황신의 〈무신도〉는 대관령과 관련된 특징적인 요청 구조에 의해서 새롭게 제작된 목적 그림인 것이다. 이는 대관령 국사성황신이 대관령 산신과는 다르다는 점을 분명히 인지하도록 해 준다.

끝으로 주의할 점은 앞서도 언급한 바와 같이 국사성황사의 〈무신도〉는 국사성황신의 구조가 형성된 이후에 이것이 도상화된 것이며, 최소 수차례 이상에 걸쳐 변화된 것이라는 점이다. 특히 국사성황사 〈무신도〉는 기준이 명확한 불화나 무신도 중에서도 나름의 도상 형식이 갖춰져 계승되는 삼불제석三佛帝釋·호구아씨 등과 달리 특수성에 입각한 도상이라는 점에서 기준에 입각한 판단이 불가능한 상태이다. 그러므로 국사성황사 〈무신도〉에 대한 판단을 통해서 우리는 범일에 대한 민간 신앙적인 인식과 변형 결과를 이해해 볼 수 있다. 그러나 민간 신앙의 수용 과정이나 변천에 대한 파악은 불가능하다고 하겠다.

다음으로 국사여성황사의 〈무신도〉는 좌우로 대나무와 바위 곁의 소나

국사여성황사 〈무신도〉. 위의 〈무신도〉는 과거에 봉안되었던 것이다.

무가 묘사되어 있다. 그리고 향 좌측에는 호랑이 한 마리가 그려져 있는데, 이러한 비대칭 구조로 인해 국사여성황은 중앙이 아닌 향 우측으로 치우쳐 있는 모습이다. 국사여성황은 의자에 앉은 단정한 자세를 취하고 있는데, 댕기 머리를 앞으로 늘어트려 처녀임을 표현하고 있다. 그리고 호랑이와 국사여성황 사이에는 오른손에 부채를 쥔 푸른 옷을 입은 시종이 작게 그려져 있다. 이는 주대종소법主大從小法에 따른 인물의 크기 표현으로 판단된다. 여종의 작은 묘사는 정씨녀의 신분이 낮지 않다는 것을 강조하는 것으로 볼 수 있다. 즉 신이 될 수 있는 신분으로서의 단정함과 순결함을 모두 갖춘 모습이다.

국사여성황은 붉은 치마에 노란 저고리를 입었는데, 의자에 앉아있는 것이 이채롭다. 의자상은 고승의 진영이나 조선의 초상화 묘사에서 나타나는 것으로 인물상을 강조하기 위한 묘사에서 주로 사용된다. 그런데 국사여성황사 〈무신도〉는 자연을 배경으로 함에도 이와 같은 구조를 취하고 있다. 아마도 정면의 구도와 연관하여 정씨녀의 모습을 단정하게 표현하려는 의도에 의한 것이 아닌가 한다. 이는 국사성황신의 배필로서 『시경詩經』 「국풍國風」 〈관저關雎〉의 요조숙녀로[967] 상징되는 현모양처의 자질을 드러내려는 의도로 판단된다.

정씨녀 설화에 따르면 국사여성황신은 국사성황신에게 선택받는 여성이다. 또 강릉단오제의 진행 방식을 보면 국사성황신의 신위는 음력 4월 15일 대관령 국사성황사에서 이운되어 국사여성황사에서 국사여성황과 합사된다.[968] 이러한 두 가지 이유에서 국사여성황신은 요조숙녀의 측면이 특별히 강조될 필연성이 있다고 판단된다. 왜냐하면 국사여성황신은 독립된 신격이라기보다는 국사성황신의 배필로서의 의미가 강한 제한적이고, 수동적인 신격이기 때문이다.

국사성황사의 〈무신도〉는 백마를 탄 측면 자세에 활을 쥔 무력의 역동성을 드러내고 있다. 이에 비해 국사여성황신은 단정한 모습으로 드러나는데 이는 조선 후기의 이상적인 여성상이 반영된 결과이다. 〈무신도〉의 배경으로 등장하는 대나무 표현 역시 절개를 상징한다는 점에서 상통되는 가치로 이해될 수 있다. 또 대나무는 〈무신도〉 안에서 길게 앞으로 늘어트린 댕기머리와 함께 상호 반향을 통해 절개와 정절을 나타내 준다.

대나무의 반대편에 그려져 있는 소나무와 바위는 국사성황사 〈무신도〉

---

967 『詩經』, 「國風」, 〈周南·關雎〉. "關關雎鳩, 在河之洲. 窈窕淑女, 君子好逑."

968 張正龍, 「梵日國師 傳記·說話 考察」, 『梵日國師 研究叢書』(江陵: 梵日國師文化祀典委員會, 2016), 295쪽. "國師城隍神은 大虎를 보내어 鄭氏處女를 업어다가 大關嶺國師城隍에 그대로 놓고 婚配를 한 날짜가 陰 4月 15日인고로 매년 이날을 大關嶺國師城隍祭日로 定하였다. 大關嶺 國師城隍神은 道僧인 梵日國師를 主神으로 하여 鄭氏處女를 大關嶺國師女城隍神이라고 하여 江陵市 弘濟洞에 堂을 세웠다."

김홍도의 송하맹호도(왼쪽)와 죽하맹호도(오른쪽)

에서와 마찬가지로 그녀가 위치한 곳이 심산임을 의미하는 것으로 판단된다. 이런 점에서 본다면, 호랑이의 등장은 소나무, 바위와 연결될 수 있다. 이는 조선시대의 다양한 송하맹호도松下猛虎圖 등의 구도를 통해서도 판단되는 부분이다. 물론 대나무와 호랑이를 함께 그리는 죽하맹호도竹下猛虎圖 역시 없는 것은 아니다. 그러나 이는 송하맹호도에 비해서는 일반적이지는 않다. 그러므로 국사성황사〈무신도〉의 표현으로는 죽하맹호도의 구도를 하고 있지만, 내용상으로는 송하맹호도와 같은 관점에서 이해되는 것이 더 타당

하다.[969]

　대나무에 호랑이를 그린 것은 두 가지 이유 때문으로 판단된다. 첫째는 소나무에는 바위가 그려져 있으므로 호랑이를 배치하기 어려운 구도적인 측면, 둘째는 정씨녀의 설화에서 정씨녀는 호환을 당하는 대상이니 이를 상징적으로 표현한 것으로 이해해 볼 수 있다.

　또 국사여성황사 〈무신도〉의 호랑이 등장 역시 두 가지로 이해될 수 있다. 첫째는 국사성황과 정씨녀를 연결하는 매개자로서의 존재, 둘째는 국사여성황을 지켜 주는 수호자로서의 역할이다. 즉 첫째는 정씨녀 설화에 근거한 추론이며, 둘째는 앞선 국사성황사 〈무신도〉와 관련된 판단이다.

국사여성황사 내부

969　國師女城隍祠 〈巫神圖〉는 全體的인 登場 모티브만 본다면, 山神圖와의 類似點이 높게 確保된다. 이는 中心人物과 1마리의 호랑이, 그리고 仙童과 유사한 侍女의 모습이 소나무와 함께 살펴지기 때문이다. 그러나 세부적인 構圖 면에서 보게 되면 차이가 작지 않다.

국사여성황사의 〈무신도〉는 최근에 수리되는 과정에서 많은 변화가 발생했다. 이는 이 〈무신도〉의 연대가 처음부터 오래되지 않아 문화재적 가치를 가지고 있지 않았기 때문에 발생한 문제로 보인다. 그러나 제아무리 최근 작품이라도 기존 것을 최대한 살리지 않고, 대나무의 표현 등 너무 심하게 변형한 것은 국사여성황신이 강릉단오제의 또 다른 주신이라는 점에서 분명 문제가 많은 행동이 아닐 수 없다. 그런데도 이와 같은 변형이 용인될 정도라는 것은 이 국사여성황사의 〈무신도〉가 국사성황을 이해하는 제한된 참고 자료일 뿐, 그 이상의 가치와 의미가 되지는 못한다는 점을 분명히 해 준다.

3.
강릉단오제에서의 주신 확립과 범일

조선 후기 강릉단오제는 범일국사를 주신으로 진행된 것으로 판단되며[970] 이는 이후의 일제강점기로까지 연결된다.[971] 일제강점기 단오제의 주신과 관련된 부분은 이한길에 의해 「신격의 좌정과정 고찰-범일국사의 경우」를 통해서 정리된 것이 있다.[972] 이것을 조선 초기 이래 강릉 대성황사에서 확인

---

970 李撲大는 國師城隍의 梵日로의 變化와 관련해서 1681(肅宗 7)년 鄕吏에 의한 彌陀契가 結成되는 과정에서 國師城隍의 變貌가 이루어졌다는 주장을 제기하고 있다(李撲大,「國師城隍祭와 鄕村社會의 變化-鄕吏層의 彌陀契를 中心으로」,『臨瀛文化』22[1998], 21-26쪽 ; 李撲大,「江陵 國師城隍祭와 鄕村社會의 變化-鄕吏層의 彌陀契를 中心으로」,『歷史民俗學』7[1998], 115쪽 ; 李撲大 著,『朝鮮後期 鄕村社會 變化와 江陵 國師城隍祭』,『朝鮮時期 鄕村社會 研究』[서울: 신구문화사, 2009], 264쪽 ; 李撲大,「江陵端午祭의 形成과 屈折, 그리고 재정립의 傳承樣態-通曉大師 梵日·彌陀契와 관련하여」,『梵日國師 研究叢書』[江陵: 梵日國師文化祝典委員會, 2016], 170쪽). 이외에 조금 다른 관점으로는 金善豊 著,『韓國詩歌의 民俗學的研究』[서울: 螢雪出版社, 1977], 36-39쪽 ; 張正龍,「江陵端午굿」,『比較民俗學』13[1996], 119-121쪽 ; 辛鍾遠,「城隍大神事跡記와 大王信仰」,『城隍堂과 城隍祭-淳昌 城隍大神事跡記 研究』[서울: 民俗院, 1998], 273-317쪽 ; 김도현,「울진 12령 샛재[鳥嶺] 城隍寺와 褓負商團」,『實踐民俗學研究』15[2010], 246-250쪽 ; 심형준,「江陵端午祭 主神 交替 問題에 관한 考察-梵日國師의 등장 問題」,『歷史民俗學』43[2013], 291-292쪽 等이 있다. 그러나 朝鮮 後期 城隍神의 梵日로의 主神 變化에는 대체로 동의하고 있다.

971 안광선은 江陵端午祭의 主神으로 梵日이 完成되는 것을 日帝强占期의 混亂 狀況에 따른 것으로 이해한다. 그러나 이는 完成 時點에 대한 認識으로 판단된다. 안광선,「江陵端午祭 神格 變動」,『民俗學研究』41[2017], 189-190쪽.

972 이한길,〈4. 文獻資料를 통해 본 梵日에 대한 시대적 흐름〉,「神格의 坐定過程 考察-梵日 國師의 境遇」,『梵日國師 研究叢書』[江陵: 梵日國師文化祝典委員會, 2016], 325-330쪽.

할 수 있는 신위 명칭에 이어 간략히 정리해 보면 다음과 같다.[973]

NO	연도	전적	대관령 성황의 신격	강릉 대성황사의 신격
1	1392년	『태조실록』 권1		某州某郡城隍之神[974]
2	1413년	『태종실록』 권25		某州城隍之神[975]
3	1430년	『세종실록』 권49		某府城隍之神[976]

---

973 朴道植, 「江陵地域에서의 梵日國師 奉安 硏究」, 『梵日國師 硏究叢書』(江陵: 梵日國師文化祝典 委員會, 2016), 148-159쪽 ; 朴道植, 「江陵端午祭 主神 교체의 시기와 역사적 배경」, 『地方史와 地方文化』 22-1(2019), 136-137쪽 ; 이한길, 〈4. 文獻資料를 통해 본 梵日에 대한 시대적 흐름〉, 「神格의 坐定過程 考察-梵日 國師의 境遇」, 『梵日國師 硏究叢書』(江陵: 梵日國師文化祝典委員 會, 2016), 322-330쪽 ; 안광선, 「江陵端午祭 神格變動」, 『民俗學硏究』 41(2017), 189-193쪽.

974 江陵 大城隍祠에는 朝鮮初 祀典政策에 의해 '江陵府城隍之神'이라고 써진 神位만 奉安되었 다. 『太祖實錄』 1, 1392(太祖 1)年 8月 11日 庚申 2번째 記事. "○禮曹典書趙璞等上書曰: (···) 諸神廟及諸州郡城隍, 國祭所請許, 只稱某州郡城隍之神, 設置位板, 各其守令, 每於春秋 行祭, 奠物祭器酌獻之禮, 一依朝廷禮制."

975 『太宗實錄』 25, 1413(太宗 13)年 6月 8日 乙卯 2번째 記事. "○改正祀典. 禮曹啓曰: (···) 及我 太祖卽位之初, 本曹建議, 各官城隍之神, 革去爵號, 但稱某州城隍之神, 卽蒙兪允, 已爲著 令. 有司因循至今, 莫之擧行, 爵號像設, 尙仍其舊, 以行淫祀. 伏望申明太祖已降敎旨, 但稱 某州城隍之神, 只留神主一位, 其妻妾等神, 悉皆去之."

976 『世宗實錄』 49, 1430(世宗 11)年 8月 6日 甲戌 4번째 記事. "○禮曹據各道山川壇廟巡審別監 所申條件, 磨鍊以啓: "一. 全州城隍位板, 書曰: '全州府城隍之神.' 版位之後, 安神像凡五. 永樂十一年六月日, 禮曹受敎: 「山川城隍之神, 只留神主一位, 皆題木牌. 其像設, 一皆撤 去, 以正祀典.」今此像設, 亦宜撤去. ··· 云云."

4	1608~ 1623년	『임영지』,「전지」 2,〈사전祀典〉.		城隍之神, 松嶽之神, 太白大天王神, 南山堂帝形太上之神, 城隍堂德慈母王之神, **新羅金庾信之神**, 江門開城夫人之神, 紺嶽山大王之神, 神堂城隍之神, **新羅將軍之神**, 草堂里夫人之神(11신위)
*	1894년 (갑오개혁)			12신위가 땅에 묻힘
	1909년	심일수,『둔호유 고遯湖遺稿』	대관령 국사성황신	
1	1913년	『셔유록』 (혹『경성유록』)	국사성황	
2	1928년	아키바 타카시 [秋葉隆],「강릉단 오제」(1930년 발 표)		**興武大王 金庾信**, 松嶽山神, 江門夫人, 艸堂夫人, 蓮花夫人, 西山松桂夫人, **泛日國師**, 異斯夫(8신위)
3	1931년	젠쇼 에이스케[善 生永助],『생활태 도조사生活狀態 照査(강릉군江陵 郡)』	대관령 새신賽神: 대관령 에는 한 개의 성황이 있는 데 **범일국사**로서 강릉에 서 출생했다고 한다. 그 신 은 조화 만능하며 … 음력 5월 5일 단오굿을 행하고 있다.	성황: 각위 성황신, 송악신, **신라김유신신**, 신당성황신, 성황당덕자모신, 태백대천왕신, 남산당제형태상신, 강문개성부인신, 감악산대왕신, **신라장군신**, 초당리부인신
4	1933년	다카자와 마코도 [瀧澤誠],『증수임 영지』	국사	

5	1937년 (조사는 1936년)	무라야마 지준[村山智順], 『부락제部落祭』	대관령 산신: 범일국사	성황신, 산신, 장군신 등

위의 표를 보면, 조선의 개국과 함께 음사의 혁파와 정사로서의 성황 신위가 상징적인 단일한 신위로 정리되는 것을 알 수 있다. 그러던 것이 『임영지』「전지」(1608~1623) 시기가 되면 신위의 수가 점차 증대되어서 대성황사의 신위가 11이나 된다. 주목되는 것은 이 11신위에 '국사'나 '범일'이 포함되지 않는다는 점이다. 이에 따라, 범일이 강릉단오제의 주신이 되는 것은 『임영지』「전지」 이후의 새로운 변화로 인식하는 연구들이 존재하는 것이다.[977]

그러나 필자는 앞서, 범일(국사)는 이승異僧(자장)의 계승이라는 민간 신앙적인 측면에서의 대관령의 음사 성황으로 존재했을 것으로 추정한 바 있다. 그렇지만 이에 대한 직접적인 기록은 존재하지 않는다. 그러므로 이 문제의 해소와 관련해서는 필연적으로 현존하는 가장 오래된 자료인 1913년의 『셔유록』에 주목하지 않을 수 없다. 그런데 여기에는 대관령과 관련해서 국사성황이 등장하고 있으며, 이후의 1930년 『강릉단오제』의 대성황사 8신위에도 범일국사가 포함되어 있다. 또 1931년의 『생활상태조사(3)』에는 대관령 새신賽神인 굿의 대상으로 범일국사가 살펴진다.

앞장에서 필자는 『고려사』의 이승과 『임영지』「전지」와 『강릉지』의 승·속이신이 모두 대관령과 관련된다는 점을 명확히 하였다. 또 『임영지』「속

977 李揆大, 「江陵 國師城隍祭와 鄕村社會의 變化-鄕吏層의 彌陀契를 中心으로」, 『歷史民俗學』 7(1998), 115쪽 ; 李揆大 著, 「朝鮮後期 鄕村社會 變化와 江陵 國師城隍祭」, 『朝鮮時期 鄕村社會 研究』(서울: 신구문화사, 2009), 264쪽 ; 李揆大, 「江陵端午祭의 形成과 屈折, 그리고 재정립의 傳承樣態-通曉大師 梵日·彌陀契와 관련하여」, 『梵日國師 研究叢書』(江陵: 梵日國師文化祝典委員會, 2016), 170쪽 ; 張正龍 著, 『江陵 端午祭 現場論 探究』(高陽: 國學資料院, 2007), 45-54쪽.

지」(1786)의 '국사'가 등장하는 곳 역시 대관령이다.[978] 이렇게 놓고 본다면, 대관령과 관련된 민간 신앙의 구조 속에서 자장을 계승한 범일의 위치와 성격이 더욱 분명해진다. 즉 강릉단오제와 관련해서『임영지』「전지」이후의 시점에 범일이 새롭게 부각해서 대체되는 것이 아니라,[979] 대관령 성황사의 범일과 대성황사의 김유신 및 대관령 산신으로서의 김유신이 상호 습합되며 혼란이 야기되고 있었던 것이다.

앞서도 언급한 바와 같이 김유신이 대관령 산신이 되어 강릉단오제의 주신이 된 것은 임진과 병자의 양란을 거친 후에, 수호, 즉 장군적인 필연성이 강하게 대두하던 특정 시기의 변화일 수 있다. 이런 판단이 가능한 것은『고려사』와 조선의 자료 및 일제강점기의 문헌들 다수가 성황사와 관련해서는 '대관령 성황사-범일'과 '대성황사-김유신'의 연결만을 나타내고 있기 때문이다. 또 승려인 범일에게도 임진왜란 때 대관령에서 기도해 왜군을 물리쳤다는 기록이 존재한다.[980] 이는 임진왜란 이후 민중적인 요청이 무엇이었는지를 잘 나타내 준다. 이외에도 강릉단오제에 민간 신앙 또는 무속적인 성

---

978 『臨瀛誌』,「續誌」,〈風俗〉. "每年四月十五日, 本府時任戶長, 領率巫覡詣大關嶺. 領上有神祠 一間, 戶長就神堂告由. 令巫覡求神靈於樹木間有一木, 神颷飇然枝葉自搖, 乃曰神靈之所 依矹其一枝, 令健壯者奉持 謂之國師."

979 朴道植은 朝鮮 後期에 江陵端午祭의 主神이 金庾信에서 梵日로 變貌하는 이유를 다음의 3 가지로 들고 있다. 첫째, 鄕村 社會의 變化. 둘째, 民間 信仰의 성행. 셋째, 鄕吏制度의 役割과 性格 變化. 朴道植,「江陵端午祭 主神 교체의 시기와 역사적 배경」,『地方史와 地方文化』22- 1(2019), 145-148쪽.

980 秋葉隆 著, 沈雨晟 譯,『朝鮮民俗誌』(서울: 東文選, 1993), 200쪽. "梵日國師는 江陵의 眞福里에 살았는데, 때마침 壬辰倭亂이 일어났다. 國師가 大關嶺에 올라가서 祈禱를 하니, 山河草木이 모두 軍勢의 모습으로 보였으므로 日本軍이 감히 공격하지 못하고 달아나 버렸다는 逸話를 남긴 그 傑僧이다. 생각하건대 이러한 이야기는 모두 山神信仰이 英雄神으로 變形되어 가는 過程을 나타낸 것이다."; 朴道植,「江陵地域에서의 梵日國師 奉安 研究」,『梵日國師 研究叢書』 (江陵: 梵日國師文化祝典委員會, 2016), 157쪽; 박현숙,「江陵地域 口傳說話에 反映된 共同體性의 生命力」,『無形遺産學』5-2(2020), 163쪽.

향이 강하다는 점은 국사성황으로서 범일의 연결 가능성을 더 크게 인식하게 하기에 충분하다.

실제로 국사는 왕사와 더불어 최고의 고승을 일컫는 말인 동시에 무속적으로는 국수나 국시, 즉 신을 가리키는 명칭에 대한 한자의 취음取音 표기이기도 하다.[981] 즉 대관령과 관련된 불교적인 이승과 이의 무속적인 측면으로서의 '국수'와 '국시', 그리고 이와 같은 측면들이 강릉을 대표하는 같은 발음인 '국사' 범일과 연결되어 완성되는 것이라는 판단이 가능한 것이다.[982]

또 범일은 삼왕(제48대 경문왕[871]·제49대 헌강왕[880]·제50대 정강왕[887])에게 국사로 책봉이 될 뻔한 것은 맞지만,[983] 직접적인 국사 책봉이나 추증받은 기록은 없다.[984] 범일이 국사라는 명칭으로 등장하는 가장 이른 문헌은 박인범이 900년대 초에 작성한 〈범일국사영찬梵日國師影贊〉이다.[985] 이는 범일

981 장장식, 〈11. 國師堂, 국수당 關聯 地名〉,「『朝鮮地誌資料』 '京畿道篇'에 나타난 民俗 관련 地名 分析」,『民俗學研究』 24(2009), 211쪽. "國師堂은 民俗現場에서 우리말로 '국술, 국수, 국슈, 구슈, 국시' 등 여러 현지음으로 구현되고, 漢字語로는 '國祀, 國仕, 國師, 局司, 國士, 菊秀, 菊樹' 등으로 소리옮김되기도 한다. 國師堂의 '國師'가 新羅와 高麗時代의 高僧이나 山神 또는 城隍神을 가리킨다고 하나 國師는 국수당, 국시당의 국수, 국시가 한자로 취음 표기된 문헌상의 기록일 뿐이다."김태곤 著,『韓國民間信仰研究』(서울: 集文堂, 1983), 135쪽 ; 안광선,「江陵端午祭 神格變動」,『民俗學研究』 41(2017), 185-189쪽.

982 張正龍 著,『江陵端午祭』(서울: 集文堂, 2003), 27쪽. "'國師'라는 稱號는 國師峰·구수봉·국수봉이라는 地名이 全國에 퍼져 있으며 동시에 그 뜻이 신이 坐定한 봉우리의 뜻이 있음을 감안할 때, 大關嶺을 神性한 峰으로 認定하고 여기서 山神祭를 지낸 것이 新羅 때의 僧侶와 연계된 것이 아닐까 의문을 제기할 수 있다."
심형준,「江陵端午祭 主神 交替 問題에 관한 考察-梵日國師의 登場 問題」,『歷史民俗學』 43(2013), 270-273쪽 ; 李揆大,「江陵 國師城隍祭와 鄕村社會의 變化-鄕吏層의 彌陀契를 中心으로」,『歷史民俗學』 7(1998), 117-118쪽.

983 『祖堂集』 17,「溟州崛山故通曉大師嗣鹽官」(『大藏經補編』 25, 618b). "咸通十二年三月景文大王, 廣明元年憲康大王, 光啓三年定康大王, 三王並皆特迂御禮, 遙申欽仰, 擬封國師。"

984 심형준,「江陵端午祭 主神 交替 問題에 관한 考察-梵日國師의 登場 問題」,『歷史民俗學』 43(2013), 268쪽.

985 『東文選』 50,「贊」,〈梵日國師影贊〉. "朴仁範: 最上之法, 杳杳冥冥. 皓月之白, 長江之清, 彼既

이 889년 음력 4월 말에 입적한다는 점을 고려해 본다면, 범일에 대한 국사 인식은 매우 빠르다는 것을 알 수 있다. 그렇다고 하더라도 범일은 역사적인 국사는 아니었다. 그러나 일부에서는 〈범일국사영찬〉이라는 방제傍題를 근거로 범일이 입적 후 국사에 추증되었다는 관점도 존재한다.[986] 그러나 이는 명확한 근거가 있는 주장은 아니다.

이런 점에서 본다면, '국사'라는 칭호는 오히려 대국통大國統(혹 대승통大僧統)이었던[987] 자장에게 더 적합할 수 있다. 자장 당시는 국사와 왕사 제도가 없었기 때문에 자장은 국사는 아니었지만 실질적인 신라불교의 위상과 지위로는 국사라고 해도 과언이 아닌 고승이기 때문이다. 이런 점에서 주사였던 범일은 자장에 필적할 수 없다. 그런데도 '범일=국사'와 같은 관념이 박히는 것은 무속적인 국시나 국수가 변형된 '국사' 명칭과, 대관령의 불교적인 흐름 간의 결합 속에 국사는 범일이어야 한다는 관념이 형성되었기 때문이 아닌가 한다.

이렇게 놓고 본다면, 강릉단오제의 주신으로서 범일은 대관령과 관련된 이승의 불교적인 측면을 계승하는 동시에 민간 신앙에 의해 오늘날과 같은 모습으로 완성된 것임을 알 수 있다. 또 대관령 성황은 임진왜란 이후 민중적인 요청 구조에 의해 강력한 무장인 김유신과 관련된 혼란이 발생하기도 했지만,[988] 대부분은 대관령 성황으로서 민간 신앙에 의해 완성되는 범일

有相, 我乃無形. 無形之形, 可以丹靑."

986 박윤진, 「高麗時代 王師·國師 硏究」(서울: 高麗大 史學科 博士學位論文, 2005), 18쪽 ; 鄭東樂, 「梵日 의 崛山門 開創과 成長基盤 造成」, 『新羅史學報』35 (2015), 74쪽.

987 『三國遺事』4, 「義解第五-慈藏定律」(『大正藏』49, 1005b). "(至藏更置大國統一人. 盖非常職也亦猶夫禮 郎爲大角干. 金庾信大「大'는 '太'의 誤]大角干。" ; 『續高僧傳』24, 「護法下-唐新羅國大僧統釋慈藏 傳(圓勝)」(『大正藏』50, 632b).

988 심형준, 「江陵端午祭 主神 交替 問題에 관한 考察-梵日國師의 登場 問題」, 『歷史民俗學』

이 주류였음을 인지해 볼 수 있다. 즉 강릉단오제의 주신은 불교적인 흐름과 연결된 범일로 보는 것이 타당한 판단이라고 하겠다.

43 (2013), 288쪽. "(金庾信은) 死後에 大關嶺의 山神이 되어 이 지방을 보호해 주었다. 壬辰倭亂 때는 大關嶺과 松亭의 모든 소나무를 군사로 보이게 하여 倭軍이 근접치 못하게 하였다."

제6장

결론

범일은 847년 신라로 귀국해 구산선문의 하나인 사굴산문을 개창한 비조격 고승이다. 사굴산문은 강릉의 굴산사를 중심으로 명주에서 발전하는데, 821년 귀국해 먼저 선법禪法을 펼친 도의의 가지산문과 더불어 한국 선불교의 양대 산맥으로 자리 잡게 된다.

범일의 사굴산문은 고려 중기에는 보조지눌과 송광사에 의해서 고려 말까지 고려불교를 주도한다. 이 과정에서 등장하는 여말선초의 고승들이 나옹혜근 → 환암혼수·무학자초 → 함허득통이다. 또 현대까지 계승되는 대한불교조계종은 환암혼수를 통한 법맥론을 수용하고 있다.

혼수는 사굴산문의 나옹혜근과 가지산문의 태고보우를 사법嗣法한 인물인데, 조선 전기까지는 나옹의 사법제자로 규정되다가 후기가 되면 보우의 계승자로 확정된다. 조선 후기 법맥의 변화에는 인도 승려인 지공指空에 대한 판단 등 다양한 요소가 존재하며, 여기에는 여말선초의 법맥이 조선 후기까지 계승되는지에 관한 문제점 등도 존재하는 실정이다.

혼수에 대한 조선 전기의 법맥 판단을 존중하고 이 혼수계가 현대 조계종으로 계승되는 가능성을 상정한다면, 범일의 사굴산문은 현대의 한국불교에까지 영향을 미치는 중요한 산문임이 분명하다.

또 사굴산문의 종찰이 강릉의 굴산사라는 점과 범일이 명주도독에 의해 명주의 주사州師 역할을 오랫동안 수행했다는 점은 그가 명주에서 민간신앙에 수용되도록 하는 중요한 요인이 된다. 이와 같은 결과로 범일이 대관령 국사성황신인 동시에 유네스코 세계무형유산인 강릉단오제의 주신으로 모셔지는 것이다.

천년을 계승한 축제로 일컬어지는 강릉단오제는 중국단오제인 용선제와 뚜렷하게 변별되는 명주 문화를 대표하는 민속제전이다. 그런데 강릉단오제의 시작에는 '이승사異僧祠'라는 승려에 대한 부분이 존재하며, 현대의 강릉단오제는 주신인 범일을 청해 모시고(청신請神) 보내는 것(송신送神)을 핵심으로 진행된다. 즉 유네스코와 관련된 강릉단오제의 판단에는 시작과 중심에 불교와 범일이 존재하는 것이다.

범일이 강릉단오제의 주신이라는 점은 강릉단오제의 유네스코 무형유산 등재 및 이의 후속 연구 과정에서 범일에 관한 다양한 연구가 진행되도록 했다. 그러나 관 주도의 범일 연구는 치밀함과 유기적인 관계들의 정합성에서 정밀하지 못한 한계를 내포한다.

본 연구는 기존에 다양하게 진행된 범일 연구를 바탕으로 범일의 생애를 최대한 복원하였으며, 이를 통해 범일의 민간 신앙에서의 수용과 변화를 모색해 강릉단오제 주신으로서의 분명한 위상을 정립하고자 한 것이다.

이와 같은 연구 접근을 통해 새롭게 정리해서 밝힌 내용은 다음과 같다.

제2장에서는 먼저 범일의 탄생 기록과 관련해 범일을 붓다화하려는 노력이 존재함을 명확히 했다. 범일의 붓다화는 불상 표현에 존재하는 '나계螺髻'와 '정주頂珠'가 태어난 범일에게 존재한다는 것을 통해서 확인해 볼 수 있다. 범일의 붓다화는 범일이 80세를 일기로 우협右脅으로 시적示寂했다는 기록 속에서도 일정 부분 인지된다. 또 이와 같은 붓다화와 관련해서, 사굴산문과 굴산사라는 명칭의 인도불교 영축산과 관련된 측면도 존재한다. 즉 범일에게는 비조격 고승에게 존재하는 붓다화가 전체적으로 살펴지며, 이 중에서 가장 핵심적인 것은 탄생과 관련된 '나계'와 '정주'의 이상異相이다.

제2장에서는 '나계'와 '정주'의 이상에 내포된 의미를 분명히 하고, 이와 같은 태생적인 이상 존재가 후에 범일이 민간 신앙 속에 수용될 수 있는 부분임을 제시했다. 또 최초로 『선문조사예참의문』을 활용해, 범일의 붓다화가 후대까지도 강력한 영향을 미쳤음을 명확히 했다.

다음으로는 범일의 가계와 출가 이유 등을 정리했다. 이렇게 해서 보다 명확해진 부분은 다음과 같다.

첫째, 범일은 직접적인 김주원의 혈통은 아니며, 조부 김술원이 명주도독을 역임하는 과정에서 김주원계로 편입되었을 것이라는 점.

둘째, 김술원의 명주 정착으로 인해 범일은 고위직으로 진출하는 것이 쉽지 않았을 것이라는 점. 이는 범일이 출가하는 간접적인 한 이유로 작용했을 가능성이 있다.

셋째, 범일의 출가는 김헌창의 난 등과는 관계없는 자발적인 출가라는 점. 이는 범일이 경주에서 구족계를 받으며 입당 유학과 관련해서 왕자인 김의종에게 의탁해 함께 하는 것을 통해서 분명해진다.

넷째, 범일의 입당과 관련해서는 '김의종-836(개성 1)년'과 '김능유-831(대화5)년'의 두 가지 주장이 존재한다. 이 부분은 범일의 입당 유학이 835년에 김의종과 접촉해 겨울에 하곡현(울산)을 통해 신라에서 출발했으며, 당에 도착하는 것은 836년 음력 1월 명주明州(영파)를 통해서라는 점을 명확히 했다.

다섯째, 명주 개국사에서의 정취보살 친견은 당나라의 관음 신앙 확대에 따른 정취 신앙의 대두와 관련된 것이라는 점, 또 이의 이식자로서 범일이 등장하는 측면을 정리했다. 이는 범일이 귀국(847)한 후인 858년 음력 2월 15일에 낙산사에 정취전을 조성하고 정취보살석상을 봉안하는 배경이 된다.

여섯째, 범일은 입당 후 여러 선지식을 참배하다가 염관제안鹽官齊安을 만나 가르침을 받는 것으로 나타난다. 그러나 범일의 행적과 이동 동선 등을 분석해 보면, 836년 음력 1월에 명주(영파)에 도착해서 다음 해인 837년 명주와 멀지 않은 항주 해창원海昌院의 제안을 찾은 것임을 명확히 했다. 이는 이후 범일이 강서와 약산계를 찾게 되고, 제리帝里로 가는 한 이유로 작용한다. 즉 범일은 입국 시에는 선불교와 관련된 다양한 선지식을 참배하지 못했다.

제3장에서는 범일의 남종선 수학과 사법 등의 당나라 내 행적과 귀국 방식, 그리고 신라로 돌아온 이후에 명주 굴산사에 주석하기 이전까지의 상황을 정리했다. 이렇게 해서 명확해진 부분은 다음과 같다.

첫째, 범일의 제안 사법. 범일은 제안을 만난 직후 '동방보살'이라는 칭탄稱歎을 듣게 된다. 그러나 이때 인가를 받은 것은 아니며, 2차 문답으로 기록된 제안이 마조의 가르침을 재전승하는 과정에서 인가가 이루어졌을 것으로 판단했다. 제안이 범일에게 전한 마조의 가르침은 '도불용수道不用修'와 '평상심시도平常心是道'이다. 또 관련 연구 최초로 범일이 제안에게 인가의 신표로 서선자犀扇子를 받은 부분을 제시했다. 이는 『선문조사예참의문』을 통해서 확인된다.

둘째, 범일이 제안을 모신 6년간이 837~842년이라는 점을 확정했다. 이후 범일이 석두계의 약산 쪽과 교류하기 위해 제안의 해창원을 떠난 것은 843년 음력 1월 15일의 동안거 해제후일 것이라는 추정을 했다.

셋째, 범일이 약산계를 참배하는 이유의 타당성과 이 과정에서 거치게 되는 강서성의 문제를 정리했다. 범일은 약산을 통해 석두계를 계승하려는 움직임을 보이며, 약산에 도착하기 이전 강서성 행로와 관련해서 마조의 홍주 개원사, 서당지장의 건주 서당 또 백장회해의 홍주 백장사도 등도 참배했을 것으로 판단했다. 다만 범일에게는 마조계 사찰에 대한 참배 기록은 없으며, 약산유엄이 아닌 약산계에 관한 내용만 존재할 뿐이다. 이는 마조계 사찰에서 이렇다 할 특이점이 없었다는 점과 약산으로 대변되는 석두계 대한 관심과 환대라는 측면을 분명히 해준다는 점에서 주목된다.

넷째, 범일의 회창법난과 관련된 연도와 은거의 문제점 해소. 범일은 회창법난과 관련해서 844년을 기록하고 있지만, 이는 법난의 전조일 뿐이며 845년이 타당하다는 점을 분명히 했다. 또 여기에 등장하는 '제리帝里'는 수도인 장안만이 아니라 낙양도 포함될 수 있다는 점, 그리고 이와 같은 관점의 확대를 범일이 회창법난 과정에서 은거하는 '고산高山'과 관련해서 해석했다. 이 과정에서 고산을 '상산商山'으로 이해하는 기존의 관점과 달리 '숭산嵩山'으로 볼 수 있다는 점, 그리고 고산을 심산유곡이라는 정도의 고산이라는 의미로 해석하는 것의 타당성을 제시했다.

다섯째, 범일의 육조탑묘六祖塔廟 참배 의미와 서상瑞相의 상징 해석. 이 과정에서 범일이 제리를 떠나는 것은 846년 10월~11월이나 847년 1월~2월이라는 점, 그리고 육조탑묘의 참배는 847년에 이루어진 사건임을 분명히 했다. 육조탑묘 참배의 서상은 '향운반선香雲盤旋'과 '영학요려靈鶴嘹唳'이다. 이는 범일이 혜능의 뜻에 부합하는 인물임을 분명히 해 주는 동시에 이것이 도의의 육조 조사당 참배 내용을 의식한 것일 수 있음을 새롭게 제시했다.

여섯째, 귀국과 관련된 출발 연도와 장소 문제. 범일이 당에서 출발하는 연도는 846년으로 기록되어 있다. 그러나 범일의 동선을 고려했을 때, 이는 847년이 되어야 함을 분명히 했다. 또 명주(영파)를 거쳤다기보다는 광동성에서 상선을 이용했을 가능성을 제시했다. 이렇게 되면 범일의 신라 귀국은 847년 가을이 된다.

일곱째, 범일에게 진귀조사설이 존재하는 문제에 대한 새로운 방향을 제시했다. 진귀조사설은 중국 기록에 나오지 않는다는 점에서 범일, 혹은 범일계에서 주장된 것이라는 연구들이 있다. 그러나 진귀조사설이 당시 선불교의 확산기와 당의 혼란기에 당나라에 새롭게 존재할 개연성을 제기했다. 또 진성여왕과 범일의 만남은 실제로는 불가능하지만, 유일하게 가능한 것은 888년이며 사신이나 서신의 가능성은 존재할 수 있다는 점도 제시했다.

여덟째, 범일의 신라 귀국 후 최초의 독자적인 주석처(회상會上)인 백달산의 연좌 의미와 이를 통한 명주 굴산사로의 연결 가능성을 정리했다. 백달산은 범일의 초기 교화지로 중요한 의미가 있지만, 굴산사로 중심이 완전히 넘어가면서 과도기 상황의 주석처 정도로 의미가 격하된다.

제4장에서는 명주도독의 요청으로 범일이 굴산사에 주석하는 부분과 명주에서의 사굴산의 확대와 여러 불사에 관해 정리했다. 이를 통해서는 다음과 같은 부분들이 더욱 명료해진다.

첫째, 범일을 굴산사로 초빙한 후원 세력으로서의 명주도독과 범일의 위치와 역할을 분명히 했다. 범일의 후원 세력은 김주원계와 관련 있는 명주도독으로 범일의 위치는 명주불교를 총괄하는 주사州師이다. 이는 명주도독과 명주에 지지기반이 있던 범일의 결합이다. 후원 세력 문제는 범일의 입적 후 계승자인 낭원개청이 보현산사(지장선원)로 옮겨가는 한 이유로 작용했을 것으로 추정했다.

둘째, 굴산사의 확대와 명칭 변경 문제. 범일은 굴산사를 새롭게 창건한 창건주가 아닌 신창에 버금가는 대대적인 중창자임을 분명히 했다. 또 이 과정에서 굴산(굴산嶋山 → 굴산崛山)과 굴산사(굴산사嶋山寺 → 굴산사崛山寺)의 한자를 바꾸어 기사굴산耆闍崛山, 즉 영축산과 일치시켜, 선불교의 핵심이 사굴산문에 직승直承함을 천명하려고 했다는 점을 새롭게 제시했다.

셋째, 낙산사의 정취전 조성과 정취보살석상의 봉안 기록의 의미를 명확히 했다. 이 부분은 범일이 정취 신앙자이자 전래자이며, 의상계 화엄종과 관련해서 출가했을 개연성을 환기한다. 또 오대산 기록보다 낙산사 기록이 선행하는 것을 통해, 사굴산문의 확대가 영서에서 먼저 이루어지고 영동으로 넓혀진 것임을 알게 된다.

넷째, 범일의 오대산 주석과 후대의 오대산 기록에 범일이 나타나지 않는 부분을 여러모로 분석했다. 오대산에는 범일 외에도 개청과 신의, 그리고 재전제자再傳弟子(손제자)인 신경이 주석한 기록이 존재한다. 그런데도 오대산 기록에 범일에 대한 부분이 전혀 존재하지 않는다는 것은 오대산 안에서의 중심 변화, 즉 범일계 사찰의 몰락과 월정사의 새로운 대두 그리고 유연으로 대표되는 자장계로의 변화 등이 추론될 수 있다.

범일은 자장의 영향을 분명하게 받은 인물이다. 또 굴산사지의 발굴에서는 오대산 명문의 기와가 다수 출토되었다. 그런데도 오대산에 범일의 기록이 전혀 존재하지 않는다는 것은 매우 이례적이다. 이 부분에 관해서 최대한 합리적인 관점을 제시해 보고자 노력하였다.

다섯째, 명주의 범일 관련 내용은 신복사와 삼화사 창건이 전해지며, 유물로는 범일의 석장과 굴산사종으로 추정되는 종 등이 조선 후기까지 존재했음이 확인된다. 이 부분의 정리를 통해서 알 수 있는 것은 신복사는 범일의 창건 가능성이 높지만 삼화사는 그렇지 않다는 점, 또 석장과 굴산사종 등을 통해서는 범일의 위상이 강릉에 오래도록 잔존하고 있었음을 알게 해준다.

제5장은 범일의 민간 신앙 수용과 대관령 국사성황신 및 강릉단오제 주신主神의 확립에 대한 부분을 정리했다. 이와 관련해서는 강릉단오제의 주신으로 대관령 산신인 김유신이 타당함을 주장하는 연구들도 존재한다. 그러나 본 연구에서는 전혀 새로운 관점을 통해 범일의 타당성을 재천명했다. 이렇게 새롭게 명확히 한 부분은 다음과 같다.

첫째, 강릉단오제의 기원으로 평가되는 대관령의 '이승사異僧祠'에 대한 새로운 해법 제시. 기존의 연구에서는 이승사의 '이승異僧'을 범일로 보는 것이 주류이며, 낭원개청으로 판단한 견해도 존재한다. 그러나 본 연구에서는 범일과 개청의 연대가 이승사의 기록과 너무 가깝다는 점에서, 민간 신앙화가 이루어지기에는 어려움이 존재한다는 점을 지적하고 이승이 자장일 개연성을 제기했다.

둘째, 이승사 이승의 흐름과 승·속이신의 관계 제시. 이승사의 이승은 고려와 조선시대에 따른 대관령의 비중 확대와 관련해서, 승·속이신의 구조로 변화해서 정립된 것으로 판단했다. 승·속이신은 '대관령 국사성황신-범일'과 '대관령 산신-김유신'이다. 즉 김유신과 분리되는 불교 승려의 역할이

상속하고 있는 것이다. 이를 자장에서 범일로의 변화로 이해해, 문제의 논점을 '김유신과 범일의 충돌과 우위 및 시대에 따른 대체'가 아닌 두 가지 흐름 모두의 정당성을 인정하는 것으로 해소했다. 이는 현대의 강릉단오제 주신이 범일인 것과 관련해서 모든 문제를 풀 수 있는 가장 정합성이 높은 해법이다.

셋째, '불교의 범일'과 '민간 신앙의 범일'의 분리를 통한 민간 신앙적인 범일의 이해와 정리. 지금까지는 범일이 불교적인 선승이라는 점에서 민간 신앙으로 수용된 범일과 혼란이 노출되고 있었다. 그러나 이는 '역사적인 구국의 승병장으로서의 사명당'과 '조선 후기 민중 의식 속에서 윤색된 『사명당전四溟堂傳』의 신통을 부리는 사명당'으로 분리하는 것과 같은 방식으로 접근하면 문제가 일소된다. 즉 불교의 범일과 민간 신앙의 범일이라는 같은 명칭의 두 범일로 정리하면 되는 것이다. 이렇게 되면, 대관령 국사성황사〈무신도〉에 묘사된 범일의 승려 같지 않은 모습, 또는 조선 후기에 편입되는 국사여성황과의 결혼과 신위의 합사 등의 모든 문제가 해소된다.

넷째, 대관령 국사성황사〈무신도〉의 범일 모습과 국사여성황과의 결혼에서 확인되는 민간 신앙의 요청 구조 정리. 이는 민간 신앙에서의 대관령과 관련된 강력한 수호자에 대한 요청이며, 여기에 고승으로서 명망이 높던 범일이 선택되면서 나타나는 변화이다. 그러므로 이와 같은 측면들을 분석함으로 민중이 요구한 국사성황신과 범일의 모습을 확인해 보는 것이 가능하다. 이러한 결과로 도출되는 부분은 불교라는 종교나 윤리를 초월해서 요청되는 강력한 수호자로서의 국사성황신이자 범일이다. 그리고 이러한 결과로 범일은 강릉단오제의 주신으로까지 확정된다.

이상을 통해서 현존하는 자료와 연구 성과들을 통해 범일의 생애를 최대한 복원하고, 범일의 민간 신앙 수용 부분인 국사성황신이 되는 과정과 강릉단오제 주신으로 확정되는 부분을 명확히 해 보았다.

범일은 사굴산문을 개창한 선승이다. 그러나 고려라는 불교 시대에 범일이 가지는 고승으로서의 위상은 불교계를 넘어 민간에까지 영향을 미친다. 또 범일의 생애에는 태생적인 신이성이 확인되는데, 이 부분은 범일의 민간 신앙화를 촉진하는 중요한 요인이 된다.

명주 지역에는 범일 이전에 율사이면서 신이성이 강조된 자장의 영향이 존재한다. 자장 역시 일정 부분 민간 신앙으로 수용된 것으로 판단되는데, 이와 같은 불교적인 계통을 범일이 계승하면서 범일의 민간 신앙화가 촉진된다. 이렇게 해서 사굴산문을 개창한 고승인 동시에 민간 신앙적인 국사성황신과 강릉단오제 주신이라는 신의 구조(고승+신)가 만들어진다.

불교와 민간 신앙의 복합 구조를 이해하는 것은 명주 문화의 중요한 한 특징에 대한 정당한 관점이 된다. 왜냐하면 명주에는 자장과 김주원 그리고 범일로 연결되는 독자적인 흐름이 존재하기 때문이다. 이 중 범일은 불교적인 자장과 명주의 독자 세력을 구축한 김주원을 연결하는 통합적인 인물이라는 점에서 명주 문화를 이해하는 핵심이 된다. 이는 종교를 넘어 유네스코 인류무형유산의 강릉단오제가 왜 범일을 중심으로 이루어지며, 왜 그렇게 되어야 하는지에 대한 한 정당한 해법이 된다.

1. 원전

가. 원문

『中阿含經』,『大正藏』1.

『長阿含經』,『大正藏』1.

『般泥洹經』,『大正藏』1.

『佛般泥洹經』,『大正藏』1.

『大般涅槃經』,『大正藏』1.

『雜阿含經』,『大正藏』2.

『佛說太子瑞應本起經』,『大正藏』2.

『佛本行集經』,『大正藏』3.

『修行本起經』,『大正藏』3.

『過去現在因果經』,『大正藏』3.

『正法華經』,『大正藏』9.

『妙法蓮華經』,『大正藏』9.

『添品妙法蓮華經』,『大正藏』9.

『大方廣佛華嚴經(60卷本)』,『大正藏』9.

『佛說羅摩伽經』,『大正藏』10.

『大方廣佛華嚴經(80卷本)』,『大正藏』10.

『大方廣佛華嚴經(40卷本)』,『大正藏』10.

『大般涅槃經』,『大正藏』12.

『大方等大集經』,『大正藏』13.

『維摩詰所說經』,『大正藏』14.

『佛說彌勒下生經』,『大正藏』14.

『佛說彌勒大成佛經』,『大正藏』14.

『四分律』,『大正藏』22.

『十誦律』,『大正藏』22.

『彌沙塞部和醯五分律』,『大正藏』22.

『十誦律』,『大正藏』23.

『根本說一切有部毘奈耶雜事』,『大正藏』24.

『大智度論』,『大正藏』25.

『妙法蓮華經論優波提舍』,『大正藏』26.

『花嚴經探玄記』,『大正藏』35.

『新華嚴經論』,『大正藏』36.

『略釋新華嚴經修行次第決疑論』,『大正藏』36.

『注維摩詰經』,『大正藏』38.

『律相感通傳』,『大正藏』45.

『無門關』,『大正藏』47.

『六祖大師法寶壇經』,『大正藏』48.

『南宗頓教最上大乘摩訶般若波羅蜜經六祖惠能大師於韶州大梵寺施法壇經』,
　　　『大正藏』48.

『三國遺事』,『大正藏』49.

『佛祖統紀』,『大正藏』49.

『佛祖歷代通載』,『大正藏』49.

『釋氏稽古略』,『大正藏』49.

『高僧傳』,『大正藏』50.

『釋迦譜』,『大正藏』50.

『續高僧傳』,『大正藏』50.

『宋高僧傳』,『大正藏』50.

『大唐大慈恩寺三藏法師傳』,『大正藏』50.

『古淸涼傳』,『大正藏』51.

『廣淸涼傳』,『大正藏』51.

『大唐西域記』,『大正藏』51.

『洛陽城內伽藍記』,『大正藏』51.

『景德傳燈錄』,『大正藏』51.

『破邪論』,『大正藏』52.

『弘明集』,『大正藏』52.

『廣弘明集』,『大正藏』52.

『道宣律師感通錄』,『大正藏』52.

『代宗朝贈司空大辨正廣智三藏和上表制集』,『大正藏』52.

『法苑珠林』,『大正藏』53.
『老子化胡經』,『大正藏』54.
『楞伽師資記』,『大正藏』85.

『華嚴經疏論纂要』,『大藏經補編選錄』3.
『雙峯山曹侯溪寶林傳』,『大藏經補編選錄』14.
『大唐韶州雙峯山曹溪寶林傳』,『大藏經補編選錄』14.
『神會和尙語錄的第三個頓煌寫本』,『大藏經補編選錄』25.
『祖堂集』,『大藏經補編』25.
『新校定的敦煌寫本神會和尙遺著両種』,『大藏經補編』25.
『佛說化珠保命眞經』,『卍新纂大日本續藏經選錄』1.
『禪門寶藏錄』,『卍新纂大日本續藏經選錄』64.
『憨山大師夢遊全集』,『卍新纂大日本續藏經選錄』73.
『天聖廣燈錄』,『卍新纂大日本續藏經選錄』78.
『五燈會元』,『卍新纂大日本續藏經選錄』80.
『曹溪大師別傳』,『卍新纂大日本續藏經選錄』86.
『林間錄』,『卍新纂大日本續藏經選錄』87.
『圓覺經略疏鈔』,『卍新纂續藏經』9.
『九華山志』,『中國佛寺史志彙刊選錄』72.
『清涼山志』,『中國佛寺史志彙刊選錄』79.

「白花道場發願文」,『韓佛全』2.
『懶翁和尙語錄』,『韓佛全』6.
『禪教釋』,『韓佛全』7.
『涵虛堂得通和尙語錄』,『韓佛全』7.
『天地冥陽水陸齋儀梵音刪補集』,『韓佛全』11.

『茶松文稿』,ABC,H0315.
『釋門儀範』,ABC,04309.

『大目連經』.

『江原道旌善郡太白山淨巖寺事蹟』.

『舊唐書』.

『高麗史』.

『高麗史節要』.

『老子西昇經』.

『論語』.

『唐會要』.

『東文選』.

『東國輿地志』.

『孟子』.

『明心寶鑑』.

『牧隱文藁』.

『沙溪全書』.

『史記』.

『山海經』.

『三國史記』.

『三國志』.

『三峰集』.

『尙書』.

『西天百八代祖師指空和尙禪要錄』.

『惺所覆瓿藁』.

『世宗實錄』.

『禪門祖師禮懺作法』.

『宣和奉使高麗圖經』.

『成宗實錄』.

『詩經』.

『拭疣集』.

『新唐書』.

『新增東國輿地勝覽』.

『新興寺事蹟』.

『陽村集』.

『歷代名畫記』.

『雲興寺事蹟』.

『五臺山事蹟』.

『容齋集』.
『栗谷全書』.
『入唐求法巡禮行記』.
『中庸』.
『册府元龜』.
『臨瀛誌』.
『資治通鑑』.
『周易』.
『朱子語類』.
『增修臨瀛誌』.
『陟州誌』.
『千手經』.
『楚辭』.
『初學記』.
『太祖實錄』.
『太宗實錄』.
『太平廣記』.
『抱朴子』.
『漢書』.
『淮南子』.

나. 비문

〈江陵普賢寺朗圓大師塔碑〉.
〈南原實相寺證覺大師塔碑〉.
〈大安寺寂忍禪師照輪淸淨塔碑〉.
〈聞慶鳳巖寺智證大師塔碑〉.
〈鉢淵藪眞表律師藏骨碑〉.
〈奉化太子寺朗空大師塔碑〉.
〈保寧聖住寺址郞慧和尙塔碑〉.
〈浮石寺圓融國師碑〉.
〈驪州高達寺址元宗大師塔碑〉.
〈醴泉龍門寺重修龍門寺記碑〉.
〈靈隱寺事蹟碑〉.

〈慈雲寺眞明國師碑〉.

〈天恩寺記實碑〉.

〈清道雲門寺圓鷹國師碑〉.

〈忠州青龍寺普覺國師幻庵定慧圓融塔碑〉.

〈太古寺圓證國師塔銘〉.

〈河東雙磎寺眞鑑禪師塔碑〉.

〈和順雙峯寺澈鑒禪師塔碑〉.

〈皇龍寺九層木塔刹柱本記〉.

다. 번역본

亘湜, 「大聖山淨菴重建記-新等面淨趣菴」(1834), 『朝鮮寺刹史料 上』, 漢城: 朝鮮總督府, 1911.

李錫浩 譯註, 『韓國奇人傳·青鶴集』, 서울: 明文堂, 1990.

李承休 著, 김경수 譯, 『帝王韻紀』, 서울: 亦樂, 1999.

李贄 著, 김혜경 譯, 『焚書 II』, 서울: 한길사, 2004

臨瀛誌增補發刊委員會 編, 『臨瀛(江陵·溟州)誌』, 江陵: 臨瀛誌增補發刊委員會, 1975.

張正龍 著, 『江陵 端午祭 現場論 探究』, 高陽: 國學資料院, 2007.

旌善郡 編, 「江原道旌善郡太白山淨巖寺事蹟」, 『水瑪瑙塔의 특징과 그 가치』, 春川: 산책, 2012.

程頤·朱熹 著, 金碩鎭 譯, 『周易傳義大全解釋 上』, 서울: 大有學堂, 1997.

韓國學文獻研究所 編, 『洛山寺事蹟·乾鳳寺本末事蹟』, 서울: 亞細亞文化社, 1977.

許靜·許筠 共編, 『祖堂集』, 서울: 東國大學校, 1965.

許興植 編著, 『韓國金石全文-中世上』, 서울: 아세아文化社, 1984.

2. 단행본

가. 국내 단행본

京性 著, 『佛教修行의 頭陀行 研究』, 서울: 藏經閣, 2005.

戒環 著, 『賢首 法藏 研究-華嚴教學의 大成者』, 서울: 운주사, 2011.

高翊晉 著, 『韓國古代佛教思想史』, 서울: 東國大學校出版部, 1989.

金甲童 著, 『羅末麗初의 豪族과 社會變動 研究』, 서울: 高麗大民族文化研究
　　　所, 1990.

金善豊 著, 『韓國詩歌의 民俗學的研究』, 서울: 螢雪出版社, 1977.

김태곤 著, 『韓國民間信仰研究』, 서울: 集文堂, 1983.

朴漢濟 著, 『江南의 浪漫과 悲劇(東晉·南朝時代)』, 서울: 四季節, 2003.

佛教史學會 編, 『韓國佛教禪門의 形成史研究』, 서울: 民族社, 1986.

新編 通度寺誌 編纂委員會 編, 『新編 通度寺誌 上』, 서울: 담앤북스, 2020.

신형식 外 著, 『中國 東南沿海地域의 新羅遺蹟 調査』, 서울: 海上王張保皐記念
　　　事業會, 2004.

安良圭 著, 『붓다의 入滅에 관한 研究』, 서울: 民族社, 2009.

원혜영 著, 『아름다운 공동체 붓다의 열반 에피소드』, 서울: 經書院, 2009.

蔚山南區文化院 編, 『蔚山南區地名史』, 蔚山: 蔚山南區文化院, 2009.

蔚山文化院 編, 『蔚山地名史』, 蔚山: 蔚山文化院, 1986.

蔚山博物館 編, 『靈鷲-蔚山靈鷲寺 出土遺物資料集』, 蔚山: 蔚山博物館, 2014.

尹相喆·金秀吉 著, 『周易 入門』, 서울: 大有學堂, 1997.

李揆大 著, 『朝鮮時期 鄕村社會 研究』, 서울: 신구문화사, 2009.

李基白 著, 『新羅思想史研究』, 서울: 一潮閣, 1986.

李鍾益, 『大韓佛教 曹溪宗 中興論』, 서울: 寶蓮閣, 1976.

임동권 著, 『江陵端午祭-重要無形文化財指定資料』, 서울: 서울文化財管理局,
　　　1966.

張正龍 著, 『江陵官奴假面劇 研究』, 서울: 集文堂, 1989.

＿＿＿＿＿, 『江陵端午祭』, 서울: 集文堂, 2003.

玆玄 著, 『佛畫의 秘密』, 서울: 曹溪宗出版社, 2017.

＿＿＿＿, 『스님의 秘密』, 서울: 曹溪宗出版社, 2016.

＿＿＿＿, 『玆玄스님이 들려주는 佛教史 100場面』, 서울: 佛光出版社, 2018.

全海住 著, 『義湘 華嚴思想史 研究』, 서울: 民族社, 1994.

正覺(문상련) 著, 『千手經 研究』, 서울: 운주사, 1997.

鄭性本 著, 『新羅禪宗의 研究』, 서울: 民族社, 1995.

曺凡煥 著, 『羅末麗初 南宗禪 研究』, 서울: 一潮閣, 2013.

＿＿＿＿＿, 『羅末麗初 禪宗山門 開創 研究』, 서울: 景仁文化社, 2008.

朱南哲 著, 『韓國建築史』, 서울: 高麗大出版部, 2006.

崔炳憲 著, 『史料로 본 韓國文化史(古代篇)』, 서울: 一志社, 1986.

최승순 外 著, 『鄕土의 傳說』, 春川: 江原道, 1979.

崔完秀 著,『韓國佛像의 원류를 찾아서1』, 서울: 대원사, 2002.

최철 著,『嶺東民俗志』, 서울: 通文館, 1972.

韓國佛教研究院 編,『通度寺』, 서울: 一志社, 1999.

韓國哲學會 著,『韓國哲學史 上』, 서울: 東明社, 1987.

許興植 著,『高麗佛教史研究』, 서울: 一潮閣, 1986.

_____,『高麗로 옮긴 印度의 등불』, 서울: 一潮閣, 1997.

현상윤 著,『朝鮮思想史』, 서울: 民族文化社, 1978.

나. 국내 번역본

구보타 료온 著, 최준식 譯,『中國儒佛道 三敎의 만남』, 서울: 民族社, 1994.

다마키코 시로·카마타 시게오 外 著, 鄭舜日 譯,『中國佛教의 思想』, 서울: 民族
　　　社, 1991.

方立天 著, 이봉순·황성규·김봉희 譯,『中國佛教哲學-心性論(下)』, 坡州: 韓國
　　　學術情報[株], 2010.

狩野直喜 著, 吳二煥 譯,『中國哲學史』, 서울: 乙酉文化社, 1997.

쉬캉성 著, 유희재·신창호 譯,『老子評傳』, 서울: 미다스북스, 2002.

시마다 겐지 著, 김석근·이근우 譯,『朱子學과 陽明學』, 서울: 까치, 1990.

아지트 무케르지 著, 編輯部 譯,『쿤달리니』, 서울: 東文選, 1995.

오타기 마쓰오 著, 윤은숙·임대희 譯,『大元帝國』, 서울: 혜안, 2013.

趙吉惠 外 著, 김동휘 譯,『中國儒學史 2』, 서울: 신원문화사, 1997.

陳來 著, 안재호 譯,『宋明 性理學』, 서울: 藝文書院, 1997.

秋葉隆 著, 沈雨晟 譯,『朝鮮民俗誌』, 서울: 東文選, 1993.

K.S. 케네쓰 첸 著, 박해당 譯,『中國佛教 上』, 서울: 民族社, 1991.

후루타 쇼킨·다나카 료쇼 著, 남동신·안지원 譯,『中國禪宗의 六祖, 혜능』, 서울:
　　　玄音社, 1993.

다. 외국 단행본

駒澤大學禪宗史研究會 編,『慧能研究: 慧能의 傳記と資料에 關する基礎的研
　　　究』, 東京: 大修館書店, 1979.

西尾賢隆 著,『中世の日中交流と禪宗』, 東京: 吉川弘文館, 1999.

葉郎 著,『中國美學史大綱』, 上海: 上海人民出版社, 2005.

松本榮一 著,『敦煌畵の研究』, 東京: 東方文化學院東京研究所, 1937.

植木雅俊 譯,『(梵本)法華經 上』, 東京: 岩波書店, 2009.

野口善敬 著,『元代禪宗史硏究』, 京都: 禪文化硏究所, 2005.

愛宕松男 著,『元朝の對漢人政策』, 京都: 東亞硏究所, 昭和 18年.

李澤厚 著,『華夏美學』, 天津: 天津社會科學院出版社, 2002.

林士民·沈建國 著,『萬里絲路』, 寧波: 寧波出版社, 2002.

張總 著,『地藏信仰硏究』, 北京: 宗教文化出版社, 2003.

程嘉哲·劉深 著,『屈原吟踪漫記』, 重慶: 重慶出版社, 1992.

蔡方鹿 著,『中國道統思想發展史』, 成都: 四川人民出版社, 2003.

塚本啓祥 著,『法華經の成立と背景』, 東京: 佼成出版社, 昭和 63年.

라. 연구 자료 단행본

國立中原文化財硏究所 編,『江陵 崛山寺址(史蹟 第448號) 試掘調査 報告書』, 忠州: 國立中原文化財硏究所, 2013.

_____,『江陵 崛山寺址(史蹟 第448號) 發掘調査 報告書Ⅰ』, 忠州: 國立中原文化財硏究所, 2015.

_____,『江陵 崛山寺址(史蹟 第448號) 發掘調査 報告書Ⅱ』, 忠州: 國立中原文化財硏究所, 2017.

_____,『江陵 崛山寺址(史蹟 第448號) 現場說明會 資料集－第2次 試掘調査』, 忠州: 國立中原文化財硏究所, 2011.

_____,『闍崛山門 崛山門』, 忠州: 國立中原文化財硏究所, 2012.

_____,『옛 기록 속의 崛山門－崛山門 關聯 文獻資料集』, 忠州: 國立中原文化財硏究所, 2013.

池賢柄·高東淳·李昌鉉 編,『江陵 崛山寺址 發掘調査報告書』, 春川 : 江原文化財硏究所, 2006.

3. 논문

가. 학위논문

姜好鮮,「高麗末 懶翁惠勤 硏究」, 서울: 서울大 史學科 博士學位論文, 2011.

김윤미,「善財求法圖를 통한 장소 브랜드 디자인 모형 개발에 관한 연구」, 서울: 東國大 美術學科 博士學位論文, 2022.

金昌淑(曉呑),「懶翁惠勤의 禪思想 硏究」, 서울: 東國大 史學科 博士學位論文,

1997.

金興三, 「羅末麗初 崛山門 硏究」, 江陵: 江原大 史學科 博士學位論文, 2002.

박윤진, 「高麗時代 王師·國師 硏究」, 서울: 高麗大 史學科 博士學位論文, 2005.

배금란, 「新羅 觀音信仰 硏究-觀音聖顯의 구조와 기능을 중심으로」, 서울: 서울 大 宗教學科 博士學位論文, 2020.

廉仲燮, 「高麗佛畫의 地藏菩薩 圖像 硏究」, 서울: 東國大 美術學科 博士學位 論文, 2021.

_____, 「慈藏의 傳記資料 硏究」, 서울: 東國大 歷史教育學科 博士學位論文, 2015.

李哲憲, 「懶翁 惠勤의 硏究」, 서울: 東國大 佛教學科 博士學位論文, 1997.

전무규, 「石頭 希遷의 佛性觀에 대한 硏究」, 서울: 東國大 禪學科 博士學位論 文, 2017.

鄭炳三, 「義湘華嚴思想 硏究」, 서울: 서울大 史學科 博士學位論文, 1991.

趙秀娟, 「高麗時代 水月觀音菩薩圖 圖像 硏究」, 서울: 東國大 美術學科 博士 學位論文, 2015.

황태성(무진), 「羅末麗初 華嚴寺에 관한 硏究-『華嚴寺事蹟』에 대한 비판적 검토 를 중심으로」, 金浦: 中央僧伽大 文化財學科 博士學位論文, 2022.

尹富, 「中國地藏信仰硏究」, 四川: 四川大學 博士學位論文, 2005.

나. 단행본 형식의 논문집 논문

강병희, 「文獻으로 본 月精寺 八角九層石塔」, 『月精寺聖寶博物館學術叢書1- 月精寺 八角九層石塔의 再照明』, 平昌: 月精寺聖寶博物館, 2000.

高翊晋, 「新羅密教의 思想內容과 展開樣相」, 『韓國密教思想研究』, 서울: 東國 大學校出版部, 1986.

김기덕, 「高麗時代 城隍神에 대한 封爵과 淳昌의 〈城隍大神事跡〉懸板의 分 析」, 『城隍堂과 城隍祭-淳昌 城隍大神事跡記 硏究』, 서울: 民俗院, 1998.

金杜珍, 「新羅下代 禪宗思想의 傳來와 그 變化」, 『新羅下代 禪宗思想史 研究』, 서울: 一潮閣, 2007.

김상영, 「闍崛山門의 展開 樣相과 崛山寺의 位相」, 『江陵 崛山寺址의 發掘調査 와 保存·整備』, 忠州: 國立中原文化財研究所, 2016.

金鐘澈, 「梵日國師 形象化의 네 層位」, 『古代都市 溟州와 崛山寺』, 忠州: 國立

中原文化財研究所, 2011.

김창석, 「古代 嶺東地域의 政治體와 溟州의 變遷」, 『江陵 崛山寺址의 發掘調査
와 保存·整備』, 忠州: 國立中原文化財研究所, 2016.

盧明鎬, 「羅末麗初 親族組織의 變動」, 『又仁金龍德博士停年紀念史學論叢』,
서울: 又仁金龍德博士停年紀念史學論叢刊行委員會, 1988.

朴道植, 「江陵地域에서의 梵日國師 奉安 硏究」, 『梵日國師 硏究叢書』, 江陵:
梵日國師文化祝典委員會, 2016.

方東仁, 「崛山門 梵日國師와 溟州豪族」, 『梵日國師 硏究叢書』, 江陵: 梵日國師
文化祝典委員會, 2016.

_____, 「崛山寺와 梵日에 대한 재조명」, 『崛山寺(址)와 梵日의 再照明-第1回
江陵傳統文化學術세미나』, 江陵: 江陵文化院·關東大學校 關東文化
硏究所, 2000.

辛鍾遠, 「城隍大神事跡記와 大王信仰」, 『城隍堂과 城隍祭-淳昌 城隍大神事
跡記 硏究』, 서울: 民俗院, 1998.

_____, 「慈藏과 中古時代 社會의 思想的 課題」, 『新羅初期佛敎史硏究』, 서
울: 民族社, 1992.

양언석, 「梵日禪師의 說話 考察」, 『梵日國師 硏究叢書』, 江陵: 梵日國師文化祝
典委員會, 2016.

嚴基杓, 「崛山寺址 幢竿支柱와 石造浮屠의 樣式과 美術史的 意義」, 『古代都市
溟州와 崛山寺』, 忠州: 國立中原文化財研究所, 2011.

呂聖九, 「慈藏의 行蹟과 溟州地域 寺刹」, 『古代都市 溟州와 崛山寺』, 忠州: 國
立中原文化財研究所, 2011.

李揆大, 「江陵端午祭의 形成과 屈折, 그리고 재정립의 傳承樣態-通曉大師 梵
日·彌陀契와 관련하여」, 『梵日國師 硏究叢書』, 江陵: 梵日國師文化祝
典委員會, 2016.

_____, 「江陵端午祭의 形成과 歷史的 展開」, 『江陵端午祭의 傳承과 비전』, 서
울: 고요아침, 2008.

이한길, 「神格의 坐定過程 考察-梵日 國師의 境遇」, 『梵日國師 硏究叢書』, 江
陵: 梵日國師文化祝典委員會, 2016.

임호민, 「梵日 관련 설화에 대한 史的 검토」, 『梵日國師 硏究叢書』, 江陵: 梵日國
師文化祝典委員會, 2016.

玆玄, 「佛敎에서의 바다 象徵과 觀音信仰을 통한 問題 解消」, 『佛敎의 바닷길,
바다를 통한 文化 交流』, 釜山: 國立海洋博物館, 2020.

張正龍,「梵日國師 傳記·說話 考察」,『梵日國師 研究叢書』,江陵: 梵日國師文化祝典委員會,2016.

채미하,「朝鮮時代 江陵의 城隍祠와 端午祭」,『梵日國師 研究叢書』,江陵: 梵日國師文化祝典委員會,2016.

鄭東樂,「崛山門 梵日國師 관련 자료 검토」,『梵日國師 研究叢書』,江陵: 梵日國師文化祝典委員會,2016.

鄭容淑,「『三國史記』에 나타난 女性記事의 검토」,『太平洋獎學文化財團 叢書 8』,서울: 太平洋獎學文化財團,1999.

曺凡煥,「羅末麗初 崛山門의 成長과 分化」,『古代都市 溟州와 崛山寺』,忠州: 國立中原文化財研究所,2011.

_____,「新羅 下代 梵日 禪師와 崛山門의 開創」,『梵日國師 研究叢書』,江陵: 梵日國師文化祝典委員會,2016.

曹永祿,「善妙與洛山二大聖-9世紀 海洋佛教傳說的世界」,『登州港與中韓交流國際學術討論會論文集』,山東: 山東大學出版社,2005.

朱甫暾,「毘曇의 亂과 善德王代 정치운영」,『李基白先生古稀記念 韓國史學論叢上』,서울: 一朝閣,1994.

車長燮,「梵日國師와 崛山寺의 歷史的 位置」,『梵日國師 研究叢書』,江陵: 梵日國師文化祝典委員會,2016.

崔成烈,「天冠寺와 天冠菩薩 信仰」,『天冠寺의 歷史와 性格』,長興: 長興郡,2013.

최영희,「崛山寺址 기와를 통해 본 高麗時代 溟州地域의 生産體制」,『江陵 崛山寺址의 發掘調査와 保存·整備』,忠州: 國立中原文化財研究所,2016.

崔聖銀,「溟州地域 羅末麗初 佛教彫刻과 崛山禪門」,『古代都市 溟州와 崛山寺』,忠州: 國立中原文化財研究所,2011.

前田惠學,「佛弟子における出家の動機とさとりの樣態」,『業思想研究』,京都: 平樂寺書店,1979.

다. 학술지 논문

강경중,「信行의 三階教에 대한 고찰」,『人文學研究』106,2017.

강기선,「『華嚴經』「普賢行願品」의 思想과 文學的 談論」,『哲學論叢』86,2016.

강소연,「水月,清淨慈悲의 美學」,『韓國佛教學』58,2010.

姜好鮮,「高麗佛教史에서의 九山禪門 개념 검토」,『韓國思想史學』69,2021.

高榮燮,「新羅 中代의 禪法 傳來와 羅末麗初의 九山禪門 形成-北宗禪과 南宗禪의 傳來와 安着」,『新羅文化』44, 2014.

구미래,「月精寺 탑돌이의 민속과 계승방안」,『韓國禪學』37, 2014.

權悳永,「唐 武宗의 廢佛과 求法僧의 動向」,『韓國學』(舊『精神文化研究』) 17-1, 1994.

권영오,「眞聖女王 生涯 記錄의 檢討」,『女性과 歷史』35, 2021.

권탄준,「三階教 信行禪師의 사회적 실천의 보살행」,『東아시아佛教文化』29, 2017.

琴昌憲,「屈山寺에 대하여」,『臨瀛文化』26, 2002.

金京南,「梵日說話의 原形과 祭儀」,『臨瀛文化』24, 2000.

김덕소,「唐 武宗 廢佛의 原因과 影響에 관한 小考」,『韓國佛教學』69, 2014.

김도공,「法藏의 教判에 대한 문제 제기」,『범한철학』43-4, 2006.

김도현,「울진 12령 샛재[鳥嶺] 城隍寺와 褓負商團」,『實踐民俗學研究』15, 2010.

金杜珍,「新羅下代 崛山門의 形成과 그 思想」,『省谷論叢』17, 1986.

_____,「慈藏의 文殊信仰과 戒律」,『韓國學論叢』12, 1990.

金理那,「皇龍寺의 丈六尊像과 新羅의 阿育王象系 佛像」,『震檀學報』46·47, 1979.

김명자,「韓,中 端午 流來說과 관련 歲時」,『南道民俗研究』14, 2007.

金相範,「唐代 五臺山 文殊聖地와 國家權力」,『東洋史學研究』119, 2012.

김상현,「義天의 天台宗 開創 過程과 그 背景」,『天台學研究』2, 2000.

김성욱,「三處傳心에 대한 논의 연구-起源과 의미를 중심으로」,『佛教學研究』46, 2016.

김수청,「儒教의 靈魂觀에 대한 분석적 고찰」,『韓國民族文化』25, 2005.

김영수,「晉文公의 論功行賞과 介子推의 龍蛇之歌」,『東洋古傳研究』51, 2013.

金煐泰,「白花道場發願文의 몇 가지 문제」,『韓國佛教學』13, 1998.

_____,「九山禪門의 成立과 그 性格에 대하여」,『普照思想』9, 1995.

李龍寬,「善德女王代 慈藏의 政治的 活動」,『嶺東文化』6, 1995.

김용선,「玄昱·審希·璨幽와 驪州 高達寺」,『韓國中世史研究』21, 2006.

김용의,「동아시아에 擴散된 義湘과 善妙의 사랑 이야기」,『日本語文學』54, 2012.

김용태,「壬辰倭亂 義僧軍 活動과 그 佛教史的 의미」,『普照思想』37, 2012.

김유범,「東海市 三和寺 鐵佛의 吏讀文」,『口訣研究』31, 2013.

金一權,「唐宋代의 明堂儀禮 變遷과 그 天文宇宙論的 運用」,『宗教와 文化』6,

2000.

김정권, 「眞鑑禪師 慧昭의 南宗禪 受容과 雙谿寺 創建-新羅下代 南宗禪 受容의 한 例」, 『歷史와 談論』 27, 1999.

김정남, 「江陵端午祭 관련 說話와 韓國 現代 小說-모티프의 수용과 변용 양상을 중심으로」, 『韓民族文化研究』 49, 2015.

김천학, 「東아시아 華嚴學에서의 成佛論」, 『韓國思想史學』 32, 2009.

김철수, 「佛敎의 末法思想과 三階敎의 사회 활동성」, 『東洋社會思想』 1, 1998.

김호귀, 「韓國禪에서 禪敎差別의 展開와 그 變容」, 『禪學』 36, 2013.

金興三, 「羅末麗初 崛山門 開淸과 政治勢力」, 『韓國中世史研究』 15, 2003.

_____, 「羅末麗初 崛山門의 禪思想」, 『白山學報』 66, 2003.

_____, 「羅末麗初 崛山門 信仰의 여러 모습」, 『歷史와 現實』 41, 2001.

_____, 「羅末麗初 闍崛山門과 政治勢力의 動向」, 『古文化』 50, 1997.

_____, 「羅末麗初 闍崛山門의 淨土信仰과 華嚴思想」, 『江原文化研究』 19, 2000.

_____, 「新羅末 崛山門 梵日과 金周元系 關聯說의 批判的 檢討」, 『韓國古代史研究』 50, 2008.

김홍술, 「江陵端午祭와 江陵의 都市文化」, 『江原史學』 23, 2008.

나우권, 「佛敎의 道敎 批判과 道敎의 應答」, 『道敎文化研究』 42, 2015.

南東信, 「慈藏의 佛敎思想과 佛敎治國策」, 『韓國史研究』 76, 1992.

南武熙, 「慈藏과 韓國佛敎의 寶宮信仰」, 『韓國佛敎學』 66, 2013.

_____, 「『續高僧傳』 「慈藏傳」과 『三國遺事』 「慈藏定律」의 원전 내용 비교」, 『文學/史學/哲學』 19, 2009.

도의철, 「江陵 崛山寺址(史蹟 第448號) 伽藍의 考古學的 成果와 高麗 崛山寺」, 『韓國禪學』 36, 2013.

마해륜, 「作用卽性 비판으로서의 無心」, 『佛敎學研究』 35, 2013.

문무왕, 「雙溪寺 開山의 歷史와 創建主 眞鑑禪師의 生涯와 思想」, 『講座美術史』 58, 2022.

문상련, 「證明三和尙의 형성 배경과 불교적 위상」, 『普照思想』 61, 2021.

文玉賢, 「江陵 崛山寺址의 空間 構成과 特性」, 『東國史學』 59, 2015.

朴道植, 「江陵端午祭 主神 교체의 시기와 역사적 배경」, 『地方史와 地方文化』 22-1, 2019.

_____, 「江陵 大城隍祠 12神, 金庾信」, 『수릿날 江陵』 6, 2011.

박미선, 「義相과 元曉의 觀音信仰-『三國遺事』 〈洛山二大聖 觀音 · 正趣 · 調信〉

을 중심으로」,『韓國古代史研究』60, 2010.

박용국,「新羅 憲德王代 金憲昌의 亂과 晉州地域」,『退溪學과 儒教文化』37, 2005.

박영완,「江陵 臨瀛誌 研究」,『江原民俗學』7, 1992.

박춘화·김도공·남경미,「韓國 僧侶 長衫에 관한 研究-現代 曹溪宗과 太古宗 長衫을 中心으로」,『韓國佛教學』88, 2018.

朴泰宣,「新羅 天冠菩薩信仰 研究」,『青藍史學』3, 2000.

朴漢濟,「隋唐代 洛陽의 都城構造와 그 性格-'中世的' 都城構造의 終焉」,『中國古中世史研究』22, 2009.

박현숙,「江陵地域 口傳說話에 反映된 共同體性의 生命力」,『無形遺産學』5-2, 2020.

方東仁,「崛山寺에 대한 研究와 展望-韓國大學博物館協會 春季學術發表會要旨」,『古文化』24, 1984.

_____,「崛山寺와 梵日에 대한 再照明」,『臨瀛文化』24, 2000.

_____,「三和寺의 創建과 歷史性 檢討」,『文化史學』8, 1997.

배경한,「辛亥革命 前後始期 孫文의 아시아 인식」,『中國近現代史研究』52, 2011.

배금란,「『三國遺事』〈洛山二大聖 觀音·正趣·調信」條의 敍事的 特徵-洛山 觀音聖地의 象徵的 의미를 중심으로」,『佛教學報』91, 2020.

白弘基,「崛山寺址의 遺蹟과 遺物에 대하여」,『臨瀛文化』24, 2000.

_____,「溟州 崛山寺址 發掘調査 略報告」,『考古美術』161, 1984.

卞麟錫,「『祖堂集』의 增補에 관한 논란의 부정적 視覺-東國禪師章의 內的批判을 중심으로」,『韓國古代史探究』16, 2014.

변희욱,「教學 以後, 教外別傳 以後 : 教外別傳의 解釋學」,『哲學思想』55, 2015.

서재영,「馬祖의 道不用修에 대한 批判的 考察」,『韓國佛教學』94, 2020.

석길암,「羅末麗初 五臺山 佛教圈의 再形成 過程과 背景」,『韓國思想史學』46, 2014.

宣炳三,「王陽明 致良知說의 二重構造」,『儒教文化研究』9, 2007.

소현숙,「女帝와 美術: 唐 武則天 時代 洛陽城의 政治的 記念碑」,『溫知論叢』68, 2021.

송은석,「高麗時代 正趣菩薩 信仰과 正趣菩薩圖 – 普陀洛伽山 信仰의 또 다른 측면」,『泰東古典研究』37, 2016.

_____,「麗末鮮初 補陀落迦山 觀音의 信仰과 美術」,『美術史學』28, 2019.

송화섭,「中國 저우산군도(舟山群島) 푸퉈산(普陀山)의 海神과 觀音信仰」,『島嶼文化』42, 2013.

신광희,「祖師 信仰과 祖師圖 研究 - 三十三祖師圖를 중심으로」,『東岳美術史學』29, 2021.

신명희,「羅末麗初, 洪州宗의 수용 및 전개 양태」,『韓國佛敎學』89, 2019.

辛鍾遠,「『三國遺事』善德王知幾三事條의 몇 가지 문제」,『新羅文化』17, 1996.

심형준,「江陵端午祭 主神 交替 문제에 관한 고찰-梵日國師의 등장 문제」,『歷史民俗學』43, 2013.

申千湜,「韓國佛敎思想에서 본 梵日의 位置와 崛山寺의 歷史性 檢討」,『嶺東文化』創刊號, 1986.

_____,「韓國佛敎史上에서 본 梵日의 位置와 崛山寺의 歷史性 檢討」,『嶺東文化』1, 1980.

申虎澈,「後三國時代 溟州豪族과 崛山寺」,『韓國古代史探究』9, 2011.

안광선,「江陵端午祭 神格變動」,『民俗學研究』41, 2017.

_____,「江陵端午祭 山神祭 研究-高麗末 朝鮮 初期를 중심으로」,『東洋學』58, 2015.

_____,「異僧祠 一考」,『臨瀛民俗研究』8, 2009.

_____,「知藏禪院과 異僧祠 研究」,『臨瀛文化』35, 2011.

양태호,「王陽明의 '致良知說'에 관한 研究」,『東西哲學研究』8, 1991.

嚴基杓,「崛山寺址 石造浮屠의 主人公과 美術史的 意義」,『先史와 古代』37, 2012.

여성구,「新羅僧의 受戒와 僧籍」,『新羅史學報』31, 2014.

呂聖九,「元表의 生涯와 天冠菩薩信仰 研究」,『國史館論叢』48, 1993.

廉仲燮,「髻珠에 관한 사상적 관점에서의 재조명」,『宗敎研究』61, 2010.

_____,「懶翁에게서 살펴지는 '五臺山佛敎'의 영향」,『溫知論叢』39, 2014.

_____,「懶翁의 붓다化에 대한 고찰」,『史學研究』115, 2014.

_____,「魯英 筆 高麗 太祖 曇無竭菩薩 禮拜圖의 타당성 검토」,『國學研究』30, 2016.

_____,「동아시아 佛像에서 확인되는 逆手印 문제 고찰-인도와 동아시아의 문화권적인 관점 차이를 중심으로」,『東아시아佛敎文化』25, 2016.

_____,「無學自超의 「佛祖宗派之圖」 作成目的과 意味 Ⅰ」,『東아시아佛敎文化』35, 2018.

_____, 「無學自超의「佛祖宗派之圖」作成目的과 意味 II」, 『圓佛教思想과 宗教文化』86, 2020.

_____, 「梵鐘 타종횟수의 타당성 고찰」, 『韓國佛教學』57, 2010.

_____, 「寶川과 孝明의 五臺山 隱居 기록 속 문제점 검토」, 『韓國佛教學』95, 2020.

_____, 「불교의 탑돌이 起源과 한국적 전개」, 『圓佛教思想과 宗教文化』68, 2017.

_____, 「佛教 宇宙論 日月光의 象徵 分析」, 『國學研究』19, 2011.

_____, 「新羅時代 河曲縣의 文殊信仰 傳來時期 考察」, 『國學研究』36, 2018.

_____, 「신라시대 河曲縣의 文殊信仰 전래시기 고찰」, 『國學研究』36, 2018.

_____, 「信孝의 月精寺 修造와 寺名의 특수성 검토」, 『韓國佛教學』99, 2021.

_____, 「阿難의 出家問題 考察」, 『佛教學研究』23, 2009.

_____, 「阿難의 나이에 관한 고찰」, 『佛教學研究』19, 2008.

_____, 「五臺山史庫의 立地와 四溟堂」, 『東國史學』57, 2014.

_____, 「五臺山의 信孝居士 자료에 대한 분석」, 『國學研究』42, 2020.

_____, 「「一生敗闕」에서 확인되는 漢岩의 悟道와 내용」, 『大覺思想』37, 2002.

_____, 「慈藏 戒律思想의 한국불교적인 특징」, 『韓國佛教學』65, 2013.

_____, 「慈藏과 華嚴의 관련성 고찰-中國五臺山 文殊親見의 타당성을 중심으로」, 『韓國佛教學』77, 2016.

_____, 「慈藏의 國家佛教에 대한 검토-僧團整備 및 皇龍寺九層木塔과 戒壇 建立을 중심으로」, 『新羅文化』47, 2016.

_____, 「慈藏의 東北方行과 入寂 기록 분석」, 『新羅文化』48, 2016.

_____, 「慈藏의 生沒年代에 대한 종합적 검토」, 『東아시아佛教文化』29, 2017.

_____, 「慈藏의 新羅歸國과 大國統 취임문제 고찰-善德王과의 관계 및 大國統 문제를 중심으로」, 『東國史學』59, 2015.

_____, 「慈藏의 五臺山 開創과 中臺 寂滅寶宮」, 『韓國佛教學』67, 2013.

_____, 「「慈藏定律」에서 확인되는 慈藏의 最後記錄에 대한 分析」, 『溫知論叢』58, 2019.

_____, 「『淨巖寺事蹟』에서 확인되는 淨巖寺 創建記錄 檢討 I」, 『東아시아佛教文化』33, 2018.

_____, 「提婆達多의 5法 고찰 II -5法 중 '食'의 항목을 중심으로」, 『韓國佛教學』52, 2008.

_____, 「中國五臺山의 太和池龍에 대한 국내기록 검토」, 『佛教學報』74, 2016.

_____,「指空의 敎·禪修學 主張에 대한 檢討와 問題點」,『東洋哲學研究』82, 2015.

_____,「초기 闍崛山門과 五臺山의 관계성 검토」,『震檀學報』135, 2020.

_____,「通度寺 創建 說話에 끼친 영향 관계 검토-中國과 新羅 五臺山 및 皇龍寺의 영향을 중심으로」,『東아시아佛敎文化』47, 2021.

_____,「韓國佛敎 戒律觀의 根本問題 考察-中國文化圈의 特殊性을 中心으로」,『宗敎研究』72, 2013.

_____,「韓國佛敎 聖山인식의 시원과 전개-五臺山·金剛山·寶盖山을 중심으로」,『史學研究』126, 2017.

_____,「韓國佛敎의 戒律 變化에 대한 安當性 摸索」,『宗敎文化研究』24, 2015.

_____,「韓國佛敎 戒律觀의 根本問題 考察-中國文化圈의 特殊性을 中心으로」,『宗敎研究』72, 2013.

_____,「韓國〈毘藍降生相圖〉에서의 右手와 左手의 타당성 고찰」,『溫知論叢』25, 2010.

_____,「韓國五臺山 五萬眞身信仰의 특징과 北臺信仰의 변화」,『佛敎學研究』70, 2020.

_____,「한국 傳統袈裟 日月光의 양식과 특징 분석」,『韓國佛敎學』61, 2011.

_____,「慧諶의「狗子無佛性話揀病論」찬술 배경과 내용 분석」,『哲學研究』148, 2018.

_____,「『華嚴寺事蹟』창건기록의 타당성 분석-황룡사를 통한 慈藏의 영향 가능성을 중심으로」,『淨土學研究』34, 2020.

_____,「幻庵混脩의 嗣法 정황과 法系에 대한 인식변화Ⅰ」,『國學研究』33, 2017.

_____,「檜巖寺 修造名分의 변화와 慈藏의 영향」,『建築歷史研究』94, 2014.

오경후,「朝鮮中後期 禪敎學과 四溟 惟政의 敎學觀」,『圓佛敎思想과 宗敎文化』81, 2019.

오수열,「辛亥革命과 民國初期에서의 孫文의 役割에 관한 연구」,『韓國東北亞論叢』58, 2011.

오홍석,「『禪門寶藏錄』에 나타난 禪思想과 韓國禪에 미친 影響」,『東西哲學研究』81, 2016.

우지영,「商山四皓 관련 論辭을 통하여 본 朝鮮 中期 文人들의 出處觀」,『國學研究』32, 2017.

원영만,「北魏 僧官制 成立과 變遷에 관한 硏究-法果와 曇曜를 중심으로」,『韓國佛敎學』55, 2009.

尹善泰,「新羅 中代의 成典寺院과 國家儀禮-大·中·小祀의 祭場과 관련하여」,『新羅文化』23, 2002.

魏聖,「天冠菩薩 靈府 天冠山」,『長興文化』35, 2013.

尹暢和,「鏡虛의 酒色과 三水甲山」,『佛敎評論』52, 2012.

이경화,「江陵端午祭의 傳承과 變容」,『人文學硏究』15, 2011.

李揆大,「江陵 國師城隍祭와 鄕村社會의 變化-鄕吏層의 彌陀契를 中心으로」,『歷史民俗學』7, 1998.

_____,「國師城隍祭와 鄕村社會의 變化-鄕吏層의 彌陀契를 中心으로」,『臨瀛文化』22, 1998.

_____,「梵日과 江陵端午祭의 主神인 國師城隍神」,『臨瀛文化』24, 2000.

이상훈,「金憲昌의 亂과 新羅軍의 對應」,『軍事硏究』138, 2014.

이영석,「『禪門拈頌』의 編纂에 관한 연구」,『淨土學硏究』5, 2002.

이영호(진월),「12世紀 初期의 韓國 禪宗 狀況과 曹溪宗 成立時期 小考」,『佛敎學報』59, 2011.

李龍寬,「善德女王代 慈藏의 政治的 活動」,『嶺東文化』6, 1995.

이유진,「羅末麗初 僧侶들의 入唐求法과 漢中交流」,『石堂論叢』46, 2010.

이재수,「懶翁王師의 生涯를 통한 地域文化콘텐츠 開發 方案」,『大覺思想』11, 2008.

李哲憲,「懶翁 惠勤의 法脈」,『韓國佛敎學』19, 1994.

_____,「三和尙法系의 成立과 流行」,『韓國佛敎學』25, 1999.

_____,「月精寺 탑돌이의 傳承과 現在」,『韓國禪學』37, 2014.

이학주,「口碑文學의 共同作 特質에 따른 無形文化로서의 가치-〈梵日國師〉와 〈밭치리〉堂神化의 比較를 중심으로」,『東아시아古代學』58, 2020.

李杏九(道業),「韓國 華嚴의 初祖考-慈藏法師의 華嚴思想」,『東國論集』13, 1994.

이희재,「8世紀 西域求法僧 元表의 재고찰」,『韓國敎授佛子聯合學會誌』19-2, 2013.

林明熙,「中國哲學史上的 "系統說"與 "道統"觀念」,『哲學과 文化』18, 2009.

張成在,「寂滅寶宮의 변천과 사상 - 一然을 통해 본 5大寶宮에 대한 정합적 이해」,『韓國佛敎學』66, 2013.

장일규,「三和寺 鐵造盧舍那佛像의 造成과 그 의미」,『異斯夫와 東海』9, 2015.

장장식,「『朝鮮地誌資料』'京畿道篇'에 나타난 民俗 관련 地名 分析」,『民俗學研究』24, 2009.

張正龍,「江陵端午굿」,『比較民俗學』13, 1996.

張正龍·張娥凜,「中國端午節 傳承과 現在的 觀點」,『아시아江原民俗』24, 2010.

張志勳,「慈藏과 芬皇寺」,『新羅文化』20, 1999.

鄭東樂,「崛山門 梵日國師 관련 자료의 검토」,『韓國古代史探求』33, 2019.

_____,「羅末麗初 崛山門 梵日과 三陟地域」,『異斯夫와 東海』10, 2015.

_____,「梵日의 崛山門 開創과 成長基盤 造成」,『新羅史學報』35, 2015.

_____,「梵日(810~889)의 禪思想」,『大丘史學』68, 2002.

_____,「元寂 道義의 生涯와 禪思想」,『韓國中世史研究』14, 2003.

_____,「通曉 梵日(810~889)의 生涯에 대한 再檢討」,『民族文化論叢』24, 2001.

_____,「洪陟禪師의 南宗禪 傳來와 現實 對應」,『新羅史學報』22, 2011.

鄭性本,「禪宗의 印可證明 研究1-傳衣說의 成立과 發展을 中心으로」,『佛教學報』36, 1999.

_____,「禪宗 傳燈說의 成立과 發展 Ⅳ」,『佛教學報』34, 1997.

정영식,「高麗中期의『禪門寶藏錄』에 나타난 九山禪門의 禪思想」,『韓國思想과 文化』50, 2009.

정영호,「三和寺 鐵佛과 三層石塔의 佛教美術史的 照明」,『文化史學』8, 1997.

정은우,「高麗時代의 觀音信仰과 圖像」,『佛教美術史學』8, 2009.

丁仲煥,「毗曇·廉宗亂의 原因考」,『東亞論叢』14, 1977.

주보돈,「新羅 下代 金憲昌의 亂과 그 性格」,『韓國古代史研究』51, 2008.

曹庚時,「新羅下代 華嚴宗의 構造와 傾向」,『大丘史學』13, 1989.

曹凡煥,「羅末麗初 禪僧의 이상과 현실-崛山門 出身의 行寂과 開淸 禪師를 중심으로」,『韓國思想史學』57, 2017.

_____,「新羅末 高麗初 崛山門의 成長과 分化」,『文化史學』37, 2012.

_____,「新羅 下代 道義 禪師의 '雪嶽山門' 開創과 그 向背」,『新羅文化』34, 2009.

_____,「新羅 下代 張保皐와 禪宗」,『STRATEGY21』4-2, 2001.

_____,「新羅下代 洪陟禪師의 實相山門 開創과 鐵佛 造成」,『新羅史學報』6, 2006.

_____,「眞鑒禪師 慧昭와 雙谿寺에 대한 연구 현황과 제안」,『新羅史學報』28, 2013.

조수연,「高麗後期 水月觀音菩薩圖의 雙竹表現 硏究」,『China硏究』15, 2013.

曹永祿,「羅·唐 東海 觀音道場, 洛山과 普陀山-동아시아 海洋佛敎 교류의 역사 현장」,『淨土學硏究』17, 2012.

_____,「崛山祖師 梵日 新傳」,『韓國史學史學報』33, 2016.

_____,「慧昭의 入唐求法과 道義와의 同行巡歷考-『宋高僧傳』「唐州 神鑒傳」과 관련하여」,『韓國佛敎學』59, 2011.

지미령,「高麗 水月觀音圖의 대나무 圖像에 관한 考察」,『佛敎文藝硏究』3, 2014.

車長燮,「朝鮮時代 族譜의 編纂과 意義-江陵金氏 族譜를 中心으로」,『朝鮮時代史學報』2, 1997.

차차석,「智顗의 無道可修와 馬祖의 道不用修의 比較」,『普照思想』22, 2004.

채미하,「朝鮮時代 江陵의 城隍祠와 端午祭」,『漢城史學』29, 2014.

채상식,「義天의 佛敎統合 試圖와 그 推移」,『韓國民族文化』57, 2015.

崔柄憲,「羅末麗初 禪宗의 社會的 性格」,『史學硏究』25, 1975.

_____,「新羅下代 禪宗九山派의 成立-崔致遠의 四山碑銘을 중심으로」,『韓國史硏究』7, 1972.

崔完秀,「髻珠考」,『美術資料』15, 1971.

최귀묵,「佛菩薩의 起源에 대한 道敎와 神道의 異說」,『語文論集』87, 2019.

최동순,「初期 天台祖統說의 成立 硏究」,『普照思想』21, 2004.

崔柄憲,「朝鮮時代 佛敎法統說의 問題」,『韓國史論(金哲埈博士停年紀念號)』19, 1989.

최종석,「朝鮮前期 淫祀的 城隍祭의 양상과 그 성격」,『歷史學報』204, 2009.

崔昌大,「善德·眞德女王과 그 時代」,『釜山工業專門大學 硏究論文集』23, 1982.

韓基汶,「『祖堂集』과 新羅·高麗 高僧의 行蹟」,『韓國中世史硏究』6, 1999.

한양명,「고을축제로서 江陵端午祭의 節次와 內容에 대한 검토」,『共演文化硏究』18, 2009.

한지만,「羅末麗初 九山禪門 伽藍構成의 의미」,『大韓建築學會論文集』32-6, 2016.

한지만·이상해,「檜巖寺의 沿革과 正廳·方丈址에 관한 復元的 연구」,『建築歷史硏究』17-6, 2008.

함복희,「梵日國師 說話의 의미와 문화콘텐츠 方案 硏究」,『東아시아古代學』34, 2014.

許興植,「懶翁의 思想과 繼承者(下)」,『韓國學報』16, 1990.

_____,「14·5세기 曹溪宗의 繼承과 法統」,『東方學誌』73, 1991.

_____,「曹溪宗의 起源과 展開」,『普照思想』9, 1995.

_____,「指空의 思想과 繼承者」,『겨레문화』2, 1988.

_____,「指空의 遊歷과 定着」,『伽山學報』1, 1991.

홍사성,「'雪嶽山門'의 成立과 歷史的 展開」,『大覺思想』24, 2015.

洪淳昶,「新羅 三山·五岳에 대하여」,『新羅文化』4, 1983.

黃金順,「高麗 水月觀音圖에 보이는『40華嚴經』영향」,『美術史研究』17, 2003.

_____,「洛山說話와 高麗水月觀音圖, 普陀山 觀音道場」,『佛教學研究』18,
　　　　2007.

황루시,「江陵端午祭 傳承에 관한 檢討」,『人文學研究』17, 2012.

_____,「江陵端午祭의 傳統性과 持續性」,『歷史民俗學』, 9, 2000.

_____,「巫俗의 觀點에서 본 梵日國師 談論」,『人文學研究』19, 2014.

황선영,「新羅 下代 金憲昌 亂의 性格」,『歷史와 境界』35, 1988.

黃壽永,「五臺山 上院寺銅鐘의 搬移事實」,『歷史學報』16, 1961.

黃仁奎,「麗末鮮初 懶翁門徒의 五臺山 中興佛事」,『佛教研究』36, 2012.

라. 외국 논문

江筱倩,「淺析韓國江陵端午祭對中國端午傳承之啓發」,『東研』4, 2018.

堀岡智明,「ボストン美術館藏朝鮮佛畫について」,『佛教藝術』83, 1972.

大屋德城,「朝鮮海印寺經板考」,『東洋學報』15-3, 1926.

尹富,「七世紀中葉至八世紀初地藏造像論考」,『法鼓佛學學報』第4期, 2009.

田中史生,「慧萼の入唐求法と東アジアの佛教交流」,『東國史學』52, 2012.

貝逸文,「論普陀山南海觀音之形成」,『浙江海洋學院學報』20-3, 2003.

4. 잡지·보조자료

振興會資料,「史傳: 金剛山楡岾寺事蹟記-楡岾寺寄本」,『佛教振興會月報』
　　　　1-7, 1916.

善生永助,「生活狀態調査 江陵郡」,『朝鮮總督府 調查資料 第32輯』, 江陵: 江
　　　　陵郡, 1931.

법일 연표

• 810년 음력 1월 15일 출생~889년 음력 4월 말 입적

NO	연도	나이	사건 내용	비고
1	810. 1. 15	1	음력 1월 15일에 강릉에서 출생함.	
2	824	15	명주에서 출가함.	
3	829	20	경주로 가서 비구계를 수지함.	
4	829~835	20~26	경주에서 수학함.	
5	835	26	입당을 위해 왕자인 김의종을 만남.	
6	835. 겨울	26	김의종과 함께 경주를 출발함.	연대를 정확하게 확정함. 울산을 통했을 것으로 추정됨.
7	836.1	27	당나라 명주(현재의 영파)에 도착함.	연대를 정확하게 확정함.
8	836	27	당나라의 명주 개국사에서 신라의 명주 출신으로 정취보살의 화신인 사미를 만남.	「낙산이대성 관음·정취·조신」
9	837	28	명주에서 항주 염관현으로 이동해서, 해창원의 염관제안(?~842)을 친견하고 인가를 받음.	
10	837~842	28~33	염관제안 문하에서 6년 동안 수학함.	
11	842	33	842년 음력 12월 22일에 제안이 입적하자 호남성 예주의 약산유엄(751~834) 도량으로 이동하려고 함.	

12	843	34	843년 음력 1월 15일의 해제 후에 호남성 예주의 약산을 참배하고 약산계 제자와 문답함.	범일의 이동을 동안거 해제 후로 보는 것이 타당해서 확정함. 예주의 약산에 도착하기 전 강서성 홍주의 개원사 등을 들렀을 것으로 추정됨.
13	843	34	호남성에서 섬서성 장안과 하남성 낙양 으로 이동함.	제리는 수도로 상도上都인 장안과 신도神都인 낙양이 모두 포함될 수 있음.
14	844 (7월로 추정)	35	음력 7월에 회창법난의 전조가 본격화됨.	범일이 외국 승려라는 점을 감안한다면, 회창법난이 시작되는 845년 음력 3월 3일로 수정되는 것이 타당함.
15				845. 3. 3~846. 3. 23(무종 사망): 당나라 무종의 회창법난.
16	845	36	산신의 도움으로 고산에서 반년간 은거함.	845.4: 도첩(당나라에 9년 있어야 발급)이 없는 외국 승려의 추방령이 시행됨.
17.	846. 3. 23 이후	37	무종의 사망(846. 3. 23)에 따른 회창법난의 잠재적인 중지와 범일의 체력회복.	846년 4월 10일 이후로 추정됨.
18	846. 10~11 월 또는 847. 1~2월	37 혹 38	兩京을 떠나 광동성 소주행을 감행함.	양경에서 떠나는 시기는 계절 상 846년 10~11월 또는 847년 1~2월이 타당함.
19	847	38	광동성 소주의 조계산 보림사에서 혜능의 조사탑을 참배함.	847년 음력 윤3월에 복불령이 반포됨.
20	846.8 (847. 8로 수정)	38	당에서 신라로 출발(광동성에서 무역상선을 이용했을 것으로 추정됨).	846년 음력 8월은 847년 음력 8월로 수정되는 것이 타당함.
21	846 (847 겨울로 수정)	38	신라로 귀국함	울산을 거쳐 경주로 들어갔을 것으로 추정됨

22	847~850	38~41	경주에 주석함.	이 기간에 귀족과의 연결 속에서 주석처를 물색했을 것으로 추정됨.
23	851년 이전		백달산으로 옮겨서 주석함.	
24	851.1	42	백달산에서 연좌함.	
25	851.1	42	명주도독 김공이 굴산사에 주석하기를 청함.	
26	851~889	42~80	주로 굴산사에 주석함.	"一坐林中, 四十餘載."
27	857~859	48~50	낭공행적(832~916)이 굴산사에서 범일을 친견하고 입실함.	행적의 입실 – 〈봉화태자사 낭공대사탑비〉(945)
28	858.2.15	49	정취보살이 꿈에 나타나고, 이후에 낙산사에 정취전을 조성하고 정취보살석상을 봉안함.	「낙산이대성 관음·정취·조신」
29	864~867	55~58	낭원개청(835~930)이 범일을 오대산으로 찾아감.	개청의 입실 – 〈강릉보현사 낭원대사탑비〉(940)
30	?863~868?	?54~59?		범일의 오대산 주석 시기에 대한 추정.
31	?863년 이후	?54		범일의 십성 제자 중 신의의 오대산 주석 시기에 대한 추정.
32	871	62	제48대 경문왕이 경주로 초청했으나 사양함.	
33	880	71	제49대 헌강왕이 경주로 초청했으나 사양함.	
34	887	78	제50대 정강왕이 경주로 초청했으나 사양함.	
35	?887~889?	?78~80?	동리산문의 동진경보(869~948)가 찾아와 지도해 줌.	〈광양옥룡사동진대사비〉(958)

36	887~889 (888년 친견)	79	진성여왕에게 진귀조사설을 설해줌 (서신이나 사신을 통한 간접적인 가능성도 존재함).	실제라면 888년이 가장 타 당함. -『선문보장록』〈제24 칙(『海東七代錄』)〉
37	889. 4 말	80	굴산사에서 입적함.	

• 참고 연대: 신효의 오대산 주석 – 750~850년 사이

사진 출처

- 이 책에 실린 모든 사진의 저작권은 각 저작권자 혹은 단체에 있습니다.
- 페이지와 위치가 표시되지 않은 사진은 불광미디어 아카이브 사진입니다.
- 사진의 소장처를 확인하지 못하였거나 잘못 기재된 경우
  추후 정보가 확인되는 대로 다음 쇄에 반영토록 하겠습니다.

신이 된
선승,
범일국사

© 일우 자현, 2023

2023년 11월 20일 초판 1쇄 발행

지은이 일우 자현
발행인 박상근(至弘) · 편집인 류지호 · 상무이사 김상기 · 편집이사 양동민
책임편집 김재호 · 편집 양민호, 김소영, 최호승, 하다해 · 디자인 쿠담디자인
제작 김명환 · 마케팅 김대현, 이선호 · 관리 윤정안
콘텐츠국 유권준, 정승채, 김희준
펴낸 곳 불광출판사 (03169) 서울시 종로구 사직로10길 17 인왕빌딩 301호
        대표전화 02) 420-3200 편집부 02) 420-3300 팩시밀리 02) 420-3400
        출판등록 제300-2009-130호(1979. 10. 10.)

ISBN 979-11-93454-06-0 (93220)

값 32,000원